조로아스터교의 역사

**A HISTORY OF ZOROASTRIANISM,** The Early Period
**by Mary Boyce**

# 조로아스터교의 역사

A
HISTORY
OF
ZOROASTRIANISM

메리 보이스

공원국 옮김

Mary Boyce

민음사

# 차례

조로아스터교 신학이나 인도·유럽어에 익숙하지 않은 독자들은 책을 읽기 전에 다음 몇 가지 용어를 염두에 두는 것이 좋을 것이다. 사실 이 책의 저자 메리 보이스가 이런 용어들에 대한 권위자이므로, 본문에서 자세히 설명되어 있다. 그러나 설명이 곳곳에 산재해 있으므로 독자들은 어렴풋이나마 개념들을 먼저 알고 접근하는 것이 본문을 이해하는 데 편할 것이다.

먼저 조로아스터교 경전집 아베스타다. 원래 아베스타는 조로아스터교 전반을 망라하는 방대한 경전집으로, 그 원본은 일찌감치 소실되었고 우리가 읽고 있는 것은 여러 시대에 걸친 편집본이다. 현존 아베스타의 주요 내용 중 기억해야 할 것은 제의 기도문집인 야스나(Yasna)와 주로 고대의 신들에게 바치는 찬가집 야쉬트(Yašts)다. 야스나 중 가타(Gathas)라 불리는 부분이 바로 조로아스터 본인의 말로 추측되고 있다.

인도·이란(Indo-Iranian)이라고 하면 오늘날 이란인들과 인도인들이 중앙아시아의 어느 초원 지대에서 함께 살던 시절과 그 언어를 말한다. 학계는 대개 인도·이란 시절이 끝날 무렵 민족의 대이동이 시작되었다고 가정한다. 이동 개시 이후의 이란인들의 종교관은 아베스타에 반영되고 인도인들의 것은 리그베다에 반영되었다고 보는 것이 저자의 기본적인 입장이다. 그래서 대개 아베스타와 리그베다에, 혹은 후대의 인도와 이란 측 문헌에 '동시에' 등장하는 특성들에 인도·이란이라는 수식어를 붙인다.

여러 용어들에 대한 자세한 내용은 Encyclopædia Iranica 웹 사이트 http://www.iranicaonline.org 안에 있는 각 항목과 본문의 설명을 보라. 본분에 나오는 야쉬트와 야스나에서 이해가 어려운 부분은 웹 사이트 http://www.avesta.org의 James Darmesteter와 L. H. Mills의 해석을 각각 참고했다.

종교사에 관심이 없는 사람이라도 누구나 한번쯤은 조로아스터교에 대해 들어봤을 것이다. 조금 관심이 있는 이들은 조로아스터교가 후대에 끼친 심대한 영향들을 기억할 것이다. 이 종교를 말할 때 흔히 떠오르는 개념을 몇 개 나열해 보면, 최고신 아후라 마즈다만 인정하는 유일신론, 선과 악의 극명한 대립을 강조하는 이원론, 불을 숭배한다 하여 배화교, 최고신과 인간을 잇는 존재인 천사(아메샤)들, 그리고 이 세상의 마지막날 벌어지는 최후의 심판, 불교의 팔정도를 연상하는 바른 생각과 행동에 관한 교리 등등이다. 근세에 서구에서 세계로 퍼진 기독교에 대한 관심과 반작용 때문에, 기독교는 실상 조로아스터교에서 핵심 교리를 거의 빌렸다는 '과격한' 주장들도 유행했다.

위에 열거한 것 모두 일말의 진실이 있다. 그러나 저자의 주장을 찬찬히 따라가다 보면 우리가 이 종교에 대해 알고 있는 모든 개념들이 얼마나 시대착오적인지 모골이 섬뜩해질 때가 있다. 열거한 것들은 사실 일말의 진실보다 훨씬 큰 오해를 품고 있다. 예컨대 유일신적 요소가 강하지만 분명히 독자적인 신들이 존재하므로 유일신교는 아니며, 이원론이지만 악에는 선과 같은 실체를 부여하지 않기에 확고하게 비대칭적인 이원론이다. 한반도는 물론 전 세계적으로 이처럼 '시장의 우상'이나 '극장의 우상' 아래 가려진 종교나 사상도 드물 것이다. 저자 메리 보이스는 방대한 네 권의 저작을 통해 이 우상들을 걷어 내는 과업에 도전한다.

역자는 그녀의 학문적인 업적에 관한 학계 내외의 찬사를 일일히 나열할 생각은 없다. 구글에 "조로아스터교"를 입력하면 따르는 참고 문헌 목록의 압도적인 다수를 차지하는 것이 그녀의 저작들, 특히 이 시리즈다. 이미 고인이 된 그녀가 영국 학계에서 차지하는 위상은 그녀의 이름으로 주어지는 상 하나로 충분히 입증될 것이다. 사실 역자가 거듭 경탄하는 것은 그녀의 명성보다는 엄격한 논증 태도다. 쉽사리 결론내리기 어려운 지적 대상을 접할 때 어떤 것은 숨기고 어떤 것은 드러내고 싶은 것이 인지상정이다. 그러나 그녀는 친절하게도 자신의 추론 과정을 가감없이 드러낸다. 그녀가 틀렸을 수도 있고, 추론 과정이 지나치게 도식적일 수도 있다. 이란과 인도에서 공통적으로 발견되는 요소들은 거의 기계적으로 인도·이란의 유산으로 보는 것 등이 그렇다. 그러나 그녀는 그 과정을 숨기지 않기에, 후학들은 틀린 부분에서 새로 시작할 수가 있다. 오늘날 가장 철저하게 연구된 인도·유럽어 연구 결과는 셀 수 없는 학자들이 평생을 바친 연구 결과들이 수세기에 걸쳐 쌓인 결과다. 무수한 오류에도 불구하고 오늘날에 이른 것은 그들의 학자로서의 태도 때문일 것이다.

언제나 그렇듯이, 본 역자는 학자들을 위한 해제를 쓸 생각이 없다. 번역서가 나오면 학자는 주도적으로 읽고 자신의 논문을 써내면 그뿐이다. 다만 이 책이 학계에 미칠 역할에 대해서는 의심하지 않는다. 고대 종교 사이의 교류와 차용의 정도를 고려할 때 현재의 주요 종교를 연구하는 이들이라면 이 책의 존재를 모르는 이는 없을 것이다. 이웃 종교는 자기 종교를 이해하기 위해 반드시 거쳐야 할 관문이지만, 수십 년 동안 우회로만 고집하는 신학자들을 위한 해제도 관심이 없다. 실제로 이 책은 프리처드(James Pritchard)의 『구약과 관련된 고대 중동 문헌(*Ancient Near Eastern Texts Relating to the Old Testamen*)』과 함께 번역하려던 것이었다. 다행히 프리처드의 저술은 신학자들의 노고 덕에 『고대 근동 문학 선집』(기독교문서선교회, 2016)으로 출간되었다. 이 책이 출판된 지 거의 반세기에 달했고, 프리처드의 저서는 반세기를 훌쩍 넘긴 노인 중의 노인이다. 종교 고전 번역 작업 상황이 이러하니, 소위 '업계'는 학생이나 신자들을 무식하게 함으로써 자기 지위를 유지하는 게 아닌가 하는 객쩍은 의심까지 든다. 하지만 학계에 한쪽 발이나마 담고 있는 역자가 그런 말을 하기도 민망하고, 그저 누군가 이 책 시리즈의 남은 부분을 번역하고, 나아가 조로아스터교 경전 원문을 번역하는 날이 오기만을 겸허히 기다린다.

일반 독자 여러분은 '발생학'적 관점에서 이 종교와 그 창시자의 사상을 살펴보기 바란다. 새로운 것은 결국 이미 존재하는 것에서 나온다. 태양신이나 대지와 물의 여신 없이 조로아스터교가 생겨난 것은 아니다. 그러나 조로아스터 자신의 고도의 지적 노력이 없었다면 그 종교는 그 정도의 보편성을 얻을 수 없었을 것이다. 아후라 마즈다는 지혜의 주主, 인간의 집중적인 사고 활동을 고무하는 주다. 배움을 기반으로, 고도의 사고를 거쳐 하나의 통합된 체계를 제시하는 조로아스터의 지적 업적은 지성사를 발생학적으로 고찰할 때 절대로 간과할 수 없는 주제다. 이 정도의 지적 기획을 할 수 있는 이들을 오늘날 찾기는 쉽지 않을 것이다. 비록 다른 방향이지만 니체가 『차라투스트라는 이렇게 말했다』를 기획한 것도 선배의 지적 기획의 규모와 깊이 때문이었을 것이다. 오늘날 인생사는 물론 '우주론적' 문제를 고민하는 사람이라면 예언자의 지적 여정에 동참하는 것도 나쁘지 않을 것이다.

또 하나 유의할 점은 '윤리학적' 관점이다. 모든 종교는 윤리적인 요소를 갖추고 있다. 그럼에도 그토록 빈번하게 종교 전쟁이 벌어지는 이유는 무엇일까? 나의 종교가 더 윤리적이라고 생각해서일까, 나의 종교가 유일한 진리라고 생각해서일까? 역자는 후자가 더 주요한 이유라고 본다. '믿음은 모든 죄를 사한다, 참회하면 죄는 흔적도 남지 않는다'. 전반적으로 윤리적인 종교관이 우세해지고 있음에도(희망 사항에 불과할까?) 믿음이 윤리를 압도한다는 '믿음'의 영향력은 아직도 지대하다. 저자는 많은 장을 할애하지 않지만, 역자는 조로아스터교가 발생한 사회적인 맥락을 중시한다. 조로아스터의 윤리는 다음 구절에 집약되어 있다.

"어떻게 아샤(올바름)를 따르면서, 목자, 행동이 올곧은 이는 암소를 얻는가…?" (야스나. 51.5).

암소 자체가 선善이지만, 선을 얻는 행동도 선해야 한다. 당시는 유목민들이 남하하여 이란과 인도로 쏟아져 들어간 지 얼마 지나지 않은 시기다. 농경 정착민과 목축 이주민 사이의 쟁탈전, 이주민 사이의 쟁탈전이 바로 어제오늘의 일이었다. 간단히 말해 '우리'를 위해 남의 가축을 빼앗아 오는 것은 '우리'에게는 선이다. 그러나 조로아스터는 엄중하게 묻고 답한다. '어떻게 정당한 방법으로 '남의' 소를 얻을 수 있는가? 정당한 대가를 지불하지 않고는 남의 소를 차지하는 것은 악이다.' 그러므로 조로아스터교의 윤리는 집단 간의 피아 구분을 중시하는 전사들의 윤리를 넘어 평화를 갈구하는 이에게 호소하는 보편적인 것이다. 예언자의 보편적 윤리는 인간 상호 간의 문제에 국한되지 않고 소와 풀을 통해 모든 생물로, 물과 불을 통해 모든 무생물까지 확대된다. 그의 이원론은 고도로 윤리적이고 내면적인 이원론, 즉 내 안의 선과 악, 그리고 선을 선택하는 의지의 문제다. 그래서 최후의 심판의 시기에 눈금이 '털 한 오리'만큼 가는 저울로 피심판자의 선과 악을 잴 뿐, 신의 가호로 죄를 사면받는 것은 아니다.

차이와 다양함이 싸움으로 이어지지 않기 위해서는 지적 노동이 필요하다. 지적 노력 없는 믿음은 그 자체로 불화의 근원이다. 지식이란 현상계와 동떨어진 초월적인 것이 아니다. 그래서 조로아스터교 안에서 "지혜"와 "윤리"와 "삶 속에서 이로운 것들"이 거의 동의어처럼 쓰인다. 위대한 사상을 이해함은, 그것이 표상하는 세계 전체로 들어간다는 뜻이다. 그것의 옳고 그름을 떠나, 그 안으로 들어갔다 나온 사람과 들어가지 않은 사람의 지적 태도는 다르다. 다른 종교와 윤리의 문제를 고찰하는 것은 인문학적 독서 행위 중 가장 높은 난이도에 속하지만 그런 만큼 가치도 클 것이다. 어차피 책이 나무를 희생해서 만드는 것이라면, 두서너 번 읽어야 비로소 이해되는 책을 읽는 것이 나무에게도 덜 미안한 일이다. 부족한 번역으로 원저자에게 누를 끼친 듯하여 두렵지만 기왕지사, 독자 여러분의 분투를 고대한다.

이 책을 번역하기로 한 지 몇 년이 지났는지 가물가물하다. 번역 와중에 새로운 공부를 시작하는 바람에 퇴고가 차일피일 미뤄져 어쩌다 눈발이 휘날리는 파미르고원의 어느 민박집에서 옮긴이의 글을 쓴다. 번역 과정에서 있었던 소소한 감회들은 민음사 블로그 "읽독"의 '공원국의 번역 노트' 제명 하에 기록해 두었다. 오래 기다려 주고 크게 부족한 원고를 다듬어 준 편집부와, 두껍고 어려운 책을 기피하는 현실 속에도 꾸준히 학술서 번역을 지원하는 민음사 대표께 경의를 표한다. 아울러 함께 번역을 기획했던 장은수 형에게도 기쁜 마음으로 작업이 끝났음을 전한다. 동반자 왕환이 그동안 보여 준 헌신은 최소한 역자에게는 땅의 수호자 아르마이티가 보여 준 것과 다를 바 없었다.

여름, 키르기스 파미르에서
공원국

 

 

서구에서 조로아스터교에 대한 본격적인 연구가 행해진 지는 겨우 200년밖에 되지 않았다. 그 이유는 조로아스터교에 대한 연구가 조로아스터교의 성서집으로서 집합적으로 아베스타라 불리는 책의 해석에 기반을 두는데, 이 책이 18세기 후반까지 조로아스터교 공동체 밖으로는 알려지지 않았기 때문이다. 고대 그리스 시절부터 조로아스터라는 이름은 지식인들에게 전설적인 동방의 성자의 것으로 잘 알려져 있었다. 그리고 마침내 아베스타가 학자들의 손에 쥐어지자 그들은 이 책에서 그 명성을 정당화할 가르침들을 열심히 찾았다. 그때 유럽의 지식인들은 기독교와 이성이라는 이중의 권위를 인정하고 있었고, 기독교의 권위는 아직 과학적 진보의 도전을 받지 않은 터였다. 그리고 조로아스터의 신앙은 인류의 가장 위대한 교사들 중 한 명에 의해 제창되었으므로 이성적인 기독교인들이 받아들일 수 있는 종류이리라 기대되었다. 하지만 그렇기는커녕 조로아스터교 경전들이 많은 면에서 동떨어지고 생소한 것임이 드러났을 때 사람들은 경악했다. 우선 조로아스터교 신앙은 최고신(God) 아래 수많은 하위 신격을 인정했으며, 이들은 풍부하고 복잡한 의례와 예식을 통해 숭배되었다. 유럽에서는 기독교와 그리스 신화에 대한 지식이 결합하여 다신교는 인류의 유치한 과거의 유산에 속하며, 그것은 모든 선구적인 민족 사이에서 일신교로 대체되었다는 확신을 만들어 냈다. 더욱이 개신교(대부분의 조로아스터교 해석자들이 바로 이 신앙 안에서 길러졌다.)는 유일신을 숭배하면서도 의례를 그다지 존중하지 않았다. 따라서 조로아스터교를 있는 그대로 받아들이고 살아 있는 전통(전승)의 도움으로 조로아스터의 가르침을 이해하는 것은 서구인들에게 버거운 일이었다. 그로 인한 딜레마의 해결책이 결국 뛰어난 문헌학자 마르틴 하우그(Martin Haug)에 의해 19세기에 발견되었다. 고생스러운 연구 끝에 그는 가타(Gathas, 열일곱 개의 고대 찬가(Hymn) 묶음)를 아베스타 가운데 조로아스터 자신의 언급으로 여겨질 수 있는 유일한 부분으로 분리해 냈고, 성실함을 다하여 조로아스터 추종자들의 실제 믿음이나 관행과는 별도로 이 원시적이고 극히 어려운 문서를 해독해 나갔다. 그는 그들의 선조들이 일찌감치 자신들의 예언자의 가르침을 변질시켰을 것이라 확신했기 때문이다. 하우그는 개척자로서 이 난해한 찬가를 들고 씨름하다 마침내 조로아스터가 유대 예언자들의 것보다 오히려 더 엄격한 일신교를 설파했음을 이해했는데, 조로아스터의 가르침은 기도 이외에는 어떤 희생이나 숭배 의식도 배격하는 것이었다. 하우그는 이렇게 가정했다. 즉 이 고대 이란의 예언자는 이성적이며 윤리적인 유신론有神論을 지녔고, 이 신념은 그의 민족의 관습이나 통념과 너무나 동떨어진 것이어서 그들이 그의 가르침을 받아들이기는 했으나 그 가르침의 엄격함을 오랫동안 유지할 수 없어 곧 가르침을 비틀었고, 얼마간 기존의 믿음과 방식으로 돌아갔다는 것이다.

이렇게 조로아스터의 메시지를 단순화한 결과 중 하나는 후대 유대교와 기독교, 이슬람교에 그토록 큰 영향을 미친 메시아 교리 및 종말론적 교리의 형성에 그가 기여한 결정적인 역할을 인정하기를 지연시켰다는 것이다. 하우그는 그 예언자의 명성을 높이려 했으나 실은 그가 인류 사상사에서 차지하는 역할을 감소시켰다. 그럼에도 그의 주장은 조로아스터교 연구의 강력한 발전 요인이었고, 심지어 오늘날 조로아스터교 연구에서도 마찬가지이다. 유럽에서 이 주장은 학계의 수많은 거장들에 의해 채택되었는데, 그들은 이로써 자신들의 시대와 문화가 용인할 수 있는 방식으로 조로아스터를 바라볼 수 있게 되자 기뻐했다. 그리고 1860년대에 하우그는 인도에서 몸소 자신의 주장을 상세히 설명했는데, 그곳의 조로아스터교 집단 중 하나가 이를 열렬히 환영했다. 이 집단은 봄베이(뭄바이)에서 서구식 교육을 받은 이들로 구성되었는데, 그들은 하우그의 이론에서 그때껏 그들을 괴롭히던 문제에 대한 즉각적이고 급진적인 해결책을 찾았다. 그 문제란 그들의 공경스러운 신앙의 정교한 교리와 관습을 19세기의 과학적 사고와 조화시키고 개신교 기독교 선교사들의 공세에 대항하여 그 권위를 지켜 내는 것이었다. 그들은 조로아스터가 이원론자(그들을 개종시키려는 기독교인들이 혐오하던 교리적 입장)도 아니었고 모든 의례주의나 교리의 세부 사항으로부터 자유로운 단순한 신념을 가르쳤다는 하우그의 생각을 열정적으로 지지했다. 그러므로 그의 진정한 제자가 되려면 단지 이를 기반으로 기존의 종교를 개혁하기만 하면 됐고, 이는 다시 한번 무신론자가 아니면서 이지적인 사람이라면 누구나 조로아스터교를 쉽사리 받아들일 수 있도록 만들었다.

이 개혁주의자들은 정력적으로 과업에 착수했는데, 대개 영어로 의사를 표출했기에 서구에는 주로 그들의 목소리가 들렸고, 순환적 과정에 의해 그들의 목소리는 서구에서 그들의 고대 신앙에 대한 확고한 학문적 해석으로 환영받았다. 그러나 정작 그들의 공동체 안에서는 지식인과 단순한 사람들 모두의 강력한 반대에 직면했는데, 반대자들은 유럽인의 책상머리에서 새로 정의된 종교를 위해 조상들의 관습과 신념을 기꺼이 버릴 준비가 되어 있지 않았다. 유럽에서도 합리적 유신론에 대한 강경한 비판자들이 있었는데, 비판자들 중 일부는 반대편의 극단까지 가서 초기 조로아스터교에서 베다 시절 인도와 그리 다르지 않은 전통적 다신교를 보았다. 인도 조로아스터교도의 일파인 파르시 사이의 종교적 논쟁과 마찬가지로 19세기의 학문적 논쟁은 20세기까지 이어졌다. 그리고 공통의 기반을 찾기가 어려워 유럽과 인도 모두에서 항상 새로운 해석이 만들어졌고, 그 해석 중 일부는 조로아스터교의 경전이나 전승의 실상과 기이하게 동떨어진 것으로 보인다. 일반적으로 서구의 학계는 당연히 관행보다는 문헌, 경건한 신앙 생활보다는 교리와 신화에 더 관심을 집중하는 경향이 있었고, 이러한 한계로 인해 환상이 더 쉽게 무제한의 자유를 가질 수 있었다. 20세기에 조로아스터교에 관한 이론이 크게 늘었다. 한편 문헌학자와 역사학자, 고고학자, 화폐학자들의 작업에 의해, 그리고 무엇보다도 여러 세기의 박해에서 비롯된 조심스러운 태도를 극복하고 자신들의 의례와 관습을 기술하고 기존에 알려지지 않았던 수많은 2차 문헌들을 출판하여 자신들의 종교적 유산을 외부 세계와 공유한 조로아스터교도 학자들에 의해 모든 방면의 실제적인 지식도 그만큼 늘었다. 그러나 서구 학자들이 이런 책들을 이용하기가 언제나 쉽지만은 않았고, 특히 제의를 상술한 책들을 이용하기는 더욱 어려웠는데, 이런 책들은 비조로아스터교도에게는 생소한 기본 지식과 종교적 태도를 전제하기 때문이다. 그러므로 일부는 실질적으로 연구되지 않은 채 남았고, 그리하여 초기의 오해들은 새로운 자료원들의 출현에도 불구하고 사라지지 않았다.

조로아스터교의 최근 발전을 평가하는 시각을 얻는 동시에 오늘날 이용 가능한 초기 조로아스터교에 관한 증거 무더기를 통제하는 수단을 발견하는 유일한 방법은, 지금까지 그래 왔던 것처럼 예컨대 이란에서 파르티아의 지배 500년이나 이슬람교가 도래한 후 첫 1000년 동안 조로아스터교의 역사처럼 상상으로 너무나 쉽게 건너뛸 수 있는 커다란 간격을 허용하지 않고 예언자 시대에서 지금까지 계속 이어진 신앙의 역사를 쓰려고 시도하는 것으로 보인다. 자료가 부족해 그런 과업을 수행하는 과정의 어려움은 그야말로 가공할 만하다. 그러나 이제는 그 작업이 더 이상 불가능하지 않을 정도의 자료가 축적되었다. 이 과업에 착수하면서 필자는 조로아스터의 가르침은, 설교한 지 수천 년 후 처음에는 조로아스터의 가르침과 순전히 지적으로 싸우기 위해 온 완전히 다른 문화와 종교적 유산을 가진 학생들보다는 자신의 제자들이나 추종자들에게 더 잘 이해되었으리라는 가정에서 출발했다. 따라서 이 책은 전반적으로 조로아스터교의 전승에 상당히 의존할 텐데, 이 전승은 처음부터 19세기 중반 유럽에 충격이 가해지던 시절까지 상당히 강고하며 일관되었던 것으로 볼 수 있다.

원래는 최근 수십 년간 이루어진 조로아스터교에 대한 다양한 해석을 간단히 개괄함으로써 이 첫 권의 서문으로 삼을 요량이었다. 그러나 더 이른 시기의 발전 과정을 추적하지 않고는 이 일을 효과적으로 할 수 없다는 것이 명백해졌다. 따라서 이 개괄은 대신 마지막 권에 부록으로 들어갈 것이다. 그래서 자연히 개별 학자들의 견해에 관한 참고 문헌 목록이 책 여러 곳에 들어가게 되었다.

조로아스터교의 역사를 쓰려 시도하면서 고유 명사와 전문적 용어를 표기할 때 사소한 문제가 있는데, 여러 관련 언어나 시대와 장소에 따라 이를 표기하는 방식이 다르기 때문이다. 고대에는 아베스타어와 고 페르시아어(Old Persian, 고대 페르시아어)가 있었고, 파르티아어와 중세 페르시아어(Middle Persian)가 있었으며, 현대에는 파르시어(Parsi)와 이라니어(Irani)로 다시 갈라졌다. 일반적으로 현존 서적들에서는 아베스타어와 중세 페르시아어(파흘라비어) 형태가 선호되는데, 조로아스터교 원전 자체가 이 두 언어로 보존되었기 때문이다. 그렇더라도 근거 자료의 특성으로 인해 아베스타어와 중세 페르시아어 용어의 일부 혼용은 피할 수 없다. 표기 시 일반적인 저작에서 혼란을 초래할 수 있는 특정한 학술적 용법을 피했다. 특히 무성연구개마찰음(예를 들어 스코틀랜드어의 'loch'의 마지막 음)을 'x'로 표기하는 것을 피했다. 여기에서는 이 음을 대신 'kh'로 표기했다.(아베스타어나 파흘라비어 구문 전체가 전사된 드문 경우를 제외하고.) 그러나 무성구개마찰음을 표기할 때 'š'를 사용하는 관행은 모호하지 않고 단순해 보이므로 첫음절을 표기할 때를 제외하고는 채택되었다. 왜냐하면 몇몇 고유 명사나 지명이 이 음으로 시작하는데, 이 단어들(예를 들어 샤푸르(Shapur), 쉬라즈(Shiraz))은 너무 잘 알려진 나머지 그렇게 표기해도 이상하지 않기 때문이다. 기호 'č'와 'ž'(현대의 'ch'와 'zh')도 마찬가지로 그대로 두었다. 아베스타어의 짧은 중성모음 'ə'와 변화된 비모음 'ŋ'은, 희망컨대 일반 독자들을 괴롭히지 않을 것이다.

더 큰 문제는 자료의 특성 때문에 발생한다. 조로아스터교 사제들은 오랫동안 자신들의 성스러운 텍스트를 외래의 쓰기 방식으로 기록하기를 꺼렸기에 현존하는 종교 저작 중 3세기 이전 것은 하나도 없다. 그때와 그 이후에 쓰인 저작 대부분은 분명 측정 불가능할 정도로 당시보다 오래된 내용들을 포함하고 있다. 그래서 개별 저작 안에서 어떤 것이 고대의 요소인지 결정하고, 이를 또 어떤 시대에 적절히 귀속시킬지 결정하기가 어렵다. 파흘라비어 서적들을 모두 사산조 시절의 산물로 취급함으로써 이 문제를 해결하는 것이 일반적이었다. 그러나 이는 이상한 기형을 만들어 내는데, 예컨대 조로아스터 자신의 가르침의 기반이 된 매우 원시적인 우주론을 마치 상대적으로 현대적이고 복잡한 시대의 창조물인 양 설명하도록 강요한다. 따라서 이 책에서는 다른 접근 방식이 채택되었는데, 상대적으로 연대가 늦은 자료들도 역사 이전 시기의 믿음으로 보이는 것을 묘사하기 위해 필요하다면 적절히 경고한 뒤 끌어들였다.

이 첫 권을 쓰면서(그리고 사실 전체 역사를 쓰면서) 나는 이 책을 헌정한 나의 조로아스터교도 친구들에게 가장 아낌없는 도움과 정보를 빚졌다. 오늘날 조로아스터교도들은 셋만 모이면 자신들의 신앙에 대해 세 가지 다른 해석을 내놓는다고 서글프게 말한다. 그러니 나는 여기에서 도출한 결론들이 동의를 얻기를 기대할 수 없다. 나는 그저 이것들이 진실에 접근하기 위한 진지한 시도의 일부로 인정되기를 바랄 수 있을 뿐이다. 나아가 특히 케임브리지 대학 도서관에 있는 나의 친구 M. I. 스콧(Scott) 박사에게 특별한 빚을 졌으니, 그녀는 책과 참고 문헌들을 얻는 데 끊임없는 도움을 주었고, 심지어 수많은 난해한 점들에 대해 토론까지 해 주었다. 파울 티메(Paul Thieme) 교수는 친절하게도 서신을 쓰는 데 시간을 할애해 그의 예리한 출판물에서 내가 이끌어 낸 것 이상의 도움을 주었다. 또한 나는 친구 일리야 게르셰비치(Ilya Gershevitch) 박사에게 상당한 빚을 졌으니, 그는 내가 내린 일부 결론에 대해 강력한 반론을 제기함으로써 사고와 연구를 심화하는 데 필요한 원동력을 주었다. 또한 나는 지적인 동료 A. D. H. 비바르(Bivar)와 함께 고고학적 문제에 관한 토론을 즐겼고, 그와 그의 예전

학생이자 오늘날 페르세폴리스의 아케메네스 연구소의 소장인 샤푸르 샤바지(Shapur Shahbazi) 박사로부터 많은 도움을 받았다. 이 첫 권과 관련하여 나에게 참고 문헌(참고 의견)과 타이핑한 원고, 희귀본이나 복사본을 보내 준 이들에게 따뜻한 감사를 전한다. 그들은 헤럴드 베일리(Sir. Harold Bailey) 교수, I. M. 디아코노프(Diakonov) 교수, J. 뒤센-귈레민(Duchesne-Guillemin) 교수, 고든 왓슨(Gordon Wasson) 씨, 제이콥 누스너(Jacob Neusner) 교수, R. E. 엠머릭(Emmerick) 교수, 마틴 슈와르츠(Martin Schwartz) 교수, 고故 P. K. 안클레사리아(Anklesaria) 박사, A. 타파졸리(Tafazzoli) 박사, 헬렌 포타마이노스(Helen Potamianos) 양과 벨라 브라간스키(Bela Broganski) 씨이다. 나는 친절하게 이 첫 권의 교정을 봐 준 J. R. 힌넬스(Hinnells) 씨와 원래『동방 연구 핸드북(Handbuch der Orientalistik)』에 배정된 30쪽에서 출발해서 지금 계획된 네 권으로 이 역사책이 느리고 끝 모르게 불어나는 동안 보여 준 인내에 대해 B. 스풀러(Spuler)와 및 브릴 출판사 식구들에게 특별히 감사드린다.

# 약어표

ĀN       아타쉬 니야예쉬(Ātaš Niyāyeš)

AVN      아르다이 비라즈 나마그(자마스프지 아사-하우그)(Arday
                 Virāz Nāmag(Jamaspji Asa-Haug))

Dd.       다데스탄 이 디니그(Dādestan ī dīnīg(T. D. Anklesaria))

Dk.       딘카르드(Dīnkard (P. B. and D.P. Sanjana, D. M. Madan))

GBd.      대분다히슨(이란 분다히슨)(The Greater (or Iranian)
                 Bundahisn(T. D. Anklesaria, B. T. Anklesaria))

Ind. Bd.   인도 분다히슨(소분다히슨)(The Indian Bundahišn)

KB        카우시타키-브라흐마나(Kauśītaki-Brāhmana)

KSS      카시야파 삼히타(Kāśyapa-samhitā)

Mbh.      마하바라타(Mahābhārata)

MKh.      메노그 이 크라드(Mēnōg ī Khrad(E. W. West))

Nir.       니랑게스탄(Nīrangestān(D. P. Sanjana, S. J. Bulsara))

NY.       니야예쉬(Niyāyeš)

**Pahl. Riv. Ādurfarnbag** 아두르파른바그의 파흘라비 리바야트(The Pahlavi Rivāyat of Ādurfarnbag(B. T. Anklesaria))

**Pahl. Riv. Dd** 다데스탄 이 디니그가 붙은 파흘라비 리바야트 (The Pahlavi Rivāyat accompanying the Dādestān ī dīnīg(B. N.Dhabhar))

**Pahl.Riv. of Farnbag-Srōš** 파른바그-스로쉬의 파흘라비 리바야트 (Pahlavi Rivayat of Farnbag-Srōš(B. T. Anklesaria))

**Riv.** 페르시아어 리바야트(The Persian Rivāyats(M. R. Unvala, F. M. Kotwal))

**RV** 리그베다(Rigveda)

**Saddar Bd.** 사다르 분다히슨(Saddar Bundahišn(B. N. Dhabhar))

**Šnš.** 샤예스트 네-샤예스트(Šāyest nē-šayest(J. C. Tavadia, F. M. Kotwal))

**Vd.** 벤디다드(Vendidād)

**Vs.** 비스페라드(Visperad)

**VS** 비자사네이삼히타(Vājasaneyisamhitā)

**Y** 야스나(Yasna)

**YHapt.** 야스나 하프탕하이티(Yasna Haptanhāiti)

**Yt.** 야쉬트(Yašt)

**ZAdspram** 비지다기하 이 자드스프람(Vizīdagiha I Zādspram (B. T. Anklesaria))

**ZVYt** 잔드 이 바흐만 야쉬트(Zand ī Vahman Yašt(B. T. Anklesaria))

**ZKh.A** 잔드 이 코르다그 아베스타그(Zand ī Khordag Avestag(B. N. Dhabhar))

## 저널 및 기타 집합 저작

**AION**           Annali dell' Istituto Universitario Orientale di Napoli

**AKGW zu Gottingen**    Akademie der Koniglichen Gesellschaft der Wissenschaften zu Gottingen

**AMI**            Archaeologische Mitteilungen aus Iran

**APAW**         Abhandlungen der Preussischen Akademie der Wissenschaften

**ARW**            Archiv fur Religionswissenschaft

**BSO(A)S**     Bulletin of the School of Oriental (and African) Studies, London

**ERE**            Encyclopaedia of Religion and Ethics, ed. J. Hastings, 13 vols. Edinburgh 1908-1926

**GIP**             Grundriss der iranischen Philologie, herausgegeben von W. Geiger und E. Kuhn, 2 vols., Strassburg 1895-1904

**IF**               Indogermanische Forschungen

**IIJ**              Indo-Iranian Journal

**JA**              Journal asiatique

**JAOS**         Journal of the American Oriental Society

**JBBRAS**     Journal of the Bombay Branch of the Royal Asiatic Society

**JCOI**         Journal of the K. R. Cama Oriental Institute

**JNES**         Journal of Near Eastern Studies

**JRAS**         Journal of the Royal Asiatic Society

**KZ**            Zeitschrift fur vergleichende Sprachforschung auf dem

| | Gebiete der Indogermanischen Sprachen, begrundet |
| --- | --- |
| | von A. Kuhn |
| MO | Monde orientale |
| MSS | Munchener Studien zur Sprachwissenschaft |
| OLZO | rientalische Literaturzeitung |
| RHR | Revue de l'histoire des religions |
| SBE | The Sacred Books of the East, ed. F. Max Muller |
| SPAW | Sitzungsberichte der Preussischen Akademie der |
| | Wissenschaften |
| TPS | Transactions of the Philological Society, London |
| WZKM | Wiener Zeitschrift fur die Kunde des Morgenlandes |
| WZKSO | Wiener Zeitschrift fur die Kunde Sud- und Ostasiens |
| ZDMG | Zeitschrift der deutschen morgenlandischen Gesellschaft |

## 기타 이차 저작

저술들의 약어명은 책 뒤쪽에 있는 참고 문헌 목록의 저자 혹은 편집자 이름에 딸린 것을 보라. 저자와 편집자의 약명도 거기에 함께 제시되었다.

## 주

아베스타나 파흘라비어에서 번역한 구문에 나오는 단어 앞에 붙인 별표(*)는 단어의 음이나 뜻이 명확하지 않음을 나타낸다. 단일 단어들 앞에 붙은 별표는 단순히 그것이 추정형임을 나타낸다.

1부

# 다신교적 배경

# 1장 | 개괄

    조로아스터가 활동한 시대에 대한 확고한 전승은 없다.[1] 하지만 이 위대한 이란의 예언자는 자기 민족(이란인)이 가까운 사촌인 인도인과 떨어져 나오면서 독자적 정체성을 획득하고 별도의 언어와 문화를 확립하기 전에 살았을 리 없다.[2] 그때까지 수천 년 동안 인도·이란인들(Indo-Iranians, 인도·이란어 사용자들. ─ 옮긴이)은 서쪽 볼가강 하류에서 동쪽으로 카자흐스탄 국경에 이르는 광대한 아시아의 초원 지대에서 유목민으로서 함께 살아 왔던 것으로 보인다. 일반적으로 두 집단은 서기전 3000~2000년 사이에 서로 멀어지기 시작한 것으로 여겨지며, 가장 오래된 인도어 작품 리그베다(Rigveda)는 서기전 1700년대 무렵에 집성되기 시작한 것으로 생각된다.[3] 리그베다의 찬가와 조로아스터의 찬가인 가타(Gāthās)의 현존 형태는 매우 유사하다. 예언자 조로아스터의 작품의 외적 형태뿐 아니라 놀랄 만큼 원초적인 내용의 요소들로 보아 그가 서기전 1000년 무렵보다 늦은 시기에 살았을 리는 없다고 가정하는 것이 합리적일 것이다.[4] 그는 아마도 그보다 다소 이른 시기에 활약했을 것이다. 나아가 언어적 증거가 나타내는 대로 그의 고향은 동북부의 이란인 거주 지역 중 하나였고, 그가 속한 (조로아스터교 경전 아베스타의 이름을 따 '아베스타 민족'이라 칭한) 민족(여기에서 사용된 'people'은 오늘날의 민족이라는 뜻보다 훨씬 범위가 좁다. 족군族群이라는 말이 더 정확해 보이지만 관습적인 용례를 따른다. ― 옮긴이)은 결국 옥서스강 하류 하변에 위치한 화레즘에 정착한 것으로 보인다.[5] 20세기까지 이 지역과 이를 둘러싼 왕국들(동남쪽의 박트리아, 소그디아, 페르가나, 남쪽의 파르티아와 마르기아나)의 선사 시대에 대해서는 거의 알려지지 않았다. 이 지역은 모두 소련령 중앙아시아(지금은 독립 공화국들이 되었다. ― 옮긴이)의 일부이며 우즈베크, 타지크, 투르크멘, 키르기스 공화국으로 나뉘었다. 또한 20세기 동안 소련의 고고학자들이 이 지역에서 많은 발굴을 실행했으며, 그 덕에 먼 과거에 대한 지식이 축적되었다.[6]

유목민 시절 인도·이란인은 안드로노보 문화(Andronovo culture)의 담지자로 간주되었다. 이 문화는 서기전 두 번째 (즉 서기전 2000년에서 1000년)의 정밀한 청동 도구와 무기 제작으로 유명하다.[7](상투적으로 고착된 시적 묘사에 따르면 이란의 미트라(Mithra)가 휘두르는 거대 전곤戰棍은 이 금속(청동)으로 만들어졌다.)[8] 베다와 아베스타에 있는 약간의 법률적 텍스트[9] 덕분에 당시 이들 사회를 밝히는 한 줄기 가는 빛이 비쳐졌다. 이 연구에 따르면 인도인과 이란인은 왕뿐 아니라 상왕(high king, 왕들을 지배하는 왕)에 의한 지배라는 전통을 공유했으며, 상왕의 지배는 전횡적인 것이 아니라 어느 정도 자신의 봉국과 맺은 책임 관계에 의해 구속되었고, 그는 통치권을 행사하는 동시에 의무도 인정했다. 사회의 이런 양상은 신들 사회에도 반영된 것으로 보인다. 왜냐하면 인도·이란 만신전의 아수라들에 대한 신앙의 발전 과정에서 그 영

향이 감지되기 때문이다.[10]

이는 가장 오래된 아베스타 찬가 중 하나인 미흐르 야쉬트(Mihr Yašt)에도 반영된 듯한데, 거기에는 "수많은 나라들의 왕(vispanąm dahyunąm dai ŋ́ hupaiti)", "나라들의 지배권, 제국(dai ŋ́ hupaiti)", "나라들의 우두머리들의 회의(dahyunąm fratəmatāt)"라는 표현이 등장한다. 우두머리란 족장이거나 속국의 왕일 것이다.[11] 권력을 가진 이들이 계약과 동맹의 제약을 받아들여야 했다는 사실은 인도·이란인들의 중심적 철학 개념인 르타(rta, 아베스타의 아샤(aša)) 개념과 부합하는 것으로 보인다.[12] 르타는 (해가 뜨고 지며 계절이 바뀌는) 자연계를 지배하고 인간 사회의 방향을 제시하는 질서와 공정함의 원칙으로 이해되었는데, 그래서 인간은 생전과 사후에 행복하기 위해, 또 자신의 삶을 점잖게 조절하기 위해 반드시 르타의 작동에 따라야 한다. 그러므로 인도·이란인에게 주어진 신성한 삶의 양식은 훗날 몽골인 등 같은 초원 유목민들의 삶의 양식과 부합하는데, 그들 사이에서도 큰 추장들의 손에 권력이 쥐어졌지만 상호 간에 강력한 충성과 의무의 전통이 있었다. 불안정한 떠돌이 생활의 와중에 가족과 부족 및 민족의 복지를 위해 훌륭한 지도력이 필요했고, 그리하여 그들은 우두머리에게 상당한 권력을 부여하는 위계제를 가진 '유목 봉건제(nomad feudalism)'를 발전시켰다. 이미 지적한 바와 같이[13] 역사 시대의 경우가 보여 주듯 그런 강력하고 훌륭한 지도자 없이 이란인과 인도인이 현재 그들이 살고 있는 땅을 최종적으로 정복하기란 거의 불가능했을 것이다.

초원 시기 인도·이란 사회의 또 다른 특징은 그들이 크게 세 집단으로 나뉘었다는 사실이다.[14] 조로아스터의 찬가에 따르면 이들은 다음의 이름으로 불렸다. 나르(nar)는 문자 그대로 "남자(man)", 다시 말해 싸우는 남자, 즉 전사이다. 자오타르(zaotar)는 "사제(성직자)"로서

"제물을 드리는 이" 혹은 "기원하는 이"이다.[15] 바스타르(vāstar)는 "목부"로서 목초지(vāstra-)에서 가축을 돌보는 이이다. 훗날의 아베스타에서는 다른 용어들도 등장한다. 사제를 위한 일반어는 아트라반/아타우르반(āthravan, athaurvan, 산스크리트어(ātharvan))인데 어원이 불분명한 인도·이란어이다.[16] 또한 목부는 일반적으로 바스트리요.프슈얀트(vāstryo.fšuyant), 즉 "(소 떼를) 살찌우는 목부"로 불렸고, 크바샤르(khvāšar), 즉 "좋은 목부"로도 불렸다.[17] 전사는 일반적으로 라타에쉬타르(rathaēštar), 즉 "전차에 타는 이"로 불렸는데, 이 말은 이란인들이 보병전 대신 전차전을 채택한 후에 발생한 것이 분명하다. 이런 발생은 서기전 두 번째 천년기에 일어난 것으로 보이는데,[18] 당시에는 전차가 너무나 널리 퍼져 이란인과 인도인의 신들 대부분이 전차를 몬다고 여겨졌다. 조로아스터 본인도 여행 중에 바퀴 달린 수레를 사용한 것으로 보이지만,[19] 그의 시에 나오는 어휘들은 여전히 더 오래전의 일을 반영한다. 즉 당시에는 단지 노약자만 황소가 끄는 무거운 두 바퀴 수레를 탔고, 성인 남자는 걸어 다녔으며 보병이었을 것이다. 말 등에 올라탄 것은 더 후대의 일, 즉히 서기전 첫 번째 천년기에 들어간 후의 일로 보이며[20](오늘날 학자들은 대개 기마의 기원을 그보다 훨씬 이전으로 본다. — 옮긴이) 기마 전사는 "젊은 아베스타(Younger Avest, 조로아스터 당시의 언어에 가까운 것으로 추측되는 고(Old) 아베스타어와 문법적으로 더 후대에 속하는 젊은 아베스타어가 있다. 많은 부분이 젊은 아베스타어로 기록되어 있는데, 이를 칭하는 말이다. — 옮긴이)"에 바샤르(bāšar), 즉 기수騎手라는 별도의 어휘에 반영되어 있다.[21] 개는 그보다 전에 유목 목부들의 귀중한 동료였음이 틀림없는데, 풀을 뜯는 가축을 보호하고 모으는 일을 했으며, 소와 개가 인도·이란인의 사회적, 종교적 삶에서 공히 중대한 역할을 차지한 시기는 명백히 이 머나먼 옛날이며, 조로아스터교에서도 소와 개의 중요성은 결코 사라지지 않았다.

세 계급 혹은 지위로의 사회 분화는 아일랜드인 등 같은 고대의 다른 목축 민족들에게서도 발견되며, 실제로 어떤 이들은 이를 인도·유럽 사회의 특징으로 여겨 왔다. 이 이론은 이란과 인도에서 오랫동안 유지되었다. 그러나 사실 인도·이란인들은 심지어 유목 시절에도 엄격한 직업에 의해 규정되는 세 집단으로 국한될 수 있는 단순한 사회 구조를 가지지 않았음이 명백하다. 예컨대 대장장이 직업은 오래된 것인데, 청동기 후기의 정교하게 가공된 물품들은 분명 숙련된 장인들의 작품이다. 인도·유럽의 유산을 간직한 다른 부류의 장인은 음유 시인으로서, 인도·이란 시절 영웅 서사시 전통의 유풍은 인도와 이란의 문학 전통 안에서 각각 살아남았다.[22] 서정시와 애도시, 훈련받은 전문 시인의 작품인 기념시도 있었음이 분명하다. 종교적이거나 학구적인 시는 사제들이 발전시켰다. 그들은 배운 계급이었지만 그 배움은 구전으로 획득·전수되었다. 왜냐하면 인도·이란인들은 쓰기에 대한 지식이 없었고, 그들이 처음으로 정복한 민족들 사이에서 쓰기 기술을 발견하지 못했기 때문이다. 역사 시대에 접어들 때까지 쓰기는 그들에게 알려지지 않았고, 그들은 심지어 쓰기 기술을 획득한 후에도 여러 세기가 지나도록 이를 종교적 용도로 활용하지 않았다.

그렇게 이른 시기 이란인들이 아버지의 직업에 엄격하게 예속되어 있었다고 가정할 이유는 없다. 이란인들은 베다 이후 인도에서 발전된 유형의 엄격한 카스트 체계를 가진 적이 없으며, 그들의 사회에는 항상 작더라도 유동적인 요소가 있었다. 물론 일반적으로 아들은 아버지의 직업을 따랐을 테고, 아주 어릴 적부터 아버지의 일을 익히게 되어 있었을 것이다. 헤로도토스의 기록에 따르면[23] 서기전 5세기 페르시아의 귀족, 즉 "전사" 계급에 속하는 소년들은 다섯 살부터 승

마와 활쏘기, 진실 말하기(즉 거짓말 하지 않기. — 옮긴이)를 배움으로써
훈련을 시작했다. 그리고 인도와 이란 모두에서 사제의 아들들은 일
곱 살에 도제로 보내져 엄격한 직업 훈련을 받았다.[24] 조로아스터 본인
도 거대 종교의 창시자들 중에서는 유일하게 직업적 사제였기에 그가
개혁하리라 마음먹었던 고대 신앙의 관행과 교리를 유아 시절부터 배
웠음이 분명하다.

　인도·이란 시절의 사제들 사이에서는 이후 시기와 마찬가지로
확실히 여러 다른 직업이 있지만(사제들의 종류가 많다. — 옮긴이) 그들
모두가 공유하는 기본적인 훈련을 받은 것 같다. 조로아스터교도와
브라만들의 제의에 공통의 요소가 있다는 사실은 그 배후에 오랜 전
통이 있어 세대를 거치며 전승되었음을 보여 준다. 이러한 제의 절차
를 장악하는 것에 더하여 사제는 제의에 따르는 성스러운 말과 신들
이 적합한 방식으로 소환되어 제사상 앞에 강림할 때 그들을 기쁘게
할 노래, 즉 찬가를 익혀야 했을 것이다. 수백 년 동안 조로아스터교
도와 브라만들의 모든 기도문과 찬가의 어휘는 고착된 채 변하지 않
았으며 기억을 통해 정확하게 반복되었다. 하지만 그 이전에는 성스러
운 문학의 전통을 보존해 온 암송 방식과 함께 확립된 전통의 틀 안
에서일지언정 이를 재구성할 자유가 명백히 있었다. 세 가지 정형화
된 발화 범주가 알려져 있다. 첫 번째는 만트라(mantra), 즉 아베스타
어로는 만트라(maθra)이다. 이 단어는 기본적으로 인간이 "생각한다"
라는 어기語基에서 나온 것으로 보이는데, 이는 표현된(정형화된) 생
각, 즉 "생각의 수단"인 발화 방식으로 정의되었다.[25] 인도의 만트라
혹은 이란의 만트라에는 의례가 동반하며, 예부터 영감을 받은 사제
한 명이 그런 언사를 지어냈다. 그는 베다의 관용어로 만트라크르트
(mantrakṛt), 즉 만트라를 만드는 사람이며, "가슴으로부터 잘 만들어

진(hṛdá á sútaṣṭam)"[26] 만트라를 발성하는 사람인데, 다른 사람들은 그의 만트라를 기억하고 그를 따라 반복한다.(베다의 예언자는 심장 혹은 생각(hṛdá 혹은 hṛdí) 안에서 선견先見을 얻었다. 가타의 "심장과 생각에 의해(zərədāčā mana ŋ hāčā)"라는 구절은 고대 이란인들도 인도인들과 마찬가지였음을 보여 주는데, 심장은 마나스(manas), 즉 생각의 자리(소재지)[27]로 여겨졌다. 베다어에도 "만트라를 아는(mantrin)"이라는 형용사가 있고, 조로아스터는 자신을 가리킬 때 이란어 동의어인 만트란(maθhran)이라는 말을 반복해서 썼다.[28] 일반적으로 사제의 언설은 계시를 받거나 계시를 내리거나 가장 엄격한 의미에서 영감을 받은 것으로 여겨졌는데, 그런 영감은 신 혹은 사제 본인 안에 있는 정신적 능력에서 나온다고 생각되었기 때문이다.

두 번째 영역은 찬가(hymn)로, 음유 시인이 조물주를 기쁘게 하기 위해 부르는 찬가에 비견된다. 왜냐하면 많은 부분에서 찬가는 신을 기쁘게 하여 숭배자들에게 은총을 내리도록 유도하려 하기 때문이다. 하지만 이 찬가가 효력을 발휘하기 위해서는 신에 대한 찬미나 신의 예전의 행동과 자비로움에 대한 묘사는 진실이어야 하고 진실하게 표현되어야 했다.[29] 그러므로 사제는 종교적 지식과 찬가 작법 모두를 정확하게 배워야 했다. 그런 찬미와 숭배의 찬가는 아베스타의 야쉬트를 통해 이란에서 반복되었고, 인도에서는 우드가트르(udgātṛ), 즉 "노래" 사제들의 찬가를 통해 반복되었다. 두 가지는 운율이 비슷한데, 한 행에 8음절이 특징이며, 둘 다 비교적 단순하고 직설적인 내용과 표현을 담고 있다.

셋째, 이란에서는 자오타르, 즉 조로아스터가 지은 가타에서만 표현되고 인도에서는 호타르(hotar)가 지은 "지혜"의 시로 제시되는 시가이다. 이 시가는 11음절이 특징인 운문이다.[30] 이 자오타르/호타르시가는 교훈적인 내용이 두드러지며 극히 정교한데, 이는 명백히 오래된 학구적 전통의 산물로 보인다. 또한 이는 확실히 이 전통에 익숙한 청중을 위해 만들어진 것으로, 청중은 이 시의 "수수께끼처럼 모호한 두드러진 경향"에도 불구하고 고도로 인위적인 그 구조를 이해하고 의미를 설명할 수 있었다.[31] 이런 식의 운문을 지은 사제들은 시작 기교와 표현 방식을 장악하기 위해 수년간 집중적으로 공부했음이 틀림없다. 또한 이 문학 유형의 지적인 내용으로 볼 때 자오타르/호타르 학파의 시가는 사제들 중 진리를 묻고 사물의 본성을 밝히고자 했던 명상가들에 의해 보존된 듯하다. 더욱이 인도·유럽에 뿌리를 둔 것으로 보이는 이 고대 시가 범주[32]는 예언력과 예지력을 갖춘 것으로, 특히 점술과 연관되어 발전했다.

사제 조직에 대해서는 고대 인도에서 "왕족 가문들 외에 강력하고 부유하며 스스로 성스러운 문학적 역량을 구비한 정신적인 귀족이 우리가 브라만 카스트에 대해 가진 어떠한 증거보다 오래전에 존재했다는 것은 의심할 나위가 없다. …… 이 귀족 계층은 자신들의 가문을 제외하고는 분명 어떠한 중앙 조직도 갖지 않았다. 또한 이 계층은 지역적으로 기반이 고정되지도 않았는데, 우리는 그 시절 항구적인 성소에 대해서는 들은 바가 전혀 없기 때문이다. 가문과 그 우두머리들은 일반적으로 왕들이 제공하는 서비스에 종속되어 있었다. 왜냐하면 사제는 왕의 푸로히타(purohita), 즉 왕의 "목사(chaplain)"가 됨으로써 가장 풍성한 대가를 얻을 수 있었기 때문이다."[33] 이 제도는(이에 의해 사제 구성원들 대다수가 개별 가문에 의탁한다.) 지금도 조로아스터교도 및 브라만들에게 일반적이며, 그 기원은 의심할 나위 없이 인도·이란 시절이다. 사실 이는 먼 옛날 사제들이 거행할 숭배의 중심 시설이 없을 테고, 적절하다고 생각되는 곳이면 어느 곳에서든 제의를 거행한 유목민들에게는 극히 적합한 제도였다. 의심할 나위 없이 이후 시기와 마찬가지로 역사 이전 시대에도 속인들에 의해 수많은 가내 의례(예컨대 화로를 돌보고 조상의 영혼에 제물을 바치는 것)가 거행되었다. 하지만 주요 제의를 거행하자면 관련 지식을 더 많이 가진 사제들이 반드시 필요했다. 인도·이란의 공통적인 전통이 보여 주듯이 이런 제의들은 초원 생활인들의 개인주의에 맞게 예외 없이 한 사람의 명령하에 이뤄졌는데, 사제는 그로부터 보수를 받았다.(브라만들과 조로아스터교도들은 그때까지 아직 정식 보수 체계를 발전시키지 못했다.) 이 사람들은 산스크리트어로 야자마나(Yajamāna)라 불렸는데, 희생제를 주관하는 사람이라는 뜻으로,[34] 이 용어는 구자라트의 파르시에 의해 야쥐만(Yajmān) 혹은 자쥐만(jajmān)의 형태로 변용·계승되었고, 후대의 조로아스터교의 상용구에 따르면 그는 의식 과정에서 "명령(framāyišn)"을 내리는 사람이었다.[35] 전쟁이나 기근과 마찬가지로 공동체 전체와 관련된 일일 때조차 제의는 여전히 개인의 권위하에 수행되었는데, 이 경우 주관자는 군주 혹은 지역의 지도자였다.

오래전 유목민 시절 각각의 이란인 집단에는 분명 대체로 자신들의 고유한 사제 가문과 개별 사제들이 있었을 것이다. 하지만 메디아인(Medes) 사이에서는 여섯 부족 중 하나, 즉 그리스어로 마고이(Magoi)[36]라 불리는 부족에서 나머지 부족의 사제를 배출했다고 한다.[37] 그 전통이 얼마나 오래된 것인지 모르지만, 서기전 5세기에 처음 기록되었다. 그러나 어쨌든 향후 마기(Magi)들이 조로아스터교에서 그토록 큰 역할을 했음에도 아베스타 자체에는 그들의 이름이 나오지 않는 듯한데, 젊은 아베스타의 "모구.트비쉬(moghu.tbiš)"는 (흔히 그렇게 생각되는 것처럼) "마구스(마고스)들에게 적대적인"이라는 뜻이 아니라 십중팔구 "부족의 한 구성원에게 적대적인"이라는 뜻임이 밝혀졌기 때문이다.[38] 그러나 아베스타의 모구(moghu)와 메디아어의 마구 (magu)는 원래 같은 말로, "부족의 구성원"을 뜻하는 공통의 이란어가 메디아인들 사이에서 "그 (사제) 부족의 구성원", 즉 사제라는 의미로 발전한 듯하다.[39] 이리하여 배타적인 성격의 성직 세습 원칙은 이란의 서부에서 먼저 발견된다. 베다 시대 인도와 마찬가지로[40] 아베스타 민족 사이에서 성직 계급의 장벽은 덜 견고했던 듯하다. 왜냐하면 조로아스터 자신도 비록 자오타르였지만 전사 가문의 여식과 결혼했으며, 자신의 딸 한 명을 그런 식으로 결혼시켰기 때문이다.(이와 비슷하게 현존 조로아스터교 사제들도 속인들과 통혼해 왔다. 그러나 사제가 될 권리는 엄격하게 아버지로부터 아들로 전수된다. 이 권리가 사제의 딸을 통해 외손자에게 전수될 수는 없다.)

고대의 성직 문제는 카비(kavi)의 지위와 성격에 관한 의문 때문에 복잡해진다. 베다 시절 인도에서 카비는 예지력을 가진 시인, 현자, 예언자였다. 이 말은 사람이나 신, 소마 및 소마-사제를 지칭할 때 쓰였다. 왜냐하면 소마 식음食飮이 카비야(kávya)의 형성을 촉진했기 때문이다. "카비야는 단순히 '영감을 받아 하는 말'이 아니라 '주술적으로 강력한 주문'이다."[41] 이란에서 카비라는 말과 그것의 중세 이란어 파생어인 카브(kav)와 카이(kay)는 다양한 용법으로 쓰인다. 가타에서 조로아스터는 자신의 가르침에 적대적인 카비들을 혹독하게 비판한다. 그러나 결국 그의 교리를 받아들인 후견인이자 통치자인 비쉬타스파(Vištāspa)는 카비라는 칭호를 유지했으며, 그의 조상들 또한 전통에 의해 그렇게 불렸다. 중세 이란어(많은 어휘를 조로아스터교에 빚지고 있다.)로 지어진 마니교 경전에서 카브는 신과 인간에게 모두 쓰이며, 인간에게 쓰일 때는 "거인"이라는 의미로 쓰였다. 조로아스터교의 전승에서 하나의 특별한 저주의 관용구를 제외하면 카이는 "왕"을 의미하는데, 카비 비쉬타스타와 그의 선조들, 즉 탁월한 카비들은 왕들이었기 때문이다.[42] 아마도 예언시와 예언의 재능은 가문 안에서 세습되었던 듯하지만 이란의 카비 또한 사제였는지 아니면 이스라엘의 경우처럼 사제 외의 남성들이 예지력을 자유롭게 계발할 수 있었던 것인지 알아낼 방법은 없어 보인다. 하지만 사제이자 예언자였던 조로아스터가 카비를 자신과 다른 부류로 간주하고 그 자신을 만트란, 즉 카비야가 아니라 만트라를 말하는 사람으로 묘사한 사실이 중요해 보인다. 그 이름이 정확히 무엇을 의미하든 카비들은 "현자"로서 신성에 대한 자신들만의 견해를 가지고 조로아스터에 대항한 것으로 보이며, 그들은 조로아스터의 새롭고 매우 개인적인 계시를 쉽사리 받아들이려 하지 않았던 듯하다.

조로아스터는 적대적인 카비를 카라판(karapan) 및 우시쥐(usij)와 연결시킨다. 후자는 단 한 번 언급되는데(Y.44.20) 베다의 우시쥐와 같다고 할 수 있다. 그는 베다에서도 거의 언급되지 않지만, 카비와 마찬가지로 "현자"였던 것으로 보이며, 카비와 우시쥐는 때로 호환되어 쓰였던 것으로 보인다.[43] 카라판을 칭하는 베다의 동의어는 없지만, 가타에서는 몇 번 불렸고, 훗날의 "젊은" 아베스타에서 그는 조로아스터의 적들을 나열하는 판에 박힌 저주의 관용구에 카비와 함께 등장한다. 생각건대 거기에서 그는 다에바 숭배자 무리의 사제를 표상하는 듯하다. 이 단어는 "제의"를 뜻하는 산스크리트어 칼파(kalpa)와 연결되었으며, 카라판은 제의를 주관하는 사제로 추정되었다.[44] 그러나 나중에 이 말이 오히려 화레즘어의 동사 카르브(karb-), 즉 "끙끙대다, 웅얼거리다"(산스크리트어 krp-)와 관련된 것이라는 의견이 제시되었는데,[45] 이 경우 조로아스터가 의미를 숙고하지 않고 전례와 기도문을 달달 외는, 즉 "웅얼거리는" 보수적 태도를 지닌 일반 사제들을 경멸하는 용도로 이 말을 썼으리라 가정할 수 있다. 어떤 해석을 채택하든 카라판은 현직의 사제로 간주되는 반면 카비와 우시쥐는 지혜와 예언의 예지력을 가졌던 것으로 보인다. 당연히 종교적인 생각을 가진 모든 부류의 사람들 중에 조로아스터의 새로운 가르침에 반대하는 이들이 있었을 것이다.

성직 교육 조직에 대해서는 알려진 것이 없다. 그러나 가문 안에서 전수되는 가르침을 포함하여 여러 종류의 학교들이 분명 있었던 듯하다. 젊은 아베스타에는 아에트라파티(aēthrapati), 즉 "아에트라(aēthra)를 장악한 이"라는 표현이 등장하는데, 그 어원과 정확한 의미는 명확하지 않지만,[46] 이 말은 사제를 가르치는 사람, 즉 선생님을 지칭하는 것으로 보이며, 그의 제자와 문하생은 아에트리야(aēthrya)로 불렸다. 이 두 용어는 미트라에게 바치는 고대 찬가 일부에서 나타나므로 이는 다신교 시절 이란의 것이었을 터이다. 아에트라파티는 그것의 후대 형태인 에르바드(ērbad, hērbad, ērvad) 등을 통해 조로아스터교 안에서 역사를 이어 간다. 아에트라파티와 함께 하미드파티(hamidhpati, Yt.13.105)라는 명칭이 한 번 등장하는데, 그는 명백히 교사였다.[47]

사제와 예언자를 칭하는 다양한 고대 이란어 단어들은 다신교 시절 이란의 복잡한 종교 생활과 경험을 보여 준다. 그러나 기본적 제의와 숭배 의식을 수행할 필요로 인해 예언자와 현직 사제가 종교 공동체 안에서 결합하고, 나머지 두 계급의 구성원들도 그 안에서 결합했음이 명백하다. 인도·이란의 관습에 따르면 모든 남성은 성년이 되면 의식(성년식)을 치르면서 앞으로 줄곧 착용해야 할 성스러운 끈을 받았다.(15세가 되면 성년으로 간주되었다.) 그리고 나서 그는 이제 입문자로서 집단적 숭배 행위에 참여할 수 있었고, 동시에 사제와 속인 할 것

없이 모든 성인 남자들에게 부과된 정식의 종교적 의무를 수행할 책임이 생겼다.

이란 사회는 이론적으로 세 계급으로 나뉜 것 외에 씨족과 연맹에 의해 네 집단으로 나뉘었다. 먼저 가구, 즉 남계男系의 가족 집단이 있었고(이는 가타에서 크바에투(khvaētu), 즉 "가족"이라 불리고 젊은 아베스타에서는 느마나(nmāna), 즉 "집"이라 불린다.) 거주지 혹은 마을(아베스타의 베레제나(vərəzəna), 젊은 아베스타의 비스(vīs)), 부족의 지역 혹은 부족(아베스타의 쇼이트라(šōithra), 즉 "지역, 영역 단위", 젊은 아베스타의 잔투(zantu), 즉 "부족")과 마지막으로 나라 혹은 가장 넓은 의미의 연맹(다흐유(dahyu))이 있었다.[48] 유목 시절 다흐유는 관습적 권리에 의해 일군의 부족에게 속하는 목초지를 의미했을 것이다. 정주 시기에 이 용어는 같은 통치자를 인정하는 사람들이 차지한 지역을 가리켰다.(이런 지역은 가끔씩 방대하기도 했지만 상대적으로 규모가 작았을 것이며, 하나의 하곡河谷이나 산으로 둘러싸인 평원이었을 것이다.) 이러한 네 사회 집단의 꼭대기에는 저마다 "주인", 즉 라투(ratu) 혹은 파티(-pati)라 불리는 이가 있었다. 젊은 아베스타에서 느마노파이티(nmānōpaiti), 비스파이티(vīspaiti), 잔투파이티(zantupaiti), 다잉후파이티(dai ŋʹ hupaiti, 고 아베스타의 *다흐유파이티(*dahyupaiti))라 불렸다. 다잉후파이티의 사제가(베다의 관용어로는 푸로히타(purohita)[49]) 그가 다스리는 수많은 느마노파이티의 사제보다 자연스레 더 부유하고 영향력 있었으리라는 것 외에는 사제 사회에서 그들의 역할 구분에 상응하는 위계제를 암시하는 증거가 없다.

베다 인도인과 아베스타 이란인 사이에 제도, 관습, 사고방식의 유사성이 그토록 많다는 사실은 그들의 조상들이 아시아 초원 지대에서 살 때의 목축 생활이 얼마나 강력한 조형적 영향력을 가지고 있었는지 보여 준다. 그들의 종교 문학에서 공통된 것으로 가장 빈번하게 언급되는 것이 암소 상징인데, 이 짐승은 헤아릴 수 없는 세대 동안 그들의 생계와 안락의 원천이었으며, 두 민족 모두에서 이 상징은 가장 중요하다. 가타에서 조로아스터 본인은 암소 상징을 방대하고 복잡하게 사용했는데, 이는 현대의 해석가들을 당혹스럽게 했다.[50] 그리고 소의 이미지가 그의 운문에 반복적으로 등장하는 반면 땅을 가는 일에서 도출된 직유가 하나도 없다는 것은 놀라운 일이다. 예컨대 쟁기나 알곡, 파종기나 추수에 대한 언급이 하나도 없다. 반면 젊은 아베스타에서는 이런 것들이 많이 언급되며 종교적 상징체계에서 이것들이 실제로 점차 소를 대신해 나간다.[51] 예언자가 속해 찬가를 짓던 때의 전통은 여전히 목축민들만의 것으로 보이고, 이 사실은 우리를 다시 그의 생존 연대 문제로 이끌고 간다. 그의 생존 연대는 이란인들이 언제 중앙아시아를 차지했는가의 문제와 연결된다.

이란고원에서 가장 오래된 아리얀의 흔적은 놀랍게도 서남부에서 나온다. 서기전 1760년 무렵 바빌로니아 왕국에서 카시테스(Kassites, 바빌로니아 동부 변경의 산악 민족)를 점령한 신의 이름 중에 태양신 수리아쉬(Suriiaš)가 등장하는데, 일반적으로 이 신은 인도·이란의 수리야-스(Surya-s)를 나타내는 것으로 해석된다.[52] 이집트의 점토판에 따르면 서기전 1400년 무렵 시리아와 팔레스타인 지역에서 아리야식 이름을 가진 여러 지방 왕조들이 있었음이 드러난다.[53] 또한 소아시아의 보아즈칼레에서 미탄니(Mitanni) 왕국과 관련된 점토판들이 발견되었는데, 거기에서는 아리야식 차용어와 일부 고유 명사와 더불어 네 명의 아리야 신이 조약의 수호자로 호명된다. 이들은 베다의 미트라와 바루나(Varuna), 인드라와 나사티야(Nāsatya)로 인정된다.[54] 미탄니 기록에 나오는 이러한 요소들을 언어학적 근거에 따라 인도·이란어가 아니라[55] 인도 조어(祖語, proto-Indian)로 보는 주장이 강력하게 제기되었는데, 이는 인도인이 이란의 서부에서 먼저 역사에 등장했음을 의미하는 주목할 만한 사실이다. 하지만 이런 신들이 아나톨리아와 메소포타미아에 등장하는 것이 대규모 이주와 관련된 것으로 보이지는 않는다. 이는 아마도 용병이든 과감한 모험가들이든 소규모 부대가 이들 고대 왕국으로 침투해 들어간 것과 관련 있는 듯하며, 그들은 카스피해 서쪽의 산악로를 통해 남하했을 것이다. 대규모 이주는 전 민족이 전사들의 인도를 받아 황소가 끄는 거추장스러운 이륜 수레에 가재도구를 모두 싣고, 무엇보다 생계와 부의 원천인 가축을 이끌고 감행했을 것이다. 또한 이런 대규모 이주 경로는 분명 중앙아시아를 통해 이란으로 이어지는 길이었을 텐데, 중앙아시아에는 평평하고 탁 트인 지역이 있어 가축 떼를 위한 초지를 제공하고, 실제로 이곳은 오랫동안 유목민의 자연적인 침입 경로 역할을 해 왔다.[56] 인도 민족들의 주류는 처음에 이 지역들을 거쳐 서남쪽으로 헤라트에서 사브자바르를 거쳐 칸다하르로 이어지는 길을 따랐던 듯하고, 이란인들은 이어서 서남쪽으로 계속 나아가 마르기아나와 파르티아를 거쳐 결국 이란고원에 닿은 듯하다.[57] 그러나 일부 학자들은 상당수의 인도인들(즉 "인도아리야 조인(祖人, proto-Indoaryans))"은 그 이전인 서기전 1500년 무렵에 이란고원으로 나아갔고, 이들 이주민들이 카시테스와 미탄니에 흔적을 남긴 후 이어진 이란인들의 이주 물결에 흡수되었다고 주장한다.[58]

이주가 일어나던 시절 중앙아시아는 결코 비어 있거나 원시적인 지역이 아니었다. 고고학자들은 파르티아에서 농경의 흔적을 확인했는데, 이곳의 공동체들은 서기전 4000년대에 이미 관개 수로를 이용했고, 이로 인해 이들은 알려진 가운데 세계에서 가장 오래된 농경민들 중의 하나가 되었다.[59] 서기전 1000년대에 이르면 중앙아시아 남부는 도시 생활의 문턱에 달했으며, 이 지역의 주요 중심지들은 큰 촌락이라기보다 읍락(town)으로 분류될 수 있었다. 왜냐하면 그곳에는 전문화된 장인들의 구역과 더 부유한 집들과 가난한 집들의 집단이 구분되어 있었기 때문이다.[60] 이곳과 남쪽 및 서쪽의 이란고원과 메소포타미아 사이에 교역이 있었던 반면 덜 발단된 북쪽 지역은 오히려 내륙 아시아 초원 지대와 물물교환을 행했던 것으로 보인다.[61] 아마 이곳의 민족들은 인도인 및 이란인 유목민들이 이 땅으로 밀려 들어오기 전부터 그들과 오랫동안 평화적이든 준평화적이든 친분을 맺어 왔을 것이다.[62] 발굴에 따르면 그들은 서기전 1500년 무렵 중앙아시아 북쪽 지역으로 이동했음이 드러나는데, 이때 이 땅은 "가난하지만 수가 많고 명백히 호전적인 소몰이 유목 부족들"의 소유가 된 듯하기 때문이다.[63] 그리고 얼마 안 있어 남쪽의 선先 도시 문명이 갑작스럽게 붕괴했다. 거대한 인구 중심들이 쇠퇴하고 버려졌으며, 규모가 더 작은 오아시스 기반의 촌락들에서 유지되던 생활 방식은 더 단순한 수준으로 돌아갔다.[64] 인도·이란인 침입자들이 훗날의 몽골인이나 튀르크인들처럼 흉폭했는지, 그들처럼 현지인들을 많이 살해했는지는 알 도리가 없다. 그러나 아베스타의 야쉬트에는 비이란인에 대한 호전적 수사와 그들을 타도해 달라고 신에게 비는 기도문이 넘쳐나고, 고 아베스타의 언어와 문화는 거의 순수한 이란(인)의 것임은 사실이다.[65] 그러므로 정복당한 이란 동북쪽의 민족들은 학살당하지 않았을지 몰라도 자신들의 땅을 지나 이어지는 이주의 물결에 흡수된 것 같다.

이란고원에서 이란인들이 거주한 최초의 확실한 연대는 아시리아 쐐기문자에 등장한다. 아시리아인들은 메디아(이란의 서북 지역으로, 동쪽으로 염호인 다쉬트 이 카비르(Dašt-i Kavīr)까지 뻗어 있다.) 깊숙이 전쟁-습격을 감행하는데, 그들이 기록한 지명들에 따르면 서기전 8세기에 이란인들이 메디아 서부를 완전히 장악하지는 못했지만 주요 이주로에 더 가까운 메디아 동부는 최소한 서기전 700년이 되면 지명 대부분이 이란어로 표기되었다.[66] 아시리아인들이 이란고원 원정에서 돌아와 기록한 전리품 목록에는 엄청난 수의 말뿐 아니라 긴뿔 소도 있는데, 이 가축들은 침입자들(이주한 이란인들)의 가축 떼에서 약탈한 것임이 거의 틀림없다.[67]

서기전 1000년 무렵 거대한 이주의 연쇄 고리에서 아베스타 민족의 위치 문제는 완전히 모호한 채로 남아 있다. 조로아스터의 찬가는 그가 정주 집단에 속했음을 시사하는데, 아마도 그의 부족은 그가 태어나기 전에 이미 화례즘을 점령했던 것으로 보인다. 그렇다면 그로 하여금 여전히 강한 목축의 심상心象을 간직하도록 한 것은 전통이었을 것이다.(종교적 시가의 전통은 대단히 보존력이 커 보인다.) 혹은 이와 반대로 그의 심상은 그가 더 북쪽에서 살던 시절에 확립된 것일 수도 있다. 어쨌든 조로아스터의 운문 연들의 짤막한 암시에 그토록 감칠나게 반영된 그 사회는 사유와 숭배의 방식을 훨씬 오래전인 수천 년 전 초원에 있을 때부터의 경험을 통해 형성한 것이지 남쪽으로 움직이면서 새로 조우한 문화적 경험을 통해 형성한 것은 아닌 것으로 보인다. 그러므로 조로아스터 자신의 신앙과 제도의 연원을 찾고자 한다면 그 먼 옛날로 돌아가야 한다.

문제는 그 방법을 발견하는 일이다. 고고학은 제한적인 도움만 줄 수 있으며, 그 외에 두 가지 주요 정보원이 있다. 하나는 고대 인도 문학, 특히 리그베다와 브라흐마나(Brāhmanas), 즉 의례집들이다. 다른 하나는 "젊은" 아베스타로, 그 이름에도 불구하고 수많은 원초적 요소를 간직하고 있다. 젊은 아베스타에 나오는 증언은 유실된 아베스타 텍스트의 파흘라비 번역문과 현존하는 조로아스터교 의례집(이는 브라흐마나의 경우와 마찬가지로 현존 관습들에 비추어 볼 수 있다.)에 의해 상세히 설명된다. 우리는 전승들을 비교함으로써 두 민족이 과거 인도·이란 시절부터 간직해 온 유산들을 표상하는 공통의 요소들을 걸러낼 수 있으리라 기대할 수 있다. 하지만 그 안에는 자료 비교를 어렵게 만드는 요소들이 있다. 신앙의 영역에서 인도인들은 자연과 신의 행위에 대해 상세히 부연하고 의미를 짐작하는 경향이 있으며, 풍부한 상상력으로 새로운 신화, 상징, 유추를 창조해 내는 경향이 있었다. 고대 이란인은 더 현실적이고 냉정한 기질을 가진 듯하며, 조로아스터의 계시 또한 환상을 통제하는 데 도움을 주었다. 하지만 이로 인해 다신교 시절의 일부 요소들이 거부되고 유실된 듯하다. 이리하여 인도·이란의 신앙을 복원하기 위한 재료들은 "대체로 아베스타 안에는 파편적이고 빈약하며, 베다 안에는 풍부하지만 혼란스럽다."[68] 풍부함은 오랫동안 강력한 강점으로 인식되어, 베다의 증언이 더 우월한 것으로 여겨졌다. 그러나 심화 연구를 통해 어떤 면에서는 빈약한 아베스타의 자료들을 더 신뢰할 수 있다는 것이 밝혀졌다. "베다의 증거는 풍부함 때문에 귀중하고, 아베스타의 증거는 신빙성 때문에 귀중하다."[69] 물론 이런 일반화는 모든 경우에 적용되지 않으며, 인도인과 이란인이 함께 숭배하는 신인 경우 고대 신앙의 층을 분별하고 무엇이 추가되고 유실되었는지 가려내기 위해 양측 문헌을 함께 주의 깊게 살펴보아야 한다. 이란 측에서는 아케메네스 왕조 왕들을 명문銘文과 이란인의 종교적 관습에 대한 그리스 역사가들의 소개를 통해 이를 보충할 수 있다. 왜냐하면 그들의 신앙과 관습에는 분명 지역적 변이가 있긴 하지만 다신교 시절 다양한 이란 민족들은 대체로 종교적 통일성을 유지했으며 비슷한 의례를 행하고 동일한 신들을 숭배했던 것으로 보이기 때문이다.

제의(이 부분은 신앙 자체보다 더욱 변화가 적었던 것으로 보인다.)를 연구하면서 우리는 다시 한번 브라만들이 더 정교하게 묘사했고, 그들의 주요 의례가 더 오랫동안 이어진 점, 사제 집단의 장악력이 더 컸던 점을 인정해야 한다. 반면 이란에서는 조로아스터교의 강력한 교리 구조와 우세한 도덕적 목표가 그러한 발전을 가로막는 역할을 했다. 그러나 이러한 차이에도 불구하고 양자의 숭배 의례 및 장례 관습은 놀랄 만큼 유사하며, 이는 두 민족이 신앙과 관습 면에서 대단히 보수적이었음을 증명한다. 인도인들이 새 정착지에서 정복한 민족은 물론 더위, 다양한 식생, 몬순 강우 등을 포함한 기후와 지형의 다양한 새로운 영향에 대한 글은 많다. 그런 영향력이 매우 점진적으로만 영향을 미쳤다고 파악한 그런 학자들의 견해는 타당해 보인다.[70] 그러나 일반적으로 내륙 아시아의 초원에서 중앙아시아를 거쳐 커다란 산맥과 비옥한 평원 및 메마른 사막이 있고 극단적으로 건조한 추위와 더위가 있는 이란고원으로 들어간 이란인들은 인도·이란인 시절과 더 비슷한 조건에 놓였으며, 이 사실은 그들이 전통을 유지하는 데 도움을 주었다. 더욱이 이러한 뚜렷한 대비점은 이원적 사유를 촉진하는 경향, 즉 사물 안의 대립점을 보는 경향을 촉진시켰고, 이는 조로아스터교 자체에서 매우 심오하고 명백하게 정의된 형태로 표출된다.[71] 이란 같은 땅은 "승려나 고행자를 길러 내지 못하며, …… 대신 행동하는 인간, 즉 생을 사악한 세력과의 영원한 투쟁으로 보는 경향을 가진 이들을 길러 낸다. 경계심과 맹렬함은 그것들이 아베스타에 안착하기 훨씬 전에 이미 이란 땅 자체의 속성이 요구한 명령이다."라고 일컬어져 왔다.[72] 또 하나의 문제, 원주민들이 이주 이란인들에게 미친 영향[73]에 대해 가타 자체나 젊은 아베스타의 가장 오래된 부분을 통해 알아내기는 불가능하고, 후반 부분에서 한두 개의 흔적을 찾을 수 있을 뿐이다.[74] 또한 그런 영향은 이란계 이주민의 수가 더 적고 선주민이 더 많이 남아 있었을 이란 서부의 페르시아인들이나 메디아인들에게는 시간을 두고(서기전 8세기 혹은 7세기부터) 미쳤음이 확실하다.

이란인이든 인도인이든 연대기 체계나 절대적인 날짜를 기록하는 방법을 갖추지 못했다. 그래서 그들은 (영웅적 업적의 경축, 왕의 계보, 중요한 일의 기억을 돕는 목록 외에는) 역사적 기록을 만들지 못했다. 그들의 종교 문학의 무無시간성은 베다보다 아베스타에 더 큰 혼란을 야기하는데, 베다는 비교적 오래전에 경전으로 고착되었기에 구전으로 전해졌어도 책으로 성소에 안치된 것처럼 고정된 형태로 전해졌기 때문이다. 이란에서는 조로아스터 본인의 말만이 음절마다 엄격하게 기억되었다. 반면 다른 종교적 작품들은 그토록 엄격한 경의를 요하지 않아 "살아 있으며, 변화 가능하며, 익명인" 더 유동적인 구전 편집의 전승으로 계승되었다.[75] 그런 전승 안에서는 소재(주제)와 어법 및 문체 등의 고정된 요소들과 함께 일련의 신선하고 즉흥적인 창작이 세대에서 세대로 전해지며 행해진다. 이런 구전 문학은 대단히 보수적인 경향이 있지만(왜냐하면 이 장르는 대단히 집중적인 훈련과 계발을 통해서만 존재할 수 있기 때문이다.) 혁신도 가능한데, 각 세대가 확립된 전통 내에서 일지언정 텍스트를 새로이 만들어 넴으로써 새로운 요소들이 기꺼이 수용되고 옛것과 조화를 이룰 수 있기 때문이다. 새로이 들어온 내용을 표시해 줄 문체상의 차이점은 없는데, 어떤 경우에도 찬가 혹은 기도문은 전적으로 사제나 시인의 입에서만 나오기 때문이다. 이 모든 것은 이른바 "젊은" 아베스타(언어학적으로 가타보다 더 젊다.)에 의해 현저하게 증명되었다. 젊은 아베스타는 조로아스터 생전에 이미 구식이 된 것이 확실한 다신교 시절의 요소들을 포함하고 있지만, 예언자 자신의 가르침과 뒤섞였고, 아마도 최소한 그의 사후 1000년 동안 조금씩 증가되고 수정되었다. 현존 텍스트가 언제 오늘날의 모습으로 다소간 고착되었는지 확언할 방법은 없다.[76] 또한 "최종" 편집 한참 후에도 종종 자잘한 수정이 이뤄진 것으로 보인다. 아베스타의 일부가 파르티아 시절 후기에 쓰였을 수 있지만, 사산조 시절까지 경전으로 확고히 고착되지 않았고, 기원후 6세기까지도 그랬던 것으로 보인다. 그러나 적절히 언급된 바대로 "아베스타 텍스트의 최종 편집(이는 언제나 전승의 고리 안에서 순수하게 우연한 지점을 표시할 뿐이다.)을 그 구상 및 작성과 동일시하는 것은 방법론상의 오류이다."[77] "젊은" 아베스타의 상당 부분은 실질적으로 오래된 것이고, 먼 옛날로부터 경건하게 보존되어 온 유산을 가리키는 것으로 보인다.

전승이 그토록 기나긴 시간을 거친 후이니(그 시기 대부분 동안 이 텍스트는 분명 중요성 면에서 조로아스터의 가타 다음으로 여겨졌다.) 젊은 아베스타가 상대적으로 덜 완전하게 보존되고, 언어적으로 퇴화하고 소재(주제) 면에서 혼란스러운 것은 놀랍지 않은데, 이런 현상은 오랜 전승의 끄트머리로 갈수록 일반적으로 드러난다.[78] 그럼에도 이 텍스트들과 이를 보충하는 파흘라비 문서는 그 자체로 흥미로울 뿐 아니라 고대 이란인들의 다신교 종교와 조로아스터 본인의 가르침 양쪽을 이해하는 데 귀중한 가치를 지닌 자료들을 포함하고 있다. 이것들이 없었으면 조로아스터의 가르침은 그의 위대한 자오타르 운문의 장엄한 모호함 속에 봉인되어 있었을 것이다. 사라진 상고의 문화를 가진 민족이 활동하던 머나먼 시대를 고려하면 현대인, 특히 도시민이 그의 교리의 의미를 파악하기 어려운 것은 당연하다. 또한 이 교리의 도덕적 영향력은 오늘날 조로아스터교도들의 행동에 여전히 남아 있지만, 20세기 봄베이(뭄바이)와 테헤란 시민들의 지적인 관점은 3000년

전 중앙아시아에 살던 사람들의 것과 상당히 다를 수밖에 없다. 우리는 현대 조로아스터교도가 학습의 과정 없이 자기 신앙의 원래 교리를 자세히 설명할 수 있으리라고 기대할 수 없는데, 이는 특히 그의 신앙 공동체의 학구적 전통이 수 세기의 가난과 박해로 질식당해 경전 해설의 연속성이 사라진 상황이라 더욱 그러하다. 조로아스터의 가르침을 원형대로 복원하기란 어려운 일인데, 이를 수행하자면 모든 증거를 모으고 그 도움을 받아야 하기 때문이다. 최고의 안내자는 역시 그의 공동체의 전승으로, 이는 (오랜 전승 기간 동안 피할 수 없는 발전들에도 불구하고) 연속성과 일관성을 유지한 채 현대의 문턱까지 보존되어 온 듯하다. 이 전승은 (차용으로 인해) 기독교도 및 무슬림에게 대단히 익숙한 교리들을 포함하고 있지만, 동시에 그것들과는 완전히 다른 조로아스터교 고유의 것을 간직하고 있다. 또한 조로아스터의 가르침에 대한 해석에 그런 편차를 만든 것은 개별 학자들이 그런 유사점에 집중하는가 아니면 차이에 집중하는가였다. 그의 가르침을 전체로서 파악하고, 이 가르침이 어떻게 그토록 오랫동안 사람들의 충성을 이끌어 냈는지 이해하기 위해 여기에서는 이를 교리로서만 파악하지 않고 이것이 예식과 숭배 의식에서 구현된 형태로도 파악할 것이다. 또한 모든 종교의 모든 예언자들은 자신의 메시지를 자신의 시대와 사회가 이해할 수 있는 언어로 전달해야 하므로 우선 몇 장은 예언자 자신이 자라 온 삶의 방식과 신념을 가능한 한 잘 이해하고자 조로아스터를 키운 다신교 신앙에 할애한 것이다. 가타가 보여 주듯이 조로아스터는 자신의 계시에 구현된 수많은 요소들을 다신교로부터 이끌어 냈다.

| 2장 | # 다신교 시절 이란의 신들 |
|---|---|

수많은 신들이 아베스타에서 존경을 받고 있다. 아베스타에는 이란 신들의 만신전이 매우 광범위하게 재현된다.[1] 그 이름 중 일부는 고대 이란의 다른 장소(주로 파르스에서 발굴된 서판(토판)과 명문)에서 발견되고, 가장 위대한 신격들 중 몇몇은 베다 시대 인도인들에 의해서도 숭배되었다. 이런 특정 신들은 유목민 시절 인도·이란인들에 의해 헤아릴 수 없는 세대 동안 숭배를 받았음이 명백한데, 이리하여 두 민족이 서로 갈라져 상당히 다른 새 고향으로 차츰 나아가던 시절 훨씬 이후에도 살아남았다. 또한 이런 고대의 신들에게 특별한 성격을 부여한 것은 광대한 초원에서 이뤄진 유목이었다. 떠돌아 다니던 인도·이란인들은 정주민들의 신들을 지역적 힘만 가진 존재로 격하하고 고정된 주거지에서 지역적인 권위만 가지게 만드는 식의 신상이 갖춰진 사원들을 갖지 않았다. 그들의 신은 온 세상에 두루 무한한 영향력을 행사하는 존재로 여겨졌으며, 그들의 지배력은 기능에 의해서만 제한되었으니, 각 신들에게는 특정한 성격과 임무가 있었다[2] 또한 그들의 편

재성遍在性은 미트라를 기리는 다음 구절처럼 이란과 인도의 시인들에 의해 화려하게 찬양되었다. "그의 거소는 온 세상(땅)만큼 넓다.", "그는 하늘과 땅 사이에 존재하는 모든 것을 주시한다.", "그는 자신의 위대함으로 하늘을 품고, 자신의 영광으로 대지를 품는다."[3] 이 표현에서 인도·이란인들의 고위 신들은 이미 일신교의 유일신을 닮았으며, 위대함에서 조로아스터 자신의 개념인 최고신의 전조를 보인다.

인도인과 이란인들은 신적 존재들에 대해 다양한 집단 지칭어(collective terms)를 사용했다. 하나는 베다의 데바(deva), 즉 아베스타의 다에바(daēva)인데, 라틴어 데우스(deus)와 어근이 같은 단어로, "빛나다, 찬란하다"라는 뜻이다. "빛나는 이들(Shining Ones)"은 "불사의 존재(Immortals)"(베다의 아므르타(amṛta))와 아베스타의 아메샤(aməša))로도 불렸다. 그리고 이란인들은 일반적으로 바가(baga), 즉 "나눠 주는 이"라는 단어를 쓴 것으로 보이는데, 그는 좋은 물건을 남에게 주는 사람이다. 그러나 조로아스터교의 역사의 관점에서 가장 흥미로운 표현은 베다의 아수라(asura)와 아베스타의 아후라(ahura)로, "주(lord, 主)"를 지칭하는 것으로서 신은 물론 인간에게도 쓰였다.[4] 베다에서 이 명칭은 대개 모든 신격에게 자유로이 주어지며, 이를 가장 많이 받은 이는 사실상 디아우스 피타르(Dyaus Pitar), 즉 "하늘 아버지(Father Sky)"[5]로서 유피테르의 인도식 동격인데, 원래는 데바들 중 가장 강력한 이였을 것으로 보인다. 그러나 대개 더 보수적인 이란 전승에서는 세 신에게만 아후라의 칭호가 붙었다. 그들은 대개 하나의 집단을 형성하며, 개념과 기능이 밀접하게 연결되어 나타난다. 또한 이들 셋이 인도·이란의 만신전에서 원래의 "주들(Lords)"이었고, 그저 이들 특유의 칭호가 기타 신을 칭하는 경구로 서서히 발전했을 뿐일 가능성이 매우 크다.[6]

20세기 동안 진행된 일관성 있는 하나의 해석에 따르면 고대 인도·이란의 아후라들은 모두 추상적 개념을 인격화한 것이다. 인도·이란 종교의 이 특징을 이해하기 위해서는 이렇게 인격화된 존재들이 강력하고 언제나 존재하는 신격이 되어 추종자들을 거느릴 수 있다는 사실을 반드시 파악해야 한다. "추상적이라 불리는 신들의 기원이 무엇이든 이 중 다수는 대중들의 순수한 실제 신앙을 획득하기에 이르렀고, 대중들의 가슴속에서는 모든 면에서, 자연에서 근원을 찾을 수 있는 신으로서 그렇게 생생하게 살아 있었다."[7] "그 발현을 감지할 수 있는 모든 힘들을 살아 있는 실재로 인식하는 것"이 실제로 인도·이란의 일반적 관습이라 말해진다.[8] 이리하여 정의, 용기, 진실 등 지금은 하나의 추상으로 간주되는 것들이 고대에는 힘으로 여겨졌다. 이 힘이 신성시되고 개성과 육체적 특성을 획득하고, 이어 신화를 부여받는 과정은 역사 이전 시대에 숨겨진 채로 남아 있다. 그러나 이 과정은 최초 개념의 모래알에 신념과 관습이 한 층씩 덧씌워지는 것으로서, 진주 만들기와 유사했음이 틀림없다.

아후라들의 경우 이 과정은 그들을 찬양하는, 현존하는 가장 오래된 텍스트들이 만들어질 때까지 분명 수천 년의 시간을 거쳤을 것이다. 그러므로 간단히 말해 원시의 개념을 복원하고 이런 신들의 본질적 속성을 이해하는 것은 쉬운 일이 아니다. 그들 중 연구에 가장 큰 도움을 제공하며 그를 통해 삼자 관계 전체의 진상을 이해하기를 기대할 수 있는 이가 바로 베다의 미트라(Mitra), 이란의 미트라(Mithra)이다. 베다의 운문뿐 아니라 아베스타의 가장 긴 야쉬트가 이 신에게 바쳐졌다. 더욱이 그는 조로아스터교도들이 여전히 무척 사랑하는 신이며, 그에 걸맞게 그의 숭배와 숭배 의례에 관한 고대 및 현대의 자료들이 풍부하다. 더 나아가 아베스타와 산스크리트어에는 각각 보통 명사 미트라(mithra)와 미트라(mitra)가 있어 그에 관한 고대의 미스터리를 푸는 열쇠를 제공한다.

서방에는 아베스타의 미트라 이전에 베다의 미트라가 알려졌다. 그리고 로마 군인 사회의 미트라 숭배(Mithraism)는 기원이 복합적인 종교인데[9] 이 종교에서 이란의 신 미트라는 태양과 관련된 신격으로 찬양되었다. 베다를 가장 먼저 해석한 이들은 인도인의 신앙을 원시적인 것으로 보아 그들의 신을 주로 자연의 힘이나 현상을 인격화한 것으로 이해했다. 그리고 이에 따라 미트라가 처음에는 태양신으로 여겨졌다. 아베스타의 미트라 또한 태양과 관련이 있고, 이리하여 이란 종교를 공부하는 학생들은 태양을 이 신의 원초적 개념으로 인정했다. 그러나 아베스타의 보통 명사 미트라는 명백히 "협정, 계약, 맹약"을 의미하며, 다시 말해 사람들 사이의 동의를 말한다. 또한 1907년 A. 메이예(Meillet)는 인도·이란의 미트라가 그러한 약속들을 보증하는 힘을 인격화했다는 주장을 명료한 논지로 전개했다.[10] 그가 지적했듯이 과거에 "계약은 원칙적으로 종교적 행동이었고, 규정된 행사에 둘러싸였으며, 특정한 의례에 따라 이루어졌다. 또한 계약에 수반된 말은 단순한 개인 간의 약속이 아니라 규칙에 의해 정해진 표현(즉 만트라)이자 스스로 힘을 부여받은 것으로서, 그 안에 잠재된 힘으로 인해 누구든지 이를 어기는 이를 징벌하도록 되어 있었다. 인도·이란의 미트라는 모두 "계약"과 계약에 내재하는 힘을 뜻한다."[11] 이런 결론에 달한 후 그는 이 말의 어원을 추정하여 인도·유럽어의 동사 어기 *메이(*mei), 즉 "교환하다"라고 제시했다.[12]

메이예가 고대 인도·이란어의 개념을 묘사하기 위해 프랑스어 "콘타(contrat)"를 선택한 것은 이 개념이 루소의 "사회 계약"이라는 표현에 의해 상당한 권위를 부여받았기 때문일 것이다. 영어의 "콘트랙트(contract, 계약)"는 단지 협소한 법률적 관계만을 의미하므로 영어권의 어떤 학자들은 더 풍부한 종교적·도적적 함의를 지닌 "커버넌트 (covenant, 좀 더 넓은 의미의 약속, 계약)"라는 용어를 선호해 왔다. 나아가 "약속에 대한 충성(loyalty to the covenant)"이 영어로 이 신의 윤리적 측면을 가장 가깝게 묘사한 표현일 것이다.[14] 하지만 이 구절은 일반적 용법으로 쓰기에는 거북하므로 이어지는 페이지에서는 때로 "충성 (loyalty)"이라는 용어를 단독으로 쓸 것이다. 메이예의 해석은 우선 일부 주도적인 이란어 학자들에 의해 받아들여졌지만 베다 학자들의 첫 반응은 그와 반대였던 듯하다.[15] 산스크리트어에서는 일반 명사 미트라(mitra)가 "커버넌트(약속, 계약)"가 아니라 "친구"를 의미하기 때문에 그들로서는 메이예의 주장을 수용하기가 더 어려웠다.[16] 커버넌트의 의미는 사실 "약속(계약)을 확립하다"라는 의미의 합성어 히타-미트라(hitá-mitra)에 살아 있었다.[17] 그러나 계약적인(이행의 의무가 있는) 약속이라는 의미는 신과 관련된 베다의 텍스트 안에서 결코 두드러지지 않는다.[18] 그러나 몇 십 년 후 비교학자 G. 뒤메질(Dumézil)이 메이예의 이론을 강력하게 지지하며 널리 퍼뜨렸고,[19] 산스크리트어 학자 P. 티메(Thieme)는 정밀한 학문적 논거를 바탕으로 이 이론을 발전시켰으며,[20] 마찬가지로 이란어 학자 I. 게르셰비치(Gershevitch)는 심오한 학문적 사유로 이 이론을 지지했다.[21] 이제 이 이론은 이 분야 대다수의 학자들에 의해 받아들여진 듯하다. 그러나 일부 학자들은 여전히 강력하게 이에 반대한다. 예컨대 헤르츠펠트(Herzfeld)는 페르시아어에 "애정 어린 친절, 우애"를 뜻하는 미흐르(mihr)라는 단어가 있다는 사실을 "친구"를 뜻하는 산스크리트어 단어 미트라와 연결시켜 "아리얀 시대에 이미 이 신이 미트라라는 이름을 가졌으며, 이는 "계약"이라는 개념의 모호한 인격화가 아니라 "친구"라는 개념으로서였다."라고 주장하기에 이르렀다.[22] 그리고 근래에 렌츠(Lentz)는 미트라의 핵심 개

넘은 "자비로운(베푸는) 힘"의 일종이라고 여기는 한에서 그의 주장을 이어받았다.[23] 하지만 아베스타의 미트라는 "진실을 말하고 중용에 따른 행동을 하며 이웃에게 자선을 베풂으로써 종교에 따라 행동하고자 하는 인간의 노력"를 표상한다는 그의 해석[24]은 이 신의 기원을 이해하는 데 도움을 주기에는 지나치게 일반적인 듯하다. 그럼에도 인도어 학자 J. 곤다(Gonda)는 베다에만 근거하여 그와 다소 비슷한 결론에 도달하는데, 그는 "이 신이 대표하는 핵심 개념은 분노나 복수 없이 정의와 평화로운 관계를 유지하는 것이며, 이는 다른 무엇보다 적극적인 자선과 남을 돕고 잘못을 고치려는 의지를 통해 드러난다."라고 보았다.[25] 그러나 이처럼 고의적으로 미트라에 관한 아베스타 야쉬트의 증거들을 무시하는 것은 건전한 학문 과정으로 보기 어렵다. 또한 곤다 자신이 인정했듯이[26] 이 접근법의 약점은 그렇게 하면 이 신에 부여된 다양한 기능들에서 어떤 일관성도 발견하기 어렵다는 것이다. 여전히 미트라와 태양의 동일성을 가장 우선시해야 한다고 주장하는 이들 또한 똑같은 문제를 느껴야 한다고 사람들은 생각할 것이다.[27] 그러나 "커버넌트"의 개념이 본질적이라고 주장하는 이들은 인도어와 아베스타의 텍스트에 공통으로 나타나는 미트라의 모든 특징에 적절해 보이는 설명을 제시했다.[28]

미트라를 연구하는 것은 본질적으로 쉽지 않다. 왜냐하면 수천 년의 숭배와 간청의 시간을 겪으면서 이 아베스타와 베다의 신은 더 이상 단순한 하나의 인격화가 아니게 되었으며, 다양한 행동을 하는 강력한 신격으로 성장했기 때문이다. 그럼에도 그 모든 기능들을 화해시키는 하나의 근본적 조화를 포착하는 것이 가능해 보인다. 그의 행위 중 가장 두드러진 특징 한 가지는 그가 인도·이란 시대의 위대한 원칙인 르타/아샤(rta/aša)를 지탱하는 것과 관련 있다는 점이다.[29]

현재 이 용어는 일반적으로 다른 어떤 언어의 단일한 단어로도 정확히 묘사할 수 없는 하나의 개념을 표상한다고 인정된다.[30] 가장 넓은 의미에서 이는 "질서"를 의미하는 것으로 보인다. 즉 밤이 낮에 자리를 내주고 계절이 바뀌는 우주의 질서, 자연의 규칙적 변화가 강화되고 유지되도록 하는 희생제의 질서(order of sacrifice), 사람들이 조화롭게 공존하며 번영을 누리도록 하는 사회의 질서, 도덕적 질서, 즉 "진실(truth, 진리)" 등이다. 인도와 이란에서 르타나 아샤를 가지는 것, 즉 르타반(r̥tavan) 혹은 아샤반(ašavan)이 된다는 것은 공정하고 올바른 존재가 되는 것을 의미했다. 그리고 망자를 대상으로 쓰일 때 이 단어들은 떠난 이가 내세에서 축복을 받고 합당한 천국으로 들어갔다는 의미였다.[31] 베다에서 르타의 반의어 안르타(anr̥ta)[32]는 거짓을 의미하는 드루흐(druh)와 연결된다. 이란의 미트라는 커버넌트를 주관하는 신으로서 미트로.드루쥐(mithrō.druj), 즉 자신이 한 약속에 대해 진실하지 않은 자의 천적이다.[33] 그런 거짓됨이 도덕적 아샤를 파괴하기 때문에 이 신은 더 나아가 모든 측면에서 아샤를 보호하는 이로 간주된 것으로 보이며, 그렇게 큰 역할을 하기 때문에 인도에서는 자신의 일차적 임무, 즉 르타와 함께 사람들 간의 약속에 영향을 미치는 일을 압도한 듯하다. 아베스타 야쉬트에서 미트라는 "아샤의 길(ašahe paiti pantam)"로 이끄는 사람들로서,[34] 그들에게는 "아샤를 가진(ašavasta-)"이라는 칭호가 부여되었다.[35] 그는 지치지 않고 아샤반(ašavan, 아샤를 가진 이)을 수호하며[36] 그들을 공격하는 사악한 이들을 파괴한다.[37]

누가 아샤반인지 알아내기 위해 미트라는 사람들의 행위를 평가하고 누가 사회를 결속하는 수많은 약속(커버넌트, mithras)을 지키고 누가 약속을 배반하는지 알아내야 한다. 그의 야쉬트에 이 약속이 얼마나 광범위한지 나타나는데, 그 목록에는 친구와 동료 주민 사이의 약속, 교역 당사자끼리의 계약, 남편과 아내를 결속하는 혼인 약조, 국가들 간의 조약 등이 포함된다.[38] 이렇게 많은 것을 지켜보자니 이 신은 항상 깨어 있어야 한다. 베다에 언급되어 있듯이 "미트라는 눈도 깜빡이지 않고 인간의 거주지를 지켜본다."[39] 또한 이런 이유로 이 신은 새벽에서 황혼까지 일상을 수행하는 인간들의 머리 위로 깜빡이지 않고 제 길을 가는 태양과 연결된 것으로 여겨졌다.[40] 그러나 이 신과 행성의 일차적 연결 고리는 이보다 더 근본적인 것으로, 약속의 주관자인 미트라와 불의 원초적 상관관계에서 발생하였다. 왜냐하면 인도어와 이란어 자료 모두에 나타난 바에 따르면 불 앞에서 약속의 인격화된 힘인 미트라의 이름으로 맹세하는 것이 고대의 관습이었기 때문이다.[41] 불은 생명을 지속시키는 화로의 불꽃으로서든 시간과 계절을 주관하는 하늘의 태양으로서든 르타/아샤, 즉 사물의 정해진 질서를 표상했다. 더욱이 미트로.드루쥐의 거짓을 궁극적으로 확정하고 그에게 끔찍한 죽음을 내리는 사법적인 시죄試罪 또한 불을 통해 이뤄졌다.[42] 이리하여 불은 미트라의 대리인으로 간주될 수 있었고, 신과 불이 긴밀하게 연결되었는데, 하도 긴밀하여 이란과 인도에서 미트라는 점차 태양신으로 묘사되기에 이르렀다. 미트라의 이런 특성은 그와 관련된 고대의 야쉬트에서 이미 나타나기 시작한다. 그러나 이는 찬가일 뿐 맹세의 만트라가 아니므로 이 신과 태양의 관계는 태양의 불로서의 본질이 아니라 위풍당당하게 하늘을 지나는 것과 관련되어 찬양되었다. 이리하여 미트라는 새벽에 그 행성(태양)보다 먼저 나타나[43] 매일 이와 함께 위엄 있게 세상 위의 정해진 길로 여행하는 존재로 여겨졌다.[44]

　　이 환상적인 개념으로 인해 더 작은 기능이 이 약속의 주에게 하나 더 주어지게 되었다. 미트라는 잠들지 않는 존재이자 태양의 동반자로서 새벽에 사람들을 깨우므로 사람들을 나태하게 잠자리에 붙어 있도록 하려는, 기다란 팔을 가진 마녀 부시야스타(Būsyāstā)의 적으로 묘사되었다.[45] 다른 두 가지 부차적인 기능은 그의 태양과의 관련성과 잘 조화되지만, 더 직접적으로 약속의 주라는 일차적 개념으로부터 발전했음이 분명하다. 이리하여 새벽과 정오 사이 이른 낮 시간 신에게 바쳐질 희생제를 보호하는 이가 바로 미트라이다. 떠오르는 태양의 동반자로서 미트라가 이 특정한 시간을 지켜 주어야 한다는 것이 합당해 보인다. 그러나 희생 행위를 보호하는 것은 분명히 일차적으로 이 행동이 신과 인간 사이의 약정을 이행하는 것이기 때문이며, 그렇기에 희생 보호가 그의 특정한 관활권으로 들어오게 된다.[46] 이리하여 그는 "삶을 주는 자(gayō-dā-)"이자 "비를 내리게 하고 식물을 자라게 하는 이(tat.āpa-, ukšyat.urvarā-)"로서 추앙되었으며,[47] 베다의 미트라도 이와 유사하게 비와 초목과 건강을 주는 존재로 묘사되었다. 이런 특징들 역시 "삶을 주는" 태양과 미트라의 연관으로 인해 그에게 부여됐다고 해석할 수 있겠지만,[48] 이 특징들은 통치자가 올바르고 약속을 충실히 지키면 그 나라는 비와 좋은 작물로써 보답을 받지만 왕의 악행은 한발과 역병을 불러온다는, 고대에 널리 퍼진 믿음에서 기원한 것으로 보인다.[49] "약속을 어기는 악당은 온 세상을 파괴한다."[50]

미트라는 모든 약속(커버넌트)을 감시할 뿐 아니라[51] 이를 본 후 판결을 내린다. 그가 자신의 야쉬트에서 기원의 대상으로 호출되는 것은 바로 심판관으로서이며[52] 이어지는 시대에도 한결같이 공정하며 절대로 속지 않는 존재로서 이란인들의 숭배를 받았다.[53] 그는 공정하므로 자신의 자비를 받을 자격이 있는 이들의 강력한 보호자였으며, "넓은 초지를 가진 존재(vouru.gaoyaoti)"라는 표준적인 이란어 별칭을 얻은 것은 보호자로서의 역할 때문으로 생각되었다.[54] 다시 말해 유목 이란인들은 그 초지에서 미트라에 대한 믿음을 간직하고 안전하게 가축들에게 풀을 뜯길 수 있었다. 또한 충성스러운 이들에게 그는 신들 중 가장 다정한 이로서, 공포를 자아내거나 변덕을 부리지 않았으므로 아샤반의 친구를 의미하게 되었으며, 이윽고 "친구" 혹은 "우애" 일반을 나타내게 되었다.[55] 그러나 그 공정함 때문에 미트라는 불가피하게 다른 측면, 즉 신의 없는 자들의 엄하고 무서운 응징자로서 그들을 때려 부수는 특징을 가지게 되었다.[56] 이처럼 그는 "분노한 주"[57]로서 두려워해야 할 존재였다. 그러나 사람들은 자신의 적을 자신보다 사악한 존재로 간주하는 경향이 있으므로, 이 특징 때문에 미트라는 또한 전쟁의 신으로서 의로운 이란인들을 위해 적과 싸우는 존재가 되었다.[58] 그를 표상하는 개념은 이렇게 태양신의 특징에 전사의 모든 특징들이 더해져 풍부해졌다. 그는 백마가 끄는 전차를 탄 이로서 금은으로 된 신을 신고 그림자를 드리우지 않는 존재였으며,[59] 강력한 청동 전곤[60]과 창과 화살과 칼과 투석용 돌을 든 전사였다.[61] 이런 전투적인 특성은 베다의 미트라에게는 한 번도 부여되지 않았다. 그러나 티메는 미트라와 바루나 모두 한때 전사로서의 특징을 가지고 있다가 리그베다가 최종적인 형태를 갖출 무렵 잃어버렸음을 보여 준다고 여겨지는 작은 조짐들을 발견했다.[62] 그런데 이 두 인도·이란 신들의 응징자로서의 면모는 바루나에게 더 많이 부여되어 (독자적으로 찬양되는 한) 미트라는 더 순수하게 자비로운 신으로 남은 듯하다. 그러나 그럼에도 인도의 미트라가 이란 측의 파트너 바루나처럼 자신의 숭배자들을 기쁘게 하는 것은 물론 경악케 할 힘을 가지고 있으며 "인간들에게 선하기도 하고 악하기도 한" 존재도 될 수 있음을 보여 주는 운문들이 있다.[63] 예컨대 "우리가 바루나와 바유, 미트라의 분노 아래 놓이지 않게 하기를. 그는 인간에게 가장 소중한 이."[64] "이 둘(미트라와 바루나)

은 수많은 투석을 가지고 있으며, 그들은 진실하지 않은 이(anṛta-)에게 차꼬를 채우며, 유한한 생명을 가진 기만적인 자들이 피하기 어려운 이들이다."[65] 이들 및 여타 비슷한 구절들은 분명히 베다의 사제들 또한 그런 특성을 더 이상 가장 우선시하지 않았다 하더라도 때로는 미트라에게 엄격함과 분노의 특성을 부여했음을 보여 준다. 여타 대부분의 인도·이란 신격들과 마찬가지로 미트라는 인간계의 어떤 왕보다 크지만 역시 인간의 형상을 한 것으로 여겨졌다. 그러나 초인적 각성 능력으로 인해 그는 "천 개의 지각과 만 개의 눈을 가진 이"[66]라는 별칭을 얻었으며, 이 구절은 아마도 그의 시종들, 즉 모든 고도와 각도에서 "약속을 감시하는 이들(spasō …… mithrahe)"로서 "누가 약속을 깨는지"[67] 알아내는 이들을 지칭하는 것으로 보인다.(아케메네스조 페르시아 왕들의 첩자들도 이와 유사하게 왕의 "귀"와 "눈"으로 불렸으니,[68] 이 관용구는 오래된 것으로 보인다.)

미트라에게는 이렇게 언제나 마음대로 쓸 수 있는 깨어 있는 정령들에 더해 가까운 동료 신들도 있었다. 왜냐하면 아베스타나 베다의 만신전에서 그 어떤 신도 홀로 드러나지 않기 때문이다. 더 작은 신격들이 그를 둘러싸고 있지만, 무엇보다 베다의 미트라는 그의 강력한 짝인 바루나와 지속적으로 협력한다. 바루나는 리그베다의 두 주신 중 하나인데[69] 다른 한 명은 데바(deva) 인드라이다. 그는 인드라처럼 온 세상의 왕(samrāj)으로서, 그의 "법령은 확립되었으며(dhṛtavrata)" 심지어 다른 신들도 이 법령을 지킨다.[70] 그는 왕국을 가진 이로서, 황금 망토와 빛나는 예복을 입고 미트라처럼 전차를 몰며, 하늘의 가장 높은 곳에 거소를 가진 이로 간주되었다. 그는 "모든 것을 아는 주(asura viśavedas)"로서 모든 사람들의 일거수일투족을 안다. "어떤 이가 서 있거나 가거나 뛰거나, 그가 숨어들거나 뻣뻣해지거나, 어떤 두 사람이 같이 앉아서 무슨 꿍꿍이를 부리든 왕 바루나는 제3자로서 그 모든 것을 안다."(AV 4.16. 2~9)[71] 그는 이란의 미트라처럼 1000개의 눈을 가지고 있으며 그가 보낸 첩자들은 세상을 감시한다. 그리고 이 두 신격은 동일한 도덕적 본성과 임무를 가지고 있다. 윤리적으로 바루나는 사실 베다의 신들 중에서 가장 고상한데, 그는 죄를 경멸하며 회개하는 이를 용서하지만 때로는 그에게 더 쓰라린 분노를 일깨우는 죄인들을 응징한다. 그를 숭배하는 이들은 믿음은 물론 두려움과 전율을 품고 그에게 다가간다. "바루나는 그의 숭배자와 친하게 지낸다. 숭배자는 바루나의 천상의 거소에서 그와 친하게 지내며, 때로는 금속 눈으로 그를 지켜본다. 올바른 이들은 내세에서 바루나와 야마, 즉 기쁨 속에서 통치하는 두 왕을 보고자 희망한다."[72] 그 위대한 윤리적 존재는 베다의 미트라처럼 보이지 않고 헤아릴 수도 없는 초자연적인 힘, 즉 마야(māyā)를 갖추고 있으며, 그는 이를 통해 행동한다. 이 신비한 힘은, 최소한 베다 시대에는 때로 변덕스러운 것으로 여겨질 수 있었다. 시인들에 따르면 마야를 가진 이들은 자신들은 속지 않으면서 다른 사람들을 속일 수 있었다.[73] 아수라라는 이름이 점점 악과 관련되고 결국 신과 대립하는 검은 세력으로 쓰이게 된 것은 그들에게 끊임없이 마야가 부여되었기 때문이라는 주장이 제기되었다. 그런 학자들의 주장은 확실히 옳지만, 그런 기만과 변덕을 지닌 존재는 바루나의 원래 속성과 공통점이 없다.[74]

윤리적 특징을 보면 바루나는 미트라와 마찬가지로 도덕적 질서로서의 르타의 수호자이다. 또한 그는 미트라와 함께 자연계의 질서로서의 르타를 보호한다. 이 두 신의 자비로운 행동은 사실 너무나 긴밀하게 연결되어서 합성어 미트라바루나(Mitravāruṇā)로 한꺼번에 호출되는데, 이 합성어는 힌두 문법학자들에 의해 드반드바(dvandva), 즉

"쌍" 합성어라 불리는 유형이다.(두 요소가 접속어 "그리고"로 연결되는 것과 똑같은 관계를 가지고 있기 때문이다.)[75] 이 두 신은 실제로 너무나 밀접하고 규칙적으로 연결되어서 베다 시인들에게는 전형적인 쌍이 되었으며, 수사학적으로 밤과 낮, 왼쪽과 오른쪽, 들숨과 날숨 등 대조적이든 상보적이든 거의 모든 "쌍"도 그렇다고 할 수 있다.[76] 그러나 이 사실이 애초에 둘이 동등한 힘과 지위를 가졌음을 시사하지만 베다의 찬가에서 바루나는 중요성이 훨씬 크며, 그의 동료 신을 크게 압도한다. 방대한 우주적 힘이 그에게 부여되었는데, 하늘과 땅을 확립한 이는 바로 그이며, 크샤트라(kṣatra), 즉 "통치권"은 특히 그의 것이기 때문이다. 그는 자신의 마야를 통해 자연의 힘들을 다스리며, 새벽을 주고 지상에 달콤한 비가 내리게 한다. 물의 모든 존재 형태는 실제로 유독 바루나에 속한다.[77] 그는 "물의 자식(apām śiśur)"으로 불리며,[78] 물은 그를 감싸고 있는 존재로 숭배되고, 그러므로 그의 참석(현신)을 요청하기 위해 쓰인다. 베다 시절에 어떤 이가 집을 지으면 "그는 많은 여타 의례 행위 중에 얼마간의 물을 물통에 부으며 시구를 읊는다. '왕 바루나께서 풍부한 물을 가지고 이곳으로 오셔야 한다. 이곳에서 그분은 기쁘게 머무셔야 한다.'"[79]

이 관계는 너무나 밀접해서 바루나의 핵심 개념이 물 자체의 인격화라는 의견이 제시되었다.[80] 또 하나의 해석은 그가 하늘의 신으로서 그리스의 우라노스와 연결된다는 것이다.[81](이 동일시는 오래전에 철학적 기반에서 부정되었으며, 인도의 텍스트나 의례에서 바루나와 하늘 사이에 실질적 연관성이 없기에 기각되었다.) 또한 그는 달의 신으로 여겨졌다.[82] 하지만 메이예는 미트라의 윤리적이고 "추상적인" 성격에 관한 자신의 이론을 심화해 가는 와중에 바루나가 미트라와 그토록 밀접하게 연결되어 있으므로 두 신의 핵심 개념 또한 매우 유사하다고 가정하는 것이 합리적이라고 주장했다. 이에 따라 그는 바루나라는 이름은 인도·유럽어 동사 어근인 베르(ver), 즉 "말하다"에서 왔으며, 바루나는 "법" 혹은 심지어 (미트라의 동의어로서) "계약"을 의미하는 소실된 보통 명사일 가능성이 있다고 주장했다.[83] 다른 학자들이 이 의견을 받아들였다. 그러나 페터슨[84]은 그와 달리 이를 인도·유럽어 어근 "베르(ver, 묶다, 연결하다)"에서 파생된 것으로 보고, 추정 단어 *바루나(*varuna)를 "묶는 발언, 맹세"의 의미로 해석했다. 즉 이는 인간의 행동을 제약하며 엄숙하고 진실한 확언으로서, 오래전부터 엄숙한 협정이나 협약과 같이 잠재된 초자연적 힘을 부여받았음이 분명하다고 본다. 이 해석은 바루나의 신화학적 특성에 부합한다. 신화에서 그는 죄인에게 족쇄를 채우고 오라를 푸는 듯이 죄를 없애 준다. 뤼데르스 (Lüders)는 바루나를 다루는 방대한 논문에서 이 이론을 더 발전시키는데, 거기에서 그는 두 가지 주제를 다뤘다. 즉 바루나가 어떻게 맹세를 통해 그의 두 번째 특성인 물의 신이라는 특성을 얻었으며, 맹세의 신으로서 그가 어떻게 "진실"이라는 의미인 르타의 수호자 미트라와 함께하는가이다. 그의 주장에 따르면 이 신과 물의 연관성은 고대의 바루나, 즉 "맹세"와 이 요소(물)의 상관관계에서 발생했고, 사람은 물 앞에서 혹은 물을 손에 들고 신의 이름으로 엄숙하게 맹세했다.[85] 나아가 그는 이것이 인도와 이란에서 맹세 및 협약을 선언할 때 미트라와 불의 이름으로 했던 것과 놀랄 만큼 맞아떨어진다는 점을 지적한다.[86] 그리하여 말로 된 약속을 주관하는 두 신은 인도·이란의 의례에서 중요한 두 사물(물과 불) 중 하나와 각각 연결된 것으로 보인다는 것이다.

명백히 미트라와 바루나와 이 두 요소의 관계는 단지 이것들을 앞에 두고 신들을 호출한다는 것 이상으로 강하여, 진실성을 시험하는 시죄(試罪, 신은 시죄 시에 판결을 내린다.)의 수단으로 이 두 요소를 사용하는 것과 연관된다. 이란과 인도 모두에서 그 증거는 비교적 근래에 발견되었지만, 그 진위와 관련 관습들의 전통적 속성을 의심할 이유는 없다. 두 유형의 시죄는 일종의 악행을 행했다고 고발되었으나 스스로 무죄를 주장하는 이들을 대상으로 행해졌다. 야쥐냐발키야(Yājñavalkya 2.108 f)에 묘사된 물에 의한 시죄[87]에 따르면 고발된 이는 스스로 물에 들어가야 했다. 머리가 물에 잠겼을 때 화살 한 대를 쏘고는 재빠른 사람이 화살을 서둘러 회수했다. 고발당한 이가 화살을 회수할 때까지 물속에 있으면 그의 무고함이 확정되고 살아난다. 물에 잠기기 전에 그는 "물(abhśāppya kam, 즉 물에 존재하는 신)에게 간청하며 다음을 왼다. "진실을 통해 저를 보호하소서, 바루나여.(satyena mābhirakṣasva, Varuṇa.)"

이란에서는 몇 가지 유형의 불에 의한 시죄가 입증되었다. 하나는 오래전 전사-군주인 시야바르샨(Syāvaršan)에 의해 행해졌다는데,[88] 거대한 두 불 무더기가 인접해서 맹렬하게 타올라 "땅이 하늘보다 더 빛날 때" 그 영웅은 두 불 무더기 사이의 좁은 통로로 맹렬하게 말을 달렸다. 화염이 "그의 머리까지 삼켰지만" 그는 무고하기에 다치지 않은 채 나타났다. 왜냐하면 "신께서 그리 베푸셨기에, 그때 불길은 바람처럼 차분했"기 때문이다. 고대 이란인들에게 문제의 신은 재판관 신 미트라임이 분명하다. 또 다른 유형의 불에 의한 시죄에서는 금속을 가열해서 녹인 후 이것을 피고소인의 맨 가슴에 들이부었다. 살아남는다면 그는 무고한 것이다. "쇳물을 사악한 자의 몸과 가슴에 들이부으면 그는 불타 죽는다."[89] 이런 유형의 시죄는 조로아스터 자신의 원대한 예언인 최후의 심판에 영감을 주었는데, 그때 끓는 금속이 흐르며 전 인류 가운데서 죄인과 무고한 이를 가려낸다고 한다.[90] 역사 시대에 들어와 사산조의 사제 아두르바드 이 마흐라스판단(Ādurbād ī Mahraspandān)은 이단자들의 주장에 대항하여 자신의 조로아스터교 정통 교리를 증명하기 위해 시죄 과정을 거쳤다고 한다.[91] 이 밖에도 불에 의한 여러 시죄가 고대 이란인들에 의해 행해졌다고 한다.[92] 더욱이 맹세를 받아들이게 할 때는 그에게 유황, 즉 영어 관용구에서 "불타는 돌"로 알려진 것을 포함한 음료를 마시게 하는 것이 일반적이었다.(이에 따라 표준 페르시아어 표현에서 "맹세하다"는 "유황을 마시다(sōgand khordan)"로 남아 있다.) 이런 관행의 목적은 본질적으로 불에 의한 시죄의 목적과 마찬가지이다. 왜냐하면 증언자가 거짓을 맹세하면, 다시 말해 고대의 숙어로 미흐르-드루지(mihr-drūjih), 즉 "약속을 배반하면" 유황이 안에서 그를 불태울 텐데, 이것은 불이나 쇳물이 밖에서 그 거짓말쟁이를 태우는 것보다 느리지만 그것과 마찬가지로 확실히 그를 응징하기 때문이다. "이것은 어떤 사람이 불에 떨어진 것과 마찬가지라서 그의 몸은 불타고 그의 생명은 위험해진다. 그래서 거짓 맹세를 하는 이는 그 자신과 가족과 자신의 영혼을 불태운다."[93] 그러므로 물은 미트라는 물론 이 위대한 아후라가 지키려는 "진실"인 아샤와 긴밀하게 연결되었다.

고대에는 바루나와 물도 분명 미트라와 불과 유사하게 발전했고, 두 경우 모두 죽이고 살리는 실제의 요소(물과 불)에서 신의 존재가 느껴졌다. 바루나 자체의 개념에 대해 티메[94]는 메이예의 해석을 지지하며, 이는 기본적으로 맹세를 포괄하는 광의의 "진실한 말"일 것이라는 의견을 피력했다. 그리고 누군가가 미트라의 윤리적 특성인 "충성"과의 유사점을 찾고자 한다면, 이것은 나아가 "진실성" 혹은 "진실"로 확장될 수 있을 것이라고 했다. 이런 해석에 따르면 바루나는 이처럼 미트라와 똑같은 유형의 윤리적 "추상적 개념"의 인격화이다. 티메가 보여 주었듯 "진실한 말"의 의미는 이 신의 이름이 나오는 특정 리그베다의 구절들을 놀랄 만큼 만족시키는 것은 물론[95] 그와 미트라의 "기본적인 유사성과 부분적인 동일성"[96]을 설명해 준다. 두 신은 모두 인간 사회를 유지하는 데 커다란 도움을 주었다. 더욱이 "진실성"은 "충성"처럼 고대에 우주적 중요성을 가지고 있었다. 왜냐하면 세계가 "말해진 진실(르타)의 마법의 힘에 의해"[97] 만들어졌기 때문이다. 두 신은 모두 희생과 관계있는데, 미트라의 경우 계약적인 것이며 바루나는 성스러운 만트라에 들어 있는 진실하게 말해진 말의 힘을 통해서이다. 말로 행해진 약속과 두 신 간의 연관성이 미탄니 조약에 나오는 신들에 그들이 포함된 이유를 설명해 줄 것이다.[98] 그러나 그들의 기능이 그토록 유사하기는 하지만 이 부분에서 근본적으로 분화된 것으로 보인다. 즉 미트라에 의해 인격화된 약속(커버넌트)은 실은 두 당사자가 확언한 약속이며, 바루나에 구현된 맹세란 한 방향의 약속, 즉 개인적인 이행 약속이다. 그러나 이 분화는 비교적 경미하다. 또한 인도에서는 두 신의 개념이 뒤섞여 바루나가 둘의 공통적 속성을 대부분 인계했고, 따라서 우리가 앞서 보았듯이 이란에서는 미트라에게도 속하던 엄격함이 베다에서는 대개 그의 형제 아수라(즉 바루나)에게 속하게 되었다.[99]

베다어든 아베스타어든 보통 명사 *바루나(*varuna)가 남아 있지 않다는 사실은 미트라보다 바루나의 존재를 정의하는 데 더 많은 추측이 필요하다는 의미이다.[100] 그럼에도 이 신의 원래 이름을 "진실한 발언"으로 해석하는 것을 지지하는 일부 연관 단어들이 있다. 베다어 브라타-(vratá-)는 바루나와 관련하여 많이 논의되었던 용어인데, 영어로는 일반적으로 "법, 조례, 법칙, 약속, 맹세" 등으로 표현된다.[101] 그리고 이란에서는 아베스타어 바라(varah)와 파흘라비어 파르(var) 및 바레스탄(varestān)이 있는데, 이 단어들은 예전에는 "시죄"와 "시죄의 장소"로 새겨졌지만,[102] 지금 제기된 바로는[103] 오히려 "맹세" 혹은 "맹세를 한 곳"으로 해석되어야 한다.

그러나 바루나 연구를 미트라보다 더 복잡하게 하는 문제가 있다. 즉 이란의 만신전에는 *보우루나(*Vouruna, 아베스타어에서 불려야 한다고 추정되는 형태[104])라 불리는 신이 없다. 그러나 그토록 위대한 신이자 미트라와 그렇게 긴밀하게 연결된 신이 이란에서 잊히기는 불가능해 보이므로, 그는 오래전부터 "이란인들의 신"이 되어 그들에게는 너무나 높은 곳으로 격상되어 그 이름을 직접 부르지 않고, 그를 부를 때는 아후라 마즈다, 즉 "지혜의 주"와 같은 경칭을 쓰게 되었을 것이라는 가정이 널리 퍼졌다. 그래서 시간이 경과하고 그의 개인적 이름이 사용되지 않음으로써 잊히고 이 경칭만 남게 되었다는 주장이 제기되었다. 이런 발전 과정은 분명 불가능하지 않으며, 이란의 신의 경우 고유 명사가 보통 명사로 대체되는 예는 하나뿐이 아니었다.[105] 그러나 다른 근거를 들어 이 해석에 반대하는 수많은 주장들이 제기되었다. 따라서 이란의 아후라 마즈다는 조로아스터가 설교하기 전에 이미 미트라 이상으로 격상되어 아베스타 민족들은 물론 페르시아인들에 의해 더 위대한 신으로 인정되었다고 볼 수 있다. 또한 이는 아후라 마즈다에 상응하는 베다의 신은 미트라의 드반드바(쌍, 짝) 파트너인 바루나가 아니라 베다의 몇 구절에서 이 둘보다 더 높은 존재로 등장하는 이름 없는 아수라(Asura), 즉 최고신이었을 가능성을 시사한다. 그는 "우리 아버지, 아수라, 물을 뿌리시는 분"으로 묘사되며,[106] 그의 숭배자들은 미트라와 바루나에게 다음과 같이 말한다. "당신들 둘은 아수라의 마법의 힘(마야)을 통해 하늘의 비를 만듭니다."[107] "당신들 둘은 아수라의 마법의 힘에 의해 당신들의 법령(vrata-)을 지키고,

진실(ṛta-)을 통해 세상을 다스립니다."[108] 그러므로 이란에서 아후라 마즈다가 미트라 위에 있듯이 아수라는 미트라와 바루나 위로 승격된 존재로 보인다.

그러자 이런 의문이 떠올랐다. 마즈다(혹은 그 인도어 동격(아수라))가 정말 베다어 아수라의 상실된 고유 명사인가? 즉 이 이란의 신이 주 미트라(Ahura Mithra)처럼 주 마즈다인가?[109] 마즈다라는 단어는 문법학자들을 당혹스럽게 했는데, 어형 변화(굴절)가 불규칙하기 때문이다. 그래서 언어학자들은 이 단어가 어간 아(-ah)를 가지고 있다고 보는 파와 어간 아(-ā)를 가지고 있다는 파(지금은 이들이 다수이다.)로 나뉘었다.[110] 어떤 해석도 모든 불규칙성을 완전히 해소하지는 못한다. 하지만 의견이 갈린 것은 주로 어형 변화에 대한 관심 때문이다. 양자는 공히 이 단어를 형용사적 의미인 "현명한"으로 판단한다. 그러나 이미 19세기에 A. V. W. 잭슨(Jackson)은 이와 달리 마즈다를 명사로서, 베다의 여성 명사인 메다(medhā-), 즉 "정신적인 활력, 지각 능력, 지혜"로 해석했고, 이에 따라 아후라 마즈다를 "주 지혜(Lord Wisdom)"로 새겼다.[111] 그는 다른 이들과 논의하지 않고 이렇게 해석했으며, 학문적 논쟁을 불러일으키지 못한 것으로 보인다. 그러나 여타 몇몇 학자들이 이를 받아들였고, 그중에는 벵베니스트(Benveniste)도 있었는데, 그는 이에 근거하여 "아수라들의 가족 중 하나"로서 "주 지혜"라는 개념의 오래됨(고대성)을 주장했다.[112] 똑같은 해석이 이어서 스텐 코노(Sten Konow)[113]에 의해 제기되었다. 그는 베다의 메다의 의미를 검토하여 "그 의미를 영어로 표현하면 "혜안(통찰력)", "지혜", 그리고 특히 "신중함" 등이다. 이는 분명히 추상적인 용어이지만, 그런 용어들은 일반적으로 독자적으로 존재하는 힘으로 이해되었다."라고 말했다.[114] 문법적 측면에서 그는 호탄 사카어(Khotanese Saka)의 우르마이스다(urmaysda), 즉 아우라마즈다(auramazdā, 그곳에서 태양이라는 의미로 쓰였다.)[115] 또한 불규칙 어형 변화를 보이며 이는 ā-어근(ā-stem)의 어형 변화를 보여 준다고 지적했다.[116] 잭슨과 마찬가지로 그는 마즈다는 이란 최고신의 원래 이름으로 보아야 하며, 이는 "고대 아리얀 용어로, 삶의 주요한 요소로서 고귀한 가치를 지닌 어떤 정신적 상태를 나타낸다."라고 했다.[117] 베다 측에서 이 개념의 신격화를 보여 주는 증거는 없으므로, 그는 벵베니스트처럼 조로아스터 자신의 영감이 "그로 하여금 마즈다를 최고의 원리로, 주 마즈다(Lord Mazdā)로 선언토록 유도하였다."라고 가정했다.[118] 그는 이 교리가 그 최고신을 둘러싸고 있는 "추상적인" 아메샤 스펜타들(Aməša Spəntas)에 관한 예언자의 가르침과 조화를 이룬다고 지적한다. 코노의 해석은 훔바흐(Humbach)와 쿠이퍼(Kuiper)에 의해 반박당했다.[119] 그 이유 중 하나는 아후라 마즈다는 명백히 고대의 신으로서 조로아스터의 가르침 이전에도 숭배되었다는 것이다. 그러나 티메는 코노의 의견을 열렬히 지지했는데, 그는 벵베니스트를 따라 조로아스터 자신의 계시에 나오는 아메샤 스펜타가 아니라 고대 인도·이란의 두 아수라(asuras), 즉 충성의 주와 진실의 주와 관련하여 근본적인 조화를 찾아야 한다고 주장했다. 따라서 그는 아후라 마즈다에 해당하는 인도의 동격은 이름은 없지만 최고신인 리그베다의 아수라라고 보았다.[120] 그는 이란어 마즈다의 어형 변화의 불규칙성은 남성 신에 해당하는 고유 명사의 어형 변화와 여성 추상 명사의 어형 변화를 구분하려는 시도에서 기인했다고 주장했다.[121] 대략 "기억, 회상"을 의미하는 이 명사는 아베스타에서 한 번, 즉 오래된 야스나 하프탕하이티(Yasna Hapta ŋ hāiti, 더 후대 언어로 기록된 야스나들과 구분하기 위해 "오래된(ancient)"이라는 수식어를 붙인다. — 옮긴이)에[122] 한 번 등장하는데, 미트라(신)의 이름이 야쉬트에서 보통 명사 미트라와 묶음으로 등장하듯이 이 단어가 아후라 마즈다 자신의 이름과 병치되어 나타난다는 점이 흥미롭다.[123] 이 구절(야스나 하프탕하이티의 짤막한 절에서 등장한다.)은 이렇게 진행된다. "이에 대한 보상으로 오, 마즈다 아후라, 당신의 자비를 통해 우리로부터 당신에게 간 것을 기억하고(mazdąm …… kəsrəš) 이뤄 주오."[124] "유념하다, 기억하다"라는 뜻의 관련 동사 마즈다(mazdā-)는 두 번 등장하는데, 한 번은 가타 자체에(Y.45.1), 한 번은 이른바 홈 야쉬트(Hōm Yašt, Y.9.31))에 등장하는데, 후자는 원시적 요소들을 상당히 많이 갖고 있다. 또한 가타의 "기억할 만한 일"이라는 뜻의 명사 마즈다타(mazdātha)가 있다.(Y.30.1)[125] 아마도 이 동사와 명사는 모두 조로아스터의 개혁의 결과 사라지고 그때부터 아후라 마즈다와 그 이름의 신성성은 더 큰 존경을 불러일으켰을 것이다.

이름 없는 리그베다의 아수라, 즉 아버지가 주 지혜라는 가정은 약간의 미미한 지지를 받았는데, 티메는 리그베다의 다음 구절(RV 8. 6. 10, 이와 관련하여 이전에 코노가 언급했다.)을 지적한다. "그리하여 나는 아버지로부터 진실의 지혜(medám rtásya)를 얻었다." 왜 그 아수라가 이미 리그베다 시절부터 그토록 먼 존재가 되었는지는 추측의 영역으로 남아야 한다. 그러나 바로 세상을 창조하고 유지하기 위해 신과 인간에게 공히 요구되는 기본적 자질인 지혜 자체의 근본적이고 편재하는 속성 때문으로 볼 수 있을 것이다.[126] 이 때문에 주 지혜가 최고신이 되든지(이란인들 사이에서처럼) 일상의 숭배나 숭배 의례와는 동떨어진 고상한 존재가 되어(인도에서 현저하듯이) 시간이 지나면서 무시되거나 잊히는 것도 무리는 아니다.

인도인들이 한때 아수라 *메다(*Medhā), 즉 이란의 아후라 마즈다와 동일한 신을 아수라로 섬겼다는 가정을 받아들인다면, 이는 위대한 바루나를 이란 측 짝이 없는 채 홀로 남겨 두는 셈으로 보인다. 그러나 바루나가 다른 이름하에 다신교 시절 이란에서 아후라 마즈 다와 별도로 숭배받았을 뿐 아니라 사실 지금도 조로아스터교도들의 존경을 받고 있을 가능성이 있다.[127] 언뜻 보면 이런 주장은 여러 신들 을 분별없이 동일시하여 조로아스터교 연구를 혼란스럽게 만든 지각 없는 의견들 중 하나처럼 보인다. 그러나 이 경우는 이름이 다른 두 신 을 동일시하는 것이 아니라 이란과 인도에서 공히 알려진 한 신의 정 체성을 동일한 것으로 보이는 속성을 통해 새롭게 생각해 보자는 것 이다. 이것이 바로 신비한 아베스타의 아팜 나파트(Apąm Napāt, 발음 기 호대로 옮기면 아폼(아파옴) 나파트에 가깝지만 관례대로 아팜 나파트라 부른 다. — 옮긴이), 즉 베다의 아팜 나파트(Apām Napāt), "물의 아들"이다.[128]

조로아스터교의 아팜 나파트의 위치는 여러 측면에서 복잡하다. 숭배 의식에 관한 한 그는 언뜻 보면 작은 신이다. 그에게 헌정된 찬가 는 없으며, 한 달 가운데 그를 위해 정해진 날은 없다. 하오마(Haoma) 및 다만 아프린(Dahmān Āfrin)과 더불어 그는 조로아스터교 만신전의 서른 명의 주요 야자타들(yazatas, 신들) 중 한 명이며,[129] 그래서 그들과 더불어 그도 신들에게 바쳐지는 모든 봉사 행위에서 호출된다. 그러나 살아 있는 의례 중에서 최소한 어떤 야스나도 그에게 단독으로 헌정되 지 않는다. 그러나 야스나 의례 행위에서 물이 호출될 때는 아팜 나파 트도 호출되었다.[130] 더욱이 하루를 나눌 때(달력을 신들에게 헌정하는 것 보다 오래된 것으로 보인다.)[131] 아침은 미트라의 보호를 받고, 오후는 아 팜 나파트의 보호를 받도록 설정되었다. 이는 여러 시대를 내려오는 동안 점심에 기도를 올리는 모든 조로아스터교도들(정통파는 매 시간 기도를 올려야 했다.)이 매일 "물의 아들"을 호출했음을 의미한다. 그러므 로 그는 그다지 드러나지 않지만 의례에서 주도적인 신격 중 하나이다.

제의에서와 마찬가지로 아베스타의 텍스트에서도 이례적 현상이 보인다. 어떤 구절에서 이 신은 여타 더 중요한 물의 신들과 관련되어 그저 어슴푸레한 배후의 존재로만 등장한다. 강의 여신 아레드비수라(Arədvī Sūrā)에게 바쳐진 찬가 중에 아팜 나파트에게 바쳐진 것으로 보이는 모호한 구절이 등장하지만 숭배자들은 그가 아닌 아레드비에게 희생을 바친다.[132] 이란의 비의 별(rain star) 티쉬트리야(Tištrya)에게 바친 찬가에 이런 구절이 있다. "아팜 나파트는 거주지에 할당된 물을 물질세계에 나눠 준다……"[133] 또 다른 절에는 "우리는 영광스러운…… 별 티쉬트리야를 숭배하며…… 그분 고상한 이로부터 명성을, 아팜 나파트로부터 (그의?) 품성을(apąm nafəδbrat hača či-θrəm)"[134]이라는 구절이 나온다.

그러나 고대의 아팜 나파트가 물과 관련될 뿐 아니라 한때 이란 만신전의 위대한 신 중 하나였음을 시사하는 다른 구절들이 아베스타에 있다. 그는 사실 아후라 마즈다 및 미트라와 함께 "아후라"로 불린 유일한 신이며, 미트라(그는 미트라와 낮을 나눠 가진다.)와는 인간계의 질서를 유지하는 아후라로서의 소임을 공유한다. 그와 관련하여 놀라운 시구가 야쉬트 19(대지에 바쳐진 찬가)에 등장한다.[135] "우리는 높은 주이시며 장엄하며[136] 위엄에 찬[137] 물의 아들, 빠른 말들을 가진 분, 요청하면 도움을 주는 영웅께 숭배를 드립니다. 인간을 창조하시고, 인간의 모양을 만드신 이, 물 한가운데 있는 신, 기도를 받으시는 분은 누구보다 먼저 들으시는 이(bərzantəm ahurəm xšaθrīm xšaētam apąm napātəm aurvat.aspəm yazamaide aršanəm zavanō. sum, yō nərəuš daδa, yō nərəuš tataša, yō upāpō yazatō srut.gaošo.təmō asti yezimnō.)" 이 시구를 여는 어구 bərzantəm ahurəm, 즉 "높은 주"라는 말은 이 "물의 아들"을 호출할 때 항상 쓰이는데, 사산조 시절 및 오늘날의 용법에 따르면 그는 간단히 부르즈(Burz) 혹은 분(Bun), 즉 "높은 분(High One)"으로 알려져 있으며, 한 곳에서는 "높은 분, 그분 물의 아들"로 수식되어 있다.[138] 이 용법이 얼마나 오래된 것인지 판단할 수는 없지만, 이는 아팜 나파트가 아후라의 본래 이름이 아니며 그저 또 하나의 묘사적 명칭이라는 것을 시사하며, 그를 호출할 때는 "분(Bun)"이라는 단어를 앞에 붙였음을 보여 준다.

이 신에 관한 또 한 구절이 야쉬트 13(프라바쉬들(fravašis)에게 바친 찬가)에 나온다. 그 구절은 이렇다. "방대한 목초지를 거느린 미트라는 모든 땅의 통치 회의를 발전시켜 혼돈에 빠진 땅에 평화를 불러올 것이다. 이어 강력한 아팜 나파트가 통치 회의를 발전시켜, 혼돈에 빠진 땅을 통제할 것이다."[139] 이 시구에서 이 두 위대한 아수라는 같은 목적, 다시 말해 인간 사회의 질서인 아샤를 유지하기 위해 동일한 자격으로 함께 행동한다. 마찬가지로 야쉬트 19에는 그들이 어떻게 크바레나(Khvarənah), 즉 "왕의 영광(kingly-Fortune)"을 보호하기 위해 노력하는지 언급되어 있는데, 이란인들 사이에서 크바레나를 통해 정당한 통치가 유지된다. 이마왕(King Yima)이 자기 마음에 "거짓의, 진실하지 않은 말"을 받아들였을 때(v. 34) "영광"이 그를 떠나 미트라와 불의 보호 아래 들어갔다가, 그 후 물(바다 보우루카샤로 표상된)의 보호 아래 들어갔으며, 그 결과 아팜 나파트가 이를 "깊은 만灣의 바닥에 붙잡아 두었다"(v. 51)[140] 따라서 두 아후라는 크바레나가 사악한 이들의 수중에 떨어지지 않도록 안전하게 지키는 같은 목적을 추구할 뿐 아니라 미트라는 속성상 불과 연결되고 아팜 나파트는 물과 연결되어 이 목적을 수행한다.[141]

파흘라비 텍스트는 아베스타와 마찬가지로 아팜 나파트(야자드 부르즈(yazad Burz)로서)를 기본적으로 물의 신으로 표현하는데, 그는 세상의 신화적인 거대한 물 한가운데에 산다. 또한 파흘라비 텍스트는 그를 크바레나(크와라흐(Khwarrah))를 감시하는 신으로 여전히 찬양한다. 다음 구절들이 가장 포괄적이다. "야자드 부르즈의 거소는 아르드비수르(Ardvīsūr)와 더럽혀지지 않은 물이 있는 곳이다. 그의 주 임무는 바다(보우루카샤)의 물을 모든 지역에 나눠 주는 것이다. 또한 중생들이 바다를 건널 때 높은 파도로부터 그들을 지키고, 항상 크와라흐를 지켜보는 것도 그의 일이다."[142] 그에 관한 다음과 같은 기이한 신화가 전해지는 것은 그가 크바레나, 즉 이란인들의 영광을 보호하는 이였기 때문으로 보인다. "(3년의) 셋째 해마다 이란 밖의 땅에 사는 수많은 사람들이 이란 땅으로 들어가 해를 끼치고 세상을 파괴하기 위해 하르부르즈산의 정상에 모인다. 그때 야즈드 부르즈가 깊은 물 아랑에서 나타나 그 높은 산의 꼭대기로 차므루쉬(Čamrūš)라는 새를 깨워 보내는데, 이 새는 새가 곡식을 쪼듯이 이란 땅 밖에서 온 이들을 쫀다.[143] 이 기이한 이야기는 괴상하지만 이란의 영역을 지키고 혼란을 일으키는 세력을 격퇴하는 것을 돕는 아팜 나파트의 일반적 속성과 기본적으로 어울린다.

이것이 조로아스터교의 전승에 나오는 "물의 아들"에 관해 이야기된 거의 전부이다.[144] 그러나 이 이야기는 비록 제한적이지만 분명 주목할 만하며, 숭배 의례적인 사실들과 마찬가지로 이 신이 한때는 위대한 신이었으나 이상하게도 존재감을 잃어 갔음을 보여 준다. 왜냐하면 미미한 신격이 아후라이자 인간을 창조하고 질서를 옹호하는 이로서 강력한 미트라와 동등한 짝으로 불리고, 그의 형제 아후라가 불과 관련되는 것처럼 물과 관련된다는 것은 사리에 맞지 않기 때문이다. 베다에서 바루나에 관한 언급들에 비하면 이 이야기는 비록 미미하지만 본질적으로 그와 상통하며, 미트라-바루나 두 아수라의 개념과 미트라-아팜 나파트 두 아후라의 개념은 놀랄 만큼 동일한 것으로 보인다. 즉 동등한 두 신이 같은 임무를 공유하며, 이 두 윤리적 신은 물과 불이라는 두 필수 요소와 관련이 있다. 심지어 아베스타 구절에서 그들이 어떻게 사회의 질서를 유지하는지를 묘사하기 위해 쓰인 단어의 선택도 중요해 보인다. 왜냐하면 미트라는 "평화를 가져다줄 것(to pacify, rāmayeiti)"이지만 아팜 나파트는 "통제할 것(restrain, nyāsāite)"이기 때문인데,[145] 우리가 살펴보았듯이 잘못을 저지른 자를 통제하고 차꼬를 씌우는 것은 베다에 나오는 바루나의 행동의 한 특징이다.[146]

이를 근거로 간단히 아베스타의 아팜 나파트를 베다의 바루나와 동일시할 수 있을 것으로 보인다. 그러나 베다 문헌들이 바루나와 아팜 나파트를 분명히 구분된 존재로 알고 있었음을 알려 주는 불편한 사실이 있다. 그러나 베다의 "물의 아들" 또한 이란의 짝(아베스타의 아팜 나파트)만큼이나 복잡한 신이다. 그 또한 언뜻 보면 자그마한 신격으로 보이는데, 리그베다에서 단 하나의 찬가만 그에게 헌정되었다.[147] 그러나 거기에서 그는 "굉장한 언사"로 찬양을 받는데,[148] 특히 "아팜 나파트 이 주인께서, 아수라로서 자신의 힘으로 모든 존재를 창조하셨다.(apám nápād asuriasya mahná viśvāni aryó bhúvanā jajāna.)"[149]라고 묘사되었다. 이는 야쉬트 19(v. 52)에서 아팜 나파트를 묘사하는 잠깐 나오는 절의 "인간을 창조하고…… 그 모양을 만들었다."라는 표현과 놀랄 만큼 유사하다. 베다의 아팜 나파트는 "말을 휘몰아 가는 이(āśuheman-)"로 불리며,[150] 아베스타의 아팜 나파트는 "빠른 말을 가진 이"라는 별칭을 가지고 있다. 두 표현은 마치 그리스의 포세이돈처럼 파도를 통제하는 물의 신에게 적합해 보인다.[151] 그러나 베다 주해서에서 아슈헤만은 이를 불의 신 아그니가 "아팜 나파트"로 간주될 때 그에게 주어진 수많은 이름 중의 하나로 취급된다. 왜냐하면 수많은 리그베다의 구절 중 "물의 아들"은 이 불의 신과 동일시되기 때문이다.[152] 그러나 이란 측에는 이를 지지하는 근거가 없으므로,[153] 이 동일시는 그렇게 간단하거나 확정적이지 않은 것으로 보이며, 지금껏 베다 학자들 사이에서 수많은 논쟁의 주제였다. 그래서 베다의 다른 구절에서는 아팜 나파트와 아그니를 똑같이 명백하게 서로 다른 두 신으로 다루고, 또 다른 구절에서 아팜 나파트는 단순히 물의 신으로 등장하며 아그니와 더 이상 연관되거나 동일시되지 않는다.[154] 이 사실은 왜 불의 신이 물에서 파생된 명칭을 가질 정도로 물과 연결되어야 하는가의 문제와 연관되어 존재한다. 이에 대해 가장 자세하고 깊이 대답한 이는 아마도 H. 올덴베르크(Oldenberg)일 것이다.[155] 이 학자는 기본적인 연결 고리가 비구름과 번개 사이의 관계라는 의견을 거부하고[156] 대신 고대의 식물과 물 사이의 관계에서 해답을 찾았다. 식물로부터 매일 마찰을 통해 아그니를 "탄생시키는" 막대기가 나온다. 이런 식물 자체는 물에서 "태어나며" 그 존재 자체가 물이다. "그러므로 물은 식물의 목질로부터 불의 형태로 발생할 수 있는 잠재적 힘으로 간주되어 왔음이 틀림없다. 그리고 나서 불이 연기 형태로, 즉 구름이 되어 하늘로 돌아갈 때 이 순환은 완성된다. 베다의 절은 명백하게 다음처럼 묘사한다. '똑같은 물이 하루 중 올라가고 내려온다. 비의 신들이 대지를 다시 채우고, 불이 하늘을 다시 채운다.'"(RV 1. 164. 51)[157] 더욱이 물로 인해 불이 꺼지는 것은 분명 불이 물로 들어가 그 안에서 지속되는 것처럼 보였다. 리그베다(RV 1. 65. 9)에 아그니에 관해 이런 언급이 나온다. "그분은 거기에 앉아 물속의 백조처럼 쉿쉿 소리를 낸다."[158] 자연 현상에 대한 이런 추측을 통해 모든 물이 그 안에 불을 품고 있는 것으로 간주되었다. 그러나 이는 아그니를 표상하는 일부 개념에 지나지 않으며 상대적으로 작은 부분이다. 심지어 이 신은 식물과 돌에서 태어났다고 한다. 더욱이 아그니는 식물과 돌과 짐승과 인간 속에 살며(추측건대 동물의 체온 때문에), 마찬가지로 그를 임신했다는 대지 안에서도 산다고 묘사된다.(의심할 나위 없이 식물과 돌이 땅에서 나오기 때문이다.)[159] 그런 일반적인 연결 관계를 고려하면, 심지어 이 존중받는 두 요소 물과 불을 하나로 묶는 추측을 넘어서서 "물 가운데 있는 왕(apsú rája)"[160]이라는 아그니의 개념에 특별한 중요성을 부여하는 것에 대해 특별한 설명이 필요해 보인다. 올덴베르크는 또한 이는 인도·이란의 "물의 정령(Wasserdämon)"으로서 아그니와 구별되던 원래의 아팜 나파트와 아그니의 혼성화(동화)에서 찾아야 한다고 제시했다.[161] 이 혼성화에 의해 베다의 아팜 나파트는 불의 신과 물의 신의 성격을 모두 갖췄으며, 아그니와 물의 관련성이 크게 강조되고 발전했다. 그러나 제의에서 인도의 아팜 나파트는 이란의 동명 신처럼 전적으로 물과 관련성을 가졌다.[162]

그레이는 올덴베르크의 해석을 받아들이고, 아팜 나파트의 성격과 관련된 아베스타의 근거들을 인용하며 그의 해석을 지지했다.[163] 그러나 훗날 그레이 스스로 암묵적으로 이 의견을 버렸으며,[164] 그 후로는 대체로 이 의견이 무시된 듯하다.[165] 그러나 이 해석은 베다 내 아팜 나파트의 이례적 성격을 만족스레 설명하는 것으로 보이고 단지 하나만 수정하면 될 듯한데, 그 수정이란 올덴베르크의 가설에 있는 무명의 "물의 정령(water-spirit)"을 위대한 바루나, 즉 "물의 아이(apām śiśur)"[166]로 대체하는 것이다. 리그베다에는 이 해석을 직접적으로 지지하는 절이 최소한 두 개 있다. 두 절은 모두 베다에서 너무나 흔한, 아그니와 다른 신들을 동일시하는 것들로, 그의 다양한 삶의 단계 및 다양한 기능과 관련된 동일시이다. 첫 찬가는 이렇게 말한다. "아그니,

당신은 태어날 때 바루나입니다. 불타기 시작할 때 당신은 미트라입니다. 당신 힘의 아들 안에 모든 신들이 있습니다."(RV 5. 3. 1). 첫 구절은 "태어나는" 순간 아그니가 바루나였음을 암시한다.[167] "물", 다시 말해 나무 막대기로부터 이글거리는 불로 변하는 순간 그는 미트라가 "된다." 다른 찬가에서 다음 구절이 등장한다. "당신은 위대한 르타의 눈이자 보호자가 됩니다. 당신은 바루나가 되니, 당신이 르타를 대신하여 등장하기 때문입니다. 당신은 '물의 아들'이 됩니다, 오, 자타베다스 (Jātavedas, 아그니의 별칭. '모든 것을 아는, 모든 것을 가진'이라는 뜻.)"(RV 10. 8. 5) 이 절에서 바루나와 아팜 나파타의 이름이 한 신을 나타내는 동격의 두 용어로 등장하는데, 그들과 동일시되는 신은 아그니이다. 아그니와 아팜 나파트가 가끔씩만 동일시된다는 점은 리그베다의 찬가 중 최소한 하나에서 사비트르(Savitr) 신 또한 아팜 나파트로 불린다는 사실에 의해서도 증명된다.[168] 이는 사비트르가 태양과 관련 있기 때문인데, 그들은 일몰 시 태양이 땅 아래 있는 바다로 가라앉는다고 믿었다. 그래서 "태양이 물 아래 가라앉으면 그는 바루나가 된다."[169]라고, 달리 말하면 사비트르가 아팜 나파트가 된다고 할 수 있었던 것이다. 아그니가 매일 물에서 태어나 매일 "바루나"가 되듯이, 이번에는 사비트르도 밤에 물 아래로 내려갈 때 "물에 살고 있는"[170] 신, 그 강력한 아수라(즉 바루나)와 동격이 된다.

바루나가 바루나로서 자신만이 가진 물의 신으로서의 특성은 비를 나눠 주는 자비로운 행위였다. 우리가 살펴보았듯이, 이는 이란의 아팜 나파타의 기능이기도 하다. 훗날 바루나 개념은 오직 이런 자연주의적인 선상에서만 발전해간 것으로 보인다. 베다 이후 인도에서 그는 "물의 신, 바다의 신, 인도의 넵투누스(Neptune, 바다의 신, 해왕성)"가 되었다.[171] 마찬가지로 이란에서 아팜 나파트는 쿠구몬트(Cumont)

가 미트라교 비문에서 보이는 오케아누스(Oceanus)와 동일시했던 물과 광범위하게 연관되어 호출되게 되었다.[172] 비록 현존 근거에 따르면 결정적인 증거를 얻을 가능성이 없어 보이지만, 베다와 아베스타의 자료를 종합하면 인도·이란 시절 "물의 아들" 아팜 나파트의 이름은 간단히 맹세의 주로서 바루나의 한 호칭이었을 가능성이 대단히 크다. 그렇다면 이로써 이란의 아팜 나파트를 바로 이 고대의 이름(아팜 나파트)으로 숭배되던 아후라 *보우루나로 간주하는 것을 막던 가장 중대한 장애는 제거된다.

이를 통해 베다와 아베스타 만신전에서 각자 비슷한 기능을 수행하는 위대한 "주들(Lords)" 사이의 관계에서 동일한 구조를 확립할 수 있다는 사실이 이 해석을 거의 확실하게 해 준다. 양측에서 지혜의 주는 세 신 중 가장 높은 이로서 독자적이고 매우 강력하며, 어떤 자연적인 현상[173] 혹은 특정한 행동 범주의 제약을 받지 않는 것으로 보이고 그의 마야(māyā)는 분명 모든 자비로운 업무를 망라할 정도로 강력하며, 그 아래에 그의 지령을 수행하는 동등한 힘을 가진 강력한 신 한 쌍, 즉 미트라(Mithra)/미트라(Mitra)와 *보우루나 아팜 나파트/바루나 아팜 나파트가 있었다.

리그베다 시절 아수라 *메다는 이미 무시되고 잊혀, 그 당연한 결과로 나머지 두 아수라(미트라와 바루나)에 의해 추월당한 것으로 보인다. 그러나 조로아스터교도들은 오늘날에도 여전히 이 세 신을, 그들이 표상하는 개념의 기본적 양상을 상대적으로 크게 바꾸지 않은 채로 경배한다. 그러나 이란의 *보우루나는 조로아스터의 개혁 때문에 그의 형제 아후라인 미트라의 경우보다 존재감을 훨씬 더 크게 상실한 것으로 보인다. 이는 다신교 시절 미트라가 이미 둘 중 더 지배적인 존재가 된 사실에게 기인했으리라고 쉽사리 추측할 수 있다.(인도에서 벌어진 일과 정반대의 과정을 통해.) 그러나 사실 인도에서 바루나가 그 랬던 것처럼 *보우루나가 고대 이란의 만신전에서 높은 자리를 차지 했음을 보여 주는 증거가 있다. 따라서 비록 언뜻 보면 놀랍지만, 다신 교도 이란인들이 "아후라"라고 칭할 때 그들이 의미하는 이는 아후라 마즈다가 아니라 *보우루나로 보인다. 그 증거는 다음과 같다. 마즈다 라는 이름은 아후라라는 칭호 없이 단독으로 거의 쓰이지 않으며, 확 인 가능한 한 "아후라"라는 칭호만으로는 절대로 쓰이지 않는다. 이 름과 칭호를 따로 쓰던 조로아스터 자신의 가타에서도 그는 최소한 단일 찬가 안에서 최고신의 절대 칭호 없이 고유한 이름(즉 마즈다)만 을 쓰지 않는다.[174] 그리고 페르시아인들은 서기전 5세기에 이르면 이 름과 칭호를 실제로 하나로 결합하여 하나의 이름으로 만드는데, 바 로 아우(/후)라마즈다(A(h)uramazda)이다. 이는 미트라와 결합되어 남성의 이름을 나타내는데, 고대 페르시아어의 플루타르크(Plutarch), 메소로마스데스(Mesoromasdes)[175] 등과 사산조의 미호로흐르마즈드 (Mihrohrmazd) 등의 형태에서 공히 확인된다.[176] 또 다른 유사한 이름 마호흐르마즈드(Māhohrmazd)도 있다.[177] 이 둘은 모두 고대의 합성어 로서 다신교 시절에 이미 존재하다가 신학적 반대가 있었음 직함에도 계속 사용된 것으로 보인다.(왜냐하면 고대의 문법에 따르면 그런 합성어에 서 더 짧은 단어가 항상 먼저 나오는데, 이는 더 작은 신의 이름이 어쩔 수 없이 조로아스터의 최고신의 이름 앞에 나와야 한다는 뜻이기 때문이다.(이는 신학적 으로 받아들이기 어렵다는 뜻이다. — 옮긴이))[178]

그러므로 다신교 시절 마즈다는 대단히 규칙적으로 그의 본명과 칭호 아후라가 함께 붙어 불리고 호출되다가 시간이 지나면서 결국 합쳐져 하나의 명칭을 형성한 것으로 보인다. 아후라라는 칭호 하나 만으로 불릴 수 있었던 유일한 신은 *보우루나 아팜 나파트로 보이는

데, 그는 규칙적으로 아후라-베레잔트(ahura-bərəzant-), 즉 "높은 주"
로 불렸다. 이러한 사실이 미트라와 아팜 나파트가 한 쌍으로 위치하
고 기능들을 공유하며 서로를 보완한다는 사실과 합쳐져, "미트라와
높은 주"를 의미하는 고대의 짝(드반드바) 합성어 미트라 아후라 베레
잔타(mithra ahura bərəzanta)[179]에 나오는 아후라는 아팜 나파트가 거
의 확실하게 만든다.(이 해석은 오래전 슈피겔(Spiegel)이 제기한 것이지만,[180]
그는 아팜 나파트를 *보우루나로 보는 데까지 나가지 않았다.) 이를 보면 중세
이란어에 "아후라마즈다에 의해 창조된"이라는 의미의 고유 명사 오
흐르마즈다트(Ohrmazddat)가 존재하므로,[181] *아후라다타(*Ahuradāta)
는 "아후라(즉 *보우루나)에 의해 창조된"으로 다르게 해석해야 할 것이
다. 그러나 이 이름의 증거 중 하나[182]는 지금 도전받고 있다.[183]

잘 증명된 아후라다타라는 형용사가 존재하며, 이것이 "대지"를
뜻하는 잠(zam)과 "승리"를 뜻하는 베레트라그나(vərəthraghna)를 수
식할 때 등장한다는 것은 많이 논의되었다.[184] 조로아스터교 신학 체
계에서 아후라 마즈다는 모든 존재의 궁극적 창조자이므로 시간이
지나면서 이 형용사의 "아후라"가 아후라 마즈다를 가리킨다고 간주
된 데에는 의심의 여지가 없다. 그러나 이 단어는 원래 *보우루나(그의
인도 측 짝(바루나)은 수많은 창조 행위를 수행한다.)를 의미했을 것이다. 또
한 십중팔구 이것이 그가 조로아스터교 내에서 상대적으로 존재감을
잃게 된 이유 중 하나일 것이다. 즉 조로아스터가 아후라 마즈다가 모
든 유용한 것들의 창조자라고 설교하자 *보우루나는 고유의 기능들
을 상실한 채 주로 물의 신이라는 한정된 역할로만 살아남았던 것이
다.[185] 반면 심판자이자 감시자라는 미트라의 역할은 새 교리의 영향
을 적게 받았으며, 따라서 그의 지위는 거의 바뀌지 않은 채로 남았다.
다신교 시절 *보우루나의 창조적 역할 중 하나가 조로아스터교 안에

서 곧장 아후라 마즈다에게 이전되었다는 사실은 실제로 아베스타 텍스트에 의해 드러난다. 빈디쉬만(Windischmann)이 지적했듯이,[186] 고대의 야쉬트 19(v.52)에 아팜 나파트를 가리키는 "인간을 창조하고, 인간의 모양을 만든(yō nərəuš daδa, yō nərəuš tataša)"이라는 구절과 더 후대의 야스나 1.1에서 아후라 마즈다를 수식하는 데 쓰인 "우리를 창조하시고, (우리의) 모양을 만드신(yō nō daδa, yō tataša)"이라는 구절은 대단히 유사하다. 그러므로 다신교 시절 "그 아후라", 즉 *보우루나 역시 자신이 만든 사람들이 밟고 다니는 "땅"을 만들고 정의로운 이들이 아샤(그가 특별히 담당하는 것)를 지킬 수 있도록 하는 "승리"를 창조해 낸 존재로 불렸을 것이다. 다신교 시절 아후라 마즈다는 아마도 베다의 아수라처럼 더 먼 존재였을 것이다. 또한 "마즈다에 의해 창조된"이라는 뜻의 마즈다다타라는 형용사는 특히 조로아스터교의 신조어로서 최고신(아후라 마즈다)의 창조 행위를 강조하기 위해 만들어졌고, 처음에는 교리상의 목적을 가지고 의도적으로 쓰였을 것이다. 따라서 아팜 나파트는 야스나에서 고대에 그의 거소였던 물과 함께 규칙적으로 호출되지만, 물은 항상 마즈다다타로 묘사되므로, "높은 주 아팜 나파트 그리고 마즈다께서 만든 물"로 호출되는 셈이다.[187] 다른 곳에서 "승리"는 그 고대의 고정된 별칭 아후라다타로 불리기도 하고, "vərəθraɣ nəm ahuraδātəm barō.xᵛ arənō mazdaδātəm"[188]에서와 같이 수식어처럼 마즈다다타로 불리기도 한다. "마즈다에게 숭배를 바치는 이", 즉 마즈다야스나(mazdayasna)[189] 또한 조로아스터교의 신조어로 간주할 수 있을 듯한데, 이것과 마즈다다타는 예전에 마즈다 앞에 경칭 "아후라"를 규칙적으로 붙여 부르던 전통에서 떨어져 나와 일상적으로 쓰이는 둘뿐인 단어들이기 때문이다.

아베스타에서 "그 아후라", 즉 *보우루나에서 아후라 마즈다에게 숭배가 실제로 옮겨 갔음을 추적할 수 있을 것으로 보이는 곳이 바로 야스나 하프탕하이티이다. 가타 방언으로 된 이 고대 텍스트가 특성상 대단히 원형적이고 부분적으로만 조로아스터교에 맞게 수정되었다는 점은 대체로 합의되었다.[190] 그것은 대체로 산문 형식으로, 여러 다른 요소로 이뤄져 있는데, 이는 불과 물에 제물을 올릴 때 쓰는 짧막한 기도문으로 보인다. 현존 형태는 전적으로 아후라 마즈다에게 바치는 헌정문이지만, 이것은 개작의 결과이며 원래는 보다 작은 두 아수라를 물과 불의 주로서 호출했을 가능성이 아주 크다. 개작에도 불구하고 대단히 다신교적인 느낌들이 일부 남아 있다. 이렇게 아후라 마즈다는 "해를 끼치고자 하는 이에게 해를 끼치는 이(axtiš ahmāi yəm axtōyōi dåŋhē)"[191]로 불리는데, 이런 구절은 정의의 엄격한 관리자인 미트라나 *보우루나에 어울리는 것이지 조로아스터가 설교한 바의 아후라 마즈다의 성격과는 어울리지 않는다. 마찬가지로 그는 후마이(humāyi), 즉 "선한 마야를 가진"으로 묘사된다.[192] 더 놀랍게도 물들은 "아후라의 부인들", 즉 아후라니(ahurāni)로 불리는데,[193] 이 개념은 물들은 바루나의 "부인들"이라는 리그베다의 개념과 유사하다. 그러나 리그베다에서 물들은 바루나니(varurāni)로 불리며,[194] 이는 다신교 시절 이란에서 "그 아후라"는 *보우루나만을 의미했음을 보여 주는 또 하나의 증거이다. 야스나 하프탕하이티 외에는 어떤 곳에서도 물의 신으로서 그의 고유한 속성이 이렇게 최고신에게 이전되지 않았다.

왜 인도에서 아후라 *메다가 자기 본명을 잃고 단순히 "그 아수라"가 된 반면 이란에서는 *보우루나가 그런 운명을 맞았는지는 여전히 모호하다. 이 용법은 미트라(Mithra)/미트라(Mitra) 숭배 관행의 경우와 확실히 다르다. 왜냐하면 미트라에서 드리는 예배가 효과를 보려면 이 신의 본명을 부르는 것이 의례상의 명백한 요구 사항이었기 때문이다.[195] 이 점이 이란의 미트라에게는 또다시 행운이었다. 왜냐하면 *보우루나가 규칙적으로 그저 "아후라"로만 불렸으므로 조로아스터교 신학자들이 점차 그에 대한 숭배를 아후라 마즈다의 것으로 합치기가 분명 쉬웠을 것이기 때문이다. 이후 강의 여신인 아레드비 수라의 인기(부분적으로는 이 여신이 아케메네스조 페르시아 시절 외래의 모신母神에게 동화되어 생긴 현상이었을 것으로 보인다.)가 물의 신으로서 그의 지위를 더욱 뒤로 밀쳐 내어, 야스나에서 "마즈다가 창조한 물"로 불리는 이는 항상 그이긴 하지만 직접 물에 바치는 기도문인 아팜 니야예쉬(Ābān Niyāyeš)는 거의 전적으로 아르드비수르(Ardvīsur)의 야쉬트에서 온 연들로 채워져 이 위대한 아수라는 거기에서 더 이상 언급조차되지 않는 지경에 이른다. 그럼에도 *보우루나 아팜 나파트가 조로아스터교도들의 숭배를 계속 받을 수 있었던 것은 의례에서 그가 맡은 역할 때문이었다. 더욱이 그와 미트라가 함께 호명될 때(고대 야쉬트 구문들의 경우처럼) 미트라가 항상 먼저 나오는 것도 의례 때문으로 보인다. 의례에서 그는 아침 시간의 수호자로서 뒤를 이어 오후 시간을 수호하는 형제 신 바루나보다 먼저 등장한다. 이 때문에 그들 관계에 분명 규칙적인 선후 관계가 생겼을 것이다. "물의 아들"이자 "높은 주"로서 *보우루나를 부르는 호칭의 다양함에 조로아스터교도들의 예배 생활에 대한 서구 학자들의 상당히 일반적인 무관심이 합쳐져 이 관계는 외부 연구자들에게 잘 알려지지 않게 되었다. 다신교 시절 위대한 세 아수라는 한 묶음으로서 인도·이란인들의 핵심적인 윤리적 신들을 표상했다. 각자에게 윤리적 측면이 "결정적으로 두드러지며 그 신의 개성과 전형적인 특징을 이룬다."[196] 그 핵심 개념들의 위엄과 가치는 사실 너무나 빼어나서 이전의 일부 학자들은 이들이 현저하게 더 원시적인 수많은 이란 및 베다의 신들과 어울리지 않는다고 느꼈다.

이런 특정 신의 기원을 바빌로니아 문화 같은 외래의 문화에서 찾으려는 시도들이 뒤따랐지만 실패했고, 지금은 그들의 인도·이란 기원이 확실한 것으로 여겨지는 듯하다. 타당하게도 그 신들의 개념과 그들에 대한 숭배는 인도인들과 이란인들이 여전히 한 공동체에서 왕들과 아마도 한 명의 높은 왕(high king)의 통치 아래 살던 시절에 발생하여[197] 통치와 통치권 및 사회와 우주의 질서를 더욱 깊이 반영하게 되었다는 주장이 제기되었다. "일반적인 통일성과 우주의 어떤 규칙성에 대해 오랫동안 전해 오던 감정으로 인해 지상의 군주들이 자신들의 영역을 지배하는 법을 보호하듯이 통치 신들의 보호 아래 있는 일군의 신의 법 개념에 대해 말하게 되었다. …… 왕은 권위 있는 지위를 가졌음에도 스스로의 약속과 의무의 구속을 받았고, 이 상황을 우주로 이전하면서 영원한 법(르타)이 거의 최우선의 것으로 인식되기에 이르렀다."[198] 위대한 도덕적 아수라들의 속성은 "불가피하게 해당 사회의 구조와 법이 더 이상 전적으로 원시적인 상태가 아니었음을 보여 준다. 그들에게 부여된 믿음은 물론 더 오래전의 사회 체계에 더 깊이 뿌리박고 있겠지만, 그 발전 과정에는 인도·이란 국가의 더 심화된 발전의 족적이 남아 있다."[199] 이런 발전은 다음의 구절에 더한층 명백하게 규정된다. "자연의 힘들에 대한 오랜, 가망 없는 의존의 감정을 대신하여 점점 더 인간적·사회적·정치적인 삶의 조건들이 '더 높은 힘에 대한 의존' 개념의 원형을 제공했다. 즉 왕, 강력한 전사, 지혜로운 사제, 부유한 이에 대한 의존 등이다. 그리하여 신격화된 자연 현상 대신에 (인드라의 경우처럼) 신적인 영웅 혹은 후원자의 유형이 나타났고…… 미트라와 바루나의 경우에는 신적인 왕과 재판관의 형태가 나타났다."[200]

영웅적인 인드라가 위의 세 아수라처럼 인도·이란 공통의 만신전에 속한다는 데는 의심의 여지가 없다. 왜냐하면 조로아스터교 전통에서 그는 다에바들(daêvas) 중의 하나로서, 즉 조로아스터에 의해 거짓으로 거부당한 신들 중 하나로 등장하기 때문이다. 심지어 베다에서도 인드라와 바루나는 우주의 왕으로서 함께 통치하지만 그들 사이의 대조점은 인지되며 둘의 성격은 전적으로 다르다. 둘 다 제왕이지만 바루나가 신들과 인간이 함께 지키기를 요구하는 법에 의해 통치한다면, 인드라는 권력의 기반을 그의 압도적인 힘에 둔다. 그는 싸움꾼이며, 벼락을 던지는 이이며, 취하게 하는 소마(soma)에 의해 고양되는, 수많은 신화의 영웅으로서, 폭력적이고 거칠고 호사스러우며 감각을 즐긴다. 그는 인도·이란 전사의 전형을 체현한 이로 여겨지는데, 싸움과 음주에서 강력하며 전쟁에서 얻은 전리품을 추종자들에게 후하게 나눠 준다. 인드라는 자신의 숭배자들에게 가장 후하다고 여겨질 때에도 대가로 충분한 제물을 요구한다. 왜냐하면 그의 은총을 보장받는 길은 도덕적 행동이 아니라 바로 이런 것들이기 때문이다. 그와 바루나의 대조점은 두 신이 차례로 자신들의 위대함을 주장하는 리그베다의 찬가에서 잘 표현된다.[201] 바루나는 이렇게 선언한다. "통치권은 나의 것이다. 영원한 통치, 모든 불사자들이 우리에게 인정하듯이. 신들은 바루나의 뜻을 따른다. …… 나 바루나는 왕이며, 아수라의 위엄이 나에게 처음으로 부여되었다. …… 나는 떨어지는 물을 솟아오르게 했으며, 르타를 통해 하늘을 유지한다. 르타에 의해 아디티(Aditi)의 아들(즉 바루나)은 군주이며 르타를 통해 다스린다." 인드라는 자신의 차례에서 선언했다. "빨리 말을 치닫는 인간, 좋은 말을 가진 인간들이 전장에서 포위당한 채 나를 부른다. 나는 분투를 촉구한다, 나 너그러운 인드라. 나는 먼지를 말아 올린다, 나의 힘은 압도적이다. 나는 모든 것을 이뤘다. 어떤 신과 같은 힘으로도 나를 저지할 수 없으니, 나 난공불락의 존재. 벌컥벌컥 들이켠 소마와 노래가 나를 취하게 하면 끝없는 지역들이 두려움에 떤다." 이에 대해 바루나는 차분하게 대답했다. "모든 존재들이 그대의 그런 점을 알고 있소." 여기에서는 두 신 간의 적대감을 보여 주는 흔적은 전혀 없고 그저 그들의 차이에 대한 차분한 진술만 나와 있다. 그 차이란 정의와 질서를 유지하고자 하는 윤리적 통치지와 자연력처럼 초도덕적인 대담한 전사의 차이이다.[202] 인도인들은 인드라가 모든 것을 정복한 이로서 인도·이란의 신 "승리(Victory)",[203] 즉 "아베스타" 민족에게 "아후라가 창조한 베레트라그나"로 알려진 신의 자리를 찬탈하고 악마에 대항해 위대한 승자가 되었다고 여겼던 듯하다. 이와 달리 이란인들 사이에서 "승리"는 고대의 위치를 유지했던 반면 인드라는 (최소한 조로아스터에게는) 그저 초도덕적인 정도가 아니라 적극적으로 사악한 존재로, 리그베다의 표현을 빌리면 싸움를 촉구하고 먼지를 말아 올리는 이로 여겨졌다.

　미탄니 조약 문서의 수호자로서 인드라가 베레트라그나를 대체하여 미트라와 바루나 다음에 등장한다는 의견이 제시되었다.[204] 이 문서에서 그다음에 나오는 이는 나사티야(조로아스터교에서는 낭하이티야(Nåŋhaithya))는 조로아스터교에서 인드라와 함께 악마의 지위로 떨어진다. 베다에는 짝 합성어 인드라-나사티야가 등장하고,[205] 벤디다드(Vendidād)에서 이 둘은 인드렘……낭하이팀(Indrəm …… Nåŋhaithīm)으로서 부정된다.[206] 이들의 이름 사이에 사우르바(Saurva), 즉 인도의 샤르바(Śarva)가 등장하는데, 그는 리그베다에는 언급된 적이 없고 후대의 텍스트에 폭력적이고 사악한 루드라의 동격으로서 등장한다.[207] 조로아스터교의 전승에서 그는 "데브들(dēvs)의 수장으로서…… 전제와 폭력과 무법과 억압을 자행하는 자이다."[208] 나사티야의 개념은 인도에서 상당한 발전 과정을 거친 것으로 보이지만[209] 이란 측에는 이 신의 고대의 성격을 확증해 줄 자료가 없다. 그러나 그와 인드라 사이에는 분명 오랜 연결 고리가 있었으며, 그와 샤르바 사이에도 연결 고리가 있었을 것으로 보인다.(왜냐하면 리그베다에서 나사티야와 루드라가 연관이 있기 때문이다.)[210] 이 셋은 인도에서 숭배되다가(다신교 시절 이란에서도 분명 숭배되었을 것이다.) 악마적 존재의 이름으로 부정되었는데, 그들의 초도덕적이며 폭력적인 특성 때문으로 보인다.[211]

앞에서 언급한 리그베다의 절들에서 바루나는 자신을 "아디티의 아들"로 칭한다. 베다 문헌들에는 미트라와 바루나와 관계된 일군의 더 작은 신격들이 있는데, 그들은 집합적으로 "아디티야들(Ādityas)", 즉 "아디티의 아들들"로 불린다. 원래 이 구절은 "자유의 아들들" 혹은 "무고함(죄 없음)의 아들들"과 같은 뜻이었다가,[212] 시간이 지나면서 인도의 신화 창작자들이 이로부터 여신 아디티를 도출해 낸 것으로 보인다. 아디티야를 구성하는 신들의 체계적 목록은 없고 여러 텍스트마다 그들의 숫자는 여섯, 일곱, 여덟 등으로 다르다가, 이후의 자료에서는 심지어 열둘이 된다. 일반적으로 미미한 아디티야들은 미트라나 바루나 자신처럼 추상적 개념의 인격화로 보이고, 그들 중 가장 중요한 둘 아리야만(Aryaman)과 바가(Bhaga)는 마찬가지로 아베스타의 짝 아이리야만(Airyaman)과 바가(Baga)를 가지고 있는데, 그들은 이란의 아후라들과 밀접하게 관련된다.

베다의 아리야만은 특히 미트라와 관련되는데, 사실 그와 관련된 짝-합성어에 미트라-아리야만으로 두 번 등장한다.[213] 리그베다에 존재하는 중성 명사 아리야만은 "환대" 혹은 "손님에 대한 친절"을 뜻하고, 남성 명사는 "손님의 친구" 혹은 일반적인 "친구"를 뜻하는 것으로 보인다.[214] 가타 측 짝 아리야만은 "동료, 친구"를 의미하는 하쉬

(haši, 산스크리트어 sakhi-, 라틴어 socius)의 동의어로 등장한다.[215] 사회적 집단과 관련하여 이 단어는 가족이나 마을보다는 더 큰 부족 혹은 구역의 구성원을 묘사하는[216] 것으로 보인다. 이들은 환대를 교환함으로써 함께 우호적인 관계를 확립하거나 서로에게 적절하게 환대받을 수 있는 사람들이다.[217] 공식적으로 합의된 의무에 대한 충성과 주인과 손님 사이의 특수한 의무에 대한 충성이라는 기본 개념은 확실히 서로 가깝다. "계약의 수호자로서 미트라는 손님에 대한 호의의 수호자로도 여겨질 수 있다. 이 점에서 그는 어느 정도는 아리야만과 일치한다. 더 정확하게 말하면, 아리야만은 미트라의 또 다른 위격位格으로 생각될 수 있다."[218] 이 하위격 신은 어떤 자연 현상과도 연결되지 않았고 그의 이름에는 어떤 신화도 부여되지 않았다. 그러나 후기의 베다에서 그는 인드라에게서 빌려 온 특성들로 수식되는데, 이는 희생제에 그를 호출할 때 그의 개념을 풍부하게 하기 위한 것이다.[219]

아리야만은 아베스타에서는 결코 두드러진 존재가 아니다. 그러나 가타 방언으로 지어진 조로아스터교의 위대한 기도문들 중 하나에서는 그를 "바람직한 아리야만"이라 부른다.(첫 구절을 따라 아이리예마 이쉬요(Airyəmā išyō)라 불린다.) 이 기도문은 야스나에 자리 잡았는데,[220] 야쉬트 3에서는 질병에 대항하는 최고의 만트라로 격상되었다.[221] 여러 세기에 걸쳐 이 기도문은 그런 위상을 가졌는데, 이는 아마도 인간의 "친구"로서 아리야만이 인간을 괴롭히는 9만 9999개의 질병을 고칠 수 있다고 여겨졌기 때문일 것이다.[222] 아리야만 기도문은 또한 손님들이 호의와 환대 속에서 기뻐하는 조로아스터교 결혼식의 일부분을 이룬다. 마찬가지로 리그베다에서 아리야만은 구혼자가 그의 신부로부터나 신부가 시집으로부터 환영을 받고자 할 때 호출된다.[223] 조로아스터교의 교리에 따르면 이란의 아리야만도 미래에 세상이 복원될 때 제 역할을 한다. 구세주 사오쉬얀트들(Saošyants) 스스로 아이르예마 이쉬요를 읊는데,[224] 이는 아마도 세상을 악으로부터 치유하는 그들의 중대한 임무에서 그 신의 도움을 청하고자 그러는 것으로 보인다. 그리고 최후의 심판의 날 죄지은 자와 무고한 자를 구분하는 최후의 거대한 시죄에 쓸 쇳물을 아타르(Ātar)와 함께 끓이는 이도 바로 그이다.[225] 여기에서 아리야만과 미트라의 오랜 연결 고리의 흔적이 있는 듯한데, 우리가 앞서 보았듯이 그런 시죄는 창조의 심판자이자 불의 주 미트라의 영역에 속하기 때문이다. 이란에서 아리야만 숭배 의식의 인기는 식지 않아서, 3세기 마니교 선교사들이 그들의 경전을 페르시아어로 번역하면서 구세주이자 영혼의 치유자인 예수와 동일시한 이가 바로 친구이자 치료사인 아리야만이었고, 따라서 그들은 이란인들에게 아리야만을 아리야만 이이쇼(*Aryaman Yišō)로 소개했다.[226](아마도 여기에서는 이이쇼와 이쉬요의 유사성을 가지고 한 조악한 말장난의 영향을 받았을 것이다.)

베다의 아리야만과 함께 호출된 이는 또 한 명의 아디티야인 바가(Bhaga)로서, 그는 번영과 행복의 인격화로 보인다.[227] 보통 명사 바가는 "몫", 다시 말해 세상의 좋은 것들에 대한 몫, 즉 "행운"을 의미한다. 바가는 아리야만처럼 결혼과 관련 있는데, 고대 공동체에서 결혼을 하는 이유는 기본적으로 일을 하는 아이들의 출생을 통해 번영을 얻는 데 있으며, 따라서 부수적으로 행복을 가져오기에 바가가 결혼과 연결된다고 설명되어 왔다.[228] 또한 고대 사회에서 결혼은 가문이나 집단 간의 우의를 확립하거나 강화하는 수단으로 행해졌고, 따라서 강력한 계약적 요소를 가지고 있었다.(우리가 앞서 보았듯이 남편과 아내 사이의 미트라(보통 명사 계약)는 아베스타에 명백하게 언급되어 있다.)[229] 그러므로 바가는 또한 미트라와 연결되며, 사회적이고 어느 정도는 도덕적인 특성을 가졌다. 그의 이란 측 짝인 바가는 아베스타에는 전혀 등장하지 않는다. 그러나 그는 고대 페르시아어의 명명법命名法에서 자주 찬양되는데,[230] 이는 다신교 시절 이란의 용법을 여전히 반영하고 있는 것으로 보인다. 더욱이 바가와 미트라는 동부 이란어의 고유 명사 *바가미흐르(*Bagamihr, (인도 마투라의 바카미흐라 Vakamihira)에 의해 입증된다.)[231]에서 합쳐진다. 또한 소그드의 결혼 계약에서 신랑은 "바가와 미트라의 이름으로"라는 엄숙한 맹세를 하여야 한다.[232] 결혼 자체를 뜻하는 소그드 단어 바가니 쉬페크테(Baghāni- špəktē)는 글자 그대로 "바가 결합", 즉 바가 주재하의 결합을 의미한다는 의견이 제시되었다.[233] 더욱이 이란 서부에서 미트라에게 바치는 가을 축제 미트라카나(Mithrakāna)가 동부에서는 바가를 기념하는 날 *바가카나(*Bagakāna)로 행해진 듯하다.[234] 이렇듯 다신교 시절 이란인들이 바가를 대단히 경배한 듯한데 조로아스터교의 만신전에 그의 이름이 없는 것이 이상하고, 그가 베다의 바가와 미트라의 관계처럼 아후라로서 이란의 미트라와 긴밀한 관계를 가졌던 듯하여 이 사실 또한 더욱 이상하다. 그러나 대체로 다신교 시절 이란의 신들을 명명하는 데 쓰이던 보통 명사 바가와 이름이 같아서 조로아스터교 안에서 그의 존재가 바랬을 가능성이 크다. 다시 말해 그는 모든 신적 존재들에 관한 숭배를 무차별적으로 종식시키고자 한 예언자의 노력의 부수적 희생양이었던 셈이다.

베다의 하위격 아디티야들 중에 "몫"을 의미하는 암샤(Aṃśa)와 "재간"을 뜻하는 닥크샤(Dakṣa)가 있다. 이렇게 추상적 개념을 인격화한 수많은 하위격 신들이 인도와 이란의 종교 문헌에 등장하는데, 그들 중 일부는 도덕적 특성을 표상하고 어떤 이들은 (암샤와 다크샤처럼) 도덕적으로 중립적인 자질이나 사물을 의미한다. 이들 중 일부만이 인도와 이란 양측에서 발견되는데, 이는 그런 개념들에 대한 신격화가 양 민족이 갈라진 후에도 그들의 종교적 전통의 일부로서 존속했음을 의미한다. 그런 인격화의 배후에 있는 종교적 의도는 숭배하는 신을 통해 그 신이 표상하는 것(그것이 "충성" 같은 고상한 덕목이든 기술을 획득하는 등의 실용적인 것이든 간에)을 얻기 위함이었던 것으로 보인다. 그런 작은 신들의 수가 많아지도록 촉진한 것은, 우리가 앞서 보았듯이, 인도 이란의 신들은 결코 홀로 호명되지 않으며 언제나 서로 연결되어 불렸다는 사실이다. 하위격 신들을 호출할 때 상위격 신을 함께 불러 상위격 신의 일부 특성을 표상하거나 그의 자질 안에 있는 어떤 특성이나 사물을 인격화한 하위격 신들을 지원하는 것을 고무한 것 또한 신들을 연결 지어 부르는 습관이었음이 분명하다. 따라서 원시적 야스나 하프탕하이티(앞에서 살폈듯이 원래 *보우루나에게 헌정된 부분으로 보인다.)에서 그 아후라(보우루나)는 자신의 "아내들"인 물과 함께 호명될 뿐 아니라 열매를 맺게 하는 물과 함께 창조의 지속적이고 비옥하게 하는 측면을 표상하고자 등장하는 일군의 하위 신들과 함께 호명된다.[235] 그들의 이름은 아쉬(Aši, 보상), 이쉬(Iš, 번영),[236] 아주티(Āzūiti, 살찜 혹은 풍성함),[237] 프라사스티(Frasasti, 만족)[238] 그리고 파렌디(Pārəndi, 자양분)[239]이다. 이렇게 인격화된 단어 가운데 일부는 일반적인 의미 외에도 희생제나 숭배 의식과 특별한 관계를 맺었다. 이들 다섯 중 마지막으로 불린 이(그는 젊은 아베스타로 인해 친숙하다.)[240]만 베다에도 푸라르흐디(Purarhdhi)라는 이름의 여신으로 등장하고, 첫 번째로 호명된 아시(그는 도덕적으로 발전할 가능성이 있다.)만 가타에서 조로아스터에 의해 호명되었다.[241] 그러나 예언자는 아후라 마즈다 자신 및 그의 계시에 나오는 신적 존재들에게 가장 관심이 있었기에 오히려 미흐르 야쉬트(Mihr Yašt)에 다신교 시절 아후라들과 관계를 맺은 것으로 보이는 하위격 신들이 더 많이 등장한다. 그러나 이들 중 일부만 베다 측의 짝을 갖고 있어서, 이들 모두가 조로아스터교 이전에 존재했는지는 확신할 수 없다. 인도의 하위격 아디티야들을 대신하여 일군의 "추상적" 신들이 이란의 미트라 가까이에 위치한다. 조로아스터교에서 여전히 커다란 중요성을 지니는 이 중 하나는 아르쉬타트(Arštāt), 즉 "정의"이다.[242] 이는 계약(커버넌트)의 수호자 미트라와 어울리는 짝이다. 그녀는 조로아스터교의 기도문에서 미트라 및 "판결자" 라쉬누(Rašnu)와 함께 자주 호명된다. 라쉬누 신은 "판결, 판결하는 이"를 뜻하는 보통 명사 라쉬누(rašnu)에 구현된 개념의 위격으로 보인다.[243] 그의 이름은 소그드어 고유 명사인 "라쉬누미트르(Rašnumitr, ršnwmtr)"에서 미트라와 결합된다.[244] 또한 그는 서기전 6~5세기 교체기 고대 페르시아어 명명법에서 이름이 기려지는데,[245] 그때는 파르스 지방에서 작명할 때 조로아스터교의 영향이 명백히 드러나지 않았다. 그러므로 라쉬누는 다신교 시절 신으로 짐작되며, 미트라 숭배와 관련하여 발생한 것으로 보인다. 아르쉬타트와 함께 그는 아후라의 심판관으로서의 특징을 표상한다. 미트라의 호전적 특성은 그와 과련된 신들 중 다른 하나인 홈.바레티(Həm.varəti), 즉 "용기(무용)"에 체현된 것으로 보인다.[246] 그 이름은 이른 시기 고대 페르시아어에서 발견되는 듯하다.[247] 또한 낮 동안 자신의 궤도를 따라 움직이는 태양과 미트라의 관련성으로 인해 "창공"의 신격화인 트와샤가 수행원으로 등장하였다.[248] 이러한 신적 존재들이 미트라의 야쉬트에서 모두 기려지므로 그들의 관계는 오래되었을 것이다. 그들의 관계가 조로아스터교에서 여섯 명의 위대한 아메샤 스펜타들(Aməša Spəntas)과 아후라 마즈다의 관계와 다르지 않은 패턴을 형성한다는 것은 주목할 만한데, 여기에서 하위격 신들은 미트라 자신의 속성들의 신격화 혹은 그와 관련된 현상들의 인격화인 동시에 독립적 신들로서 스스로의 자격으로 호명되고 숭배되었다.

　조로아스터교 기도문에서 미트라는 규칙적으로 "좋은 초지를 가진 평화"라는 의미의 라만 크바쉬트라(Rāman khvāstra)와 함께 호명된다. 다르메스테터(Darmesteter)[249]는 이는 야스나 하프탕하이티에서 "평화와 초지(rāmāčā vāstrəmčā)"로 언급된 것,[250] 즉 고요 속의 번성과 안전 속의 평화라는 개념의 후대 위격일 것이라고 지적했다. 또한 그는 이렇게 발생한 신이 미트라와 긴밀한 관계를 맺은 것은 미트라 자신이 "광대한 초지를 가진 이"로 불렸고 그의 숭배자들은 그를 통해 이를 갈구했기 때문이라고 주장했다.[251] 만약 라만 개념이 조로아스터의 가르침 이후 발전했다면(그런 것으로 보인다.) 이 신은 여기에서 고려하기에 적절하지 않다. 그러므로 미트라의 가까운 동료 중 하나로서 자신의 야쉬트에서 언급된 위대한 스라오샤(Sraoša)로 시선을 돌려보자. 또한 스라오샤는 규칙적으로 아시와 연결되는데, 그녀처럼 그도 가타에 언급된다. 다시 한번 우리는 이 신의 정확한 정의를 내릴 수 없을 듯하다. 이 단어는 명백히 S 확장(단어 확장 시 s가 추가되는 현상. — 옮긴이)에 의해 "듣다"라는 의미의 동사 어근인 스루(sru)에서 파생되었다. 그리고 보통 명사로서 누군가의 말을 듣는 행위, 즉 "복종"을 뜻하는 것으로 보인다. 이 해석은 이 단어가 등장하는 가타의 문맥과 상통한다. 그러나 이것이 "훈육"의 의미도 가질 수 있음을 알려 주는 파생어들이 있다.[252] 복종과 훈육은 모두 군인의 덕목으로서, 이 사실 자체가 스라오샤와 전신戰神 미트라의 근연성을 설명하는 데 도움이 될 것이다. 사실 그는 미트라로부터 많은 특성을 빌려 왔다.[253] 그러나 스라오샤라는 단어는 연관 단어인 스라오트라(sraothra, "암송")[254]처럼 뭔가 "말해지는 것"과 관련 있었던 듯하다. 스라오샤 신의 특징적인 별칭 중 하나는 타누 만트라(tanu.mąthra), 즉 "몸에 성스러운 언어를 지닌"이다.[255] 그리고 조로아스터교에서 그는 중요한 기도의 신으로서, 악마의 힘으로부터 보호하는 강력한 힘을 가지고 있다. 그는 아베스타에서 자신을 기리는 찬가를 두 개 가진 유일한 신이다.[256] 따라서 그는 또한 무슬림 페르시아에서 숭배받은 유일한 조로아스터교 신이 되었다. 거기에서 그는 사로쉬(Saroš)로 알려졌는데, 신과 인간 사이에서 메시지를 전하는 역할을 한다. 조로아스터교 텍스트에서 그는 때로 또 하나의 기도의 신 나이리요.상하(Nairyō.saŋha)와 관련되는데, 그 이름은 "남자다운 말"(베다의 나라샴샤(narāśamsa)와 비교하라.)을 뜻하는 듯하다.[257] 그는 또한 고대 페르시아어 명칭 나리샨카(Narišanka)로 등장한다.[258] 나이리요.상하는 특유의 재미 있는 별칭 크샤트로.나프타르(khšathrō.naptar), 즉 "왕국의 아들"로 불렸다. 그리고 그는 가끔 인간 세상을 유지시키는 두 신들인 미트라 및 *보우루나 아팜 나파트와 열결되었다. 그러나 그는 주로 인간들이 그 앞에서 기도문을 읊는 존재인 불 및 스라오샤와 관계된다. 그의 또 하나의 아베스타 별칭은 "사랑스러운 모습을 한"이란 뜻의 후라오다(huraodha)이다. 그리고 어떤 신화들이 그에게 부여되어 그는 후대의 문헌에서 미의 신으로서 경배받았다. 스라오샤에 관한 독창적인 신화는 알려진 것이 없고, 이는 그가 조로아스터 이전에 숭배된 신이 아니었으리라 생각하는 한 가지 이유가 되었다. 그러나 우리가 살폈듯이 인도에서 "오래된" 신 아리야만 또한 자체적 신화가 없고, 필요할 경우 다른 신들로부터 특징들을 차용했다. 그러므로 신화가 없다고 그 개념의 고대성을 부정하는 것은 설득력 있는 주장이 아니다. 베다의 "기도의 주" 브르하스파티(Brhaspati)는 스라오샤와 놀랄 만큼 유사한데, 그는 전신 인드라로부터 수많은 특징과 별칭을 끌어온다.[259] 이는 그를 찬양하는 문구에서 드러난다. "기도와 (마법의) 주문은 무기의 위력과 더불어 강력한 전투의 수단이다. 사제는 전장에서 위엄 찬 사령관을 따랐다. 그리하여 인드라, 그 영웅적인 전투의 신 옆에 전투의 사제 브르하스파티 신이 나타났다."[260] "당신의 전차에서 날아다니는 이 브르하스파티, 적대적인 이를 던져 버리고, 적을 몰아내고, 적의 군대를 산산조각 내고 부숴 버리는, 전투에서 승리하는 이, 당신 우리 전차들의 조력자."[261] 이란의 스라오샤의 별칭 중 두드러지는 것들은 "승리하는(vanaitivant-, vərəthrajan-)", "강력한 팔을 가진(bāzuš.aojah-)", "강력한 곤봉을 가진(darši.dru-)" 등이다. 브르하스파티처럼 그는 적에 대항하여 아군을 돕기 위해 전차를 몰고(Y. 57. 27~29), "영웅적이며, 빠르고, 굳세고, 강력한" 이로 불리며(Y. 57. 11), "모든 전투에서 승리하여 돌아오는" 존재로서 "피의 깃발을 지닌 사악한 군대로부터"(아군을 보호하는(Y. 57. 12, 25) 이다. 그러므로 스라오샤가 전신 미트라와 그토록 가까워진 것은 기도의 신으로서인 듯하다. 브르하스파티는 "신들의 아버지"(RV 2. 26. 3)로 숭배되었으며, 조로아스터 자신도 아마 전통적인 용어를 그대로 써서 스라오샤를 "모든 이들 중 가장 위대한(vīspə.mazištəm, Y. 33. 5)" 이로 부른다. 그러나 브르하스파티는 순수한 인도의 신이며, 스라오샤는 순수한 이란의 신이다. 또한 그들의 발전 과정이 많은 면에서 유사하지만 그들 각자가 얼마나 오래전에 숭배되었는지 보여 주는 증거는 하나도 없다.

미트라를 동반하는 또 하나의 신은 여신 치스타(Čistā)이다. 그녀는 열여섯 번째 야쉬트에서 찬미되는데, 그 이름은 "가르치다, 지도하다"라는 의미의 동사 어근 카에트(kaet-)의 수동 분사에서 파생된 것이 분명해 보인다.[262] 그녀는 길의 여신으로서, 여행자가 따르는 물리적인 길뿐 아니라 진정한 믿음의 길의 의미도 가진, 따라야 할 길을 가르쳐 주는 존재이다.[263] 그녀의 별칭 중에는 "좋은 길들(ways)을 가진(hupathmanyā-)", "좋은 길들(paths)을 가진(hvāyaonā-)", "잘 달리는(huaiwitačinā-)", "매우 곧은(razištā-)" 등이 있다. "또한 치스타는 건강한 에너지와 혼합된 것으로 보이는 아크쉬타(ākhšta-)의 자질을 준다. 그녀는 단순히 인도만 하는 것이 아니라 그 길을 계속 갈 힘을 불어넣는다."[264] 따라서 그녀는 또한 충성의 신(미트라)의 존경스러운 동반자이다.

치스타는 후대의 조로아스터교에서는 중요하지 않은 존재인데, 후대에 그녀는 자신의 기능을 다른 두 신에게 넘겨주었다. 그중 하나는 "종교"를 뜻하는 다에나(Daēnā)로서 순수한 조로아스터교의 위격으로 보인다.(예식에서 조연을 맡는, "교리"를 의미하는 희미한 존재인 치스티(Čisti)처럼.)[265] 다에나는 인간의 도덕적 안내자라는 치스타의 역할을 대신하는데, 치스타 찬가는 다에나의 이름을 딴 덴 야쉬트(Dēn Yašt)에 등장한다. 두 번째 신은 위대한 전신 베레트라그나이다. 그는 야쉬트 14에서 찬양되며, 현재의 조로아스터교에서도 여전히 중요한 존재로 남아 있다. 치스타와 베레트라그나는 함께 미트라의 동반자로 등장하는데, 이미 아베스타에서도 그들은 수많은 별칭을 공유한다.[266] 베레트라그나는 그야말로 더 강력한 신이며, 위험으로부터 더 잘 보호할 수 있다. 또한 오늘날 조로아스터교 공동체에서 바흐람(Bahrām, "저항을 쳐부수는", "승리하는"이라는 의미이다. — 옮긴이)으로서 여행자를 보호하기 위해 호명되는 이가 바로 그인데, 그를 위한 찬가는 여행자들을 위하여 암송된다.[267]

베레트라그나 자신은 승리의 인격화이다.[268](중성 명사 베레트라그나는 지금도 글자 그대로 "저항을 쳐부수는(vərəthra-)"이라는 뜻으로,[269] 살아 있다.) 신 베레트라그나는 대지처럼 아후라다타, 즉 "아후라에 의해 창조된"이라는 별칭으로 불리는데,[270] 다시 말해 그는 *보우루나에 의해 창조됐으며,[271] *보우루나의 형제 아후라인 미트라가 낮 동안 선악을 살피면서 창공을 가로지를 때 그를 수행한다.[272] 왜냐하면 승리는 아후라들을 수행하고, 전투에서 오직 올바른 이들, 즉 아샤반에게만 승리를 허락하기 때문이다. 그는 거짓되고 속이는 이들을 격노하여 부숴 버린다.[273] 베레트라그나는 승리를 안겨 주는 이로서 고대에 그야말로 최고의 인기를 누렸고, 그의 야쉬트는 (비록 잘 보존되지 못했지만) 매우 원시적인 것으로 보이는 요소들을 갖추고 있다.[274] 거기에서 그는 신들 중 가장 강하고, 가장 잘 무장하고, 가장 운 좋은 이로 나오며, 그의 치명적 힘은 열 개의 인상적인 화신에서 구현되었다.[275] 화신이란 치닫는 바람, 황금 뿔을 가진 황소, 황금의 귀와 주둥이를 가진 종마, 발정 난 낙타, 맹렬한 수퇘지, 전성기의 젊은이, 날렵한 맹금, 뿔 달린 숫양, 야생 염소 그리고 무장한 전사이다. 이들 중에서 그의 특징을 가장 잘 드러내는 현신은 수퇘지로서, 이 짐승은 오늘날 이란에서도 용기과 맹렬함으로 유명하다. 또한 미흐르 야쉬트에서 그는 이 모습, 즉 날카로운 엄니를 지니고 강철 발과 힘줄과 턱을 가진 강력하고 공격적인 야생 수퇘지의 모습으로 미트라의 앞길을 치닫는 것으로 나온다.[276]

베레트라그나라는 개념의 풍성함, 통일성과 일관성 그리고 호명되는 별칭들의 원시적 속성은 그가 고대의 신으로서 십중팔구 아후라들과 더불어 인도·이란 시절의 신에 해당함을 강력하게 시사한다.[277] 그러나 베다의 짝이 될 만한 존재는 알려지지 않았다. 그러나 "승리한"을 의미하는 아베스타의 형용사 베레트라그나(vərəθraghna)가 있는데, 이 수식어는 몇몇 이란 신들에게 부여되었고(영웅 트라에타오나와 조로아스터교의 사오쉬안트들에게도 이 수식어가 붙었다.) 이는 베다의 브리트라한 (vr̥trahan)과 짝을 이룬다.[278] 이 베다의 형용사는 주로 위대한 인드라를 대상으로 쓰였으며, 베다 이후 시기에는 단순히 그의 별명이 되었다. 이 단어는 고대의 브라만들에 의해 "브리트라(Vṛtra)를 강타한"이라는 의미로 해석되었고, 두 번째 요소는 본명으로 이해되었다. 이 때문에 브리트라의 신화가 발생한 것으로 보인다. 브리트라는 거대한 용으로서 삶을 주는 빗물을 가두어 두고자 했지만 영웅적인 신 인드라에게 죽임을 당한다.[279] 이 신화는 비교적 후대에 인도에서만 발전한 것으로서 사제들의 노력으로 탄생했는데, 복잡하고 활극으로 가득 찬 전사들의 신 "인드라, 승리한 이"가 승리(Victory) 자신의 지위를 찬탈하는 과정의 일부를 구성한다.[280] 미탄니 조약(여기에서 인드라는 미트라와 바루나 다음, 즉 *브리트라그나가 등장할 것으로 예상되는 위치에 나온다.)[281]에 나오는 근거들은 이 조약이 서기전 14세기 무렵에 발생한 것임을 보여 준다. 그러므로 (그보다 후대에 작성된) 베다들에서 브리트라그나가 완전히 존재감을 잃고 아수라들의 군사적 조력자로 인드라가 등장하는 것도 놀라운 일이 아니다. 그렇게 인드라는 전적으로 "아후라가 창조한 베레트라그나" 특유의 것이던 기능을 수행하게 되고, 좀 부자연스럽게 강력한 데바가 된다.[282]

승리(Victory)처럼 본질적으로 초도덕적이지만 아후라 종교와의 관계를 통해 "선하기도" 한 신이 행운과 보상의 여신 아쉬(Aši)이다. 우리는 야스나 하프탕하이티에서 이미 그녀를 만났다. 글자 그대로 아시(*arti-)는 "획득한 것"을 뜻하며, "얻다"라는 뜻의 동사 어근 아르(ar)에서 왔다.[283] 그리고 운으로든 실력으로든 "획득한 것"을 의미하는 보통 명사가 있다. 가타에서 이 단어는 자연스럽게 후자의 함의를 가진다. 그러나 아시가 "많은 선물을 가진" 혹은 "보물을 잔뜩 실은"이란 특별한 별칭을 가진 것은 다신교 시절 그녀가 맡았던 행운의 여신 역할 때문일 것이다.[284] 그녀는 빠르게 전차를 몰고 가는데 아마도 그녀의 풍요를 숭배자들에게 나눠 주기 위해서일 것이다.[285] 그리고 어떤 면에서 그녀는, 정확히 어떤 방법인지는 모호하지만 미트라가 타는 전차의 속도를 높이는 데 도움을 준다.[286] 그녀는 원래 전신을 기다리는 행운(Fortune)의 여신으로써 미트라와 관계를 맺었을 것이다. 쿠몬트는 미트라교 비문에 나오는 "행운의 여신"을 바로 그녀로 보았다.[287] 그녀의 이름은 "선한"(조로아스터교 시절 그녀의 두드러지는 별칭)이라는 형용사의 수식을 받으며, 이란 동부의 쿠샨 왕조 왕들의 동전에도 등장한다.[288] 여기에서 그녀는 풍요의 뿔(cornucopia)을 들고 있는 여성으로 묘사된다. 아시를 말하는 신화는 분명 존재하며, 그녀는 자신의 찬가인 야쉬트 17에서 투라인들(Turas, 즉 투르얀. 이란인들의 적으로 등장한다. ― 옮긴이)과 빠른 말을 가진 나오타라인들(Naotaras, 나오타라-. 조상의 인명에서 유래한 부족명으로 보인다. 투라인들처럼 이란인들에게 적대적이며 빠른 말을 키우는 것으로 유명하다. ― 옮긴이)로부터 달아나 황소의 발과 숫양의 목 아래 숨었지만 그때마다 소년 소녀들이 그녀를 배신했다고 한다.[289] 조로아스터의 후견인 비쉬타스파는 나오타라인이었다. 하지만 이 신화의 의미는 여전히 완전히 모호한 채로 남았다.[290] 그러나 그녀의 야쉬트로 보아 이 풍요의 여신은 다산의 여신이었으며, 그렇기에 불임자를 혐오하듯이 미성숙자도 혐오한다.[291] 이 혐오는 아이들에게 배신당한 그녀의 신화로 정당화된다. 집 안에 있는 사람들에게 가장 자비로우며 "번영을 주는 이로서 집 안에 발을 들여놓는" 행운의 여신이라는 다신교 시절 아시의 개념은 그녀의 야쉬트 6~14에 가장 잘 표현되어 있다. 여기에는 "자유롭고 냉철하게 세상의 좋은 것들의 가치를 인정하는 것과…… 솔직하게 세속적인 부를 즐기는…… 남자가 중심에 있는 세상에서 여자는 소 떼나 금은처럼 남자의 즐거움을 보살핀다."라는 표현이 나온다.[292]

아쉬가 사람(남자)에게 주는 선물 중 하나가 크바레나(khvarənah)인데, 이 단어 자체도 하나의 독립적인 신으로 상정된다. 크바레나(khvarənah-)는 "태양"을 뜻하는 흐바르(hvar, 산스크리트어 svar)의 파생어로서 일차적 의미는 "영광, 위풍 넘치는 장엄함"이라고 여겨져 왔다. 이로부터 크바레나 신의 "태양 같은", 즉 "불같은" 성격에 관한 수많은 추론이 나왔다. 그러나 베일리는 이 해석에 도전하면서, 보통 명사 크바레나(khvarənah, 파흘라비어 khwarr(ah))는 단순히 인간이 이 세상에서 얻을 수 있는 구체적인 것들을 의미함을 증명했다.[293] 따라서 그는 이 단어의 기본 의미는 "추구할 가치가 있는 좋은 것들"과 비슷한 것이라고 주장했다.[294] 그는 그 신의 이름을 "행운의 신"으로 제시했고, 이는 널리 받아들여졌다. 이 해석은 크바레나와 아시 개념 사이의 기본적 유사성으로 보이는 것을 강조했다. 바(Barr)는 베일리의 일반적 해석을 받아들이면서 다음과 같은 의견을 개진했다.[295] "모든 좋은 것들, 즉 풍부한 소 떼, 다산, 가정의 행복 등을 고대 아리야인들은……하늘이 내려 주는 선물로서, 누군가가 신과 관계가 좋지 않으면 얻기를 기대할 수 없는 것으로 여겼던 듯하다. 나는 '높은 곳에서 온 모든 좋은 선물'이라는 종교적 표현이 크바레나의 원래 의미에 가장 가깝다고 생각한다. 크바레나는 신성한 축복의 한 표현이다." 이렇듯 다신교 시절 이란의 아시는 어떤 사람이든 운(그리고 적절한 희생제)을 통해 경험할 수 있는 행운을 표상한 것으로 보이는 반면 크바레나는 신들이 자신들이 총애하는 이들에게 특출한 힘이나 번영의 형태로 내리는 신성한 은총으로 보인다. 그러므로 "영광"이라는 오래된 해석은, 잘못된 어원에 근거하고 있지만, 여전히 때로 적합해 보인다.[296]

위대하고 강력한 왕과 영웅들은 크바레나를 통해 명성과 영광을 가졌다. 그리고 크바레나가 그들을 떠나면 그들의 지위는 바뀌고 행운과 영광도 떠난다. 신으로서 크바레나는 오직 저명한 인간들이나 지도자들과 함께하며, 자질로서 크바레나는 특별히 "주主들", 즉 아후라들의 보호를 받는다. 모든 신들 중에서 미트라가 크바레나를 가장 많이 받았다고 전한다.[297] "어떤 날씨이든" "크바레나를 주는 이, 통치권을 주는 이"(khvarənō.dā-, khšathrō.dā-)"는 미트라이다.[298] 크바레나 신은 미트라와 더불어 하늘을 가로질러 전차를 모는 이들 중 하나이다.[299] 그리고 우리가 앞서 보았듯이[300] 미트라와 *보우루나 아팜 나파트는 함께 크바레나를 보호하는 특별한 역할을 한다. 크바레나는 인간의 형상을 한 이로 여겨지지 않았던 듯한데, 그의 이름도 중성 명사이다. 열아홉 번째 야쉬트는 대지에 바쳐진 것이지만 주로 크바레나를 찬양하는 내용이다.[301] 여기에서 이 신은 이란 전설 속의 영웅들과 함께 산 것으로 묘사되며, 영웅들은 크바레나가 함께할 때 위대하고 용감한 행적을 이루고, 그가 새의 형상을 하고 떠나면 영웅은 굴욕을 당하거나(이마의 경우처럼)[302] 다른 경우에는 간단히 말해 영웅이 죽을 때 크바레나가 떠나는 듯하다. 그것은 조로아스터와 카비 비쉬타스파(Kavi Vīštāspa) 및 비쉬타스파의 다신교 시절 선조들(그들의 강력한 적인 프랑라시얀(Fraŋrasyan)이 카비 우산(Kavi Usan)을 패배시켰을 때 잠시 그와 함께했다.)과도 함께했다. 그들의 영광으로서 크바레나는 카비얀(Kavyān), 즉 왕의 영광으로 불렸으므로 이는 아리야넴 크바레나(Airyanəm Khvarənah), 즉 이란의 영광과 동일시되었다. 때로는 적대 세력이 이를 얻으려는 것으로 묘사된다. 야쉬트 19에서 크바레나는 거짓된 이마를 떠나 미트라의 수중으로 들어가고, 그 후 괴물 아즈이 다하카(Aži Dahāka)에게서 달아나 "불"에 의해 구해졌다가 신화의 바다 보우루카샤로 탈출해 거기에서 *보우루나 아팜 나파트의 소유가 되었다고 한다. 전사 프랑라시얀은 그것을 다시 자기 것으로 붙잡고자 벌거벗은 채 호수로 세 번 뛰어들었지만 매번 "태어났고 앞으로 태어날 이란 민족들에게 속하는 그 영광"을 얻는 데 실패했다고 한다.[303] 이렇게 크바레나가 아후라들의 수중으로 들어가는 것은 아마도 이란인들의 영광이 잠시 (적에게) 붙잡힐 수는 있지만 완전히 그들 곁을 떠나 적의 수중에 있을 수는 없다는 믿음을 표현하는 듯하다.[304] 사산조 최초의 통치자인 아르다시르 파파칸(Ardašīr Pāpakān)의 전설적인 역사 (이는 더 오래전 아케메네스조 키루스(Cyrus)의 전설을 이어받은 것으로 보인다.)[305]에서 왕의 크바레나(파흘라비어 khwarrah ī kayān)는 커다란 숫양의 형상으로 파르티아의 마지막 왕 아르다반(Ardabān)을 떠나 아르다시르를 쫓더니, 마침내 아르다시르의 말에 뛰어올라 그 뒤에 앉았다. 이는 통치권이 이제 그에게 넘어갔다는 표시이다.[306] 이 이야기에서 그 후 크바레나는 아르다시르에게 커다란 위기가 닥친 순간 다시 가시적인 형상으로 나타나 그를 안전한 곳으로 인도한다. "그들은 이렇게 말한다. 멀리 있던 왕의 영광이 이제 아르다시르 앞에 서서 그가 위험한 지역과 적의 수중에서 빠져나가 안전하게 탈출할 때까지 한 발 한 발 그를 이끌었다."[307] 인간에게 크바레나가 머무는 한 어떤 적도 그를 이길 수 없다.

이란어 자료에서는 그저 이런 식으로 새나 짐승 등으로 표현되지만, 그의 중세 이란어 이름인 파라흐(Farrah, 크와라흐(Khwarrah)의 이형)는 쿠샨 왕조의 몇몇 동전에서 파로(∅APPO)로 등장하는데, 그는 다양한 복장을 한 어떤 남성의 여러 형상으로 등장한다.[308] 이 인물은 쿠샨 왕 자신들처럼 왕관을 쓰고 있으며 후광이 있다. 한 형상에서 파로는 칼과 홀을 들고 있고, 어떤 형상은 쭉 뻗은 손에 지갑을 들고 있다. 쿠샨 동전 도해의 정밀성을 믿기는 그야말로 불가능하지만[309] 이런 다양한 형상은 크바레나와 왕권 및 통치의 연관성을 공통의 요소로 가

진 것으로 보인다.[310]

지금까지 고찰한 신들은, 눈으로 볼 수 있고 그들의 육체적인 정식 현신으로 여길 수 있는 구체적 자연물이 없다는 점에서 ("창공"을 뜻하는 트와샤(Thwāša)를 제외하고) 모두 "추상적" 존재이다. 미트라와 *보우루나 아팜 나파트는 각각 불 및 물과 인도·이란 시절부터 이미 상관관계가 있었지만, 이는 신과 사물을 동일시한 것이 아니며 사물이 그들 존재의 본질도 아니었다. 그러나 물리적 현상을 표상한 또 다른 집단의 신들이 존재했고, 그들은 실제로 그런 현상 자체라고 말해질 수 있다. 이런 몇몇 경우에서 그 개념은 단순하고 직접적이어서 언제 어디서나 누구나 즉각적으로 파악할 수 있다. 그런 예 중의 하나가 이란에서 흐바르(Hvar, 베다의 수리야(Surya)) 혹은 흐바르 크샤에타(Hvar Khšaēta,(빛나는 태양))로 숭배되던 태양의 경우이며,[311] 또 하나는 마(Māh), 즉 달이다. 둘은 모두 아베스타의 야쉬트를 가지고 있으며 지금도 조로아스터교의 예배에서 그 기도문을 읊는다.[312] 둘은 고대의 신으로 간주될 수 있는데, 실제로 "수리야"는 바빌로니아 기록을 통해 역사로 들어온 첫 번째 인도·이란 신이다.[313] 달과 태양의 신은 각자 실제의 자연물과 너무나 동일해서 그 개념이 별로 발전하지 못한 채로 남았다는 의견이 제시되었는데,[314] 이들은 다른 방식으로, 즉 태양은 다른 신이 몰고 가는 바퀴 혹은 하늘의 눈 등으로 간주될 수도 있다. 태양과 미트라 신의 관계는 특히 가까워서 조로아스터교도들이 태양에 바치는 기도문 호르셰드 니야예스(Khoršēd Niyāyeš)가 정통 관습에 따르면 하루에 세 번 암송되며, 이 기도문에 미트라에게 바치는 기도문 미흐르 니야예스가 뒤따랐으며, 이것 없이 독자적으로 암송될 수는 없다.[315] 또한 사산조 시절 조로아스터교의 용법에 따르면 태양 자체는 "미트라 신(Mihr yazad)"[316]으로 불릴 수 있었으며, 이 관습은 "태양"을 의미하는 보통 명사의 존재로 인해 현대 페르시아어에도 반영되었다. 따라서 미트라 숭배가 흐바르 숭배를 압도하는 경향이 있었다.

　신격화된 물리적 현상이 하나의 자연물이 아니라 복수의 자연물로서 존재할 경우, 인격화의 범위는 따라서 더 크지만, 그 고대의 개념을 파악하기는 불가피하게 더 어렵다. 올덴베르크는 인도의 신 아그니를 예로 들면서 그 문제를 이렇게 정리한다. "우리는 베다의 이런 식의 아그니와 불의 연관성 개념을 표현할 때 불이 이미 다른 거소와 행동 영역을 가진 이 신이 가장 선호하는 거소이며 그의 행동 영역이라는 점에서 그 관계를 표현해야 하는가, 아니면 그와 불의 관계를 불가분의 단일체 관계로 표현해야 하는가? 이 요소를 신의 거소라고 할 수 있는가, 아니면 그 신의 몸이라고 해야 하는가?"[317] 나아가 그는 아그니의 이름이 불을 의미하며, 불이 있는 곳에 그가 있고, 어떤 형태든지 불이 없는 곳에서는 그가 발견되기 어렵다고 했다. 다른 한편 동시에 여러 장소에서 붙고 타오르며 꺼지는 불의 복수성 그리고 지상의 불꽃은 물론 태양과 번개 등 그 존재 양태의 다양성도 절대적인 동일시를 가로막는다. 올렌베르크는 이렇게 결론을 내린다. "원래 아그니는 신성한 영혼을 부여받은 그 요소(불)이며, 그 후에야 그 요소와 분리된 것으로도 여겨질 수 있는 관념적인 존재가 된다."[318] 이런 지적은 남성 신으로서 어원은 미상이지만 "불"을 뜻하는 고대의 중성 명사 *아타르(ātar-)에서 파생된 것으로 보이는 이란의 불의 신 아타르에게도 똑같이 적용된다.[319] 그와 아그니는 원래 언제나 타오르는 화롯불의 인격화로 보이는데, 그러므로 그들은 하늘의 거소보다는 오히려 "인간의 거주지(nmānāhu mašyākanąm)"[320]에서 발견된다. "아그니가 신들의 전령으로 불릴 때, 신들이 그를 인간의 거처에서 살라고 내려보내고, 그를 희생을 주관하는 이로 확정하고 그 대가로 그에게 영원한

젊음을 주었다고 말해질 때…… 그는 촘촘히 모여 있는 "신들" 무리와 항상 어느 정도 떨어져 나타난다."[321] 아그니는 인간의 집에서 그들과 함께하면서 그들의 친구이자 보호자이며 종이자 주인이며, 또한 어둠과 추위의 악마들의 강력한 적수이다. 분명 제의에서 불의 역할에 대한, 그리고 지상에서 타오르는 불과 하늘에서 이글거리는 태양의 관계에 대한 사제들의 추론에 의해 이 신의 개념이 격상되며 발전한 듯하다. 불은 지상에 있는 태양의 대리인으로 간주되었으며, 태양이 르타/아샤에 따라 뜨고 지듯이 불도 이 우주적 힘과 연관되게 되었다. 젊은 아베스타에서 아타르는 아샤를 통해 힘을 가졌으며, 아샤의 창조를 수호하는 이로 나온다. 또한 거기에서 그는 규칙적으로 "아후라 마즈다의 아들"로 호명된다. 계속 등장하는 심오한 경칭을 제외하면 그의 인격화에 관한 표지는 그다지 없으며, 그는 인도의 아그니처럼 풍부한 별칭을 얻지도 못했다. 그 차이는 이란에서 조로아스터의 윤리적 가르침이 신화 만들기를 제약한 반면 인도에서는 브라만들이 불이 중심적 역할을 맡는 희생제에 엄청난 중요성을 부과함으로써, 신화에 부연 설명을 붙여 정교화하는 인도의 경향이 아그니의 경우 더욱 두드려졌기 때문으로 보인다.[322]

물의 신격화는 불의 경우보다 한층 더 복잡하다. 여기에서도 단일성이 복수성으로, 그리고 명백한 다양성으로(빗방울에서 대양으로, 고요한 우물에서 격류로) 갈라진다. 이에 더해 이 요소는 숭배되는 동시에 소비된다. 그러므로 인도와 다신교 시절 이란에서 한 명 이상의 물의 신이 존재하는 것도 놀랄 일이 아니다. 두 땅에서 모두 물들은 그 자체로 신격화되어 여신들, 즉 아파스(Āpas)로 불렸다.[323] 여기에서 신과 요소는 너무나 완전하게 동일시된 나머지 베다의 시인이 건강에 좋은 음료로서 물을 칭할 때 그들은 "아파스(즉 물의 여신들)는 건강에 좋은 음료이다."라고 한다.[324] 그리고 야스나 하프탕하이티의 한 구절(Y. 38. 3) 에는 물들은 아후라의 아내들인 동시에 건너기 쉽고 목욕하기 좋은 대상으로 찬양된다. 그러므로 이 찬양문에서 아파스와 그녀들의 "남 편"인 아후라, 즉 *보우루나 아팜 나파트 사이에 구분이 있다. 왜냐하 면 그는 물속에서 사는 신이지만, 그녀들처럼 이 요소와 동일시되지 는 않기 때문이다. 그럼에도 그의 특성은 너무나 놀라워서 대양으로 도 그 크기를 포괄할 수 없지만 그는 숭배 행위를 위해 준비한 한 사발 의 물 안에도 존재할 수 있다.[325]

시간이 지나면서 이란에서 심지어 위대한 *보우루나의 존재를 넘어선 또 하나의 물의 신이 있으니, 여신 아레드비 수라 아나히타 (Arədvī Sūrā Anāhitā)이다. 수라는 "강인한, 강력한"을 뜻하는 일반 형 용사이며 아나히타는 마찬가지로 "더럽혀지지 않은, 티 없는"을 뜻하 는 형용사이다. "아레드비"만 다른 곳에서는 알려지지 않은 이 여신 특유의 것이다.[326] 어원학적 기반에서 이 또한 형용사로서 "축축한, 습 한"을 의미하지만 한때 명사화되어 이 신의 이름이 된 것으로 여겨졌 다. 그러나 롬멜은 아레드비 또한 그야말로 수식어에 불과하다고 여길 강력한 논거를 제시했다.[327] 그가 제시하는 바에 따르면 이 인도·이란 여신의 원래 이름은 사라스바티(Sarasvatī), "물을 가지고 있는 그녀(여 신)"였다. 인도에서 그녀는 시간이 지나도 계속 이 이름으로 숭배되어, 마디야데샤(Madhyadeśa, 펀자브)의 작지만 매우 신성한 강에 그녀의 이 름을 부여했다. 반면 이란에서 사라스바티는 정상적인 음운 교체에 의해 *하라흐바티(*Harahvatī)가 되었는데, 이 이름은 거기에서 아베 스타어 하라크바티(Harakhvaiti)로 남아 있으며, 그리스인들에게는 강 과 호수가 많은 지역인 아라코시아(Arachosia)로 알려졌다.[328] 원래 *하 라흐바티는 높은 하라(Harā)산에서 보우루카샤로 흘러드는 신화적인 거대한 강의 인격화였으며, 이 강은 세상 모든 물의 근원이다. 또한 돌아다니는 이란인들은 자신들이 사는 곳 근처에 있는 산맥을 하라라 하고 넓은 호수들을 보우루카샤라 부른 것과 마찬가지로 생명을 주는 강들에 *하라흐바티라는 이름을 주었다. 그리고 이는 그들의 인도 측 사촌들도 마찬가지였다.[329] 그러나 때로는 수식어만 남고 신의 이름은 서서히 사라지는 일도 발생한다.(따라서 인도에서 대지의 여신은 규칙적으로 프르티비(Pṛthivī), 즉 "넓은 것"이라 불린다.) 그래서 하라흐바티의 본명은 수식어인 아레드비와 수라에 의해 잠식되고 나중에는 이 수식어들이 결합해 아르드비수르라는 새 이름이 된 듯하다. 세 번째 별칭 아나히타는 아케메네스조 시절 이란의 강의 여신 하라흐바티 아레드비 수라와 외래의 다산(풍요)의 여신 아나이티스(Anaïtis)를 동일시하는 것을 돕고자 앞의 두 수식어에 고정된 형식으로 결합된 듯하다. 그러나 이것은 이후의 책에서 다뤄야 할 내용이다.

아레드비 수라에게 바친 아베스타의 찬가는 가장 오래되고 분명 가장 원시적인 특성을 가진 야쉬트 중 하나이다. 거기에서 이 여신은 아름답고 강력한 처녀로서 비버 가죽 옷을 입고 있으며,[330] 바람(바유(vayu)), 비, 구름, 진눈깨비 네 마리 말이 끄는 전차를 몬다.[331] 물을 가져다주는 신들 중 하나로서 그녀는 다산(풍요)의 여신이다. 그녀는 모든 남성의 정자와 모든 여성의 자궁을 정화하고, 어린이들에게 영양을 주는 젖이 흐르게 한다.[332] 인도의 사라스바티처럼 그녀는 작물과 가축을 키운다. 그러나 아레드비가 말과 전차, 무기와 가재도구 등[333] 물질의 풍부한 소유를 가져다주고 전사들이 전투에서 이기고 적을 무찌르게 해 달라고 그녀에게 기도하는 것은[334] 강의 여신인 그녀의 특징으로서는 덜 중요해 보인다. 그녀의 강력한 특징을 묘사하는 일부 절들은 행운의 여신 아시에게 바쳐진 운문들과 상당히 일치한다.[335]

또한 전차를 몰고 다니는 이 너그러운 두 여신의 정체성이 약간 뒤섞이는 현상이 벌어진 듯하다. 언어학적으로 아레드비 수라의 야쉬트가 아시의 것보다 오래된 것으로 판단되므로 두 여신의 호칭이 동일할 때 아시가 아레드비 수라의 것을 빌렸으리라고 추정되어 왔다.[336] 그러나 구전 문학에서 그런 기준은 믿을 만하지 않다. 일단 아레드비 수라가 더 큰 인기를 얻자 그녀의 찬가가 더 자주 암송되었을 테고, 따라서 더 잘 보존되어 결국 더 원시적인 모습을 가졌을 것이다. "많은 선물을 가진" 아시 또한 가타의 등장인물로서 오래전에 숭배받았다. 그리고 아레드비에 의해 그녀의 존재감이 점점 줄어들자 원래 그녀에게 헌정되었던 절들이 그녀의 라이벌을 찬양하는 데 쓰인 듯하다. 사실 아레드비가 차용자인 셈이다.

야쉬트 5의 나머지 절들 가운데 일부에서는 여성이 아니라 남성 대명사를 사용했는데, 이는 티쉬트리야 찬가 혹은 심지어 지금은 사라진 *보우루나 아팜 나파트에 대한 찬가 등 다른 신들의 것이었다가 이 여신을 숭배하는 찬가로 수정된 듯하다.[337] 그러나 아레드비 찬가의 대부분은 의심할 여지 없이 그녀 고유의 것이며 그녀만을 위한 것이다. 또한 이들 절에는 인격화된 사물과 인격화하는 신 양자에 대한 숭배자들의 이해가 계속 뒤섞여 나타난다. 아레드비는 여신으로서 숭배할 가치고 있으며, 그녀를 기쁘게 하는 이들에게 너그럽고 그러지 않는 이들에게 엄격하며, 웅장한 궁전에 사는 존재로 호명된다.[338] 그러나 한편 그녀는 신화에 나오는 강 자체로서, "그 크기는 땅 위를 흐르는 모든 물줄기만큼 크다."[339] 여신으로서 그녀는 본질적으로 물의 여신이며, 인도의 사라스바티처럼 아파스와 함께 호명되며,[340] 후대에 그녀의 찬가는 간단히 아반 야쉬트(Ābān Yašt), 즉 "물들에 바치는 찬가"가 된다. 고대 점술에는 물과 지혜 사이에 관계가 있다.[341] 그래서 사제와 제자들은 지혜와 지식을 달라고 아레드비에게 기도했다.[342] 한편 사라스바티는 베다 학습을 수호한다.[343] 우리가 앞서 보았듯이 지혜는 또한 인도의 물의 신 바루나의 속성이며, 이란의 "아수라(즉 *보우루나)"의 속성이다. 또한 바흐만 야쉬트(vahman Yašt)의 파흘라비어 번역에 따르면 조로아스터 자신도 "물의 형태로 있는 모든 지식을 갖춘 지혜(khrad ī harwisp-āgāhīh pad āb-kirb)"를 아후라 마즈다로부터 받는다.[344]

강 아르데비가 하라의 정상에서 솟아오른다는 것은 이 여신의 추종자들에게는 일반적으로 알려진 사실로서 단지 사제들의 학습의 문제만은 아니었던 듯하다. 소아시아에서 발견된 로마 시대 비문 하나가 정확히 번역되었다면, 이는 또한 수 세기 동안 유지된 그녀의 살아 있는 숭배 의식의 일부였다. 왜냐하면 이 비문은 "높은 하라($\beta\alpha\rho\xi o x\grave{\alpha}\rho\alpha$-)에 있는 위대한 여신 아나이티스"에게 헌정된 것으로 보이기 때문이다.[345] 이 신화의 산에서 아르데비는 바다 보우루카샤로 흘러 들어가며, 다른 강들이 그곳의 물을 세상의 모든 땅으로 옮겨 간다. 비의 원천도 보우루카샤에 있는데, 매년 우성雨星의 신 티쉬트리야(Tištrya)가 이를 풀어놓는다. 그는 베다에 티쉬야(Tišya)라는 이름으로 나오는 또 한 명의 인도·이란 신이다.[346] 그가 인격화한 별은 대략 시리우스(큰개자리의 주성主星) 혹은 큰개자리로 여겨진다.[347] (그러나 시리우스가 떠오르는 시각과 특정 시기 인도·이란인들의 우기를 연결시키기는 어려운 것으로 밝혀졌다.)[348] 보우루카샤에서 물을 얻기 위해 티쉬트리야는 그에 대항하는 악의 세력과 해마다 싸움을 벌여야 한다. 그는 "흉년"이라는 뜻의 두즈야이리야(Dužyāiryā)를 "천 명이 한 명을 묶듯이 두 번 세 번 묶어야 한다."[349] 그러나 그의 가장 강력한 적은 아파오샤(Apaoša), 즉 "기근"이다.[350] 매년 신과 악마는 말의 모양을 하고 호숫가(바닷가)에서 만난다. 티쉬트리야는 금빛 귀와 주둥이를 가진 아름다운 백마고, 아파오샤는 털이 없는 흉물스러운 흑마이다.[351] 처음에는 악마가 티쉬트리야를 호숫가(바닷가)에서 몰아내지만 결국 인간의 기도로 인해 강력해진 신이 적을 물리치고 물결로 뛰어든다. "그는 말의 형상을 한 채 강력하고 아름답고 깊은 바다 보우루카샤의 모든 만과 모든 아름다운 지류와 방수구를 둘러본다. 그리고 물이…… 바다 보우루카샤에서 흘러내린다."[352] 우리가 살펴보았듯이 다른 곳에서는 물 자체가 아팜 나파트가 모는 말로 인격화된다. 또한 롬멜의 주장에 따르면[353] 티쉬트리야의 신화는 오래된 자연 신화로서, 신과 악마라는 두 종마가 싸워 승자가 자신을 염원하는 물로 다가가[354] 비를 불러온다. "그러고 나서 티쉬트리야는 바다 보우루카샤에서 다시 솟아올라…… 그 대담한…… 바람(vāta-)이 장소와 거주지와 일곱 개의 기후대에 비와 구름을 몰아간다."[355] 아베스타에서 티쉬트리야 특유의 별칭 중 하나는 "빨리 나는"이란 뜻의 키쉬비위-야자(khšviwi-vāza-)이다. 그의 야쉬트에서[356] 그가 물로 다가가는 속도와 곧음을 "이란에서 가장 뛰어난 궁수(전설에 따르면 그는 어마어마한 거리로 화살을 날려 이란의 국경을 확립한 존재로 여겨진다. 그는 이 국경을 만들다가 죽는다.)[357] 에레크샤(Ǝrəkhša)가 쏜 화살에 비유하는 부분이 두 번 나온다. 대개 이 (화살의) 비유가 훗날 티쉬트리야와 아베스타에는 등장하지 않는 티리(Tīri)를 동일시하는 기반을 놓았다고 생각되었다.[358] 왜냐하면 그의 이름은 축약되어 티르가 되었고, 고대 이란어에서 화살을 뜻하는 티그라(tigra) 또한 발전하여 티르(tīr)가 되기 때문이다. 그러나 오늘날에는 (화살을 뜻하는) 이 단어가 최소한 3세기까지는 여전히 티그르(tigr)로 발음되었음이 알려졌고,[359] 이보다 훨씬 오래전에 티리가 쿠샨 왕조의 동전에(테이로(TEIPO)로), 비록 남자지만 활과 화살통을 든 아르테미스의 형상으로 등장한다.[360] 더욱이 이란의 전통에서 그를 위한 축제 티라간(Tīragān)은 에레크샤의 그 엄청난 활쏘기를 기념하는 것으로 여겨졌고, 이 전통은 파르티아 시절까지 소급되는 듯하다. 그러므로 화살과의 관계는 그의 야쉬트에 나오는 고대의 비유 때문에 오히려 티쉬트리야 고유의 것으로 보이고, 이 아베스타의 신과 동일시된 티리가 화살과의 관계를 획득하고, 훗날 그의 이름이 페르시아어 "화살"과 음이 같아진 것은 우연으로 보인다.

티라간 축제는 고대 이란에서 가장 신성한 날 중의 하나로서, 본질적으로 비의 축제(rain-festival)였다. 그리고 그 이름은 티리를 본떴지만 그날 조로아스터교 의례 방식에 의해 엄숙히 거행된 종교 의식은 모두 아베스타 예배 방식으로 비의 신 티쉬트리야에게 바쳐졌다. 그러나 중세 페르시아에서 이들 예배의 사전 기도문이 항상 아베스타어 구절 전에 암송되었는데, 헌정사는 "테쉬타르티르, 장엄하고, 영광스러운 분(Teštar-Tīr, rāyōmand, khwarrōmand)"을 위해 만들어졌다.[361] 더 나아가 티리가 아베스타에서는 알려지지 않았지만 조로아스터교 달력에 따르면 한 해의 넷째 달과 한 달의 열셋째 날이 그의 이름을 따랐다. 그럼에도 매달 13일에 거행된 조로아스터교 의례는 아베스타어로 티쉬트리야와 중세 페르시아어로 테쉬타르티르에게 함께 봉헌되었다. 더욱이 이날 암송되는 모든 니야예스 혹은 야쉬트는 중세 페르시아어 "정당한 명성의 날, 순수한 명성의 날, 상서로운 날, 테쉬타르-티르 야자드의 날(rōz nēk nām, rōz pāk nām, rōz mubārak, rōz Teštar-Tīr yazad)"로 끝난다.[362] 이 주문은 중세 이란 시기 티르가 아베스타의 티쉬트리야와 완전히 동일시되었음을 보여 준다. 그러나 오늘날 이란 조로아스터교도들은 고대의 티라간 축제를 "티르와 테쉬타르의 축제(jašan-i Tīr u Teštar)"로 알고 있으며, 그들은 "티르와 테쉬타르"에게 봉헌한 사원을 가지고 있다.[363] 여기에서는 예배의 순서와 반대로 짧은 이름(티르)이 먼저 나온다. 이런 일반적 용법은 두 신의 동일성이 아니라 그들 사이의 어떤 관계를 나타낸다. 그러나 파흘라비 텍스트는 간단히 "티르는 테쉬타르이다."라고 말하며,[364] 이는 예배상의 증거를 뒷받침한다. 또한 이는 오늘날 파르시들이 거행하는 별의 신 바난트(Vanant)를 기리는 드론(drōn) 예배 의식의 한 부분을 통해 확인된다. 여기에서 드론 자체는 네 부분으로 나뉘는데, 각자 바난트와 세 동반자 테쉬타르-티르, 사드베스(Sadvēs), 하프토이링(Haftōiring)에게 배속된다.[365] 그러므로 어떤 시점에 신학자들은 두 신이 동일하다고 선언했지만, 평신도들은 사제들보다 덜 유연했음이 밝혀졌다.

티쉬트리야와 티리에 관한 놀라운 사실 중 하나는 그들의 이름들이 모두 잘 입증되었음에도 고대의 자료나 장소에 한 번도 함께 등장하지 않는다는 점이다. 티리는 아베스타에 등장하지 않지만(해석이 의심스럽지만, 혹자가 고유 명사 티로.나카트와(Tirō.nakathwa)[366]를 티리의 이름으로 만든 합성어로 간주한 것을 제외하면), 아베스타와 조로아스터교 숭배 의례에서 티쉬트리야의 역할은 상당하다.(왜냐하면 그는 자신의 야쉬트를 가질 뿐 아니라 하루에 세 번 암송하는 코르셰드 니야예쉬(Khoršēd Niyāyeš)에서 미트라 다음으로 경배되기 때문이다.) 한편 티쉬트리야의 이름으로 만들어진 고유 명사는 알려지지 않았지만, 아케메네스조 초기부터 파르티아와 사산조 시절까지 티리 혹은 티르를 이름의 첫 요소로 쓴 경우는 대단히 많다.[367] 파르티아 시절 이란 동부의 쿠샨 동전에서 티르가 등장하지만 티쉬트리야는 없다. 더욱 주목할 만한 점은 티쉬트리야는 분명 고대 야쉬트에서 찬양되지만, 그는 그렇게 기려지면서도 달력에 자신의 이름을 딴 날이 없는 몇 안 되는 신 중 하나라는 것이다. 반면 우리가 앞서 보았듯이 티르는 아베스타에는 자기 자리가 없지만 조로아스터교의 달력에서는 유명해서 자신의 날과 달, 유명한 축제도 가지고 있다. 이는 오직 시간이 지나면서(아마도 아케메네스조 후기에) 달력의 헌정 신들이 변해 왔다고 해석할 수밖에 없는데,[368] 이렇게 티르가 조로아스터교도들에게 완전히 인정받고 경배되었던 것이다. 이 모든 사실은 티리가 원래 서부 이란 사람들이 숭배하는 신이었다가 그들이 조로아스터교로 개종할 때 이 신에 대한 숭배 의식이 조로아스터교로 통합되었고, 일정 부분은 대략적인 이름의 유사성과 (아마도) 두 신의 베푸는 기능의 유사성으로 인해 티쉬트리야와 연결되었다는 이론과 잘 맞아떨어지는 듯하다. 지금껏 티리라는 이름의 어원은 만족스럽게 밝혀진 적이 없고, 티우르(Tiur)에서 티르로 발전했다는 것에 대한 적절한 설명도 없었다.[369] 그럼에도 티리를 고대 아르메니아의 신 티우르와 동일시하는 것은 가능해 보이는데, 아르메니아인들은 그 땅의 선주민들로부터 이 신을 받아들인 듯하다.[370] 이웃한 메디아인들 또한 티우르/티르 숭배를 배웠다면, 조로아스터교를 포용하면서 자신들과 함께 티우르/티르 숭배 문화를 가져온 이들은 마기들이었을 것이다.

아베스타의 티쉬트리야는 "모든 별들의 주이자 이를 지켜보는 이"로 불린다.[371] 또한 그는 부관으로 자신을 도울 "여성의 속성을 가진(afščithra-)" 다른 별들을 거느린다.[372] 이들은 티스트리야에니(Tistryaēnī, 큰개자리), 파오이리야에니(Paoiryaēnī, 플레이아데스 성단) 그리고 "플레이아데스 성단 앞쪽의 별들" 우파파오이리(Upapaoirī)이다.[373] 파흘라비 서적에 따르면 그와 함께 하늘을 통치하는 세 개의 별 혹은 별자리가 있다. 티쉬트리야 자신은 동쪽을 지배한다. 남쪽은 사타바에사(Satavaēsa, 전갈자리의 주성 안타레스)[374]가 관할하며 대지에 비를 뿌리는 티쉬트리야의 일을 돕는다.[375] 서쪽은 "정복자" 바난트

(Vanant)가 맡는데, 그는 직녀성으로[376] 주요 임무는 세계의 중심에 있는 신화적 산의 문들을 지키는 것인데, 태양이 매일 이 문들을 지나다닌다.[377] 짤막한 바난트 찬가인 야쉬트 20은 사실 구마驅魔 주문이다. 그리고 전승은 16세기의 위대한 파르시 사제 메헤니 라나(Meheni Rana)가 어떻게 악바르 황제 앞에서 이 야쉬트를 읊어 일식을 끝냈는지 말해 준다.[378] 북쪽은 하프토이링가(Haptōiringa, 큰곰자리)가 담당한다. 지옥이 북쪽에 있으므로 그는 특히 악마에 대항하여 호명된다.[379] 티쉬트리야, 사타바에사, 바난트, 하프토이링가 이 넷은 매월 티르의 날 조로아스터교 예식에서 꼭 그 순서로 모두 호명된다.[380]

고대 이란인들은 위쪽 하늘의 신 아스만(Asmān)과 아래쪽 대지의 여신 잠(zam)을 경배했다. 아버지 하늘과 어머니 대지의 연결 관계는 확실히 오래되었다. 또한 베다에서 두 신 디야우스와 프르티비(Pṛthivi, 원래부터 별칭으로서 "넓은 것")의 이름은 이미 문학이나 종교 생활에서 더 이상 중요한 역할을 하지 않았음에도 고정된 합성어로 등장한다. 하늘 자체를 뜻하는 이란어 아스만(asmān)은 간단히 돌을 의미했는데, 하늘의 아치는 딱딱하고 구체적인 것으로, 그 자체가 지구를 둘러싸는 껍질을 이루는 것으로 여겨졌다.[381] 아베스타에는 하늘신(아스만)을 위한 찬가는 없지만 열아홉 번째 야쉬트는 대지의 여신 잠에게 헌정된 것이다.(그 내용은 주로 크바레나에 관한 것이지만.) 그리고 베일리는 이 다신교 여신의 이름이 호탄 사카어에서 이사마싼다이(Ysama-śśandai) 혹은 (그녀의 별칭만 써서) 싼드라마타(śśandrāmata)로 살아 있다는 것을 밝혔다.[382] 불교도 사카인들에 의해 여신 스리(Śrī)를 칭하는 것으로 쓰이던 이런 형태들을 통해 베일리는 고대 이란어 *잠 슈안타 아르마티(*Zam śuantā ārmati)를 추론해 냈는데, "너그럽고 자비로운 대지"라는 뜻이다. 사카인들 사이에서 그 여신은 간단히 싼다이

(śśandai, "너그러운 이") 혹은 쌴드라마타("너그럽고 자비로운 이")로 불렸다.[383]

인도·이란인들은 발아래 단단한 땅과 위에 있는 단단한 하늘로 여겼던 것 사이의 분명히 빈 공간을 포착했다. 그리고 이 빈 공간에서 때때로 감지할 수 있는 바람이 움직였다. 우리는 이미 바람을 의미하는 아베스타어 바유(vayu)와 바타(vāta)를 만났다. 이 둘은 모두 "불다"라는 뜻의 어근 바(vā)를 가지며 이음동의어로 쓰인 듯하다. 베레트라그나의 화신 중 하나는 바타이다. 그리고 바유는 아레드비의 전차를 끄는 네 마리 말 중의 하나이다. 바타의 파생어들은 현대 이란어에서 여전히 "바람"이란 뜻으로 통용되며, 아베스타와 베다에 모두 등장하는 고대의 신 바타는 불어오는 구체적인 바람의 신이다.[384] 바람이 구름을 몰고 오므로 "대담한 바타"는 티쉬트리야와 바타바에사의 조력자로서 그들의 물을 끌어 올리고 구름을 흩뿌릴 때 도움을 준다.[385] 쿠샨 동전에서 그는 오아도(OAΔO, 즉 중세 이란어 바드(Vād))로 등장하는데,[386] "흘러내리는 머리카락을 가진 수염 난 신으로서, 너풀거리는 옷 끝자락을 손으로 잡고 있다."[387] 그의 경우 신과 신격화된 사물이 너무나 밀접하게 동일시되어 번역자들은 때때로 특정 구절에서 언급되는 것이 바람의 신인지 아니면 바람 자체인지 알지 못해 당황하곤 한다.[388]

베다의 바타 개념은 이란의 경우와 비슷하다. 그러나 두 민족 모두에게 또 하나의 바람의 신인 바유(Vāyu, 아베스타어로 바유(Vayu))[389]가 더 복잡하고 강력한 존재이다. 그의 경우 개념의 기반이 되는 자연 현상은 훨씬 더 뒷배경으로 물러난다. 이는 두 나라에 모두 적용되지만(이는 바유가 고대의 신임을 시사한다.), 그 외에는 인도와 이란의 신 사이에 긴밀한 공통점이 별로 없다. 베다에서 바유는 "신들의 영혼"으로서[390] 종종 인드라와 연결된다. 그리고 숭배 의식에서 그는 "신들 중 가장 빠른 이로서" 소마의 첫 한 모금으로 불린다.[391] 그의 다른 성격을 시사하는 바는 없다. 그러나 아베스타의 바유는 두 가지 특성을 가지고 있다. 그중 하나에서 그는 "해롭다.(zinakə)" 또한 그의 찬가인 야쉬트 15에서도 "자비로운 영에 속하는 바유"에게만 숭배를 바친다.[392] 훗날 조로아스터교의 전통에서 "좋은 바이(Vāy)"와 "악한 바이" 사이의 선명한 구분선이 만들어지는데, 후자는 죽음의 악마에 지나지 않는다. 두 바유의 개념에 관한 연구는 많이 이뤄졌다.[393] 하지만 다음의 관찰을 통해 바(Barr)가 문제의 핵심에 가장 가까이 다가간 듯하다.[394] 아리야인들은 바유에게서 불어오고 폭풍 안에서 빠르고 맹렬하게 돌진하며 저항할 수 없는 실제의 바람을 보는 동시에 우주적 삶의 제1원칙을 보았다. 모든 살아 있는 존재 안에서 바유는 목숨을 지탱하는 호흡이며, 우주에서 그는 생명의 숨이다. 그러나 바유는 모든 생명이 최후의 순간 내뱉는 숨이다. 그러므로 그는 삶의 신인 동시에 죽음의 신이다. …… (조로아스터교도들은) 그가 선한 영을 가졌든 악한 영을 가졌든 두 유형의 존재를 모두 사냥하고 붙잡고 죽인다는 사실을 무시할 수 없었다. 모든 삶은 그의 힘 아래 있다." 삶과 죽음을 주관하는 신으로서 바유는 친절한 동시에 잔인하다. 그리고 그는 전사 신으로서 황금 갑옷과 황금 전차를 가졌으며,[395] 한 방에 적을 물리치는 가장 빠르고 굳세고 강력한 이이다.[396] 그의 야쉬트 중 한 절은 그가 묶인 사람을 앗아 간다고 선언하며,[397] 후대의 전승은 이것이 그 사람이 이미 죽음의 족쇄를 찼음을 의미한다고 한다. 모든 사람에게 이 순간이 오므로 바유는 "모두의 정복자(vanō.vīspa-)"라는 그만의 별칭을 가진다.[398] 다른 아베스타어 텍스트 아오게마다에차(Aogəmadaēčā, 죽음에 대한 기도문으로, 일부는 아베스타에서 인용한 것이다. ― 옮긴이)는 그의 무자비함을 찬양한다.[399] 즉 다른 모든 것은 강하고 용감한 사람에 의해 극복될 수 있지만, "무자비한 바유의 길만은 누구도 절대 피할 수 없다." 이 자체로 바유가 불어넣은 경외심과 한편으로 그가 일으킨 두려움을 설명하기에 충분해 보인다.

자신의 찬가에서 바유는 유별나게 홀로 등장한다. 그러나 나중의 전승에서 그는 라만 크바쉬트라(Rāman Khvāštra)와 연결되거나 심지어 동일시되며, 그의 찬가의 이름도 람 야쉬트(Rām Yašt)이다. 우리가 앞서 보았듯이 라만은 조로아스터교 시절의 개념으로 보이며, 그는 미트라와도 연결되었다.[400] 하지만 그와 바유의 관계가 긴밀한 이유는 아직 명백하게 밝혀지지 않았다. 다르메스테터는 이는 미트라와도 그렇듯이 라만의 별칭을 통한 관계라고 주장했다.[401] 왜냐하면 공기의 신으로서 바유 또한 "좋은 초지"와 구름이 사는 거대한 하늘의 공간과 그들의 우유가 비인 천상의 "소들"을 가졌기 때문이다. 한 파흘라비 텍스트에 나오는 또 다른 설명에 따르면 "선한 바이"는 의로운 이들의 영혼을 천국으로 인도하고 그들에게 기쁨을 주기에 람(이 단어는 평화는 물론 기쁨을 의미한다.)이라 불린다.[402] 어떤 설명이 옳든 후대의 조로아스터교의 추측들에서 바유를 "시간", 즉 주르반(Zurvān)과 "창공" 트와샤와 이어 준 것은 허공에 있는 그의 거소로 추측된다. 그러나 바유의 야쉬트에서는 옛날 이란의 다신교에서는 그런 추측이 설자리가 전혀 없음을 보여 준다. 주르반 자신은 조로아스터교 예배에서만 자그마한 역할을 가질 뿐이고,[403] 야쉬트에는 한 번도 신으로 등장하지 않는다. 후대의 신학과 신앙에서의 그의 위치는 나중에 토론할 것이다.[404]

"추상적" 신들과 이런 자연 현상을 형상화한 신들 외에도 다신교도 이란인들은 명백히 숭배 의례의 신들을 숭배했으니, 이름하여 하오마(Haoma)와 게우쉬 우르반(Gəuš Urvan)으로, 이들은 반복되는 숭배 행위를 통해 탄생한 신들로 보인다. 따라서 그들은 의례와의 관계에서 고려되었다.[405] 이 한 쌍의 신 중 한 신과 다른 신 둘이 연결되었다. 하나는 게우쉬 타샨(Gəuš Tašan)으로, 그 이름은 "암소(혹은 '황소.' 아베스타어에서는 암수 가리지 않고 한 단어만 쓰였다.)를 만든 이"를 뜻한다. 이 신은 조로아스터 자신에 의해 언급되며, 야스나 하프탕하이티에서 그는 게우쉬 우르반(그는 여전히 조로아스터교 의례에 존재하므로)과 함께 호명된다. 야스나에서 그는 가타의 아메샤 스펜타들과 결합되어 호명된다.[406] 그러나 그의 성격 혹은 기능과 관련된 것은 없지만, 그가 베다의 "형태를 만드는 이(Fashioner)" 트바스트르(Tvastr)와 동일하다는 것에 대해서는 일반적으로 합의되었다.[407] 예언자 또한 분명히 그를 트워레쉬타르(Thworəštar)라 불렀는데, 어원학적으로 이름은 트바스트르와 같다.[408] 베다에서 "형태를 만드는 이"는 신들의 대장장이이자 살아 있는 존재들 또한 만드는 이이다.[409] 다신교 시절 이란과 베다 시절 인도에서는 창조의 신이 대단히 많았을 것이다. 그러나 조로아스터 자신이 트워레쉬타르의 존재를 인정했으며, 게우쉬 타샨이라는 이름을 씀으로써 그에게 분명 특정한 창조 기능을 부여했다는(혹은 그가 이 기능을 가지는 것에 동의했다는) 것은 주목할 만하다. 그러나 우리는 예언자가 이 고대의 신을 아후라 마즈다의 종으로 가정했고, 아후라 마즈다가 그에게 하나의 특화된 창조 기능을 양도했다고 가정할 수 있다.[410] 가타 외에 트워레쉬타르라는 단어는 고작 두 번 나오며,[411] 그때마다 그 단어는 아후라 마즈다 자신을 지칭하는 용도로 쓰인 듯한데, 이는 아마도 하나의 최고 창조자만 인정하는 조로아스터교 교리를 강조하기 위함으로 보인다.

게우쉬 타샨처럼 게우쉬 우르반과 자주 연결되는 신은 드루바스파(Druvāspā)이다. 원래부터 이 여신의 이름은 단순히 별칭으로서 "건강한 말을 가진"을 의미하는데, 그녀는 이란의 전사들이 말에 장구를 채우는 것을 배운 후에 생겨난 부수적 산물로 보인다.[412] 파흘라비어로 고쉬 야쉬트(Gōš Yašt, 게우쉬 우르반을 위한 것)라 불리는 야쉬트 9는 두루바스파를 찬양한 것이다. 그러나 처음의 두 절만 독창성이 있을 뿐 나머지 대부분은 아레드비와 아시에게 바친 찬가에 나오는 호명 구절과 대단히 유사한 것들로 이뤄져 있다. 첫 절에서 드루바스파는 큰 것이든 작은 것이든 가축(소 떼)을 돌보는 이로 묘사된다. 또한 쿠샨 동전에서 그녀는 빠르게 걷는 말을 가진 남성의 모습으로 등장하는데, 그 아래에는 드로아스포(ΔPOOACΠO)라고 적혀 있다.[413] 드루바스파가 여신이라는 사실은 그녀가 원래 전차를 모는 아시로부터 진화했을 가능성을 제공한다. 다신교 시절 아시는 강력한 신으로서, 전사들에게 많은 숭배를 받은 듯하다.

게우쉬 타샨과 드루바스파는 특정한 기능에 의해 정의되는 신으로 등장한다. 또 한 명의 그러한 신은 그다지 대단치 않은 하디쉬(Hadiš)인데, 그는 아베스타 중 오직 상당히 "최근의" 부분과 파흘라비 서적들에 등장한다.[414] 그럼에도 그는 다신교 시절의 작은 신이었을 가능성이 크다. 그의 이름은 "거소, 집"을 뜻하는데, 사산조 시절 주해가들은 그를 간단히 "집의 영(mēnōg ī khānag)"이라 불렀다. 그를 수식하는 별칭에 따르면 그는 초지를 가지고 있으며, 곡식과 복지를 가져다주며, 동정심이 많다. 그를 기록한 하나뿐인 전설에 따르면 그는 최초의 남녀에게 보내진 신의 전령으로서, 그들에게 빵을 축복하는 법을 가르쳤다. 다르메스테터가 지적했듯이[415] 하디쉬의 베다 측 짝은 바스토스파티(Vāstospati), 즉 "주택의 신"이다. 그는 집의 토대를 관장하는 작은 신이다.

이들은 다신교 시절 이란의 신들이다가 훗날 조로아스터에 의해 선을 베푸는 존재로 인정된 듯하다.[416] 조로아스터가 거짓 신으로 배격한 이들, 즉 다에바들 중에는 인드라와 낭하이티야(Nāŋhaithya)와 사우르바(Saurva)의 이름만 알려져 있다.[417] 베다 시절 인도에서는 같은 만신전에서 같은 사제들에 의해, 그리고 일반적으로 같은 의례에 의해 이 신들이 찬양되었다. 아마 다신교 시절 이란에서도 그랬을 것이다. 베다의 인드라와 나사티야는 자애로운 특성을 가지고 있지만, "노기등등하고 자비심 있는 르타의 수호자 아디티야들 옆에 항상 인드라가 또 다른 역할을 맡으며 서 있는데, 그는 죄를 지었는지 올바른 이인지 별로 신경 쓰지 않고 자신의 숭배자들에게 풍성하게 베푸는 친구로서, 애초에 권력과 부에 대한 인간의 욕망에 봉사하도록 정해진 신들의 세계에 속했다. 그 세상은 도덕적 개념들의 세계와 상관이 없었으며, 단지 천천히 표면적으로만 도덕적 세계와 관계를 맺기 시작했다."[418] 샤르바(Śarva)에 관해 말하면, 자신과 관련이 있는 베다의 루드라처럼 인도·이란 시절에 이미 위협적인 존재였을 가능성이 크다. 루드라의 성격은 "야수처럼 끔찍한"으로 묘사되는데, 바로 그를 통해 악마들이 신들의 세계로 들어온다.[419] 올바름을 열정적으로 추구하던 조로아스터가 왜 그런 신들이나 그들과 연결된 초도덕적 신적 존재들을 배격했는지 알아내기는 어렵지 않다.

그러나 대개 인도·이란인들은 희망적으로 자신들의 신을 천성적으로 인간에게 친절한 존재로 여긴 듯하다. 또한 주로 천성적으로 선한 큰 신들에 비해 더 작고 사악한 존재들, 이 세계 너머 하늘에 살고 있는 이들이 아니라 이 세계에 살고 있는 악마들과 마법사와 무서운 괴물들에게 악한 성격을 부여한 듯하다. 그러나 다신교 이란인들은 "땅 아래 산다고 알려진 신"이 다스리는 지하의 왕국을 인식하고 있었는데,[420] 그 신은 죽어서 빛나는 아수라의 거소로 가는 길을 얻지 못한 영혼들을 자신의 피지배자로 선언한다. 이 두려운 신은 다신교 시절의 이마로 보이는데, 그의 인도 측 짝인 죽음의 신 야마는 죽음에 임박한 이들을 찾아 그들을 자신의 어두운 영토로 데려간다.[421] 인도의 야마는 외경심과 두려움을 자아내는 존재로 여겨졌다. 이란에서도 죽은 이들의 왕국을 다스리는 이는 두려움을 불러일으켰고 그의 전령들도 두렵게 여겨졌을 것이다. 그러므로 다신교 시절 이미 신에 대한 이원론이 존재했다고 말할 수 있을 것이다. 즉 윤리적 이원론과는 별개의 것으로서, 여기저기 번영과 행복을 나눠 주는 천상의 신들과 어둡고 기쁨이 없는 그들의 거소에 떨어지지 않기 위해 인간들이 희생을 바치는 지하 세계의 신들이 대비되는 유신론有神論이 그것이다.[422] 조로아스터의 가르침을 통해 이 지하 세계는 단순히 부정적인 곳일 뿐 아니라 처벌의 세상, 즉 사실상의 지옥으로 간주되고, 다에바들은 격이 하락하여 지하 세계의 거주자가 되어 진실로 예언자를 따르는 이들의 미움을 받게 되었다.

## 3장

# 악마와 악행, 전설적 동물들, 최초의 인간들과 영웅들

아베스타는 다신교도 이란인들이 고대 인도인들과 마찬가지로 자신들의 세계가 신보다 작은 수많은 영들이 사는 곳이며, 일부 영들은 친절하지만 다수가 사악하다고 생각했음을 보여 준다. 이런 악의 세력 중 일부는 사람의 몸으로 들어가 그를 직접 해코지하려 했다. 어떤 것들은 주택이나 전야 주위에 도사리고 있다가 사람이 헛디뎌 굴러 떨어지게 하거나 그의 가축(소 떼)을 해치거나 작물을 망치고자 했다. 그리고 그 너머, 원시의 숲과 평원은 위협으로 가득 차 있었다.[1] 악의 세력은 어디든지 위협했지만, 금지 주문이나 달래는 선물 등의 적절한 예방책을 통해 격퇴할 수 있었다. 또한 어떤 사람들은 이 어둠의 세력들을 제압하는 힘을 지녀 그들을 자기 목적대로 부릴 수 있다고 여겨졌다. 인도·이란 전통에서 그런 악한 존재들에게 공통으로 적용되는 유일한 단어 야투(yātu)[2]는 기본적으로 일군의 악마들(demons, 악령들)을 가리키는 것으로 보이지만, 이란에서는 점차 악마를 조종할 수 있는 인간들인 주술사 혹은 마술사에게 적용되었다. 젊은 아베스타의 야투(페르시아어 자두(jādū))는 이미 때로 후자(악마를 조종하는 이)의 의미로 쓰였다.[3] 왜냐하면 조로아스터교 용법에서 다에바라는 말의 지위가 점차 격하되어 "신"에서 "거짓 신"을 거쳐 "악마"로 추락하여 조로아스터교에서는 이 단어가 어둠의 세력을 칭하는 말이 되었기 때문이다. 그럼에도 고대 조로아스터교 신앙 고백 프라바라네 (Fravarānē)[4]에 쓰일 때와 해코지하는 주문에서 파이리카(pairikā)와 연결될 때처럼 악한 영으로서 야투의 본래 의미는 언제나 세상에 내재했다. 파이리카라는 말은 악한 성품을 가진 일군의 여성인 초자연적 존재들로서, 그들은 인간의 마음을 미혹시켜 해를 끼친다. 그들 중 일부는 특성상 마법사와 비슷하지만 일반적으로 마법사보다 강력한데, 고대의 야투들이 마법사들보다 강력했던 것과 같다.[5]

　　이런 사악한 존재들은 밤낮 가리지 않고 악한 짓을 할 수 있다. 그러나 자연스럽게 그들의 힘은 어둠의 시간 동안 가장 강하다고 여겨졌고, 따라서 그 자신의 행동이든 사악한 주인의 사주를 받은 행동을 통해서든 그들이 주로 해를 끼치는 것도 어둠의 시간이다. 티쉬트리야 신의 임무 중 하나는 밤에 하늘의 악의적 파이리카들과 싸우는 것이다. 그는 "파이리카들을 물리치고, 땅과 하늘 사이 유성처럼 떨어지는 파이리카들을 정복한다."(Yt. 8. 8) 태양과 함께 어둠을 달아나게 하는 미트라 또한 "파이리카를 패퇴시킨 자"이다.(Yt. 10. 26) 벤디다드에는 "불과 물과 땅과 가축과 작물"로 다가가는 파이리카를 퇴치하는 주문이 들어 있다.(Vd. 11. 9) 두즈야이리야(Dužyāiryā)라는 파이리카는 작물을 시들게 하여 흉작을 야기하며(Yt. 8. 51. 54), 무쉬(Mūš), 즉 "쥐"라 불리는 파이리카는 쥐와 생쥐의 악마-의인화로 보이는데, (사람들은) 그녀를 설치류의 형상으로 생각했던 듯하다.[6] 때로 파이리카들이 동물의 형상으로 등장하는 것은 카야니안(Kayanian) 왕조의 영웅 스리트(Srit, 아베스타어(Thrita))의 이야기를 통해 입증되는데, 스리트는 죽음을 바라고, 개의 형상을 하고 숲에 사는 파이리카를 찾아 나섰다. 그는 칼로 그녀(파이리카)를 둘로 쪼갰다. 그러자 개 두마리가 그에게 달려들었고, 그는 1000마리가 될 때까지 계속해서 그들을 쳐서 쪼갰고, 그들이 결국 그를 갈기갈기 찢었다.[7] 다른 파이리카들은 인간의 형상을 한 것으로 보이는데, 일부는 자기 모습을 매혹적으로 아름답게 만들어서 남자의 마음을 끌어 그들에게 해를 끼친다.(이리하여 후대 페르시아 민담에 다오는 페리들(perīs, 날개를 가진 요정의 일종)이 나왔다.) 야쉬트 1. 10의 파흘라비 번역본 텍스트의 주해에는 파이리카가 남자를 매혹하여 꾀어 중대한 범죄를 저지른다고 나온다.[8] 그리고 영웅 케레사스파(Kərəsāspa)를 파이리카 크논타이티(Khnąthaitī)가 따라다녔는데, 이는 분명 그가 실패한 원인이 되었다.(Vd. 1. 10)[9] 어떤 이들이 야투들을 이용할 줄 알았듯이, 그런 사악한 인간들은 때로 파이리카들을 자기 목적에 이용하는 법을 알았는데, 이 점은 케레사스파가 죽인 피타오나(Pitaona)의 별칭이 "수많은 파이리카를 거느린(aš. pairikā-, Yt. 19. 41)"[10]이라는 점에서 드러난다. 조로아스터교 전승에는 나수쉬(Nasuš)라는 여자 악령이 있는데, 그녀는 "모든 데브(dēvs) 중…… 가장 대담하고 끊임없이 타락시키며 속이는" 이이다.[11] 그녀는 시체, 즉 부패의 악령으로서, 벤디다드에는 그녀가 북쪽(악의 지역)에서 온 흉물스러운 얼룩 파리로서 인간의 몸에 앉고 이곳저곳 날아다닌다고 묘사되어 있다.[12] 그녀는 파이리카라는 이름으로는 결코 불리지 않고 대신 드루그(drug)라 불린다. 드루그라는 여성 명사는 아베스타에서 남성 악마 부이티(Būiti)[13]와 몇몇 이름 없는 마귀들을 칭할 때도 쓰였다.[14] 리그베다에 나오는 동일 어원어 드루흐(druh) 역시 남성, 여성을 가리지 않고 개별 악마를 칭하는 용어로 쓰이고, 좀 더 일반적 의미로 "나쁜, 해로운"을 뜻하기도 한다.[15] 그러므로 이 용법은 확실히 야투와 함께 다신교 시절 이란의 것으로 볼 수 있고, 파이리카처럼 신보다 더 약한 힘을 가진 악한 존재였다.

비록 드루그 나수쉬가 곤충의 형태로 여겨지고, 티쉬트리야의 적수 "기근" 아파오샤는 우리가 앞서 보았듯이 털이 없는 흉한 말의 형상이지만,[16] 여타 대악마들은 어떤 면에서 아마도 흉물스럽고 기형이지만 인간의 형상을 하고 있었던 듯하다. 가타에 언급된 유일한 악마(비록 그를 묘사하는 총칭은 없지만)의 이름은 아에쉬마(Aēšma), 즉 "분노"이다.[17] 아에쉬마의 대표적 별칭 크르비드루(khrvīdru, 즉 "피 묻은 곤봉을 가진")는 그가 흉폭한 악한으로 그려지고 있음을 보여 준다. 아스토.비다투(Astō.vīdhātu), 즉 "소멸" 혹은 "죽음"은 희생자의 목을 감을 올가미를 손에 가진 것으로 그려졌고,[18] "게으름", 즉 부쉬욘스타(Būšyąstā)는 그녀에게 저항할 도덕적 힘이 없는 사람이라면 누구에게나 뻗칠 "기다란 팔"을 가진 이로 불렸다.[19]

다신교 시절 이란에서 이 악마들이 어떻게 구분·분류되었든 간에 오늘날의 학생들을 놀라게 하는 구분점 중 하나는 어떤 악마들은 사람의 물리적 신체를 공격하거나[20] 그 주위의 물질세계에 해를 끼치는 것으로 여겨진 반면 다른 이들은 인간의 도덕적 본성을 포위 공격한다는 점이다. 그러나 이 특별한 차이가 다신교 시절에 명백하게 이해되었던 것으로 보이지는 않는다. 굶주림과 갈증, 질병, 늙음과 부패는 분노나 시기나 게으름과 같은 방식으로 인격화되었다. 그리고 "추상적" 신들의 경우와 마찬가지로 이런 인격화된 존재들은 분명 스스로의 존재와 자유 의지를 가진 별개의 세력으로 여겨졌다. 그리하여 분노나 미움에 빠진 사람은 열 때문에 떨거나 늙어서 마비되는 것과 마찬가지로 어떤 외부 힘의 희생자로 간주되었다. 그리고 그로 인한 그의 행동이 해를 끼치거나 올바름(아샤)을 넘어서면 이 "죄(aēnah, agah)"는 특정한 악마의 유혹으로 인해 빠진 악의 덫으로 여겨졌고, 그 때문에 이제는 죄를 지은 이가 신의 개입으로 고통받을 것이라 생각되었다. 베다 시절 인도와 마찬가지로 "포착되는 것은 죄행의 객관적 사실이지" 동의하는 의지가 아니었고,[21] 죄는 윤리적 개념이라기보다 종교적인 것이었다. 그러므로 어떤 사람은 희생이나 달래는 기도를 통해 죄로부터 자신을 보호하기를(혹은 그로부터 벗어나기를) 희망했고, 똑같은 방식으로 신들이 우호적이라면 질병이나 불행을 부적이나 제물이나 종교적 주문으로 퇴치할 수 있다고 기대할 수 있었다. 그것은 더 작고 악한 존재들에 대항하여 더 크고 선한 존재들을 포섭하는 문제였다. 한편으로 신들의 의지에 따라 생동함으로써 그들의 도움을 찾을 수 있었다. 그러나 어떤 인간이 아샤의 길을 신중하게 따르려 노력한다 할지라도 그는 어떤 무의식적 잘못이나 심지어 타인의 행동으로 인해 비자발적으로 죄를 지을 수 있었다. 따라서 희생제에서 희생이 죽기 전에 소리를 낸다면, 베다 시절 인도인들에게 이는 희생을 제공한 이의 죄였고, 그는 추가 의례를 통해 이를 속죄해야 했다. 그러한 개념들이 대체로 도덕 의식의 성숙을 가로막았음은 분명하다. 왜냐하면 비행을 초래한 원인이 육체적 고통 및 단순한 불운과 뭉뚱그려 취급됨으로써 이것들 전체에 대해 무차별적으로 같은 처방이 내려졌기 때문이다.[22]

인도·이란인들은 세상에는 악마와 여타 악령들은 물론 전설적 동물들이 산다고 상상했는데, 그중 어떤 것은 선했고 어떤 것은 게걸스럽고 파괴적이었다. 인도와 이란 두 전승에 나오는 초자연적 짐승들 사이에는 일치점이 없으므로, 두 민족이 갈라선 이후에도 이 분야에서 상상력은 계속 진행되었던 듯하다. 사실 이란에서는 예언자의 시대 이후에도 상상이 계속 진행되었음이 명백하다.[23] 이런 기이한 존재들 대부분은 오래된 부분으로 여겨지는 야쉬트나 야스나 하프탕하이티의 추가 텍스트에서 언급되며, 이들은 분명 조로아스터교 이전 세상의 존재들로 보인다. 그중 오늘날에도 페르시아어 서사시와 민간 전승에서 찬미되는 것이 사에나 메레가(Saēna mərəgha, 파흘라비어 Sēn murw, 페르시아어 Sīmurg), 즉 "위대한 사에나(Saēna) 새"(Yt. 14. 41)이다. 사에나는 거대한 매로 여겨진 듯한데, "모든 씨앗을 품은 나무", 즉 "모든 것을 치유하는 나무" 위에 횃대를 치고 있으며(Yt. 12. 17), (파흘라비 텍스트의 언급에 따르면) 그 엄청난 무게와 날갯짓으로 이 나무의 잔가지들을 부러뜨려 씨앗을 흩뿌리고, 바람과 비가 그 씨앗들을 대지 위로 나른다고 한다.[24] 또한 이 새는 새끼에게 젖을 먹인다고 하며,[25] 페르시아어 서사시에는 이 새가 어찌하여 젖먹이로 버려진 영웅 잘(Zāl)을 자기 둥지에서 키웠는지에 관한 이야기가 나온다.[26]

사에나의 둥지가 있는 "모든 씨앗을 품은 나무"는 바다 보우루카샤의 한가운데에서 자라며(Yt.12.17), 파흘라비 텍스트에 따르면 그 주위에서 카라(Kara) 물고기가 영원히 헤엄친다고 한다. 아베스타에는 이 물고기가 가장 예리한 감각을 가지고 있어서 심연에서도 머리카락처럼 가는 잔물결도 알아차릴 수 있다고 한다.(Yt. 14. 29)[27] 이 물고기의 임무는 해로운 존재들을 물리치는 것, 특히 생명을 주는 나무의 뿌리를 갉아 먹으려는 개구리를 격퇴하는 것이다.[28]

또한 "바다 보우루카샤의 한가운데 서 있는 의로운(야샤반) 당나귀"가 있는데(Y. 41. 28), 때로 이 당나귀는 바다 주위를 단호하게 성큼성큼 걷는다.[29] 파흘라비 서적들에 따르면 이 당나귀는 다리가 셋, 눈이 여섯, 입이 아홉에 몸통은 하얗고 머리 가운데 황금 뿔이 있다. 그가 오줌을 누면 물속의 해로운 존재들이 모두 파괴된다. 왜냐하면 그는 오직 영적인(mēnōg) 음식만 먹으며, 그와 관련된 것들은 모조리 순수하기 때문이다. 용연향이 그의 똥이다. 야쉬트 42에서 이 당나귀와 함께 경배되는 존재가 바시 판차.사드바라(Vasi Pančă.sadvarā, Y. 42. 4)인데, 분다히슨에 따르면 그 또한 보우루카샤에 산다. 그는 일종의 레비아탄(leviathan, 리바이어던)으로 보이는데, 얼마나 큰지 일출부터 일몰까지 재빠르게 달려도 이 짐승이 차지하는 땅만큼을 달리지 못할 것이라 한다. 그는 모든 수중 생물을 다스린다.[30]

또 하나의 거대한 존재는 파흘라비 서적에만 등장하는데, 스리소크(Srīsōk)라고도 불리는 황소 하다얀스(Hadhayans)이다. 이 황소는 얼마나 큰지 옛날에는 일곱 대륙을 구분하는 산과 물과 숲의 장벽들을 가로질러 등에 탄 사람들을 이 대륙에서 저 대륙으로 옮길 수 있었다고 한다.[31] 하다얀스는 애초에 "유일하게 창조된 황소(Gav aēvō.dāta)"와는 상당히 달랐던 것으로 보이는데, 후자는 박식한 우주 발생론적 추론의 결과물로 보인다. 사에나 외에도 전설적 새들이 있는데, 그중 둘은 조로아스터교 전통에서 특히 신성하게 여겨진다. 하나 카르쉬프타르(Karšiptar), 즉 "날렵하게 나는" 새[32]는 이마의 지하 왕국에 예언자의 가르침을 전한다고 한다.(Vd. 2. 42)[33] 또 하나 아쇼.주쉬타(Ašo. zušta), 즉 "아샤의 사랑을 받는" 새는, 파흘라비 서적에 따르면 혀로 신성한 말(아베스타)을 하며, 따라서 악마들을 황무지에서조차 달아나도록 만든다고 한다.[34] 그가 인간들을 보호하고 악마들에 의해 적의 무기로 바뀌는 것을 막을 수 있도록 인간은 손톱을 깎아 이 새에게 바쳐야 한다.(Vd. 17. 9) 전승에 따르면 아쇼.주쉬타는 올빼미와 같은데, 그는 데브들의 힘이 가장 강해지는 밤 동안 뜬눈으로 그들을 감시한다.[35] 그리고 벤디다드에 나오는 적합한 구절을 외며 그에게 손톱 조각을 바치는 관행은 정통 조로아스터교도들에 의해 오늘날에도 엄격하게 지켜지고 있다. 그러나 우리가 아팜 나파트의 신화에서 이미 만난 또 하나의 전설적 새 참루쉬(Čamrūš)는 성스럽기보다는 애국적인데, 비이란인들을 곡식 쪼듯이 쫀다. 전하는 바에 따르면 참루쉬는 사에나 다음으로 귀중한 새로서,[36] 매해 사에나가 "모든 씨앗을 품은 나무"에서 씨앗들을 흩뿌리는 임무를 수행하는 것을 돕는다고 한다.[37]

이들 및 여타 유익한 전설상의 새와 짐승들은 악의적으로 인간을 괴롭히는 악마들과 요괴들은 물론 세상에 서식하는 유해한 동물들에 대항하니 이들의 총칭은 크라프스트라(khrafstra)이다.[38] 천성적으로 인간 중심적 인생관을 가졌던 고대 이란인들에게 크라프스트라는 인간 자신이나 가축, 작물에게 해로운 모든 동물을 포함했다. 따라서 이 용어는 모든 맹수와 게걸스러운 설치류는 물론 메뚜기와 말벌과 도둑개미 같은 곤충을 포괄했다. 여기에는 비록 해롭지는 않지만 인간에게 혐오감을 주는 딱정벌레나 거미, 도마뱀, 거북 등도 포함되었다. 크라프스트라 중 어떤 이유로 개구리가 악의 전형으로 여겨졌다.[39] 그리고 우리가 앞서 보았듯이 카라 물고기가 생명을 주는 모든 씨앗을 품은 나무를 보호하는 것도 주로 개구리들 때문이다. 비록 생쥐와 쥐의 천적이지만 고양이도 자신의 더 큰 친척인 사자와 호랑이와 함께 일종의 크라프스트라로 여겨졌다.[40] 이는 아마도 이들이 성향상 밤의 동물이며, 조로아스터교도들은 이들을 길들인다 해도 충성스러운 개와는 달리 다루기 어렵고 기만적인 동물로 여겼기 때문으로 보인다. 유목 이란인들은 고양이를 야생 동물로만 알았는데, 단순히 고양이가 자신들의 천막 안에 살지 않고 개와는 달리 그들의 사회적·종교적 전통 안에서 아무 위치도 차지하지 못했기 때문이다.

역시 전설적 크라프스트라로서 다른 전설적인 짐승들과 맞서지 않고 인류의 영웅들과 맞선 괴물들이 있다. 이들은 자연스레 거대한 뱀 혹은 용, 즉 아즈이(aži)를 포함하는데, 최소한 후대의 전승에서 그 중 가장 유명하고 강력한 것은 아즈이 다하카(Aži Dahāka), 즉 인간을 잡아먹는 머리 셋 달린 괴물이다.[41] 또 하나의 거대한 용 아즈이 스루바라(Aži Sruvara)는 녹황색 몸에다 뿔까지 갖췄는데, 말과 사람을 먹어 치우고 독으로 땅을 황폐하게 만든다.[42] 또 뒤꿈치가 노란 간다레와(Gandarǝwa)가 있는데, 그는 바다 보우루카샤의 물에 소란을 일으킨다.[43] 그리고 돌 같은 손을 가진 스나비드카(Snāvidhka)는 준인간의 형상을 한 것으로 여겨진 이란의 타이탄인데, 그는 (전설의 조로아스터교 판본에 따르면) 자신이 다 자라면 천국의 선한 영들과 지옥의 악한 영들을 모두 소환하여 멍에를 씌워 자기 전차를 끌게 하겠다고 멋들어지게 호언장담했기 때문이다.[44] 나아가 거대한 악한 새 카마크(Kamak)가 있고,[45] 이 외에도 추악하고 무시무시한 생물들이 있어 인간을 파괴하려 하지만 용맹한 이란인들에 의해 파괴된다. 왜냐하면 이 괴물들은 모두 지상의 생물체들로서 이 땅에 거주하기 때문이다.[46] 이란의 전승에는 세계의 물을 가두어 지키다가 신들에게 격퇴당하는 인도의 브리트라 같은 용(이것은 후대의 개념으로 보인다.)[47]의 흔적은 없다.

아베스타에서 무수한 영웅들이 찬양되는데, 다양한 개별 가문과 부족들이 자신의 조상들에 관해 보전하던 이야기들이 "문화 영웅"과 "최초의 인간들"에 관한 공통의 전승과 아베스타 안에서 혼합된 듯이 보인다. 그런 이야기와 전승 중 일부는 분명 인도·이란 시절로 거슬러 올라가며, 아베스타는 물론 베다를 통해 알려졌다. 그러나 이들을 각각 살펴보면 인도와 이란의 전승에는 현저한 차이가 있다. 이런 고대의 전설들 중 가장 두드러지고 자세한 것은 이마 크샤에타(Yima Khšaēta), 즉 "이마왕"에 관한 것이다.[48] 이마는 지금도 여전히 잠셰드(Jamšēd)로 페르시아의 스토리텔링을 주름잡고 있다. 아베스타의 이마는 비방흐반트(Viva ŋ hvant)의 아들로서 베다에는 비바스반트 (Vivasvant)의 아들 야마로 나온다. 베다의 야마는 지상에서 처음으로 살고 죽은 인간이다. 그리하여 그는 다른 이들을 위해 죽은 이들의 지하 왕국으로 통하는 길을 찾았으며, 민간의 믿음에 따르면 그는 그곳을 통치하는 전능하고 무자비하고 무서운 존재로서 죽음의 신 자체에 동화되었다.[49] 이처럼 그는 이란에서 죽음의 신 바유나 소멸의 악마 아스토.비다투(Astō.vīdhātu)에 속하는 특징을 갖고 있다. 모든 이들은 죽음의 시간이 올 때 그의 부름에 귀를 기울이고 있어야 하며, 그는 종들을 보내 마치 아스토.비하투가 희생자의 목에 올가미를 걸듯이 죽음이 예정된 사람의 "목에 밧줄을 걸고(grīvabaddham)"[50] 끌고 온다. 그의 힘은 모든 죽은 이들에게 미친다. 높은 곳의 천국을 얻은 이들은 제외되는데, "천국에는 야마가 없기 때문"이다.[51] 죽은 이들의 영혼은 아래로 통하는 길을 통해 그의 영역으로 여행을 떠난다. 그러나 리그베다(RV. 10. 14. 2)에는 이 우울한 지역이 가비유티(gavyuti), 즉 "가축(소 떼)의 초지"로 불리는데, 이는 이마에게 항상 붙는 별칭인 흐본트와 (hvaθwa), 즉 "좋은 가축 떼를 거느린"과 관련 있는 표현이다.[52] 그러나 리그베다의 귀족적 전승에서는 천국에 야마의 자리가 이미 준비되어 있으며(예컨대 RV. 10. 14. 8), 거기에서 그는 축복받은 죽은 이들을 행복 속에서 다스린다고 한다.[53]

이마와 관련된 아베스타의 전설들은 훨씬 복잡하여 주의 깊게 정리할 필요가 있다.[54] 그러나 이 작업을 하고 나면 인도의 판본과 똑같은 기본적 요소들이 드러난다. 벤디다드의 두 번째 장에 따르면 "좋은 가축을 거느린" 이마는 처음에는 온 세상을 다스렸다. 그리고 그의 왕국에는 냉풍과 열풍이 없고, 질병과 죽음도 없었다. 300년 후 지상은 가축과 사람, 개, 새, 붉게 타오르는 불꽃으로 가득 찼다. 그러자 그는 황금 막대와 채찍으로 대지를 두드렸고, 대지는 3분의 1만큼 더 커졌다. 통치한 지 600년 만에 그는 다시 땅을 넓히고, 900년을 넘기고 또 넓혔다. 그 후 (이 벤디다드의 설명과 가타 및 고대의 잠 야쉬트의 언급들을 결합하면) 이마가 죄를 지은 듯하다. 조로아스터 자신은 모호하지만 이마가 사람들을 속였다고 암시하는데, 어떤 식으로 황소 희생과 관련된 듯하다.[55] 야쉬트 19.33에는 이마가 스스로 거짓말을 하고픈 마음을 허락했고, 이로 인해 신성한 행운, 즉 크바레나가 그를 떠나자 그의 영광의 시절도 끝났다고 나온다. 팔라비 텍스트와 페르시아 서사시에는 "잠"이 교만 때문에 죄를 지었는데, 그 자신이 신이라고 주장했다는 것이다.[56] 아마도 이것이 야쉬트 19(그의 주장이 "거짓말"임이 나오는)와 가타에서 암시하는 전설로 보이는데,[57] 이마는 그가 실제로 신인 양 그 자신을 위한 희생제를 준비했다. 그의 영광으로부터의 몰락에 관한 이야기는(짝을 이루는 인도의 이야기가 없다.) 아마도 윤리적 아후라를 숭배하는 사제들이 이마에게 다가가는 죽음을 도덕적 용어로 설명하기 위해 만들어 냈을 것이다. 왜냐하면 이 전설의 샤나마(Shāhnāma) 판본에 따르면 잠셰드는 이런 잘못 때문에 죽기 때문이다. 자신의 이야기가 이런 식으로 전개됨에도 이마 크샤에타는 잠셰드로서 이란의 전승에서 가장 위대한 영웅으로서, 왕권과 훌륭함의 이상적 표본이자 "인간 중 가장 영광스러운 이"로 남아 있다. 더욱이 이란의 전승에서 인도의 경우처럼 그 죽은 왕이 높은 곳의 낙원에서 고인들의 지배자로 간주된 흔적들이 있다. 조로아스터의 탄생 전설에 따르면 예언자의 영, 즉 프라바쉬(fravaši)는 신들과 함께 살고 있었으나 신의 전령인 나이리요.상하와 이마에 의해 낙원의 가장자리로 인도된다.[58] 이로 보아 이마는 하늘에 처소를 가지고 있으며, 거기에서 영혼들에 대한 권한을 가진다. 그가 죽은 자들의 지하 왕국을 다스린다는 더 오래된 믿음에 관해서는, 우리가 앞서 보았듯이, 다신교 시절 이마가 "지하에서 살기로 정해진 신"과 동일할 가능성이 있는데,[59] 그는 고대 페르시아인들이 달래던 이이다.(이 영웅-왕이 아베스타 민족뿐 아니라 그들에게도 알려져 있었다는 것은 페르세폴리스에서 발견된 이름 야먁카(Yamakka), 야마크셰다(Yamakšedda) 등에 의해 증명된다.)[60] 그러나 고대 전설의 이 부분은 조로아스터교 교리와 화해할 수 없었음이 분명하다. 왜냐하면 조로아스터의 가르침에 따르면 이 지하 세계는 지옥과 같은 것이므로 그 지배자는 아후라 마즈다에게 적대적인 악한 존재였다. 그러므로 이곳은 더 이상 이마왕의 거소가 될 수 없었다. 그리고 아마도 그 이유로 이란에서는 그에 관한 이야기가 특별한 방식으로 발전했는데, 그 내용은 벤디다드에만 기록되어 있다. 여기에는 이마의 죄와 그로 인한 죽음에 대한 언급이 없다. 대신 이렇게 전한다. 이마가 1000년을 다스렸을 때 신들이 그와 그가 다스리는 이들 중 가장 뛰어난 남자들이 함께하는 회의에 나타났다. 그리고 신들[61]은 이마에게 "나쁜 물질세계(bad corporeal world)"에 겨울이 도달해 산과 들판에 심한 서리와 눈이 내릴 것이라고 했다. 그 눈이 녹을 때 건초 창고를 휩쓸고 갈 것이기에 그 후에는 양 한 마리의 발자국을 보는 것도 놀라운 일이 될 것이라고 했다.[62] 이에 따라 이마는 땅 밑에 바르(var, 울타리, 울타리 안)를 만들고,[63] 그 안에 최고와 최상의 남녀 쌍들, 최고와 최상의 동물들, 모든 식물 종자들 중 가장 크고 통통하며 가장 먹기 좋고 맛있는 것들을 넣어야 했다. 육체적·정신적 결함을 가진 사람들은 절대 그곳으로 들어갈 수 없었다.[64] 바르는 세 부분(이는 이란 사회의 세 부분으로의 구분을 표상한다고 여겨졌다.)[65]으로 나뉘게 된다. 거기에는 물이 흐르고 언제나 푸르고 절대 고갈되지 않는 초지가 있다.[66] 이 지하 장소는 불빛이 있으니 곧 해와 달과 별을 닮았고, 거기에서는 1년이 하루처럼 흐른다.[67] 각 쌍마다 40년마다 한 명씩 자식이 태어나고[68] 그들은 이마의 통치 아래 지고의 행복을 누리며 산다.

벤디다드가 개정을 겪어 낸 것은 늦은 시기이다.(대체로 파르티아 시기로 본다.) 그러므로 제시된 바대로 전설의 이 부분 또한 시대가 늦고 외국의 영향 아래 만들어졌을 가능성이 충분하다. 영향이란 이 부분이 "나쁜 물질세계"에 해를 끼친 대홍수에 관한 메소포타미아의 전승(이 자체는 전적으로 비조로아스터교적 개념이다.)에서 영감을 얻었다는 뜻이다.[69] 이마의 바르의 모양과 성격은 언제나 수수께끼였다. 그러나 이 구조가 방주에서 따와서 이란의 전설에 끼워 맞춘 것이라면 많은 혼돈이 줄어든다. 홍수 자체는 이란고원에서 감지할 수 있는 종류의 재난으로 변형된 듯하고, 지하에 바르를 설치하는 것은 새 판본상의 이마의 운명과 그가 지하 세계의 왕으로서 죽은 자들을 "가축의 초지", 즉 이란의 엘리시움 땅으로 맞는다는 고대의 믿음과 잘 조화된다. 그러나 벤디다드에 따르면 이마는 죽지 않고 내세로 삶을 이어 가는 위대한 존재들 중 하나가 된다.(영웅의 생존을 필요로 하는 홍수 이야기.) 아발론의 아서나 산속 동굴의 프리드리히 바르바로사(프리드리히 1세)처럼 이란의 왕은 숨겨진 공간으로 물러났다고 전하며, 거기에서 그는 현재의 슬픈 시간이 지나가도록 조용히 기다린다. 더욱이 죽어 가는 다른 사람들이 재난을 피해 들어갈 수는 있지만 단 한 번만 허락된 이마의 바르의 입구를 찾을 가능성을 보여 주는 기미도 없다. 이렇듯 이 벤디다드의 전설은 외래 전승을 어설프게 채용한 것으로 보이며, 이란이나 인도의 전승과 잘 맞아떨어지지 않는다. 시간이 지나면서 이 이야기는 발달된 종말론적 전승과 결합되어 이마의 바르가 열리는 것은 열한 번째 천년기가 끝날 때 벌어질 영광스러운 일 중의 하나가 되었다.[70] 이렇듯 이 전설은 조로아스터교 학자들의 박식함의 일부로 보이며, 알려진 바로는 한 번도 민간의 전승으로 진입하지 못했다. 왜냐하면 "왕의 책(왕서王書, 즉 샤나마)"에서 살아남은 것은 더 오래된 이마의 죄와 죽음에 관한 이야기이기 때문이다.

비록 현존 텍스트에서 야마/이마는 인간의 조상이 아니라 통치자로 나오지만, 베다는 그의 한 배우자를 알고 있으니, 그의 쌍둥이 누이 야미(Yamī)인데, 그녀에게서 아이들을 얻었다. 그녀의 존재는 아베스타에 언급되지 않는다.[71] 그러나 (산스크리트어의 야마(yama)처럼) "쌍둥이"를 의미하는 보통 명사가 있고, 이 단어의 후대 형태가 중세 이란어에 등장한다. 더욱이 파흘라비 전승의 기록에는 여성 이마크가 나오는데, 그녀가 옛날 인도·이란 시절의 전설에 속하는 것이 가능해 보인다.[72] 그것이 어떻든 사제들이 인간의 기원에 관해 추론하면서 첫 번째 통치자 이마를 최초의 인간과 결부시킨 것은 불가피해 보인다.

인도의 전승에서 마누는 야마처럼 비바스반트의 아들로 묘사되며, 어떤 면에서는 그 전설상의 이란 왕과 똑같은 역할을 한다.[73] 이란에서 마누라는 이름은 오직 "마누 종족의"를 뜻하는 합성어 고유 명칭 마누쉬.치트라(Manuš.čithra, Yt. 13. 131)[74]와 파흘라비 서적에서 마누쉬치르(Manuščihr)의 누이로 나오는 마누샤그(Manušag) 두 단어에만 보존되어 있다. 거기에서 이 둘은 임(Yim)과 이마그(Yimag)의 후손으로서, 최초의 남자 마쉬야(Mašya)와 그의 아내 마쉬야나그(Mašyānag)의 7대손으로 나온다.[75] 그러나 원래 이란의 마쉬야는 인도의 마누와 똑같은 개념을 표상했던 것으로 보인다.(두 단어는 각각 "죽어야 하는(즉 인간)"과 "남자"를 의미한다.) 이란의 전승에 따르면 마쉬야와 그의 아내는 대황이라는 식물에서 탄생했다. 이 대황 줄기가 자라고 여러 갈래로 나뉘어 개별 인간들이 되었다.[76] 조로아스터교 형식의 전설에서 이 둘은 처음에는 아후라 마즈다를 경배했으나, 다에바들의 꾐에 넘어가 대신 그들을 찬양했다고 한다.[77] 이 죄로 인해 그들이 첫 쌍둥이 아이를 가지는 데 50년이 걸렸으며, 그들은 아기들을 먹어 치운다.[78] 그러나 그때 아후라 마즈다가 끼어들어,[79] 그들은 다시 쌍둥이를 가지게 되었으며, 이들을 통해 세상에 인간들이 거주하게 되었다. 이마라는 이름이 "쌍둥이"를 의미했던 것으로 보인다는 사실은 여기에서 인간의 기원에 관한 고대의 전설이 변형되었음을 시사한다.

더욱이 마쉬야와 마쉬야나그가 자라난 대황은 파흘라비 서적에 따르면 가요마르드(Gayōmard, 아베스타어 가요.마레탄(Gayō.marətan))의 씨(정액)에서 자라났다는데, "유한한 삶"이라는 뜻이다.[80] 그 또한 신화상의 최초의 인간인데, 그는 베다의 "유한한 씨앗(정액)", 즉 마르탄다(Mārtānda)와 같은 이로 보이며, 그렇다면 또한 인도·이란 기원으로 보아야 한다. 아베스타와 파흘라비 전승에 따르면 그는 유일하게 창조된 황소와 종종 결부되는데, 이 둘은 모두 사제들의 우주 발생론적 추론의 영역에 속하는 것으로 보인다. 그러므로 이들은 이후의 장에서 함께 살펴볼 것이다.[81]

앞에서 살펴보았듯이 베다와 아베스타에서 야마/이마의 아버지의 이름에 대해 의견이 일치한다.(비록 "최초의 인간"이 아버지를 가지는 것이 비논리적이긴 하지만) 양자는 그의 행동에 관해서도 일치한다. 왜냐하면 인도의 전승에서 비바스반트는 첫 번째로 희생을 올리는 이이기 때문이다. 희생제의 장소를 가리키는 한 가지 용어는 이에 따라 "비바스반트의 장소"이며, 거기에서 희생제를 수행하는 사제를 기려 비바스반트라 부를 수도 있다.[82] 이란의 비방흐반트는 최초로 하오마(haoma)의 즙을 짜낸 인간이다. 이에 대한 답례로 하오마 신은 그에게 이마라는 걸출한 아들을 은혜로 베풀었다.[83](오늘날까지 조로아스터교도 여성들은 훗날 유명해질 아들을 원할 때 홈(Hōm)에게 기도한다.)[84] 야쉬트 9에 따르면 하오마 즙을 짠 두 번째 인간은 아트위야(Āthwya)인데, 이로 인해 그에게서 강력한 트라에타오나가 태어났다. 세 번째는 트리타(Thrita) 인데, 법을 부여한 자 우르바크샤야(Urvākhšaya)[85]와 가장 위대한 아베스타의 영웅 중 하나인 케레사스파(Kərəsāspa)를 낳았다. 우리는 이들의 이름과 함께 신화의 세계에서 영웅 서사시의 세계로 넘어가는 듯하지만 여기에도 여전히 수많은 관련 문제들이 있다. 세 번째로 하오마를 짠 트리타의 이름은 미심쩍은 면이 있지만 "세 번째 사람"을 의미한다. 그는 "사마들(Sāmas, 사마 가문) 중 가장 많이 베푸는 이"(Y.cj.ii), 최초이자 최상의 치료사라고 한다.(Vd. 20. 2) 그러나 파르바르딘 야쉬트(Farvardīn Yašt, v. 131)에서 열병과 고질병을 물리치고자 호출하는 이는 "아트우야 가문의 아들" 트라에타오나이며, 조로아스터교 예배에서 사람들이 종교적 봉헌과 기도 및 부적을 통해 질병을 예방하거나 치료하는 데 도움을 얻고자 의지하는 이는 페레돈왕(King Frēdōn, 파리둔(Farīdūn))이다.

트라에타오나와 트리타가 (같지는 않더라도) 원래 어떤 식으로든 결부되었을 것이라는 의심[86]은 베다가 처음으로 소마(soma)를 준비한 신화적 희생 제공자 트리타 아프티야(Trita Āptya)를 알았다는 사실에 의해 한층 강화된다.[87] 음운론적 난점들에도 불구하고 아프티야와 아트위야는 같은 인도·이란어 어원 *아트피아스(*Ātpias)에서 갈라져 나왔으며, 이 어원으로부터 아베스타어 아트위야는 정상적 발전을 따른 반면 베다어 아프티야스는 통속적 어원학(고대 인도의 어원 연구서는 상당히 많은데, 일부는 정확하나 음의 유사성에 기반한 억측도 상당하다. — 옮긴이)의 영향을 받은 결과 아프티야스가 "물" 아프(āp-)와 연결되었다는 의견이 제시되었다.[88] 트라에타오나 아트위야가 이룬 엄청난 업적이 트리타 아프티야가 이룬 업적과 놀랄 만큼 비슷하다는 것은 부정할 수 없다. 이 이란의 영웅은 거대한 뱀의 몸통에 머리가 셋 눈이 여섯인 용 아즈이 다하카와 싸웠다. 인도의 트리타는 똑같이 뱀의 몸통에 머리가 셋이고 눈이 여섯인 용 비쉬바루파(Viśvarūpa)를 극복한다. 차이점은 아즈이 다하카는 여타 모든 이란의 괴물들과 마찬가지로 이 땅을 유린하는 지상의 괴수인 반면 비쉬바루파는 천상의 괴수로 여겨졌다는 점이다. 그러나 베다 전승에서 트리타의 행동은 인드라가 브리트라를 내동댕이친 것과 결합되어 심지어 후대 신화의 영웅적 원형을 제공한 것으로 보이고, 오히려 인드라 신화에 의해 오염된 것으로 보인다. 인도에서 트리타 자신은 신으로 등장하며, 그 이름의 뜻[89]은 다른 아프티야스, 즉 에카타(Ekata)와 드비타(Dvita, 즉 첫째와 둘째)의 탄생에 의해 강조되었다. 통속적 어원학은 그 "성姓"을 "물"과 관련시켜서 이 셋은 아그니의 침에서 나온 것으로 여겨졌다. 그들은 마치 브라만들이 왕을 따르듯이 인드라를 따랐고, 용을 죽인 인드라의 죄를 자신들이 뒤집어썼으니, 그 죄는 매번 희생제마다 쏟아지는 물과 함께 그들에게서 씻겨 떨어진다.[90] 역사상의 씨족 아프티야스는 그들을 자기 조상이라고 주장한다. 또한 베다 학자들은 트리타 아프티야가 원래 신이었는데 어떤 사제 가문이 그를 자신들의 시조라고 주장했거나[91] 그는 인간 영웅인데 그의 후손들이 그를 경배한 나머지 신 혹은 신적인 존재로 격상시켰다는[92] 의견으로 갈린다. 이란의 전승은 의심할 나위 없이 후자의 해석을 지지한다. 왜냐하면 거기에서 트리타와 트라에타오나는 모두 인간으로 간주되며, (추종자들이) 트라에타오나 사후에도 존재하는 것으로 간주하고 도움을 달라고 호출하는 대상은 신 트라에타오나가 아니라 인간 트라에타오나의 프라바쉬, 즉 영혼이기 때문이다.

베다에는 트라이타나(Traitana)가 한 번 등장하는데(RV 1. 158. 5),

그는 아베스타의 트라에타오나와의 관계를 전혀 암시하지 않는 맥락에서 모호하게 등장한다. 그러므로 현존 자료를 기반으로 하면 명확한 결론에 도달할 수 있으리라 기대하기 어렵다. 그러나 이란어 증거를 다음처럼 해석하는 것은 가능해 보이며, 이것은 인도에서 이차적인 발전과 동화가 일어났다는 가정하에 베다의 자료들과 맞아떨어질 수 있다. 즉 아주 옛날 *아트피아스(*Ātpias) 가문의 위인이 둘 있었는데, 하나는 전사로 유명했고 하나는 의사로 유명했다. 그들과 관련된 전승들은 뒤섞이고 혼동되어, 이란에서는 결국 트라에타오나가 전사이자 의사로서 광범위하게 추앙받았던(두 역할이 이미 야쉬트 13. 131에서 그에게 부여되었다.) 반면 인도에서는 트리타 혼자만 중요한 인물로 남았다. 야쉬트 9에서 하오마 희생 제공자들을 열거할 때 트리타의 이름이 "셋째"를 뜻했다는(혹은 "셋째"라는 단어의 동음어이다.) 사실은 명백히 그를 친족인 트라에타오나와 구분하고, 세 번째로 하오마 즙을 짠이, 즉 사마(Sāma)로서 케레사스파의 조상 자리를 부여하게 되었다.[93] 케레사스파와 트리타의 관계는 오직 여기에만 존재한다. 다른 곳에서 케레사스파는 트리타의 아들이 아니라 사마의 후손으로 알려져 있으며, 이란 전역에서 사마 케레사스파(Sāma Kərəsāspa)/사만 카르샤스프(Sāmān Karšāsp)로서 유명하다. 이 해석에 따르면 트리타와 트라에타오나 형제는 둘 다 유한한 인간이다.

베다에 짝이 있다는 것은 *아트피아스가 인도·이란 시절에 살았다는 것을 보여 주며, 아마 최소한 서기전 두 번째 천년기 이전 어느 때일 것이다. 그리고 그토록 많은 세기가 지났음에도 그들이 거의(혹은 인도에서는 완전히) 초인적 인물들이 된 것은 약간 놀랄 만한 일이며,[94] 그들의 행동은 전적으로 경탄할 만하다. 이란에서 트라에타오나는 기적적 치료를 선물하는 이로서뿐 아니라 두 개의 신화적 업적을 이룬 이로 유명하다. 하나는 아즈이 다하카를 물리친 일로서, 그를 죽이지는 못했지만 세상에 종말이 올 때까지 묶여 있도록 족쇄를 채웠다. 종말의 날 그는 풀려나 최후의 거대한 전투를 벌일 것이다.(이것이 이 이야기의 고대적 특징으로서, 북유럽 및 여타 신화의 결박당한 괴물과 세상의 종말 이야기와 연결되는지, 아니면 후대 조로아스터교적 종말론의 발전인지는 다른 장에서 검토할 것이다.)[95] 트라에타오나가 이룬 또 하나의 거대한 업적은 "현명한 키잡이" 파우르바(Pāurva)와 관련되는데, 그가 파우르바를 허공에 얼마나 세게 던져 버렸는지 파우르바는 사흘 밤낮 동안 하늘을 가로질러 날다가 자신의 기도를 들은 아르드비에게 구출되었다. 아르드비는 그의 팔을 잡아 안전하게 지상으로 내려다 주는데, 이로써 그가 랑하(Raŋha)강에서 그녀에게 헌주를 1000번 올리기로 한 맹세를 완수하도록 한다.(Yt. 5. 61~65) 여신이 그를 구해 줬다는 사실은 파우르바가 사악한 인간이 아니었음을 시사하며, 따라서 이 멋진 이야기는 아마도 고대 두 전사 사이에 있었던 실제 싸움의 일화를 서사시적으로 과장한 듯하다.(음유 시인들은 일반적으로 상당히 정중했으며, 영웅의 인간 적수의 인격을 부당하게 훼손해서는 안 되었다.)[96]

아베스타의 또 한 명의 대영웅 케레사스파가 언제 살았는지를 보여 주는 외부 자료는 없다. 그를 먼 옛날 사람으로 취급하는 유사한 인도의 자료도 없고, 그를 더 후대에 위치시킬 역사적 관련 인물도 알려지지 않았다. 그러나 그에 관한 이야기가 트라에타오나에 관한 이야기보다 훨씬 많고, 놀라운 업적을 이룬 것 외에도 그가 일상의 전투에서 찬양되었다는 사실들은 그가 아트위야스(아트위야 씨족)보다 상당히 후대에 살았음을 시사한다.[97] 또한 그가 자기 차례에서 희생을 올렸던 랑하강의 지류 구다(Gudha)강(Yt. 15. 27)을 약사르테스(Jaxartes, 시르 다리야(Sīr-darya))의 지류로 보아야 한다는 의견이 제시되었다.[98](예전에

랑하는 유목 인도인들이 다른 강을 부르는 명칭으로 썼던 듯하다. 그리고 마크 바르트(Markwart)는 더 오래전 파우르바가 아르드비에게 감사의 제물을 올린 곳은 볼가강일 것이라고 주장했다.)[99] 케레사스파 또한 피쉬나 호숫가(Yt. 5. 57)에서 희생을 올렸는데, 전승에 따르면 그곳은 카불 근처의 어떤 호수이다.[100] 그리고 그를 따르던 파이리카는 바에케레타(Vaêkərəta) 와 관련 있는데, 이곳은 간다라의 옛 명칭으로 생각된다.[101] 약사르테 스에서 간다라(오늘날의 페샤와르와 잘랄아바트 근처)까지는 상당히 먼 거리이다. 그러나 케레사스파 전설(예컨대 북유럽에서 고트의 에오르멘릭 (Eormenric)이나 동고트의 테오도릭(Theodoric)의 경우처럼)[102]은 동북쪽의 이란인들 사이에서 유행했고, 그곳에서 현지와 다양하게 연관을 맺은 듯하다. 벤디다드(1. 17)에 따르면 고대의 트라에타오나(그의 진짜 고향 은 내륙 아시아의 초원으로 보인다.)가 바라나(Varana)에서 태어났다는 점 을 주목할 가치가 있는데, 이곳은 산스크리트어의 바르누(Varnu), 즉 오늘날의 부네르로 여겨져 왔다.[103] 그리고 훗날 사카 영웅 루스탐[104] 은 이란 전역과 관련을 맺었다. 그러한 관계는 당연히 역사적 가치가 없는 것으로 간주해야 한다. 아베스타에 나오는 케레사스파의 대표적 별칭은 나이레.마나(naire.manah), 즉 "남자다운 마음을 가진, 용맹한" 이다. 그리고 후대의 전승에서 이 부분은 그의 본명으로 교체되어, 페 르시아 서사시에서 그는 카르샤스프 혹은 가르샤스프라는 이름으로 작은 역할을 담당하고,[105] 삼(Sām)의 아들 나리만(Narīmān)으로 더 두 드러지는데, 이 인물은 (왕서에 나오는 다양한 전승들을 짜 맞추면) 잘(Zāl) 의 아버지이자 루스탐의 할아버지이다.[106] 당연히 아베스타에는 이 두 사카 영웅은 나오지 않고, 이후에 카르샤스프 나리만과 이란 동남부 의 세이스탄(사카스탄)이 결부된 것은 명백히 (페르시아 서사시의) 인위 적 연결 짓기 때문이었다.[107] 똑같은 연결 짓기가 독자적인(그러나 대체

로 파생물의 성격이 큰) 서사시 가르샤스프 나마(Garšāsp Nāma)에서도 발견된다.[108]

　아베스타의 여러 구절에 암시적으로 보존된 전설에 따르면[109] 케레사스파는 힘이 세고 커다란 곤봉, 즉 전곤으로 무장하고 크바레나, 즉 행운이 예전에 이마를 떠날 때 그것을 움켜잡을 수 있었다. 트라에타오나처럼 그는 다양한 업적을 쌓을 때마다 아레드비 수라 여신과 바유의 도움을 받았다.[110] 이 위대한 전사가 이룬 업적 중 일부는 그의 동년배들에 대항하여 얻은 것이다. 따라서 그는 파탄야(Pathanya)의 아홉 아들, 니비카(Nivika)와 다쉬타야니(Dāštayāni)의 아들들, 바레샤바 다나야나(Varəšava Dānayana) 그리고 파리이카들의 친구인 피타오나(Pitaona)를 죽이고,[111] 용맹하고 강하며 지혜로운 아레조.샤마나(Arəzo.šamana)를 죽였다.[112] 또한 그는 형제 우르바크샤야(Urvākhšaya)를 살해한, 황금 왕관을 쓴 히타스파(Hitāspa)를 죽여 복수하는데, 그때 그는 히타스파의 전차 뒤에서 그를 단검으로 찔렀다.[113] 연대기적 업적 중 하나는 전설적 괴수들을 상대로 한 것이었다. 이미 언급한 괴물들 중 일부(간데라와와 거친 손을 가진 스나비드카(Snāvidhka), 새 카마크)는 케레샤스파의 손에 죽었다. 그가 만난 가장 유명한 적수인 뿔 달린 용 스루바라(Sruvara)도 기어이 그의 손에 죽었다. 한번은 이 괴물이 잠든 사이에 만났는데, 그는 식물이 돋아난 괴물의 거대한 녹색 옆구리를 대지로 착각하고 불을 피워 점심을 준비했다.[114] 열기로 용이 깨어나 치달으며 솥을 불에 뒤엎었다. 놀란 케레샤스파는 급히 이를 치웠지만, 이로 인해 그가 붙인 불을 오염시키는 죄를 범했다.[115] 그리고 전승에 따르면 아타르 신은 그를 용서할 마음이 전혀 없었지만, 오래 지나 조로아스터가 게우쉬 우르반과 함께 그의 사면을 청원했고 결국 그는 천국 입성이 허락되었다.[116] (게우쉬 우르반은 그 전사-사냥꾼이 솥에 든 동물의 살코기를 자신에게 바치려 했기에 마음이 동했다.)[117] 케레샤스파는 파이리카 크나타이티(Khnathaitī)와 연루되고[118] (시대착오적으로) 조로아스터교에 적대적이었던 것 등 다른 잘못들을 범한 듯하다.[119] 그럼에도 오래전 다신교 시절의 전사는 조로아스터교의 위대한 영웅들 중 하나로 남아 있다. 어떤 전설에 따르면 그는 영원히 죽지 않고 죽은 듯이 자고 있는 이들 중 하나인데, 세상의 종말이 오면 깨어나 트라에타오나가 채운 족쇄에서 풀려난 괴물 아즈이 다하카를 죽인다고 한다. 그러나 불에게 지은 죄에 관한 이야기에 따르면 케레샤스파가 죽고 그의 영혼이 천국에서 쫓겨나 조로아스터교의 림보(limbo, 지옥의 변방. 구원을 얻지 못한 영혼들이 머무는 장소. ─ 옮긴이)에서 오랫동안 머물렀다고 한다. 그에 관한 이 두 유형의 전설은 각자 다른 지역에서 발전하여 서로 화합하지 못한 채 존속한 것으로 보인다.

　　케레샤스파 전설은 이렇듯 전 세계의 영웅 이야기에서 일반적으로 발견되듯이 (시적인 조작을 통해 적절히 과장되고 격상된) 역사적 사실과 민담 및 대중적 미신의 요소의 혼합을 보여 준다.[120] 모든 나라에서 영웅 이야기는 하나의 문화 안에서 형성되는 과정에서 일정한 공통 요소를 가지는 경향이 있는데, 트라에타오나와 케레샤스파 전설의 일정한 유사성을 야기한 것은 이란의 전통으로 보인다.[121] 용을 격퇴하는 것은 이란 영웅들이 완수하도록 요구되는 업적들 중 하나로 보인다.[122] 용은 심지어 하오샹하(Haošyaŋha) 전설에서도 역할을 맡는데, 페르시아 서사시에서 호샹(Hōšang)은 본질적으로 전사라기보다 "문화 영웅"으로 보이며, 그는 교양 있는 사람에게 요구되는 예술과 공예(기교)를 발견한 것으로 찬미된다. 하오샹하는 "처음으로 지명된"이라는 뜻으로 여겨지는 파라다타(Paradhāta)라는 별칭을 가지고 있는데, 다시 말해 세상을 다스리라고 지명되었다는 것이다. 야쉬트들[123]에 따르면 그는 모든 땅과 그곳에 사는 모든 존재를 다스리게 해 달라고 기도하고, "신의 창조물을 보호하고 관리하기 위해" 특정한 악마들을 격퇴할 수 있기를 기도했다.[124] 왕서에 나오는 그의 개인사 판본에서는 그가 세계를 문명화시켰으며, 사람들에게 광석을 채취하고 금속을 다루는 법과 물을 대고 씨를 뿌리고 거두는 법을 가르쳤으며, 어느 날 불을 내뿜고 눈이 피의 웅덩이 같은 용을 만나 용감하게 그에게 돌을 던져서 격퇴했다고 한다. 그 돌이 어떤 바위를 맞혀 인간에게 유익한 불이 일어났다고 한다.[125]

또 한 명의 문화 영웅 타크마 우루피(Takhma Urupi, 후대의 전승에서는 Takhmūraf, TAHMūras) 또한 아베스타 안에서 악마들과 인간들에 대한 권력을 추구하는데, 특히 대악마(조로아스터교 전승에서 앙그라 마이뉴(Angra Mainyu))를 자기 말로 만들어 타고 이 세상의 끝에서 끝까지 갈 특권을 원했다.[126] 왕서에서 그 또한 특정 야생 조류와 짐승을 길들이는 법과 새로 모은 양(염소)의 털을 깎고 옷으로 쓸 울을 꼬는 법 등 인간에게 유용한 기술을 가르쳐 준 이로 묘사된다.[127] 이 서사시에서 그는 호샹의 아들로 나오는데, 이들 부자는 가요.마레탄(Gayō. marətan), 이마, 트라에타오나(가요마르드, 잠셰드, 파레돈(Farēdōn)), 마누쉬.치트라(Manuš.čithra, Manūčihr))와 다른 작은 인물 둘과 함께 전설적인 파라다타(Paradhātas) 혹은 피쉬다드(Pīšdadians) 왕조를 만든다.(베다의 전승과 반대로 이들 중 아무도 신으로 취급되지 않는다는 것이 흥미롭다.) 하오샹하 이야기와 타크마 우루피 이야기의 유사점들은 이 둘이 원래 이란의 다른 부족들의 문화 영웅이었기 때문이라는 의견이 제시되었다. 파르바르딘 야쉬트 143-4에서는 이란인들이 다섯 부분으로 나뉘었음을 알 수 있는데, 이름하여 아리야(아베스타 민족이 자신들을 칭하고자 쓴 말로 보인다.), 투이리야(Tūirya), 사이리마(Sairima), 사이누(Sāinu)

그리고 다히(Dāhi)이다.[128] 두 번째와 세 번째 집단의 동명 창시자들의 이름이 파흘라비 전승에서 "아리야"와 함께 나오는데, 그들의 이름은 에레츠(Ēreč, 고형 *Airyaēča), 투츠(Tūč, *Tūr(a)ča), 사름(Sarm)이고, 그들은 파레돈이 세상을 나눠 준 세 아들로 나온다.[129] 왕서에서 그들은 각각 에라쥐(Ēraj), 투르(Tūr), 살름(Salm)으로 나오는데, 에라쥐가 이란 본토를 받고, 투르는 동쪽과 북쪽을, 살름은 서쪽을 받았다. 그리고 마지막으로 투르 땅의 사람들, 즉 투라니언들은 외래의 투루크인들과 동일시되고, 그들 땅에서 이란인들을 대체하기에 이른다.

다신교 "아베스타" 전승의 또 다른 위대한 영웅들은 조로아스터의 후견인 카비 비쉬타스파(Kavi Vīštāspa)의 조상들이다. 그들은 아리야 왕공들로서 카비얀(Kavyān, Kayānian) 왕조를 만들었으며, 이는 파라다타(파쉬다드) 왕조를 잇는 것으로 나온다.[130] 야쉬트 19(v. 71)에는 크바레나가 일곱 카비와 함께했으며, 그래서 모두가 용감하고 강하고 지혜로웠다고 찬양된다. 여덟 번째인 위대한 하오스라바(Haosravah)는 따로 찬양되며(vv. 74~77) 그의 일부 업적이 열거된다. 파르바르딘 야쉬트(v. 132)에서는 여덟 프라바쉬가 찬미된다. 파흘라비 전승이 보여 주는 바에 따르면 이 왕공들은 다섯 세대에 걸쳐 등장했고, 아베스타에 따르면 하오스라바(후대 전승에는 카이 코스라우(Kay Khosrau))뿐 아니라 우산(Usan)/우사드한(Usadhan, 카이 카유스(Kay Kayus))도 특히 중요한데, 둘은 모두 신들의 은총을 추구했던 예전의 영웅들과 함께 등장하기 때문이다.[131] 파흘라비 서적과 페르시아 서사시에는 그들에 관한 이야기가 더 있는데, 이 자료들은 모두 궁극적으로는 비쉬타스파 가문의 구전 전승으로부터 나왔을 것이다. 아베스타 자체에는 비쉬타스파의 다신교 시절 조상들이나 그 시절 다른 영웅들과 그 뒤를 이은 조로아스터교 시절 왕공 및 전사들 간의 구분이 없는데, 후자는 파르바르딘 야쉬트를 비롯한 여타 야쉬트에서 전자와 함께 찬양된다. 이런 식의 발전 과정은 다른 지방의 구전 문학에서 벌어진 일과 상당히 유사하다.(이와 같이 예컨대 기독교도와 이교도를 함께 다루는 앵글로색슨 및 북유럽의 시가에서도 모든 등장인물을 기독교도로 취급하든지 한 명도 기독교도로 취급하지 않든지 하나를 택한다. 통일성이 지배하는 것이다.)[132] 더욱이 다른 영웅 이야기들에서와 마찬가지로 명백한 역사적 사실과 놀라운 허구가 다신교 시절 카비들의 이야기들에 똑같이 뒤섞여 있음을 알 수 있다.

카비들의 적 중 가장 찬양받는 이는 전설적 괴수가 아니라 또 하나의 전사 군주인 투이리야 민족 출신 "아주 강한" 이 프랑라시얀(Fraŋrasyan)이다. 아베스타의 일반적인 짧막한 암시[133](이는 후대의 전승에서 증폭될 수 있다.)[134]들을 통해 우리는 프랑라시얀이 열째에서 세 번째로 나오는 카비 우산의 적임을 알 수 있다. 아버지와 싸운 후 우산의 아들 시야바르샨(Syāvaršan)은 프랑라시얀에게 몸을 맡기고 그의 딸 중 하나와 결혼했다. 이어서 프랑라시얀의 형제 케레사바즈다(Kərəsavazda)가 시야바르샨이 속임수를 썼다고 고발했고, 이어 그는 죽임을 당한다.[135] 프랑라시얀은 아리야인의 적으로 보이는 "사악한 자이니구(Zainigu)"도 죽였으며, 왕의 크바레나가 잠시 그와 함께하기도 했는데(Yt. 19. 93), 이는 분명 그가 비록 잠시였지만 아리야인에 대한 지배권을 확립했기 때문이다. 그러나 결국 시야바르샨의 아들 하오스라바가 성인이 되자 프랑라시얀과 케레사바즈다를 죽임으로써 아버지의 복수를 하고(Yt. 9. 21; 19. 77) 카비의 지배를 재구축하였고, 이제 크바레나는 그에게 넘어왔다. 이 복수 행위는 아베스타와 전승에서 찬양되는 하오스라바의 업적 중 단 하나에 불과하지만 이 특수한 승리에 위대함이 부여된 이유는 그가 이를 얻기 위해 하오마로부터 육체적 도움을 받았다고 전하기 때문이다.(Y. 11. 7; Yt. 9. 18) 이 승리와 아레드비가 파우르바를 구한 일은 아베스타에서 신들이 육체적으로 개입하는 유일한 경우이다. 그리스 영웅 이야기에서는 신의 육체적 개입이 아주 일상적이다. 하오마로부터 도움을 받았다는 이야기의 다신교 시절 원본은 하오스라바가 적들 가운데 명백히 가장 강력한 프랑라시얀과의 큰 싸움을 두고 전의를 끌어올리기 위해 인도의 전사들이 소마를 가지고 그랬듯이 하오마를 들이켜는 방식이었을 것이다. 아베스타 중 가장 오래된 것 중 하나임이 분명한 부분에서 그 투이리얀 왕은 어마어마한 힘을 가진 것으로 찬양된다.[136] 더욱이 그는 스스로 지하에 세웠다는 철로만 된 요새(아마도 난공불락의 거점을 묘사한 시적 표현)를 가지고 있다고 전한다.[137] 그러나 프랑라시얀과 그의 행적을 이야기하는 이는 카비 시인들이기 때문에, 그가 크바레나와 함께하는 것이 허락되었음에도 가장 오랜 암시에서조차 그는 자연스럽게 그의 적수들(카비)보다 덜 영광스럽게 나타난다. 또한 발전한 조로아스터교 전승에서 심지어 파간 다신교 카비들도 선한 종교(조로아스터교)의 지지자로 그려지지만, 그는 마이리야(mairya), 즉 "속이는" 이라는 대표적 별칭을 가진 이로서, 카비들뿐 아니라 아후라 마즈다의 모든 선행에 대항하는 대악당으로 묘사된다.[138] 따라서 그는 여타 다양한 전설상의 괴물들과 함께 앙그라 마이뉴의 창조물 대열로 들어가고, 거의 시간을 초월하여 머나면 옛 시절에 전설적인 피쉬다드인과 싸우며, 여전히 조로아스터 자신의 크바레나를 잡으려 한다.(Yt.19.82) 그리고 파흘라비어 딘카르드(Dīnkard)에 따르면 그는 명백히 데브가 되었으며, 그를 구원할 가망은 없다고 한다.[139] 그러나 아베스타의 가장 오랜 층이라고 추정할 수 있는 자료에 따르면 사실 강력한 전사 프랑라시얀은 영웅적 인물로서 카비들의 세 번째 통치자 우산 치하에서 활약했으며, 그들의 손자 대에 하오스라바(프랑라시얀의 외손자) 치하에 죽었음이 명백하게 드러난다.

투이리야와 아리야 사이의 적대감은 파르바르딘 야쉬트(vv. 37~38)에서도 나타나는데, 이에 따르면 정의의 프라바쉬들이 투라 씨족의 일원으로 보이는 다누스(Danus)와의 싸움에서 아리야에게 도움을 준다고 한다. 그리고 야쉬트(v. 73)에는 아리야인으로 추정되는 전사 세 명이 어떤 투이리야(투라인) 다누스를 물리칠 수 있게 도와달라고 아레드비에게 요청한다. 이런 상황에서 카비 바쉬타스파 자신의 궁전에 프리야나(Fryāna)라는 이름의 투라인이 등장함으로써 많은 일들이 이뤄진다. 그는 조로아스터의 추종자가 되어 가타(Y. 46. 12)에서는 칭찬을 받는다. 그러나 비교되는 문화권에서도 어떤 고위 인사가, 때로 자신의 민족과 새로 모시게 될 군주의 민족이 적대적인 경우에도 어떤 유명한 외국 군주에게 출사하는 경우는 많다.[140] 고대 이란인들 사이에서는 아버지의 원수 프랑라시얀에게 몸을 의탁하여 투이리야 사이에서 살아간 시야바르샨의 경우가 있다. 그러므로 투라 귀족하나가 비쉬타스파의 궁정에 나타난 일을 자세히 파고들 필요는 없다.[141] 젊은 아베스타에 프리야나의 두 후손이 언급되어 있다. 그중 하나 요이쉬타(Yōišta)는 어떤 유명한 업적으로 칭송되는데, 이 경우 업적이란 물리적 전투의 승리가 아니라 기지 다툼에서의 승리인데, 이 대결에서 그는 자신을 이겨 힘을 얻고자 하는 사악한 주술사 아크티야(Akhtya)가 낸 어려운 문제들을 모두 풀어낸다. 요이쉬타는 아레드비의 도움으로 승리를 얻었다고 하는데(Yt. 5. 82), 우리가 앞서 보았듯이 아레드비는 물의 신으로서 지혜를 선사하는 능력이 있었다. 그리고 파흘라비 문헌 하나에는 그들의 조우가 자세히 기록되어 있다.[142] 파르바르딘 야쉬트 120절에 그의 프라바쉬가 칭송되는데, 같은 절에 아셈.야흐마이.우쉬타(Ašəm.yAHMāi.ušta)도 경배된다. 파흘라비 전승에 따르면 후자 또한 한 명의 프리야나이다.[143] "정의로운 자에게 소원대로"를 의미하는 그의 이름은 조로아스터 자신의 말에서 나왔다.(Y. 43. 1)

아베스타 야쉬트의 영웅에 관한 이야기들은 상이한 이란 민족들이 여러 세대에 걸쳐 발전시킨 전승들에서 도출된 것으로 보인다. 그래서 역사적 사실 및 정확한 계보를 시적 허구 및 전설과 구분하는 것은 잠정적으로만 가능하다. 인명은 아마 믿을 만하겠지만 지명의 가치는 의심스러운데, 지명은 종종 떠돌아다니는 민족들과 함께 돌아다니거나 고대의 이야기들과 새로 결합된 듯하기 때문이다. 다신교 시절부터 전해 내려온 수많은 자료들 중에는 세속의 것과 사제들의 전승들이 함께 간직된 듯 보이는데, 종교 학파는 물론 음유 시인들이 이를 전승했다. 그리고 악마와 마법사와 무서운 짐승에 관한 이야기에는 민간의 미신이나 두려움의 요소들도 들어 있다. 이것들이 인간의 기도를 받아 주고 어려움에 처한 그들을 구원하는 신들의 능력도 함께 보여 주는 용감한 이들(영웅들)의 이야기들과 뒤섞여 들어갔다. 이 모든 것이 후대의 조로아스터교 사제들이 이 세상을 선과 악의 세력이 나뉘어 끊임없이 싸움을 벌이는 공간으로 본 예언자의 원대한 예지에 맞추어 세계의 역사를 전개할 때 풍부한 유산으로 작용했다. 그리고 그리하여 다신교 시절 이란의 문학과 전승이 조로아스터교 경전들에 보존되게 되었다.

## 4장

# 죽음, 내세 그리고 장례 의식

인도·이란인들은 죽음과 내세에 관해 하나뿐인 절대적 믿음을 가지지 않았음이 명백하다. 다른 민족들과 마찬가지로 그들에게도 상이한 개념들이 공존했다. 그러나 베다와 아베스타 텍스트의 가장 원시적 부분에 나오는 증거로 보아 죽음 후에도 삶이 연속된다는 것은 당연하게 여겨졌고 너무 자명해서 문제가 되지 않았음이 분명하다. 믿음과 희망과 두려움은 내세의 성격과 장소에 관한 지점에서만 서로 갈라졌다.[1]

인도·이란인의 오래전 장례 관습은 매장이었음이 지금은 일반적으로 인정되고 있다. 매장은 인도의 제의와 텍스트의 먼 배후에 놓여 있으며, 다신교 이란인들에게서 증명되는 일반적 관습이다.[2] 심지어 조로아스터교 단어로서 훗날 시체가 노출되는 장소를 가리키는 다크마(dakhma) 역시 (일반적으로 생각되는 것처럼) "태우다"라는 뜻의 어기 다그(dag)에서 온 것이 아니라 "묻다"라는 뜻의 인도·유럽어 어기 *드흠브흐(dhmbh)에서 출발해 *다프마(*dafma)를 거쳐 나온 것으로 보인다.[3] 이 고대의 매장 의식은 똑같이 고대의 개념인 지하에 있는, 죽은 자들의 영혼의 집이라는 개념과 결합된 것으로 보인다. 그리고 혜로 도토스의 책에 나오는 한 구절(VI I. 114)은 죽은 자들이 거하는 지하 왕국에 대한 이란인들의 믿음이 아케메네스 왕조 때까지 이어졌음을 보여 준다. "나는 크세르크세스의 아내 아메스트리스가 늙은 후 자신을 위해, 지하에 있다고 전하는 신을 달래려고 유명한 페르시아인들의 아이들 열넷을 산 채로 묻었다고 들었다."[4] 고대 인도인들에 관해서 샤타파타 브라흐마나(Śatapatha Brāhmaṇa, XIII. 8. 1. 20)에 이렇게 전한다. "아버지들(다시 말해 돌아가신 조상들)의 세계는 실로 식물들의 세계이다. 아버지들은 식물의 뿌리로 간다."[5] 인도어 텍스트에서 신들이 다니는 길로서 땅과 하늘을 잇는 데바야나(devayāna)는 (돌아가신) 아버지들이 가는 "깊은 길" 피트리야나(pitṛyāna)와는 구분된다.[6] 후자는 수많은 구절에서 "아래로 가는" 길들, 즉 아래 세계로 연결되는 통로로 언급된다.

그러나 베다에는 죽은 이들이 거하는 곳은 주로 높은 곳, 하늘로 언급된다. 그리고 시체를 태우는 인도의 장례 의례는 이 후대의 교리, 즉 영혼(그렇게 생각되었다.)이 풀려나와 불꽃과 함께 하늘로 오른다는 믿음과 조화를 이루며 발전했다고 여겨졌다.[7] 영혼은 세 번째 하늘로 올라가 기쁨의 나라에서 바루나 및 야마와 함께 살면서 태양과 빛, 소마, 젖과 꿀, 노래와 멜로디와 사랑의 기쁨을 누린다고 한다.[8] 육체를 떠난 영혼이 그런 행복을 만끽할 수 있다는 것은 그야말로 생각할 수 없었으므로, 베다 시절 인도인들은 육체의 살이 불에 타서 해체된 후 재생하여 다시 자라나 천국에서 영혼과 결합한다고 믿었다.[9] 이런 이유로 장례식 장작더미에서 뼈를 소중하게 모았고, 잃어버린 것이 있으면 천상에서 부활할 때(이는 영혼이 승천한 지 얼마 후 일어난다고 생각되었다.) 부족하지 않도록 상징적으로 대체했다. 철기 시대 북인도의 특징적 장례 관습은 화장 후 항아리나 구덩이에 넣고 묻는 것임이 밝혀졌다.[10]

이란인들 사이에서의 화장은 거의 증명되지 않았다.(그리고 밝혀진 두 경우 중 하나는 고의적 신성 모독 행위로 묘사된다.)[11] 그러나 신앙에 관한 한 아베스타에 나오는 흔적들은 다신교 시절 이란인들이 천국에서 빛과 행복과 육체적 기쁨으로 가득 찬 미래의 삶을 살고자 하는 베다식 소망을 공유했음을 보여 준다.[12] 천국에 도착한 영혼을 묘사하는 하도크트 나스크(Hādhokht Nask)의 한 부분에는 (가장 맛있고 분명 목축인들의 음식인) 봄 버터가 거기에 먹으라고 준비되어 있다고 한다.[13] 야스나 16. 7에는 이렇게 전한다. "우리는 태양을 간직한 아샤의 거소를 숭배하노니, 죽은 이들의 영혼이 사는 곳, ……아샤를 따른 이들의 최고의 존재(즉 낙원)…… 밝고 모든 안락을 제공하는 곳." 베다에서 말을 희생으로 올리는 이, 다시 말해 크게 칭찬받을 만한 이는 태양 가까이에 살게 되는데, 그 밝음 때문에 이곳이 최고의 보상 공간이 되었다 한다.[14] 그리고 두 문헌은 모두 죽은 이들의 지하 왕국의 "눈먼 듯한 깜깜함"에 대비되는 천국의 밝음과 빛을 강조한다.

이러한 인도와 이란의 유사한 믿음으로 보아 높은 곳으로 구원되고자 하는 희망은 인도·이란 시기의 것으로 보이는데, 아마도 당시 사제들이 천상의 신들의 불멸성과 행복에 대해 깊이 생각하면서 인간에게도 내세에 더 나은 운명이 있기를 염원하는 마음이 더 촉진된 듯하다.[15] 그러므로 고대 이란인들에게서 증명된 귀족들의 장례 관습 또한 이 믿음과 관련 있을 것이다. 이는 시신을 방부 처리하고 묘실에 넣는 값비싼 의례였는데,[16] 파사르가다에의 키루스의 무덤처럼 주추 위에 단독으로 세우거나 그를 이은 아르케네스조 군주들의 경우처럼 바위를 파서 들어가거나 사카 군주들의 경우처럼 땅에 기반을 두고 돌과 흙으로 거대한 봉분을 만드는 등의 방식이었다.[17] 심지어 맨 마지막의 경우에도 흙이 몸을 직접 누르지 않았고, 묘실 안 사체의 주위와 위에 공간이 남아 있었다. 또한 몸을 보존하고 이렇게 묻는 것은 영혼과 살이 정해진 길을 따라 위쪽(하늘) 불멸의 세계로 올라가리라는 희망과 관계 있을 것이다. 그러나 서기전 5세기까지도 헤로도토스는 페르시아인들이 죽은 이들이 존속되는 지하 왕국에 대한 믿음을 보여주는 관습을 가지고 있었다고 기록한다. 우리는 아메스트리스가 고른 희생자를 산 채로 묻어서 희생을 올리는 것을 보았다. 이와 함께 헤로도토스는 그와 비슷한 또 하나의 젊은이 및 처녀 희생을 기록하며 "생매장은 페르시아의 관습이다."라고 언급한다.[18] 이런 예로부터 사제와 귀족들이 자신들을 위한 천국을 희망하면서도 여전히 지하에서의 일반적 내세를 믿었으며, 때로는 자기 대신 다른 사람을 고대부터 믿어오던 어둠의 신을 달래고자 보내 그의 영토를 채울 준비가 되어 있었음이 드러나는데, 희생자들의 몸은 어둠의 신의 거소로 가는 가장 가까운 관문인 땅에 묻힌다. 이 이중의 믿음의 증거는 베다 학자들의 추론과 맞아떨어지는데, 그 추론이란 원래 그리고 무수한 세대 동안 인도인들은 천국에 대한 희망을 자신의 공동체의 지도적 구성원들과 군주, 전사, 사제들에게만 국한했으며, 다시 말해 신의 은총을 얻기 위해 필요한 수단이나 지식을 가진 이들만 그런 희망을 가질 수 있었다는 것이다.[19] 그러므로 아메스트리스가 외국 포로나 일반인 대신 "유명한 페르시아인들의 아이들"을 희생시킬 때, 그녀는 자신의 구원을 더 확실히 사기 위해 지하의 신에게 최상의 제물을 바친 것이라고 추측할 수 있다. 자연사일 경우 귀족과 일반인의 장례 의식에 차이가 보이는데, 이는 재력의 차이 때문만은 아닌 것으로 추정된다. 그리하여 사카

군주들의 인상적인 묘실은 땅에 바로 묻은 수많은 더 허름한 무덤들을 동반한다.[20]

고고학자들은 화장 의식이 중앙아시아의 후기 청동기 시대 안드로노보 문화 담지자들에 의해 시행되었음을 밝혀냈는데, 그들은 남쪽으로 천천히 내려가던 인도인들이었을 것이다.[21] 그러나 거기에서 똑같은 시대 똑같은 문화와 관련된 거대한 매장지들도 발견되었는데, 이는 아마도 이란인 민족들의 것으로 보인다.[22] 또한 이란고원에 있는 "거대 묘지"는 이란인들의 테페 시알크 점령으로 추정되는 일과 관련 있는 것으로 알려져 있다.[23] 그러므로 이란인들이 새로운 주거지로 침입해 들어올 당시에는 매장이 여전히 일상적인 장례 관습이었다. 그리고 인도인들 사이에서는 이 장례법이 화장 후 뼈를 묻는 방식에 자리를 내주었지만, 이란에서는 더 점진적으로 시체를 노출시켰다가 역시 남은 유해를 수습하여 매장하는 방식으로 대체되었다. 서기전 첫 번째 천년기에는 이란의 방식에 대한 증거가 없는 듯하고, 최초로 증명된 곳은 중앙아시아 본토와 이란 동부이다.[24] 이 관습이 실제로 중앙아시아에서 발생했을 것이라는 의견이 제기되었는데, 이곳은 건조한 공기와 오아시스 거주지 사이에 펼쳐진 사막 덕에 노출장이 특히나 유리했다.[25] 또한 노출장은 인도의 화장처럼 하늘에서의 내세, 즉 위쪽의 천국으로의 승천에 대한 믿음과 관련되어 발전했을 것이다. 두 장례 의식은 서로 다르지만, 영혼을 시체와 함께 땅 아래 갇히게 하는 대신 육체에서 신속히 벗어나 하늘 위로 오르게 하려는 공통의 욕망과 연관된 것으로 보인다. 오늘날까지도 노출장을 유지하는 조로아스터교도들은 노출장을 땅 밑의 어둠 속에 시체를 밀어 넣는 대신 햇빛 아래 누이는 것으로 생각한다. "생명을 주는" 태양 빛이 시신 위로 비치는 것이 특히 강조되는데,[26] 다신교 시절 원래 개념은 해가 시신에서 풀려난 영혼을 하늘로 끌어 올린다는 것으로 추측된다. 이란인들은 너무나 강하게 불을 숭배한 나머지 그들의 인도인 사촌이 그랬듯이 승천하는 영혼을 위한 것이 분명한 불의 길을 만들게 되었다. 그리하여 어떤 시체도 일몰에서 일출 시까지 노출장 터까지 옮겨져서는 안 된다는 조로아스터교 방식이 나온 것으로 추측된다. 그 전에는 맹수가 시체를 먹어 치우는 것을 도와주는 이 어둠의 시간도 빛이 없다는 것 외에는 낮과 마찬가지로 실용적이었을 것이다. 그러나 두 민족은 영혼의 즉각적 승천에 대한 희망과 죽음 후에 영혼이 죽은 자들의 지하 왕국으로 들어가기 전에 지하에서 사흘을 머무른다는 명백히 더 오래된 믿음을 조화시켜야 했다. 노출장이 조로아스터 시절 이전에 중앙아시아에서 실행되었는지 여부를 밝혀 줄 충분히 확고한 연대기를 구축할 가능성은 거의 없어 보인다. 그러나 예언자가 신의 계시에 의해 그에게 주어진 개혁의 용기를 가지고 자신의 교리에 맞추어 이 장례 방식을 만들어 냈거나 기존의 것을 강화했을 가능성이 큰데, 이 교리가 표상하는 종말론적 희망 때문이다. 그러나 장례 관습은 신앙의 교체로도 바꾸기 어려운 것으로 악명이 높고, 심지어 귀족적인 리그베다에서도 여전히 매장에 관한 언급이 나온다. 예컨대 장례식 찬가 하나가 남았는데, 어떤 전사가 땅속에 누였으며, "어머니가 치마로 아이를 감싸듯이" 그를 덮을 흙을 간청했다고 전한다.(RV. 10. 18. 11)[27] 다신교 시절 이란에서도 일부 귀족들은 조상들의 장례 방식으로서 방부 처리나 노출장보다는 간단한 매장을 선호하고, 그들의 영혼이 알려지지 않은 하늘로 올라가는 것보다는 이 익숙한 땅 위 후손들 곁에 남아 있는 것을 선호했을 수 있다.[28]

리그베다에는 하늘로 들어가는 것에 대하여 천국은 "선한 행동을 한 이들이 앉는 곳"(RV. 10. 17. 4)[29]이라 전하지만 이 말은 두드러지는 윤리적 성취를 이룬 이보다는 오히려 종교 의식을 꼼꼼하게 수행하고 아낌없이 희생을 바치며 기부금을 넉넉히 내는 이를 의미한 듯하다. 그럼에도 천국의 한 자리는 구매해야 한다는 교리는 필연적으로 자격이 덜한 이들을 위한 또 다른 공간이 있어야 한다는 논리로 귀결되었다. 따라서 학자들도 이미 리그베다에 지옥에 대한 믿음이 있는지 검증을 시도해 왔다.[30] 올덴베르크는 거기에 있는 몇몇 문제적 구절들이 이 해석을 지지한다고 이해했고,[31] 코노는 이에 동의하면서 이 추정상의 교리를 인도·이란인들의 윤리적 아후라 종교의 발생과 연결시켰다.[32] 그는 응징의 장소는 마치 지상의 왕들이 악인들은 감옥에 던져 넣듯이 하늘의 신들이 죄인들을 던져 넣은 곳으로 생각된다고 제안했다. 그러나 감옥은 유목 전통의 일부가 되기 힘들다. 그리고 그런 교리가 후대에 분명히 확립될 수는 있지만, 그에 대한 명백한 증거는 리그베다에서 발견될 수 없다. 가장 이른 시기 인도에서는 두 가지 믿음만 있었던 듯한데, 하나는 위쪽 천국에서의 행복한 생활이고 하나는 지하에서의 어둡고 기쁨 없는 생활이다. 아르브만의 주장에 따르면[33] 베다 시절 인도인들이 "죽음"이라 부르는 것은 후자이며, 그들은 적들에게 다른 악담과 함께 죽음이라는 저주를 퍼부었고, 그들이 적절한 제의와 희생과 기도를 통해 벗어나고자 한 것은 바로 이 "죽음"이었다. 사실 수많은 베다의 제의를(수많은 현행 조로아스터교 제의와 마찬가지로)[34] 거행하는 이유는 이를 통해 "불멸", 다시 말해 단지 (지하에서의) 회색의 지루한 지속인 죽음이 아니라 하늘의 왕국에서 행복한 내세를 얻으려는 희망 때문으로 생각되었다. 죽음, 즉 지루한 지속은 가장 용감한 이들조차 두려워하는 나쁜 것, 즉 파프만(pāpman)이었다.[35] 마찬가지로 고대 이란의 야스나 하프탕하이티에 따르면 숭배자들은 암묵적으로 육체가 없는 "죽음"의 지하 왕국에서 벗어나고자 열망하며, 열심히 "두 세계 모두에서의 삶(gaya-)과 육신(astəntāt-)"을 갈망했다.(Y. 41. 3)[36] 그러나 솔직히 말해 "더 많은 사람들이 어떤…… 자질들에 의거하여 하늘에 들어가는 입장권을 얻는 것에 익숙해지고 그것을 지상에서의 선행에 대한 보상으로 여기는 데 익숙해지면서, 그들은 더욱더 죽은 자들의 지하 세계로 내려가는 것을 과거에 저지른 죄의 결과로 인식하는 경향을 갖게 되었다. 그러나 이는 지하의 죽은 이들의 왕국 개념이 단순히 지옥 개념에 의해 대체되었다는 의미가 아니다. 오히려 두 개념이 독립적으로 병존했다. 그러므로 후대의 베다 문헌은…… 일반적인 죽은 자들의 왕국과 지옥을 모두 잘 알았다."[37] 지옥은 종종 지하 세계의 어떤 특정한 부분으로 여겨졌던 것이다.[38] 유사한 발전 과정이, 엄격하게 윤리적인 양상으로, 내세에 대한 조로아스터 자신의 가르침에도 드러난다. 그에 따르면 천국, 지옥 그리고 도덕적으로 그저 그런 사람들을 위한 어두운 중간 장소가 있는데, 그곳의 거주자들은 기쁨도 고통도 모르는 채 그저 존재한다.

일단 햇살 찬란한 하늘에서의 행복한 삶에 대한 희망이 발전하자 죽은 자들의 부정적 왕국은 거주자들이 고통을 겪지 않아도 그 자체로 더욱 끔찍하게 보여야 했다. 더욱이 고대의 상상력은 그곳으로 이르는 길을 더욱 무섭게 하는 무수한 유령의 두려움을 창출해 낸 듯하다. 아마도 지하의 호수나 강에 있는 어떤 위험한 건널목에 대한 오래된 공통의 믿음이 있었던 듯하며,[39] 이와 결부되어 기껏 음울한 사자의 왕국에 도달하기 위해서 영혼은 "눈이 네 개"인 개 한 쌍을 지나야 한다는 신화가 있었던 듯하다. 인도에서 이 사냥개들은 야마와 관련 있는데,[40] 우리가 앞서 보았듯이 그는 지하 세계의 왕으로, 사실 죽음 자체로 여겨졌다. 그에 대한 이런 개념들은 인도 불교도들의 대중적 믿음으로 이어졌다.(그리고 지금도 이어지고 있다.)[41] 그러나 문학적이며 귀족적인 리그베다에서 야마는 축복받은 온화한 왕으로서 세 번째의 하늘에서 바루나와 함께 살며 무화과나무 아래서 피리를 부는 이로 더 자주 묘사된다. 분명히 천국에서의 내세에 대한 믿음이 발전하면서 이마는 자신의 고대의 지하 왕국에서 천상으로 옮겨 갔다. "'아버지들(죽은 조상)'의 집단에서 배제되기에는 그들과 너무 가까이 연결되어 있었기에 이마는 천국의 왕으로 끌어올려졌다."[42] 이마의 전령으로서 죽은 자들이 가는 어두운 길에서 케르베루스(그리스 신화에 나오는 명부의 입구를 지키는 머리 셋 달린 개. ― 옮긴이)처럼 웅크리고 있던 "눈 넷 달린" 개들은 베다의 빛의 천국에서 수문장이 되었다. 이란에서도 이마는 가끔 높은 곳의 천상 낙원에서 발견되는데[43] 거기에서 개들은 치바토 페레투(Činvatō Pərətu)에 있다.[44] 이 이름은 "심판의 건널목(The crossing of the Separator)"을 의미한다.(그렇게 보인다.) 페레투는 여러 종류의 건널목을 의미할 수 있는데,[45] 이 말은 아주 옛날에 지하수의 여울 혹은 나루라는 의미로 쓰였을 가능성이 있고, 이 말이 어떤 심연 위에 드리운 다리가 된 것은 높은 곳의 낙원에 대한 믿음과 관련 있어 보인다. 이 심연의 한쪽 끝은 지상의 가장 높은 봉우리에 얹혀 있고 다른 끝은 하늘로 들어가는 길에 걸려 있다.[46] (베다로 판단하면) 천상 낙원 자체는 아수라들/아후라들이 다스리는 곳으로 여겨졌으며, 아샤반/르타반, 다시 말해 아샤/르타에 따라 일생 동안 행동하고 신을 섬긴 사람들이 갈 곳은 당연히 아수라들의 "왕국"으로 여겨졌다. "확립된…… 법에 의해 행동하고, 아르타(arta)에 따라 적절한 방식으로…… 신을 숭배한 이는 살아서는 행복하고 죽어서는 아르타반(artāvan)이 된다".[47]

내세에 대한 이란인들의 믿음을 연구할 때 문제를 더 복잡하게 만드는 것은 죽은 이의 영혼을 가리키는 상이한 두 용어의 사용법인데, 후대의 조로아스터교 경전에서는 양자가 종종 동의어로 나타나지만, 원래는 다소간 구분이 있었던 것으로 보인다. 둘은 공히 어원이 불분명하다. 그중 하나인 우르반(urvan)은 일반적으로 죽은 사람이나 동물의 영혼을 가리켰다.[48] 이렇듯 원시적인 야스나 하프탕하이티에서 두 숭배자들은 이렇게 경의를 표한다. "우리와 우리를 살찌우는 가축들의 영혼."(Ahmākəng ‥‥‥ urunō pasukānąmčā yōi nā̊ jijišəntī)"(Y. 39. 1) 희생당한 동물들의 영혼의 총합인 신의 이름은 게우쉬 우르반, 즉 "황소의 영혼"이다. 원래는 봉헌된 동물들의 영혼은 인간의 영혼과 마찬가지로 아래로 통하는 길을 따라 내세로 들어가[49] "좋은 가축을 가진" 이마의 초지에서 풀을 뜯는다고 여겨졌던 듯하다. 그러므로 우르반은 원래 육체를 떠나 지하에서 살고자 떠난 영혼을 의미했으리라 추정된다. 나머지 용어는 프라바쉬로서, 고대 이란어 *프라바르티(*fravarti)에서 파생되었다. 이 단어의 문자적 의미와 개념의 중요성 문제는 오랫동안 논의가 지속되었다.[50] 형식적으로 이 단어가 프라(fra)와 동사 어근 바르(var)에서 파생되어 여성 명사를 만드는 추상 명사화 접미사 티(-ti)가 붙은 것은 명백하다. 불행히도 바르라는 어근은 너무 많고 그 의미 범위도 넓다. 롬멜은 "선택하다"라는 의미의 바르를 지지하면서, 이 말은 조로아스터 자신이 만들어 낸 것으로서 인간 내부의 도덕적 판단을 내릴 수 있는 부분을 가리킨다고 생각했다.[51] 사실 그 말은 가타에는 등장하지 않는데, 그는 가타어의 다에나(daēnā, "양심"이나 "영혼", "자아" 등 여러 의미로 해석되었다.)라는 또 하나의 문제적 단어의 동의어일 수 있다고 보았다. 그러나 대부분의 학자들은 조로아스터 자신이 프라바쉬라는 단어를 한 번도 언급하지 않은 사실을 강조하며, 따라서 이 단어에서 예언자가 무시했던 원시적인 초도덕적 개념을 목도한다. N. 쇠데르블롬(Söderblom)이 이 주제에 관한 존경스러운 논문에서 그런 해석을 발전시켰다.[52] 그가 제안하는 바에 따르면 그 단어의 원래 개념은 아주 오래전으로 거슬러 올라가며, 이는 보이지 않는 상태로 지상에서 사후 존속하는 거의 모든 사람들로서 약간 위험한 존재라 제물로 달래야 하며, 그래서 그들을 달래기 위해 *프라바르티, 즉 "보호자(어근 var를 "덮다, 둘러싸다"로 해석하여)"를 불렀는데, 이는 "위험하고 강력한 죽은 자들을 부르는 일종의 완곡 표현"이다. 몰턴(Moulton)은 대체로 이 해석을 지지했지만, 이 단어가 "임신시키다"라는 뜻의 동사 어근 바르(var)에서 파생된 것으로 추정하고, 이 개념을 '프라바쉬들의 출산 보호'와 연결지었다. (그가 관찰하길) "조상의 영혼"은 "인간 사회의 아주 이른 단계에서 실제로 여성들의 임신을 책임지는 것으로 여겨진다. …… 그러므로 그들의 이름이 애초에는 종족을 존속시키는 힘으로서 조상령을 숭배하는 특별한 의례의 명칭이었을 가능성이 최소한 있어 보인다."[53] 이 가운데 어떤 해석을 따르든 이란의 프라바쉬는 인도의 피타라스(pitaras)와 매우 유사하며, 거의 우르반과 구별하기 힘들어 보인다. 그러므로 더 확실한 해석은 베일리가 제시한 것으로 보이는데, 그는 원래 *프라바르티는 죽은 영웅, 다시 말해 *브르티(*vrti-, 즉 용기)를 가졌던 이의 영혼이었을 것이라 주장했다.[54] 만약 그렇다면 호전적인 이란인들 사이에 언젠가 영웅 숭배 의례가 존재했으며, 이를 통해 생전에 강하고 권력을 가졌던 이들을 그 후손들이 지금도 여전히 자신들을 돕고 보호할 수 있는 힘을 가진 존재로서 숭배했다고 가정해야 한다. 프라바쉬는 날개 달린 호전적인 존재로서 여성이며, 발키리들(Valkyries, 오딘을 따르는 반신半神 처녀들. ― 옮긴이)처럼 지하가 아니라 공중에서 사는 존재로서 기도와 제물로 자신들을 만족시킨 자신의 친족들을 돕기 위해 재빨리 날아다니는 이로 여겨졌던 듯하다. 아마도 가장 이른 시기부터 특수화된 프라바쉬 숭배와 일반적 우르반 숭배의 제의와 예식에는 유사점이 있었고, 이는 양자에 대한 신앙이 뒤섞이고 경계가 흐려지는 데 한몫을 했음이 분명하다. 천상 낙원 개념의 발전은 혼란을 야기한 또 다른 요인이었을 것이다. 만약 프라바쉬의 기원이 정말 영웅의 영혼이라면, 우리는 영웅의 영혼이 천상에서 신들과 함께 산 최초의 프라바쉬들이라고 예상할 수 있다. 그러나 사실은 낙원과 주로 결부된 이는 오히려 우르반이다.[55] 언제나 가까이 존재하는 조력자이자 수호자로서의 프라바쉬에 대한 오랜 믿음이, 그들이 대지를 감싸고 있는 공기보다 먼 어느 곳에 거처를 가진 존재로 선뜻 인식되는 것을 막았을 것이고, 이런 날개 달린 존재에 대한 개념을 아마도 후대의 교리로 보이는 육체의 부활 교리와 조화시키기도 어려웠을 것이다. 심지어 젊은 아베스타의 더 최근 텍스트에도 프라바쉬들은 여기 아래에 살고 있음을 시사하는 구절들이 등장한다. 예컨대 야스나 23. 3에 "공정한 사람들 각각의 프라바쉬를 희생제로 초대하나니, 이 지상 모든 곳에 그들이 있으니……."

아베스타에서 프라바쉬들에 대한 가장 오래된 언급은 야스나 하프탕하이티에 나온다. 우리가 앞서 보았듯이 여기 한 구절에서 숭배자들은 그들 자신의 영혼들(urunō)을 경배하는데, 모든 사람들이 우르반을 가진 것으로 보인다. 그러나 다른 곳(Y. 37. 3)에서 그들은 아후라 마즈다를 "공정한 이들의 프라바쉬들(ašāvanąm fravašis)"과 함께 경배한다. 이 단계에서 두 개념 사이에 어떤 구분이 있는지는 알 도리가 없다. 프라바쉬들에게 바치는 긴 찬가 파르바르딘 야쉬트(Yt. 13)[56]의 일부는 매우 오래된 것으로, 일부는 대단히 조로아스터교적인 것으로 보인다. 그리고 여기에서 프라바쉬와 우르반 신앙은 구분되어 있지만 부분적으로는 뒤섞여 있다. 더 후대의 아베스타에는 오늘날의 용법처럼 둘이 완전히 동일시되는 경향이 있어 다음과 같은 고정 어구가 등장한다. "우리는 죽은 이들의 영혼을 숭배하나니, 이는 공정한 이들의 프라바쉬들이다. (iristanąm urvānō yazamaide yā̊ ašaonąm fravašayō)[57] 심지어 게우쉬 우르반처럼 명백히 오래된 개념의 경우에도 후대의 구문에는 종종 게우쉬 프라바쉬라는 대체 표현이 등장한다.[58] 조로아스터 교식으로 프라바쉬들을 호출할 때는 언제나 아샤반이란 표현을 쓴다. 우리가 앞서 보았듯이 다신교 시절 이 별칭은 축복받은 죽은 이들을 가리키는 것으로서 특별히 중요했다. 그리고 프라바쉬들이 그 후손들에 의해 정중함과 기대 속에서 규칙적으로 그렇게 묘사되는 것은 오랜 관습이었을 것이다. 그러나 고대의 다신교 숭배 문화가 조로아스터에 의해 그 자신의 윤리적 가르침에 동화된 후 그것이 고정된 용법이 되었을 가능성도 물론 있다.

어두운 지하에 산다고 여겨지던 우르반에 대한 애초의 믿음은 단순히 그들이 불행하고 불우하게 어두운 지하에 살면서 편의와 살아갈 음식을 친족과 후손들에게 의지한다는 것이었다. 그런 유령들에게 천상 낙원의 우아한 음식이나 "소원 소(wish cows, 주인의 모든 소원을 이뤄 주는 풍요의 소. 예를 들어 힌두교에서 시바의 소 난디. ― 옮긴이)"는 준비되지 않았고, 그들은 여전히 지상에 있는 이들이 자신들의 배고픔을 해결하고 옷을 입혀 주기를 기대해야 한다. 이런 목적의 제물이 물질의 장벽을 뚫고 영혼들에 닿게 하려면 정해진 시간에 의례에 따라 만들어져야 하는데, 이와 관련된 관습들은 너무나 오래되고 깊이 뿌리내리고 있어서 사자들의 운명에 대한 믿음이 변화했음에도 살아남았으며, 오늘날까지 조로아스터교도나 브라만들은 여전히 천상 낙원에 있는 영혼의 복지를 위해 선물과 음식과 의복을 만든다. 이러한 변형은 이미 고대에도 존재했는데, 베다 시절 인도인들과 다신교 시절 이란인들은 축복받은 이들은 "신의 선물로 이승에서 장수를 누릴 뿐 아니라 자신들이 바친 희생과 사제들에게 준 선물의 공덕을 되돌려 받는 동시에, 자신들 차례에 조상들에게 자양분을 바쳤던 것처럼 지상에 있는 친척들의 경건함(즉 제물)을 통해 자양분을 얻는다."라고 확고하게 믿었기 때문이다.[59] 따라서 영혼들은 바로 지금 의례에 따라 그들을 위해 제공되거나 그들을 대신하여 사제들에게 바쳐진 제물을 직접 흠향한다. 예컨대 음식이 사제들 앞에 풍성하게 차려지면 하늘에 있는 영혼이 복을 받는다.[60] 이란인들 중에도 의례에 맞게 개에게 준 음식이 사자의 영혼에 닿는다고 믿는 이들이 있는데, 개는 신비한 방식으로 영혼 세계를 표상한다고 믿는다.[61]

죽은 지 1년 안에 특히 여러 차례 영혼을 위한 의식을 거행한다. 이 시기 동안의 영혼을 인도에서는 프레타(preta), 즉 "떠난 이"라 부르며, 조상들의 사회에 아직 완전히 받아들여지지 못한다고 여겼다.[62] 똑같은 믿음이 조로아스터교들 사이에서도 존재했는데, 다시 말해 방금 죽은 이의 영혼은 우선 일종의 별도의 존재로서 살게 된다는 것이다. 이 영혼을 위해 의식을 행할 책임이 가장 가까운 친척과 후계자들에게 부과되었고, 임무를 받은 이는 최소한 30년 동안 의식을 수행해야 했다.[63] 이 30년은 간단히 한 세대로 간주될 수 있는데, 아들이 아버지를 위해 이런 의식들을 수행해 나간다. 그러나 오래전 캐기[64]는 많은 인도 및 이란인들이 망자와 관련된 의례를 세 번이나 3의 배수로 거행한다는 현저한 사실을 지적했다. 그는 이 관행을 그리스나 여타 인도·유럽 민족들의 유사 관행과 비교하면서 이 의식들의 엄청난 고대성을 주장하며 "가톨릭의 집례(執禮, ministrations)에서 가장 풍부하게 발전되고 깊게 표현된…… 고대의 종교적 감정"이라 언급했는데,[65] 인도인들과 이란인들의 일반적으로 강한 보수성과 이 방면에서 전통의 유사성으로 보아 현존 예배 방식이 여전히 본질적으로 고대의 것임이 거의 확실하다. 수도 많고 길기도 한 조로아스터교 초기 의식들은 3년 동안 지속되는데, 그동안 영혼이 죽은 장소나 시체가 처리된 장소에 머문다고 여겨진다.[66] 이때 가족들은 단식을 하며(혹은 오늘날은 조로아스터교도들이 단식을 인정하지 않으므로 고기만 금한다.) 다신교 시절에는 의심할 여지 없이 슬픔을 보여 주는 데 정성을 다 쏟았다.[67] 셋째 날 밤에 세 가지 종교적 주문이 영혼을 위해 낭독되는데, 그사이 완전한 옷 한 벌이 영혼이 쓰도록 바쳐진다.[68] 셋째 날 낮에 영혼을 위해 희생 동물 한 마리를 바치고, 거기에서 나온 지방脂肪 제물을 넷째 날 일출 시 불에 바치는데, 그때 영혼이 새 거소로 여행을 떠나기 위해 햇살에 의해 들어올려진다.[69] 영혼을 위한 제물은 30일 동안 매일 봉헌되며, 그 후에는 두 번째 피의 희생제가 열린다. 그리고 나서는 30일마다(혹은 매월) 첫 해가 끝날 때까지(예전에는 360일 동안) 제물을 바친다. 그러고는 세 번째 동물 희생과 음식 및 의복 제물로 엄숙한 의식을 한 번 더 거행한다. 이렇게 한 해의 예식이 끝난다. 그 후에는 사망일에 음식 제물을 바치는 행사가 규정된 30년 동안 매해 거행된다.

앞에서 서술한 것은 명백히 오래된 기본적 제의들로 보이는데, 대부분 브라만들과 조로아스터교도가 이것들을 동시에 준수했기 때문이다. 그러나 물론 지위 등이 높은 사람의 경우 종종 이 제의들은 정교했다. 그래서 아리안(Arrian)은 키루스 대제의 무덤에서 매달 마제馬祭가 열렸다고 말하는데,[70] 베다에 따르면 마제는 해당 영혼에게 태양과 가까운 자리를 보장했다. 그는 이 예식이 키루스의 아들 캄비세스 통치기에 만들어져 알렉산드로스에게 페르시아가 점령당할 때까지 200년 동안 동일한 사제 가문에 의해 지속되었다고 말했다. 근대에도 위대한 사람의 영혼을 위한 연례 행사는 때로 이와 마찬가지로 오랜 기간 지속되었다. 가장 유명한 예는 16세기 말에 사망한 위대한 파르시 사제 다수투르 메헤니 라나(Dastur Meheni Rana)의 경우인데, 그를 위한 연례 행사는 나브사리에 있는 그의 직계 후손들에 의해 오늘날에도 거행된다. 조로아스터교단 전체가 지금도 조로아스터의 영혼을 위한 연례 예배를 올리는데, 그렇다면 이 예배는 아마도 3000년 이상 지속되는 셈이다. 그러나 일반적인 관습에 따르면 30년이 지나면 사자의 영혼은 "모든 영혼들", 다시 말해 중세 이란어에서 아르다이 프라바쉬(ardāy fravaš) 혹은 아르다이 프라바흐르(ardāy fravahr)로 알려진 의로운 영혼들의 거대한 집단에 바치는 의례와 제물 중에서 자신의 몫만 받는다.[71]

고대 이란에서는 매해 모든 프라바쉬들에게 바치는 대규모 기념제가 열렸다. 이는 지금도 설명되지 않은 이름 하마스파트마에다야(Hamaspathmaēdaya)로 알려졌는데,[72] (여러 다른 나라들에서 열리는 사자의 기념제처럼) 매해 마지막 날 밤에 열린다.[73] 사산조 시절, 달력의 교체로 인한 혼란들 때문에 예식 기간이 크게 길어져 열흘 동안 지속되었다.[74] 이날들의 이름은 로잔 프라바르디간(Rōzān Fravardīgān), 즉 "프라바쉬의 날"이었고, 오늘날에는 프라바르디간 혹은 파르바르디간으로 가장 널리 알려져 있다. 축일 기간과 이름의 변화를 제외하면 이란의 '모든 영혼 기념일'은 세기를 거치면서도 거의 변하지 않은 듯하다. 야쉬트 13(vv. 49~52)에서는 이를 다음처럼 묘사한다.[75] "우리는 선하고, 강하며, 후덕하신 정의의 프라바쉬들을 숭배하나니, 그분들은 하마스파트마에다야의 시간에 집으로 서둘러 오시어 이곳에서 온밤을 배회하시고, 우리가 바치는 이 도움을 향유하기를 원하십니다. '누가 우리를 찬양하며, 숭배하며, 노래하며, 축복하는가? 누가 고기와 옷을 든 손으로, 아샤에 이르는 숭배로 우리에게 감사를 표할 것인가? 우리 중 누구의 이름이 찬양될 것이며, 누구의 영혼이 숭배되고, 누가 선물을 받을 것이며, 그리하여 제물을 바치는 자에게 다함없는 음식이 영원히 있게 할 것인가?' 그러면 그들을 숭배하는 이 누구라도…… 그들이 만족하여 그에게 축복을 내리고…… '그 집에는 가축과 사람의 무리가 함께할 것이며, 빠른 말과 강력한 *전차가 함께할 것이며, *한결같고 웅변에 능한 남자가 함께할 것이니, 그는 고기와 옷을 든 손으로, 아샤에 이르는 숭배로 다시 우리를 섬길 것이다.'" 조로아스터교 텍스트에서 이 축제는 다음처럼 묘사되어 있다.[76] "(그리고 나서) 모든 프라바쉬들이 이 땅에 내려와 그들의 예전 거처로 돌아간다. …… 그리하여 사람들이 이 기간 동안…… 그들은 향기로운 향수를 불에 넣고 영혼들을 찬양하고, 미야즈드(myazd)와 아프리나간(āfrīnagān)을 집행하며 아베스타를 암송하여 이 영혼들을 편안하고 기쁘게 하고, 그리하여 영혼들이 사람들에게 축복을 내리도록 해야 한다. 그리고 이날들 동안 그들은 의무와 선행 외에 아무 일도 하지 않아야 하는데, 영혼들이 기쁜 마음으로 자신들의 장소로 돌아가 인간들에게 축복을 내리게 하기 위함이다." 더욱이 역사가 알비루니(Al-Bīrūnī)는 다음처럼 조로아스터교 축제를 묘사했다.[77] "이 기간 동안 사람들은 사자를 위한 방에 음식을 두고 지붕에서 마시면서, 죽은 이들의 영혼이…… 보상 혹은 징벌의 장소(지옥이나 낙원)에서 나와 자신들을 위해 준비한 음식들을 먹고 음식의 힘을 흡수하고 맛을 빨아들인다고 믿는다. 그들은 사자들이 그 향을 즐길 수 있도록 향나무로 집을 훈증한다. 경건한 사람들의 영혼은 산 사람들에게 보이지는 않지만, 자신의 가족과 어린이와 친척과 함께 살며 그들의 일에 몰두한다." 오늘날에도 파르시와 이라니(역시 인도에 있는 조로아스터교의 한 분파. ― 옮긴이) 공동체 안에서는 해마다 영혼들이 도래하는 날 집을 꼼꼼히 청소하고 그들을 맞을 준비를 하는데, 의식에서 쓸 음식과 의복은 특별히 정결한 장소에 놓고, 그들을 환영하기 위해 켜는 등이 축제 기간 내내 어둠이 내리는 동안 타오른다. 산 사람들은 영혼들의 현존을 강력하게 느끼며, 행복감과 가정에 대한 경건함이 축제에 활기를 불어넣는데, 다른 세계와의 접촉과 관련된 고대의 두려운 기운은 전혀 느껴지지 않는다. 그럼에도 야간 의식에서는 위대한 전사이자 수호자인 미트라가 프라바쉬 자신들보다 먼저 특별히 호출되며,[78] 이란에서는 여전히 기념일 말미에 영혼들을 전송하기 위한 의식이 거행되는데 이는 고대 구마驅魔 의식의 요소를 가진 듯하다.[79] 새해의 동이 희미하게 트면 지붕마다 불을 켜고 아베스타를 왼다. 볕이 강해지면 프라바쉬들이 점점 물러나기 시작해, 해가 떠오를 무렵 완전히 다 떠난다고 믿었다.[80] 오늘날에는 영혼들이 공기를 가르고 올라가 하늘의 집에 닿는다고 여긴다. 그러나 아마도 오래전 다신교 시절의 사고에 따르면 그들은 햇빛이 자신들에게 닿기 전에 다시 지하의 어두운 왕국으로 물러난다고 여겨졌다. 전 세계의 죽은 이들의 영혼처럼 프라바쉬가 일반적으로 어둠의 시간과 연결된다는 것은 하마스파트마에다야가 원래 밤의 축제였을 것으로 보인다는 사실에 의해 확인된다. 더욱이 하루 스물네 시간마다 한 번 프라바쉬들을 위해 야간 경계의 시간이 배정되었으니, 이름하여 아이위스루트라(Aiwisrūthra)로서, 일몰에서 자정 사이였다.[81] 이 시간 동안에는 악의 세력이 힘을 모으므로, 뭔가 사악한 것이 존재한다고 여겨졌다. 뒤이은 자정에서 새벽까지인 우샤(Ušah) 구간에 선의 세력이 악을 물리치려 달려오는데, 조로아스터교들은 이 구간에는 스라오샤가 수호한다고 생각했다.[82] 그들의 관습에 따르면 아이위스루트라 구간 동안 어떤 높은 의례도 거행해서는 안 되며, 의례를 준비하는 것도 금지되었다. 하오마를 준비하거나 물을 긷거나 우유를 얻으려면 꼭 낮 시간 동안이나 스라오샤의 보호 아래 해야지 프라바쉬들이 밖에 나타나는 시간에는 안 되었다.

밤을 두려워하고 밤에 사는 영혼들까지 두려워하는 것은 당연한
일이었다. 조로아스터교도들 사이에서보다 베다에서 이 두려움을 더
명백히 발견할 수 있는데, 아마도 다신교 시절 이란에서도 그랬을 것
이다. 그러니 앞서 지적했듯이 사자로부터 위해를 당하지 않을까 하는
걱정은 항상 있었지만, 이것은 죽은 이의 영혼을 직접적으로 두려워해
서가 아니라 죽음 자체를 두려워했기 때문이다. "죽은 이들은 적대적
성격을 가지지 않지만, 그에게 발생한 일은 두려운 것이었다."[83] 사람
들은 자기 조상을 돌보면서 그들이 자신들을 기꺼이 도울 것이라 가
정했다. 사자는 제대로 경배받지 못할 때에만 후손들에게 위협적 존재
가 될 수 있었고, 그때조차도 (최소한 조로아스터교 전승에 따르면) 그들의
반응은 추앙받지 못했기에 후손들을 도울 힘이 없다는 슬픔이 무시
당한 데 대한 분노보다 컸다.[84] 피타라스에 대한 베다의 접근법도 대개
똑같은 듯하지만 인도의 제의에서는 위해를 막는 주문이 명시적으로
드러난다. 그리하여 망자의 영혼을 위한 월례 제의에서 음식 제물을
바친 후 이렇게 왼다. "떠난 이, 오, 아버지들이시여…… 당신들은 오래
된 깊은 길 위에 계시지만, 한 달 후 우리 집으로 오셔서 제물을 드시
고, 자손들과 영웅들이 넘치도록 하소서."[85]

영혼들에게 떠나라 청하는 동시에 그들의 복을 비는 이런 고대의
주문 방식으로, 오늘날의 파르시들도 모든 영혼들(무크타드(Muktād),
즉 파르바르디간(Farvardigān))을 위한 축제의 말미에 여전히 "오랜 사
람과 새 아이들(junāñ doslāñ ane navāñ čhokrāñ)"을 읊조리는데,[86] 그리
하여 다음 해에는 "오랜" 영혼들만 돌아오고 더 이상의 죽음이 없으
며, 집안에 새 아이들이 태어나기를 원하는 바람을 표현한다. 떠난 이
들이 대가 이어지는 데 관심을 보이는 것은 당연한데, 자손들을 통

해 자신들을 위한 제물과 의식이 유지될 것이기 때문이다. 그리하여 프라바쉬들에 관해 이렇게 전한다. "여자들이 아이를 갖고…… 순산하고, 다산하는 것은 그들의 장려함과 영광을 통해서이다."(Yt. 13. 15) 또한 오늘날에도 조로아스터교도 사이에서는 결혼 시에 프라바쉬들이 찬양된다.[87] 가문의 생존을 프라바쉬들에게 위탁하는 것은 그들을 후손의 생존과 번영을 돕는 일반적 수호령으로 간주하는 것과 관련 있다. "바다 보우루카샤의 물이 흘러넘칠 때, 강력한 정의의 프라바쉬들이 앞으로 나오나니, 많은, 수백의, 많은, 수천의, 많은, 수만의 프라바쉬들이 자기 가문, 마을, 부족, 나라를 위해 물을 얻고자 나아간다."(Yt. 13. 65) 그리고 생명을 주는 물을 얻은 후에는 각자 비구름 속에 있는 그녀 앞을 떠나며 이렇게 말한다. "우리의 땅이 번창하고 커지길."(Yt. 13. 68).[88]

그러나 이렇게 프라바쉬들이 후손들을 품고 보호하는 역할로 그려질 때조차 그들의 것으로 추정되는 영웅으로서의 기본적 역할은 완전히 없어지지 않는다. 자신의 사람들을 위해 물을 얻고자 하는 그들의 분투는 다음 구절처럼 묘사된다. "그들은 각자가 거할 곳인 자신의 장소와 거소에서 우리의 싸움을 벌이는데, 더욱이 강력한 전차사로서 칼을 꽂는 허리띠를 차고 잘 보관된 자신의 보물을 위해 싸운다."(Yt. 13. 67)[89] 나아가 이렇게 말해진다. "그러고 나서 강령한 땅의 지배자가 강력한 적수들에게 위협받을 때, 그는 그들, 강력한 정의의 프라바쉬들을 부르나니, 그들이 그 때문에 화가 나지 않았다면 그에게 다가가 도움을 준다. 그들은 날개 좋은 새처럼 그에게 날아간다. 그들은 그를 위해 무기로 싸우고…… 그리하여 이 때문에 잘 뽑은 단검이나 잘 휘두른 곤봉, 잘 쏜 화살이나 잘 던진 창이나 돌도 그가 보호하는 이에게 닿지 못한다."(Yt. 13. 69~72) 프라바쉬들은 "승리와 전투에 호출된다."(Yt. 13. 23) 그리고 조로아스터교 전승에는 앙그라 마이뉴가 세상을 공격할 때 정의의 프라바쉬들이 요새를 방어하는 수비병처럼 손에 창을 든 전사로서 그로부터 하늘을 방어하기 위해 도열해 있다고 묘사된다.[90]

프라바쉬들은 이렇게 전쟁에서 도움을 주며, 평화 시에도 도움을 준다. 그들은 "열망하는 이에게 요긴한 것을 주는 이이며, 아픈 이에게 건강을, 자신들을 경배하고 충족시키고 제물을 바침으로써 호출하는 이들에게 행운을 주는 이들이다."(Yt. 13. 24) 인도의 피타라스처럼 사실 프라바쉬들은 신들과 대단히 유사한 방식으로 경배와 탄원을 받으며, 신과 똑같이 기도자들에게 대답하고 그들이 원하는 것을 줄 능력이 있는 것으로 여겨진다. 수호하는 힘은 초기에는 영웅적인 망자에게 부여되었을 텐데, 축복받은 영혼들은 하늘에서 신과 같이 살기를 기대할 수 있으며 거기에서 신들과 살면서 신들의 속성을 획득했다는 교리가 발전하면서 증폭되었을 것이다.[91]

이로 인해 우리는 프라바쉬는 지상에서 사람이 죽은 후 그의 영혼으로서 살아갈 뿐 아니라 그 사람이 태어나기 전 영혼으로서 이미 존재했다는, 다시 말해 그는 신들처럼 불사라는 믿음의 역사에 관한 골치 아픈 문제로 끌려 들어간다. 일군의 프라바쉬들이 세상이 창조될 때 존재했던 것으로 묘사되고, 조로아스터교판 찬가에서 아후라 마즈다는 프라바쉬들의 장려함과 영광으로 하늘과 물, 땅과 식물, 가축과 인간을 만들어 낼 수 있었다고 선언한다.(Yt. 13. 1~11) "강력한 정의의 프라바쉬들이 나를 돕지 않았다면, 지금 가축과 인간은 없을 것이다."(Yt. 13. 12) 그리고 세계가 성장하고 움직이는 것도 그들을 통해서이다(Yt. 13. 14, 16) 프라바쉬들의 이런 기능을 묘사하는 절들은 부분적으로는 심하게 조로아스터교화되었다. 그러나 여섯 창조의 교리가 예언자의 가르침보다 더 오래된 것이라고 생각할 합당한 이유가 있으므로,[92] 예언자의 시대 이전에 프라바쉬들이 이 창조의 교리와 연관되었을 가능성이 매우 크다. 심지어 어떤 학자들은 "창조 이전에 이미 존재 했다는 관념은…… 프라바쉬들에 관한 본질적인 사안이다."[93]라고 주장했지만, 이는 더 미심쩍은 가정으로 생각된다. 우리가 이미 보았듯이 프라바쉬 개념은 영웅과 조상 숭배의 측면을 동시에 보여 주는데, 이는 주로 민간과 가계의 경배 행위의 결과로 짐작된다. 한편 프라바쉬들의 선재先在와 세계 창조에 관한 추론은 사제 학파들에 의해 발전되었을 가능성이 훨씬 크다.(왜냐하면 미래의 운명은 보통 사람들에게는 중대한 관심사이겠지만, 현생 이전에 이미 가 버린 것이 그의 생각을 그토록 사로잡을 것 같지는 않기 때문이다.) 이생을 떠난 조상들(최소한 그들 중 위대한 이들)이 신들과 함께 산다는 교리는 인도·이란 시절에 발전한 것으로 보이는데, 이 교리가 두 민족 공통의 것이기 때문이다. 그러나 '여섯 창조' 교리는 베다 시절 인도에서는 유사한 내용이 보이지 않으므로, 이는 이란 사제들의 우주 발생론적 추론의 결과로 보인다. 이 추론과 함께 영혼들의 선재 교리가 생겨난 것으로 보이는데, 영혼들은 이제 잠재적으로 신과 같은 이로서 시간상 미래는 물론 과거에도 신들과 불멸성을 공유하는 것으로 여겨졌던 듯하다. 그리고 프라바쉬들은 죽은 이들의 왕국의 가장 강력한 구성원들이므로, 우르반 대신 명시적으로 그들과 연결된 교리가 생겨난 듯하다. 그러고 나서 아마도, 그들은 또한 인간들의 특별한 보호자들이므로, 인간들이 살게 될 세계를 형성할 때 일정한 역할이 그들에게 부여된 듯하다. 이 해석에 따르면 프라바쉬의 선재에 대한 믿음은 그들 개념에 근본적인 것이었다기보다 오히려 다신교 시절 이란에서 점진적으로 진화한 것으로 생각해야 한다.[94]

더욱 발전된 교리에 따르면 프라바쉬는 시간이 시작되는 시점에 영혼(mēnōg)의 상태로 존재하다가, 정해진 길에 따라 육신의 옷을 입고 이 세상에 태어나고, 죽은 후에는 영혼의 형태로 다시 살아가다 부활한 육신과 결국 재결합한다. 둘째와 셋째 상태에서 프라바쉬는 우르반과 동일시되는 경향이 있는데, 이 두 개념이 융합되었기 때문이다. 그러자 현 상태의 세계에서 태어나지 않은 프라바쉬와 살아 있는 인간, 죽은 이 가운데 누가 가장 강력한 존재인가라는 문제를 숙고하게 되었다. 이 또한 어떤 대중적인 관심사의 문제라기보다 사제 학파들의 이론화를 시사한다. 조로아스터교식 대답에 따르면 이미 죽었건 태어나지 않았건 위대한 신앙인들의 프라바쉬가 가장 강하고, 그 외에는 살아 있는 이들의 프라바쉬들이 가장 강하다.((Yt. 13. 17) 이 교리는 다른 어떤 상태로 존재하는 것보다 친근한 현생에서 육체를 가지고 살아가는 것이 가장 좋다는 심오하고 보편적인 직관을 반영한 것으로 보인다. 파르바르딘 야쉬트에는 크게 연장된 것으로 보이는 프라바쉬를 소유한다는 개념이 보이는데, 이는 프라바쉬를 우르반과 동일시한 결과로 보인다. 우리가 앞서 보았듯이 야스나 하프탕하이티에 따르면 유용한 동물들의 영혼, 즉 우르반도 경배되었지만 야쉬트 13(v. 154)에서 호출되는 이는 이들의 우르반이 아니라 프라바쉬이다. 그리고 이 찬가에서는 심지어 신들도 자신의 프라바쉬들을 가진 것으로 여겨지는데, (조로아스터교식 개정판에는) 아후라 마즈다와 아메샤 스펜타들(vv.80~86)도 포함된다. 이런 발전 과정에 대해 롬멜은 타당하게도 이렇게 말했다.[95] "하나의 프라바쉬가…… 순수하게 영적인 신적 인격에 부여되어야 하는 것은 전적으로 이해 불가능하다. 그렇다면 어떤 것이든 영적인 신들에게 일종의 영적인 승화가 일어나야 하는데, 이는 상상 불가한 일이다. 이러한 가장 높은 존재들을 기계적으로 프라바쉬들을 부르는 주문 속에 넣은 것은 그저 그들을 적절히 경배되어야 하는 존재들의 맨 꼭대기에 올리기 위한 것이 아닌가 하는 의심이 든다." 그가 더 나아가 지적했듯이,[96] 이 주문에 무엇이든 모조리 넣으려는 경향이 커지면서, 결국은 프라바쉬들의 프라바쉬들이 호출되는 동어 반복 현상까지 나타난다.(v. 156) 아마도 이는 후대의 사제들이 (호명) 규칙을 지나치게 고수하면서 벌어진 일로 보인다.[97]

프라바쉬들 숭배 의식과 문헌은 이렇듯 여러 겹의 성장 층을 보여 준다. 민간 신앙과 관습의 핵심에 사제식 교리가 천천히 결착되기도 했지만, 떠난 이들의 영혼, 즉 우르반에 대한 일반적 숭배와 죽은 영웅의 영혼에 대한 숭배의 융합과 함께 그런 신앙들의 이종 결합도 벌어진 듯하다. 이 융합과 발전의 결과는 흥미로운 변종들의 뒤엉킴이었는데, 쇠데르블롬은 이를 다음처럼 명백하게 정리했다.[98] "보기에 명백히 모순되는 두 상태의 공존이 프라바쉬라는 존재의 특징이다. 하나는 그들이 놓인 비참한 상태이며, 다른 하나는 그들이 가진 초인간적 힘이다. 죽은 이는 산 자의 베풂에 의존하고, 그들 중에도 가난하고 불행한 이들이 있다. 그들은 허겁지겁 자기 제물을 먹고 마시러 오며, 추위를 막고 부끄러움을 가려 줄 의복이 필요하다. 왜 그들에게 제물을 올리는가? 지금은 사라져 버린 사랑하는 이에 대한 사랑 때문에…… 그러나 사랑과 애착이 유일한 동기는 아니며, 심지어 장례 관례 배후에 있는 항구적 동기도 아니다. 가족의 불어남, 밭의 관개, 식물의 자람, 가축과 인간의 번성 등 삶에서 가치 있는 모든 것이 그들에게 달려 있다. 그들의 힘은 무한하며, 자신들에 대한 의무를 다하지 않는 산 사람들에게 그들은 파괴적 존재가 된다. …… 그러나 죽은 이들의 힘은, 그토록 큰 존경과 두려움을 불러일으키지만 부러운 것은 아니다. 누구고 이 힘을 갖고자 기꺼이 죽으려 하지 않는다. 이는 삶의 상실에 대한 위로가 될 수 없으며, 죽음을 덜 슬프거나 덜 두렵게 할 수도 없다." 비록 이 믿음의 복잡성이 부분적으로는 프라바쉬와 우르반 숭배의 뒤섞임 때문에 일어난 듯하지만 조로아스터교 예식에서 둘의 개념은 대개 구분되며, 신학적 이론의 도움 없이도 감지되는 듯하다. 즉 인간은 우르반을 위해, 그러나 프라바쉬에게 기도한다. 왜냐하면 전자는 인간의 도움을 필요로 하지만 후자는 적절하게 경배하면 그의 보호자가 되기 때문이다. 따라서 프라바쉬들은, 어떤 개별 신에게 바치는 숭배 행위든 모든 숭배 행위에 호출되는데, 이는 매우 오래된 관례를 계승한 것으로 보인다.

# 5장    세계의 성격과 그 기원

　　아베스타에는 고대 이란인들의 자연의 성격과 그 기원에 대한 믿음의 특성을 보여 주는 것들이 많다. 가장 중요한 것들 중 일부는 "대大" 야쉬트의 가장 오래된 부분으로 보이는 곳에 나오며, 이런 까닭 하나만으로 관련 개념들은 다신교 시절의 것일 가능성이 상당히 높다. 또한 이 개념들은 많은 면에서 베다의 언급과 일치한다.[1] 하지만 그 외의 면에서 그것들은 인도의 개념과 상당히 다르고, 일반적으로 이란의 이론은 상당히 체계적인데, 이는 사제 학파들 사이에서 집중적인 사고와 학습을 거쳐 개념이 만들어졌음을 보여 준다. 이런 지적 활동의 결과가 "창조", 즉 분다히슌(Bundahišn)이라 불리는 파흘라비어 작품에 대단히 완전하고 명료하게 남아 있다.[2] 분다히슌은 주로 우주 발생론(창조론)과 우주론에 관한 자료 편찬본인데, 아베스타 자체의 소실된 부분과 여타 후대의 해설, 즉 잔드(zand)에서 직접적으로 생겨났다. 분다히슌 자료의 가장 오랜 층은 일반적으로 그렇다고 간주할 수 있는데, 아베스타에서 직접 인용한 구절들이 하나의 표준 형식, 즉

"그분(즉 조로아스터)이 말씀하신 종교 안에서(pad dīn gōwēd)"라는 구절로 제시되기 때문이다.[3] 또한 이 경전의 자료는 현존 아베스타 텍스트에서 우연히 드러나는 암시들과 놀랄 만큼 일치한다.

분다히슨에 간직된 자연의 성격에 대한 고대의 이론들은 조로아스터 자신의 교리와 밀접하게 연관된 듯하며, 실제로 일정 부분 그 교리의 기반을 제공한 듯 보인다. 그러나 예언자 자신이 너무나 두드러지게 지배적인 도덕 사상가로서, 신에 대한 자신의 직접적 예지에 영감을 받으므로 물질세계의 문제들에 관한 한 자신의 이론을 개발하는 대신 기존의 가설들을 받아들였을 일반적 가능성이 있다. 즉 창조의 본성을 이해하기 위해 분투했던 이들은 그 이전의 사상가들이었고, 그 자신이 심취했던 것은 오히려 창조의 목적이라는 것이다. 이 가능성은 마치 조로아스터가 전적으로 윤리적인 자신의 세계사 해석을 위해 고대의 초도덕적 교리들을 채택한 것처럼, 조로아스터교 판본의 창조론이 일정한 변형들(anomalies, 異象)을 보인다는 사실(고대의 것을 수정해서 새로 만든 것들이지만, 대개 정합성이 부족하다. ── 옮긴이)에 의해서 강화된다. 그러므로 그의 교리 저변에 있는 물질적 개념들은 본인의 시절 이전에 이미 존재했고, 그는 자신이 공부한 자오타르 학파에게 배웠다고 추정해도 무리가 없을 것이다.

다수에게 인정받게 되는 교리가 이전에 존재하던 다양한 창조 이론들로부터 점진적으로 발생했음을 보여 주는 지표들이 풍부히 존재하지만 고대 이란인들의 세계상은 일관성 있고 질서 정연한 것으로 보인다. 분다히슨에 따르면 우주는, 비록 다신교 시절 창조의 주체가 누구였고 혹은 창조가 어떤 식으로 이뤄졌는지는 여전히 알려지지 않았지만, 여섯 번의 창조 과정을 통해 탄생했다. 아베스타에서 하늘과 물과 땅을 만들어 내는 행동을 표현하기 위해 쓰인 동사는 비다라야-(vidāraya-)인데,[4] 이는 "만들다"라는 뜻이라기보다 "배열하다, 규제하다"라는 뜻이다. 또한 베다 문헌들에서 역시 창조를 묘사할 때 종종 ('발생하다'보다는) '건설하다'라는 수사를 사용한다.[5] 아베스타에서 동사 트와레스(thwarəs-)와 타쉬(taš-)는 생명이 있는 것들을 위해 쓰이며, "자르고, 깎고, 형태를 지어 만들다"라는 뜻을 가지고 있으니, 그 동사들의 경우에도 재료들은 이미 준비된 것으로 가정하는 듯하다. 이란의 만신전에 있는 "황소를 만든 이" 게우쉬 타샨의 존재는 다신교 시절 창조자로 간주되는 하나의 신(즉 최고신)이 존재하기보다는 수많은 신들이 창조 행위를 수행했음을 시사한다. 우리는 이란의 *보우루나가 창조의 신으로 간주되고 인도에서는, 비록 세상의 다른 부분들은 다양한 신들의 몫이었지만(인드라도 그중 하나이다.), 하늘과 땅은 바루나가 건설했음을 살폈다. 사실 베다의 찬가들에서 "모든 주도적 신격은 각각 특정한 창조적 기능을 가지고 있다고 할 수 있다. 하늘을 지탱하거나 건설하는 일은 너무나 일반적으로 그들의 일로 간주되기 때문에 아타르바베다(Atharvaveda, 19. 32)에는 심지어 마법의 풀 한 다발 덕택으로 묘사된다."[6]

확립된 교리에 따르면 최초로 창조된 것은 "하늘"이었다.[7] 하늘은 속이 비고 완벽하게 둥근,[8] 돌로 된 껍질로 여겨졌는데, 그 안에는 모든 것이 들어 있다. 이 껍질은 땅 위의 우주 공간의 구조를 만들 뿐 아니라 땅 아래를 지났다. 하늘이 돌로 만들어졌다는 생각은 인도·유럽인의 것으로 보인다.[9] 그리고 이란계 언어들에서 "하늘"(아베스타어 아스만(asmān))을 나타내는 다양한 단어들은 원래 단순히 "돌" 혹은 "돌들"을 의미했다.[10] 야스나 30.5에서 조로아스터 본인이 하늘을 "가장 단단한 돌"(khraoždištəng asənō)"이라고 말하며, 전승에 따르면 이 천상의 물질은 수정으로 간주되었다.[11](천구가 수정으로 됐다고 본 그리스의 이론과 비견된다.) 이는 초기 물리학에서 도출할 수 있는 합리적인 학문적 소론으로 보이는데, 중앙아시아와 이란의 맑은 하늘은 종종 수정 같은 단단함과 선명도를 가진 것처럼 보이고, 꼭 수정처럼 특이하고 아름다운 색깔들을 띨 수 있었기 때문이다. 그러나 이란의 사제 학파들이 수정을 (돌이 아닌) "금속"으로 분류했다는 사실 때문에 문제가 복잡해진다. 물론 그 이유는 수정이 밝기도 하거니와 다른 귀금속처럼 돌 안의 광맥을 채취하여 얻는다는 점 때문이다. 그러므로 하늘은 돌 혹은 금속으로 되어 있다고 할 수 있다. 파르바르딘 야쉬트(Yt.13.2) 내의 기본적으로 오래된 부분으로 보이는 곳에서 하늘은 "밝은 금속 모양을(aya ŋ ō kəhrpa khvaēnahe)"을 하고 있는 것으로 묘사되며, 파흘라비 서적들에는 돌로 되었다는 것과 금속으로 되었다는 묘사가 함께 나온다. 다데스탄 이 디니그의 질문 부분(Dādestān ī dīnīg, Pursišn XC, 9세기 조로아스터교 사제 마누쉬치(Manūščihr)의 종교적 판결문들 중 아흔두 개의 잡다한 질문(pursišn) 부분과 그 대답(passox)으로 구성되어 있다. ― 옮긴이)에 하늘은 "투명하게 밝은 돌, 모든 돌 중에서 가장 단단하고 아름다운 것"으로 묘사되는 반면[12] 분다히슨에서는 "환하고 투명하며 매우 멀리 있는, 밝은 금속으로 된 것"으로 묘사되어 있다.[13] 그리고 분다히슨의 더 나중 구절에는 "금속의 강함은 하늘에서 온 것이니, 하늘의 진정한 재료(bun gōhr)는 금속이다."라고 나온다.[14] 파흘라비 문헌에는 세상을 감싸고 있는 이 단단한 "하늘"이 모든 필요한 물건을 간직하고 있는 창고에 비견되며, 종종 그 안에 있는 것을 지키는 요새에 비견된다.[15] 보호자로서 하늘의 속성은 야쉬트 13.2의 직유에 더한층 드러나는데, 거기에는 "이 땅 위와 주위를 새가 알을 품은 것처럼"이라고 나온다.[16]

　　두 번째 창조물은 물인데,[17] 공처럼 생긴 "하늘"의 아랫부분을 채우는 것으로 여겨졌다. 그리고 세 번째는 땅이다. "그리고 물은 이 땅 아래 어느 곳이든 남아 있다."[18] 땅의 창조는 세 단계를 거치는 것으로 묘사되는데,[19] 헤르텔(Hertel)이 인도와 이란의 전승들을 비교하면서 땅을 넓히는 이마의 신화는 진흙 물에서 땅이 점차 만들어졌다는 더 오래된 창조 신화에서 파생되었다고 주장한 것은 타당해 보인다.[20] 애초에 땅의 표면은 둥근 평면으로서, 평평한 접시처럼 "하늘"의 정중앙을 채우는 것으로 여겨졌다.[21] 시간이 지나면서 땅의 표면에서 산이 자라났다. 산은 식물처럼 뿌리를 가진 것으로 여겨졌는데, 그 뿌리는 땅 깊숙이 들어갔다.[22] 최초이자 최대의 산은 "우뚝한 망루"라는 뜻의 하라 베레자이티(Harā bərəzaitī), 즉 파흘라비어로 하르부르즈(Harburz), 페르시아어로 알부르즈(Alburz)라 불리는 산맥이었다.[23] 이 산맥은 여전히 평평한 대지의 가장자리를 둘러쌌다. 야쉬트 19. 1에 따르면 "첫 번째 산으로서, 이 대지에 우뚝이 드높은 하라가 섰으니, 그는 동쪽과 서쪽 땅을 완전히 둘러싼다." 분다히슨은 하라산의 성장을 다음처럼 묘사한다. "첫 번째로 자라난 산은 상서로운 하르부르즈였고, 그다음에 그로부터 모든 산들이 자라났다. …… 하르부르즈는 꼬박 800년 동안 자라났다. 200년 동안은 별의 자리까지, 200년 동안은 달의 자리까지, 200년 동안은 해의 자리까지, 그리고 200년 동안은 하늘 꼭대기까지 자랐다."[24](이 인용문이 보여 주듯 고대의 우주 구조론에서 별은 달과 태양보다 땅에 가까운 것으로 여겨졌다.) '모든 것을 망라하는 하라'라는 개념은 인도의 로칼로카(lōkālōka), 즉 지상의 모든 대륙을 둘러싸고 있는 둥그런 산맥이란 개념과 쌍을 이룬다.[25] 이란인과 인도인은 모두 세계가 일곱 지역으로 나뉜다고 생각했으니, 아베스타어로는 카르쉬바르(karšvar, 파흘라비어 케쉬바르(kešvar)), 산스크리트어로는 드비파(dvīpa)라 불렸다. 이란인들이 가진 이 지역들은 첫 비가 대지에 내려 땅을 나누면서 생겨났다.[26] 그들은 자신들이 크바니라타(Khvaniratha)[27]라 부르는 중앙 지역이 다른 여섯 지역을 합친 것만큼 크다고 믿었는데,[28] 여기에 사람이 살고 있다. 조로아스터는 야스나 32.3에서 이를 언급하면서, 다에바들은 자신들의 행동으로 인해 스스로를 "대지의 일곱 번째 부분에 사는 이"로 알려지게 했다고 말한다.[29] 인도인들은 이 중앙 지역을 잠부드비파(Jambūdvīpa)라고 불렀다. 다른 여섯 지역은 고리 모양의 대륙들인데 가운데가 텅 빈 동심원들을 이루고 있으며, 각 대륙들은 바다로 격리되어 있다고 생각했다.[30] 이란인들은 각 지역은 내부가 꽉 채워진 원이며, 여타 여섯 개의 작은 것들이 "아름다운 크바니라타" 지역 주위로 흩어져 있다고 생각했다.[31] 이들 역시 인도인들이 생각하는 것처럼 크바니라타와 격리되어 있지만, 인도인들의 생각과는 달리 물이나 숲이나 돌투성이 산 등 여러가지 장벽에 의해 나뉘어 있다고 보았다.[32] 동쪽으로는 아레자히(Arəzahi)가 있고, 서쪽으로 사바히(Savahi), 동북쪽으로 보우루·바레쉬티(Vouru.barəšti), 서북쪽으로 보우루.자라쉬티(Vouru.jarašti), 동남쪽으로 프라다다프슈(Fradadhafšu), 서남쪽으로 비다다프슈(Vidadhafšu)가 있다.[33]

두 민족이 공히 사람이 사는 지역의 바로 중심에 커다란 산이 있다고 생각했다. 인도인들은 그 산을 메루(Mēru) 혹은 수메루(Sumēru)라고 불렀다.[34] 이란에서는 그 산의 이름이 다양하다. 이는 주위를 두르고 있는 하라의 뿌리들(이는 지하 전역으로 뻗어 있다.)에서 자라난 것으로 여겨졌으며, 따라서 거대한 고리의 일부로 여겨졌다. 그리하여 이 산은 "하라의 꼭대기(Taēra)"로 불렸다. 그리고 호탄 사카인들은 불교도가 되어서도 수메루산을 옛 이름 "하라의 꼭대기(ttaira haraysä)"라 불렀다.[35] 파흘라비 문헌에서 이 산은 종종 단순히 테라그(Tērag)라 불리거나 (이 산이 거대한 산맥 중 인간에게 가장 중요한 부분이었으므로) 그저 하라로 불렸다. 이란인과 인도인들은 모두 천체 (태양, 별, 달 등)는 땅과 수평의 궤도를 가지며 "하늘" 아래서 중심부의 산 주위를 도는데, 이 산이 천체의 빛을 가려서 밤과 낮이 생긴다고 생각했다. 그것은 "드높은 하라의 꼭대기…… 별과 달과 해가 주위를 돌고 있는 곳……"(Yt.12.25)이다. "태양은 여름에는 밤보다 낮에 더 느리게 움직이고, 겨울에는 낮보다 밤에 늦게 움직이며 오직 춘분점과 추분점에서만 움직임이 똑같다고 상상했는데, 이에 따라 밤과 낮 길이의 차이가 설명된다."[36] 인도·이란인들은 확실히 360일로 나뉘는 고대의 달력을 공유했다.[37] 또한 파흘라비 텍스트에는[38] 하라 꼭대기의 동쪽과 서쪽에 각각 180개의 창이 있으며, 태양은 매일 새벽 동쪽 창문으로 들어와 밤에 서쪽 창문으로 나간다고 쓰여 있다. "해가 나갈 때는 아르자(Arzah), 파르다다프쉬(Fradadafš), 비다다프쉬(Vīdadafš)의 케쉬바르들과 크바니라스(Khvaniras)의 반을 데운다. 해가 꼭대기의 반대편을 비출 때는 사바흐, 보우르바리슨, 보우루자리슨의 케쉬바르들 및 크바리나라스의 (나머지) 반을 데운다. 여기가 낮일 때 거기는 밤이다."[39] 미흐르 야쉬트에 따르면 "해는 하라를 가로질러 앞으로 나간다."(Yt. 10. 118)[40] 그리고 거기에서 꼭대기 자체는 "대단히 복잡하고, 빛나며…… 밤이나 어둠이 없고, 냉풍과 열풍이 없으며, 죽을 병도 없고, 오염도 없고, 안개도 일어나지 않는다고 묘사되어 있다.(Yt. 10. 50)[41]

그 하라는 세상에 빛뿐 아니라 물을 가져다준다.(정교한 여섯 번의 창조 교리보다 더 오래되었을 믿음.) "빛이 하르부르즈에서 오고 하르부르즈에서 나가듯, 물도 하르부르즈에서 오고 하르부르즈에서 나간다."[42] 벤디다드 21에는 빛과 물, 높은 하라와 바다 보우루카샤를 연결하는 주문이 있다. 이 바다의 이름은 "많은 입수구를 가진"이란 뜻인데, 파흘라비어로는 바르카쉬(Varkaš) 혹은 좀 더 일반적으로 프라크브카르드(Frākhvkard)로 번역된다.[43] 이 바다는 "땅의 3분의 2를 차지하며, 남쪽으로 하르부르즈산 자락에 닿으며"[44] "물이 모이는 장소"(Vd. 21. 15)로 여겨졌다. 해안에서 비의 신! 티쉬트리야와 아파오샤가 싸움을 벌이고, 프라바쉬들은 자신의 친족들을 위한 물을 얻고자 모여든다. 바다는 신화의 강 *하라흐바이티(*Harahvaitī)에 의해 어김없이 채워지는데, 그 강은 지상을 흐르는 다른 모든 물줄기들을 합친 것만큼 크다.[45] 이 거대한 강은 하라의 꼭대기에서 보우루카샤로 쏟아져 들어간다. "바다 보우루카샤의 모든 모퉁이가 일렁이고 모든 중심이 술렁거린다, 아레드비 수라 아나히타가 그 위로 흘러들면, 그녀가 그 위로 쏟아져 들어오면."(Yt. 5. 4) 그 바다에서 거대한 두 물줄기가 흘러나와 크바니라타의 동서의 경계(hindu-)를 형성한다.[46] 힌두(hindu-, 산스크리트어 신두(sindhu-))라는 단어는 이렇게 사람이 사는 땅의 강으로 된 경계를 의미하는 데 쓰였고, 일반적으로 인더스강처럼 민족 혹은 대륙 간의 자연적 변경을 만들어 내는 커다란 강에 적용된 것으로 보인다.[47] 이란 전승에 따르면 신화상의 두 강의 고유 명칭은 방흐비 다이티야(Vaŋhvi Dāityā), 즉 "좋은 다이티야"와 랑하(Raŋha)인데, 전자는 동쪽으로 후자는 서쪽으로 흘러간다.[48] 파흘라비어로 양자는 다이티(Dāitī) 혹은 베 로드(Veh Rōd), 즉 "베강(강을 묘사하는 "좋은"이 고유 명사로 오인됨)"과 아랑(Arang)이다.[49] 분다히슨에 따르면 대지를 돌아 흐르는 이 두 강은 정화된 후 보우루카샤(프라크브카르드)로 되돌아오는데, 그곳에서 그 물은 한 번 더 하라의 꼭대기로 옮겨져 다시 신화의 바다로 돌아오는 영원한 반복 운동을 한다.[50]

보우루카샤의 중심에는 우스.헨다바(Us.həndava), 즉 "경계를 넘어"라는 산이 있다.(이 경우 "경계"는 이 바닷물 자체에 의해 만들어진 것으로 보인다.)[51] 산은 "하늘의 재료인 밝은 금속으로", 즉 수정으로 되어 있으며,[52] 정상 주위로 몰려든 수증기는 비구름이 되어 아팜 나파트와 대담한 바타와 물속에 있는 크바레나 그리고 정의로운 프라바쉬들에 의해 온 땅으로 분배된다.(Yt. 8. 34) 그리하여 세상에서 흐르거나 세상으로 떨어지는 모든 물은 바다 보루우카샤에서 나오고, 이 바다는 또한 드높은 하라에서 내려오는 강 *하라흐바티 아레드비 수라(*Harahvaiti Arədvi Sūrā)에 수원을 두고 있다.

하라의 꼭대기가 후카이리야(Hukairya, 파흘라비어 후카르(Hukar)), 즉 "선한 행위의"라는 별칭을 가진 이유는 세상에 그토록 헤아릴 수 없는 혜택을 내려 생명을 주는 태양과 물을 선사하기 때문으로 추측된다. 그리고 이 별칭은 이 산의 다른 명칭으로 사용된다. 하오마는 "후카이리야라 불리는, 드높은 하라의 꼭대기에 있는"(Yt. 10. 88)[53] 미트라를 숭배한다고 한다. 또한 아레드비 수라의 숭배자들은 "무성한 후카이리야산, 모든 찬양을 받을 가치가 있는 산"을 찬양한다.(Yt. 5. 96) 분다히슌에는 "드높은 후카르, 아르드비수르의 물이 샘솟는 산"은 "모든 봉우리들의 우두머리"라 불린다.[54] 나아가 이 산은 지상 최고봉으로 여겨졌으므로, 행복하게 죽은 이들이 하늘로 올라간다는 교리가 일단 만들어지자 이 산이 하늘로 올라가는 여행의 출발점으로 간주되는 것은 당연했다. 그래서 이 산 위에는 친바토 페레투(Činvatō Pərətu), 즉 친바트 다리의 한쪽 끝이 걸려 있다고 전하며, 다리를 건너는 것이 전적으로 도덕적 판결에 의해 결정되게 되자(아마도 조로아스터 자신의 가르침에 따라) 이 봉우리는 다른 이름을 얻었으니 파흘라비어로 차가드 이 다이디그(Čagād ī dāidīg), 즉 "준법의 봉우리"이다. 벤디다드 19.98에 따르면 "의로운 이의 영혼"은 "드높은 하라 위로, 친바트 다리 위로" 올라간다고 하며, 분다히슨에는 "차가드 이 다이니그는 세상의 중심에 있으며…… 그 위에 친바트 다리가 있다. 영혼들은 그곳에서 심판을 받는다."라고 되어 있다.[55]

하라 신앙의 복잡성으로 인해 우리는 여섯 창조라는 기본 주제에서 이탈하게 되었는데, 이 주제에 관해 우리는 이제 세 요소, 즉 하늘과 물과 땅을 살폈다. 넷째는 식물의 창조였다. 오랜 옛날 식물-생물의 기원에 관한 다양한 신화들이 있어 왔던 것으로 보인다. 그러나 분다히슨에 따르면 땅의 중심(산자락, 아마도 하라의 자락)에서 녹색의 물체가 처음 자라났다. 그것은 잔가지나 껍질이나 가시가 없는 가냘픈 줄기였는데, "축축하고 젖을 분비하는" 것이었고, "본성상 모든 식물 종의 힘을 내재하고 있었다."[56] 이 진기한 물체는 순전히 사제들의 추론의 결과로 보이는데, 자체의 이름도 없으며, 단지 "식물(urvar)"이라 불렸다. 훨씬 더 대중적인 개념은 지상의 모든 식물들이 생겨난 원천인 거대한 나무이다.[57] 이 나무는 바다 보우루카샤 한가운데서 자라나며, 벤디다드에는 "물을 잘 얻은 나무, 그 위로 모든…… 모든 종의 식물이, 수백 수천 수만 그루씩 자란다."라고 언급되어 있다.(Vd. 5. 19) 야쉬트12.17에서는 그것을 사에나(Saēna) 나무라 부르는데, 이것이 신화 속 거조巨鳥의 횟대이기 때문이다. 또한 만병통치의 나무라 불리기도 하는데, 이 나무가 모든 약초들의 씨앗을 품고 있기 때문이다. 파흘라비 서적에서는 여러 이름이 부여되는데, "모든 씨앗의 나무"[58] 혹은 "모든 치유의 나무"[59] 혹은 "해악에 대항하는 나무"라 불린다.[60] 조로아스터교의 창조 묘사에 따르면 악령이 원래 나무에 독을 주입해서 시들게 만들자[61] 식물을 돌보는 불사자 아메레타트(Amərətāt)가 이를 잘개 쪼갰고, 그러자 그 정수가 비로 인해 온 땅으로 흩뿌려져 거기에서 모든 식물들이 자라났다고 한다. 그리고 이 식물들의 첫 씨앗으로부터 모든 씨앗의 나무가 보우루카샤 한가운데서 자라났다고 한다.[62] 이는 오래된 민간 신화와 덜 생생한 사제들의 교리가 인위적으로 결합되어 만들어진 이야기로 보인다. 그 후 해마다 티쉬트리야가 이 나무에서 씨앗을 받아 "비로 (그 씨앗들을) 세상에 흩뿌려"[63] 온 세상 식물들의 생명을 개신한다.

보우루카샤 바다 한가운데 이 나무 근처에 또 다른 이란 신화의 거목이 서 있다고 전하는데, 바로 "강력한 가오케레나 (Gaokərəna)"(Yt.1.30)로서 파흘라비어로는 고카른(Gōkarn) 혹은 고카르트(Gōkart)라 불린다.[64] 벤디다드(20.4)에 따르면 이 나무 주위를 약초들이 둘러싸고 있으며, 파흘라비 서적에 따르면 이 나무는 "하얀 홈 (Hōm)"[65] "식물의 우두머리"[66] 인데, 거기에서 나는 것을 먹는 이에게 장수를 선사하며, "숨이 짧은 나이"를 저지하며,[67] 부활한 사자의 몸을 불사로 만든다고 한다. 이 생명의 나무와 모든 씨앗을 품은 나무 사이에는 신화상의 뒤섞임이 약간 있는 듯하다. 왜냐하면 이 둘은 서로 인접하여 자라며, 둘 다 카르(kar) 물고기의 보호를 받으며, 똑같이 치유의 식물들과 관계있기 때문이다. 이 나무 신화들 배후에는 오래전 인도·이란의 개념들이 있는 듯한데, 인도인들은 거대한 나무 잠부 (Jambū, 잠부드비파라는 이름이 이로 인해 생겼다.)가 메루산의 남쪽(보우루카샤가 하라의 남쪽에 있다.)에서 자라는데, 이 산은 소마와 불사 그리고 약초와 관련 있다.[68]

다섯째로 동물들이 창조되었는데, 그 원천은 유일하게 먼저 창조된 황소 가브 아에보.다타(Gav aēvō.dāta, 파흘라비어 가브 이 에브-다드 (Gāv ī ēv-dād))였다. 그 황소는 "희고, 달처럼 밝으며, 키가 측정용 막대기로 세 길이다."[69] 그는 지상에서 살아간 첫 번째 동물이었지만, 살해되었다. 조로아스터교 판본의 신화(이란에서 알려진 유일한 판본이다.)에서는 악령 아흐리만이 그 황소를 죽였다.(아흐리만이 "식물"들을 말려 버렸을 때.) 그의 씨 일부를 달이 받았고, 그래서 달은 가오.치트라(gao.čithra), 즉 "황소의 씨를 받은"이란 별칭을 갖고 있다.[70] 또한 달에서 정화된 이 씨에서 모든 이로운 동물 종들이 나왔다. 일부 씨는 땅에 떨어졌는데, 그로부터 수많은 유용한 식물들이 싹텄다.[71] 이 신화의 조로아스터교 판본에서의 변형들은 종종 지적되어 왔다. 다신교 시절 원래의 형태에 따르면 그 황소는 희생제에서 희생되었을 것으로 추측되는데, 희생제와 죽음은 본질적으로 창조적이며 유용한 행위로 유익한 결과, 다시 말해 모든 여타 유용한 동식물을 만들어 낸다. 지금껏 주장되었듯이 이것이 매해 가을 미트라 기념제에서 초원과 가축 떼에게 이듬해 봄에 새 생명을 주고자 거행되는 희생제의 원형으로 추정된다.[72] 그러나 조로아스터교 판본의 여섯 창조에 따르면 비록 황소의 죽음이 선한 결과를 가져왔지만 그 자체는 악령이 일으킨 악한 짓이다. 더 일관성 있어 보이는 다신교 판본에서도 죽은 동물의 씨에서 식물이 발아하는 것은 네 번째 창조에서 식물이 발생한 것을 되풀이한다. 이는 의심의 여지없이 오래된 변형이 하나로, 다양한 신화들이 도식화되는 과정에서 발생한 것이다.

분다히슨에 따르면 유일하게 창조된 황소는 베 다이티(Veh Dāitī) 강의 한쪽 둑에 살았고,[73] 그 맞은편 둑에는 신화상 최초의 인간 가요.마레탄(Gayō.marətan, 파흘라비어 가요마르드(Gayōmard))이 서 있었다.[74] 아베스타에서 그는 종종 간단히 "생명", 즉 가야(Gaya)라 불리지만, 그의 전체 이름은 인간의 "유한한 생명"을 뜻하며, 이는 신들의 "무한한 생명(베다어 아마르티야 가야(ámartya- gáya-))"의 반정립으로서 그에게 주어진 이름으로 보인다.[75] 가요.마레탄은 "태양처럼 밝으며, 키는 측정용 막대기 네 길이고, 너비는 키와 똑같다."[76] 이 기이한 인물은 베다의 "유한한 씨"[77] 마르탄다(Mārtāṇda)와 두드러지게 비교되어 왔다.[78] 마르탄다는 신과 인간 사이에 있는 존재인데, 그 자신은 반신이지만 인간들의 선조이기 때문이다. 마르탄다도 가요 마레탄처럼 키와 너비가 같다고 전하며, 그의 "씨"에서 모든 인간들이 나왔다고 한다.[79] 그러므로 이 둘이 공통의 인도·이란 신화에서 나왔음을 의심할 여지는 별로 없으며, 이들은 인간의 기원에 답하기 위한 여러 시도 중 하나를 표상한다.[80]

조로아스터교 판본의 신화에서 가요-마레탄은 자신의 차례가 오자 악령에게 살해되었고, 그의 씨는 해에 의해 정화된 후 일부는 나이리요.상하(Nairyō.saŋjha, Nēryōsang)에 의해 보호되고, 일부는 대지에 맡겨져, 40년이 지나자 이로부터 대황大黃이 싹트고 천천히 자라나 유한한 목숨을 가진 첫 남녀인 마쉬야(Mašya)와 마쉬야나그(Mašyānag)가 되었다.[81] 그 둘로부터 크바니라타에 사는 모든 인종이 나왔으며, 특히 야쉬트 13.87에 따르면 "아리야인 가족들이, 아리야 인종이" 나왔다. 가요마르드와 황소의 몸은 모두 대지로부터 창조되었다고 전한다. 그러나 그들의 씨는 물이 아니라 불에서 나왔는데, 다른 경우에는 물이 모든 생명의 궁극적 원천이다.[82]

사람은 가시적이고 독립적인 여섯 창조의 마지막이다. 그러나 일곱째 창조, 즉 불 자체를 위한 창조가 있었다고 여겨져 왔는데, 불은 자체의 빛을 통해 보고 감지될 수 있지만, "모두에게 분배됨으로써" 여섯 창조물 전체에 스며들어 있다고도 생각되었다.[83] 살아 있는 피조물(동물과 인간)의 씨만 불에서 비롯된 것이 아니라, 불은 대지의 혈관을 따라 움직이면서 겨울 동안 식물의 뿌리를 유지하고 샘물을 따뜻하고 살아 있게 한다. 그리고 불은 번개와 태양을 통해 하늘에서도 보이는데, 태양은 불의 본성을 가지며 불처럼 열과 밝음을 가졌다. 이 불

의 밝음은 "끝없는 빛, 오흐르마즈드의 거소"에서 나오는데, 그곳은 하늘의 테두리 위에 놓여 있다.[84]

분다히슨에 따르면 불은 일곱 창조물 중 마지막이다.[85] 그러나 불은 결코 나머지 여섯과 항상 같이 셈해지지 않으며, 고대의 파르바르딘 아쉬트에도 나머지는 반복적으로 호출되지만 불은 그렇게 등장하지 않는다. 그러므로 불을 주요 창조물 중 하나로 여기는 것은 해석의 문제이다. 완전히 진화한 교리에 따르면 이 요소는 먼저 여섯 창조물이 생명을 얻을 때 그들 자체에 침투하여 그들의 생명력이 되었다. 그 이론에 따르면 처음에는 모든 창조물이 정적이었다. 태양은 정오점에 멈춰서 움직이지 않는 물 위에 가로누워 있는 대지 위에 가만히 있었다. 식물과 황소와 가요.마레탄은 텅 빈 세상의 가운데서 조용히 존재한다. 다신교 시절 교리에 따르면 (베다의 첫 희생제와 마찬가지로) 신 자신들에 의한 세 차례의 희생이 있었던 것이 거의 확실해 보인다.[86] 다신교적 관점이 명백히 크게 변형된 현존 조로아스터교 판본의 창조 과정에서도 마른 식물을 으깨어 그 정수를 물에 보내어 모든 식물들을 창조하는데, 이는 현존 제의에서 모든 식물들을 위해서 말린 하오마를 으깨 나온 정수를 물에 헌주로 바치는 것과 같다. 신화의 황소는 살해되어 모든 동물의 생명이 그의 몸에서 나오며, 신화의 최초의 인류를 탄생시키고자 죽는다. 이것들은 모든 생명을 탄생시키기 위한 희생제의 원형을 보여 주는 숭배 의례적인 신화로 보인다. 그중 인간 희생은 다신교 시절 말기에 이미 대개 폐기된 것으로 보인다.[87] 그러나 동물 희생은 오늘날에도 여전히 인도와 이란에서 브라만들과 조로아스터교도들에 의해 때때로 거행되며,[88] 소마/하오마 공양은 규칙적으로 유지되고 있다.

이 원초적 희생으로부터 운동과 성장과 생산성이 나오고, 그 후로 이들은 사물의 적절한 움직임뿐 아니라 신적 존재들의 끊임없는 보살핌과 에너지에 의해 지속되었다. 우리는 개별 신들이 어떻게 매년 자연의 진행을 돕고 "예전에는 창조되었으나 앞으로 흐르지 않고 오랫동안 한곳에 정지해 있던 물을 위해 아름다운 물길을 만들고⋯⋯ 전에는 한곳에서 오랫동안 서 있던 별과 달과 해와 수많은 빛을 위한 길을 만들어⋯⋯ 지금은 끊임없이 서둘러 앞으로 나가도록 한" 프라바쉬들(Yt. 13. 53~57)이 얼마나 개입하여 덕을 주었는지 보았다. 파르바르딘 야쉬트 초입에 여섯 창조가 끊임없이 언급되는데, 프라바쉬들이 그들에게 제공한 보살핌 때문이다. 비록 불은 직접 언급되지 않지만, 해와 기타 발광체들은 언급된다. 그리고 고대의 야스나 하프탕하이티에서 숭배자들은 "가축과 질서(아샤)를 창조하고, 물과 유용한 식물, 빛, 땅 그리고 모든 좋은 것들을 창조한" 아후라 마즈다를 찬양한다.(Y. 37. 1) 그러나 여기에서 불을 (조로아스터 자신의 가르침처럼) 아샤를 표상하는 것으로 간주하면, 하늘을 제외한 모든 창조물들의 이름이 호명된 셈인데, 예상되는 짝인 "하늘과 땅" 대신 "빛과 땅"이 있기 때문이다. 그러나 이는 시적인 변조에 불과해 보이는데, 여기에서 수정으로 된 하늘은 자신을 가로질러 움직이며 너무나 뚜렷하게 검은 땅과 대비시키는 발광체들의 빛으로 표상되어 있기 때문이다.[89]

　　우리가 앞서 보았듯이 기본적으로 단순하며 지적으로 엄격한 창조 교리와 뒤엉켜, 더 오래된 것으로 보이는 수많은 신화들이 약간 불안하게 조화를 이루고 있다. 다른 많은 지역들에서 이와 유사한 고대적 요소들을 쉽사리 추적할 수 있지만, 이란의 것들과 다른 민족들의 신화 사이에 직접적 연결 관계는 규명되지 못했다. 인도의 베다 신화에 나오는 원시의 거인 푸루샤(Puruṣa)는 신들에 의해 희생되는데[90] 가요.마레탄에 비견되어 왔다.[91] 왜냐하면 이 희생으로부터 세상과 그 안의 모든 것이 만들어졌기 때문이다. 그러나 그 유사성은 긴밀하지 않으며, 이란과 인도의 사제들이 각자 발전시킨 생각의 먼 배후에 공통의 개념적 맹아가 자리 잡고 있다는 것 이상을 확언하기는 불가능하다. 예컨대 이 개념과 심지어 스칸디나비아의 원시의 거인 이미르(Ymir) 사이에 어떤 먼 관련성이 있을 수 있다. 풍요를 가져다주는 황소 희생 개념은 널리 퍼져 있지만, 확신을 가지고 베다에서 유사한 신화를 찾는 것이 가능한지는 증명되지 않았다. 모든 씨앗을 품은 나무를 스칸디나비아의 세계수(World-Tree) 이그드라실 물푸레나무(Yggdrasill's Ash)나 고대 색슨족의 이르민술(Irminsul, 만물을 떠받치는 세계의 기둥(quod Latine dicitur universalis columna, quasi sustinens omnia)) 과 연관시키려는 시도들이 있었다.[92] 그러나 이 개념은 현지의 성수聖樹들에서 자생적으로 발생한 듯한데, 이 나무들은 종종 샘을 가진 성소와 어울려 있으며, 그 껍질과 열매는 치료 기능을 가진 것으로 여겨졌다.[93] 보우루카샤에서 자라는 모든 씨앗을 품은 나무와 인도의 잠부 나무는 모두 그러한 수목 숭배가 신화적으로 발전한 결과로 보인다. 이란에서 수목 숭배의 증거가 남아 있는데, 예컨대 아케메네스조의 크세르크세스의 금 장신구가 아름다운 플라타너스에 바쳐졌고,[94] 아케메네스조 궁정에는 온통 금으로 된 데다 보석으로 치장한 인공 플라타너스가 있었으니, 이 나무도 마찬가지로 숭배의 대상이었다.[95] 오늘날에도 그곳에는 여전히 거대한 고목들을 숭배하는 페르시아 시절의 조로아스터교 신전이 있는데, 때로 성스러운 샘들 옆에 있다.[96] 또한 인도의 오래되고 여전히 행해지는 수목 숭배는 충분히 기록으로 남아 있다.[97]

모든 씨앗을 품은 신화의 나무는 현지의 성소 안에 있는 거대하고 성스러운 나무를 실제의 원형으로 두었을 테고, 보우루카샤와 드높은 하라라는 개념 또한 특정한 바다나 높은 산에 근거했을 것이다. 실제로 보우루카샤는 하라의 남쪽에 있다고 전하는데, 이는 북쪽 초원에 사는 사람들에게 알려진 대로 그것의 원형이 흑해나 카스피해였을 것이라는 이론과 일치한다. 그러나 그런 지점들을 자세히 추정하거나 실제 강들을 원래의 방흐비 다이티야나 랑하와 동일시하는 것은 의미가 없어 보인다. 왜냐하면 특히 떠돌아다니던 고대의 이란인들은 여타 이주민들과 마찬가지로 지명과 강 이름 문제에 관한 한 그다지 상상력이 없어서, 여기저기 움직이면서 발견한 새로운 산과 강을 기존에 알던 대로 불렀을 것으로 보이기 때문이다. 그러므로 조로아스터교 서적에서 특정한 이름이 신화적인 것을 나타내는지 실제의 지명을 나타내는지 알아내기는 종종 불가능하다. 또한 실제 지명을 나타낸다 하더라도 어떤 시기에(그리고 어떤 지역에서) 그 이름이 쓰였는지 알아내야 한다. 그래서 원래의 하라가 한때 어디에 서 있었든 지금 페르시아인들에게 알부르즈라는 이름은 그들의 나라 북쪽을 가로질러 카스피해 평원과 중부의 고원을 나누는 거대한 산맥이다. 분명 고대의 이름값을 하는 큰 산맥이지만 오래전 아시아 초원에 살던 조상들의 고향은 고사하고 아베스타 민족의 고향과도 분명 동떨어진 곳이다. 이어서 반￢신화적인 랑하가 약사르테스강과 동일시되고, 그 짝인 "강들의 우두머리"[98] 다이티야는 옥서스강과 동일시되지만, 케레사스파가 랑하의 지류에서 숭배 행위를 거행했다고 할 때, 심지어 이 주장이 위대한 전사(케레사스파) 생전에 확립된 것일지라도 랑하는 특정한 지리적 공간과 동일시될 수 없다. 파흘라비 서적들에 등장하는 후대의 위치 비정에 관해서는 자세히 분석되었지만,[99] 간단히 말해 이것들은 고대 문헌의 이름 사용법과 무관하다.

분명히 전통적인 것이면서, 때로는 신화적인 연관을 가진 이름

중 하나는 아리야넴 바에쟈(Airyanəm Vaējah), 파흘라비어로는 에란베쥐(Ērānvēj)이다. 이는 글자 그대로 "아리야인의 영역"[100]을 의미한다고 생각되며, 한때 유목 이란인들이 해마다 돌아다니는 범위에 적용되었을 것이다. 조로아스터교 작품들에서 아리야넴 바에쟈는 종종 신화적 땅으로 나오며, 세계 "역사"의 모든 중요한 일들이 일어나는 공간이다. 가요마르드와 유일하게 창조된 황소는 바로 이곳에 서 있었는데, 둘은 이 땅을 관통하여 흐르는 베 다이티강을 사이에 두고 서 있었다.[101] (이 베 다이티가 크바니라타의 경계를 이루는 강 중의 하나이고, 크바니라타 중심에 아리야넴 바에쟈가 위치한다는 또 다른 우주 구조론의 교리와 상반되는 진술이 된다.) 황소가 죽을 때 첫 번째 동물들이 그의 씨에서 태어난 곳이 이곳이며,[102] 이마가 통치하고 신들이 회합한 곳이 바로 이곳이다.[103] 그러나 하라라는 이름이 신화의 산(미트라와 아레드비 수라가 사는 곳이자 친바트 다리의 지지대)을 의미하는 동시에 다양한 현지의 산맥들을 칭하는 데 쓰였듯이, 아리야넴 바에쟈 또한 세계의 중심에 있는 신화의 땅을 가리키는 한편 "아리야스", 즉 "아베스타 민족이 거주했던 모든 장소들을 위해서도 쓰였던 것으로 보인다.(후대에 적용된 용법에 따르면 이 땅은 아리요.샤야나(Airyō.šayana), 즉 "이란인들이 사는 곳"과 같은 것으로 나온다. Yt. 10. 13)[104] 그리하여 때로는 이 땅이 콰레즈미아로 간주되기도 한 듯하다. 그래서 벤디다드(Vd.1.2)에는 아이리야넴 바에쟈가 한편 "최초의, 최적의 거주지이자 땅"이라면서도 겨울이 열 달 지속되고 여름이 두 달인 곳(Vd. 1. 3)이라는 모순적 묘사가 등장하는데, 후자는 콰레즈미아 기후의 견딜 만한 측면을 그린 것으로 생각된다.[105] 더 나중에 마기들의 영향력으로 인해 전통이 오랜 이름들이 메디아로 옮겨가게 되어 에란베쥐는 "아제르바이잔 지역 안에"[106] 위치하는데, 이 지역은 이란의 동북쪽이 아니라 서북쪽이다.

기본적으로 간단하고 도식적인 고대 이란인들의 세계상은 그들에게 실제로 알려진 더 인상적인 실제의 지리적 사실들에 조응하고자 적절히 정교화되었다. 그러므로 그 자체는 담수로 이뤄진 신화적 보우루카샤 외에 세 개의 거대한 염수 바다가 인정되었으니, 파흘라비어로 푸디그(Pūdig, 아베스타어 푸이티카(Pūitika)), 시야우붐(Syāwbūm) 그리고 카므로드(Kamrōd)이다.[107] 이 중 최대는 푸디그인데, 그 이름은 "썻다"를 뜻하는 어기 푸(pu)에서 왔다. 이 바다는 조수가 있으며, 프라크브카르드(보우루카샤)와 직접 연결됐다고 여겨졌다.[108] 애초에 아베스타의 푸이티카와 동일시되던 실제의 물줄기가 무엇인지 아직 알려지지 않았지만, 사산조 시절 조로아스터교 사제들은 페르시아만에 이 이름을 붙였고, 카므로드는 카스피해와, 시야우붐은 흑해와 동일시했다.[109] 스물세 개의 더 작은 소금 "바다" 혹은 호수가 언급되는데[110](바다와 호수를 칭하는 용어가 같다.), 그중 가장 잘 알려진 것은 콘사오야(Kąsaoya, 파흘라비어 카이얀시(Kayānsih))로서 주로 조로아스터교 전승에서 두드러진다. 거기에 열거된 다른 여러 작은 호수나 바다는 모두 담수이다.[111]

　　강에 관해서는 한때 베 로드와 아랑 외에 열여덟 개가 있는 것으로 여겨진 듯하지만[112] 분다히슨은 티그리스강(Diglit)과 유프라테스(Frāt)강을 비롯한 수많은 이름을 언급하고 있으므로,[113] 학자-사제들이 원래의 지리적 뼈대 위에 끊임없이 새로 알려진 강의 이름을 추가해 나갔음이 명백하다. 강에 바쳐진 부분의 말미에 이렇게 되어 있다. "이 외에도 무수한 물과 강, 샘과 수로가 있다. 이 수원 덕에 사람들은 마실 물을 갖는다. 다양한 지역과 장소에서 다양한 이름으로 불리지만 이 물들의 근원은 하나이다."[114] 모든 물은 궁극적으로 하나의 강, 즉 *하라바이티가 보우루카샤로 흘러들고 나올 때 파생된 것으로 여겨졌다. 이와 마찬가지로 산들의 이름도 아베스타에 이미 상당히 많이 등장하지만 파흘라비 전승에는 배제되었다. 분다히슌에는 언급된 목록에 덧붙여 이렇게 전한다. "모든 장소, 지역, 땅에 있는 현지의 산들은…… 이름도 많고 수도 많다."[115] 사실 그토록 다양한 봉우리 2244개가 호명되며, 이 모든 봉우리가 하르부르즈의 뿌리에서 자라난 것으로 여겨졌다.[116] 또한 "작은 언덕들"이 있는데, "이것들은 수많은 장소에서 하나씩 자라났다."[117] 이렇게 큰 다양성과 복수성의 배경에는 고대 이란 사상가들의 기본적 단일성, 즉 하나의 근원이라는 개념이 있었다. 이는 식물과 동물에도 그대로 적용되어, 동식물 전체가 하나의 식물과 유일하게 창조된 황소에게서 나왔다고 여겨졌다. 다양한 범주로 배열된 식물들과 동물들의 목록이 분다히슌에 나와 있다. 예컨대 동물들은 아베스타와 마찬가지로 다섯 "부류", 즉 가축, 야생, 나는 것, 헤엄치는 것 그리고 땅속에 굴을 파는 것으로 분류된다.[118] 이 상위 부류는 속과 종에 따라 다시 하위 부류로 나뉘고, 각 종의 숫자가 열거된다.[119] 번호를 매기는 방법이 많이 사용되며, 제시된 목록은 분명한 연상 기호 일람표를 제공하는데, 이런 식으로 사제 학파들 내에서 학술적 배움이 형성되고, 수많은 세대를 거치며 구전 전승되었다. 파흘라비 서적 안에서 살아남은 많은 것들이 다신교 시절부터 계속 더해지고 정교화된 것이 분명하다. 그러나 여섯 창조라는 기본 교리가 조로아스터교 시절 이전에 이미 확립되었으며 수많은 사상가들의 업적이라는 점에는 의심의 여지가 없다. 이미 언급되었듯이 "세계 체계가 창조되자면 그것이 아무리 환상적이고 오류가 넘칠지라도 이 주제 자체와 관련된 문제를 해결하기 위한 오랜 집중적 사전 작업(집중적 사색)이 요구된다."[120] 이란의 우주론적 이론들은 학구적인 이들에 의해 서서히 발전되었을 것임이 틀림없는데, 그들의 주요 관심사는 도적적·영적 문제들보다는 세상의 물리적 성격과 기원이었을 테지만, 그럼에도 그들은 자신들의 문화와 시대에 조응하여 창조의 모든 측면을 신들의 작업으로 보았다.

## 6장

# 다신교 숭배 의식

고대 이란인들은 자신들이 수많은 신적 힘에 의해 창조되고 유지되는 세상 속에서 살고 있다고 믿었기에, 자신들의 삶을 의지하는 신들을 기쁘게 하기 위해 분명히 많은 시간과 사색과 부와 정력을 바쳤다. 그들의 숭배의 목적은 실로 복잡하다. 그러나 크게 말해서 제물과 칭송을 바치는 주요 이유는 두 가지이다. 개인으로서 신의 은총을 입어 이생과 내세에서 번영을 누리기 위한 것과 공공선을 위해 신들을 강화함으로써 그들이 현재 인간들의 집인 물질세계를 더 잘 유지하도록 하는 것이다. 후자에 관한 다신교 시절의 철학은 (부분적으로는 조로아스터교 용어를 쓰고 있지만) 태양신에게 바치는 찬가인 야쉬트 6에 분명하게 드러난다. "해가 떠오를 때, 아후라가 창조한 대지는 정화되고…… 달리는 물이 정화되며…… 아샤를 가진 모든 창조물이 정화된다. …… 그리고 태양이 떠오르지 않으면, 다에바들이 일곱 카르쉬바르에 있는 모든 것을 파괴할 것이다. 하늘에 있는 신 누구도 이 현상계(corporeal world, 육계肉界) 안에서 머무를 곳을 찾지 못할 것이다.

생명을 주는 태양, 그 장엄하고 빠른 말을 가진 이가 어둠에 대항하고 어둠의 자식 다에바들을 저지할 수 있도록 그에게 희생을 바치는 이는…… 그는 하늘 나라와 이 세계의 모든 신적 존재들을 기쁘게 하는 것이니라."(Yt. 6. 2~4) 마찬가지로 우리가 앞서 보았듯이, 비가 떨어지고 식물이 자라는 것도 특정한 신들의 힘 덕분으로 생각되므로, 그들도 자신들의 임무를 수행하자면 똑같이 인간의 숭배를 통해 강화되어야 한다.[1] 그래서 악마 아파오샤에게 밀린 티쉬트리야가 절규한다. "오, 나에게! 비참하다, 물이여, 식물이여! …… 인간이 지금 나를 숭배하지 않는다. …… 인간이 나를 숭배하면…… 나는 나에게 열 마리 말, 열 마리 낙타, 열 마리 황소, 열 개의 산, 열 개의 수로의 힘을 가져올 수 있을 텐데."(Yt. 8. 23~24) 적절한 방식으로 숭배를 받은 후 그는 힘을 얻고, 두 번째로 외친다. "나는 좋다! 좋구나, 오, 물이여, 식물이여! …… 잘될 것이다, 오, 땅이여! 물길이 막힘없이 씨가 굵은 곡식, 씨가 작은 풀 그리고 이 현상계로 흘러 들어갈 것이다."(Yt. 8. 29) 이렇듯 숭배는 신에게 새로운 힘을 부여할 뿐 아니라 그로 하여금 숭배자를 호의적으로 바라보도록 했다. 그래서 미트라는 이렇게 말하는 것으로 나온다. "……나를 숭배하는 이 누구인가? 누구에게 부와 행운을 주랴, 누구에게 육신의 건강을 주랴, 누구에게 커다란 안락을 누릴 재산을 주랴? 이제부터 누구를 위해 고귀한 후손들을 길러 주랴?"(Yt. 10. 108)

희생제 일반에 관한 다음 진술은 고대 이란의 모든 예식에 전적으로 적용된다.[2] "모든 희생제에서 기부 행위가 있는데, 희생을 올리는 이[3]가 자신의 것을 털어서 주기 때문이다. 이 기부는 종종 심지어 그에게 의무로 부과된다. 희생제가 항상 자유로이 선택할 수 있는 것은 아니므로, 신들이 그것을 요구한다. …… 그러나 이 기부와 복종에 이기적인 특성이 없지는 않다. 희생을 올리는 이는…… 부분적으로는 반대급부를 받기 위해 준다. 그러므로 희생제는 이중적 관점으로 스스로를 드러낸다. 먼저 그것은 유용한 행동이며 하나의 의무이다. 사심 없음이 이기심과 뒤섞여 있다. 바로 이것이 희생제가 그토록 자주 계약의 한 형태로 인식되어 왔던 이유이다." 오늘날 조로아스터교도들은 예외 없이 제물 공여가 뒤따르는 모든 주요 숭배 행위를 미트라, 즉 계약의 주의 가호 아래 둔다.[4]

지금도 조로아스터교도와 브라만들이 행하는 제의적 제물 공여의 유사성으로 판단하건대 이들을 과거 인도·이란 시절에서 파생한 전통에 속한다.[5] 조로아스터교도들이 거행하는 여러 주요 제의에 쓰이는 제물에는 우유와 정화수, 식물들, 즉 하오마와 석류즙, 곡물(밀가루 케이크의 형태로), 과일과 채소, 버터와 달걀, 가축이 있다.[6] 더 작은 의식에서는 와인도 봉헌된다. 그런 제물을 칭하는 일반적 용어는 미야즈다(myazda, 산스크리트어 미예다(miyédha), 메다(médha))였을 것으로 보이는데, 이는 피의 희생제에 종종 쓰였지만 원래는 어떤 제물의 정수를 뜻했을 것으로 추정되며, 이 부분은 특히 신의 것으로 돌려졌을 것이다. 이렇듯 아베스타의 용법에 따르면 미야즈다는 간단히 말해 고체와 액체 제물로 이뤄지며, "살과 와인(과실주)"(gaomant, madhumant, Vd. 8. 22)"으로 된 것이라 부를 수 있다. 원래 헌주를 뜻했음이 분명한 또 하나의 용어는 자오트라(zaothra, 산스크리트어 호트라(hotrá))인데, 이는 "붓다'라는 의미의 어근 자브(zav)/하브(hav)에서 왔다. 그러나 아베스타에서 이미 이 단어는 때로 미야즈다의 동의어로 쓰였으며, 중세 이란어에서는 특히 피의 희생을 의미했다.[7] 의미론적 발생 과정을 추론해 보면, 아주 오래전에 이 단어는 액체뿐 아니라 동물의 지방처럼 열을 가하면 액체로 변하는 것도 의미했고, 그리하여 점차 일반적으로 제물을 뜻하는 의미로 쓰이게 되었을 것이다.

제물에 관해서는 이렇게 설명되었다.[8] "용법에 따르면 희생제(sacrifice)란 말은 피를 흘리는 희생제에 국한해서 칭하는 듯하다. 그 의미를…… 이렇게 제한하는 것은 임의적이다. 적절한 오차 범위를 인정하면, 모든 경우에 봉헌의 구조는 동일하며, 따라서 그것들을 구별할 객관적 이유는 없다. …… 힌두교도들에 의해…… 바쳐진 물품들은…… 모두 똑같이 살아 있는 것으로 간주되며, 그렇게 취급된다. …… 우유를 헌상할 때…… 이것은 생명이 없는 무언가가 아니라 그 액체로 된 정수/즙/다산성 면에서 바로 암소 자신이다." 이란에서도 똑같은 접근법이 보인다. 그러나 이 "희생제의 총괄적 동일성"에도 불구하고,[9] 피의 희생제가 항상 가장 희소하였으며 최상으로 간주되었다. 또한 동물을 제물로 바치는 숭배 행위의 커다란 장점들은 수많은 파흘라비 문헌에서 강조된다.[10] 이는 물론 부분적으로는 희생을 올리는 이에게 드는 비용의 크기 때문이지만, 동물 희생을 특출하게 만들고 거기에 특별한 엄숙성을 부여한 것은 분명 비용과 그로 인한 자기 포기의 정도만은 아니다. 피를 흘리는 행위 자체는 희생물에 대한 범죄이므로 미리 정해진 의례 규칙을 가장 엄숙하게 적용해야 하는데, 그 목적은 희생으로 인한 파괴 행위가 희생되는 동물의 육체에 국한되고 그 영혼이 다른 세상으로 풀려나 거기에서 "그 종들의 영원한 삶을 살찌우게 하고자" 함이다.[11] 리그베다에서는 희생되는 동물에게 이렇게 다짐하며 안심시킨다. "진실로 너는 죽지 않으며, 해를 입지 않는다. 지나기 쉬운 길을 따라 너는 신들께 도달하리라."[12] 파흘라비 서적에는 신들에게 희생제를 올릴 때 이런 정당한 방식이 아닌 다른 방식으로 동물의 생명을 앗으면 이는 "존재를 파괴한 죄(būdyōzadīh)"를 지은 것이라고 돼 있다.[13] 그러므로 야생 동물을 죽일 때도 일정한 종교적 의례를 따른다. 이란에서는 봉헌된 동물의 영혼은 게우쉬 우르반,

즉 "황소의 영혼"으로 흡수된다고 믿었던 듯한데,[14] 이 신성한 개념의 기원은 사실상 희생제 자체에 내재했고, 개별 동물의 영혼들의 반복되는 '풀려남'이 그들의 총합인 하나의 인격(화신, 즉 게우쉬 우르반)을 창조했을 것으로 보인다.(신학자들이 게우쉬 우루반을 유일하게 창조된 황소의 영혼과 동일시한 것은 분명 나중의 일일 텐데, 그 황소로부터 모든 동물의 생명이 나오고[15] 그리하여 하나의 순환과 통일성이 생성되었으니, 동물들의 육체적 삶은 황소의 씨로 소급되며 그들의 영혼은 죽어서 다시 그 황소의 영혼으로 흡수되었다.) 희생제에서 숭배자들의 생각이 희생물의 영혼으로 향했다는 것은 야스나 하프탕하이티의 다음 구절에서 확인되는데, 이 조로아스터교 예식 부분은 한때 핵심적인 행동인 피의 희생제를 뒤따랐다. 거기에 참여한 이들은 "게우쉬 우르반과 게우쉬 타샨 그리고 우리의 영혼과 우리를 살찌우는 가축의 영혼…… 그리고 유용한 야생동물의 영혼들"(Y. 39. 1~2)에게 경배한다.

오래전 인도·이란인들이 목축민이던 시절, 그들이 가축 떼에 의지하고 살던 때, 정규적 희생 동물은 암소 혹은 황소였음이 명백한데, 이것들은 계속해서 최고의 제물로 간주되었다. 소가 귀하기도 하고 최초의 창조적 황소의 희생과 관련된 종교적 상징성이 있었기 때문이다.[16] 가난하던 시절에도 야즈드의 조로아스터교도들은 고대에 물에 봉헌한 성전으로 보이는 곳에서 해마다 성대한 제물을 올렸는데, 이 관행은 19세기 말까지 지속되었다.[17] 인도인과 이란인 사이에서 말이 가축화되자(아마도 서기전 2000년 이후)(근래의 고고학적 발굴로 말의 가축화 시기는 그보다 훨씬 빨라졌다. 다음을 참고하라. 데이비드 W. 앤서니, 공원국 옮김, 『말, 바퀴, 언어』(에코리브르, 2015). — 옮긴이) 말 희생제 또한 대단한 가치를 가진 것이 되고 중요성을 갖게 되었다. 야쉬트에서 말은 왕이나 영웅들이 바친 제물 중에 자주 언급되고,[18] 역사 시대에 말은 특히 태양신 미트라에게 제물로 바쳐졌는데,[19] (헤로도토스가 기록한 바에 따르면) "신들 중 가장 빠른 이에게 유한한 생명을 가진 동물 중 가장 빠른 것을 바친다는 생각에서였다."[20] 또한 말은 저명한 죽은 이들의 영혼에 태양이 비치는 낙원의 자리를 보장하고자 희생되기도 한 것으로 보인다.[21] 아베스타 자체에도 종종 특정한 신에게 바치기에 적절한 동물의 속성에 대한 규정이 명기되어 있다. 그러므로 티쉬트리야와 베레트라그나는 한 가지 색인 동물 한 마리만 받을 수 있지만,[22] 미트라를 숭배할 때는 모든 색깔의 여러 종을 바칠 수 있었던 것으로 보인다. 즉 암소나 황소, 양과 염소뿐 아니라 날개 달린 가금도 가능했다.[23] 오늘날의 관행으로 판단하면 특정한 짐승이 일단 어떤 신에게 바쳐지면(희생제가 열리기 한 달 전에 행한다.) 어떤 이유로도 다른 것으로 대체될 수 없다. 그 짐승은 이미 신의 것이기 때문이다.[24]

우리가 앞서 보았듯이 인도와 이란인의 고통 관습에 따르면 특정한 신에게 각각 희생제를 올리고, 그 신들의 이름을 불러 강림을 요청하는데, 그가 올려진 찬양의 말을 듣고 숭배자들이 보낸 선물을 받을 수 있도록 적절한 의례적 단어를 써야 한다. 그러므로 여신 아레드비 수라는 다음과 같이 호출한다. "이 희생제와, 이 기도 덕에…… 내려오셔서, 아레드비 수라 아나히타, 위의 저 별들로부터 아후라가 창조한 땅으로, 희생을 올리는 사제에게로, 넘치는 (우유에게로, 제물을 바쳤으므로. — 옮긴이) 텅 빈 손에게로, 당신은, 경건한 이, 당신에게 제물을 바치는 이를 도울 것이니……"[25] 이 여신에게 많은 은택을 간구했다고 한다. "용감한 전사들을 당신께 빠른 말과 최고의 행운(크바레나)을 구할 것입니다. 찬양을 암송하는 사제들은 당신께 지혜와 성스러움을 요청할 것이며…… 처녀들은 당신께 강력한 가정의 주인을 바랄 것이며, 아이를 낳는 여인들은 당신께 순산을 요구할 것입니다. 그리고 이 모든 것을, 당신 힘을 가진 분은 그들에게 가져다줄 것입니다. 오, 아레 드비 수라 아나히타."[26] 야쉬트에 나오는 구체적 은택이란 숭배자들이 위험을 벗어나게 하거나[27] 수수께끼 대결에서 이기거나[28] 전장에서 유명한 적을 꺾도록 하는 것 등이다.[29] 대부분의 청원이 이런 식으로 물질적인 것에 대한 것이다. 그리고 "인간에게 중요한 모든 힘들을 어떤 위대한 신의 것으로 돌리는"[30] 인도·이란인들의 경향에 따라 이와 비슷한 기도가 다양한 신들에게 헌사된다. 그러나 위대한 윤리적 아후라에게 응당 기대되듯이, 미트라가 부여한 선물들은 분명 일부는 정신적인 것들이다. 왜냐하면 그는 가축 떼를 선사하고 살찌우며 힘과 자손을 주지만, 질서의 유지자, 즉 아샤반의 자질을 부여하고 정당한 명성과 정신의 평화를 선사하고, 거짓의 군대로부터 기원자를 보호하기 때문이다.[31]

비록 희생제에는 규칙적으로 희생을 올리는 이에게 즉각적인 이익을 달라는 기도가 따르지만, 희생제는 또한 신을 기쁘게 하려는 것이므로 그 자체로 공덕을 짓는 일이며 생전에 하늘나라에 보물들을 차곡차곡 쌓는 행동으로서 내세에 은총을 얻는 데 도움을 준다고 여겨진 것이 확실하다. 그래서 미트라의 숭배자들은 이렇게 헌사를 바친다. "당신께서 우리의 희생을 받아 주시고, 오, 미트라, 당신께서 우리의 희생을 즐기시기를, 오, 미트라, 당신께서 우리의 희생의 자리에 앉으시고, 우리의 제물에 임하시고, 제물이 희생될 때 그 자리에 임하시고, 그들을 모두 보살펴 주시고, 그들을 노래의 집(House of Song)에 거하게 해 주시길."[32] "노래의 집"이라는 표현은 리그베다의 낙원에 대한 묘사를 상기하는데, 거기에서 야마는 무화과나무 아래서 피리를 분다. 그리고 거기에 보물을 저장한다는 개념이 야쉬트 49.10에 나오는 조로아스터 자신의 말의 근저에 있다는 주장이 제기되었는데,[33] 야쉬트에서 그는 마즈다의 "집" 안에 숭배자들의 정당한 숭배를 그들의 헌신과 희생 제물(iža-)과 함께 안전하게 넣어 두면, 마즈다가 몸소 이를 지킨다고 말한다. 우리가 이미 살폈듯이 제물은 또한 신들이 물질계와 인간 사회의 질서 있는 작동을 유지하는 임무를 수행할 수 있도록 그들을 강화하는 목적도 가진다. 그러므로 모든 희생은 네 겹의 의도를 가진다. 즉 신을 만족시키고, 희생을 올리는 이에게 물질적·정신적 보상을 주며, "아샤의 세계" 전체에 이익을 주는 것이다. 목적의 복합성에 더해 인도·이란인들의 희생제를 기도와 헌사를 곁들여 단순히 신들에게 음식을 공양하는 행위로서, 세속의 왕의 은총을 확보하고자 연희에 왕을 초대하고 정중한 말과 칭찬을 올리는 것을 본뜬 것으로 간주할 수는 없다.[34] 물론 그런 세속의 환대 행위는 인간이 신들, 즉 신성한 손님들을 대하는 행동의 모범을 제공했으며, 이 보이지 않는 방문자들을 기쁘게 할 제물을 바치고자 하는 욕구가 컸음은 틀림없다. 그럼에도 이것은 인도·이란인들의 희생의 목적의 한 요소에 불과해 보인다. 다른 요소들은 가끔씩 마법적인 것으로 분류되는데, 이 요소들의 배후에는 구태여 신의 개입 없이 물질계에 직접 영향을 미치려는 의도가 있었다. 인도에서는 이 마법적 요소가 지배적으로 자라나서 때로 희생제는 신들의 은총을 얻기 위한 행위라기보다 그들을 통제하기 위한 수단으로 간주되었다.[35] 그러나 이란에서 그런 경향은 있었다 해도 조로아스터의 개혁에 의해 효과적으로 저지되었다.

높은 곳에 있는 신들에 바치는 희생에 더하여 인도·이란인들은 불과 물에도 규칙적으로 제물을 바쳤는데, 이 두 요소는 그들의 일상에서 절대적 역할을 했으며, 이들은 생명과 영혼을 지닌 것으로 여겨져 쉽사리 인격화되었다. 불에 바치는 자오타르는 희생 동물의 작은 부분으로서, 불 위에 올려졌다. 조로아스터교 시절 이란에서 모든 희생제를 거행할 때 반드시 이 할당된 부분을 불에 바친 것으로 보이는데, 이 관행은 의심의 여지 없이 먼 다신교 시절로 거슬러 올라간다. 고대 이란의 제의에서 규정된 희생 동물의 부위는 장막(腸膜, 막창의 지방이 가장 많은 부분)이었다. 희생 동물이 도살되자마자 장막을 잘라내고 이를 불에 바쳤다.[36] 스트라본(Strabo)도 페르시아인들 사이에 똑같은 관습이 있었다는 소문을 기록하는데, 기록에 따르면 페르시아인들은 희생제를 거행할 때 "장막의 조그만 부위를" 불길 위에 놓는다.[37] 초기 기독교 시절 그 스스로 페르시아인들이 "껍질이 없는 마른 장작을 더하여 불을 피우고 그 위에 부드러운 지방을 올리는" 희생제 방식을 목격했다.[38] 그리고 17세기 이스파한에 있는 조로아스터교 불의 신전을 방문한 이탈리아인은 지방이 낀 꼬리를 가진 양의 꼬리에서 취한 지방을 신성한 불에 제물로 바치는 것을 목격했다.[39] 이 예식은 20세기 초반 몇십 년 동안까지 이란의 조로아스터교도들 사이에서 이어졌다. 지방은 간단히 불을 유지시키는 기능, 즉 불꽃을 더 밝게 타오르도록 하는 특징 때문에 제물로 선택되었다. 후대의 인도에서는 종종 녹인 버터를 대용으로 썼지만, 이란에서 증명된 불에 바치는 유일한 자오트라는 여전히 희생 동물의 지방이었는데, 이에 대한 문헌적 증거는 외국 관찰자들의 증언[40]뿐 아니라 가타[41]부터 페르시아어 리바야트 (Rivāyats, 의례 및 법률 문서집. ― 옮긴이)와 오늘날 파르시의 의례집까지 풍부하다.

이 의식의 기원은 분명 화롯불과 관련 있으며, 화롯불 숭배는 대단히 오래되어 실로 정주 인도·유럽인 시절의 것으로 보인다. 인도·이란인들이 유목민이 되면서 각 가족은 계절적 이동 시 집 안의 불을 항아리에 담아 부족이 새 천막을 치는 곳의 새 장소의 화로에 안치했

음이 분명하다. 문헌과 관습이 보여 주는 바에 따르면 화롯불은 조로
아스터교도들이 사원에 불을 안치한 이후에도 계속 숭배의 대상으로
남았으며, 브라만교에서도 계속 가장 중요한 요소로 남았다. 불에 대
한 조로아스터교도의 기도 아타쉬 니야예쉬(Ātaš Niyāyeš)에서[42] 불은
"인간의 거주지에서(nmānāhu mašyākaną) 희생을 받을 자격이 있는,
기도를 받을 자격이 있는 존재"로 호명된다.[43] 불을 때는 재료는 "마른
것, 빛에 노출된 것",[44] 향이 나고(baoidhi-) 적절한 "영양(pithwa-)"[45]이
있는 것이어야 한다. "아후라 마즈다의 불은 저녁과 아침을 요리해 주
는 모든 이들에게 스스로 명을 내리며, 모든 이들에게서 좋은 제물과
염원을 담은 제물과 헌신적 제물을 갈구한다.[46] 불은 "나이가 차고",
"교육을 받은" 이의 보살핌이 필요하고,[47] 전통적으로 남자들은 스스
로 가정을 이룰 때 화롯불을 설치했는데, 그가 죽을 때까지 이것을 밖
으로 들어내서는 안 되었다. 신들에게 선물을 바치고 희생제를 올려
야 한다는 깊이 각인된 본성 덕에 불은 쉽사리 인격화된 존재로 호명
되었는데, 이는 불이 가시적으로 제물을 요구하고 이를 소비했기 때문
이다. 아타쉬 니야예쉬의 다른 절은 다음과 같이 읊는다. "불은 지나
가는 모든 이들의 손을 바라본다. 친구가 친구에게 무엇을 가져다주
는가, 가만히 앉아 있는 이(즉 불)에게 다가가는 이가?"[48] 후대에 조로
아스터교도들은 규칙적으로 이 "친구", 즉 집 안의 불 앞에서 가족의
기도를 읊조렸다. 그리고 수 세기 동안 인도에서 파르시들을 위한 불
의 사원이 하나밖에 없었을 때, 대부분의 가정에서는 부득이 의례의
모든 제물을 집 안 화로의 불에 바쳤다.[49]

그러므로 불에 바치는 자오트라는 원래 화로의 신에게 바치는 끼
니의 정당한 일부분으로 해석될 수 있는데, 이 신 자신의 불꽃이 숭배
자들의 끼니를 요리하기 때문이다. 이는 실제로 일종의 공유 형태, 즉

쌍방이 각자 직접 관계인 역할을 하는 계약이었다. 사제들이 고등 의식을 집행하는 사원에서도 똑같은 제물을 바친 것이 분명하다.[50] 그런 불은 때로는 특별한 목적을 가지고 켜졌으며(발화용 활시위와 나무 혹은 부싯돌로), 때로는 화로에서 가져온 깜부기불로 일으켰다. 그리고 집 안의 불과 성격이 같았으므로 이 불은 동물의 지방을 자오타르로 받았다. 이 제물 헌상은 이란에서 특별히 중요했는데, 그곳에서 불은 자오타르 학파가 해석한 바대로 구성상 당연한 중요성을 획득했기 때문이다. 즉 우리가 이미 살펴보았듯이,[51] 그들의 우주론에 따르면 개별 불은 여타 여섯 "피조물" 전부에 스며들어 있는 우주의 불을 표상하기도 한다. 또한 특히 불은 식물과 동물과 인간 등 모든 생명체 안에 있는 생명력이다. 그러므로 화로나 의례의 불에 자오트라를 바침으로써 인간은 그 특정한 불을 강화할 뿐 아니라 이를 통해 모든 존재를 지탱하는 우주의 불에 새로운 생명을 부여하는 셈이다.

유목 인도·이란인들은 불에 의지해 따뜻함과 빛을 얻고 음식을 조리했다. 그러나 물이야말로 생명의 원천이었기에, 그들과 가축이 마실 물을 얻는 우물과 흐르는 물 또한 화롯불과 마찬가지로 숭배했음이 분명하다. 오늘날에도 조로아스터교도들에게 물 숭배는 깊이 각인되어 있어서, 정통파 공동체들은 가정의 우물이나 가장 가까이 있는 흐르는 물에 규칙적으로 제물을 바친다. 사실 조로아스터교도들은 불 숭배자일 뿐 아니라 물 숭배자로 부르는 것이 상당히 정당하고 합리적일 것이라고 이야기돼 왔다.[52] 가장 전통주의적인 야즈드 마을들에서 여전히 종종 제공되는 헌주는 성격이나 이름이 모두 고대적으로 보인다. 그것은 아브-조르(āb-zōr), 즉 "물에게 바치는 자오트라"이기 때문이다.[53] 그것은 우유에 식물 왕국에서 나온 것 두 가지(꽃잎이나 약초, 작은 과일 등)를 더한 것으로 구성된다. 대개 사제들이 아베스타를 암송하면서 이 헌주를 천천히 물에 붓는데, 때로는 여성이나 소녀들이 행하기도 한다. 이 의식의 요소들은 오래전 다신교 시절의 우주론적 추론에서 기인했을 것으로 보인다. 즉 물이 "창조"됨으로써 식물을 키우고(식물 헌상에 의해 표현된다.) 물 자체로 그리고 식물을 통해 가축을 키운다.(우유 헌상에 의해 표현된다.) 그러므로 나머지 두 "창조물(즉 식물과 동물)"은 신성한 말과 함께 봉헌된 물로 돌아가 물이 생명을 주는 활동을 지속하도록 그를 보강한다. 그 목적은 불에게 자오트라를 바치는 것과 마찬가지로 숭배 대상인 물을 지지하는 것이다. 또 불의 경우와 마찬가지로 각각의 우물이나 물줄기는 우주의 물과 연결되어 있는 것으로 여겨지는데, 그들의 궁극적 근원은 바다 보우루카샤이기 때문이다. 세상의 모든 물은 주기적으로 그곳으로 되돌아간다고 여겨졌는데, 분다히슨(그토록 많은 고대적 자료를 포함하고 있는)에 따르면 불결한 물질보다 헌주를 더 많이 받은 물(āb kē hikhr kam ud zōhr wīš)은 3년마다 근원으로 돌아가며, 그렇지 않은 물은 9년마다 돌아간다고 한다.[54] 그러므로 숭배자들은 이런 헌주를 만듦으로써 물의 창조가 유지되도록 돕고 그를 통해 순수하고 질서 잡힌 세계 전체의 유지를 돕는 것이다.

가정의 작은 예배와 사제들의 큰 의식의 선후 관계를 확립하는 것은 불가능하다. 다시 말해 전자가 후자의 단순화인지 아니면 후자가 전자로부터 진화한 형태인지 알 수 없다. 그러나 우리가 고찰한 세 가지, 즉 특정한 신에게 음식을 제물로 바치는 것과 물과 불에 제물을 바치는 것은 모두 평신도들이 행하는 개별적 행동일 수 있지만, 한데 모이면 후대에 야쥐냐(yajña) 혹은 야스나(yasna), 즉 "숭배 행위"로 알려진 의식을 구성하는 요소가 될 수도 있다. 그러나 다신교 제의는 두 민족이 갈라진 후에도 상당히 진화하였고, 그 요소들은 그대로지만 예식은 인도와 이란에서 매우 다른 특성들을 발전시켰다. 그래서 이란 측에서 어느 정도가 다신교 시절 이미 만들어진 진전에 의한 것이고 어느 정도가 조로아스터의 개혁으로 인한 것인지는 어쩔 수 없이 합리적 추측의 문제로 남을 수밖에 없다. 야쥐냐/야스나가 여타 숭배 행위와 구별되는 것은 야쥐냐/야스나가 소마/하오마를 준비하고 공양하는 것에 초점을 맞춘다는 점 때문이다. 소마/하오마 공양은 베다교의 핵심으로 일컬어졌으며, 이것이 다신교 시절 이란에서도 대단히 중요했음은 명백한데, 그것이 동물 및 인간 희생과 함께 세상에 생명을 가져다준 세 가지 위대한 원형적 희생제(최초의 황소, 인간, 식물) 중 하나를 재생산하는 것으로 보이기 때문이다.[55] 이 경우에는 인간과 동물의 생명을 지탱하는 식물의 생명이다. 그러나 문헌과 예식을 비교해 보면, 인도에서는 소마 숭배 의례가 정교해지고 중요성이 강화되었지만, 이는 본질적으로 초윤리적이므로, 비록 고대의 힘을 가진 요소들이 개혁 신앙(조로아스터교) 안에서도 끈질기게 살아남았지만, 결국 윤리적 조로아스터교 내에서 하오마 의례는 제한되고 종속되었다.

인도·이란어 *사우마(*sauma)는 으깨어 물이나 우유와 섞으면 강력한 각성 작용을 하는 물질이 나오는 식물이다. 그 이름은 간단히 "누르다, 으깨다"라는 뜻의 동사 사브(sav-)에서 온 듯하다. 그러나 원래 이 식물이 무엇인지에 대해서는 논쟁이 많다.[56] 브라흐마나는 인도인이 고대의 소마를 더 이상 가지고 있지 않으며, 그 풀은 자신들의 땅에서 자라지 않는다고 명시적으로 말한다. 그러므로 야쥐냐에 준비된 것은 단지 대용품이다. 조로아스터교 문헌에서 이 문제는 언급되지 않지만, 수백 년 동안 이란인들은 마황의 일종을 하오마로 알고 사용해 왔다.[57] 이 풀은 중앙아시아 전역은 물론 이란의 산지에서도 자란다. 이 풀은 질기고 섬유질이 많은 줄기를 가지고 있어서 즙(유조직)을 내려면 으깨야 하고,[58] 그 즙은 환각 작용을 가지고 있다.[59] 더욱이 이 풀은 아베스타에 나오는 하오마에 대한 (일반적으로 인정되듯이 짧고 모호한) 묘사와 충분히 일치한다. 그리고 이란인들의 엄청난 보수성을 감안하면, 그 마황의 일종이 실제로 인도·이란인들의 원래 *사우마일 가능성이 매우 크다. 그러나 그 식물은 베다에 보이는 소마에 대한 훨씬 정교하고 시적인 묘사를 만족시키지는 못하며, 앞으로도 두 종교의 제자들이 고대의 풀이 무엇인지 합의를 볼 것 같지는 않다.

아베스타로부터 하오마 식물은 "종류가 많음(pouru.sarədha)"[60]을 알 수 있는데, 아마도 마황과 마찬가지로 하오마 식물 과(科)에 여러 하위 종이 있었던 듯하다. 그것은 녹색이며((zairi.gaona)[61] 잔가지는 유연하며,[62] 향이 있고,[63] 다육질이거나 즙이 많으며(gaoman),[64] 산꼭대기나 하곡에서 자라는데,[65] 먼저 하라의 꼭대기에서 보우루카샤에서 불어오는 남풍에 실려 온 구름과 비로부터 영양분을 얻는다.[66] 이것을 으깨면 음료가 나오는데, 이 음료는 원기를 북돋우고 힘을 더 강하게 해 준다. 그리고 이것은 어떤 해도 끼치지 않는 유일한 취할 거리(메다(madha))이다. "다른 메다는 모두 피묻은 곤봉의 분노를 동반하지만 하오마 메다는 사람을 영민하게 한다."[67] "하오마 메다는 스스로의 정당함(아샤)을 동반한다."[68] 베다 사제들 또한 발효주(surā)와 대비되는 소마의 효용을 찬미한다. "소마는 진실이자 번영이며 빛이다. 그러나 수라는 거짓이자 비참함이며 어둠이다."[69] 소마는 남자들이 갖춰야 하는 자질을 촉진하고 강화하는 것으로 나타난다. 전사들이 소마를 마시면 격전을 앞두고 당장 마음을 다져 강력한 적수가 되고, 시인이 마시면 영감과 신적 힘에 대한 소속감을 경험하며, 사제는 예언의 지혜를 얻는다.[70] 이란에서 하오마 숭배의 증거는 흩어져 있지만 상당히 많다. 이와 관련된 가장 흥미로운 텍스트는 이른바 홈 야쉬트(Hōm Yašt)인데, 이는 비록 젊은 아베스타에만 남아 있지만 분명 기본적으로 대단히 고대적인 것이다. 이는 야스나 기도문(Y. 9~11)의 일부로 살아남았는데, 거기에서 그것은 최초의 제의적 파라하오마(parahaoma, 즉 하오마로 조제한 것) 들이킴에 선행하고 동반한다. 이를 행하기 전 읊어지는 절에 따르면 숭배자들은 하오마를 "녹색의 존재"로 호명하며, 취하게 해 주기를 간청하며 그에게서 힘과 승리와 육체의 건강을 요구한다.[71] 그들의 말에 따르면 그는 전신에 힘을 주며, 모든 종류의 도취와, 두 발 달린 것이든 네 발 달린 것이든 어떤 적이라도 물리칠 능력을 준다.[72] 하오마의 별칭 중 하나는 베레트라잔(vərəthrajan), 즉 "승리의"이다. 또한 적군을 무찌르는 것을 보장받기 위해 하오마에게 야스나를 거행하는 것이 조로아스터교도들에게도 여전히 관례였다.[73] 서사시 전승에 따르면 카비 하오스라바가 강력한 프랑라시얀을 이기도록 도운 것이 하오마였고,[74] 고대에 전사 계급이 하오마 숭배에서 자기 역할을 가졌음은 의심할 바 없다. 이에 대한 일부 증거는 서기전 5세기 페르세폴리스에서 발견된 듯하다. 왜냐하면 보고에서 아름답게 만든 돌절구와 절굿공이가 엄청나게 많이 발견되었는데, 파라하오마를 준비할 때 쓰이는 종류였다.[75] 절구 아흔일곱 개와 공이 여든 개가 복원되었고, 대부분은 글자가 새겨져 있었다. 아람어로 된 명문들은 간략하고 상당히 표준적이라는 것이 특징이었다. 그러나 거기에는 어려운 용법과 일부 알려지지 않은 단어들이 포함되어 있어서 전체 의미는 아직 불분명하다. 다음은 그중 하나의 번역문이다.[76] "'요새'의 관할하에, 세간(segan) 미트라파타의 감독하에 바후파르나가 이 커다란 돌공이와 커다란 절구 하나를 만들었다. 출납관 다타-미트라의 감독하에. 13년(?)에 출하." 발견된 용기의 수는 이것들이 봉헌물로서, 지위가 있는 이들이 하오마 의식에서 직접 쓰고자 만든 것임을 시사한다. 그러나 일부 절구는 명문을 새기기 전에 깨어져 수선을 한 것으로 보여 신에게 바치는 선물로 가치는 없어 보이고, 마시는 용기는 하나도 출토되지 않았다. 그러므로 이 발굴물의 의미는 여전히 수수께끼로 남아 있다.

조로아스터교 야스나에서 첫 파라하오마는 하오마 잔가지를 석류 잎과 함께 찧어 거기에 정화수를 붓고, 이것을 희생으로 선택된 황소의 털로 만든 체로 걸러서 만든다.[77] 지금은 이 우려 낸 물을 여섯째 창조물(인간)을 대표하여 사제가 마신다. 그러나 (홈 야쉬트의 텍스트로 판단컨대) 이 첫 파라하오마는 사실 이전에는 사제는 물론 전사와 시인들도 마신(사실상 공동체의 입회자들이 다 마신) 고대의 메다의 자취일 가능성이 있다.[78] 고대에는 단순히 하오마에 물을 섞어서 만들었을 것이고, 석류는 조로아스터교 의식의 두 번째 파라하오마(사전 의식에 파라하오마를 한 번 준비하고, 야스나 예배 중에 두 번째로 준비한다. ― 옮긴이)에서 차용한 듯한데, 이 의식은 성격상 순수하게 사제들의 것이다. 이 것(두 번째 파라하오마)은 하오마, 석류 그리고 우유 세 요소로 만들어지는데, 따라서 오늘날 조로아스터교도 촌락민들이 물에 바치는 자오타르와 닮았다. 그리고 두 번째 파라하오마는 사실 헌주로 준비되고 올려져, 봉헌 예식이 끝나면 깨끗한 수원(우물이나 흐르는 물)에 부어진다.[79] 이 사제들의 아브-조르는 항상 불에 바치는 제물 아타쉬-조르와 연결되고, 따라서 피의 희생과 연결되는 듯하다. 의례의 이러한 긴밀한 연관성은 고대의 야스나 하프탕하이티에 의해 입증되는데, 야스나 하프탕하이티는 이 이중의 제물 공양을 수행하기 위해 조로아스터교적으로 개작한 의례집으로 보인다.[80] 아타르와 아파스, 즉 불과 물들은 다음과 같은 엄숙한 말을 통해 자기 몫을 받도록 호출된다. "우리에게 다가오소서, 오, 불이여, 가장 즐거운…… 즐거움을 가지고……."[81]
"우리는 당신을 부릅니다, 물들이시여…… 아래로 (우리는 부릅니다.)
오, 선한 분들이여, 긴 팔을 가진 제물 중 당신의 몫을 즐기시리, 그 제
물에 고마움을 표하고자, 오, 살아 있는 어머니들이시여."[82]

비록 각 예배는 모두 특정한 개별 신에게 바치는 것이지만, 이런
식으로 불과 물은 야스나를 거행할 때마다 자신의 몫을 받는다. 자신
의 "몸"으로 물에 바치는 제물을 만들어 내는 하오마는 역시 언제나
피의 희생제에서 규정된 몫을 받는데, "혀와 왼쪽 눈과 턱뼈 두 개"가
그의 몫이다.[83] 그리고 홈 야쉬트에 따르면 하오마는 "그가 사제든 농
부든 전사든, 자신의 몫을 해치거나 보류하고 주지 않는" 인간을 저주
한다.[84] 각 희생제에서 이렇게 정해진 몫을 하오마를 위해 따로 떼어
두는 것은 다신교 신학에서 그가 사제 신(사제 역을 하는 신)으로 간주
되기 때문일 것이다. 그리고 이 개념은 분명 인도·이란의 것인데, 인도
에서도 소마에게 똑같은 역할이 부여되기 때문이다.(인도에서 소마 역시
피의 희생을 제물로 받는다.)[85] 인간 사제가 모든 희생제에서 일정한 몫을
받듯 보이지 않는 이(사제 신 하오마)에게도 일정한 몫이 부여되었다. 미
흐르 야쉬트에 따르면 신 하오마는 "드높은 하라에서 별로 꾸미고 영
혼으로 만들어 낸 절구를 가지고 처음으로 식물 하오마를 공양한 이
이다."[86] 그리고 "재빨리 희생을 올리는 자오타르"로서[87] 그는 영혼의
세계에서 다른 신들에게 희생을 올리니, 거명된 신들은 드루바스파,
미트라 그리고 스라오샤이다.[88] 동물 희생제를 반복함으로써 게우쉬
우르반 개념을 만들어 냈듯이 반복된 파라하오마 봉헌이 처음으로 하
오마 신 개념을 만들어 낸 것으로 보인다. 그리고 규칙적으로 두 제물
을 함께 바쳤다는 사실 때문에 시간이 지나면서 하오마가 이 둘을 관
장한다는 신화가 만들어졌다. 종교의 역사에서 종종 벌어지는 일이

지만, "규칙적인 희생제의 반복으로 탄생한 간헐적이고 우둔하며 수동적인 인격이 상상 덕택에 처음으로 지위와 역사에 이어 더 지속적인 생명을 부여받는다."[89] 이 경우 이렇게 탄생한 신이 풍부한 신화를 얻고, 당연히 그의 성격의 다양한 측면이 모두 결국에는 그가 표상하는 식물과 연결되는 이유는 하오마가 일상생활에서 그토록 중요한 역할을 맡았기 때문일 것이다. 이 풀이 (인간과 동물에게 공히 유익한) 약초의 왕으로 간주된 이래 하오마 신은 건강과 강건함을 주는 능력을 가진 치료사로 경배되었다.[90] 그에게 적절하게 바쳐진 기도는 안녕을 가져다주기에,[91] 역병이 창궐하면 그를 기리는 야스나를 거행한다.[92] 그리고 이 식물의 취하게 하는 특성과 투지를 일깨우는 기능 때문에, 그 자신이 전사 영웅이 되었다. 그리고 식물의 주로서 그는 풍년을 가져다줄 수 있기에, 그가 풍년을 허락하도록 야스나를 바쳤다.[93] 그리고 그가 다산뿐 아니라 육체와 정신의 가장 높은 자질들을 수여할 수 있기에, 여성들은 빼어난 아들들을 얻기 위해 그에게 기도했다.[94] (우리가 앞서 보았듯이,[95] 영웅 트라에타오나와 케레사스파가 각자의 아버지들에게 태어난 것은 후자가 음료용 하오마 즙을 짜냈기 때문이다.) 그리고 스스로 희생의 신이지만 하오마는 자신이 식물을 통해 살찌우는 동물들을 연민하며, 그들의 영혼이 내세에 정해진 자리를 얻을 수 있도록 하는 의식들이 잘 지켜지도록 살핀다. 그러므로 그는 게우쉬 우르반 및 게우쉬 타샨과 함께 특별히 동물을 책임지는 신으로 간주된다.[96] 이 모든 면에서 그가 사제의 특성을 가졌던 것과 마찬가지로 그는 분명 의인화된 존재로 여겨졌으며, 그와 식물 하오마는 너무나 긴밀하게 결합되어서 그를 호명할 때는 신격과 약초의 개념이 종종 뒤섞인다. 그러므로 홈 야쉬트의 서두에서 하오마가 조로아스터에게 다가가는 것으로 나오는데, 조로아스터는 그에게 이렇게 인사한다. "당신은 누구요, 남자여, 온 현상계에서 내가 본 이 중 가장 아름다운 이여."[97] 이에 하오마가 대답한다. "나는 하오마. 나를 모아 눌러 음료를 짜내고, 강력해지기 위해 나를 찬미하시오."[98] 인간의 모습을 하고 있을 때 그는 "녹색 눈을 가진(zairi.dōithra-)"[99]이로 불리지만 이 녹색은 식물에서 나온다. 식물이자 신으로서 그는 "아샤를 증진하는"(aša.vazah-)"[100]이라는 별칭을 가지고 있는데, 이는 질서의 수호자들인 아수라들과 연결된다. 그러므로 그는 적절하게도 후크라투(hukhratu-), 즉 "좋은 지혜를 가진"[101] 이로 불린다.(인도에서 소마 또한 수크라투(sukratu-)로 불린다). 또 하나의 두드러진 별칭은 두라오샤(dūraoša-, 베다어(durosa-))이지만, 그 의미는 큰 논란거리이다.[102]

숭배의 대상인 이 신에서 숭배 행위 자체로 넘어가면, 다른 민족들과 마찬가지로 이란인들에게도 신에게 바친 제물들이 어떻게 실제로 그들에게 도달하게 할까의 문제가 남는다. 불과 물 두 요소에 건네진 자오타르들은 불에 의해 소비되고 물에 의해 흡수된다. 그러므로 이것들은 숭배자의 수중에서 완전히 사라지는 진정한 희생물이다. 그리고 인도의 의식에서 모든 제물의 작은 부분, 심지어 액체 소마의 일부분도 "신들의 입", 즉 불 위에 놓아서, 불이 관련 신을 대신하여 이를 소비하도록 한다. 그러나 이란인들은 불에는 불 자체를 위해 준비된 것들(마른 나무, 향, 지방)만 바친다. 신 일반에 관해 말하면, 스트라본에 따르면[103] 페르시아인들은 신들이 희생물의 "영혼"만을 요구한다고 주장했다고 한다. 그리고 오늘날에도 조로아스터교 사제들은 신들을 만족시키기 위해 각 제물의 정수, 즉 "영혼"을 풀어 주기 위해 고심하는데, 이는 제물의 체취(bōy)를 통해 감지할 수 있다. 그들은 과일과 채소를 썰어 쪼개고, 밀가루 케이크를 굽고, 희생 동물의 살을 굽거나 끓임으로써 이 일을 수행한다. 그 후 제물을 제공한 이가 거의 모든 봉헌물을 사제와 가난한 이와 친구와 친지들에게 나눠 준다. 그러나 여기에서 페르시아인들이 아마도 스트라보에게 말해 주지 않았을 법한 관습이 하나 더 있는데, 희생물의 일부분을 따로 두었다가 신에게 다른 방식으로 전하는 것이다. 분다히슨에 제시된 설명에 따르면 인간에 의한 첫 희생에서 불의 몫(bahr ī ātakhš)은 직접 불꽃 위에 놓고, 신들의 몫(bahr ī yazdān)은 하늘로 던져, "오늘날 개들이 고기를 먹는 것처럼"(čun nazdist gošt sagān khward)" 독수리가 잡아채어 옮기도록 했다고 한다.[104] 확실히 오늘날까지 신성한 축제와 경건한 의식들에서 정통파 조로아스터교도들은 바쳐진 모든 종류의 음식을 조금씩 모아서 아베스타를 암송하면서 개에게 준다.[105] 더욱이 엄격한 정통파는 음식을 먼저 개에게 주지 않고는 절대로 먹지 않으며,[106] 이란의 가장 보수적인 마을들에서는 이렇게 개에게 주어진 것은 신들과 죽은 이들의 영혼의 세계로 닿는다는 믿음이 명백하게 확인되었다. 오랜 종파의 신실한 조로아스터교도들은 대체로 여전히 영혼이 지상에 머물러 있는 사흘 동안 하루 세 번씩 죽은 이에게 음식을 바치며, 모든 추도 행사에서 제물의 일부를 보이는 이(사람)와 보이지 않는 이(신) 사이의 살아 있는 매개자인 개에게 던져 준다. 개와 사자의 영혼의 관계는 베다들에서도 확인되므로,[107] 이 믿음은 과거 인도·이란 시절에 뿌리를 두고 있는 듯하다. 그러나 개 자신이 신들의 대리자로서 그들을 대신하여 제물의 일부를 받을 수도 있는데, 이는 이란인들만의 개념으로 보이며, 죽은 이들에게 행하는 관습들로부터 유추되어 서서히 발전한 것으로 보인다. 신들에 대한 관행은 오늘날 희생 중 하오마에게 주는 몫에서 가장 분명하게 드러나는 듯하다. 오늘날 의례에서 이 몫은 희생된 동물의 혀인데, 이것은 하오마에게 봉헌되는 동안 구워지면서 체취를 풍기고, 그 후 의례적으로 개에게 준다.[108]

개의 몫이 필연적으로 작기 때문에, 이 의식이 발달했다고 해도 대부분의 제물은 숭배자들 사이에서 분배된다. 피의 희생의 경우 이란과 인도 양쪽에서 희생물의 내장의 일곱 부분(몫)을 중시하는데, 이는 조로아스터교 관습에 따르면 안돔(andom), 즉 "부분들"이라 불린다.[109] 이란에서는 이 부분들을 특별한 방식으로 준비하고 구우며, 그러고 나서 특별히 정신과 영혼을 집중하여 이를 소비한다. 인도에서도 이 일곱 부분을 준비하기 위해 특별한 예법을 따르는데, 이 부분들이 특히 피의 희생의 이다(idā)를 표상한다고 생각했기 때문이다. "모든 의례의 핵심 부분은…… 함께 이다, 즉 '희생의 축복'으로 여겨지는 희생 음식의 특별한 부위를 먹는 것이다. 아그니호트라의 이다는 희생물로 올랐다가 남겨진 우유이며, 보름달과 초생달 희생제의 이다는 희생으로 올린 케이크의 일부이며…… 동물 희생제의 경우 동물의 일부, 소마 희생제의 경우 희생제가 끝난 후 마시는 소마의 일부이다."[110] 아베스타어 이쟈(ižā)는 어원상 베다어 이다(idā)/이랴(iḷā)와 같은데,[111] 조로아스터 자신도 같은 의미로 쓴 듯하다.[112] 인도에서 이다는 여신으로 인격화되며, 이와 마찬가지로 이쟈의 인격화가 가타에 나타나는데, 특히 야스나 50. 8에 나오는 "이쟈의 발걸음 안에(padaīš …… īžayā̊)"라는 표현은 베다의 "이랴의 발걸음 안에(iḷāyās padé)"라는 표현과 절묘하게 들어맞는 것으로 비교되어 왔다. 이 두 표현은 "지방(기름)과 함께 발걸음을 내딛는" 희생의 여신을 암시한다.[113]

조로아스터교도와 브라만은 모두 봉헌 음식과 음료를 함께 먹고 마시는 것에 중요성을 부여했는데, 이로 인해 학자들은 곧장 그들의 예식과 다른 종교의 성찬을 비교하게 되었다. 위베르(Hubert)와 모스(Mauss)는 인도의 피의 희생제와 소마 희생제를 둘 다 신의 죽음과 관련된 것으로 확정하려 했고, 그리하여 수많은 다른 종교의 예식과 비교한 후에 이들을 "기독교의 희생 의식"과 결부시켰다.[114] 근래에 제너 (zaehner)는 이란의 하오마 의식을 가지고 똑같은 비교를 행했지.[115] 야 스나 114에서 하오마는 "아후라 마즈다의 아들"(불에 더 자주 적용되는 용어이다.)로 불린다. 이 점을 강조하면서 신의 "죽음", 파라하오마 안의 그의 "실재", 그의 "부활"과 이어지는 숭배 행위에서 그의 재사망 등을 부각하는 자료들을 골라내면, 이란의 하오마 공양이 더 오래되고 덜 익숙한 형태의 기독교의 성찬 의례인 것 같다는 의견을 도출할 수 있 다. 그러나 모든 자료를 그 자체의 종교적 맥락에서 정당하게 고려한다 면, 하오마 의례의 목적은 매우 다른 것으로 보인다. 소마와 관련하여 키스(Keith)가 지적했듯이, 이 의례는 기본적으로 "취하게 하는 음료의 신에게 제물을 바치는 것이며, 이 자체가 한편으로 소마 신이라는 개 념을 만들어 냈다."[116] 또한 식물을 으깨는 행위가 소마의 죽음과 관련 있다는 생각은 단지 후대의 브라흐마나(Brāhmaṇas)에서 표현되었다. 그러나 이 의견을 품고 있는 구절을 보면 거기에 "신의 죽음에 대한 진 지하거나 진정한 감정은 전혀 없다. 그것은 깊은 종교적 확신이 아니라 추정의 산물이다."[117] 조로아스터교 문헌에는 그런 생각의 흔적도 없 다. 피의 희생에 관한 한 브라만교의 예식에 관한 키스의 언급은 이란 에도 적용된다.[118] "정교한 의식이나 전문이 기록된 기도문 어디를 살 펴봐도 희생물의 죽음이 제의상의 신의 죽음이라거나 그 의식이 함 께 식사를 함으로써 신과의 연대를 강화하거나 새롭게 하는 성찬식 이라는 관념을 보여 주는 자그마한 기미조차 없다. …… 이다는 먹을 때 그 음식 안에 있는 신적 힘일 뿐 거기에 신을 죽이고 먹는 문제는 없다."

신적 힘은 봉헌 행위를 통해 제물로 들어간다. 다시 말해 사제의 신성한 말, 즉 만트라와 그가 바른 의도를 가지고 집전한 제의에 의해 힘을 얻는다. 만트라에는 대단히 강력한 힘이 부여되는데, 후대의 조로아스터교 관습에 따르면 모든 제의 행위를 신성한 말들이 수행할 뿐 아니라 신성한 말들이 제의를 완전히 둘러싸서 그것과 해로운 세력 사이에 보이지 않는 벽을 형성한다.[119] 이는 또한 다신교 시절의 관습으로 보이는데, 고대의 야스나 하프탕하이티는 일곱 장으로 되어 있고, 그중 여섯 장이 다시 세 장씩 한 쌍을 이뤄 가운데의 것을 감싸는데, 가운데 장은 원래 의식의 최고점, 즉 주요 희생 제물 공양을 수행하기 위한 것이다.[120] 당연한 귀결로, 조로아스터교 기도문에서 야스나 하프탕하이티 전체가 가장 성스러운 만트라인 조로아스터 자신의 가타로 둘러쳐지는데, 이 가타는 다시 두 묶음으로 나뉘어 야스나 하프탕하이티를 완벽하게 보호하고자 그 주위로 배치된다. 그리고 이윽고 가타 자체의 차례가 되면 야스나의 텍스트로 감싸져, 기도문은 수많은 차단벽을 가진 요새처럼 자라나는데, 각 차단벽은 가운데 놓인 것을 보호하고 더 강한 힘을 부여하는 데 도움을 준다. 그러한 차단벽이 강해야 함은 대단히 중요한 일이다. 다시 말해 만트라들은 정확하게 이해되고 말해져서, 자신이 수행하는 제의가 완전한 효과를 가지도록 해야 한다.

제의를 집전하는 사제는 제의적으로 완벽하게 정화되어야 하고, 생각과 시선을 통해 자신의 모든 제의적 힘을 축복의 대상에 집중시켜야 했다. 일단 신적 힘이 제물로 들어오면, 이를 먹기에 적절한 상태인 이들만 먹을 수 있다. 사전에 재계를 하는 것은 필수인데,[121] 깨끗한 물이나 황소 혹은 암소의 오줌으로 행했다.(이 또한 이란과 인도 공통의 의식이다.) 이 제의상의 요구 사항에 따르면 가축은 항상 사제들이 관리해야 하는데, 그들은 반드시 가축을 다루는 데 익숙해야 한다. 그러므로 이는 또한 고대 유목 시절의 암소-상징에 지속적 생명력을 부여한 의식이기도 하다. 이란과 인도에서 소 오줌은 내적·외적 정화를 위해 모두 쓰였다. 그러나 조로아스터교 예식에 따르면 몸을 정화할 때는 그에 걸맞은 도덕적 상태가 요구되었다. 다신교 시절 숭배자들에게 요구되는 자질은 더 임의적인 경향이 있어서, 도덕적·초도덕적 조건들이 뒤섞여 있었다. 그러므로 아레드비 수라 아나히타는 게으른 자나 정신병에 걸린 자, 거짓말하는 자, 겁이 많거나 앙심을 품은 이들이 그녀에게 바쳐진 자오트라를 먹을 수 없게 했다. 그러나 이 여신은 나환자, 장님이나 귀머거리 그리고 모든 종류의 신체적 기형을 가진 이들도 거절했다.[122] 강도나 창녀는 티쉬트리야에게 바친 제물을 먹지 못했고,[123] 미트라의 자오트라를 먹기 위해서 숭배자들은 수일 밤낮을 연이어 목욕하고 제의적 매질을 견뎌야 했는데,[124] 이는 죄를 몰아내기 위함으로 보인다. 다신교 시절의 풍요의 여신 아쉬는 출산에 관계할 수 없는 이, 즉 늙은 남녀와 소년 소녀는 자신의 제물을 먹지 못하도록 했다.[125]

실제 희생제를 올리는 장소는 조로아스터교나 브라만교의 관습상 모두 대단히 간단한데, (제단이나 화대火臺 같은) 장소를 나타내는 항구적 지형물이 없는 것은 수천 년간 초원에서 유목민의 삶을 살았던 것 때문으로 쉽사리 이해할 수 있다. 필요한 것은 신성한 경계선을 그을 수 있는 자그마한 평지가 전부였는데, 오늘날 조로아스터교도들은 이를 파비(pāvi), 즉 "순결한 장소"라 부르며, 브라만들은 베디(vedi)라 부른다.[126] 베디는 대개 희생을 올리는 이의 집에 만드는데, 약간 토대를 올리거나 가라앉히며, 모양은 불규칙적인데 가운데가 가장 좁다. 파비는 평평한 사다리꼴로서, 얕은 고랑으로 둘러쳐진다. 오늘날 파비는 대개 고정된 장소로서, 바닥에 돌을 깔고 그 돌 위에 "고랑"을 만든다.[127] 그렇지만 여전히 어디든 깨끗한 곳으로서, 신성화될 수 있고 의례를 행하는 동안 신성화된 상태로 있을 수 있는 장소라면 파비를 설치할 수 있다.[128] 인도의 의식에서 베디는 풀로 덮는데, 오늘날에는 쿠샤(kuśa)라 불리지만 예전에는 바르히스(barhis)라 불렸다. 이란인들도 예전에는 풀을 깔았는데, 이름은 바레스만(barəsman)이다가 나중에 바르솜(barsom)이 되었다.[129] 두 개념은 이 풀 깔기와 관련되어 존재한 듯하다. 이 풀은 희생 동물의 발아래 깔고, 고기가 준비되면 그 풀 위에 올려 봉헌하는데,[130] 왜냐하면 "희생물이 풀을 몸으로 갖췄고, 진실로 그리하여 그가 희생물이 완전한 몸을 갖추게 만들었기 때문이다."[131] 이 풀은 신이 제물을 받기 위해 손님으로 올 때 앉는 자리로도 여겨졌다. 사원이나 영원히 신성한 장소에서 거할 신이 베디나 파비 근처에 상주한다고 상상할 수는 없기 때문이다.[132] (조로아스터교도들조차 서기전 4세기 전까지는 사원을 짓지 않은 것으로 보이므로, 다신교 시절에는 그런 곳이 없었다.) 인도와 이란의 의식에서 불은 항상 있었는데, 사제가 땅에 앉을 때 눈과 손의 높이 정도에 있는 낮은 용기 안에서 타올랐다. 그리고 의식이 끝나면 마치 오늘날 조로아스터교도들이 말린 식물을 태우듯,[133] (의식에 쓰인) 신성한 깔개도 태워졌다.[134] 예전에 사제들은 (신성한 구절을) 암송하면서 이 깔린 풀을 한 웅큼 집어 들었는데, 그 순수한 수호의 힘을 공유하기 위한 것으로 보이며,[135] 생각건대 이는 동물의 살은 풀이며 사제와 희생물은 동족임을 인정하는 행위로 보인다. 시간이 지나면서 풀 대신 잔가지가 그 역할을 하게 되었지만, 이란과 인도에서 공히 집전 사제가 손에 다발로 들고 있는 이 잔가지를 옛날 풀 깔개와 똑같은 이름으로 불렀다. 아베스타어 바레스만은 두 의미를 모두 가지고 있다. 현존 조로아스터교 관습에서 풀 깔기는 폐기되어, 바르솜은 사제가 들고 있는 잔가지만을 의미한다.[136] 브라만교와 마찬가지로 조로아스터교에서도 잔가지의 수는 의식에 따라 달라진다.[137] 오늘날 잔가지는 길이가 겨우 몇 치에 불과하지만 고대의 조각들이 보여 주는 바에 따르면 바레스만은 한 자에서 두 자 사이였다.

종교 예배에 쓰인 용기들과 도구들도 거행 장소와 마찬가지로 기본적으로 간단한 것들로서 쉽사리 옮길 수 있었다. 각 기물은 (파비와 마찬가지로) 각 의식이나 일련의 의식을 위해 정화 과정을 거쳐 새로 바쳐졌다. 그리고 예식이 끝나면 기물의 신성함도 사라져 마음대로 다룰 수 있었다. 오늘날 야스나에 쓰이는 도구는 기본적으로 인도·이란 시절에 쓰이던 것과 같아 보이는데, 이것들과 브라만교 의식에서 쓰이는 도구가 같은 조상을 공유하는 것으로 보이기 때문이다.[138] 도구들을 열거하면 불을 담는 용기, 여러 가지 액체(물, 우유, 파라하오마)를 담는 사발, 칼 한 자루 혹은 여러 자루, 하오마 잔가지를 빻는 절구와 공이[139] 그리고 과육을 거르는 털로 짠 체이다.[140] 젊은 아베스타에 언급된 바에 따르면 절구는 돌이나 금속으로 만들었다.[141] 그리고 페르세폴리스 보고에서 청동으로 된 것은 물론 돌로 아름답게 만들어 윤을 낸 절구와 공이가 출토되었다.[142] 오늘날 이 용기들은 항상 금속으로 만든다. 의식용 칼도 날은 물론 자루까지 전부 금속으로 만들어져야 하는데,[143] 다른 재료(나무나 뿔)는 더 다공질이라 봉헌용으로 쓰기 알맞도록 정화할 수 없다고 여겨졌기 때문이다. 불을 담는 용기 또한 지금은 금속으로 만드는 것이 규칙인데, 이란에서는 오래지 않은 과거에 때로는 진흙으로 만든 것을 썼다.

그러나 사제들의 의식은 오직 파비에 국한되어 예식이 거행되었다. 조로아스터교도들은 가장 고도로 정화된 신성한 구역에서 거행되는 이런 의식을 "내부" 제의라 불렀다. 그러나 어디서나 행할 수 있는 수많은 작은 의식들인 "외부 제의"들도 대단히 많았다. 다시 말해 집, 산, 강가, 들판에서 거행하는 의식들이다. 정규적으로 행하는 의식 중 하나가 아프리나간(āfrīnagān), 즉 축복 의식인데, 이것은 만신전 안의 어떤 신을 기리고 경배하여 축복을 보장받거나 그가 베푼 은혜에 감사하기 위해 행하는데, 이는 다신교 시절의 일부 관습을 계승하는 것으로 추측된다. 동물 희생제 또한 반드시 파비에서 사제식 하오마 의례에 따라 거행되어야 하는 것이 아니라 단독 의식으로도 행해졌으니, 이는 야쉬트의 여러 부분이 충분하게 증언한다.[144] 그러므로 헤로도토스가 서기전 5세기에[145] 야즈드의 산악 성소에서 오늘날 조로아스터교도들이 행하는 것과 매우 유사한 방식으로 진행되는 의식을 목격한 것이다.[146] 그런 희생제에서 희생물(항상 잘 먹이고 돌본다.)[147]은 뿔에 리본을 둘러 치장하고, 끌거나 어깨에 메고 피리와 북소리에 맞춰 산으로 데려간다. 희생물을 데리고 성소(자연석을 그대로 쪼아 만든 곳)[148] 둘레를 해가 도는 반대 방향으로 일곱 차례 홍겨이 행진한 후, 여기에서 얼마 떨어지지 않은 곳으로 데려가 도살한다. 희생을 올리는 이(오늘날까지 그는 항상 사제인데, 유일하게 이런 높은 의식을 집전하기에 충분히 순결한 이이다.)가 동물의 뺨에 입을 맞추고, 동류 의식과 회한을 표하며 도살한다. 이 희생제를 수행하고자 특정한 만트라나 아베스타 구절이 준비되고, 그 후 사제는 적절한 부위를 하오마에게 바친다. 남은 고기는 큰 솥에 삶아[149] 희생을 올리는 이와 그가 선택한 이들이 나눠 먹는데, 일정한 몫은 항상 사제와 가난한 이들에게 주어진다. 이런 예식은 매우 오래된 것으로서, 헤로도토스가 기록한 대로 신과 "태양, 달, 대지, 불 그리고 물과 바람"에게 바치는 것으로서, 높고 성스러운 곳에서 이란인들이 수천 년 동안 행해 온 것으로 보인다.

조로아스터교 성소에서 행하는 그런 희생제는 개인이 원하기만

하면 언제든 다양한 목적으로 행할 수 있었다. 다시 말해 숭배나 감사는 물론 참회나 어떤 맹세에 대한 헌신을 다짐하기 위해 행할 수 있었다.[150] 이는 과거 다신교 시절에도 마찬가지였을 것이다. 이 희생제는 물론 다른 모든 주요 의식에서 사제는 필수적 존재였다. 그리고 수많은 세대 동안 이란과 인도의 사제들은 의례의 수행을 통해, 때로는 후하고 때로는 박하지만 생계비를 벌었다. 사제에게 주는 선물을 브라만들은 다크시나(dakṣinā)라 부르고 조로아스터교도들은 아쇼다드(ašōdād)라 불렀는데,[151] 이는 의례의 핵심 부분으로 여겨져서, 이를 행하지 않으면 해당 의식은 불완전하거나 효과가 없을 것이라고 생각되었다.[152] 사제에게 주는 선물은 "신찬神饌이 신에 속하고 강이 바다에 속하듯 희생제에 속한다."[153]

이란의 조로아스터교에서 이 숭배 의식은 통합되어서, 더 다양한 관행의 흔적들은 주로 금령에서 발견될 수밖에 없다. 그러므로 야쉬트 5의 한 구절에서 예언자가 그녀에게 어떻게 희생을 올릴지 아르데비 수라에게 묻는 장면이 나오는데, 그녀는 자오타르는 꼭 일출에서 일몰 사이에 바쳐야 한다고 대답한다.[154] 만약 어둠의 시간에 바치면, "이 자오타르들은 나에게 너무 늦게 도달하여…… 다에바들이 이를 가로채고 뛰고 박수치며 날뛰고 소리칠 것이다. 왜냐하면 희생제에서 그것이 나에게로 오지 못하고 다에바들에게 가기 때문이다."[155] 니란게스탄에는 이렇게 강하게 언급되어 있다. "일몰에서 일출 사이에 물에 헌주를 올리는 이는 용의 턱주가리 안에 헌주를 던져 넣는 것보다 나을 것이 없는 짓을 하는 것이다."[156] 마찬가지로 브라흐마나에 따르면 악의 세력은 항상 깨어 있으면서 신에게 바쳐진 제물을 가로채고자 한다. 이란과 인도 양쪽에서 아침이 종교 의례를 행하기에 가장 상서로운 시간으로 간주된다. 하지만 베다 시절 인도에서는 아침이 그저 선호되는 시간에 불과했지만,[157] 조로아스터교 이란에서는 이 시각 외에 낮의 어떤 시각에도 야스나를 거행하는 것을 엄격하게 금했다.[158] 지금 인도에서는 일몰 후에도 소마 의식을 행하는 것이 가능하다. 그러므로 여기에 아후라 숭배와 다에바 숭배가 갈라지는 지점 혹은 조로아스터교와 이란의 다신교의 차이가 있는 듯하다. (다신교 시절 이란의 의례가 오늘날 인도에 남아 있다고 가정하면) 더욱이 두 부류의 신(아후라와 다에바)을 모시는 숭배자들 사이의 적대감이 자라나기 전에 이미 잘못된 방식으로 바쳐진 숭배 행위로부터 악마의 세력이 이익을 얻고 그 결과 사람에게 큰 손상을 준다는 믿음이 있었던 것이 틀림없는데, 다시 말해 이는 분명 숭배 행위가 효력을 얻고 해당 신을 기쁘게 할 수 있으려면 제의와 기도를 정확히 행해야 한다는 주장이다. 신은 적절한 방식으로 숭배(huyašta-)받을 때만 호의적으로 보이기 때문이다. 미트라가 묻는다. "누가 내가 좋은(올바른 방식으로 행해진) 희생(huyašti-)을 받아야 한다고 생각하며, 누가 내가 나쁜 희생(dužyašti-)을 받아야 한다고 생각하는가?"[159] "오, 그를 위해 (희생제를 올릴 때)…… 올바르지(ašavan-) 않고, 교육받지 못하고 신성한 말을 구현하지 않는 사제는, 스스로 바레스만(풀)을 완전히 깔았다 할지라도, 바레스만(이번에는 잔가지)의 뒤에 자리를 잡는다. 비록 그가 긴 숭배 행위를 수행할지라도."[160] "오, 인간들이여. …… 게우쉬 우르반, 지혜로운 분 창조자에 의해 만들어진 이(게르쉬 우르반)는 더 이상 희생과 기도를 받을 자격이 없어졌다."(아샤반 사제가 묻는다.) "이제 다에바를 섬기는 브얌부라들(Vyāmburas, 미상의 어떤 민족. ― 옮긴이)과 다에바를 섬기는 이들이 희생물의 피를 흘리게 했기에, 피를 물처럼 흐르게 했기에……? 이제 다에바를 섬기는 브얌부라들이 하페라시(haparəsī-)라 불리는 풀과 네마드카(nəmadhkā-)라 불리는 나무를 불에다 올렸기에?"[161] 간단히 말해 그런 모호한 검은 관행들이 팽배할 때, 적절한 의례를 거치지 않고 동물들의 영혼이 떼로 도축될 때 그것들은 게우쉬 우르반까지 올라가지 못하여, 그를 강화하고 기쁘게 하지 못하며, (그를 통해 강화되고 기쁨을 얻는) 육체를 가진 모든 생명에게도 그리하지 못한다. 그러므로 "다에바적인" 것이라 하여 조로아스터교도들에게 거부된 일부 의식은 기원상 분명히 악의 세력을 달래기 위한 회유적인 것이었다. 이 중에 플루타르크가 묘사한 고대 페르시아의 예식이 등장한다. "……그들은 절구에 '오모티(omomi)'라 불리는 약초를 찧어 하데스와 어둠을 부른다. 그러고 나서 이를 살해된 늑대의 피와 섞고, 해가 들지 않는 곳으로 가져가 던진다."[162] 브라만들은 매일 회유 의례를 행한다. 그러므로 가장이 하루에 두 번씩 의무적으로 행해야 하는 다섯 "주요 제물(mahāyajnāh)" 중 하나는 악마들에게 바치는 것으로서 집의 쓰레기 더미 위에 두었다.[163] 고등 제의에서 희생 동물의 피는 어둠의 세력에게 바쳐졌는데, 베디의 서쪽 땅에 있는 구멍에 부었다.[164] 예언자가 악의 세력을 회유하는 것을 단호하게 거절했다는 것이 조로아스터교의 위대함 중의 하나이다.

개인이 매일 행하는 사적 예식과 세계를 유지하기 위해 사제들이 매일 행하는 의례뿐 아니라 공동체 전체가 참가하는 계절적 축제들이 분명히 존재했다. 우리가 이미 살펴보았듯이,[165] 다신교 시절 이란에는 종교 달력이 있었는데, 인도인과 이란인이 30일 열두 달로 나뉘는 360일로 된 한 해를 공유한 것으로 보아 이 달력은 인도·이란 시절로 거슬러 올라가는 듯하다. 인도에서 브라만들은 여전히 이 역법을 쓰며 사바나(savana, 희생의) 력이라 부르는데, 계절적인 소마 짜기(의례)가 이에 의해 규정되었기 때문이다. 사바나 력은 인위적인 것으로서 열세 번째 달을 상당히 자주 끼워 넣음으로써 자연력과 보조를 맞췄다. 고대 이란인들도 종종 자신들의 종교력을 계절과 맞추기 위해 윤달을 끼워 넣었다고 한다.(이론적으로는 최소한 6년에 한 번.)[166] "아베스타" 민족도 여타 민족들과 마찬가지로 이름으로 달을 구분했음이 분명하지만 오늘날 남아 있는 조로아스터교 이전 달의 이름들은 (상고의 것이 아닌) 고대 페르시아인들의 것뿐이다. 이 이름들의 의미가 전체적으로 밝혀지지는 않았지만, 이는 혼합적인 것으로서, 농사 행위와 종교 예식 및 기타 등등을 가리키는 것으로 보인다.[167]

이 고대 달력에는 명백히 수많은 기념일이 들어 있다. 인도·이란력은 두 계절로 나눈 것으로 보이는데, 베다 시절 인도인들은 이를 아야나스(ayanas)라 불렀다. 아야나스를 계산하는 방법 중 하나는 춘분에서 추분까지, 추분에서 춘분까지 끊는 것이다. 인도인들에게 이 둘 중 전자는 "봄과 여름과 비"인데, 그들은 이를 "신의 계절(devayāna)"이라 부르고 나머지 하나인 가을과 겨울은 어둠과 죽음의 시간으로서 "(먼저 죽은) 아버지들의 계절(pitryāna)"이라 불렀다.[168] 다신교 시절 이란인들은 자연력의 두 극極이라 여기던 춘·추분점을 대규모 축제로 기렸던 것으로 보인다. 춘분 축제는 지금도 조로아스터교도들이 즐거이 행하고 있고, 오늘날 축제의 많은 특징들은 다신교 시절로 소급되는 듯한데, 이는 본질적으로 이것이 겨울이 끝남을 즐기는 행사로서 야외로 나가 새로이 푸르름을 얻은 대지 가운데서 행하기 때문이다.[169] 추분 축제는 고대에는 미트라에게 바쳐진 듯한데, 아케메네스 시절에는 미트라카나(Mithrakāna, 나중의 미흐라간(Mihragān))라 불렸다. 그래서 이 축제는 미트라와 연관된 태양이 곡식을 여물게 하고 가축 떼를 늘리고 살찌우는 자신의 역할을 완수하는 시점에 열렸다.[170] 따라서 미트라에게 감사를 드리는 희생제도 열렸다. 일부 이란 촌락의 조로아스터교도들은 지금도 미흐라간이면 수확한 곡식 중 일부를 불의 사원에 바치며, 각 가정에서는 이 야자타(미트라)에게 동물을 한 마리씩 희생으로 올린다.[171] 이 축제에서 거행하는 피의 희생제는 감사의 의미로 바치는 제물일 뿐 아니라 상징적인 의미도 가진 듯하다. 다시 말해 이는 또한 신화상의 "유일하게 창조된 황소"(그의 몸에서 동물들과 모든 유용한 식물들의 씨가 최초로 발아했다.)의 죽음의 재현으로서 바쳐졌을 텐데, 다음 해 만물을 소생시키는 태양 아래서 곡물과 풀이 새로이 싹트고 가축 떼에서 새 생명이 타시 태어나기를 보장받고자 함이었다.[172] 이는 아테네인들이 아폴론 신전에서 부포니아 황소 희생제를 올리고 다른 민족들이 추수 감사제에서 유사한 희생제를 거행하는 목적 중의 하나로 보인다. "대지가 헐벗게 될 시점에 주기적으로 올리는 희생제는 자연적인 삶의 연속을 보장했다."[173] 피의 희생제에 부여된 그러한 중요성은 이 축제에서 황소 공양이 핵심적 위치를 차지하는 이유와 그것이 20세기까지 이어져 온 까닭을 설명해 줄 것이다. 미흐르 야쉬트에서 보여 주듯이,[174] 이란 본토에서는 어떤 가축이든 미트라에게 적절히 희생으로 바칠 수 있는데, 모든 유용한 동물들이 결국 "유일하게 창조된 황소"를 표상하기 때문이다.(이란에서는 암소/황소 희생 자체는 제의적으로 오히려 아레드비 수라와 더 긴밀히 결합되었는데,[175] 이는 암소와 암소의 젖이 다산 및 물에 바치는 헌주와 연결되기 때문으로 보인다.) 동물 희생제가 이란의 신들을 숭배하는 일반적 수단이었지만, 이것이 특히 미트라 숭배에서 중요성을 가지며, 따라서 미트라가 희생제의 신 하오마와 특별한 관계를 가지게 되었음에는 의심의 여지가 없다. 다신교 시절 동물 희생제와 취하게 하는 하오마 공양의 오랜 관계는 사산조 시절의 특이한 예법에 의해 한층 더 강조되는 듯한데, 이 예법에 따르면 미트라카나는 1년 중 왕 자신이 취할 수 있는 유일한 날이었다.[176] 한편 특히 미트라카나에서 아르메니아의 총독이 페르시아의 왕에게

망아지 2만 마리[177]를 선물한 것은 미트라가 "빠른 말을 가진" 태양과 관련 있기 때문일 것이다. 사산조와 그 이후 시절에 알려졌듯이, 이 축제에서 미트라의 윤리적 측면 또한 기려졌다. 그러나 여기에서는 미트라 숭배에서 다신교와 조로아스터교의 요소들을 구분하는 문제가 가장 첨예했기에, 그를 기리는 축제의 윤리적 측면들에 대한 고려는 제일 뒤로 미뤄졌다.

인도·이란인들은 공히 한 해를 다시 여섯 계절로 나누었는데(이 경우의 유사성은 공통의 인도·이란어 체계에서 파생된 것이 아니라 양측에서 평행하게 발전했기 때문이라는 주장이 제기되었지만), 아베스타 민족은 야이리야 라타보(yāirya ratavō), 즉 "1년의 시간들"이라 불렀다.[178] 이 각 계절은 모두 축제로 기렸다.[179] 그중 두 가지는 지일至日을 기린 것인데, 이름하여 마이드요이.셰마(Maidhyōi.šəma), 즉 "한여름/하지 (축제)"와 마이드야이리야(Maidhyāirya), 즉 "1년의 한가운데 (축제, 다시 말해 동지 축제)"이다. 나머지는 분명 목축 및 농경과 관련된 축제로서, 다음과 같이 해석된다. 마이드요이.자레마야(Maidhyōi.zarəmaya), 즉 "봄 한가운데"는 가축을 처음 초지로 모는 때이고, 파이티쉬히야(Paitišhahya), 즉 "곡식을 거둬들이는 (축제)" 때이며, 아야트리마(Ayāthrima), 즉 "귀가/귀향 (축제)"은 여름 방목지에서 가축이 돌아오는 때이다. 동지 마이드야이리야에서 시작한 계절은 춘분에 끝나고, 이 마지막 날, 즉 공식적으로 "아버지들의 계절" 겨울의 마지막이 되는 날에, 프라바쉬들을 위한 축제 하마스파트마에다야를 거행했다.[180]

언제 인도·이란인들의 새해가 시작되는지 알려지지 않았지만, 혹자는 시작점이 추분이었으리라 추정하는데,[181] "연年"을 의미하는 이란어(아베스타어 사레드(sarəd), -, 고 페르시아어 타르드(thard-))가 "가을, 연"을 의미하는 산스크리트어 사레드(sarəd-)와 일치하기 때문이다. 다른 지역의 민족들은 종종 "추수 및 그와 결합된 축제"를 한 해의 전환점으로 선택했다. 그러나 이 전환점이 반드시 어떤 광범위한 중요성을 가지는 것은 아니다.[182] 땅을 거의 갈지 않았을 목축민들에게 봄이 시작점으로서 더 의미 있었음 직한데, 그때 가축을 위한 풀이 무성하게 자라나고 송아지들이 태어나기 때문이다. 반면 동지의 축제가 "1년의 한가운데"로 불렸다는 점은 어떤 시점에 "아베스타" 민족이 하지를 한 해의 시작으로 여겼음을 보여 준다. 베다 시절 인도인들 또한 지일의 두 축제를 알고 있었으며, 한 해를 웃타라야나(uttarāyana)와 다크시냐야나(dakṣināyana), 즉 "왼쪽"과 "오른쪽" 계절로 나눴는데,[183] 이 구분법은 데바야나와 피트리야나보다 더 오래되었을 것이다. 왜냐하면 분점보다 지점을 관찰하기가 쉽기 때문이다.[184] 그러나 여러 민족들의 경우에서 알려진 대로 여러 "시작점들"이 동시에 감지되는 것도 완벽하게 가능하다. 예컨대 고대 유대인들의 경우는 다음과 같다. "니산(유대력 7월)의 초하루가 왕과 축제일을 위한 한 해의 시작이며, 엘룰(유대력 12월)이 가축 십일조를 위한 시작이다. 티쉬리(유대력 정월)가 해들의 시작(즉 보통력, 민력)이자 안식년(7년에 1회 휴경년. ─ 옮긴이)과 대희년(大禧年, 요벨의 해. 안식년이 일곱 번 돈 후 첫해, 즉 쉰 번째 해. ─ 옮긴이)의 시작이다. 세바트 월(유대력 5월)이 과실수를 위한 새해의 시작이다."[185] 유대인들이 네 개의 새해 첫날을 인정했다면, 고대 이란인들이 두 개나 세 개를 가졌다고 해서 이상할 것은 없다. 그러나 조로아스터가 태어나던 때 이와 관련된 상황이 어떠했든 예언자는 분명 자기 민족들의 새해 첫날로 춘분 축제를 선택했으며(만약 그때 선택이 필요했다면), 이는 분명 이 계절에 일어나는 생명의 재생 속에서 그가 목격한 깊은 종교적 상징 때문이었다. 그는 이를 "새날", 즉 중세 페르시아어의 노로즈(Nō Rōz)라 부른 듯하고,[186] 그의 추종자들은 지금도 그렇게 이날을 기리며, 심지어 무슬림 이란에서도 기린다. 전승에 따르면 그는 또한 자신의 계시에 나오는 위대한 아메샤 스펜타들과 그들이 수호하는 창조물들을 기려, 기존의 다섯 개의 계절 축제와 하마스파트마에다야를 자신의 새 신앙의 신성한 날로 재정립했으며,[187] 조로아스터교 예식에서 이러한 축제들의 첫 번째가 마이드요이자레마야, 즉 "봄 한가운데"라는 사실은 조로아스터에게 "새날"은 춘분이지 추분이나 하지가 아니었음을 증명한다.

다신교 기원이 명백해 보이는 기타 수많은 축제들이 주요 조로아스터교 기념일로 살아남았는데, 이는 분명 그 축제들의 예식과 개혁 종교(조로아스터교)의 정신이 상충하지 않았기 때문이다. 그런 축제 중 조로아스터교와 완전히 일치하는 것 하나가 사다(Sada), 즉 "백일百日 축일"인데, 이는 기원상 고대의 불의 축제로 보이며, (많은 다른 지역의 비슷한 축제들처럼) 한겨울에 추위와 어둠의 세력을 몰아내고 태양이 힘을 되찾는 것을 돕기 위해 열렸다. 이 축일이 그 이름을 얻은 것은 노 로즈, 즉 봄이 돌아오기 100일 전(혹은 어떤 지역에서는 겨울의 시작을 알리는 계절 축일 아야트리마(Ayāthrima) 100일 후)에 열렸기 때문이다.[188] 조로아스터교도들은 미트라(불과 태양의 주) 성전 가까운 곳과 강가에 거대한 불을 밝히고 이 축제를 행했는데(그리고 지금도 행하고 있는데), 그 상징적 목적의 일부는 물을 덥혀서 서리의 악마가 물을 재빨리 얼려 세상에 뻗친 죽음의 손아귀를 조이는 것을 막는 것이었다.

이 성대한 불 축제 외에, 물 축제(현행 관습에 따르면 아레드비 수라에게 헌정된다.) 또한 분명 다신교에서 유래한 것으로 보이며, 대규모 연례 행사로 존속되었다. 조로아스터교 시절 지속되던 또 다른 주요 축제는 *티리카나(Tīrikana, 파흘라비어 티라간(Tīragān))이다. 이 축일은 이란의 조로아스터교도들에게는 "티르와 테쉬타르 축일"로 널리 알려져 있었으며, 야즈드와 케르만에서 오늘날까지 기우祈雨 축제로 전해지는데, 기우 행위를 의미하는 수많은 준準예식이 따랐다.[189] 다신교 시절 대부분의 다른 신들은(하오마나 게우쉬 우르반 등 제례신들을 제외하면) 조로아스터교 안에서 그렇듯이 자신만의 특별한 경축일을 가졌을 것이다. 거기에 더해 이후에 그랬듯이 특별한 현지의 숭배 의식이 존재했음이 분명한데, 이는 힌두교 인도나 조로아스터교 이란의 경우처럼 종종 거대한 나무를 중심에 둔 듯한데, 이 나무들은 인간과 가축에게 생명을 주는 식물 "창조물"의 대표자로서 기려졌다.[190]

축제를 행하는 방법과 관련해 조로아스터교에서는 동일한 기본 제의들이 적절히 조정된 채 모든 축제에 적용되는데, 마치 가톨릭 기독교 국가들에서 모든 성일마다 미사가 진행되는 것과 마찬가지이다. 이 상황은 브라만교의 관습에도 대체로 그대로 적용되므로, 다신교 시절 이란에서도 그랬으리라 짐작할 수 있다. 그래서 신과 불과 물에 제물을 올리는 기본 의식은 그때나 오늘날이나 모든 행사에 적용되었던 듯하고, 숭배 행위 각각의 구체적 의도는 이를 받는 신의 이름과 암송되는 만트라나 찬가에 의해 결정되는 듯하다. 그에 더해 개별 신들의 특별한 힘과 기능과 연관시켜 개별 숭배 의식에 붙이는 연례 예식이 분명 있었던 듯하다. 의식 참가자에 관해 말하면, 후대와 마찬가지로 다신교 시절에도 평신도들은 사적 예배를 드릴 뿐 아니라 수많은 가내 제의를 거행한 듯한데, 예컨대 화덕의 불이나 현지의 물줄기 혹은 우물에 바칠 제물을 돌보고 바치거나 가문의 프라바쉬들에게 바칠 제물을 준비하는 등의 일이다. 그러나 모든 주요 의식은 신에게 다가가는 적절한 방법을 교육받은 사제에 의해 거행되었음이 분명하다. 평신도들은 그런 예식에 제물을 제공하고 사제에게 보상함으로써 공

덕을 얻었고, 봉헌된 자오트라를 함께 먹음으로써 숭배 행위에 참여
했다. 이에 관한 조로아스터교와 브라만교 숭배 의식의 기본적 유사성
은 두 민족의 종교적 전통의 완고함을 더한층 증언하는데, 예식이나
신앙의 수많은 측면에서 이 전통은 오래전 과거 두 민족 공통의 유목
시절에 형성되고 고착된 듯하다.

2부

# 조로아스터와
# 그의 가르침

## 7장

# 조로아스터

조로아스터의 삶에 관한 재료는 다음 자료들에서 긁어모아야 한다. 먼저 가타 자체로서, 이 자료는 예언자가 쓰는 말로 보아 그가 이란 동북부 출신이라는 증거를 제공하는 한편, 그의 가계와 그의 생전에 일어난 일들에 대한 수많은 사실들을 암시적으로 알려 준다. 그러나 가타가 오늘날에는 운율에 따라 배열되어 있지만 원래는 어떤 순서에 따라 지어졌는지, 혹은 조로아스터의 생애 중 몇 년이나 다루는지에 대해서는 알려진 바가 없다.[1] 둘째, 젊은 아베스타가 있다. 여기에서 가타의 핵심 인물들의 이름이 다시 등장하며, 몇몇 다른 이름이 조로아스터 일가에 추가되었는데, 아마도 당시의 전승에서 취해서 넣은 듯하다. 그러나 여기에는 일어난 사실들에 대한 언급이 별로 없으며, 전기적 내용은 사실상 전혀 없다. 그 이유는 분명 이 자료가 단독으로 살아남은 전례典禮 문헌들과 무관하며, 특히 예언자의 삶에 바쳐진 아베스타 서적 두 가지, 이름하여 스펜드 나스크(Spend Nask)와 치흐르다드 나스크(Čihrdād Nask)에 부속되었기 때문인 듯하다.[2] 두 작품들의 연대는 알려져 있지 않으며, 원본은 오래전에 사라졌다. 그러나 중요한 일부 파흘라비 서적 선본들이 있는데, 특히 딘카르드(Dīnkard)와 자드 스프람 선본(Selections of Zādspram)이 유명한데, 이것들은 분명 원본에서 파생된 것으로서, 명시적 인용구들이 몇 개 있다. 또한 조로아스터의 삶에 관한 더 짧은 구문들이 파흘라비 서적들에 산발적으로 등장한다. 이러한 중세 페르시아어 문헌들이 합쳐져 예언자의 삶에 관한 지식의 셋째 자료원을 구성하는데, 젊은 아베스타와 함께 전승을 대표한다.[3]

전승을 다룰 때는 다음의 세 항목을 구분할 필요가 있다. 먼저 우리가 7장에서 다룰 관심사인 사실들, 그다음으로 젊은 아베스타에 이미 기술된 것으로서, 예언자 스스로 그토록 많이 말해 온 목적론적 드라마의 배우가 되도록 이야기를 짜 놓은 전설[4] 그리고 마지막으로 초자연적 재능과 기적적 모험으로 가득한 칭찬 일색의 글에 적합한 꾸미기로서, 파흘라비 서적들에서 적절한 위치를 차지하고 조로아스터에 대한 대부분의 통속적 서술에 등장하는 것들이다. 발전한 조로아스터교 교리 안에서 신학적 전설은 상당히 중요하지만 그것이 어떻게 예언자의 가르침에서 발생했는지 드러내려면 반드시 가르침에 대한 토론을 거친 후에 그것을 고려해야 한다.

앞에서 말한 세 자료만으로 판단하는 한 조로아스터의 출생과 삶은 다음과 같다. 그는 스피타마(Spitama) 가문[5](스피타마는 그 집안의 상당히 먼 조상으로 보인다.)에서, 아버지 포우르샤스파(Pourušaspa)와 어머니 두그도바(Dughdhōvā)[6] 사이에서 태어났다. 그의 더 가까운 선조 중에 하에차트.아스파(Haēčat.aspa)[7]가 있는데, 전승에 따르면 그는 조로아스터의 증조부이다. 이 인명들은 목축 전통을 가진 사람들에게 적합해 보인다. 아베스타어로 자라투쉬트라(Zarathuštra)인 예언자 자신의 이름은 "낙타를 다룰 수 있는 이"로 보이는데, 이는 유목민들 사이에서 그런 이름에 수반하는 존경을 받을 만한 기술이다.[8] 고대 페르시아어 형태는 *자라.우쉬트라(*Zara.uštra)였을 것으로 보이고, 이 때문에 그리스어 조로아스터가 나왔을 것이며, 한편 메디아어로는 *자라트.우쉬트라(*Zarat.uštra)로 추정되며 여기에서 중세와 후대의 페르시아어 자르두쉬트(Zardušt)가 나온 듯하다.[9] 예언자의 아버지의 이름 (증조부를 포함하여 그와 관련된 몇 사람들의 경우와 마찬가지로)은 아스파 (aspa) 즉 말馬이 들어간 합성어인데, 포우루샤스파는 "회색 말을 가진" 이란 뜻이다.[10] 그리고 어머니의 이름 두그도바는 "젖을 짜는 이"라는 뜻이다.[11] 이런 이름들은 그가 태어난 당시의 특정 환경들과 관련된 것이라기보다 그 가문의 전통이었을 것이다.[12] 전승에 따르면 그에게는 네 형제가 있었는데, 둘은 형이고 둘은 동생이다. 그들의 이름은 후대의 파흘라비 저작에서 보이지만,[13] 파흘라비 전사본의 모호함 때문에 읽는 법은 확실하지 않다.

조로아스터의 부모에 관해서는 이름 외에 알려진 바가 없다. 그러나 포우루샤스파의 직업이 무엇이었든 조로아스터 자신은 어린 시절부터 사제에게 맡겨진 것이 틀림없다.[14] 가타(Y. 33. 6)에서 그는 자신을 자오타르, 즉 완전한 자격을 갖춘 사제라 칭하며, 젊은 아베스타에서는 더 일반적인 아트라반(āthravan)이 그를 칭하는 용어로 쓰였다.(Yt. 13. 94) 문체의 복잡함으로 판단하면 가타 자체는 철저한 직업 훈련을 받은 사람만이 작성할 수 있는 것인데, 이 훈련이 그로 하여금 정교한 전통 문학의 틀에 정열적인 새 생각을 불어넣을 수 있도록 했다. 인도와 이란에서 사제직과 관련된 일반적인 증거에 따르면 이 훈련은 아이가 또래와 더불어 종교 교사의 보살핌 아래 맡겨지는 일곱 살 무렵에 시작된다.[15] 그때부터 깨어 있는 대부분의 시간을 어쩔 수 없이 학습이 차지하게 되는데, 배워야 할 것이 많기 때문이다. 제의와 그 중요성, 만트라를 짓고 적절한 방식으로 신을 호출하는 법, 현세와 내세의 성격과 온갖 복잡한 다신교 신앙들에 대한 사제식의 학습을 모두 배워야 했다. 사제가 되기를 열망하는 모든 이들이 통과해야 하는 기본 훈련 과정을 끝낸 후 예언자는 자오타르하파에서 공부를 이어 갔는데, 거기에서 더 깊은 신학적 사고를 수행했다. 가타와 베다는 공히 당시에 다에바와 아후라 숭배 사이에 어떤 오랜 대립이 있었음을 보여주는데,[16] 조로아스터의 민족 사이에서 이 주제를 두고 논쟁이 활발했을 것이다. 더욱이 조로아스터의 위대한 찬가들이 보여 주는 대로 예언자는 자신의 영적인 재능 때문에 교리 연구를 훨씬 넘어서 예언 연구, 즉 영감에 따라 신을 이해하는 것에 정통한 스승들을 찾아 나섰다. 그는 자신을 전수자(傳受者) 바에데그마(vaēdəgmna), 즉 "아는 이"라고 부르며,[17] 그의 위대한 예언적 찬가(Y. 44)는 "인도·유럽 시절까지 닿는 깨어지지 않는 연속성을 가진"[18] 문학적 전통 형식으로 작성되었으니, 그야말로 오직 예언과만 짝을 이루는 전통이다. 조로아스터가 종교 사상에 특출한 공헌을 했지만 그는 오랜 시간에 걸친 미약한 예언가들과 사제 예언자들의 긴 계보에 놓여 있는 것으로 보이는데, 그들의 문학적·정신적 수련법은 무수한 세대를 거쳐 전해 내려오고 있었다.

조로아스터의 삶에서 일어난 사건들과 관련된 유일한 연대기는 전승에서 나오는데, 이에 관한 한 전승은 도식적이고 신뢰할 수 없어 보이며, 대부분 어림잡아 수십 년간의 이야기이다. 고대 이란의 셈법에 따르면 소년이 열다섯에 이르면 성인이 되며, 이 나이에 신성한 허리띠를 받았고, 아마도 이 나이에 (아트라반의 경우) 처음 사제가 된 듯하다. 전승에 따르면 조로아스터가 부모의 뜻을 거스르고 집을 떠나 방황하며 삶에 대해 묻기 시작한 것은 그보다 다섯 해 뒤 스무 살 때였다.[19] 이 시간적 구조는 대략 옳아 보이는데, 이에 따르면 예언자가 진리에 대한 자신의 사적이고 개인적인 질문에 투신하기 전 5년 동안 집중적인 학습을 완료하는 것이 가능해 보이기 때문이다. 그의 영적인 탐구의 깊이와 강도는 가타에 나오는 그 자신의 말로 추론할 수 있다. 결국 계시가 찾아왔다.(전승에 따르면 서른 살이 되던 해로, 전통적으로 개인의 전성기이자 현자로서의 완숙기라 여겨지는 시기이다.) 야스나 43에 나오는 계시가 찾아온 방식에 대한 암시는 후대의 한 파흘라비 문헌의 설명에 의해 상세히 부연되었다.[20] 조로아스터는 봄 축제(마이드요이.자레마)가 열리던 모임에 참석하고 있었다고 한다. 그리고 그는 새벽에 (고대의 제의적 관행을 따라) 하오마 의식에 쓸 맑은 물을 긷기 위해 근처의 강으로 갔다.[21] 가장 깨끗한 물을 긷고자 물결 깊숙이 들어갔다 둑으로 돌아왔을 때, 순결한 요소인 물에서 나왔으므로 그 자신도 필연적으로 의례상 순결한 바로 그때, 봄 새벽의 신선함 속에서 그는 예지를 느꼈다. 그는 둑 위에 서서 빛 자체처럼 빛나는 옷을 걸친 빛나는 존재를 보았는데, 전승에 따르면 그는 자신을 보후 마나(Vohu Manah, 선한 의지)라 밝혔다고 한다. 그에 의해 조로아스터는 아후라 마즈다의 현신과 다섯 불사신 앞으로 불려 갔으며, 그들 앞에 서자 그는 "그들의 엄청난 빛 때문에 땅 위 자신의 그림자를 볼 수 없었다."[22] 바로 그 순간 영적 깨달음이 찾아왔다.

이 계시의 순간이 조로아스터가 주 아후라 마즈다를 보거나 그의 현신을 느끼거나 그의 말을 들은 수많은 순간들 중 첫 번째로 등장한다. 그래서 다음의 언급은 정당하다. "우리는 가타에서 저변에 있는 자라투쉬트라의 열정의 원인을 알기 전까지 그를 이해할 수 없다. 즉 신과의 만남…… 자라투쉬트라의 확신은 신의 환영, 눈에 보이는 현실을 본 결과이며…… 그는 주를 '보고' 느꼈다."[23] 그러므로 조로아스터가 목도한 신은 이 예언자에게 자신을 위해 사역하라고 명했고, 이 부름에 그는 온 마음으로 복종했다. "왜냐하면 이것은 처음부터 너의 것으로 따로 준비되어 있었으므로."(Y. 44. 11) "나는 보후 마나와 함께 영혼을 보살피기로 결심했으며, 우리의 행동에 대한 마즈다 아후라의 보상을 알고 있으므로, 내가 권력과 힘을 가지고 있는 한 나는 사람들이 올바름(아샤)을 따르도록 가르칠 것이다."(Y. 28. 4)

이리하여 조로아스터는 위대한 예지에 고무되어 동료들에게 새 교리를 설파하는 만만찮은 과업에 착수했다. 그 자신이 "무시된 (것)"(aguštā)"(Y. 31. 1)이라 부른 그의 말은 처음에는 박대를 받았다. 전승에 따르면 10년 동안 그는 사촌 마이드요이마흐(Maidhyōimāh) 한 명만 개종시켰으니, 그의 이름은 파르바르딘 야쉬트에서 예언자 자신에 이어 "영감에 찬 말(만트라)과 조로아스터의 가르침에 처음으로 귀를 연 이"로 찬양된다.(Yt. 13. 95)[24] "10년"이란 물론 정확한 것으로 볼 수 없지만, 개종 과정은 분명 고통스러울 정도로 더뎠으며, 다음의 구절이 시사하듯이 개종은 새 신도들에게 잠재적 위험을 불러온 듯하다. "그에게 합류한 이는…… 피를 흘리는 것을 피하기 위해 친지들 (khvaētu-)에게 알려야 했다.(Y. 46. 5)"[25] 예언자는 자신의 가난과 지지자가 적음(Y. 46. 2)과[26] 카비들과 카라판들(아마도 그 땅의 예언자들과 현직 사제들)의 사악함에 대해 언급하는데,[27] 조로아스터에 대한 그들의 적대감이 암시되어 있다. 그는 아후라 마즈다에게 하소연했다. "당신께서 제게 최선이라고 말씀하신 것을 행함이 사람들 사이에서 제가 고난을 겪게 만들 것입니다."(Y. 43. 11) 그리고 그는 자신을 가장 괴롭힌 몇몇 이름을 열거한다.[28] "아주 큰 벤드바(Bəndva)"(Y. 49. 1)와 그의 "사악한 스승, 오래전에 올바름(아샤)을 배반한 자"(Y. 49. 2) 그리고 사람들이 조로아스터의 가르침을 듣는 것을 막으려 하고, 예언자가 거부한 의식을 계속한 그레마(Grǝhma, Y. 32. 13~14)가 그들이다. 또한 그는 한겨울 추위로 벌벌 떨고 있던 자신과 시종들과 말들을 가로막은 "카비의 미동美童"에 대해 묘사한다.[29]

새 종교를 설파하면서 조로아스터는 계속 사제로서 활동했던 듯하다. 그리고 대大야스나 44(v. 18)의 말미에 그는 주에게 묻는다. "저는 아샤를 행한 대가로 당신께서 약속하신 암말 열 마리, 종마 한 마리, 낙타 한 마리의 보상과, 오, 마즈다, 당신께 온전함과 수명(haurvatāt-and amǝrǝtāt-)을 선물로 받게 될까요?" 여기에서 말한 보상은 베다의 왕공들이 사제에게 준 가축 선물과 비교되어 왔다. 그리고 상기 구절은 자신의 전도 임무가 성공하기를 바라는 조로아스터의 기도로 해석되었는데, 그런 선물들은 신의 승인과 수락의 징표였기 때문이다.[30] 다른 해석에 따르면 여기에서 예언자는 신 자신에게 보상을 구하고 있다.[31] 가축과 수명을 공히 하늘에서 주어진 선물로 부르는 것은 전통이었다.[32] 그리고 그의 말의 일반적 함의는 그의 신실한 분투가 현세와 내세에서 정당한 보상을 받을지를 묻는 것이라는 의견이 제시되었다. 어떤 해석이 옳든 조로아스터는 이 절에서 현직 사제로서 구사하기에 전혀 무리하지 않은 관용구를 통해 자신을 표현했다는 점은 동의되었다.

예언자는 오랜 세월이 지나 동향 사람들의 완고함에 좌절하여 그들을 떠나기로 결심한 듯하다. 그는 정신적인 어둠 속에서 절규했다. "나는 어느 땅으로 도망쳐야 합니까? 도대체 어디로 달아나야 합니까?[33] 친척과 친구들이 저를 밀어냈습니다. 내가 속해야 할 공동체가 나를 탐탁지 않게 여기고, 그 땅의 사악한 지배자들도 그렇습니다."(Y. 46.1)[34] 다유(dahyu), 즉 "땅(land)"은 광범위한 함의를 지니는데, 우리가 앞서 보았듯이 때로는 한 수장이 다스리는 닫힌 골짜기에 불과할 때도 있다. 나머지 가타와 젊은 아베스타 텍스트에 나오는 언어적 증거에 따르면 조로아스터는 사실 고향을 떠나 그다지 멀리 여행하지 않았다. 새 땅에서 그는 좀 더 나은 대접을 받았다. 거기에서 그는 왕비후타오사(Hutaosā)의 호응을 얻었는데, 그녀는 시간이 지나면서 "그종교에 따라 생각하고 말하고 행동했으며 …… 신실하게 마즈다를 섬기는 종교를 믿고 이해했으며, 지역 공동체에 정당한 명성을 가져다주었다."(Yt. 9. 26)[35] 아내를 통해 왕 카비 비쉬타스파[36]가 조로아스터의가르침으로 개종하였을 것으로 추정되는데, "그는 이 종교, 즉 아후라의, 조로아스터의 종교의 팔이자 조력자로서 앞으로 나왔으며…… 숭배 장소를 만들었다."(Yt. 13. 99~100)

전승에 따르면 비쉬타스파는 조로아스터가 마흔 살일 때 개종했다고 한다.(이 수치는 의심할 여지없이 후대에 역산한 것이다.) 그 후로 예언자는 분명 본인은 인간 가운데 신의 예언자로서 새 집에서 영예롭게 살면서, 자신의 교리가 받아들여지고 서서히 전파되는 것을 목격한 듯하다. 이란의 사제에게 결혼은 직업상의 자격 조건이었으며,[37] 전승에 따르면 조로아스터는 세 번 결혼했다. 첫 아내의 이름은 기록되어 있지 않은데, 그에게 이사트.바스트라(Isat.vāstra, "초원을 갈망하는")[38]와 세 딸을 낳아 줬고, 막내딸의 이름은 포우루치스타(Pouručistā), 즉 "매우 사려 깊은"이었다.[39] 야스나 53에서는 그녀의 결혼을 축하한다. 둘째 아내 또한 이름이 알려지지 않았는데, 그녀는 아들 둘을 낳았으며, 그들의 이름은 "남에게 명령을 내리는"이라는 뜻의 우르바타트.나라(Urvatat.nara)와 "태양의 얼굴을 가진"이라는 뜻의 흐바레.치트라(Hvarə.čithra)였다.[40] 셋째 아내 흐보비(Hvōvī)는 아이를 낳지 않았던듯하다. 그녀는 강력한 흐보그바("좋은 가축을 가진") 가문의 여성으로서, 그녀의 친지인 자마스파(Jāmāspa)는 (그녀와) 같은 집안의 프라샤오쉬트라(Frašaoštra)와 더불어 가타에서 따뜻하게 언급된다.[41] 전승에 따르면 프라샤오쉬트라는 흐보비의 아버지이며 자마스파는 비쉬타스파의 각료이자 지혜로운 고문으로 기억되는데, 조로아스터가 그에게 자기 딸 포우루치스타를 시집보내서, 이 두 집안은 겹으로 관계를 맺는다.

전승에 따르면 조로아스터는 장수해서 정확히 77년 40일(수치의 신빙성은 의심스럽지만)에 이를 때까지 살았다. 카비 비쉬타스파는 그의 가르침을 받아들임으로써 이웃 군주들과 전투를 벌이게 되는데, 그들은 자기들 땅에 새 신앙이 자리 잡은 것에 대해 강렬하게 분개했던 듯하다. 적수들의 이름은 야쉬트의 여러 구절, 특히 야쉬트 5.109에 등장하는데, 거기에서 비쉬타스파는 이렇게 은총을 요구한다고 나온다. "내가 나쁜 신앙을 가진 탄트리야반트(Tąthryavant)와 다에바 숭배자 페샤나(Pəšana)와 사악한 아레자트.아스파(Arəjat.aspa)를 쳐부수기를." 이 싸움에서 그는 자기 형제 자이리바이리(Zairivairi, 파흘라비어 자레르(Zarēr))의 맹렬한 도움을 받는데, 자이리바이리는 다에바 숭배자 후마야카(Humayaka)를 이긴다.(Yt. 5. 113) 또한 비쉬타스파 왕은 자이리바이리의 아들 바스타바이리(Bastavairi, Yt. 13. 103)와 지혜로운 만큼이나 분명 용감한 자마스파 흐보그바(Jāmāspa Hvōgva, Yt . 5. 68~69)의 지원도 받았다. 그러나 종교 전승에 따르면 이 전쟁의 최고 영웅은 비쉬타스파 본인의 아들인 "공정하고 용감한 스펜토다타(Spəntōdhāta, Yt. 13. 103)였으니, 그가 곧 페르시아 서사시의 이스판디야르(Isfandiyār)이다. 조로아스터교의 생존 자체가 이 초기의 전투에서 새 신앙의 담지자들이 승리했다는 전승의 증거이다.

일반적 종교사에 비춰 볼 때 가타에 제시된 조로아스터교 초기에 관한 서술을 야쉬트 및 파흘라비 서적의 내용들과 합치면, 불충분하고 세부 설명이 결여돼 있지만 전적으로 개연성이 있어 보인다. 즉 신념의 인간 조로아스터는 진리를 추구하다가 계시로 확인을 받고, 새로운 교리를 설파하라는 신의 소명을 느낀다. 그는 자신을 이미 아는 사람들의 적대감에 부딪히고, 자신이 살던 지역을 떠나 자신의 메시지가 이방인들에게 더 기꺼이 받아들여짐을 발견한다. 그 땅의 통치자가 개종하자 새 신앙은 번성하고 확고히 자리를 잡는다. 이 서술이 비록 파편적이지만, (고유 명사, 개인적인 관계 그리고 고립된 사건들 등의) 자료들에 의해 그때그때 우연히 제시되는 세부 사항들 덕에 인상적인 사실성을 얻는다.

문제는 그 자체로서는 조화롭고 받아들일 만한 이 사건들의 관계에 시간과 공간을 배정하는 것이다. 공간에 관한 한 가장 중요한 증거 하나는 아베스타의 언어이다. 이란어족에서 아베스타어는 "오늘날 페르시아에서 쓰이는 서부 이란어 방언들과 인도 국경 지대와 옥서스강 북쪽에서 쓰이던 동부 방언 사이"에 속한다.[42] 그리고 비교를 위한 자료가 부족하지만 최소한 이 고대어가 2세기부터 콰레즈미아에서 기록된 언어와 공통점들을 가지고 있다고 말할 수 있다.[43] 그러나 이 언어를 쓰던 사람들이 조로아스터 생존 시 정확히 어디에서 살았는지 확증할 근거는 전혀 없다. 더욱이 대부분의 조로아스터교 경전들을 집성한 언어인 "젊은" 아베스타어는 시간적으로 후대의 다양한 언어적 변천 단계를 나타내는 것은 물론 공간적으로 이곳저곳의 방언상의 사소한 차이 때문에 예언자 본인이 쓴 "가타의" 아베스타어와는 다르다.[44] 그러므로 언어적인 증거 하나에만 기반한다면 조로아스터가 태어난 장소와 그가 옮겨간 "땅"이 그저 동북쪽의 어딘가로 모호하게 지정될 수 있을 뿐이다.

지리적 자료는 도움이 되지 않는데, 한편으로는 자료가 너무 적고(가타 자체에는 정보가 전혀 없다.) 한편으로는 옮겨 다니는 여타 민족과 마찬가지로 이란인들도 자신들에게 익숙한 지명들을 새로 정착한 곳의 강과 산과 호수와 계곡에 붙이는 경향이 있었기 때문이다. 문제를 더욱 복잡하게 만드는 것은, 후대 예언자의 신실한 추종자들이 그의 이야기에 나오는 장소들을 자신들이 사는 지방에 있는 지명들과 동일시하는 경향이었다. 이 과정은 이른 시기에 시작된 듯한데, 이미 옛날에 전설적인 사건들이 특정한 장소, 예컨대 먼 동남쪽의 세이스탄에서 일어난 것을 목격할 수 있고,[45] 마찬가지로 역사 시대에 들어오면 메디아의 마기들에 의해 이 사건들이 서북쪽 아제르바이잔과 결합되는 것도 볼 수 있다.

조로아스터가 살았던 시기에 관해서는 알려진 두 연대, 즉 그리스인들이 말한 플라톤 6000년 전과 사산조 시절 사제들이 말한 알렉산드로스 258년 전[46]은 모두 잘못된 전제 위에서 작위적으로 계산한 것이므로 실제로 이에 관한 믿을 만한 전승이 없다는 점을 인정해야 한다. 이는 놀라운 일도 아닌데, 고대 이란인들은 분명 역사에 큰 관심이 없었고 어떤 사건의 절대 연대를 확립할 수단도 전혀 없었기 때문이다. 따라서 우리에게는 다시 한번 아베스타 자체가 제공하는 증거만 남는다. 언어적으로 가타는 매우 오래된 듯한데, 실제로 그 고대성은 서기전 1700년대 무렵에 집성되기 시작했으리라 여겨지는 리그베다에 비견되는 듯하다.[47] 조로아스터의 신학 저변에 깔려 있는 세계상도 마찬가지로 고대적이고, 우리가 앞서 보았듯이 그의 형상은 고대 그가 속한 민족의 목축 전통에서 끌어온 것으로서, 그들이 정착하면서 점차 수정된 것이다. 믿을 만한 외부의 증거가 없는 상황에서 예언자의 생존 시기를 서기전 1400년에서 1000년 사이 어떤 시기로 결론짓는 것이 자연스러울 듯하다. 그때는 그의 민족이 콰레즈미아로 남하하여 새 거처를 정하기 전 여전히 중앙아시아 북부에 살던 시절이다.

　이 결론은 어쩔 수 없이 모호하지만 '젊은' 아베스타에 나오는 증거로 뒷받침된다. 물론 젊은 아베스타의 가장 오래된 부분조차 가타보다는 연대가 상당히 늦어 보인다.[48] 여기에는 서부 이란의 장소에 대해 미심쩍은 한 가지 언급만 등장하고[49] 그 외에는 완전히 동북 혹은 동부 이란에 속하는 내용이다. 젊은 아베스타는 결코 동질적이지 않으며, 작성하는 데 분명 여러 세대가 걸렸고, 그사이 그 언어는 고대의 "가타적" 단계에서 점점 진화해 갔다. 그중 가장 오래된 텍스트인 파르바르딘 야쉬트에는 그리스인이나 아케메네스조 사람들의 기록에는 전혀 알려지지 않은 이란 민족들의 이름이 등장하는데, 이는 서기전 6세기에서 5세기 사이 동부 이란에 대한 일부 지식을 제공한다.[50] 마찬가지로 이 야쉬트에는 역사에서 유실된 지명들에 대한 언급도 있다. 또 다른 텍스트(언어적으로도 그렇고 내용적으로 분명 더 후대의 것), 다시 말해 벤디다드의 첫 장에는 17개의 지명이 등장하는데, 대부분은 동북 및 동부 이란의 알려진 지방과 동일시될 수 있다. 파르바르딘 야쉬트에는 이런 지명들이 하나도 등장하지 않으므로 이 점에서 두 텍스트는 긴 시간을 망라하는 것으로 보이며, 그사이 이 신앙과 이를 기록한 경전들은 서부의 사촌 민족들 사이에서 발견되기 전까지 동부이란의 민족 사이에서 진화해 나갔다. 그렇지 않았다면, 다시 말해 조로아스터교가 발생 초기에 메디아나 페르시아인들에게 전파되었다면, 이들 제국 민족들의 이름이 분명히 조로아스터교 저작들 안에서 발견되었을 것이다. 서기전 7세기에 이미 조로아스터의 가르침은 메디아에 전해진 것으로 보이며, 더불어 전해진 종교 경전들은 이미 너무나 존중되어 그 이래, 심지어 새로운 내용들이 더해지던 시기에도, 명백한 서부의 흔적은 그 위에 전혀 찍히지 않았다. 그러므로 예언자 자신은 그보다 몇 세기 전에 살았던 것이 분명하며, 이는 6세기 그리스인들이 페르시아인들로부터 조로아스터가 아주 오래전 옛날 사람이라는 정보를 얻었다는 사실과 부합한다.

조로아스터의 생애를 먼 역사 이전 시대의 것으로 두는 것은 그 삶의 자세한 부분들이 어찌하여 그토록 많이 유실되어 겨우 현저한 사실들(가타에 끼어 있는 정확한 정보 조각들과 함께)만 종교 전승에서 살아남았는지 설명하는 데 도움을 준다. 사실 그가 비쉬타스파의 궁정에서 품위 있고 영예로운 시간을 보내는 동안에 대해서는 알려진 것이 거의 없다. 그러나 그는 고령에 자객의 손에 살해되었다고 전한다. 파흘라비 서적들에서는 이 살인자가 야쉬트에 거듭 등장하는 이란 민족의 일파인 투이리야(Tūirya)에 속하는[51] 한 카라판이라는데, 그는 기존 종교의 사제였을 것이다. 심지어 그의 이름도 브라데레스(Brādrēs) 비슷한 무엇무엇(파흘라비 문헌으로는 이름의 정확한 형태를 결정할 수 없다.)이라 한다.[52] 결국 다른 종교의 광신도에게 살해될 수밖에 없었다는 사실은 아베스타에 기록된 당시의 성전聖戰이나 격렬한 종교 논쟁에 비춰 보면 전적으로 신뢰할 만해 보인다. 그래서 우리가 이 신앙의 초기 역사에 관해 알 수 있는 자료들을 계속 긁어모으기 전에 우리는 다음과 같은 중대한 임무에 착수해야 한다. 즉 조로아스터 자신의 가르침을 자세히 설명하고, 그 가르침의 무엇이 그렇게 새롭고 도전적이었기에 일부에게는 자기희생의 헌신을, 다른 일부에게는 치명적인 미움을 불러일으켜 조로아스터교가 발생기의 기독교처럼 초기에 피의 세례를 받게 되었는지를 탐구하는 임무이다.

## 8장

# 아후라 마즈다, 앙그라 마이뉴 그리고 자비로운 불사자들

모든 징후들이 보여 주는 바에 따르면 조로아스터가 태어나기 전에 "아베스타" 민족의 사제 학파들 사이에서 상당한 지적 활동이 있었다. 그리고 이 활동은 냉철한 철학적 개념으로 이어지고, 이를 통해 물질 현상의 배후에 있는 원초적 단순성과 유일성을 찾으려 했다. 따라서 세계가 시작될 때에는 오직 하나의 식물과 한 마리의 동물과 한 명의 인간만 있었으며, 이 원형들을 통해 현재의 방대한 생물종들이 나왔다고 가정되었다. 합리적으로 추론할 수 있듯이 윤리와 숭배에 관한 토론도 맹렬하게 벌어졌다. 다에바 숭배와 아후라 숭배에 관한 논쟁은 조로아스터에 의해 시작된 것 같지 않기 때문이다. 사제로서 교육받는 동안과 그 후 방랑하는 동안 예언자는 여러 대가들과 공부하고 논쟁하고 여러 분야에서 지적·영적 탐구를 수행했을 것이다. 분명 그는 길고 고독한 명상의 시간을 보낸 후에 사색의 결과 새로운 교리를 만들고 강독에서 자신의 예지력을 깨닫게 되었으며, 이를 통해 그의 지적인 결론에 계시를 얻은 진리의 힘이 더해졌으며, 포교에 필요한 의무감도 가득 차게 되었다.

조로아스터의 새로운 가르침의 핵심은, 물질세계에 이미 존재한다고 여겨지는 원초적 단일성에 대응하는 짝으로서 신의 세계에도 원초적 단일성이 있다는 생각으로 보인다. 그가 가르치길 처음에는 숭배를 받을 자격이 있는 단 하나의 선한 신만 있었으니 이름하여 아후라 마즈다, 즉 지혜의 주라는 한 명의 야자타였다. 애초에 모든 신적인 선善은 그 신 안에 내포되어 있었고, 복수성과 다양성은 단지 악신의 존재 때문에 발생한다. 왜냐하면 처음에 아후라 마즈다와 함께 그와 마찬가지로 자존自存하는 존재로서 그에 대비되는 적대적인 영 앙그라 마이뉴(Angra Mainyu)가 있었기 때문이다.[1] 조로아스터는 예언자의 눈으로 이 둘의 첫 조우를 목도한다. "이제 두 영靈, 즉 쌍둥이 영이 처음으로 모습을 드러냈다. 그들의 두 방식의 생각과 말하기와 행동은 하나는 더 좋은 것이고 하나는 나쁜 것이다. 이 두 방식 중 지혜로운 이들은 바르게 선택하지만 어리석은 이들은 그러지 못한다. 그리고 이 두 영이 처음 만날 때, 그들은 생명과 생명 아닌 것(not-life)을 만들어 냈으며, 드루그(거짓)의 추종자들에게는 최후에 가장 나쁜 삶(existence, 존재 형태)이 남을 테지만, 아샤의 추종자들과는 최상의 삶이 함께할 것이다. 두 영 가운데 드루그를 따르는 이(앙그라 마이뉴)는 극도의 악행을 선택했고, 가장 단단한 돌로 된 옷을 입은 가장 자비로운 영은 아샤를 선택했으니, 진실한 행동을 갖추고 기꺼이 아후라 마즈다를 만나러 오는 이들 또한 그리한다."(Y. 30. 3~5)[2]

스페니쉬타 마이뉴(Spəništa Mainyu), 즉 "가장 자비로운 영"은 아후라 마즈다 자신이 분명하며, "가장 단단한 돌로 된 옷"은 다시 말해 수정으로 된 하늘이다. 파흘라비 주석가들은 이 절의 "두 영"을 "오흐르마즈드와 아흐리만"이라고 적절하게 설명했다.[3] 그러나 이와 함께 더 흔한 표현인 "자비로운 영", 즉 스펜타 마이뉴(Spənta Mainyu, 스펜타는 대략 '아끼지 않고 좋은 것을 베푸는'이라는 의미이므로, '너그러운'으로 옮기는 것도 가능할 것이다. 그러나 신의 너그러운 마음은 대개 인간에 대한 연민을 전제로 하므로 '자비로운'으로 옮겼다. ─ 옮긴이)는 가타의 다른 곳에서 복잡한 양태로 사용되었다. 때로 이 둘은 아후라 마즈다가 생각하고 지각하고 행동하는, 그 안에 있는 힘을 표상하는 것으로 보이지만[4] 다른 경우에 이들은 그의 힘 자체를 실체화한 독자적 신격으로 보이기 때문이다. 가타와 전승으로 판단하건대 전자가 지배적인 개념으로 보이는데, 이는 대체로 아후라 마즈다를 그의 "자비로운 영"과 동일시한다.[5] 훗날 이질적인 조로아스터교 집단인 주르반교도들(Zurvanites)은 "쌍둥이 두 영"이라는 구절을 글자 그대로 해석해 이 대립하는 위대한 두 존재가 실제로 하나의 자궁에서 태어난 쌍둥이라는 의미로 새겼고, 따라서 그들은 둘의 아버지로서 주르반(Zurvān), 즉 시간을 상정했다. 정통파 조로아스터교도들은 이 교리를 악마의 영감을 받은 완전한 이단으로 배척했다.[6] 그러나 수많은 유럽 학자들은 주르반교도들을 따라 "쌍둥이"를 글자 그대로 해석했고, 그리고 나서 야쉬트 30의 "가장 자비로운 영"은 독자적인 신 스펜타 마이뉴이며 아후라 마즈다는 자비로운 영과 적대적인 영 둘의 "아버지"라고 주장하며 이를 정당화하려 하였다. 주장에 따르면 이 "출산은 신에 의한 분화되지 않은 영의 발출에 있는데, 이 영은 자유 의지의 출현을 만나 반대의 지향을 지닌 '쌍둥이' 영들로 갈라진다."[7] 이 해석을 어떤 식으로 가다듬더라도 악이 아후라 마즈다에게서 기원한다는 해석은 여전히 가타와 정통 조로아스터교 전승과는 교리적으로 완전히 동떨어진 채로 남는다. 롬멜이 "단어에 대한 생동감 없는 합리주의적 해석에서 발생한 오해"라며 이 가정을 거부한 것은 분명 옳았다.[8] 예언자는 명백히 이 용어를 관계

없는 두 존재의 동등한 지위와 그들의 공존을 표현하기 위한 수사修辭로 사용했다. 이 용어를 씀으로써 그는 (전적인 상호 대립에도 불구하고) 양자가 결정적인 선택을 할 때 서로 응시한다는 것을 인상적인 집중과 강렬함으로 강조했다.

그들 각자가 자신의 속성에 따라 선과 악이라는 외적 원칙을 그러쥐는 이 선택이 양자의 대립을 활성화했고, 이는 창조와 반反창조 혹은 "삶과 삶 아닌 것"을 만드는 것으로 드러난다. 전승에 따르면 아후라 마즈다의 첫 번째 창조 행위는 자신을 도울 유순한 작은 신들을 만든 것이었는데, 그들도 마찬가지로 숭배받을 가치가 있는 야자타였다. "오흐르마즈드는 먼저 야자타들의 통치 체제(yazdān khwadāyīh)를 만들어 냈다."[9] 그는 야자타들 중 먼저 일곱 명의 위대한 이들을 불렀는데, 전승에 따르면 그들은 일곱 자비로운 불사자, 즉 아메샤 스펜타들(Aməša Spəntas)이다. "그는 먼저 일곱 기원(bun)을 가진 자비로운 불사자들을 창조하고 나서 나머지를 창조했다."[10] 아후라 마즈다가 어떤 식으로 더 작은 야자타들을 만들었는지 다양한 설명이 존재한다. 가타에는 그가 아메샤 스펜타들 각각의 "아버지"라 언급되는데,[11] 이 표현은 젊은 아베스타에 다시 출현하고, 거기에서도 그는 마찬가지로 "통치자"와 "창조자"로 불린다.[12] 그들은 아후라 마즈다가 "자신의 모습을 섞어 넣은" 외양으로도 찬양된다.[13] 그리고 이 동사(raēthwaya-)는 모든 자비로운 신적 존재들의 본질적 단일성을 전달하기 위해 선택된 듯하다. 한 파흘라비 텍스트에는 이것이 대신 하나의 비유로 표현되는데, 오흐르마즈드가 자비로운 불사자들을 창조한 것이 횃불에서 횃불로 불을 붙이는 것에 비유되어 있다.[14] 조로아스터 자신의 말이 보여 주는 바에 따르면 그는 창조 행위의 기본 도구를 마나, 즉 생각으로 여겼다. "당신은, 오, 마즈다, 우리를 위해 처음부터 생각으로 물질과 의식意識을 만드시고……"(Y. 31.11) 창조력의 이 목적은 정확하고 합리적인 것으로 간주되었다. 그리고 일반적으로 조로아스터의 가르침은, 열정과 도덕적 목적으로 충만하지만 확고한 지적 기반을 갖추고 있으며, 그의 첫 대전제에서 논리적으로 도출되었다. 따라서 신앙의 역사에서 조로아스터교 신학자들 또한 이에 걸맞게 자신들의 신앙에서 그 자신이 지혜의 현신인 아후라 마즈다를 숭배할 때 가장 적합한 자질인 이성이 차지한 핵심적 역할을 강조했다.

가타에서 조로아스터는 아후라 마즈다뿐 아니라 자비로운 일곱 불사자들을 "다른 아후라들"(원칙상 미트라와 *보우루나 아팜 나파트만 아후라가 될 수 있다.)로 부른다.[15] 또한 그는 스라오샤, 아쉬, 게우쉬 타샨, 투쉬나마이티(Tušnāmaiti), 이자(Ižā)[16] 등 수많은 작은 야자타들의 이름을 언급하는데, 이들이 그의 찬가에서 언급될 수 있었던 것은 희생 및 숭배 의식과 밀접하게 관계되기 때문으로 보인다. 전승에 나오는 예언자의 말이 분명히 나타내는 대로 이 모든 존재들은 아후라 마즈다의 창조물로서, 그가 악마의 세력에 대항하는 것을 돕기 위해 만들어졌으며, 그에게 완전한 복종과 충성을 바쳐야 한다. 이것이 예언자가 말한 이란의 일신론인데, 그의 추종자들은 모든 역경을 극복하고 19세기까지 이 교리를 이어 갔다.[17] 즉 태초에는 숭배를 받을 자격이 있는 존재로서 아후라 마즈다만 존재했으니, 그는 홀로 있는 야자타, 전적으로 지혜롭고 공정하며 선한 이였다. 그는 유일하게 창조되지 않은 (즉 자존하는) 신이며, 그 자신이 신계의 것이든 지상의 것이든 유정물有情物이든 무정물이든 모든 선한(이로운) 것들의 제1 원인이다. 왜냐하면 조력자 신들을 창조한 후 그는 그들을 통해 세계와 그 안의 선한 것들을 만들고, 나아가 이것들을 악을 쳐부수고 종식시키기 위한 수단으로 쓰기 때문이다.[18] 조로아스터는 그를 다타랑헤우쉬(dātaraŋ həuš),

즉 "삶의 창조자"로 간주했고(Y. 50.11), 조로아스터교 문헌과 호칭법에서 지속적으로 불리는 그의 별칭은 다드바(Dādvah) 혹은 다다르(Dādār), 즉 "창조자"이다. 조로아스터의 예지에 따르면 원초적 존재로서 스스로 "이 행복한 장소를 빛으로 채우자."라고 생각한 이가 바로 그이며,[19] "태양과 별이 다닐 길을 확정하고"[20] "하늘은 위에 땅은 아래에 확고히 고정시키고, 이를 무너지지 않도록 하며"[21] "바람과 구름에 재빠름을 부여하고"[22] "빛과 어둠…… 잠과 깸…… 새벽과 한낮과 밤을 만든" 이가 바로 그이니, 그는 사실 "자신의 자비로운 영으로 모든 것을 만들어 낸 창조자(spəntā mainyū vīspanạm dātar-)"이다.[23] 그가 창조한 것 중에는 모든 자비로운 작은 신격들이 포함되므로, 조로아스터교의 야자타들은 "신들"이라 불리는 것이 적절하지 않은데, 이 단어("신", 즉 바가(baga))는 다신교 만신전에 있는 독자적인 신적 존재들을 암시하기 때문이다. 그래서 아베스타에서 그런 "신"을 뜻하는 바가가 거의 쓰이지 않은 것은 현저한 사실이다.[24] 한편 야자타 대부분의 기원은 다신교 신들이며, 그들은 여전히 스스로 숭배받을 권리를 가진 지위에 있었기에 여타 일신교에서 신과 인간 사이를 이어 주는 천사들 이상이다.[25] 그러므로 조로아스터교 용어로서 이 위대한 신앙 특유의 개념을 표상하는 야자타는 대개 번역하지 않고 두는 것이 최선이다.

조로아스터교에서 아후라 마즈다와 그의 모든 창조물들을 묘사하는 데 쓰는 용어는 "힘을 가진"을 의미하는 것으로 보이는 스펜타(spənta)로서, 명사형 스파나(spanah)는 "초자연적 힘"을 뜻한다.[26] 야자타들에 적용되면 이는 "도움을 줄 힘을 가진"을 의미하여, "더하고 지지하고 이익을 주는"이라는 뜻이 된다. 이 단어는 지속적인 종교적 쓰임을 통해 자연스럽게 중층적 의미를 얻었고, 이에 따라 다양한 해석이 제시되었다. 그중에는 "성스러운(holy)"도 있는데, 이 단어는 원래 의미인 "강력한, 강한"에서 "신성한(sacred)"으로 발전했는데, 이 새김은 어떤 의미에서는 이상적이다. 하지만 가장 보편적인 용법은 "너그러운 (bounteous, 풍성하게 나눠 주는)" 혹은 "자비로운(beneficent, 베푸는)"으로 서, 이 말들은 자못 다른 기독교 개념들과의 혼동을 피하고자 선호된 다. 형용사 스펜타는 물질적이든 육체적이든 모든 선한(이로운) 피조물 들에 적용되는데, 그 고대의 용법이 이 뒤에 숨어 있을 것이다. 그러나 이 형용사는 명사 아메샤(Aməša), 즉 "죽지 않는 존재, 불사자(베다어 아므르타(amrta))"와 결합되어 관용어로 쓰이는 것은 순전히 조로아스 터교식 발생으로 보인다.[27] (가타 자체에는 이 집합적 개념이 등장하지 않으 므로 가타를 통해 증명할 수는 없지만.) 아메샤 스펜타는 아후라 마즈다가 처음 창조한 위대한 일곱 야자타들을 가리킬 뿐 아니라[28] 전승 안에 서 일반적으로 그가 창조한 신격 전체를 가리키기도 하는데, 그들은 거짓된 신 다에바들에 대비되는 유능하고 자비로운 이들이다. 조로아 스터는 다에바들이 파괴적이며 아후라 마즈다의 창조물에게 적대적 이라고 가르쳤다. 아마도 조로아스터가 선과 악을 가르는 확고한 장벽 을 설교하기 전에 이란인들은, 베다 측 사촌들이 계속 신들을 비쉬베 아므르타스(Viśve Amrtas)라 불렀듯이 공손하게 *비스페 아메샤(Vispe Aməša), 즉 "모든 불사자들"로 불렀을 것이다.[29] 그러므로 이 조로아스 터교식 표현은 다신교의 용법과 교리를 날카롭게 거부하는 징표이다.

조로아스터는 아후라 마즈다 자신을 가리킬 때 종종 최상급 스 페니쉬타(Y. 30.5), 즉 "가장 너그러운"과 함께 형용사 스펜타를 쓴다.[30] 위대한 창조자에 대해 예언자는 경외, 헌신, 믿음이 혼합된 태도를 가 졌다. 그는 아후라 마즈다를 한 위격(位格, person, 인간 형상의 신)으로 인 식했다. 왜냐하면 첫 번째 예지의 순간뿐 아니라 이어지는 계시의 순 간들에도 그는 주를 여기 지금 존재하는 이로서 감지하는 한편 예지의 눈으로 암흑의 태고에 있는 주를 보았기 때문이다. "그때 나는 당신을 자비로운 분으로 인지했으니, 마즈다 아후라, 내가 생명이 갓 태어난 태고의 존재로 당신을 보았을 때"(Y. 43.5) "그리고 나는 마즈다 당신을 인지했으니, 내 생각 안에서 당신을 처음이자 끝인 존재로서······ 나는 내 눈으로 당신을 질서(아샤)의 창조자로 인지하며, 삶의 행위들 가운데의 주(행위를 판단하는 주)로 인지합니다."(Y. 31. 8) 그러나 조로아스터의 새로운 예지의 모든 장엄함에도 인지되는 이는 오래된 아후라, 즉 위대한 지혜의 주이며, 그는 최고신으로서 조로아스터에게 현신한다. 마즈다는 낙원, 즉 "태양이 바라보는 영역(khšathra-)"(Y. 43. 16), "노래의 집"(Y. 45.8)에서 산다. 여기가 "가장 강력한 아후라의 왕좌"이며(Y. 28. 5), 여기에서 그는 "번뜩이는 눈으로" 인간의 죄를 굽어본다.(Y. 31. 13) 그리고 의로운 이들, 즉 아샤반들은 그곳에 있는 그의 처소로 가는 길을 발견할 수 있다.(Y. 43.3. 다음과 비교하라. 33. 5) 이러한 믿음과 표현이 인도·이란 시절에 뿌리를 두고 있음을 베다를 통해 알수 있는데, 베다로부터 우리는 의로운 이들, 즉 르타반들이 해가 비치고 노래로 가득 찬 낙원 왕국(kṣatra-)으로 가 더 작은 아수라인 바루나의 통치를 받는다는 것을 배운다. 더욱이 지혜의 주가 조로아스터에게 현신할 때, 여기저기에서 뽑은 구절로 볼 때 당연한 일이지만 예언자가 그를 인간의 형상으로 인지한 것은 확실하다. "마즈다, 당신의 혀로 이를 말하시어 우리로 하여금 알도록 하시고"(Y. 31. 3, cf. 28. 11) "그러한 보상을 쥐고 계신 당신의 손으로······."(Y. 43. 4) 아후라 마즈다의 의인화된 개념은 전승에도 분명하게 언급된다.[31] "아베스타의 한 구절에는 이렇게 나와 있다. 조로아스터가 오흐르마즈드에게 '당신의 머리와 손과 발과 머리카락과 얼굴과 혀가 마치 내 것인 양 내게 보이고, 당신은 사람들이 입은 것과 같은 옷을 입고 계십니다. 당신의 손을 내게 주시어 내가 잡을 수 있도록 하소서.' 하니, 오흐르마즈드가 '나는 만질 수 없는 영이니, 나의 손을 잡을 수 없느니라.'라고 답했다." 오직 아후라 마즈다에게만 붙는 아베스타의 별칭 중 하나는 후케레프테마(hukərəptəma), 즉 "가장 아름다운 모습을 가진"이다.[32] 이 의인화로 인해 수정 하늘을 옷으로 입은(Y. 30. 5) 최고신의 장엄함은 전혀 손상을 입지 않으니, 이는 여러모로 여호와와 알라의 의인화된 개념과 유사하다. 그럼에도 불구하고 (여러 곳에서 그랬던 것처럼) 조로아스터가 창조자를 육체가 없는 보이지 않는 영으로 인지했다고 말하는 것은 이질적이고 시대착오적인 개념을 가타에 도입하는 것이며, 예언자 자신의 말이라는 증거를 무시하는 일이다.

아수라들에 관한 베다의 증거들에 비춰 볼 때, 심지어 조로아스터가 예언자가 되기 전에 이미 주 마즈다는 도덕적 신이었다고 확실하게 추정할 수 있다. 그리고 조로아스터의 가르침 안에는 그와 그의 적수 앙그라 마이뉴의 충돌은 전적으로 옳음, 즉 아샤와 거짓, 즉 드루그 사이의 투쟁이다. 이 윤리적 이원론(그 자체로 분명 다신교적 뿌리를 일부 가지고 있다.)의 배후에는, 우리가 앞서 보았듯이 인도·이란의 유신론적 이원론,[33] 즉 밝은 하늘에 살며 (인간에게) 삶과 행복을 수여할 수 있는 신들과 지하에 있는, 죽은 자들의 어둠의 왕국의 신 사이의 대결이 놓여 있다.[34] 조로아스터에게 이 지하 영역은 지옥, 즉 죄를 지은 이들이 가서 벌을 받는 곳으로 보였다. 그러므로 그에게 "적대적인 영"의 개념을 제시한 이는 그 지하 세계의 통치자, 즉 다신교 시절에조차 하늘에 있을 자격이 없는 이로 간주되었던 이일 가능성이 있으며, 그래서 그는 "오흐르마즈드는 높은 곳에 있고 아흐리만은 깊은 곳에 있다."라고 보았다.[35] 증거가 없는 상황에서 이는 추정으로 남겨두어야 하지만 그런 가정은 왜 조로아스터교 전승에서 앙그라 마이뉴가 적극적으로 사악하고 호전적인 적수이면서도 단순한 그림자, 즉 선의 부정(不定, 즉 악)에 불과한지 설명하는 데 도움이 된다. 전통적으로 죽은 자들의 왕국에서의 생활은 실체의 결여, 양陽의 능력이 없는 유령 같은 점과 공허가 특징이기 때문이다.[36] 베다의 인도인들이 진짜 "죽음"이라 생각한 것이 바로 이런 상태였는데,[37] 그런 믿음이 "두 영이 처음 만났을 때 그들은 (각자) 삶과 삶 아닌 것을 만들었다."(Y. 30. 4)라고 한 조로아스터의 언급, 낙원에서의 불사 그리고 지하에서의 "죽음"에 중요성을 부여했을 가능성이 있다.

베다로 판단하건대 다신교 안에서 아샤는 비인격적 힘으로서 세계를 이롭게 하기 위해 작용하는 것이었다. 그러나 조로아스터에게는 원칙인 아샤(aša)와 함께 신격인 아샤(Aša)가 있었으니, 그는 자신의 위대한 예지에 나오는 자비로운 일곱 불사자 가운데 한 명이다. 가타에서는(부분적으로 다신교적인 야스나 하프탕하이티와 마찬가지로) 원칙 아샤가 지배적인 역할을 한다. 의로운 사람은 여전히 아샤반(ašavan), 즉 "아샤를 가진 이"로 표현되며, 각자 다른 이들에게 아샤를 전할 것이 요구된다.(Y. 53. 5) 더욱이 신격 아샤는 조로아스터 본인과 젊은 아베스타에서 대부분 아메샤 스펜타로 불린다. 조로아스터는 아후라 마즈다에게 자신에게 아샤를 보여 달라고 기도하고, 아후라 마즈다는 그에게 아샤에게 가서 배우라 명하는데(Y. 43. 10~12), 아후라 마즈다는 아샤와 똑같은 마음을 가지고 있기 때문이다.(Y. 29. 7) 그러므로 우리는 가타의 아샤/아샤 개념 안에서 다신교 시절 "추상적" 신들과 관련해서 만난 것과 똑같은 패턴을 발견한다. 아샤, 즉 "올바름" 혹은 "공정함"은 일상생활에서 수많은 방식으로 스스로를 드러낼 수 있는 자질이며, 아샤는 그 자질을 인격화한 신으로서, 다른 신들과 마찬가지로 그것을 달라는 호명을 듣고 기도를 받을 수 있다.[38] 우리가 어떤 인간의 내적 자아의 자질로 간주하는 공정함을 조로아스터는 "인간을 이 끌어 주는 어떤 것, 그를 설득하려 공을 들이는 힘으로 보았다. 우리 에게는 이것이 주관적이지만, 고대 이란에서는 이것이 어떤 객관적인 것으로서, 인간과는 별도로 인간 위에 있는 무형의 무엇이었다. 그리 고 그것은 효력을 가진 것으로 경험되었으므로, 살아 있는 어떤 것이 었고, 따라서 하나의 인격이었다."[39] 신을 의미할 때도 아샤는 보통명 사일 때처럼 중성이다. 그러나 인도·이란의 신 개념에서 성이 항상 중 요해 보이지는 않는데, "중요한 신일지라도 종종 그 신의 행동이 위격 자체보다 중요하다."라는 점이 관찰되어 왔다.[40] 아샤와 가타에 나오는 다른 "중성" 불사자들 중 한 명인 보후 마나(Vohu Manah)의 경우, 아후 라 마즈다를 "아샤의 아버지"(Y. 44. 3; 47. 2)나 "보후 마나의 아버지"(Y. 31. 8; 45. 4)[41]로 표현함으로써 인격화를 강조한다. 그리고 문법적 성이 사라진 후대의 전승에서, 이 둘과 또 다른 가타의 "중성" 아메샤 스펜 타 크샤트라(Khšathra)는 모두 남성 신격으로 간주되기에 이르렀다.

"가타에서 아샤는…… 드루그, 즉 '기만, 신성한 질서와 그 자체 로 신성한 힘을 가진 모든 것에 대한 부정'과 가장 첨예한 대립을 이 룬다. 리그베다에도 이에 상응하는 르타와 드루흐(druh)의 대립이 있 지만, 이는 상당히 다른 것으로서 애매하고 우연적이다. 아샤/드루그 라는 구분선에 따라 모든 존재를 전면적으로 양분하는 것은 틀림없 이 조로아스터가 신과 인간에 관한 자신의 경험에 기반하여 도출해 낸 것이 틀림없으며, 이에 따라 인간 세계에서는 아샤반, 즉 '아샤를 가진 이'가 드레그반트(drəgvant), 즉 '드루그의 성격을 가진 이'에 맞선 다. 조로아스터는 생사의 싸움터에 서 있다. 이 싸움에서 그의 적수인 다에바 숭배자들은 그와 그가 믿는 신을 부정하며, 그는 그들을 드루 그, 즉 '기만하는' 이로 낙인찍는다. 그 자신은 아샤의 질서를 들여다 보았으므로, 그는 들으려 하는 이들에게 이를 선포한다. 그러나 아샤를 들은 이들은 자신의 생각과 말과 행동으로 아샤의 편에서 삶을 강화하는 힘을 위해 싸울지, 아니면 드루그를 따를지 결정해야 한다."[42] 조로아스터의 가르침에 따르면 아후라 마즈다가 아샤를 만들었고,[43] 아마도 적대적인 영도 마찬가지로 드루그를 만들어 낸 것으로 여겨지는 듯하다. 그러나 야스나 51.10에서 조로아스터는 "드루그의 창조 (dāmi- drūjō)"를 분명 "아샤의 세계 (ašahyā gaēθā, Y. 31. 1)"의 반정립으로서 언급하며, 그의 사유 안에는 신들에 의해 (처음으로) 호출된다기보다는 그들과 상관없이 이미 존재하는 다신교적 아샤와 드루그 개념으로 보이는 흔적들이 있다. 아후라 마즈다와 앙그라 마이뉴가 선과 악 사이에서 **선택을 한다**는 사실은 이 원칙들이 기존에 이미 존재했다는 것을 시사하기 때문이다. 그러나 악의 기원에 관한 문제는 어떤 고대의 철학자도 전적으로 만족스러운 답을 내놓지 못한 문제이다. 그리고 예언자이자 도덕주의자로서 조로아스터는 아마도 완전한 지적 엄격성을 가지고 이 문제를 추구하기보다 그가 터득한 것의 실질적 결과에 더 관심이 있었을 것이다. 한 구절에 따르면 앙그라 마이뉴의 경우처럼 거짓 신 다에바들의 사악함 또한 잘못된 선택 탓으로 돌려진다. 야스나 30. 6에는 이런 말이 있다. "다에바들은 잘못 선택했나니, 그들이 상의할 때 눈이 멀어 버렸기에, 가장 사악한 목적을 선택했다. 그러고 나서 그들은 분노(Aēšma)에게 몰려갔고, 그 분노를 통해 인간의 삶을 병들게 했다." 그러나 다른 절(Y. 32. 3)에서 다에바들은 "사악한 목적을 가진 족속(čithra-)"이라 일컬어지는데, 이는 마치 자비로운 불사자들이 아후라 마즈다가 "낳은" 이들, 즉 그가 창조한 이들이듯, 조로아스터가 다에바들을 (앙그라 마이뉴가) "낳은", 즉 앙그라 마이뉴에 의해 만들어진 이들로 생각했음을 시사한다.(전승에는 아흐리만이 데브들

(dēvs)을 "나쁘게 만들었다."라고 분명히 나와 있다.)[44] 조로아스터는 어디에서도 다에바들의 이름도 부르지 않는데, 오직 파흘라비 서적에만 그들 중 인다르(Indar), 낭하이티야, 사볼(Savol, 베다의 인드라, 나사티야, 샤르바(Śarva))이란 이름이 등장한다.[45] 그들은 그 의도가 사악하고 분노와 놀아났다는 예언자의 준엄한 표현은 허세로 가득 찬 초도덕적 베다의 인드라에 대한 묘사와 맞아떨어지는데, 이 표현은 조로아스터가 이 신들을 가짜로서 숭배할 가치가 없다고 혹평함을 보여 주는데, 그의 눈에 그들은 옳음이 아니라 힘을 대표하고, (아마도 제물에 대한 그들의 탐욕 탓에) 자신들의 숭배자들을 꾀어 피괴적 반목과 폭력으로 이끌었기 때문이다.

심지어 아후라 마즈다가 스펜타 세계를 창조하고 유지하고자 할 때 야자타들을 통해 행동하듯이, 앙그라 마이뉴도 예언자가 "삶 아닌 것(ajyāti-)"이라 부른 이 반反창조(counter-creation, 역逆창조)를 행하기 위해 다에바들을 이용하는 듯하다. 이 말은 야스나 30. 4에만 등장하는데 "삶"을 뜻하는 가야(gaya-)의 반대말로서, 예언자가 사악한 피조물이라는 개념을 표현하기 위해 만들어 냈을 수 있다. 그는 더 이상 명쾌하게 설명하지 않지만, 전승에 따르면 "삶 아닌 것"은 (인간의 관점에서) 도덕적이거나 육체적인 모든 사악한 것들을 포괄하는데, 조로아스터가 보는 사악한 존재란 독자적이고 자립적인 존재가 아니라 흡혈귀처럼 스펜타 창조물들을 먹이로 하는 것들이다.

다에바들의 타락시키는 행동들과 대조적으로, 자비로운 불사자들의 임무는 "아샤의 세계"를 증진시켜, 그것이 부패하고 시들고 망가지고 오염되지 않도록 하는 것이다. 특히 조로아스터 자신의 예지에 나오는 위대한 일곱 불사자들은 이 임무와 관련 있는데, 그들은 처음으로 만들어진 야자타들일 뿐 아니라 여전히 아후라 마즈다에게 가장 가까운 이들이기 때문이다. 한편으로는 이 가까움 때문에, 한편으로는 가타에 이 야자타들의 이름과 함께 이에 조응하는 보통 명사들이 등장하기 때문에, 또 한편 조로아스터가 독창적인(스스로 만들어 낸) 것이 아니라 기존에 이어져 오던 일신론을 설파했다는 널리 퍼진 확신 때문에, 많은 학자들은 조로아스터 자신의 찬가에 나오는 이런 존재들이 아후라 마즈다의 여러 다른 특징들을 따로 분리해 낸 것에 불과하며, 처음으로 독립적인 신들로서 조로아스터의 추종자들에게 숭배받았다고 해석했다. 그러나 가타 자체의 증거들을 무시하고서 이렇게 주장하는 것은 적절하지 않음을 B. 가이거(Geiger)가 충분히 증명했다.[46] 자신이 이런 위대한 존재들을 신으로서 숭배했다는 것을 증명하기 위해 조로아스터가 인용한 구절들은 다음과 같다. "당신들은 가장 강력한 아후라 마즈다 그리고 아르마이티 그리고 세상을 증진시키는 아샤 그리고 보후 마나 그리고 크샤트라, 내 말을 들으시고, 나를 불쌍히 여기시고……(명령형 복수(imperative plurals))"(Y. 33. 11) "당신들을 위해 나는 가장 빠른 말들에 마구를 채울 것이며…… 당신들(복수)께서 가까이 오시도록, 오, 마즈다, 아샤, 보후 마나. 당신들께서 내 도움을 받을 준비가 되어 있기를."(Y. 50. 7) "내가 하는 일을 생각해 주소서, 오, 보후 마나, 나의 숭배자, 오, 마즈다…… 나의 찬양의 말, 아샤. 허락하소서, 아메레타트(Amərətāt)와 하우르바타트(Haurvatāt)여, 영원히 지속되는 당신들의 몫을."(Y. 33. 8) "만약 아샤가 호출되려면, 마즈다 (그리고 기타) 아후라들 그리고 아쉬와 아르마이티……"(Y. 31. 4) "당신에게, 아후라 그리고 아샤에게 우리는 희생을 올릴 것입니다……"(Y. 34. 3) "당신들(복수)을 나는 숭배하고 찬양할지니, 오, 마즈다 아후라 그리고 아샤와 최고의 마나 그리고 크샤트라……."(Y. 50. 4) 야스나 51. 20에서 조로아스터는 아샤, 보후 마나 그리고 아르마이티를 마즈다와 같은 뜻을 가진 이로 언급하는데, 이는 전승에 보존된 생각이다. 그리고 인간이 들어가기 위해 분투해야 하는 낙원을 "보후 마나, 마즈다 그리고 아샤의 좋은 거소"(Y. 30. 10), "아샤와 보후 마나의 초원"(Y. 33. 3)으로 상상한다.[47] 그의 이런저런 언급들은 그가 의도한 주장의 요지를 의미하는데, 다시 말해 예언자 본인이 이 모두를 개별적 존재로서 아후라 마즈다와 함께 경배했다는 사실은 19세기까지 전체 조로아스터교 전승의 변함없는 지지를 받았고, 소수의 서방 학자들도 이를 지지했다. 대체 이론(조로아스터에게 그들은 단지 최고신의 "여러 특성들"에 불과했다는 이론)에 관해서는 다음의 언급이 적절하다. "독실한 열정은 그런…… 미묘한 구분과는 아무 상관이 없고, (열정은) 그들의 아름다움이 여기에서 환상적인 것으로 느껴지고 그들의 힘이 효력이 있는 것으로 인지되는 신적인 존재들에게 직접 호소한다."[48] 어떤 위대한 신의 속성들이 일단 떨어져 나오면 독자적 신격으로서 호명되고 숭배되는 것은 이미 이란 다신교의 특성이었고, 우리는 이를 좀 더 작은 아후라인 미트라의 경우에서 확실히 보았다. 즉 충성의 주 미트라 주위로, "정의(아르쉬타트)", "판단력(라쉬누)", "용기(흠.바레티)" 그리고 "복종(스라오샤)"이 모여들었던 것이다. 그리고 이들이 비록 그와 가까웠지만, 각자에게는 그 혹은 그녀 자신의 독자적 삶이 있었고, 모두가 그들의 개별적 은총을 얻기 위해 바쳐지는 재물과 숭배를 받았다.[49] 이 신격들이 조로아스터 자신의 계시에 나오는 그들(아메샤 스펜타들)보다 덜 "추상적"이지 않았다. "추상적인 것들"이 인격화되어 만들어진 신들에 대한 경배는 인도·이란 시절 숭배의 중요한 특징으로 보이는데, 그런 "추상적" 인격화와 구체적 현상의 관계, 즉 충성과 물 및 태양, 진실과 물의 관계도 마찬가지이다. 사실 이미 오래된 주조 틀에 조로아스터가 새로운 교리를 들이부은 것이다.

조로아스터의 계시에 나오는 자비로운 여섯 불사자들의 이름은, 후대의 전승에서 고착된 별칭(가타에서 이 별칭이 똑같은 모양으로, 심지어 규칙적으로 그들에게 붙지 않기 때문이다.)과 아울러 다음과 같다. 보후 마나, 즉 "선한 의도" 혹은 "선한 생각", 아샤 바히쉬타(Aša Vahišta), 즉 "최상의 의로움", 크샤트라 바이리야(Khšathra Vairya), 즉 "바람직한 통치권" 혹은 "왕국", 스펜타 아르마이티(Spənta Ārmaiti), 즉 "자비로운 헌신" 혹은 "복종" 그리고 하우르바타트와 아메레타트, 즉 "온전함" 혹은 "건강"과 "삶(생명)"이다.[50] 이 여성은 조로아스터교 교리 안에서 너무나 중요하고 특별한 역할을 하기에, 이들을 개별적으로는 물론 집합적으로 자세히 살펴볼 필요가 있다. 조로아스터가 강둑에서 목도한 위대한 예지에 따르면 집단으로서의 여섯 아베샤 스펜타들은 창조자 자신 혹은 그의 자비로운 영 스펜타 마이뉴와 합쳐서 일곱이 된다. 후자와 더불어 일곱이 된 이 존재들은, "한마음, 한목소리, 한 행동을 가진, 마음도 하나, 목소리도 하나, 행동도 하나, 아버지와 통치자도 하나인 창조자 아후라 마즈다이다. 그들은 서로의 영혼이 선한 생각과 선한 말과 선한 행동을 생각하는 것을 바라보며…… 그들은 아후라 마즈다의 창조물들의 창조자이자 형상을 잡은 이이자 만든 자이며 파수꾼이자 수호자이다."(Yt. 19.16~18)[51] 여기에서 이렇게 언급된 "창조물들"은, 전승이 명백히 보여 주고 가타 자체의 불완전한 암시들에서 드러나듯이, 바로 다신교 우주론에 따르면 여섯 창조물 전체에 스며들어 있을 불과 더불어 이 세계를 구성하는 여섯 창조물이다. 불을 합치면 일곱이 되는데, 이들 각자에는 다음처럼 (창조의 순서대로) 일곱 아메샤 스펜타가 한 명씩 배정된다. 요새처럼 세계를 둘러싸고 땅을 지배하는 수정 하늘은 "태양이 바라보는" 크샤트라[52]에 속하니, 이 통치권은 따라서 (우리가 앞서 보았듯이 수정은 금속으로 분류되었으므로) 금속의 주이기도 하다. 궁극적으로 모든 생명과 (그들의) 복지가 달려 있는 물은 "건강" 하우르바타트에 배정된다. 낮고 수용적이며 비옥한 땅은 아르마이티에 속하는데, 이 '헌신'은 그로써 지배하는 하늘의 주 크샤트라와 짝을 이룬다. 동물 왕국을 먹여 살리는 식물은 "삶" 아메레타트에게 배정되는데, 그는 자신의 신으로서의 개념과 물리적 존재가 하우르바타트와 결부되기 때문에 항상 그와 연결된다. 인간에게 베풀어주는 동물들은 보후 마나에 속하고, 여섯 창조물 중 마지막인 인간은 아후라 마즈다 자신 혹은 (야쉬트 19에서처럼) 그의 자비로운 영의 보호를 받는다.[53] 마지막으로 여타 모든 창조물을 관통하는 불은 아샤, 즉 세상에 스며들어 있어야 하는 질서의 인격화인 아샤에게 배정되었다. 이 일곱 불사자들과 일곱 창조물의 결합은 파흘라비 문헌에서 다음 구절처럼 전면적으로 개진되었다.[54] "나의 물질세계에서, 나 오흐르마즈드는 공정한 사람을 관장하며, 바흐만(Vahman)은 가축, 아르드바히쉬트(Ardvahišt)는 불, 샤흐레바르(Shahrevar)는 금속, 스펜다르마드(Spendārmad)는 땅과 고결한 여성, 호르다드(Hordād)는 물 그리고 아무르다드(Amurdād)는 식물을 관장한다. 이 일곱(창조물을 돌보도록 가르치는 이는 누구나 신들을 잘 대하고 그들을 만족시키며, 그러면 그의 영혼은 결코 아흐리만과 데브들의 것이 되지 않을 것이다. 그가 그들(다시 말해 일곱 창조물)을 돌보면 이 일곱 아마흐라스판드들(Amahraspands)[55]이 그를 돌볼 것이다. …… 이 일곱 아마흐라스판드를 돌보고 만족시키는 것은 나의 뜻이며 꼭 필요한 것이다. …… 또 모든 인간들에게 이를 말하라, 그들이 죄를 짓고 사악한 이가 되지 않도록, 그래서 낙원, 오흐르마즈드의 빛이 그들의 것이 되도록."

여기에서 아메샤 스펜타들이 호명되는 순서가 일곱 창조물들이 탄생하는 시간적 순서와 일치하지 않는 점을 주목할 만한다. 파흘라비 저작에서 이는 자주 보이는 현상인데, 원인은 둘로 보인다. 하나는 개별 아메샤 스펜타의 상대적인 윤리적 중요성인데, 이 때문에 다섯째와 일곱째 창조물을 보호하는 보후 마나와 아샤가 불사자들 중에서 영예롭게도 스펜타 마이뉴 혹은 아후라 마즈다 자신 뒤에 첫 번째로 서고, 그래서 종종 나머지 불사자들보다 먼저 호명된다. 또 하나의 원인은 일부 창조물들은 하늘과 땅, 물과 식물처럼 자연스럽게 짝을 이룬다는 점이다. 그래서 우리는 창조물의 수호자들이 크샤트라와 아르마이티, 하우르바타트와 아메레타트처럼 종종 짝을 이뤄 앞에 나온 위대한 셋의 뒤에 위치되는 것을 발견한다. 이런 묶음들의 편차가 연구자들이 일곱 아메샤 스펜타와 일곱 창조물 사이의 정확한 상호 관련성을 이해하는 것을 방해한 한 가지 요인이다. 혼란(혼란은 파르티아 시절에 이미 있었던 듯하다.)의 또 다른 원인은 몇몇 연구자들이 조로아스터교도들이 일곱 창조물이라는 자신들의 교리를 그리스의 철학적 개념으로 세상을 구성한다고 생각되던 불과 물, 공기와 땅 네 요소와 조화시키려 했다는 것을 알아차렸을 때 발생했다. 그러므로 그리스 학문의 영향을 가장 많이 받은 파흘라비 서적들에서 조로아스터교 용어인 "창조(dahišn)"가 부분적으로 "요소(zahag)"를 의미하는 차용어로 대체되어 있다.[56] 시리아의 기독교도들은 종종 조로아스터교도들이 "요소들"을 섬긴다고 비난했다.[57] 그리하여 고대 이란의 학구적 이론에 기반을 둔 창조에 관한 근본적인 신학적 교리가 외래의 개념과 뒤섞여 혼돈을 일으켰다.

　순수한 조로아스터교의 것이 분명한 전승에 따르면 예언자의 계시에 나오는 위대한 존재들은 각각 그/그녀의 창조물(아후라 마즈다는 아메샤 스펜타들의 도움을 받아 세상을 창조하고 유지한다. 그러므로 각각의 아메샤 스펜타가 해당 수호물을 단독으로 창조하지 않았다 해도, "그/그녀의 창조물"이라는 표현이 가능하다. — 옮긴이)의 "주(라투(ratu))"로 표현된다.(아르마이티, 하우르바타트, 아메레타트는 여성, 스펜타 마이뉴는 남성 그리고 우리가 앞서 보았듯이 나머지 셋은 중성 명사로 나온다.) 그리고 신과 그들이 보호하는 사물의 관계는 예컨대 미트라와 태양의 관계와 비슷하다. 다시 말해 사물은 해당 야자타의 핵심 개념의 한 부분은 아니지만 그와 매우 가깝다. 너무나 가까워 미트라(미흐르)라는 이름이 태양 자체를 가리키는 데 사용될 수 있듯이, 이미 가타와 이후의 모든 전승을 통틀어 아메샤 스펜타들의 실제 이름은 그들의 특정한 창조물을 나타낼 수 있다.[58] 미트라는 격렬한 성격으로 인해 태양과 연결된 듯하고,[59] 마찬가지로 각 아메샤 스펜타는 그/그녀가 보호하는 창조물과 특별한 관계를 맺는데, 이 관계는 어떤 경우에는 자연스럽고 즉각적으로 눈에 띄고, 어떤 경우에는 더 미묘하여 비非조로아스터교도들이 이해하려면 곰곰히 생각해야 한다. 관련 창조물과의 관계가 단순하고 직접적인 이들은 항상 붙어 있는 하우르바타트와 아메레타트, 즉 둘째 창조물과 넷째 창조물의 주들이다. 관계가 간단하므로 우리는 다음처럼 가정하기만 하면 된다. "신에게 적대적인 세력의 영향 때문에 흉년과 가뭄이 발생한다. 요소 차원에서 이들은 풀과 물의 대립물이다. 가축에게는 더 이상 뜯을 풀과 마실 물이 없고, 인간에게는 자신들을 살찌우는 기반인 우유가 없다.

그때 비참함과 강탈이 정점에 오르기 직전, 고대하던 비가 온다. 생명은 물과 더불어 다시 생기를 얻고…… 식물은 싹을 틔우고, 건강과 번영이 되돌아온다. 여기에는 물과 풀과 생명의 신들과…… 건강 사이의 완전히 명백한 인과관계가 존재한다."[60] 더욱이 지상에 도래할 신의 왕국, 조로아스터가 인간이 얻고자 분투해야 할 목표로 항상 마음에 두었던 그 왕국에는 육체의 건강과 삶이 영원히 지속될 텐데, 이를 관장하는 이가 이 두 아메샤 스펜타이다. "당신의 왕국(khšathra-) 에서…… 모두 당신의 것인 두 가지 건강과 생명이 영원히 지속될 것 입니다."(Y. 34. 10, 11) 이 묶음에서 아메레타트 개념이 특히 중요해 보 이는데, 다신교 시절 관용구 "생명"은 이처럼, "죽음"이나 어둠의 땅 에서 (기쁨도 슬픔도 없이) 그저 존재하기만 하는 것에 반해, 낙원에서 구원받는 것을 의미했기 때문이다. 그러므로 여기에는 본질적으로 보 편적으로 이해될 수 있지만 그 발현은 전형적인 인도·이란 전통 안에 있는 믿음들이 있는데, 이 믿음은 "추상적인" 것과 물질적인 것 그리 고 이 세계와 다가올 세계를 연결시킨다.

중세 이란어 안에서 하우르바타트와 아메레타트는 문법적인 성 性을 상실하고 호르다드(Hordād)와 아무르다드(Amurdād)의 형태로 남 성적인 존재로 간주되기에 이르렀다. 그러나 그들의 동료 신 스펜타 아 르마이티(중세 이란어 스펜다르마드(Spendārmad))는, "모든 것을 품고 받 아 주는" 어머니 대지와 결합되어 그때도 강력한 여성형으로 남았고 지금도 그러하다.[61] 가타에는 아르마이티와 땅의 결합을 암시하는 특 징적인 언급들이 많다. "그녀는 우리에게 좋은 집을 주셨고…… 아후 라 마즈다는 아샤를 통해 태초의 세상이 태어날 때 그녀를 위해 식물 이 자라도록 했다."(Y. 48. 6) 그녀는 "보후 마나와 합의하여 가축을 돌 보도록" 창조되었다(Y. 47.3) 그리고 그녀는 "농사의 노고를 통해 우리 를 부양할 황소가 살이 오르게 하소서."라는 탄원을 듣는다.(Y. 48.5) 대지로서 아르마이티는 최후의 날에 죽을 자들의 뼈를 돌려줄 것이며 (Y. 30. 7)[62] 현재에는 농업과 농부를 특별히 돌본다.[63] (나중에 그녀를 기 리는 연례 축제도 "농부의 축제"로 불렸다.) 아르마이티와 땅의 결합에 관 하여 다음과 같은 의견이 제시되었다.[64] "순종하는 것, 특히 신에게 순 종하는 것은 사실 모든 정직한 사람들이 해야 할 일이다. 그러나 사회적 계층 안에서 수천 년 동안, 특히 농부들에게 순종과 헌신을 요구해 왔으니, 그들은 땅에 가장 긴밀하게 예속되어 있는 이들이다." 이렇듯 헌신과 복종에서 대지의 수호자를 목도하는 훌륭한 이유가 있다. 그런 개념이 조로아스터 시절 이전에 있었는지에 대해 많은 토론이 있었다. 훗날 인도의 자료(사야나(Sāyana)가 베다에 단 주석으로, 14세기에 만들어진 것)에 따르면 산스크리트어 아라마티(Aramati)가 대지와 동일시되었다. 그러나 이것은 이란의 전통과 무관하게 인도에서 독자적으로 유사하게 발전한 것이라는 주장이 제기되었다. 그러나 근래 호탄 사카어(다신교 이란의 용법들을 간직한 것으로 여겨진다.)[65]에서 증거가 제시되었으니, 이것은 헌신과 대지 사이에 오랜 관계가 있었을 가능성을 지적한다. 왜냐하면 사카어에 다음 두 표현이 나오기 때문이다. 즉 "세상"을 가리키는 야사마 싼다이(ysama śśandai, 〈 zam *śuantā)와 "너그러운, 헌신적인"을 뜻하는 싼드라마타(śśandrāmata, 〈 *śuantā aramatā) 둘인데, 호탄 사카인들이 불교도가 되면서 이 두 단어는 인도에서 온 행운의 여신 스리(Sri)의 이름으로 새겨졌다. 이 용법에 근거해 다신교 시절 이란인들이 여신 "너그럽고, 헌신적인 대지"를 알았는데 (훗날) 그 별칭 탓에 외래의 여신 스리와 동일시되었고, 그녀의 특성인 아라마타, 즉 "헌신"이 조로아스터에게 자비로운 불사자 아르마이티(그녀는 어머니 대지와 오래 연관돼 있었다.)라는 영감을 주었을 것이라는 주장이 제기되었다.[66]

순종적인 아르마이티는 종적 크샤트라, 즉 "통치권" 혹은 "왕국"과 짝을 이루는데, 조로아스터는 강하고 단단하며 대지를 보호하는 모양으로 아치를 이루는 수정 하늘에서, 아래의 복종자들에게 자비로운 관계를 가진 통치권의 꼭 맞는 표상을 발견했을 것이다. 하늘은 상징으로서는 그토록 장엄하지만 멀리 떨어져 만질 수가 없으므로, 인간은 크샤트라가 지상의 금속과 맺은 관계를 통해 그의 창조물(하늘)과 접촉할 수 있다. 가타에 나오는 금속에 관한 유일한 언급은 세상 최후의 날 녹아 흐르는 금속의 물결에 관한 것인데, 두 관련 구절에 크샤트라와의 관계는 보이지 않는다.(비록 하늘의 타오르는 물질(금속)에 의한 이 최후의 대지 정화에 교리상의 중요성이 있는 듯하지만.)[67] 크샤트라의 통치권이 전면적으로 설명된 것은 전승에 의해서인데, 그가 위에 있는 "금속" 하늘을 돌보는 것에서[68] 녹은 금속 강과의 관계[69]와 나아가 전사의 갑옷과 무기(강력한 통치권에 꼭 들어맞는다.)와의 관계[70] 그리고 자비로운 통치자가 베푸는 후한 황금과의 관계[71]까지(이는 다시 한번 아르마이티에 대한 크샤트라의 보호자로서의 역할을 반영한다.) 세세히 설명된다. 비록 크샤트라의 하늘의 후견으로서의 지위가 명백하게 진술되었지만, 일반적으로 언급되는 것은 금속을 보호하는 그의 역할인데, 조로아스터의 추종자들이 종교적 의무의 하나로서 그의 창조물(하늘)을 돌보는 것은 금속 돌보기를 통해서이기 때문이다.[72] 하늘은 조로아스터교 창세기에서 핵심적인 부분을 차지하지만 너무 멀리 있기에 일상에서 후대든 박대든 어찌할 도리가 없다. 그러므로 일곱 창조물에 대한 인간의 의무를 개진한 후대의 구문에는 이렇게 나온다. "아무도 하늘을 잡을 수 없으며 모욕할 수 없음을 알게 하라."[73] 하늘은 일곱 창조물들 중 유일하게 만질 수 없는 속성을 가진 것이고, 이 사실이 왜 크샤트라의 하늘 통치(지상의 금속 통치가 아니라)가 오직 사제 학파의 학문적 우주 발생론적 저작에서만 등장하고 대중의 행동을 이끄는 것을 목표로 하는 윤리적 저작에는 등장하지 않는지 설명해 준다. 이러한 우주 발생론적 논문들은 파흘라비 판본에만 살아남았고, 이 판본들은 20세기 전까지는 적절하게 출판되지 못했기에, 유럽 학자들은 최근까지 하늘과 크샤트라의 관계를 간과했다.[74] 그 결과 일곱 아멘샤 스펜타와 일곱 창조물 사이의 정확한 대응 관계가 모호해졌고, 이는 이 핵심 교리의 혼돈과 조로아스터의 가르침의 교리적 구조가 감취지는 데 일조했다. 그러나 이러한 가르침의 효과(그의 추종자들, 한 창조물에 속하는 아멘샤 스펜타들이 나머지 여섯 창조물에 대해 느끼는 독특한 책임감)를 고대부터 오늘날까지 명백하게 추적할 수 있으며, 이것이 조로아스터교의 두드러진 특징 중의 하나이다. 이 종교를 연구하는 거의 모든 학생들이 이를 인정하는데, 연구를 그토록 오랫동안 좌절시킨 원인은 오로지 조로아스터교 자체의 신학적 기반이다.[75]

가타에서 사물로서 크샤트라에 대한 조로아스터의 사고는 주로 "통치권" 혹은 "왕국"에 귀속되는데, 이는 눈에 보이는 하늘(sky) 바로 위에 있다고 생각되던 하늘(heaven) 자체로 여겨지기도 하고, 역시 크샤트라로 표현되던 지상에 도래할 신의 왕국으로도 여겨지는 듯하고, 그래서 그에게 바이리야, 즉 "바람직한"이라는 별칭이 항상 붙은 듯하다. 기독교도들이 "당신의 왕국이 임하시고……."라고 기도하듯이 조로아스터교도들도 아후라의 왕국을 아래 이곳에 건설하고 싶어 하기 때문이다.[76] 크샤트라(khšathra)/크샤트라(Khšathra)는 분명 다신교에서 기원한 듯한데, 베다의 천국은 바루나의 크샤트라(kṣatra), 즉 사람들이 자기 행복을 위해 얻고자 하는 천상의 왕국이기 때문이다. 이 점에서 크샤트라는 아메레타트, 즉 "생명"과 밀접하게 연결되는데, 후자는 위에 있는 신들의 사회에서 획득될 수 있다. 이처럼 크샤트라 개념은 그 짝인 아르마이티처럼 다신교적이면서 특히 조로아스터교적인 여러 의미층 안에서 풍부한 함의를 가진다.

서방의 연구자들이 가장 이해하기 어려워하는 불사자와 창조물의 관계는 바로 보후 마나, 즉 좋은 의도와 가축 사이이다.[77] 이는 가타의 몇몇 구절에서 암시되어 있는데, 거기에서 조로아스터는 특징적으로 물질적 창조물의 이름을 부르고 나서 이들을 보호하는 신들을 병렬 구문으로 호명한다. 예컨대 "오, 마즈다, 당신은…… 가축과 물과 식물을 창조하시고, …… 보후 마나를 통해…… 내게 하우르바타트와 아메레타트를 주셨습니다."(Y. 51. 7) 예언자에 따르면 "암소"는 자신을 위해 "가축을 돌보는 목동을 공정한 주인으로, 보후 마나의 옹호자로" 선택했다.

　　여기에서 익숙하지 않은 생각과 이미지의 세계와 만나는데, 그 배후에는 분명 고대 인도·이란인들의 가축에 대한 의존이 놓여 있는 듯하다. 그들에게 암소의 의미는 이스라엘인들에게 양의 의미와 같았다. 그리고 기독교의 배경을 가지고 가타로 다가가는 이들은 암소의 종교적 영향을 이해하기 위해 소 떼와 목동의 이미지를 좀 더 친숙한 양 떼와 양치기의 이미지로 바꿀 필요가 있다. 그러나 가타의 이미지는 기독교 성경의 수사보다 더 복잡해 보인다. 베다 시인들에게 그랬듯이,[78] 조로아스터에게 모성적이고 온순하고 선선히 베푸는 암소는 인간이 목숨을 기대는 "선한(이로운)" 동물을 대표했고, 그는 이 세상에서 악에게 시달리는 선의 상징이었던 듯하다. 마치 중앙아시아의 소 떼가 약탈자들에게 시달려 자신의 푸른 초지에서 밀려나 먼지투성이 길을 따라 죽음으로 내몰리는 것처럼 말이다. 베푸는(스펜타) 것의 상징이자 아샤를 따르는 이로서 암소는 또한 공정하고 베푸는 사람을 표상하며, 소 떼는 이러한 이들의 공동체를 표상한다.(유대-기독교 전통의 "양 떼"처럼.) 더욱이 가브(gav)라는 한 단어가 암소와 황소를 모두 뜻하기 때문에, 첫 번째 희생물이자 생명의 원천인 '태초의 황소' 신화로부터 복합적인 소 이미지의 한 가닥이 더 도출된다. 또한 거기에는 인간이 신에게 바치는 가장 큰 물질적 제물인 황소와 암소의 반복적 희생이란 요소가 있었다. 순전히 "암소"와 암소-상징에 바쳐진 야스나

29의 7절에는 조로아스터가 불에 올리는 헌물을 만들어 내는 이 희생(소의 몸 희생)은 물론 물에 바칠 헌주를 만드는 우유를 넌지시 언급하는 것으로 나온다. 이 두 제물은 물질세계를 지탱한다.[79] 조로아스터는 동물에 대한 "탐욕과 잔인함"은 그 영혼과 살이 공동의 선을 위해 봉헌되는 이런 신실하고 규칙적인 희생제에서 드러나는 것이 아니라(Y. 29. 1) 초원을 황폐화시키고(Y. 32. 9) 멋대로 소란스럽게 도축하고(Y. 32. 12) 가축 떼를 몰아내는 행위에서 드러난다고 생각했다. 그런 학대 행위는 그의 시대와 장소에서 실제로 벌어졌으며, 이 또한 도처에서 선이 겪는 고난을 상징한다.[80] 그래서 "행운을 가져다주는 암소"(Y. 47. 3)나 "새끼 밴 암소"(Y. 46. 19)를 가지고 싶은 개개 인간들의 열망(건강한 증식, 스펜타(풍요) 상태의 유형들) 또한 선을 소유하고 싶은 욕망으로, 그리고 선의 소유를 통해 아샤반이 되어 하늘의 왕국으로 들어가고자 하는 욕망으로 해석된다. 이 이미지가 발전하면서 올바른 사람은 일반적으로 "목자(바스트리야(vāstrya))"라 불리게 되었을 것이다. 그래서 이렇게 묻는다. "어떻게 아샤를 따르면서 목자, 행동이 올곧은 이는 암소를 얻는가……?"(Y. 51. 5) "어떻게, 오, 마즈다, 그는 행운을 가져다주는 암소를 그의 것으로, 그가 바라는 그것을 목초지와 함께 확보할 수 있나이까?"(Y. 50. 2) 이 이미지는 조로아스터교 윤리를 감탄스럽게 상징하고 요약한다. 실제의 바스트리야는 자기 동물을 위해 땅과 물과 식물을 돌봐야 한다. 따라서 그는 보후 마나는 물론 아르마이티, 하우르바타트 그리고 아메레타트의 창조물들을 보살피고 보존해야 한다. 또한 그는 자기 동물을 야생 짐승과 가축 약탈자들로부터 지켜 그들이 초원에서 안전하게 살게 하기 위해 용기가 필요하다. 그는 사실 기독교 문화권의 "선한 목자"와 같은 이이며, 그리하여 도덕적 인간을 표현하는 수사를 제공한다. 이에 대응하여 사악한 이는 "목자들 중에 있는 목자 아닌 이(fšuyasū afšuyyantō)"(Y. 49. 4, 46. 4과 비교하라.)로 불릴 수 있다. 소 이미지에 내재한 그런 복합성을 감안하면, 왜 자기 자신은 선택할 능력이 없고 그저 천성적으로 "선"할 뿐인 암소가 조로아스터에게는 선으로 다가가는 행동, 즉 하늘 왕국의 평온으로 들어가고자 열망하는 선한 의지를 상징하는지 쉽사리 알 수 있다. 보후 마나(즉 선한 의지)가 그에게 가축 창조물의 주로 보인 이유는 아마도 여기 있을 것이다. 그리고 여타 아메샤 스펜타들의 이름이 그들의 창조물들을 의미하는 것으로 마음대로 쓰일 수 있듯, 이 신의 이름은 실제로 가축을 표상하는 것으로 쓰일 수 있다.

가타에는 여섯 번째 창조물 인간의 주가 누구인지 밝히는 말은 하나도 등장하지 않는데, 이는 아마도 조로아스터 자신이 영감을 받았을 때 최고신의 자비로운 영 스펜타 마이뉴로 충만함을 느꼈기 때문일 것이다. 왜냐하면 전승에서 아후라 마즈다는 직접적으로 혹은 자신의 영을 통해 간접적으로 인간의 수호자로 간주된다고 말하기 때문이다. 인간은 여섯 창조물 중 유일하게 선과 악 사이에서 선택할 수 있으니, 이 선택은 아후라 마즈다 자신이 태초에 행사한 것이다.

나머지 여섯에 스며 있는 일곱째 창조물 불은 맞춤하게 아샤를 담당하니, 아샤는 세상을 규제하고 거기에 질서를 부여하는 원칙의 인격화이다.[81] 불과 아샤의 관계는 가타에 분명하게 나와 있다. 거기에서 불 자체는 "아샤를 통해 강력한((ašā.aojah-)"(Y. 43. 4; 34. 4, 47과 비교하라.)이란 중요한 별칭을 가지고 있으며, 아샤를 경배하기 위해서는 불에 제물을 바친다. 아샤를 인격화한 것은 조로아스터 자신이지만, 이 숭배 의례상의 연관은 다신교 시절의 유산인 듯하다. 왜냐하면 베다의 르타 개념에 대해 이렇게 말해지기 때문이다.[82] "르타는 결코 물질세계만의 법칙이 아니라 …… 예배 세계의 법칙이기도 하다. 숭배 의례의 질서는 사실 우주 질서의 핵심적인 한 부분인데, 우주의 질서는 신의 힘만큼이나 숭배 의례의 힘을 통해 유지된다. …… 매일 켜지는 제단 위의 불은…… 르타의 자궁이다."(RV 10. 61. 6) 파비나 베디에 있는 용기에 든 불은 더 큰 불, 즉 태양을 표상하며, 그 태양의 뜨고 짐은 아샤에 달려 있으며, 그 자체는 세상의 시간과 계절을 통제한다. 이 연계는 야스나 하프탕하이티에 다음처럼 언급되어 있다. "아름다움 중에서 가장 아름다운 모습을 하신 당신께 경배를 드립니다, 마즈다 아후라, 여기 이 빛들과 저 높은 곳 가운데 가장 높은 곳에 있는 저 빛, 태양이라 불리는 것."(Y. 36. 6)[83] "여기 이 빛들"이란 분명 지상에 산재하는 불로 보인다. 더욱이 이것들은 인도·이란 시절부터 진실이라는 개념과 연결되어 왔는데, 그 까닭 중 하나는 진실성을 검증하기 위한 시죄에서 불이 맡은 역할이다. 그래서 조로아스터가 이 선한 창조물을 "아샤의 세계(ašahyā gaēθå)"(Y. 31. 1)라 칭할 때 그는 풍부하게 복합적인 다신교 시절의 개념을 발전시켰던 것으로 드러난다. 그 자신이 하나의 신격으로 선포한 아샤는 가타에서 심지어 보후 마나보다 더 자주 호명되며, 이 위대한 두 불사자가 함께 등장할 때는 아샤가 더 자주 앞자리를 차지한다.[84]

다신교의 아샤, 크샤트라, 아르마이티, 하우르바타트 그리고 아메레타트 개념들은 그러므로 조로아스터의 위대한 다섯 불사자 개념 안에서 일부 역할을 해 온 것으로 드러난다. 오직 스펜타 마이뉴, 즉 신(최고신)의 영과 예언자를 신의 현신으로 이끈 보후 마나만이 전적으로 예언자의 새로운 계시에 속하는 것으로 보인다. 스펜타 마이뉴는, 전승에서 아후라 마즈다의 위격으로 거의 흡수된 것에서 보이듯 속성상 나머지 불사자들과 다르다. 나머지 여섯의 경우 비록 조로아스터가 분명 그들을 야자타로 인식하고, 호명하고, 그들에게 기도와 제물을 올렸지만, 가타에서 보여 주듯이 동시에 항상 그들의 인격화 대상인 사물이나 원칙들을 마음에 담아 두었고, 그것들에 대해 끝없이 명상했다. 그래서 그의 찬가의 절에는 신과 인격화의 대상인 사물이 끊임없이 병치되어 등장하고, 번역자들은 해당 단어를 이것 혹은 저것으로 번역하면서 그저 요행히 맞기를 바랄 때가 종종 있다. 다음 절들은 그런 혼동의 예를 보여 준다. "만약 아샤가 호명되려면, 그리고 마즈다와 (기타) 아후라들 그리고 아쉬와 아르마이티가…… 나로 하여금 최상의 의도(vahišta- manah-)로서 강력한 통치권(khšathra-)을 추구하게 하소서."(Y. 31. 4) "아후라 마즈다는 자신과 보후 마나, 크샤트라, 태양을 가진 아샤를 합친 후 그들에게 대답하셨다. '우리는 너의 너그럽고 선한 헌신(ārmaiti-)을 선택하노니, 그것이 우리와 함께하리라.'"(Y. 32. 2) "선한 의지를 가진 이는 이 선한 의도(vohu- manah-)에 따른 행동과 자비로운 헌신(spənta-. ārmaiti-)을 고수하리라 약속했나니, 창조자의 것인 그녀(즉 아르마이티), 아샤의 동반자를 알게 된 후에는."(Y. 34. 10)[85] 이렇듯 성질에서 신격으로의 즉각적인 생각의 전환은 다른 시기 다른 문화에 속한 이들을 어리둥절하게 만든다. 그리고 애초에 유럽인들에게 문제를 더욱 어렵게 만든 것은 초기의 가타 번역이 모두 독일어로 되었다는 점인데, 이 언어에는 표기상 보통 명사와 고유 명사를 구분할 수단이 전혀 없다.(똑같이 첫 글자를 대문자로 쓴다.) 이 사실은 번역자들로 하여금 그런 생각의 전환을 표시할 어떤 간단한 수단도 갖지 못하게 했고, 그래서 거기에 균질성이 있다는 잘못된 가정을 부추겼다. 다시 말해 이 해석 아니면 저 해석 중 하나를 선택해야 한다는 것인데, 예컨대 아샤(Aša)/아샤(aša)는 가타 안에서 원칙이나 야자타 둘 중 하나여야 한다는 것이다. 따라서 이 문제에 대한 많은 학술적 논쟁은 과녁을 벗어난 듯하다.

그리하여 신과 그들의 창조물의 관계에 복잡성이 더해져 이렇게 주어진 이 종교에 들어가고자 하는 이들에게 끊임없는 정신적 노력를 요구한다. 이에 관해 롬멜은 다음과 같이 현명하게 언급했다.[86] "우리에게…… 선한 의도와 가축을 돌보는 것은 완전히 다른 것으로 인정된다. 그러나 항상 틀림없이 그랬을까? 특정 시대에는 추상적인 것과 구체적인 것이 인간의 정신에 통합된 존재로 보일 수는 없었을까? 그래서 예컨대 경건한 헌신과 대지가 같은 사물의 정신적 측면과 물질적 측면이 될 수는 없었을까? 이런 식의 구분은 일반적으로 아베스타의 세계 인식에 깊이 자리 잡고 있는데, 이것이 "추론"이라는 단어와 닿으면 왜 그렇게 당장 "학문적인, 사제의, 신학적인" 등 분명 이차적 발전을 강조하기 위한 것으로 보이는 형용사들을 끌어들이는지 나는 이해할 수 없다. 이차적이라는 것은 창조의 시기와 창조한 사람의 생각에 대조된다는 것이다. 나는 추론이 교리를 창조한 예언자들과는 구분되는 신학자들만의 것 혹은 심지어 주로 그들의 문제였다고 믿지 않는다. 예언자들도 예지적 지각과 깊은 사고를 통한 추론을 결합할 능력이 있었다. 혹은 우리는 우리에게 이상하게 보이는 것, 그래서 인위적으로 보이는 어떤 것을 무턱대고 추론으로 간주하는가? 그것이 청하지 않아도 오는 기초적 직관이라도?"

마지막 질문의 속성상 그에 답을 하기는 불가능하다. 그러나 조로아스터가 예지적 예언가이자 깊은 사색가였다는 일반적 가정에는 의문의 여지가 있을 수 없다. 또한 그는 사상가였고, 우리가 앞서 보았듯이 가타는 그가 새로운 메시지를 설교하면서도 계속 자신의 직을 이어 갔다고 증언한다. 따라서 그가 쓴 절들도 종교적 제의와 의식에 대한 언급으로 가득 차 있다. 이러한 언급은 때로는 명료하지만 때로는 스치듯 아리송해서, 오직 천천히 이해될 수밖에 없었다.[87] 그는 두 손을 뻗친 채로 아후라 마즈다에게 청원하는데(Y. 28. 1), 그의 말들이 마구를 채운 경주마처럼 날아가 신을 그의 추종자들에게 데려다준다.(Y. 50. 7) 그는 선물(rātā-)과 제물(myazda-)을, 그리고 물과 불에 바치는 자오트라와 함께하는 피의 희생제를 언급한다. "이쟈(Ižā)의 발걸음으로[88] 저는 당신 주위를 돌 것입니다, 마즈다……."(Y. 50. 8) "가축을 살찌게 하는 만트라를 마즈다께서는, 아샤와 한뜻으로 가축을 위해 만드시고, 영양을 갈망하는 이들(즉 물들)을 위한 우유를 위해 만드셨나니, 자비로운 분께서 자신의 법으로."(Y. 29. 7)[89] 예전에 학자들 사이에 거의 보편적으로 여겨지던 확신, 즉 조로아스터가 열정적으로 동물 희생제를 반대했다는 생각은 부분적으로는 선입견(그런 희생제는 고상한 윤리적 신앙의 일부가 될 수 없다는) 때문에, 부분적으로는 그의 추종자들이 피의 제물을 바친 적이 없다는 고의적 억측 때문에 생겨난 것으로 보인다. 사실 젊은 아베스타와 사산조 명문과 파흘라비 서적들은 희생제에 대한 언급으로 가득 차 있으며,[90] "정통파" 사산조 시대에도 희생에 쓰인 고기를 기꺼이 먹느냐가 개종자들의 진실성을 판단하는 증거로 간주되었다.[91] 나아가 이 의식은 현존 조로아스터교 두 분파(파르시, 이라니) 공동체에 의해 지난 세기까지 정규적으로 자주 거행되었다.[92] 그러나 인도에 정착하면서 파르시들은 전통적 희생제 중 가장 큰 것, 즉 암소 희생제를 포기했고, 수 세기가 지나면서 그들은 힌두교도들과 마찬가지로 이 피의 제물에 혐오감을 가지게 되었다. 19세기 중반 이라니 형제들에 대한 영향력을 확립하자 그들은 이라니들도 이 희생제를 폐기하도록 설득했다. 그러나 그들은 이라니들이 양, 염소, 가금을 바치는 것은 반대하지 않았는데, 당시 많은 파르시들도 그랬기 때문이다. 그러나 그 이후 20세기 초반 수십 년 동안 파르시들은 피의 희생제를 완전히 폐기하기에 이르렀고, 그들 공동체의 구성원 다수가 이 관행을 격렬하게 반대했기에 외국의 학자들은 이런 상황이 아주 오래전부터 유지된 것으로 해석해 가타에 나오는 암소(소) 가학 행위에 대한 언급들을 모조리 이 의례에 대한 비난으로 읽어 냈다. 그러나 이는 전적으로 시대착오적이다. 당시 중앙아시아 초원 지대의 혹독한 추위에 노출되어 있던 고대 이란인들은 고기를 먹었고, 분명 다른 유목 민족들이 그들을 따라 그랬던 것처럼 가축에 의존해 생계를 유지했다. 음식을 뜻하는 표준적 아베스타어는 피투(pitu), 즉 고기이다. 하지만 훗날 정착민 시기 이란어에서 이 단어는 난(nān) 혹은 이에 상당하는 말로 바뀌었는데, 그 의미는 "빵"이다. 예언자 자신이 더 오래된 관습(육식)을 문제 삼지 않았다는 것은 앞서 인용한 스펜타 아르마이티에 대한 간청에서 드러난다. "농사의 노고를 통해, 우리를 먹일 황소가 살이 오르게 하소서."(Y. 48. 5) 베다 시절 인도인들도 고기를 먹었고, 오늘날에도 힌두교도들의 일반적 살생 기피에도 불구하고 브라만들은 최고등 제례인 야쥐냐를 거행할 때 피의 희생을 올리고 그 고기를 먹는다.[93] 이 예식은 현대까지 조로아스터교 야스나에서도 준수되었다.[94] 인간이 먹는 최상의 음식은 신과 손님에게도 제공하고 숭배 행위 속에서 그들과 함께 먹어야 한다는 오랜 관습이 두 신앙(힌두교, 조로아스터교) 안에서 여전히 유효했기 때문이다. 우리가 앞서 보았듯이,[95] 사람들은 자신들이 살기 위해 살생을 해야 했으므로, 다른 동물들의 영혼을 봉헌 행위를 통해 신에게 바쳐 그 영혼이나마 살아갈 수 있게 함으로써 그들의 육체적 존재를 파괴한 잘못을 순화해야 했다. 그래서 피의 희생제는 절제된 행위로서, 확고한 예식에 따라 경건하게 진행되었고 희생될 동물들은 예의 바르게 대우받았으니, 무자비한 잔혹함과는 거리가 먼 행위였다. 그러므로 예언자 자신의 말[96]과 그의 추종자들의 관행을 무시하고, 조로아스터가 그를 이어 등장하는 붓다나 예수나 무함마드 이상으로 이 전통적 숭배 형식을 경멸해야 한다고 느꼈다는 가정은 절대로 정당화될 수 없다.[97] 불교도나 유대교도나 기독교도들이 상황 탓에 결국 그 의례를 폐기한 것이지, 이는 자신들의 예언자들의 가르침 때문이 아니었다. 그리고 이슬람교도들은 오늘날까지 이 의례를 이어 왔지만, 그렇다고 위대한 도덕적 종교로서의 명성이 비난받지 않는다. 오늘날 도시인들은 죽음을 목격하지 않은 채 육식을 할 수 있으므로 종종 이에 관해 오해하는 경향이 있다.

조로아스터가 불에 대한 사색적 숭배 외에는 어떤 제의도 거부했다는 것이 19세기 이래의 견해였다. 서방의 학자들 또한 한참 동안 그가 하오마 공양을 비난했다고 생각했다. 그러나 이것이 오랜 세월 동안 전해 내려온 조로아스터교 예배의 핵심 의례라는 것이 인정되면서, 이에 관한 의견은 일찍이 수정되었다. 왜냐하면 이미 언급된 대로 "한 종교의 창시자가 그토록 격렬하게 비난한 숭배 의식이…… 창시자의 최초의 제자들에 의해 채택되었다는 것은 종교의 역사들이 보여 주는 증거에 반하기" 때문이다.[98] 이 경우 조로아스터가 격렬하게 희생 의식을 비난했다는 가정은 가타의 야스나 48.10에 기반한 것이다. "언제, 오, 마즈다, 당신은 이 취하게 만든 것(mada-), 더러운 것(mūthra-)을 부숴 버릴 것입니까? 원한을 가진 이교도 사제들(karapan-)이 이것을 가지고 속이고, 사악한 땅의 통치자들이 고의적으로 이것을 가지고 (속입니다.)" 그러나 마다(mada-)라는 용어는 광범위하게 적용되는 것으로서, 정신을 고무하는 기능이 있다면 무엇에든 이 단어를 적용할 수 있다.[99] 그리고 조로아스터교 내에서 하오마가 누린 영예로운 지위를 감안하면 여기에서 예언자가 비난하는 마다는 뭔가 다른 것임이 분명한데, 아마도 아편이나 대마처럼 사람을 중독의 노예로 만들고 쇠약하게 하는 마약일 것이다. 여기에서 그가 사용한 단어는 강도가 대단히 센데(무트라(mūthra)는 글자 그대로 똥[100] 혹은 오줌[101]을 의미하기 때문에), 분명 가장 강한 경멸을 나타낸 것이다. 가타에서 예언자가 하오마 숭배를 비난했음을 뒷받침하는 유일한 다른 증거는 모호한 절(Y. 32. 14)에 등장하는데, 여기에서 악행에 대한 약간 난해한 설명 가운에 두라오샤(dūraoša-)라는 용어가 등장한다. 그 의미는 논쟁거리인데, 하오마의 별칭 중 하나라고만 알려져 있다.[102] 하지만 이 단어가 등장하는 가타 문구는 해석의 편차가 대단히 크므로 여기에서 그것의 함의에 대한 믿을 만한 추론은 불가능하다. 반증 한 가지는 가타에 하오마에 대한 명시적 언급이 없다는 사실이다. 그러나 이들 찬가의 성격을 감안하면, 이는 신뢰성이 적은 주장인데, 특히 이 특정한 누락의 이유를 찾기는 어렵지 않기 때문이다. 예언자의 가르침의 근저에 있는 다신교적 우주 발생론에 따르면 보후 마나가 보호하는 동물의 왕국은 황소(gav)로 대표된다. 그러나 아메레타트가 수호하는 식물의 왕국을 대표하는 것은 하오마가 아니라 우르바나(urvarā, 식물)로서, 그것의 줄기 하나에 나머지 모든 식물들의 정수가 들어 있다.[103] 따라서 가타에서도 보후 마나가 가브와 연결되듯이, 아레메타트가 우르바나와 연결되며, 우르바나 개념은 하오마를 비롯하여 모든 유익한 식물을 포괄한다.

그리하여 가타 안에는 전승과 조로아스터의 추종자들의 예식에 반하는 믿을 만한 증거가 없으며, 이는 그가 고대 아후라 종교의 여타 의례들과 함께 피의 희생제와 하오마 숭배를 이어 갔음을 증명한다. 젊은 아베스타에서 예언자는 "하오마와 *곡물과 살과 베레스만과 언변과…… 제물(자오트라)과 잘 말해진 말"을 가지고 사제로서 적절한 숭배 행위를 한다고 나온다.[104] 그의 선조들처럼 그도 다양한 신들에게 제물을 올린 듯하지만 한 가지 중요한 사항을 유보했다. 즉 그는 스펜타(자비로운, 선한) 것들, 즉 아후라 마즈다가 창조한 선한 것에 속하는 이들만 숭배했으니, 그는 주(아후라 마즈다)의 재가를 얻은 예지를 통해 숭배 대상을 알았다. 이는 가타 하나의 마지막 절(Y. 51. 22)에서 어떤 이름이 알려지지 않은 신에게 방금 거행한 것으로 보이는 숭배 행위에 대한 언급과 함께 표현된다. "올바름(아샤)을 따라, 아후라 마즈다께서 최선임을 아시는 이에게 올리는 희생제에서, 예전에 있었고 지금 있는 이들, 그들의 이름으로 나는 숭배할 것이며 기도를 가지고 그들에게 다가갈 것입니다."[105] "예전에 있었고 지금 있는"은 아메샤, 즉 "불사자"의 또다른 표현인 듯하고, "아후라 마즈다께서 내게 최선임을 가장 잘 아시는 이에게 올리는 희생제"는 스펜타와 유사한 한정 수식어로서, 파괴적 세력을 회유하는 일을 완전히 금한다는 뜻이다.

그러나 이 제한은 조로아스터가 신에게 유형의 제물을 바치는 오랜 전통과 갈라진 유일한 경우로 보인다. 이렇듯 그는 선언한다. "그래서 당신에게, 아후라 그리고 우리가 제물(미야즈다)을 바친 아샤에게[106] 경배와, 힘이 미치는 한 모든 물질적 소유물(가에타(gaēthā-))을 가지고."(Y. 34. 3) 불의 주 아샤를 미야즈다라는 단어와 함께 언급한 것과 가에타가 복수형으로 종종 소(가축)를 의미한다는 점은 모두 예언자가 여기에서 피의 희생제, 즉 인간이 신에게 바칠 수 있는 가장 큰 선물을 생각하고 있음을 보여 준다. 그러면 의문이 생긴다. 그가 그런 제물을 바친 이유는 무엇인가? 그가 그런 행동이 스펜타(선한) 신들을 기쁘게 하는 동시에 그들의 힘을 북돋는다고 여기는 한에서는 전통적 믿음을 받아들였다는 것이 대답일 듯하다. 조로아스터의 이원론적 교리에 따르면 선한 신들은 전적으로 선하지만 전적으로 강력하지는 않아서, 악에 맞서 싸우기 위해서는 온갖 힘의 원천을 필요로 한다. 불에 바치는 기도의 일환으로 조로아스터교도들이 매일 외는 가타의 한 절이 있는데, 어떤 번역에 따르면 그 구절은 다음과 같다.[107] "나를 위해 일어서소서, 오, 아후라! 헌신을 통해 힘을 얻으소서, 가장 성스러운 영, 마즈다! 선한 제물(아다(ādā-))을 통해 힘을 얻으시고, 올바름을 통해 강력함을, 선한 의지를 통해 충만을 얻으소서."(Y. 33. 12) 예언자는 제물을 악을 직접 공격하는 수단으로도 여긴다. "희생을 올리는 자 나는 당신께, 오, 마즈다, 불복종과 나쁜 의도가 얼씬 못 하게 할 것입니다."(Y. 33. 4) 더욱이 헌신과 희생제(아르마이티, 이쟈)는 그 자체로 선한 것이므로, 이를 올린 공덕은 숭배자의 내세의 선업의 창고에 쌓일 것이고(Y. 49. 10),[108] 그리하여 심판의 날 천국이 그의 것이 되는 데 도움을 줄 것이다. 희생제의 가치에 대한 조로아스터의 믿음은 이렇듯 다신교 시절 그의 선조들의 믿음과 일치하는 점이 많은데, 그 또한 희생제가 신들과 현상계와 희생을 올리는 이 셋을 이롭게 하는 공덕을 가졌다고 여긴 듯하다. 그러나 예언자는 자신의 윤리적 가르침에 맞춰 오랜 믿음을 수정했다. 다시 말해 그는 선한 의도로 스펜타(선한) 존재들에게만 제물을 올려 그들이 선한 창조물들과 올바른 인간을 구원하도록 도와야 한다고 명했다. 더욱이 이 물질적 제물 자체로는 충분하지 않음을 그는 다른 절에서 충분히 명백하게 밝혔는데, 이 절은 오늘날에도 불 앞에서 읊어진다.[109] "마즈다에게 드리는 선물(rātā-)로서 조로아스터는 실제 자기 몸의 생명, 선한 의지의 선택, 올바름에 따른 행동과 생각 그리고 그의 복종과 통치권을 드립니다."(Y. 33. 14) 나아가 예언자는 "당신 불에 올리는 경배의 선물을 두고, 나는 내가 닿을 수 있는 한도까지 올바름을 생각할 것입니다.(Y. 43. 9)"라고 선언하는데, 이렇듯 물질적 존재와 정신적 존재가 불가분하게 뒤섞였다.

이 마지막 구절은, 사제 조로아스터가 일곱 아메샤 스펜타와 일곱 창조물에 관한 복합적 교리에 어떻게 도달했는지에 대해 우리가 가진 가장 명료한 언급으로 보인다. 다시 말해 그는 어린 시절부터 훈련

받았고 끊임없는 반복을 통해 숨을 쉬는 것만큼 자연스러운 것이 된 일상의 제의에 대한 명상을 통해 그것에 도달했던 것이다. 우리가 앞서 보았듯이 이 제의의 주요 목적들 중 하나는 창조물 물과 불을 더욱 고무·증진시키는 것이다.[110] 다른 창조물인 식물과 동물 또한 예식을 통해 바쳐졌는데, 이란의 다신교 사제들도 인도 측 브라만 사촌들처럼 종교적 의식의 중요성을 숙고하면서 조로아스터가 설교하기 전에 이미 이 일상 예식을 그들의 일곱 번에 걸친 세상 창조 이론들과 연결시킨 듯하다. 다시 말해 그르므로 의례에서 하늘은 금속 도구에 의해, 물은 뿌리고 헌주를 올리는 데 쓰이는 정화수에 의해, 땅은 파비의 흙에 의해, 식물은 하오마와 석류, 밀 케이크와 풀 깔개에 의해, 동물은 희생 짐승과 우유와 버터와 체로 쓰는 황소의 털에 의해, 그리고 인간은 의식을 거행하는 사제 자신에 의해 대표된다고 여겨졌다. 일곱째 창조물 불은 화로 안에서 모든 제의와 함께한다.[111] 그르므로 사제는 야스나를 거행하면서 스스로 창조물의 일원으로서, 그가 살고 있으며 생명을 빚고 있는 이 세계를 구성하는 나머지 여섯 창조물들을 정화하고 강화했다. 조로아스터 자신의 두 가지로 공헌한 것으로 보인다. 먼저 그는 다양한 물질적 창조물들을 위한 제의에 대해 명상하면서 한 명의 최고신이라는 교리에 도달했는데, 그는 신 중의 신으로서 나머지 모두를 만든 이이자 모든 숭배 행위가 궁극적으로 향하는 이이다. 그리고 그는 제의 안에서도 도덕적 목적을 발견하고, 그가 사제로서 다루고 바라보는 모든 사물들의 내부와 배후에서 비물질적인 것, 이미 하나의 신격이던 미덕(선), 바람직하고 추구해야 할 자질 그리고 이를 추구하기 위해 호명되어야 할 야자타를 인식함으로써 제의 자체에 새로운 차원을 더했다. 그래서 조로아스터의 새로운 가르침에 따르면 주로 물질세계를 이롭게 하고 이를 창조한 창조자를 기리기 위해 거행되는 제의를 통해 사제와 숭배자들 또한 도덕적 선을 추구할 수 있고, 선도 마찬가지로 아후라 마즈다의 물질적 창조물에 유익한데, 조로아스터는 이 자체가 개념과 목적상 윤리적인 것으로서 전적으로 선한 존재(아후라 마즈다)의 작품이라고 생각했기 때문이다.

지적이든 직관적이든 혹은 신비적이든 조로아스터가 어떤 과정을 통해 이 교리에 도달했는지, 혹은 어떤 단계를 거쳐 이를 발전시켰는지는 결코 알 수 없다. 그러나 최고 창조자에 대한 그의 믿음이 먼저 왔건 각 창조물들을 수호하는 그보다 작은 불사자들에 대한 사고를 통해 최고신에 대한 믿음에 도달했건 이 두 교리, 즉 하나의 원래의 신과 그가 처음으로 존재를 부여한 위대한 여섯 신들은 그의 최종 체계 안에서 불가분하게 결합되어 있다. 스스로가 정신적이고 바람직한 무언가의 인격화인 동시에 가장 견고한 실체로서 물질세계의 수호자인 위대한 아메샤 스펜타들에 대한 자신의 교리를 통해 조로아스터는 추상적인 것과 구체적인 것, 정신적인 것과 물질적인 것을 엮어 물질 안에서 도덕성을 보고, 모든 유익하고 건강에 좋은 사물에서 의도적이든 그렇지 않든 하나의 궁극적 목적을 향한 분투를 감지했으니, 그 목적이란 앙그라 마이뉴와 그의 피조물들이 원래 완벽했던 아후라 마즈다의 세계를 해치기 전에 존재했던 조화롭고 행복한 상태를 재창조하는 것이었다. 그의 가르침의 결과 조로아스터교도들은 동반 피조물들과 그들의 환경에 대해 독특한 종교적 의무감을 가지게 되었다. 동물의 복지를 살피고 지금의 불완전한 세상에서 가능한 한 그들을 덜 괴롭히고, 식물과 나무가 최대한 자라도록 북돋우고, 땅을 갈고 비옥하게 하며, 물과 불을 오염시키지 않고, 심지어 금속 도구를 아름답고 광채 나도록 다듬고 간직하는 것들을 통해 조로아스터교도는 각각의 아메샤 스펜타들을 기릴 뿐 아니라 세상을 스펜타(선한) 상태로 유지하는 데 자신의 작은 역할을 보탠다.[112] 동시에 그는 아후라 마즈다가 특별히 담당하는 일곱째 창조의 주인공으로서, 최고의 수준에 도달할 수 있도록 스스로의 육체적·도덕적 상태를 가장 먼저 보살필 의무가 있다. 창조의 최고봉으로서 그는 자신 안에 신의 영 스펜타 마이뉴는 물론 여타 아메샤 스펜타들이 거할 공간을 마련해야 한다.[113] 동물들을 세심하게 보살피는 것으로 충분하지 않으며, 그는 동물의 수호자 보후 마나, 즉 선한 의도를 마음으로 영접해야 한다. 그는 정당한 권위를 행사함으로써 자기 안에서 크샤트라, 즉 통치권을 체현해야 한다. "모든 사람은 권위와 왕국을 가지고 있으니, 그들은 왕과 귀족과 지역과 마을의 수장과 가장이다. 가장은 아들과 남자 하인들에게 권위를 가지며, 그의 아내는 딸들과 여자 하인들에게 권위를 가진다. …… 각자는 자기 위치에서 정당한 권위를 행사해야 한다."[114] 각자는 적당한 계절에 자기 위에 있는 이와 신에게 복종을 보여야 하고, 그러므로 아르마이티를 자신의 것으로 만들어야 한다. 절제하고 이 세상의 이로운 것들을 적당히 취함으로써 인간은 하우르바타트와 아메레타트, 즉 건강 및 생명과 결합하기를 바랄 수 있다. 그리고 그의 생각과 말과 행동에 정의와 올바름이 충만하여 아샤가 항상 그와 함께하도록 해야 한다. 이 위대한 일곱 불사자가 한 사람 안에 거할 때 악은 그를 침범하고 조종할 힘을 갖지 못한다. 이것이 조로아스터의 윤리적 가르침의 핵심이다. 더욱이 조로아스터교는 세속에서 동떨어진 은둔자의 미덕을 인정하지 않기에, 신도들 각자가 인생의 투쟁 속에서 다른 선한 이들을 돕고 아낄 의무가 있는데, "왜냐하면 (모든) 공정한 사람들은 주 오흐르마즈드의 짝이기 때문이다."[115] 동료 인간에 대한 책임감은 조로아스터교의 가장 강력한 특성 중 하나이다.

여기에서 불사자들 자신들이 올바른 사람의 손님이 되기만을 기다리는 수동적인 존재로 간주되는 것은 아니다. 조로아스터는 촉구한다. "오, 너그러운 아르마이티, 아샤를 통해 인간들의 양심을 지도하소서."(Y. 33. 13) 그는 선언한다. "아르마이티는 확신하지 못하는 영혼에게 간청한다."(Y. 31. 12) 일단 인간이 올바른 선택을 하면 "그에게 아르마이티가, 카샤트라, 보후마나 그리고 야샤와 함께 다가간다."(Y. 30. 7) 이 존재들은 적극적으로 베푸는 스펜타(선한) 이들로서 선을 돌본다. 그러나 일부 학자들은 그들 사이에 개별적 개성이 결여되었음을 강조하며, 이것이 마치 그들이 부정확하게 야자타로 인식되었다는 것을 뜻하는 것인 양 했다. 그러나 조로아스터가 자신의 예지에서나 교리상으로나 그들을 힘과 아름다움이 똑같은 일군의 동료들로서 아후라 마즈다의 피조물들을 고양하는 하나의 목적으로 뭉친 이들로 보았다는 것이 그보다 진실에 더 가까운 설명인 듯하다. 그렇기에 각자가 신화적 특성을 발전시킬 여지가 없었던 것이다. 도덕적인 것과 초도덕적인 것을 비교하면서 우리는 베다의 마루트들 사이에도 이와 유사한 개별적 특성들이 없음을 발견하는데, 그들도 마찬가지로 "같은 나이, 같은 출생일 그리고 같은 마음으로 같은 처소에 사는 형제들"로 간주된다.[116] 그러나 마루트들이 집단으로 행동하는 것과 달리 아메샤 스펜타들은 각자 고유한 임무가 있으며, 그러므로 그들은 비록 긴밀하게 결합되어 있지만 기능에 따라 구분되고, 종종 개별적으로 호명된다.

전적으로 선한 존재로서 아후라 마즈다는 자기 안에 여섯 아메샤 스펜타들이 개별적으로 인격화된 자질들을 모두 내포하고 있으며, 아후라 마즈다의 특별한 창조물인 공정한 인간도 이 자질들을 가질 수 있다. 이는 가타의 여러 구절에서 등장하는데, 예를 들면 다음과 같다. "그들(즉 공정한 사람)에게 아후라 마즈다는, 자신과 (그들의?) 선한 의지(vohu- manah-)를 합친 후 (그들의?) 올바름(aša-)을 잘 아시고, (그의?) 통치권(khšathra-)을 통해 대답하셨다. '너의 선하고 자비로운 헌신(spənta- ārmaiti-)을 우리 스스로 선택했으니, 그것은 우리들의 것이 되리라.'"(Y. 32. 2) 이 절은 아메샤 스펜타들의 본명이 보통 명사로 쓰이는 또 하나의 예증을 제시하는데, 동시에 모든 본명이 그렇게 쓰일 수 있는지에 관한 일반적 의문점도 제시한다.(왜냐하면 우리는 도입 행을 "아후라 마즈다는 보후 마나와 결합하여 크샤트라를 통해 대답하기를 아샤를 잘 아시고"의 의미로 해석할 수도 있기 때문이다.) 그런 의미의 이동과 모호함이 일부 서방 학자들이 아메샤 스펜타들을 "그림자 같은(모호한) 추상들"이라 특징지은 또 하나의 이유이다. 그러나 우리가 앞서 보았듯이 인도·이란인들에게 어떤 자질로부터 그 자질을 인격화한 신으로 생각을 옮기는 것은 어려운 일이 아니었고, 또한 이렇게 이해되는 존재에 관해 구태여 "그림자 같은" 것은 전혀 없었다. 이 형용사는 조로아스터 자신의 예지 장면에 나오는 빛을 내는 신들에게 적용되기에 특히나 부적절한 듯한데, 그들이 내는 빛이 땅에 드리워야 할 조로아스터 자신의 그림자를 지웠다. 더욱이 자질과 야자타 간의 모호함은 가타 자체에서는 자연스러운 듯 보이는데, 가타는 고의적으로 미묘하고 비교秘敎적인 사제들의 작법 전통에 의해 작성되었다. 조로아스터의 전승(이것들은 부분적으로는 사제들의 작품보다 예언자가 일반인들에게 설파한 좀 더 단순하고 일반적인 교리 설명에 기반을 둔 것이라고 추측할 수밖에 없다.) 안에는 인격화와 자질이라는 이중의 개념이 여전히 존재함에도 아메샤 스펜타의 신성에 관한 모호함이란 전혀 없다. 다음의 언급은 적절하다. "조로아스터교의 전체 체계는 처음부터 끝까지, 가타에서 최근의 라바야트까지 아므샤스판드들(Amshaspands, 아메샤 스펜타들)의 존재를 신앙의 기본 교의로 상정한다."[117]

조로아스터가 사제로서 자신의 새로운 교리를 예식에서 표출하여, 믿음이 숭배를 통해 스스로를 천명하고 그에 의해 유지되도록 하는 것에 관심을 가졌다고 보는 것이 자연스러운 듯하다. 그러므로 후대에 가함바르들(gahāmbārs)로 알려진 기념일들을 조로아스터 자신이 창설했다고 하는 전승을 의심할 까닭은 없어 보인다. 그러나 이 "창선"은 사실 다신교 시절 목축 및 농경력에 따른 축제들[118]을 여섯 번째 프라바쉬들의 축제, 즉 모든 영혼들을 위한 축제와 더하여[119] 재헌정한 것으로 보인다. 이 축제들의 고대 이름은 남았지만, 각각은 이제 여섯 창조물에게 한 해 동안 순차적으로 바쳐졌으니, 하늘, 물, 땅, 식물, 동물, 인간 순이었다.[120] 현존 조로아스터교 전례문에 따르면 여섯 축제는 모두 "높은 주(라투 베레잔트(ratu- bərəzant-))"로서의 아후라 마즈다, 즉 최고신에게 바쳐진다. 그러나 여섯 번째, 모든 영혼을 위한 축제는 특별히 그를 위한 것으로서, 이날 그의 특별한 창조물인 인간은 그 이전에 이 땅에 살았던 다른 인간들, 특히 그중에서도 "올바름을 위해 정복한 이들(요이 아샤이 바오나레(yōi ašai vaonarə))"을 추모한다.[121] 이렇듯 조로아스터는 그의 윤리적 종교 안으로 강력한 다신교의 프라바쉬 숭배 의례를 흡수하여 떠난 이들을 위한 이 위대한 축제가 자신의 종교력에서 정점에 위치하는 것을 허락했다. 일곱 가함바르는 조로아스터교에서 가장 중요한 것으로 남았는데, 이는 의무적인 축일로서, 이를 무시하는 것은 "다리로 가서" 심판의 날에 해명해야 할 죄를 짓는 일이다. 이 축일들은 부자나 빈자나 다 함께 경건하게 지켰는데, 이때는 특히 경배하고 즐기고 규칙 따위의 위반을 용서하고, 진정한 신자들 간의 사랑스러운 친밀감을 강화하는 시간이다. 여섯 창조물들을 기쁘게 한다는 이 축일들의 목적은 분명히 인지되었고, 조로아스터교 축일들 중에서 이것들만이 세월이 가도 신화나 반半세속적인 관습들을 끌어들이지 않았다. 그것들은 그렇게 사실상 정신이나 예법 면에서

"가타적인 것"으로 남았다.

그러나 거기에는 일곱째의, 나머지에 스며들어 있는 창조물, 즉 불에 관한 교리가 있었다. 그리고 이 창조물은 전통적인 춘분 축일과 결합되었다. 조로아스터 자신이 이 재헌정된 축제에 "새날(중세 페르시아어 노 로즈(Nō Rōz))"이라는 이름을 부여했을 개연성이 아주 커 보이는데, 그가 분명 이 축일이 (매년 돌아오는) 자연의 부활을 통해 최후의 부활과 영원한 기쁨의 "새날"의 새벽을 해마다 상징하는 것이라 간주했을 것이기 때문이다.[122] 그러므로 조로아스터교도에게 이는 부활의 축일이며, 기독교의 부활절(부활절은 노 로즈의 착상에 간접적으로 무언가를 빚고 있을 것이다.)에 해당하는 것이다. 그러나 이 축일은 또한 불에 봉헌된 것이기도 한데, 이는 여름 한낮의 영 라피트위나(Rapithwina)에게 바쳐졌기 때문이다. 이글거리는 열의 인격화인 이 영은 바로 불의 주 아샤의 조력자이자 동료이다.[123] 창조물 중 하나의 축제로서 노 로즈는 여섯 가함바르처럼 의무적인 축일이며, 조로아스터교 달력에서는 그것들 외의 유일한 의무 축일이다. 그리고 일곱 축일 중 마지막으로서 이 축일은 일곱 가지 제물을 바쳐 거행한다.(오늘날도 그리하며, 심지어 무슬림 이란에서도 그런다.) 그 제물들은 분명 일곱 아멘샤 스펜타와 그들의 일곱 창조물의 상징이었으며,[124] 그들에 대한 숭배는 매년 완결되는데, 노 로즈는 종교력의 시작인 동시에 끝이다.

한 명의 창조자와 여섯 아메샤 스펜타라는 조로아스터의 심오하고 독창적인 개념들은 다신교 시절 이란인들의 종교 예식에서 조화롭게 자라난 듯하다. 이 우아한 발전은 예언자 자신의 종교적·도덕적 비범함 덕에 이루어졌지만, 이는 그의 선조들의 누대에 걸친 사고와 숭배 행위를 통해 준비된 것이었다. 조로아스터의 새로운 가르침은 오랜 뿌리가 있었으니, 그가 전래의 믿음 및 관습과 일관적으로 결별함으로써 새로운 가르침에 물들지 못하게 하려 했음을 보여 주는 것은 아무 것도 없다. 그러므로 여러 세대에 걸친 서구 학자들의 설명(이것들은 지금까지 파르시들에게 영향력을 가졌다.)에도 불구하고 그가 한 명의 최고신을 천명했다 해서 당시 존재하던 야자타들을 부정했다는 최소한의 증거도 없으니, 그의 계시에 따르면 그들은 최고신보다 작은 창조된 존재들이며, 주의 종이자 정당하게 숭배를 받아야 할 이들이었다. 조로아스터는 심지어 멸시받던 다에바들도 인간에게 강력한 영향을 미칠 수 있는 신들로 인정했지만, 그들을 숭배하는 것만은 거부했다. 그들은 사악하고 악마 분노와 함께 인간들을 속이는 존재들이었기 때문이다.[125]

일곱 아메샤 스펜타 외에 아베스타를 통해 우리에게 알려진 거의 모든 야자타들은 다신교 시절에도 숭배되었다고 나온다. 이들 각자는 자연 신들이 그렇듯 물질세계를 증진시키든지 인간이 땅 위에서 행복하게 잘 살 수 있도록 돕든지 어떤 식으로든 선한 창조물들을 도울 수 있다. 그러므로 아메샤 스펜타라는 말은 그들에게 일반적으로 적용될 수 있다.[126] 이들 작은 신들 중 일부만 가타에 언급된다. 왜냐하면 조로아스터 자신의 영적 삶이 아후라 마즈다와 위대한 여섯 스펜타에 집중되었고, 나머지 야자타들에 대한 경배는 내재적이고 직감적인 것이어서 그의 열정적 사고를 조금도 지배할 수 없었기 때문이다. 그러나 그렇다 해도 예언자는 친밀한 드반드바(짝) 합성 명사를 통해 두 번 주 지혜를 그의 형제 아후라들과 함께 언급한다. 첫 구절은 다음과 같다. "마즈다와 (나머지) 아후라들이 이쪽으로 (오시기를), 그리고 아샤……"(Y. 30. 9) 둘째 구절은 이렇다. "만약 아샤가 호명되려면, 그리고 마즈다와 (나머지) 아후라들 그리고 아쉬와 아르마이티……"(Y. 31. 4) 아샤와 아르마이티를 아후라에 포함시키지 않은 이 행들의 단어 선택에도 불구하고 몇몇 학자들은 여기에 나오는 아후라들을 조로아스터 자신의 계시에 나오는 아메샤 스펜타들과 동일시하고, 그리하여 예언자가 엄격한 일신론을 주장했다는 이론(이렇게 되면 아메샤 스펜타들은 단지 최고신의 여러 특성들로 취급된다.)을 고수하려 했다. 그러나 이 해석을 뒷받침하는 증거는 전혀 없다. 왜냐하면 다른 어떤 곳에서도 아후라가 미트라와 *보우루나 아팜 나파트 외에 아메샤 스펜타들이나 여타 작은 야자타들에게 적용된 적은 없기 때문이다.[127]

방금 인용한 둘째 절에서 아쉬의 이름도 등장한다. 우리는 이 신을 행운의 여신으로 이미 만났고, 조로아스터가 그녀를 부르는 별칭 하나는 "많은 것이 주어진(mąza.rāyi-)"(Y. 43. 12)인데, 이는 다신교 개념을 풍부하게 시사한다. 그러나 윤리적 가타에서 보통 명사 아쉬는 까닭 없는 획득이 아니라 어떤 행위에 대한 대가(선행에 대해서든 악행에 대해서든)라는 의미로 쓰이며, 그 이름의 신도 마찬가지로 변덕스러운 행운이 아니라 정당한 보상의 인격화로 나온다.[128] 그렇게 그녀는 조로아스터교 경전에서 규칙적으로 아쉬 방흐비(Aši vaŋhvī), 즉 "선한 아쉬"로 불리는데, 이는 초도덕적 다신교 개념과 구별하려는 의도로 보인다. 예언자는 아후라 마즈다에게 "드루그의 추종자와 아샤의 추종자들에게 줄 보상(ašiš)을 그러잡고 있는 당신의 손"이란 표현을 쓴다. "세상이 태어날 때…… 당신은 악한 자에게 (그에 대한 보상으로) 악한 결과를 확언하시고, 선한 자에게 선한 보상(aši-)을 확언하셨습니다."(Y. 43. 5) 조로아스터가 보기에 선행과 악행은 "자신의 보상을 마음대로 할 수 있는 주인"(Y. 50. 9)이자 만약 지혜롭다면 선한 아쉬(보상)를 얻고자 행동할(Y. 50.3) 개인 각자의 도덕적 선택에 달린 것이기에, 보상은 가끔 보후 마나, 즉 선한 의지와 결합된다.(예컨대 Y. 33. 13) 신으로서 아쉬는 드반드바 합성어에 의해 아르마이티(Y. 31. 4)와 함께 호명되고, 그녀 자신은 개개인이 내세에서 받을 형벌이나 보상을 할당한다고 나온다.(Y. 34. 12, 43. 12) 뒤의 절에서 그녀는 복종의 야자타이자 기도의 보호자인 스라오샤의 동료이다.[129] "스라오샤, 많은 것을 가진 아쉬와 함께, 두 집단에 보상(ašiš)을 배정하리라……."[130] 사실 스라오샤는 아쉬반트(ašivant), 즉 "보상을 가진, 보상을 하는"[131] 이라는 별칭을 가지고 있으며, 이것은 그와 아쉬의 밀접한 관계와 개별 판결에서 그가 맡은 역할을 모두 보여 준다. 아쉬의 경우처럼 가타에서 신 스라오샤의 이름은 그와 동일시되는 보통 명사와 함께 등장한다. 조로아스터는 아후라 마즈다에 대한 자신의 복종을 말하며(Y. 33. 14; 28. 5), 다른 이들이 그에게 복종하기를 바란다.(Y. 45. 5) 그는 아쉬처럼 신격 스라오샤를 자신의 예지와 결합시킨다. "그리고 스라오샤를 보후 마나와 함께, 마즈다, 당신이 원하는 모든 이에게 오게 하소서."(Y. 44. 16) 그리고 한 번은 심지어 그를 "모든 것 가운데 가장 위대한(vīspə. mazišta-)"(Y. 33. 5) 이라 말한다. 이런 말을 할 때 예언자는 스라오샤의 위대함은 기도(이를 통해 인간이 신에게 다가간다.)를 수호하는 데 있다고 생각한 듯하다. 그리고 후대의 조로아스터교 전승에서 스라오샤가 땅으로 온 아후라 마즈다의 대리 통치자로서, 주의 특별한 창조물인 인간을 보살필 책임이 있는 이로 숭배되는 이유는 기도의 수호자 역할이 발전한 것으로 보인다. 따라서 현존 조로아스터교에서 그는 아후라 마즈다 자신을 제외한 어떤 신들보다 많이 호명된다.[132]

조로아스터교 만신전 안의 모든 작은 신들 중 스라오샤와 아쉬가 특히 가타에 언급되는 이유에 대해서는 위대한 일곱 불사자들처럼 이들이 조로아스터의 명상의 터전을 제공한 것으로 보이는 종교적 예식과 특별한 관계를 맺고 있기 때문이라는 의견이 제시되었다.[133] 스라오샤는 타누.만트라(tanu.maθra), 즉 "성스러운 말을 몸으로 가진" 이였기에, 예배 자체로 표상된다.(위대한 불사자들이 제물과 제의의 물품과 참석자들로 표상되는 것과 똑같은 방식으로.) 아쉬는, 정당하게 거행된 의식이라면 사제에게 보상을 줄 것을 요구하므로 아쇼다드, 즉 그들에게 주는 선물로 표상된다.[134] 젊은 아베스타에서 스라오샤는 여전히 일곱 불사자들과 가까운 반면 그의 "누이" 아쉬는 훨씬 덜 중요하다. 부분적으로는 그녀가 보상을 주는 이로서 신 복종(아르마이티)을 비롯한 다른 불사자들과 달리 인간의 심장 안에 거할 수 없기 때문으로 보이는데, 그래서 그녀는 윤리적 신들의 최내부 집단(이들은 모두 인간 안에 거할 수 있다.)의 약간 바깥에 남게 되었다. 또한 그녀의 개념은 일곱 불사자나 스라오샤보다 간단해 보이는데, 이는 그녀가 단지 보상(가시적인 것이든 최후의 순간에 죽음 혹은 지복을 선고받는 것이든)을 인격화하는 반면 여타 신들은 각자 어떤 자질을 인격화하지만 마찬가지로 그것을 통해 자신들이 표상되는 뭔가 다른 것도 보호하기 때문이다.(표상하는 것이 기도든 가축이든.)

가타에서 조로아스터는 또한 특히 희생제와 관련된 것으로 보이는 작은 신들 집단을 호명한다. 거기에는 "황소의 창조자" 게우쉬 타샨이 있는데, 야스나 29.2에서는 혼자 언급되고 야스나 46.9에서는 아샤와 함께, 야스나 31.9에서는 아르마이티와 함께 언급된다. 야스나 29에는 "황소의 영혼" 게우쉬 우르반이 주로 등장하는데, 그는 희생된 동물들의 영이 죽은 후 결합되는 신이다.[135] 이 찬가에서처럼 조로아스터교 제의에서 게우쉬 타샨과 게우쉬 우르반은 특히 동물 제물과 관련하여 규칙적으로 결합된다.[136] 조로아스터는 또한 희생제와 희생제의 야자타인 이쟈(īžā)/이쟈(Īžā)에 대해 말한다.[137] 야스나 49.10에서 그는 "경배(네마스(nəmas-))와 헌신(아르마이티(ārmaiti-))과 희생(이쟈(īžā))"의 공덕을 하늘에 쌓는 것을 언급한다. 야스나 50.8에서 그는 이렇게 숭배의 말을 올린다. "이쟈의 발걸음으로 나는 당신의 주위를 돌 것입니다, 오, 마즈다, 손을 뻗친 채로." 그리고 야스나 51. 8에서는 "스스로 진실로 이쟈와 아샤를 통해 선한 통치(크샤트라)를 보장하는 이에게……(그에게)……(그의) 행동에 따라, 최고의 것(다시 말해 낙원)이옵니다, 오, 마즈다." 비록 이쟈 의식이 오늘날까지 일부 이라니 조로아스터교도들에 의해 거행되지만,[138] 후대의 전승에서 이 야자타는 그녀 자신의 이름으로 경배되지 않는다. 조로아스터가 한 번 언급한 또다른 신이 있는데, 조로아스터는 이렇게 말한다. "최고의 투쉬나마이티(Tušnāmaiti)가 나에게 선언하라 가르쳤습니다. 인간이 수많은 사악한 것들을 기쁘게 하고자 하지 못하게 하라."(Y. 43. 15) 이 야자타는 우리를 명상의 영역으로 데려가는데, 그녀는 "묵상"의 인격화로서, 신을 숭배하는 곳에서도 그에 꼭 맞는 자리를 가지고 있다.[139] 이 인격화된 신은 그저 대수롭지 않아 보이지만(후대의 경전에 그녀가 없는 것을 보면), 여타 다양한 신들과 어울려 야스나 하프탕하이티에 등장한다.

그 광범위한 사고, 윤리적이고 수사적인 내용에도 불구하고 가타는 이렇게 고대의 야스나 제의와 밀접하게 연결된 것으로 드러난다. 그러나 그것은 이런 제의를 하나하나 수행하기 위해 만들어진 예배 문헌으로서가 아니라 차라리 전반적인 제의 행사에 기반을 둔 명상적 작품으로서 드러난다. 아마도 이런 까닭에 예언자의 추종자들이 가타를 이 성스러운 예배 기도문의 한 부분으로 간직했던 듯하다. 이 해석은 예언자의 언사에 구체적인 것과 추상적인 것이 마구 뒤엉켜 있는 점을 이해하는 데 도움을 주는데, 그는 구체적인 숭배 의례를 통해 그런 사고에 이른 듯하기 때문이다. 그래서 (예컨대) 불에 희생 제물을 올리면서 그는 선한 의도와 올바름에 대해 명상하고, 실제로 이 제물과 제물을 받는 불꽃 안에서 그는 신 보후 마나와 아샤를 보게 된다. 또한 이 해석은 그가 가타의 신들의 이름을 왜 그토록 자주 조격(造格(도구격), instrumental case)으로 부르는지 설명해 준다. 사제가 제물로 숭배 행위를 수행했듯이, 인간은 그의 삶을 선한 의도와 올바름으로, 그리고 이런 자질들을 인격화한 신성한 존재들의 도움으로 이끌어야 한다. 나아가 이 해석은 가타에서 아후라 마즈다가 때로 작은 불사자들과 합쳐지는 듯 어떤 때는 단수로 불리다 어떤 때는 복수로 불리는 이유를 이해하는 데 도움을 준다. 왜냐하면 그는 자신의 자비로운 영 스펜타 마이뉴를 통해 지금 해당 야스나에 현재하고, 여타 신들도 밀접한 협력 관계하에서 함께하기 때문인데, 그래서 모두들 이 성스러운 행위(야스나)에서 제 몫을 가지고 있으며, 이 행위는 "인간의 에너지의 도움을 받아 세계를 보호하는 신적 에너지로부터 끊임없이 흘러나오는 물줄기"를 불러온다.[140] 그러나 이는 또한 조로아스터의 가르침에 따르면 숭배자의 일종의 자기 헌신 행위이며, 이를 통해 숭배자들은 신에게 자기 자신을 바치고, 그와 위대한 불사자들을 자신들의 가슴과 삶 속으로 데려오고자 했다.

## 9장

# 두 가지 상태와 세 개의 시간

.

판단할 수 있는 한 세계(우주)의 역사에 대한 다신교의 교리는 처음에 수많은 신들이 있었고, 이 여러 신들이 세상을 만든 후 희생제를 통해 거기에 사람을 채웠다는 것이다.[1] 또한 축복받은 인간들의 영혼을 하늘의 신들과 결부하는 생각이 인간의 영혼이 신들처럼 과거와 미래를 망라하여 불멸한다는 개념으로 이어지고, 그래서 개별 영혼의 선재先在를 상정했다고 볼 수도 있다.[2] 조로아스터 자신의 교리는 다음과 같은 것으로 보인다.[3] 처음에는 오직 강력한 두 존재, 즉 아후라 마즈다와 그의 거대한 적수만 있었다. 그리고 이 둘이 선과 악을 선택한 후, 아후라 마즈다는 여섯 불사자들을 창조 혹은 호출하였고, 이어서 (직접 혹은 불사자들을 통해서) 야자타를 만들었는데(창조 혹은 호출) 이때 인간의 영혼도 만들어진 듯하다. 왜냐하면 예언자가 이 점에서 다신교의 교리를 팽개칠 이유가 전혀 없기 때문이다. 더욱이 야스나 29는 조로아스터가 유익한 동물들의 영도 선재했다는 교리를 채택했음을 보여 주는데, 이 교리는 신격 게우쉬 우르반 숭배와 밀접하게 연결된 것으로 보인다. 그러므로 아마도 우리는 그의 신앙에 관한 후대의 신학적 저작들을 통해 그토록 잘 알려진 교리, 즉 살아 있는 모든 것이 선재하던 것이며, 아후라 마즈다가 이전에 육체를 갖지 못한 채 있던 모든 것에게 이 세상에서의 구체적 형상을 부여함으로써 존재하도록 했다는 교리 전체를 조로아스터 자신의 것으로 보아야 할 것이다. 따라서 혹자는 조로아스터 자신이 육체적인 삶을 비육체적인 삶과 구분되는 것으로서 강조했다고 가정할 수 있다. 두 상태를 칭하는 파흘라비어 용어는 메노그(mēnōg)와 게티그(gētīg)인데, 이것들은 아베스타어 형용사들로서 "정신적인"을 의미하는 \*마이니야바카(\*mainyavaka)와 "육체적인"을 의미하는 \*가에티야카(\*gaēthyaka)에서 파생되었다.[4] 양자 모두 아후라 마즈다의 창조물이므로 둘 사이에 윤리적 차이점은 없다. 사실 조로아스터의 가르침에서 주목할 만한 것은 그가 분명 게티그 상태를 메노그 상태보다 나은 것으로 보았다는 점인데, 게티그 상태 안에서 메노그 창조물이 구체적이고 지각 능력을 지닌 형태라는 추가적인 이점을 획득하기 때문이다. "게티그 상태로의 전화는 그 자체로 결코 퇴보가 아니라 완성이요, 충만이다."[5] 그러나 메노그 창조물과 달리 게티그 창조물은 앙그라 마이뉴와 그의 악한 세력들에 의한 공격에 노출되어 있다. 아후라 마즈다가 "육체적 생명(astvant-uštana-)"을 만든 것은 적극적으로 악에 대항하여, 모든 스펜타(선한) 신들과 인간이 스펜타 물질세계와 함께 사악한 외부의 힘에 맞서 싸우는 상태를 만들어 그들을 끝장내기 위함이다. 이 교리의 특징은 "세계 긍정의 이원론(pro-cosmic dualism)"이라 묘사되었는데, 이에 따르면 물질세계는 선한 것이고 악이 외부에서 공격하기 때문이다. 반면 마니교나 오르페우스교 등의 "세계 부정의 이원론(anti-cosmic dualism)"에 따르면 세계 자체는 본질적으로 나쁜 것, 악의 세력에 속하는 것이다.[6]

조로아스터교 신학 저술들은 무한한 시간, 즉 영원과 유한한, 즉 경계가 있는 시간을 구분하는데, 후자 안에서 세상의 역사가 일어난다.[7] 유한한 시간은 다시 두 거대 구간으로 나뉜다. 첫 번째는 아후라 마즈다와 앙그라 마이뉴의 선택에 이어진 시간으로서, 이 동안 아후라 마즈다는 모든 것을 창조했는데, 우선 메노그 상태를 만들고 다음으로 게티그 상태를 만들었으니 둘 다 완전했다. 따라서 파흘라비 서적에서 이 시간은 간단히 분다히슨(Bundahišn), 즉 "창조"로 불린다. 슬라브어 에녹서(Book of Enoch)의 일부는 조로아스터교 자료에서 가져온 것이 분명한데, 거기에 이렇게 쓰여 있다.[8] "모든 것이 있기 전에, 모든 창조가 실현되기 전에, 주는 창조의 아이온(Aion)을 구축하셨다. 그 후 그는 보이는 것이든 보이지 않는 것이든 자신의 모든 창조물을 만들어 내셨다." 조로아스터교 전승에 따르면 아후라 마즈다는 여섯 아메샤 스펜타들과 함께 숭배의 메노그 행위, 즉 영적인 야스나를 거행하면서 이 불가사의한 창조 행위를 달성했다.[9] 그리고 그가 분명히 종교적 예배에 부여한 심대한 중요성으로 볼 때 이는 조로아스터의 독창적 가르침으로 보는 것이 좋을 것이다.[10]

유한한 시간의 두 번째 구간은 파흘라비어로 구메지슨(Gumēzišn), 즉 "혼잡"으로 불리는데, 앙그라 마이뉴가 게티그 창조물을 공격하면서 시작된다. 다신교의 세계관에 따르면 우리가 앞서 보았듯이 처음에 세상은 사람 하나, 식물 한 그루, 동물 한 마리 외에는 텅 비고 정적인 공간이었던 것으로 보이는데, 이것이 신들에 의한 세 번의 희생제를 통해 움직임과 성장을 시작한다. 이 교리는 조로아스터의 가르침 안에서 급진적이고 다소 부자연스러운 변화를 겪었는데, 가르침에 따르면 태초의 정적 세계는 완벽했고, 변화는 이로운 희생제가 아니라 적대적 영의 악의에 찬 공격 때문에 일어났다. 따라서 가요 마레탄과 유일하게 창조된 황소의 살해[11] 그리고 식물과 스펜타 창조물들의 파괴는 악한 행위였다. 그러나 최초의 파괴로부터, 전열을 재정비한 선의 세력이 멸망한 것으로부터 더 많은 인간과 식물과 동물을 창조해 냄으로써 대의를 위한 승기를 잡았다. 그리하여 생명의 희생을 통해 더 많은 생명이 탄생했다는 옛 교리는 살아남았지만, 행동의 동기와 행위자들의 정체성은 바뀌었고, (그러나) 이것이 현재 혼잡의 시간의 희생제에 대한 일반적 교리와 그 실행에 영향을 주지는 않았다. 왜냐하면 일단 죽음과 파괴가 이 세상으로 들어오자 게티그 생명체들의 불멸이 중지되고, 불가피한 탄생과 죽음의 과정으로 대체되었기 때문이다.

다신교 교리 안에 이미 존재했고 그를 기반으로 조로아스터가 교리를 전개한 우주 발생론에도 또 다른 모순이 존재한다. 다시 말해 원래 상태의 게티그 세계에는 인간 창조물의 대표자 한 명만 있었지만, 메노그 세계는 비록 외견상으로는 황소의 영밖에 없었지만, 이미 복수의 프라바쉬를 알고 있었다. 그러나 서로 다른 전승과 믿음들이 그 자체로 복잡하고 현재, 과거, 미래와 연결되어 있는 하나의 체계 안에서 합쳐지면서 그런 이형(異形, 즉 부정합한 것)은 불가피한 것이었다.

앙그라 마이뉴의 공격은 일곱 창조물 모두에 해를 끼친다고 나온다.[12] 먼저 그는 게티그 세계에 진입하기 위해 수정 하늘에 구멍을 뚫고, 다음에는 물을 더럽혀 소금으로 만들고, 땅의 일부를 사막으로 바꾸고, 식물과 동물과 인간을 파괴한 후, 마지막으로 불에 다가가 "연기와 어둠을 그 안에 섞어 넣었으니"[13] 그리하여 아후라 마즈다의 아름다운 창조물을 전부 황폐화시키고 말았다. 그러자 일곱 창조물은 세력을 재편하여 반격을 가했고,[14] 혼잡의 시간의 거대한 투쟁이 시작되었다. 이 투쟁에서 앙그라 마이뉴는 자신이 만든 악의 세력들, 즉 다에바들과 악마들의 도움을 받는데,[15] 그들 또한 무시무시한 자기 주인보다 나을 것이 없어 보이고 게티그 형태를 가지고 있지만, 그들은 종종 아후라 마즈다가 창조한 생명체를 매수하여 그 속으로 들어가 이들을 유령 같지만 공격적인 악의 화신으로 만들 수 있다.[16] 그러므로 세상은 "혼합"된다. 선과 악이 다투는 이 두 번째 구간은 "유한한 시간"의 끝까지 이어지는데, 그때 아후라 마즈다의 창조물이 게티그 형태로, 원래의 완벽한 상태로 복원된다. 이 영광스러운 순간은 프라쇼.케레티(Frašō.kərəti, 파흘라비어 프라셰기르드(Frašegird)), 즉 "경이로움을 만들기"로 불린다.[17] 이로써 역사가 멈추고 무결하고 무사한 상태로 영원이 다시 펼쳐진다. 왜냐하면 악이 파괴된 후 아후라 마즈다와 모든 스펜타 신들과 인간들은 완벽하고 방해받지 않는 선과 조화와 평화속에서 영원히 살아갈 것이기 때문이다. 이 다가올 영원이 세 번째 시간을 형성하는데, 파흘라비 서적에서는 위자리슨(Wizārišn), 즉 "결별"로 불리는데, 그때는 선이 악과 영원히 결별할 것이기 때문이다. 어떤 의미에서 조로아스터의 시간 개념은 순환적인데, 세 번째 시간에서 완벽을 즐기던 첫 번째 시간의 끝으로 돌아간다. 그러나 그것은 "영겁 회귀의 순환적 시간 개념이 아니라 영원한 처음으로 돌아가는 순환 개념이다."[18] 거기에는 끊임없이 반복되는 사건, 다시 말해 바빌로니아식 세계관에서 보이는 것(사건의 반복, 즉 순수한 순환)이 없고, 다시는 변화가 없는 세계로 복귀하는 단선적 발전이 있다.

조로아스터 본인의 언사에는 고정된 연대기 혹은 프라쇼.케레티가 실현될 때의 세상의 나이에 대한 어떤 추측도 없다. 그러나 기독교의 복음서처럼 가타에는 절박감, 즉 사태의 끝이 바로 앞에 있다는 느낌이 있다. "종말론적 분위기가 만연하여…… 지상의 지평선은 멀리 있지 않다."[19] 인류 역사의 종말에 대한 이 믿음과 함께 조로아스터는 다신교의 관념과 또 한 번 심원한 작별을 고한 듯한데, 그 관념에 따르면 (리그베다로 판단하면) 인간들의 세대는 바다의 물결처럼 다음 세대에 의해 가차 없이 대체된다고 여겨졌다. 조로아스터가 설파한 강력한 시간과 목적의식, 모든 인류와 스펜타 존재가 하나의 목표, 즉 예견 가능한 목적을 위해 분투하고 있다는 의식을 혹자들은 그의 가르침의 가장 큰 특징이라 여겼다.

현재의 투쟁은 어려운 것이어서, 여기에서 이기자면 인간 각자의 현명한 선택과 행동이 필요하다. 그러나 예언자의 마음에는 결과에 대한 의심이 전혀 없었다. 앙그라 마이뉴와 그의 군단은 강력하고 전반적으로 해를 끼치기에 선한 선택을 한 이라도 타자의 손에서 겪는 학대와 고난, 기근이나 질병이나 사별이나 죽음 등의 재해를 피할 수 없다. 그러나 예언자는 결국 이 끔찍한 세력이 선한 세계의 단결과 긍정적 힘에 의해 격퇴되어 깨어질 것이라고 확신했다. 처음부터 두 원칙(선과 악)이 분리되어 있는 조로아스터의 급진적 이원론은 이렇게 악한 것의 파괴로 끝나고, 아후라 마즈다가 마침내 최고의 통치자가 되어 그의 승리는 확고 불변의 것이 된다. 이 목표는 "모든 창조물이 고대하는 것이며, 최고신이 시작한 합리적인 과정의 필연적 귀결로 간주되며, 이 일이 실현되지 못할까 하는 의구심은 한시도 가정될 수 없다. 이 과정을 칭하는 구절은 파이완디슨 이 오, 프라셰기르드(paywandišn i ō Frašegird)로, '부흥을 향한 끊임없는 진화'로 해석할 수 있다."[20] 이 부흥, 즉 경이로움 만들기는 "선한 종교(조로아스터교)의 결실을 맺게 하는 힘의 자연적 최고점이며, 정의와 관대함과 화합이이라는 긍정적 도덕과 육체적 생명의 긍정적 힘이 연합하여, 육체적 죽음과 부정의와 탐욕과 불화라는 냉혹한 부정否定에 맞서 일궈 낸 승리이다. …… 이렇듯 선한 종교는 창조적 진화의 종교로 간주될 수 있는데, 그것은……

생명과 행복을 저해하는 모든 것을 일소함으로써 정점에 이른다."[21]

조로아스터는 이때가 오기를 갈망함에도 가타는 그의 추종자들이, 이 세상이 아후라 마즈다가 창조한 것인 한 한편으로 이를 즐기면서 그의 가르침을 충실히 따름을 보여 준다. 옛 종교의 정신에 입각하여(예컨대 야스나 하프탕하이티에서 예증되었듯이) 예언자는 주에게 정신적인 것은 물론 육체적인 즐거움에 대해 묻는다. "당신에게 다가가는 나에게, 오, 마즈다 아후라, 보후 마나를 통해 삶의 축복을 내리소서, 물질적인(존재의) 축복과 마음의 축복 모두를."(Y. 28.2) "당신의 선한 삶의 모든 것, 과거에 있었고 지금 있으며 미래에 있을 것들을, 오, 마즈다, 기쁘게 베푸소서."(Y. 33.10) 그러나 다신교 신들의 은혜를 바랄 때 쓰이던 것으로 보이는 예전의 주문을 차용할 때조차 그는 물질적 소유는 도덕적 삶과 결부될 때만 누릴 수 있다는 자신의 생각을 보여 주는 구절을 추가하는데, 그리하여 그는 "부의(물질적) 보상 (그리고) 선한 의도의 삶(rāyō ašīš va ŋ hə̄uš gaēm mana ŋ hō)"(Y. 43.1)을 동시에 요구하며, 그에게 계시로 내려진 신앙, 즉 "존재들을 위한 최상의 것(hātąm vahištā)"[22]이 사람들을 이중으로 번영케 하여, 그들에게 육체적 상태와 비육체적 상태 모두에서 "이로움"을 주기를 기대했다.

"이로움"을 뜻하는 아베스타어 사바(savah)는 조로아스터교에서 매우 중요한 용어 사오쉬얀트(saošyant)와 어근이 같다. 사오쉬얀트는 능동태 미래분사 형태로서, 따라서 (명사형으로 쓰일 때) 그 문자적 의미는 "이로움을 줄 이", "미래의 기부자"이다. 가타에서 이 단어는 세 번 단수형으로 등장하는데, 대개 이 구문들 안에서 조로아스터 자신이 간접 화법으로 사용했다고 해석되어 왔다. 야스나 48.9에서 이는 사실 일인칭 단수로 대체된다.("언제 내가 (이것들을) 알 것입니까? …… 사오쉬얀트가 그의 보상이 어떤 것인지 알기를.")[23] 야스나 45.11은 수많은 해석이 제시된 모호한 절이다.[24] 그러나 거기에는 "사오쉬얀트의 종교 (saošyantō …… daēnā)"에 대한 언급[25]이 있는데, 이 구절은 야스나 53.2 에서 다시 등장한다. 이 표현은 일반적으로 조로아스터 자신의 계시 를 뜻한다고 이해되어 왔지만, 롬멜은 최소한 뒤 구절(Y. 53.2)에서 이 는 예언자가 자신을 이어 과업을 마무리 짓도록 등장하기를 기대하 는 더 위대한 인물의 가르침을 뜻하는 것으로 해석해야 한다고 생각 했다.[26] 비록 떼어 놓고 보면 이 해석을 지지할 강력한 근거가 없어 보 이지만, 이 해석은 이어지는 기나긴 시간 동안 조로아스터교도들이 도 래할 구원자(기독교의 구세주)에 대한 깊고 간절한 희망을 키워 왔다는 사실과 부합한다. 그의 깊은 신앙과, 그가 프라쇼.케레티는 자신의 생 애 내에 달성되지 못할 것이 분명하다고 보았으리라는 점을 감안하면, 예언자 자신이 이 희망을 만든 것이 거의 확실해 보인다. 사실 야스나 43.3에 이 희망에 관한 직접적 언급이 있는 듯한데, 롬멜의 해석에 따 르면 다음과 같다. "그리고 다가올 그 사람은 선한 사람보다 더 좋으니 (단순한 선인 이상이다. ― 옮긴이), 그가 우리를 가르칠지니, 이 육체적 존 재와 마음("정신")을 위해, 아후라 마즈다께서 그것으로 함께 살아가 시는 진실한(실제의?) 것들에게 바로 닿는 구원("이로움")의 길을. 진실 한(?) 이(사람)는 당신을 닮았습니다, 오, 마즈다, 바른 지식을 가진 현 명한 이여."[27]

가타의 다른 절들에는 조로아스터가 이 단어 사오쉬얀트를 복수 형으로도, 좀 더 일반적인 의미에서 그의 뒤를 따라 프라쇼.케레티의 도래를 도울 선한 사람들과 민족의 지도자들을 가리키는 용어로도 쓴 것으로 드러난다. "그때 땅들(사람이 살고 있는 지역들)을 위하여 선 한 의지(보후 마나)와 올바름(아샤)에 부합하는 행동으로써 당신의 가 르침을 만족시킬 이들은 사오쉬얀트들일 것입니다, 오, 마즈다, 그들이 분노의 대항자로 점지될 이들이니까요."(Y. 48.12) "언제, 마즈다, 강력한 교리와 사오쉬안트들의 의지를 통해 세상이 아샤를 획득하는 날의 새벽이 올 것입니까?"(Y. 46.3) 그는 나아가 게티그와 메노그 존재를 가까운 것으로 보는 자신의 감각에 따라 자신과 여타 선한 인간을 여전히 사오쉬안트로, 즉 죽음 후의 삶에서 악에 대항한 싸움을 도울 조력자로 생각한 듯하다. 그는 기도한다. "우리가 그것, 세상을, 경이로운(fraša-) 것으로 만들기를."(Y. 30.9) 누대에 걸쳐 그의 추종자들은 그를 따라 매일 야스나에서 이렇게 기도해 왔다. "우리가 사오쉬안트가 되기를, 우리가 승리하고, 우리가 사랑스럽고, 도움이 되는 아후라 마즈다의 동지가 되기를, 선한 생각을 하고, 선한 말을 하고, 선한 행동을 하는 올바른 사람으로서."(Y. 70.4) "사오쉬안트로서" 그들은 결심한다. "우리는 드루그를 파괴할 것입니다."(Y. 61.5)

세계의 역사를 메노그에서 게티그로, 그리고 타락 후에 다시 여전히 게티그 상태에서 "경이롭게 만들어지는" 것으로 보는 단선적인 해석에 놓인 복잡한 문제 한 가지는 현재 이 혼잡의 시간 동안 개별 영혼은 끊임없이 죽음의 악에 의해 게티그 상태를 떠나 잠시 동안 메노그 상태로 돌아가기를 강요당한다는 점이다. 그때 그들은 현생에서 자신들이 아후라 마즈다의 대의를 위해 한 일에 따라 판결을 받고, 이에 따라 임시 거처를 배정받는다.(선행을 택하든 악행을 택하든 인간은 아후라 마즈다의 피조물이므로, 그의 판결에 굴복해야 한다.) 이 개별 심판은 프라쇼.케레티의 순간 모두가 겪어야 할 최후의 심판을 미리 보여 준다.[28] 다신교도 이란인들은, 베다의 인도인들처럼, 축복받은 영혼이 낙원에 닿자마자 거기에서 부활한 육체와 결합하여 최고의 감각적 쾌락을 느끼며 행복한 삶을 산다고 여겼던 듯하다.[29] 그러나 조로아스터는 완전한 행복은 오직 처음의 게티그 상태로 돌아갈 때만, 다시 말해 무결한 상태로 복원된 물질세계에서 영혼이 육체와 재결합할 때에만 올수 있다고 보았다. 그는 진정한 신의 왕국이 될 곳은 바로 이 땅, 일곱 자비로운 불사자들의 세계, 다시 경이로워질 바로 이곳이라고 보았다. 그래서 그의 가르침에 따르면(주로 전승으로 우리에게 전한다.) 구제된 이들은 메노그 상태, 즉 육체가 없는 상태로 남은 혼잡의 시간 동안 살다가 최후의 심판의 순간 대지가 그들의 육체를 인도한 후 부활한 육체와 재결합한다.[30] 오랜 세대 동안 조로아스터교도들은 이 교리 때문에 마음을 졸였는데, "죽어 진흙이 된 오만한 카이사르(Caesar)가 바람이 통하는 구멍을 막아 버려" 오랜 시간 부패되어 흩어져 버린 육체의 요소들을 아무리 신이라 한들 어떻게 다시 조합할 수 있겠느냐는 것이다. 신학자들의 대답은, 다시 만드는 것은 만드는 것보다 쉬우니, 이미 신이 자신의 지혜로 한 번 한 일은 다시 할 수 있다는 것이었다.[31] 조로아스터교 교리에 따르면 부활한 몸은 "미래의 몸"(파흘라비어 탄 이 파센(tan ī pasēn))으로 불리는데, 이는 부활에 관해서 다신교 신앙과 조로아스터의 가르침을 구별하고자 만든 표현일 것이다.[32] 미래의 부활 교리가 전하는 바는 충분히 큰 것이어서 서기전 4세기 테오폼포스(Theopompus)가 "마기" 신앙에 이 내용을 기록했고, 이후 그를 전거로 여타 그리스 작가들이 되풀이한다.[33]

이렇듯 그/그녀 각자가 사망 직후 응분의 대가를 받는 것은 오직 영혼의 형태 안에서이다. 이 문제에 대한 가르침에서 조로아스터는 특히 자신의 선조들의 믿음을 그대로 간직한 채 그것에 도덕적 중요성을 채우는 식으로 재해석한 듯하다. 우리가 앞서 보았듯이 옛 교의는 분명 신 앞에서 공덕을 쌓은(주로 정해진 예식을 따름으로써, 특히 희생제를 통하여) 이들은 친바토 페레투, 즉 심판의 다리를 사뿐히 건너 하늘로 오를 수 있지만, 그럴 자격이 없는 이는 다리에서 하계로 떨어져, 거기에서 몸을 받지 못한 그림자로서 사자의 주의 통치 아래 불행하게 산다는 것이었다.[34] 이와 달리 조로아스터는 그 다리에서, 신에게 산 은총은 아무 소용없는 엄격한 도덕적 심판이 벌어진다고 가르쳤다. 대신 각자가 성년이 된 후부터 쌓아 온 생각과 말과 행동[35]이 머리카락 너비만큼 가는 눈금으로 정확하고 세심하게 저울질된다. 만약 그 사람의 선한 것이 악한 것보다 무거우면 그는 구원을 받고, 가벼우면 그는 지하로 떨어질 운명인데, 조로아스터는 그곳을 고통의 지옥, "최악의 의도(아치스타 마나(Ačista- Manah-))가 거하는 곳"(Y. 32.13)으로 여겼는데, 사악한 이들은 거기에서 "오랫동안 비참함과 어둠, 나쁜 음식과 비탄의 비명"(Y. 31.20)을 견뎌야 할 것이다. "행복은 의로움을 경멸한 사악한 자들을 떠날 것이다."(Y. 53.6) "그릇됨이 올바름과 수평을 이룬"(Y. 33.1) 이, "가끔 선한 생각을 하고 가끔 악한 생각을 한"(Y. 48.4) 이의 경우, 아후라 마즈다가 그들을 위해 "마지막으로 별도의 장소"(같은 곳.)를 마련해 두었다. 이것이 미스반 가투(Misvan Gātu, 파흘라비어로 기야그 이 함미스타간(Gyāg ī Hammistagān)), 즉 "혼잡한 이들을 위한 장소"이다.[36] 이곳은 옛날 다신교의 죽은 이들의 왕국처럼 그림자들의 거처, 즉 기쁨도 슬픔도 없는 회색이 이어지는 장소이다.

옛 전통과 마찬가지로 조로아스터교 안에서도 죽은 이의 영혼은 죽은 지 셋째 날 여명이 떠오를 때 지상을 떠난다. 영혼은 위로 여행하는 도중 어떤 여성을 만나는데, 영혼의 주인이 생애 동안 올바른 이, 즉 아샤반이었으면, 그녀는 젊고 아름다운 이로서, 저울의 심판이 끝나면 영혼을 다리를 지나 낙원으로 가는 기쁨을 누리도록 이끈다. 반면 영혼의 주인이 사악한 이였으면, 그녀는 추악한 노파로서, 무시무시한 팔로 영혼을 낚아채 다리 아래로 내팽겨쳐 지옥으로 떨어지게 한다.(다리 자체도 착한 이의 것은 창槍 아홉 개 너비로 넓고 안전하지만 반대로 저주받은 이의 것은 칼날처럼 좁다.)[37] 이 여성은 과거 다신교 시절에서 유래했음이 분명하다.[38](당시 인간 여성은 낙원을 얻을 능력이 없었던 듯하며, 베다에 따르면 그들의 기쁨은 오직 남성들의 기쁨을 위한 것으로 묘사된다.) 그러나 이 여성에 대한 믿음은 예언자에 의해 수용되어 그의 가르침과 조화로운 방향으로 수정된 듯한데, 이 동반자의 미모는 오직 죽은 남성의 생전의 도덕적 노력에 의해 결정되기 때문이다. 그녀를 칭하는 용어는 다에나(Daēnā, 파흘라비어 덴(Dēn))인데, 이미 "종교"를 의미하는 야자타 다에나가 존재한다는 사실이 이 이름의 해석을 복잡하게 한다. 거의 모든 학자들이 두 가지 보통 명사 다에나(daēnā)가 존재한다는 데 동의하는데,[39] 두 가지 모두 조로아스터에 의해 쓰이며, 일반적으로 서로 구분되는 것으로서, 같은 어근 디(dī), 즉 "보다"에서 파생되었지만 강세가 다른 두 파생어로 여겨졌다. 그리고 이 두 신격은 두 단어가 각각 전달하는 의미 한 가지를 인격화한 것으로 보인다. 그러므로 친바트 다리의 다에나는 "(진실을) 목격하고 인정하는 그녀"이고 다른 다에나 "종교"는 "(진실로) 보이고 인정되는 것"을 표상한다는 의견이 제시되었다.[40] 그렇다면 두 용어 모두 도덕적 의미를 가지는데, 아마도 그런 까닭에 예언자가 일부러 전자를 채택해서 예전에는 초도덕적이던 다리에서 기다리는 처녀를 칭하는 윤리적 이름으로 쓴 듯하다.[41] 이 문제를 복잡하게 만드는 것은 가타에서 다에나(Daēnā)/다에나(daēnā)의 용법이다. 최소한 가타의 한 구절에서 이 용어는 하도크트 나스크(Hadhōkht Nask)에 나오는 파흘라비어 덴이 가리키는 의미, 즉 죽은 남자 자신의 생애에 의해 형상이 정해지는 처녀를 똑같이 표현하는 것 같다.[42] 그리하여 미스반 가투가 언급된 위의 절(Y. 48.4)에서 예언자는 이렇게 말한다. "그 생각을 더 좋게 혹은 나쁘게 하는 이, 그는 자신의 행동과 말에 따라 자신의 다에나를 (좋거나 나쁘게 만든다.)

그녀는 그의 가르침과 바람과 외양을 따른다."[43] 여타 구문들도 똑같은 개념을 언급하는 것으로 이해될 수 있는데, 예컨대 야스나 51.13에는 "그래서 사악한 이의 다에나는 스스로 곧은 (길의) 확신을 부술 것이요, 그의 영혼(우르반)은 심판의 다리에서 자신의 행동 때문에, 그리고 혀로 진실(아샤)의 길을 외면한 탓에 고통받을 것이다." 이는 죄인의 행동에 의해 만들어진 영혼-노파의 행동, 즉 그의 영혼을 다리 아래로 던져 둘(영혼과 다에나)이 낙원으로 가는 길을 잃게 하는 것으로 이해될 수 있다. 한편 여기의 다에나를 우르반, 즉 "영혼"과 비슷한 개념으로 여겨, 이 구절을 양자가 다리에서 수동적으로 징벌을 받는 것으로 이해할 수도 있다. 왜냐하면 홈바흐가 증명했듯이,[44] 두 용어는 종종 함께 쓰이면서 어떤 때는 하나가 능동적이고 하나는 수동적이며, 어떤 때는 둘 모두 능동적거나 수동적이기 때문이다. 이렇듯 카라판과 카비들은 "심판의 다리에 이르러 자신들의 영혼(우르반)과 다에나(daēnā, 혹은 다에나(Daēnā?))가 스스로를 괴롭히는" 이들 가운데 있다.(Y. 46.11) 야스나 31.11에서 조로아스터는 "처음", 즉 창조의 시기에 아후라 마즈다가 "물질로 된 형체와 다에나와 의지의 행위"를 만들었다고 말한다. 그리고 가끔 그는 다에나를 남성 자신의 한 부분으로 말한다. 그는 "당신께서 이 교리를 나에게, 나의 다에나에게 선포하소서."라고 아후라 마즈다에게 간청한다.(Y. 46.7) 그리고 야스나49.4에서 그는 악한 의도를 가진 이들이 "사악한 인간(드레그반트(dragvant-))의 다에나로" 거짓 신들을 만들었다고 말한다. 다른 구절에서 그는 이렇게 선언한다. "사악한 자들을 그토록 잘 대했던 그는 사악하고 (dragvant-), 올바른(공정한) 이(아샤반)를 친구로 둔 그는 올바른 이였습니다, 당신께서 첫 다에나들을 만들 때부터, 오, 아후라."(Y. 46.6) 이런 예로 판단할 때 다에나는 "남성의 종교적·영적 특성들의 총합"을 의미한다고 정의될 수 있고,[45] "양심" 혹은 "자아" 등으로 다양하게 번역되었다. 그러나 이런 새김은 다리의 다에나를 설명하지 못한다. 그래서 다시 한번 여기에서 우리에게 특정적인 고대 이란의 사물(이 경우는 남자의 양심, 즉 무엇이 올바른 행동인지 보고 결정하는 자기 안의 능력)이 발전한 것, 즉 양심의 인격(hypostasis) 혹은 인격화로서 양심이 허락한 행동들에 의해 형성된 것이 남는데, 조로아스터는 이를 다신교의 다리에 있는 처녀와 동일시했다.[46] 그렇다면 아베스타어 두 쌍이 있는 것으로 보이는데, 다시 말해 다에나(daēnā)/다에나(Daēnā), 즉 "양심/다리의 처녀"와 다에나(daēnā)/다에나(Daēnā), 즉 "종교/야자타 종교"이다. 전승에 따르면 첫 번째 쌍의 인격(인격화)은 하도크트 나스크에서 단 한 번 불리고, 나머지 경우는 단순히 처녀(카니그(kanīg) 혹은 두크트(dukht)) 혹은 여자(잔(zan))로 불리는데, 조로아스터의 가르침보다 오래된 전승에 따른 것으로 보인다. 위대한 사제 키르데르(Kirdēr)의 비문에 따르면 어떤 표현이 쓰이든 다에나 신앙은 사산조 시절에 여전히 살아 있었다. 왜냐하면 그는 예지몽을 통해 자신의 여자로 보이는 이가 자신과 같은 이의 손을 잡고 다리를 건너는 것을 보았다고 묘사한다.[47] 당시 소그드인들 또한 그 처녀(dwγth), 즉 "남자 자신의 행동(γw γypδ 'krtyh)"이자 그를 낙원으로 이끄는 이인 그녀를 알았다.[48] 원시적인 야스나 하프탕하이티(39.2)에서 "양심"을 가리키는 것으로 보이는 다에나의 두드러진 예가 등장한다. "우리는 공정한 이들의 영혼(우르반)을 숭배하나니, 어디서 태어났든 남자와 여자들, 그들의 더 좋은 다에나가 정복하거나 정복할 것이거나 정복했던 이들의 영혼을." 그리고 젊은 아베스타에서는 이 단어가 우르반 혹은 남성 안의 기타 부분들을 칭하는 말들과 함께 몇 번 나오는데, 예컨대 야스나 26.4에는 이렇게 나온다. "우리는 최초의 선생들과 최초로 들은 이들의 생명력과 다에나와 지각력과 영혼과 프라바쉬를 숭배하나니…… 그들은 올바름을 위해 정복한 이들이라."

친바토 페레투라는 이름 자체를 어떻게 얻었는지에 대해서는 근거가 없는데, 선별자가 원래 물이었는지 혹은 깊은 구멍이었는지 혹은 영혼들이 건너려 시도하기를 기다리는 어떤 힘이었는지 명확하지 않다.[49] 가타에는 스라오샤가 아쉬와 함께 보상과 징벌을 할당한다고 나온다.(Y. 43.12)[50] 그러나 어떤 신이 재판 후 영혼이 따라야 할 길을 "손으로 가리킴으로써"(Y. 34.4) 알려 주는지는 나오지 않는다.[51] 전승에 따르면 세 야자타로 구성된 법정에서 심판을 내린다. 약속의 신으로서 어긋나지 않는 공정함을 가진 미트라가 스라오샤와 라쉬누를 동료 심판관으로 데리고 이 법정을 주관한다. 조로아스터교의 행사에서 더 작은 신이 큰 신을 대신하여 호명되는 경우는 드물지 않은데, 더 작은 신이 더 즉각적으로 나타나며, 바치는 숭배 혹은 묘사된 행위와 더 직접적으로 관련된다고 여겨지기 때문이다.(그리하여 우리가 앞서 보았듯이 예컨대 노 로즈는 아샤 대신 그의 조력자인 라피트위나에게 헌정된다.) 야스나 43에서 예언자가 주재자 아후라(미트라) 대신 스라오샤의 이름을 부르는 이유는 아마도 그가 기도의 수호자로서 야스나와 즉각적으로 연결되고, 미트라는 그저 멀리서 수호하기 때문으로 보인다. 전승에 따르면 아쉬는 직접 판결에 관여하지 않고, 가타에 따르면 그녀는 이 일과 관련하여 스라오샤에게 종속된다.[52] 판결의 인격인 야자타 라쉬누[53]는 이 임무에 특히 들어맞는데, 전승에 따르면 선과 악을 재는 저울을 들고 있는 이가 바로 그이다.(조로아스터는 야스나 48.8에서 이를 언급한다.)

전승에 따르면 라쉬누의 저울에서 가장 무게가 많이 나가는 것이 행동이고, 그다음이 말과 생각이다. 하지만 이 셋은 모두 지상에서 인간이 행한 선과 악의 총합을 구성한다. 이 우아한 윤리학은 가타에서 크게 강조되는 것으로서,[54] 일곱 아멘샤 스펜타 교리와 마찬가지로 사제 조로아스터의 명상을 통해 직접 도출된 듯하다.(특히 브라흐마나를 비롯한 인도의 문헌들이 보여 주는 바에 따르면 다신교의 숭배 행위가 효력을 보려면 사제는 바른 의도와 정확하게 선택된 말과 정확한 예법에 따라 의례를 집전해야 한다. 만약 숭배 행위에서 사제에게 요구되는 세 요소 중 하나라도 결함이 있으면, 이 숭배는 의도한 신에게 닿지 못하고 악령들에게 횡령당할 것이다.)[55] 조로아스터의 가르침에 따르면 "다리로 가서" 라쉬누의 저울에서 선한 쪽 접시에 올려지는 행위에는 제물과 희생제를 포함한 종교 의식의 수행도 들어간다. 이런 행위의 공덕은 여타 선한 행동, 말, 의도와 함께 마즈다의 "집"에 저장된다.(Y. 49. 10)[56] 그리고 생애 동안 하늘의 창고에 충분한 보물을 쌓은 행복한 사람의 영혼은 다리를 건너 자신의 다에나와 함께 "최고의 삶"으로, "선한 의도와 올바름의 정당한 거처"로 받아들여질 것이다.(Y. 30.10) 거기에서 "마즈다 아후라는……(그에게) 하우르바타트와 아메레타트, 아샤와 크샤트라와 보후 마나와 함께하는 영생을 줄 것이다."(Y. 31.21) 대지의 수호자 아르마이티가 이 절은 물론 유사한 다른 절들에서도 언급되지 않는 것이 눈에 띄는데,[57] 이는 그녀가 프라쇼.케레티, 즉 하늘의 왕국이 땅 위에 세워질 때에야 완전히 인정받기 때문이다. "헌신(아르마이티)이 줄어들지 않는 통치권(크샤트라)을 키우는 것"은 바로 이 고대하던 시간을 위한 것이다.

혼잡의 시간의 종말에 관한 가타의 설명은 이번에도 아리송한 암시의 문제이다. 전승에 따르면 자신들과 인간들의 자잘한 수많은 승리로 강해진 야자타들이 악의 세력들과 전장에서 정면으로 맞설 텐데, 자비로운 불사자들은 다에바와 악마들과 대결을 벌이고, 결국에는 철저히 승리할 것이다. 야스나 44.15에 "두 군대가 만날 때"라는 시간이 암시로 등장하고,[58] 야스나 48.1에서 예언자가 어떻게 "아샤가 되갚음의 순간 드루그를 이길 것"인지 말하는 부분도 그런 암시일 것이다. 그러나 사물의 최후에 대한 그의 언급은 악이 이 세상에서 축출될 최후의 거대한 시죄에 관해서 더 명료하다. 전승은 이 시죄를 녹은 금속의 강에 빠지는 것으로, 즉 모든 물질계와 살아 있는 인간과 그보다 훨씬 많은 죽은 이들이 지옥과 하늘에서 메노그 상태로 다시 와 모여서 이 강에 빠지는 것으로 묘사한다. "그때 불과 아리야만 야자드가 온 언덕과 산의 금속을 다 녹여, 이것이 땅 위를 강처럼 흐를 것이다. 그러고 나서 그들은 모든 인간으로 하여금 녹은 금속의 강을 건너도록 할 것이다. …… 그리고 올바른 이에게 이는 따뜻한 우유 속을 걷는 것과 같을 것이고, 사악한 이들에게 이것은 맨 살로(파드 게티그(pad gētīg)) 녹은 금속 속을 걷는 것과 같은 것이다."[59] 그래서 조로아스터는 말한다. "이 양쪽에게 어떤 보상을 내릴지, 오, 마즈다, 당신의 시뻘건 불로, 그 녹은 금속으로, (우리의) 영혼에 먼저 징후를 보여 주소서. 사악한 이들에게는 해로움을, 올바른 이에게는 이로움을 준다는 것을."(Y. 51.9) 그는 선언한다. "아는 이(비드반트(vidvant-))는 "뜨거운 금속에 의해 상으로 선언될 것을 얻고자 하는 열망 때문에"(Y. 32.7) 죄를 범하지 않을 것이다. 이 시죄를 거친 후에야 올바른 이들에게 최후의 축복이 주어져, 그들의 영혼과 부활한 육체가 합쳐져 원래의 선한 상태로 회복된 지상에서 영원한 평화와 행복을 누릴 것이기 때문이다.

사산조 이후 기록된 전승에는 이 시죄의 교리에 인간적인 해석이 더해졌다. 불타는 금속에 의한 격렬한 고통이 결국 사악한 자들의 죄를 몰아내어, 모든 사람이 "깨끗해져서" 지상의 신의 왕국으로 들어갈 것이라 전하기 때문이다.[60] 그러나 이것을 조로아스터의 본래 가르침으로 생각할 이유는 많지 않다. 롬멜이 지적했듯이,[61] 녹인 금속에 의한 시죄는 실제로 고대 이란인들이 행했던 것으로서, 녹은 금속

을 기소당한 이의 가슴에 들이부었다. 그가 무고하다면 멀쩡하게 살아
남을 것이고 죄가 있다면 죽을 것이라고 여겨졌다.[62] 신들의 힘에 기대
되는 기적이란 올바른 사람을 구하기 위한 개입이지 사악한 이를 구해
서 정의를 교란시키는 것이 아니었다.[63] 원래 이것 또한 최후의 시죄의
결과로 기대되었던 것으로 보인다. 즉 시죄는 다치지 않고 살아남아
기쁨을 누리는 아샤반과 불타는 금속의 흐름 속에서 사멸할 드레그
반트를 최종적으로 가리는 행위이다. 슬라브어 에녹서에 나오는 교리
도 그런데, 이 책은 모든 파흘라비 서적의 최종 판본보다 더 오래되었
으며, 다음 구절(최후의 심판)은 거의 순수한 조로아스터교 교리를 표현
하는 것으로 보인다.[64] "주에 의해 창조된 모든 창조물이 최후의 순간
으로 나아갈 때, 모든 인간은 주의 위대한 심판을 받을 것이다. 그리고
시간은 소멸할 것이니, 더 이상 해¥와 달과 날은 없고 시간은 세지지
않을 것이며, 아이온(Aion, 영원한 시간. ── 옮긴이)만 홀로 남을 것이다.
그때 모든 올바른 이들은 주의 위대한 심판을 벗어나 위대한 아이온
과 합쳐지고, 동시에 아이온은 올바른 이들과 합쳐져, 그들은 영원할
것이다. 그리고 그들에게는 더 이상 노동과 고통, 슬픔과 폭력에 대한
두려움도 없을 것이다. …… 그들 위대한 심판을 벗어날 올바른 이들
은 행복하도다." 마찬가지로 락탄티우스(Lactantius)는 히스타스페스의
신탁(Oracle of Hystaspes)을 인용하면서, 따라서 아마도 아주 고대 이
란의 예언적 전승일 것을 인용하면서 이렇게 말했다.[65] "히스타스페스
는…… 이 최후의 순간의 죄를 묘사하고 나서, 경건하고 믿음 있는 사
람은 사악한 이들로부터 분리되어, 하늘을 향해 손을 뻗고…… 제우
스(즉 아후라 마즈다)의 가호를 탄원한다고 말한다. '제우스께서 이 땅
을 굽어보시고 인간의 소리를 들으사 사악한 자들을 파괴할 것이라.'"
아흐리만의 악의 군단은 마지막 전투에서 스스로를 파괴하는 것으로

보인다. 아흐리만과 그의 배우자 탐욕의 영 아즈(Az)는 지옥으로 다시 탈출할 것이다.[66] 그러나 "녹은 쇳물이 지옥으로 따라 흘러, 지옥이 있는 땅속의 불결함과 타락을 태워 깨끗하게 할 것이다."[67] 하늘, 크샤트라의 금속성 물질이 그리하여 이로움을 주는 땅(아르마이티)을 정화하고 되찾을 것이며, 이제 모두가 다시 깨끗하고 기쁘게 될 것이다.

악을 행하는 자와 악을 완전히 파괴하고 오직 선한 이만 구제한다는 그의 엄격한 교리는 조로아스터의 사악함에 대한 숭고한 분노와 완전하게 공정한 세상에 대한 그의 열망과 부합한다. 더 관용적인 해석은 좀 더 세련되고 부드러운 세대의 것이다. 그러나 몰턴이 현명하게 지적했듯이, 조로아스터는 "반드시 엄격하게 일관성이 있었던 것은 결코 아니다. 어떤 종말론적 체계도 일관성 있고 논리적이지 않았고 그럴 수도 없었다."[68] 그리하여 죄와 죄인을 일소한다는 교리는 중간 정도로 악한 이들, 즉 미스반 가투에 살고 있는 이들의 운명을 의문으로 남긴다. 그러나 그런 논리적 어려움을 차치하고도 예언자 본인이 그 긴 생애 동안 좀 덜 본질적인 가르침들을 완화했을 가능성은 충분히 있다.(그 후 역사 시대의 여타 예언자들이 그랬다고 알려져 있다. 그중에는 마니와 무함마드도 있다.)

야스나와 그 제의가 조로아스터의 사고의 핵심으로 보이므로, 창조의 시간이 "영적인" 야스나와 함께 시작되었듯이 혼잡의 시간은 최후의 야스나의 거행과 함께 끝난다는 교리는 그의 원래 교리의 일부였을 것이다. 전승에 따르면 이 최후의 야스나를 거행하는 이는 아후라 마즈다 자신 혹은 그의 대리자(스라오샤 혹은 사오쉬얀트 등 여러 이름으로 불린다.)이다.[69] 이 예배에서 최후의 정당한 희생제, 즉 황소 하다얀스(Hadhayans) 희생제가 거행된다.(유일하게 창조된 황소가 혼잡의 시간이 시작될 때 죽은 것처럼.) 모든 올바른 이들이 희생제의 자오트라와 신화적인 "하얀 하오마"로 만든 파라하오마를 먹을 것이며, 그리하여 그들의 부활한 몸은 영혼처럼 불사의 존재가 된다. 이미 녹은 금속에 의해 정화된 대지가 원래의 변함없는 완전함을 회복하는 것 또한 아마도 이 마지막 신성한 예식에서 물과 불에 바쳐진 제물을 통해서일 것이다. 조로아스터교 종교력에 따르면 도래할 이 행복의 상태는 해마다 노 로즈 축제에서 먼저 모습을 보이는데, 이 축제의 목적은 다음처럼 적절히 언급되었다.[70] "목적은 지난해 쌓인 오염을 제거하여 출발점으로 돌아가는 것이다. 자연은 다시 태어났다. 그러나 자연뿐 아니라 인간과 그들의 사회가 그 깨어남을 향유한다. 오염은 떨쳐졌고, 죄는 사해졌다…… 축제의 결과로…… (축제는) 필수적으로 두 측면을 가지고 있다. 방금 끝난 한 해와 관련해 축제는 끝으로 가까워짐이다. 그것은 '시간의 끝이다.' 시작될 해와 관련해 그것은 시작이다. 즉 창조의 날, 세상이 태어난 날이다. …… 우주 발생론적 측면과 종말론적 측면은 공존하며 분리될 수 없다.". 직접적으로 이 축제를 받는 라피트위나는 한낮의 신이자 이상적인 시간의 주, 즉 완벽한 태초의 상태, 완전한 부활 그리고 프라쇼.케레티의 주이다. 그리고 매해 봄 그가 이 땅으로 돌아오는 것[71]은 선의 마지막 승리의 전조이다. 자드스프람이 이렇게 말한 것처럼.[72] '프라셰기르드(부흥) 만들기는 해年와 같은데, 봄이면 나무는 꽃이 피도록 되어 있다. …… 죽은 이들이 부활하듯 마른 풀과 나무에서 새잎이 움트게 되어 있으니, 봄은 꽃을 피우기 위해 만들어졌다.'" 현행 제의에서 노 로즈 감사제를 거행하는 자오타르(조트(zōt))는 서쪽을 향한다. "공동체의 모든 다른 자슨(jašn, 축제) 행사에서 조트는 동쪽을 향한다. 이렇게 다른 이유는 아마도 이것일 것이다. 사제가 동쪽을 향하는 것은 떠오르는 태양, 즉 어둠과 악에 대항하여 싸우기 위해 솟아오르는 빛을 표상하는 해를 찬미하기 위함이지만, 라피트위나의 자슨은 승리하여 축하를 받는 빛의 시간, 선이 실현되고 휴식을 취할 시간이기 때문이다."[73]

이렇게 매년 (봄 축제를 통해) 자신의 도래를 사전에 보이는 최후의 시간은 올바른 사람들이 불사자들처럼 되고, 같은 생각과 말과 행동을 하며, 나이를 먹지 않고 질병과 타락과 부패가 없는 때이다. 그리하여 그들은 복원된 아후라 마즈다의 창조물의 세계에서 완벽한 행복을 누리며, 다시 한번 회복된 육체의 매개를 통해, 마음과 영혼의 기쁨은 물론 감각의 기쁨도 알게 될 것이다.(그때 메노그 신 자신들도 게티그 형태를 갖추는지 여부에 관해서는 현존 문헌에 남아 있지 않다.) 그리하여 (시간의) 바퀴는 "창조"의 끝, 즉 게티그 세계가 완전하게 만들어진 시점에서 세 번째 시간의 시작점, 즉 "(악과) 결별"하는 때이자 "유한한 시간"이 끝나는 때로 돌아가 회전을 완수한다. 그동안 앙그라 마이뉴가 파괴되고 악이 영원히 종식되려면 현재 혼잡의 시간 동안의 모든 슬픔과 투쟁은 불가피하다. 그리하여 조로아스터는 인류를 위한 고매한 목적, 신과 힘을 합쳐 추구해야 할 위대한 목적의 존엄함을 보았다. 또한 그는 사람들에게 그들이 생애 동안 감내해야 할 모든 것을 이치에 맞게 설명했는데, 적대적인 영이 그들에게 이를 초래한 것으로 보고, 이 아래에서 피조물들이 겪는 고통을 숭배받아야 할 창조자의 탓으로 돌리지 않았다.

그러나 한편 프라쇼.케레티 때 경이로운 것으로 다시 만들어진 대지는 처음 창조될 때와 다른 점이 있으니, 살아 있는 어떤 존재도 원래의 유일한 상태로 돌아간다고 예언되지 않았다. 산과 계곡은 다시 한번 평평한 평지로 돌아갈 것이다. 그러나 처음에는 식물 한 포기, 동물 한 마리, 인간 한 명만 있었음에도 그 이래 그로부터 나온 수많은 종의 수많은 개체들이 영원히 남을 것이다.[74] 그리하여 한 신에서 나온 수많은 신들도 독자적 존재를 이어 갈 것이다. 이들이 원래의 최고신에게 다시 흡수됨을 보여 주는 실마리는 없고 대신 그들은 지상에 구현된 최고신의 완전한 왕국에서 완전한 인간들과 영원히 함께할 것이다. "그때 오흐르마즈드와 아마흐라스판드들과 모든 야자드(즉 야자타)들과 인간들이 한곳에서 함께할 것이다. …… 그리고 그것은 전적으로 오흐르마즈드의 창조물일 것이다."[75]

개별 심판, 육체의 부활, 최후의 심판, 영원한 생명을 위시한 조로아스터의 종말론적 가르침은 차용을 통해 유대교와 기독교 및 이슬람교와 심대하게 닮게 되었고, 수많은 지역 사람들의 삶과 사고에 지대한 영향을 끼쳐 왔다. 그러나 이것이 완전한 논리적인 일관성을 가지는데, 왜냐하면 그러나 이것들은 그 자신의 신념 체계 안에서 완전한 논리적 일관성을 가지는 것은 그 자신의 신념 체계 안에서인데, 왜냐하면 조로아스터는 물질세계의 선함과 확고부동한 신의 정의의 공정성을 함께 설파했기 때문이다. 그에 따르면 구원은 오직 행위에 달린 것으로서, 동정에 의해서든 변덕 때문이든, 전지적 존재가 끼어들어 그 결과를 바꿀 수 없다. 최후의 심판은 그런 교리들과 함께할 때 무시무시한 중요성을 온전히 가진다. 그러나 이런 교리들이 조로아스터의 계시 안에서 윤리적 깊이와 논리적 결속력을 확보했지만, 이들 교리 각각은 그것들을 키운 고대의 아후라 종교에서 파생된 것으로 보이는데, 그 종교 자체도 아샤에 대한 존경에 뿌리를 둔 정의와 도덕의 신앙이었다.

3부

# 역사 이전 시기의
# 신앙

# 10장 | 기록되지 않은 세기들

조로아스터교의 초기 역사는 짙은 불명확함에 싸여 있다. 조로 아스터가 살았던 땅에서 무엇이든 글로 된 기록이 만들어지기 전까지 수많은 세대가 살아 왔음이 분명하다. 그래서 이 신앙의 유아기에 대한 지식은, 예언자 자신의 삶에 대한 지식과 마찬가지로 아베스타에 나오는 빈약한 암시들과 이를 약간 부연 설명한 전승으로부터 조금씩 긁어모을 수밖에 없다. 이런 자료들에 따르면 조로아스터가 자기 고향 사람들에게 처음 설교할 때 그들이 그에게 품었던 분노를 이웃 군주들이 새로운 교리를 받아들인 조로아스터의 후원자 비쉬타스파에게 품고는 그의 잘못을 확인시켜 주고자 칼을 잡았다. 이어진 전투들은 조로아스터 생전에 벌어졌음이 분명하고(그가 오래 살았다는 전승을 믿을 수 있다면), 이 싸움에 관한 야쉬트의 암시[1]는 파흘라비 서적과 페르시아 서사시에 의해 부연된다. 또한 파흘라비어 서사시 아야드가르 이 자레란(Ayādgār ī zarērān)의 편린도 있는데,[2] 이 서사시는 비쉬타스파의 형제이면서 히야오나들(Hyaonas)의 우두머리인 아레자트.아스파

(Arəjat.aspa)와 싸울 때 비쉬타스파 군대의 사령관이던 자이리바이리 (zairivairi)의 행적을 찬양한 것이다.[3] 이 군주는 비쉬타스파의 개종에 격노했다고 나오는데, 전승에 따르면[4] 그는 사신을 보내 카비가 "오흐르마즈드가 준 순수한 마즈다 숭배 종교"를 버리고 다시 한번 자신과 "같은 종교(함케쉬(hamkēš))"를 가질 것을 요구했다. 새 믿음은 "커다란 해악이자 성가심의 원인(grān zyān ud duškfwārīh)"이라는 것이다.[5] 비쉬타스파의 결연한 거절로 싸움이 일어났고, 엄청난 살상이 있었지만 결국 승리는 비쉬타스파의 것이었다. 야쉬트는 똑같이 새 종교에 적대적인 다른 이란 군주들과의 싸움을 언급하는데,[6] 조로아스터교가 생존했다는 사실이 비쉬타스파가 어쩐 일인지 권력을 상실하기 전에(그 자신이 계보상 마지막 통치자로 보인다.) 새로 채택한 믿음을 사람들 사이에서 "영광의 자리에"[7] 올려놓았다는 주장의 진실성을 증언한다.

카비의 몰락 이후에도 분명 알려지지 않은 다른 군주들이 새 종교를 보호했을 것이다. 그러나 아베스타에 더 나오는 작은 언급들에 따르면 조로아스터의 가르침은 칼이 아니라 전도의 노력에 의해 퍼졌다고 한다. 그리하여 고대 가타어 방언으로 작성된 야스나 기도문의 일부에 이런 구절이 등장한다. "우리는 (다른) 땅에서 아샤를 추구하는 (이들에게로) 멀리 여행하고 돌아온 사제들(아트라반(āthravan-))을 경배합니다."(Y. 42.6) 초기에 이 신앙을 받아들인 수많은 민족들의 이름과 지명이 기록된 파르바르딘 야쉬트로 판단하면, 이런 "다른" 땅들에도 이란인들이 살았던 것으로 보인다. 거기(vv. 143~144)에서 올바른 남자와 여자들의 프라바쉬가 아리야인(아베스타 민족이 자신들을 칭할 때 부른 이름)뿐 아니라 투이리야인(Tūiryas), 사이리마인(Sairimas), 사이누인(Sāinus) 그리고 다히인(Dāhis) 사이에서도 칭송을 받는다. 그리고 민족명처럼 개인의 이름들도 모두 성격상 이란인의 것으로 보인다. 무쟈(Mužā), 라오즈디야(Raoždyā), 타니야(Tanyā), 앙흐비(Aŋhvī), 그리고 아파크쉬라(Apakhšīrā) 등의 땅에서도 개인들의 프라바쉬가 숭배를 받았다. 언급된 것처럼 "이 이름들에 관하여 우리는 탄탈루스의 고통(그리스 신화에 나오는 악인 탄탈루스는 물을 먹으려 하면 물러나고, 열매를 따 먹으려 하면 가지가 바람에 들어 올려지는 형벌을 받았다. 닿을 듯 닿을 수 없는 고통을 말한다. — 옮긴이)에 시달리는데, 그것들의 비밀은 아마도 언제나 우리들의 손아귀를 벗어날 것이다."[8] 우리는 단지 그것들이 먼 동북쪽, 역사 기록 이전으로 한참 거슬러 올라가는 시기 그곳의 지명들이리라 짐작할 수 있을 뿐이다. 개인들의 이름이 언급되었다는 사실은 새로운 종교가 비쉬타스파 자신의 왕국을 넘어 처음에는 단지 느린 속도로 여기저기 자그마한 개종자 집단을 남기며 퍼져 나갔음을 시사한다. 그러므로 당시의 지명이 알려졌다 해도 조로아스터교가 처음에 그곳으로 어떻게 전파되었는지 알기는 어려울 것이다. 이는 예언자의 가르침이 어떤 면에서는 심오하게 독창적이지만, 그럼에도 그가 숭배 의식이나 만신전의 대부분의 신들을 포함한 예전 종교의 많은 요소들을 그대로 간직했으므로 특히 더 그렇다. 그러므로 이란인 개종자들이 개종으로 인해 급작스럽고 첨예하게 새로운 문화로 뛰어드는 일도 없었고, 따라서 개인의 이름에도 별 변화가 없었을 것으로 예상되며, 밖으로 드러나는 숭배 행위에도 현저한 차이가 없고, 삶의 방식에도 가시적인 변화는 적었을 것이다. 이런 사실들은 심지어 후대 역사 시대에도 다신교를 상대로 한 조로아스터교의 진전을 판단하기 어렵게 한다.(기록이 존재함에도 초기 아케메네스조 사람들이 이 신앙을 받아들였는가 여부를 두고 격렬하게 벌어진 논쟁에서 보이듯이.)

그러나 조로아스터가 설교한 메시지, 즉 마가(maga)를 받아들인 사람들[9]은 이것이 자신들을 다신교 공동체로부터 효과적으로 갈라

놓는 결정적인 발걸음이라고 느낀 것이 분명하다. 가타와 전승으로 보면 선한 의지와 이해력을 가진 사람이라면 누구나 마가반(magavan), 즉 이 복음의 소유자가 되는 것이 허용된 것으로 보인다. 예언자는 남자는 물론 여자, 부유하고 배운 사람은 물론 가난하고 못 배운 이에게도 설교했다. "자라투스트라는 어떤 개별 계급이나 집단의 대변인이 아니다. 아후라 마즈다가 신이 설계한 삶(자라투스트라 자신의)에 대한 통찰을 허용한 이로서 그는 자기 민족이 모두 자신의 메시지를 받아들이기를 원했으며, 그리하여 그들 모두를 구원, 즉 사바(savah)로, 창조의 새벽 때와 마찬가지로 자체로 충만한 삶으로 이끌고자 했다. 자라투스트라의 전설이 예언자를 첫 번째 사제이자 첫 번째 전사 그리고 첫 번째 목자, 즉 자신의 인격 안에 부족의 모든 기능을 결합시키는 이로 격상시킬 때, 이것은 의심할 나위 없이 자라투스트라의 종교적 가르침의 핵심적 개념들과 잘 들어맞는다."[10] 그의 가르침을 받아들인 도덕적으로 선한 이 모두에게 이렇게 구원의 희망을 전함으로써 조로아스터는 귀족적이고 사제 중심인 옛 전통과 결별했던 것이 분명하다. 옛 전통(교리)에는 여성과 노예를 비롯한 공동체의 가장 미천한 구성원들은 내세에 지하의 그림자들의 왕국에 넘겨지도록 되어 있었을 것이다. 그렇다면 이것은 예언자에게 자신을 따르는 모든 이들을 천국으로 이끌겠다는 임무를 강요한다. "남자든 여자든…… 내가 당신께 탄원하도록 이끈 이들, 이 모두를 데리고 나는 심판의 다리를 건널 것입니다."(Y. 46,10)

그런 평등은 그 자체로 자존심 강한 다신교 사회의 지도자들을 화나게 하는 것이다. 그러나 조로아스터의 새로운 교리 중 일반인들이 가장 받아들이기 어려워한 것은 아마도 단호한 다에바 거절이었을 것이다. 조로아스터 자신은 사악한 그들의 무리, 즉 다에바타트(daēvatāt)

의 힘과 편재성을 인정했다. 그래서 그는 아후라 마즈다에 대한 최고의 믿음과 함께 그들(다에바)을 거역하고 그들에 대한 어떤 숭배도 거부하는 가장 큰 용기를 보였다. 그는 자신의 추종자들에게도 똑같은 용기와 신념을 요구했다. 조로아스터가 설교를 시작하기 전 아후라와 다에바 신봉자들 사이에 존재하던 그런 적대감이, 신실한 사람이 아후라와 다에바 모두에게 제물을 바치는 것을 막지는 않았던 것으로 보인다. 그러나 이제 어떤 개종자가 조로아스터를 따르고자 하면 그는 그런 관습을 중단해야 하며, 인드라나 낭하이티야 혹은 흉폭한 *사우르바(Saurva)를 달래는 대신 자신의 생각과 말과 행동에서 그들을 거부함으로써 그들의 생생한 분노를 자신에게 끌어들이는 위험을 감수해야 한다. 그러나 분명 다에바들의 분노를 회피하고자 할 뿐 아니라 그들을 확고히 충성스레 숭배하는 집단들도 상당했다. 딘카르드에 남아 있는 예언자의 생애에 관한 구절에 따르면 그런 다에바 숭배자들(Daēvayasnians)은 자신들의 신을 버리기를 거부했는데, "우리가 그들의 통치와 지도를 갈망할 때 그들이 이를 허락했고, 우리가 많은 가축과 부를 원할 때 그들이 이를 허락했기" 때문이다.[11] 파흘라비 문헌에서는 그들의 신앙을 자두기(jādūgih),[12] 다시 말해 어둠의 세력의 조종이라고 혹평한다.[13] 그리고 그들이 도덕적 보상과 징벌을 믿지 않았다고 말하는데, 이는 다에바 숭배자들이 베다의 인드라 숭배자들과 같은 단순한 물질주의적 세계관을 가지고, 그에게 바친 제물에 대한 직접적 보상으로 주어지는 신의 은총을 통해 이생과 내세에서 행복을 추구했음을 시사한다.

인도의 베다와 이란의 발전상이 시사하는 대로 이미 인도·이란 시기에 윤리적 아수라들과 인드라 사이에 대립이 있었으며 아마도 대이동의 시기에 이 대립이 더 강렬하게 인식되었을 것이다. 그때 서남쪽으로 침입해 들어간 이란인들 중에는 여러 집단이 있었음이 분명하며, 그 집단들의 분기分岐가 가타에 반영된 듯하다. 한편 가축을 몰고 천천히 나아간 부족들은, 그들이 원하는 것, 즉 자신들이 머물고 번영할 수 있는 좋고 안전한 초지가 필요할 때만 싸웠다. 다른 한편 또 다른 전투 부대들은 새 영토를 얻은 후에도 싸움을 멈추지 않고 무자비하고 약탈적이었으며 전투 자체와 그에 따르는 전리품에 기뻐했다. 그런 전사들은 분명 다른 약탈품이 없을 때는 동반 이란인들의 가축을 약탈하는 것을 부끄러워하지 않았다. 그리고 그들은 자연스레 부도덕하며 호전적이고 (전리품을 나눠 주는 데) 화통한 인드라를 숭배했을 것이며, 반면 정착한 민족들은 질서와 평화의 수호자인 아후라들에게 가슴에서 우러나오는 기도를 바쳤을 가능성이 훨씬 크다. 그리하여 인드라 숭배자들은 적절하게도 "목자들 중 목자가 아닌 자"로,[14] 즉 목축민들을 먹이로 삼는 강도-우두머리들과 그 추종자들로 불릴 수 있었다.

그런 사람들은 윤리를 요구하는 아후라 마즈다와 그의 스펜타 창조물만 숭배하라는 종교로 바꾸기 힘들었을 것이다. 그리고 다에바 숭배는 아랍의 정벌 시기까지 이란의 일부 궁벽한 지역에서 끈질기게 살아남은 것으로 보인다.[15] 공동체 안에서 그런 이들의 다에바 숭배에 대한 확고한 헌신과 나머지 다수에게 영향을 끼쳤을 자연스러운 경고를 고려하면, 처음에 조로아스터교 선교단이 그렇게 어려운 싸움을 벌이고 새로운 종교를 받아들인 이들에게 거듭 다에바 숭배의 포기 선언을 요구할 필요를 느낀 것은 놀라운 일이 아니다. 따라서 그런 포기 선언은 고대의 신앙 고백에서 대단히 엄격하게 행해지는데, 이미 지적되었듯이 고백에서 비.다에바(vi.daēva), 즉 "다에바를 거부하는"이라는 용어는 마즈다야스나(mazdayasna), 즉 "마즈다 숭배자"와 동급의 가치를 지니는 종교적 믿음의 정의이다.[16] 이 고백은 첫 번째 단어로 인해 프라바라네(Fravarānē, "나는 고백한다")로 알려져 있는데,[17] 지금도 조로아스터교도들은 매일 기도와 숭배 행위 시 이를 읊는다. 비록 그 언어는 모조 가타어(pseudo-Gathic)지만, 텍스트 자체는 대단한 고대성을 보이는데, 가타에서 인용한 문구들뿐 아니라 가타의 이미지도 비중 있게 들어 있다. 그래서 그 핵심은 사실 이 종교 초기 개종자들의 공언으로 볼 수 있지만,[18] 살아 있는 전승과 함께 젊은 아베스타 형식으로 진화했다가 다시 일부 실수 및 불일치를 간직한 채 좀 더 고대적인 성격에 맞는 가타 형태로 돌아왔을 가능성이 있어 보인다. 세대를 내려가며 원래 텍스트를 일부 늘렸을 가능성이 매우 크다. 현존 형식은 다음과 같다.

야스나 12.1: "나는 마즈다 숭배자, 조로아스터교도임을, 다에바들을 거부하며 아후라의 교리를 받아들이며 아메샤 스펜타들을 찬양하며 아메샤 스펜타들을 숭배하는 이임을 고백합니다. 아후라 마즈다께, 선하고 보물을 많이 가지고 계신 분께, 나는 모든 선한 것들을, '최고의 행동을'(Y. 47. 5) 모두 당신께 돌립니다. 올바른 분께, 부유하며 영광스럽고, 암소를 가지신 분, 그분은 아샤이시니, 빛을 가지신 분께, '당신의 축복받은 영역이 빛으로 가득 차기를.'(Y. 31. 7)

2: 너그러우신 아르마이티, 선하신 분, 나는 스스로 선택하노니, 그분을 나의 것으로 하소서! 나는 암소를 훔치고 빼앗는 짓, 마즈다를 섬기는 집들을 해치고 파괴하는 짓을 포기합니다.

3: 권한을 가진 이들에게, 나는 마음대로 움직일 자유, 어디든 묵을 자유를 허합니다. 이 땅에서 (자기) 가축을 가지고 있는 이들에게.[19] 아샤를 경배하며, 제물을 들어 올리고, 나는 공언합니다. '이제부터 나는, 몸이든 생명이든 보

살피면서,[20] 마즈다를 섬기는 집들에 해나 파괴를 행하지 않을 것입니다.'

4: 나는 맹세코 사악한 다에바의 무리, 신 아닌 것, 무법의, 악을 행하는, 가장 드루그와 닮은 것들, 가장 악취 나는 것들, 가장 선하지 않은 것들을 거절하노니, 다에바 무리와 다에바를 따르는 자들, 악마(야투(yātu-))[21]와 악마를 따르는 자들, 생각이나 말이나 행동 혹은 밖으로 드러나는 징표로 어떤 존재든 괴롭히는 이들을. 나는 진실로 드루그에 속하는 모든 무리를, (선을) 거역하는 것들로 맹세코 거절합니다.[22]

5: 아후라 마즈다가 매번,[23] 모든 생각에서, 조로아스터와 만나 함께 이야기하던 모든 회합에서 가르쳤듯이.

6: 조로아스터가 매번, 모든 생각에서, 아후라 마즈다와 만나 함께 이야기하던 모든 회합에서 맹세코 다에바들을 거부했듯이, 나도 마즈다를 섬기는 조로아스터교도로서, 다에바의 무리를 맹세코 거절합니다, 조로아스터가 그랬던 것처럼.

7: 물의 선택이, 식물의 선택이, 이로운 암소의 선택이 그랬던 것처럼, 암소를 창조하시고, 공정한 인간을 창조하신 아후라 마즈다의 선택이 그랬던 것처럼, 조로아스터의 선택이, 카비 비쉬타스파의 선택이, 프라샤오쉬트라(Frašaoštra)와 자마스파의 선택이, 사오쉬얀트들 각자의 선택이, 모두 공정한 현실이 되듯이, 그 선택과 교리에 의해 나는 마즈다를 섬기는 이입니다.

8: 나는 아후라 마즈다를 섬기는 이 조로아스터교도임을 고백하오며, 그 신앙을 맹세하고 공언합니다.

나는 잘 (선하게) 생각해진 생각을 맹세합니다.

나는 잘 말해진 말을 맹세합니다.

나는 잘 행해진 행동을 맹세합니다.

9: 나는 마즈다를 섬기는 종교를 맹세하오니, 이는 공격을 내던지고, 무기를 내려놓고, 크바에트바다타(khvaētvadatha)[24]를 유지하며, 올바르며, 지

금 그리고 앞으로도 가장 위대하고 좋으며 아름다울 신념들의 종교, 아후라의 조로아스터교입니다. 아후라 마즈다께 나의 모든 선한 것을 돌립니다. 이것은 마즈다 섬김 종교의 신앙 고백입니다."

이 고대 텍스트의 성격은 "이 신앙에 입문한 이들에게 요구되는 맹세"를 특징으로 해 왔고,[25] 그래서 여기에서 강조되어야 할 것이 개종자들을 불신자들과 구분하는 요소들임은 당연한 일이다. 개종자에게 요구되는 바로 첫 번째 사항은 자신이 아후라 마즈다를 숭배하고 예언자 조로아스터에게 충성한다고 공언하는 것이다. 그러고 나서 그는 다에바들을 거부하고 아후라의 종교를 전반적으로 받아들이며, 스펜타 신들, 즉 악을 행하는 다에바타트와 달리 자비로운 이들을 경배한다고 선언해야 한다. 대부분의 텍스트가 평이하지만 일부는 가타 자체의 암시로 되어 있고, 이는 개종자들이 가타의 기본적 교리를 가장 미묘한 부분까지 배웠음을 보여 주는데, 이런 말의 뜻을 이해하려면 그럴 수밖에 없다. 그리하여 소와 관련된 가타의 복잡한 이미지가 두드러진다. 그리고 창조물과 그 수호신에 관한 교리는 가타 자체에서처럼 포괄적이지만 암시적으로 다뤄진다. 물과 식물, 가축과 인간은 일곱째 소절에서 적절한 순서로 불리고, 하늘은 위에 있는 "축복받은 영역"으로 표현되는데 바로 크샤트라의 영역이며, 땅은 아메샤 스펜타 아르마이티, 즉 헌신으로 표현되는데 이는 새로운 숭배자에게 많이 요구되는 덕목이다. 불은 그 수호신 아샤로만 표현되고, 다른 부분에서는 명시적으로 호명되지 않는다. 아마도 이전의 형태(화롯불 숭배)에서 불 숭배는 다신교도나 조로아스터교도에게 공통적이었기 때문에 조로아스터교 사절단은, 비록 예언자가 불에 올바름과 전반적인 기도의 초점으로서의 새로운 중요성을 부여했지만, 이를 특별히 강조할 필요성을 느끼지 못했을 것이다. 개종자에게 이에 대해 새로운 약속을 요구하지 않았던 것처럼, 그에게 이전 숭배 방식을 거부하라고 요구하지 않고, 단지 숭배해서는 안 될 대상들만 거부하라고 요구한다. 이런 사실들은 가타 자체에서 연역할 수 있는 사실, 즉 조로아스터가 기존 숭배 의례를 크게 수정하지 않고 의례의 의도를 선한 것으로 고양하고 이미 확립된 제의에 더 깊은 도덕적·영적 중요성을 부여했다는 사실을 증명한다.(악한 마다(mada)[26]를 소비하는 것 등 그가 거부한 관행들이 어떤 특정한 신 집단과 관련된 것이라는 증거는 전혀 없다. 그것들은 차라리 일반적인 환각제 따위의 남용들 혹은 흑마술(black magic)과 관련된 예식들이었다.)

프라바라네에서 교리상 가장 두드러진 것은 이원론일 것이다. 아후라 마즈다는 아메샤 스펜타들과 함께 다에바타트의 대척점에 선다. 그리고 모든 선한 것들(모든 힘은 아닐지라도)은 한쪽으로 귀속되며, 모든 악은 다른 쪽으로 귀속된다. 이 텍스트에서 이 대립이 아후라 마즈다와 앙그라 마이뉴 사이의 것으로 그려지지 않고 대신 이런 용어들로 표현된 것은 이해할 수 있는데, (알려진 한) 누구도 조로아스터가 설교하기 전에는 적대적인 영(Hostile Spirit, 앙그라 마이뉴)을 인식하지 못했고, 그랬기에 고대에는 버려야 할 악마(Evil One, 악한 유일자) 숭배도 없었기 때문이다. 그래서 개종자들이 버려야 할 것은 오히려 조로아스터가 악의 하수인으로 간주하던, 당시 떠받들어지던 다에바들이었다. 비록 아후라 마즈다의 힘이 독자적인 악의 존재로 둘러싸인 것으로 인식되지만, 그럼에도 그는 창조자로, 즉 모든 이로운 창조물과 인간 자체를 만들어 낸 이로 인정된다. 세계의 역사에 대한 인식도 더욱 강한데, 이 신앙 고백을 하면서 개종자는 세상이 형성될 때의 물에서 시작하는 행동의 연쇄 고리 내에서 적절한 자리를 차지한 이로서 발언하기 때문이다. "더 좋은 것을 택하고 못한 것을 버리는 행위로서 입회자의 개종은 진정한 가타의 방식으로 인지된다. …… 그는, 모든 선하고 삶을 증진하는 세력들이 창조 이래 그래 왔고 지금도 그러듯이 더 좋은 길을 택한다."[27] 윤리적으로, 선한 생각과 말과 행동이라는 조로아스터의 원대한 기본 가르침이 헌신의 대상이다. 그리고 개종자는 "아후라 마즈다가 조로아스터를 가르친" "마즈다와 조로아스터가 함께 이야기한 회합"을 반복해서 말함으로써 예언자의 신성한 계시와 권위를 인정한다.

과거형으로 쓰인 사오쉬얀트들은 아마도 현자나 선한 이들로서, 예언자의 발자취를 따름으로써 세상을 이롭게 한 이들일 것이다. 혹은 그들이 발달한 조로아스터교 구원론에 나오는 도래할 구원자들일 경우 사오쉬얀트 개념은 원래 텍스트에 덧붙은 것을 나타내며, 이는 이 종교의 가장 이른 시기, 즉 신생 공동체가 적의와 적극적 박해와 투쟁하고 있을 때, 신자들에게는 죽음의 위협이 있고 그들의 집이 파괴될 위험에 놓였을 때 형성되었을 것이다. 왕가의 은혜를 입은 지역을 제외한 곳에서 조로아스터교도들이 그렇게 고난을 겪은 것은 초기 기독교도들이 박해를 받은 것에 비춰 보면 특기할 만한 것도 아니다. 왜냐하면 두 신앙은 선교 노력 면에서 분명 많은 공통점을 가지기 때문이다. 기독교처럼 조로아스터교도 태평스러워 보이는 유신론 사회 안으로 최고신이 예언자에게 내린 유일한 계시라는 주장을 들고 전면적인 헌신을 요구하며 들어갔다. 그 신앙은 용기와 헌신을 요구했으며, 그 대가로 불신자들이 사후에 지옥에 떨어질 때 구원을 받는다는 희망을 주었다. 조로아스터교는 원시 기독교와 마찬가지로 분명 신자들 사이의 강력한 형제애를 불러와 그들을 믿음과 숭배와 확고하게 정해진 행동 준칙으로 결속시켰을 것이다. 그리고 그러한 확고함과 결속은 의심의 여지없이 기독교도들이 다신교도 로마인들에게 그랬던 것과 마찬가지로 다신교도 이란인들을 분통 터지게 하고, 이에 따라 혹독한 억압의 수단들을 불러왔을 것이다. 조로아스터교도에 대한 적대감을 강화시킨 것은 의심할 나위 없이 다에바를 거부하는 그들의 무모함이었는데, 다신교도 동료들이 이를 이 신들(다에바)의 분노가 사람들에게 무차별적으로 떨어지게 만드는 위협으로 느끼기에 충분했을 것이다. 그리고 이 새 종교의 위험스러운 우둔함과 주제넘음이 비쉬타스파의 이웃들로 하여금 그것이 총체적 재앙을 야기하기 전에 힘으로 부수려 시도하게 만든 이유일 것이다.

이미 아후라들에게 헌신하던 이들 그리고 딱히 다에바들을 두려워하지 않으며 숭배할 열정도 없지만, 여전히 마후라의 절대적 주권 교리를 받아들이기를 주저하던 사람들이 조로아스터의 가르침에 어떤 반응을 보였는지는 추정할 수 없다. 베다의 증거는, 인도·이란 시절부터 주 지혜(Lord Wisdom)가 아후라들 중 가장 위대한 이로서 유일하며 강력한 이로 숭배되어, 강력한 미트라와 바루나 위로 격상되었음을 시사한다. 그럼에도 그를 유일하게 창조되지 않은(자존하는) 존재이자 모든 야자타들의 창조자, 즉 모든 신들의 궁극적 근원으로 인정하는 것은 쉽지 않은 일이었을 것이다. 그리고 특별한 은총과 가호를 얻고자 다른 아후라들(미트라와 *보우루나. ― 옮긴이)에게 향했던 사람들은 이 방대한 주장에 분개하여 다에바 숭배자들과 공동으로 새로운 종교를 억압하자고 합의했을 수 있다. 그렇다면 조로아스터교 초기의 진전이 어렵고 느려 보이는 것은 그리 놀라운 일이 아니다.

용감한 조로아스터교 개종자들이 신앙 고백을 마치면 그들에게 새로운 종교에 대한 충성을 드러낸 외적인 증표를 가지라고 요구했음을 의심할 여지는 별로 없다. 수 세기 동안 선한 종교의 신자들과 나머지를 구분해 온 "조로아스터교도 표식"은 신성한 허리띠(아베스타어야(yāh) 혹은 아이위양하나(aiwiyāŋhana), 페르시아어 쿠스티(kustī)로 불렸다.)[28]였는데, 신자들은 성인이 되면 이것을 찼다.[29] 종교 공동체에 속하는 표지로서 이런 띠를 매는 것은 인도·이란 남자들의 관습으로 보이는데, 인도의 브라만들에게서도 이러한 관습이 목격되기 때문이다.[30] 브라만들은 띠를 어깨에 걸친다. 이 띠는 처음에 사제가 매어 주며, 그 후로 절대 풀어서는 안 되는데, 의례상 필요한 경우 옆으로 슬쩍 미끄러뜨린다. 조로아스터교의 관습은 매우 다른데, 이는 예언자 자신이 추종자들을 다른 이들과 구분하고 그들에게 종교 의식(훗날 무함마드가 명한 것보다 덜 엄격하지 않다. 무함마드는 부분적으로 조로아스터교를 본보기로 삼았다.)을 반복해서 연습할 기회를 주고자 도입한 변화를 나타내는 듯하다. 조로아스터교의 띠는 남녀 모두 허리띠로 착용했다. 이것은 아주 긴데 허리에 세 번 두르고 앞뒤로 사중 매듭으로 묶는다. 성년식에서도, 이제 그가 자신의 행동에 완전히 책임진다는 의미를 표하는 듯 후보자가 직접 매듭을 짓는다.(사제는 손짓으로 지도만 한다.) 그 후로 일생 동안 그는 매일 반복해서 아후라 마즈다에게 적절한 기도를 올리며 띠를 풀고 묶는다. 쿠스티의 상징성(복잡해진다.)은 분명 여러 세기를 내려오면서 정교해졌다.[31] 그러나 이 띠는 처음부터 세 가닥이어서 조로아스터교의 삼중 윤리를 예증하는 듯한데, 따라서 수반하는 기도문이 신앙의 핵심적 믿음들을 표현하듯이 이 띠의 착용자가 신앙의 실천에 집중하도록 고안된 듯하다. 조로아스터교도는 수드라(sudra)[32]라 불리는 순백의 속저고리 위에 띠를 두르는데, 이 저고리 목 부분에 자그마한 주머니를 만들어 착용자에게 끊임없이 선한 행동으로 채울 것을 상기시키는데, 이 특정 관습이 얼마나 오래된 것인지 알 방법은 없다. 이것은 조로아스터의 윤리적 요구 사항을 기억하라는 명백한 물리적 표지이다.

조로아스터교도는 예언자가 명했듯이 불(하늘 높은 곳의 태양이
든 화롯불이든 밤의 등불이든)을 향해 서서 기도한다. 이미 인도·이란
인들 사이에서도 하루 중 세 시점이 종교 예식을 행하기에 중요한 때
로 여겨진 듯하다. 그래서 조로아스터는 이렇게 묻는다. "누가 새벽
과 낮과 밤을 만들었는가? 우리로 하여금 의무를 알려 주는 표지들
을."(Y. 44.5) 다신교 시절 이 세 시점은 두 "낮의 구간들(아베스타어 아
스니야- 라투(-asnya- ratu-), 파흘라비어 가(gāh))"을 만들어 내는 것으로
간주되었던 듯한데, 그들은 이 구간들을 하바니(Hāvani)와 우자야라
(Uzayara), 즉 "(하오마를) 짤 시간"과 "낮이 떠나는 시간"으로 불렀으
니, 다시 말해 오전과 오후로서 최고신보다 작은 두 아후라인 미트라
와 *보우루나 아팜 나파트가 하나씩 맡아 보살핀다.[33] 정오가 단순히
아침과 오후를 나누는 구분점에 그치지 않고 그 자체로 세 시간으로
된 하나의 라투(ratu, 구간)가 되도록 세 번째 구간을 만든 이는 다시
한번 예식을 준수하는 데 관심을 두었던 사제 조로아스터 자신이었을
것이다. 스펜타 세력들이 상승하는 기간인 경사스러운 여름 동안 이
라투는 정오(라피트와(rapithwā))의 영 라피트위나에게 바쳐지는데, 그
는 불의 주 아샤와 밀접하고, 그 자신은 이상적인 시간의 주(세계가 창
조될 때 시간은 정오에 멈춰 있었기 때문에)이다. 그래서 그는 유한한 시간
의 종말과 이상적인 상태로의 회복에 대한 희망과 연결된다.[34] 조로아
스터교도들에게 여름은 노 로즈에서 가을 아야트리마 축제까지 일곱
달 지속되는데, 가을 축제 때 가축들은 집의 겨울 나기 장소로 돌아온
다. 그때부터 다섯 달간 겨울이 이어지는데, 겨울은 다에바가 지배하
는 계절로서, 라피트위나는 자신의 온기로 식물의 뿌리와 물의 원천
을 보살펴서 서리와 얼음의 악마가 그것들을 완전히 파괴하지 못하도
록 하고자 땅 밑으로 물러난다. 그리고 낮 가운데 그가 관할하던 시간

은 미트라에게 맡겨져, 이제 라피트와라 불리지 않고 두 번째 하바니 (Second Hāvani)라 불리게 된다. 그리하여 조로아스터교 한 해를 통틀 어 낮의 가(gāhs)는 세 개가 되고, 각 구간마다 신실한 이들은 수호신 을 호명하며 쿠스티 기도를 올리기를 요청받는데, 라피트위나의 가의 수호신은 바로 아샤 바히쉬타이다. 그래서 기나긴 여름 내내 독실한 이들은 정오에 아샤와 프라쇼.케레티의 역사役事를 생각해야 하며, 라 피트위나가 물러나는 시기인 겨울은 악의 위협을 해마다 상기시키는 표지이다. 다신교에서 밤은 무서운 시간으로서, 전적으로 프라바쉬들 에게 맡겨졌을 것이다. 그리고 밤을 둘로 나누어 앞의 절반은 의로운 프라바쉬들에게 맡기고 뒤의 절반은 기도의 주 스라오샤에게 맡긴 이 는 다시 한번 조로아스터 자신이었을 것이다.[35] 그리고 이 엄격한 관행 에 따르면 신자들은 어둠의 시간 동안 두 번의 기도, 즉 첫 별이 뜨는 시간부터 자정까지인 아이위스루트라의 시간에 한 번, 자정에서 새벽 까지인 우샤의 시간 동안 또 한 번 기도를 올려야 했다.[36]

그리하여 조로아스터교도들은 다신교 시절 세 번으로 짐작되는 것 대신 하루에 다섯 번 기도 시간을 갖게 되었는데, 이것은 의무적 준수 사항이었으며, 페르시아어로 반다기(bandagī), 즉 최고신에게 올 리는 "예배"의 핵심 요소 중 하나였다. 사제들은 이와 더불어 매일 고 등 제의를 거행해야 했고, 지위가 높든 낮든, 사제든 속인이든 공동체 의 모든 구성원들은 1년에 일곱 번의 의무 축일에 참석해야 했는데, 전 승에 따르면 이 축일들은 예언자 본인이 창설한 것이라 한다. 이 축일 들은 모두 창조자 아후라 마즈다에게 바치는 것으로서, 그의 일곱 창 조 행위를 경축했다. 그리고 이는 공동체의 협동 정신을 북돋우고 모 든 구성원으로 하여 이 신앙의 핵심 교리를 절감하도록 하는 훌륭한 방법이었음이 틀림없다. 일반적으로 예언자는 추종자들에게 일월연

내내 이어지는 단순하고 중요한 예식으로 가득한 헌신적인 삶을 위한 강력한 얼개를 제공한 것으로 보이며, 그의 가르침이 보통 사람들 사이에서 장악력이 크고, 외부의 공격과 신학자들의 간헐적인 소규모 교리 수정 시도에도 불구하고 거의 본래의 모습으로 오늘날까지 살아남을 수 있었던 이유는 분명 이것이었다.[37]

우리는 초기 신자들이 반다기를 위해 어떤 기도를 올렸는지 알지 못하고, 사실 오늘날에도 조로아스터교도들은 이를 행할 때 각자 어느 정도의 자유를 누린다. 그러나 첫 신자 세대들은 단순히 가타 자체에서 뽑은 연들과 가타 방언으로 된 짧은 만트라 몇 가지를 기도문으로 이용했을 법한데, 이들은 조로아스터교의 큰 기도문들(아후나 바이리야를 포함한 네 개의 기도문을 가장 중요시하여, 이들을 큰 기도문이라 한다. ― 옮긴이)을 구성한다. 그중 으뜸이 아후나 바이리야(Ahuna vairya)[38]로서 훗날 단순히 아훈바르(Ahunvar)로 알려진 "가장 신성하고 아마도 가장 고대적인 조로아스터교 헌정문(기도문)이다." 젊은 아베스타에 따르면 아메샤 스펜타들에게 존재를 부여한 후 아후라 마즈다 자신이 "하늘, 물, 땅, 식물, 네 다리 달린 소, 두 다리 달린 공정한 사람을 만들기 전에" 이 기도문을 읊었다고 한다.[39] 그가 조로아스터의 프라바쉬에게 이를 가르쳤다고 선포되었으며, 예언자는 물질세계에서 태어난 후 이를 사람들에게 가르쳤다고 한다.[40] 그 기도문이 조로아스터 자신에게서 나왔음을 의심할 이유는 없으니, 이것이 가타와 밀접하게 연관된 것으로 보이기 때문이다. 그러나 예언자의 사상의 너무나 난해한 미묘함 때문에, 그리고 그의 언어 사용이 너무나 복잡해서 이 경배용 언사의 정확한 의미에 대한 합의는 여전히 이뤄지지 못했다. 다음은 최근의 서로 다른 해석 네 가지를 엮은 것이다.[41] "그분(아후마 마즈다)은 심판관(라투(ratu-))인 만큼 바람직한 주인(아후(ahu-

))이시며, 아샤를 따르시는 이. (그분은) 삶의 선한 의도(보후 마나)로 행하시는 분. 마즈다 아후라께 왕국(크샤트라)이 있으니, 그들이 그분을 가난한 이들의 목자로 세웠노라." "가난한"으로 해석된 단어 드레구(drəgu)는 페르시아어 다르비쉬(darvīš)의 아베스타어 선행 형태인데, "예언자의 교의를 진정으로 따르는 이, 확고하게 최고신의 편에 서서 그에게만 전적으로 귀의하는 유순하고 경건한 이"라는 특별한 의미로 쓰인 듯하다.[42] 드레구를 돕겠다는 아후라 마즈다의 힘과 의지를 선언함으로써, 아후라 바이리야는 신앙의 고백일 뿐 아니라 가호를 확보하는 만트라였으며,[43] 악의 세력에 대항하는 가장 강력한 무기로 간주되었는데, 마치 기독교도들이 주기도문을 사용하는 방식으로 쓰였다. 이것은 조로아스터가 어린 시절 배운 첫 기도였으며 전 생애 동안 의지처로 남았는데, 그 신성함 때문에 그것은 다른 모든 형식의 예배가 벌어지는 곳에서 아쉬울 때마다 쓰일 수 있었기 때문이다.[44]

가타 방언으로 된 또 하나의 큰 기도문으로서 내용상으로도 가타적인 것이 아리예마 이쉬요이다. 이 기도는 모든 기도 가운데 가장 승리의 기세로 가득한데, 이것은 프라쇼.케레티의 순간 사오쉬안트들이 읊을 것이기 때문이다.[45] 그들이 이것을 읊을 때, "앙그라 마이뉴는 지하로 달아나 숨고, 악마들도 그 아래로 숨을 것이다. 죽은 자들이 일어나 그들의 부활한 육체 안에서 삶의 숨결과 합쳐진 채 유지될 것이다."[46] 아리예마 이쉬요의 정확한 번역과 관련해서는 논쟁을 피할 수 없었지만, 아후나 바이리야보다는 덜했다. 다음 해석(혹은 그 근사치)은 상당히 일반적으로 받아들여진 것이다. "고대하던 아리야만께서 조로아스터의 남자와 여자들을 돕기 위해 오시길, 그들의 선한 의지(보후 마나)를 돕고자. 바라던 보상을 얻는 양심(다에나), (그것을 위해) 나는 바라던 올바른(아샤) 보상(아시)을 요청하노니, 아후라 마즈다께서 요

량해 내주실 것이라."<sup>47</sup>

대부분의 조로아스터교 헌사에서 끝을 담당하는 짤막한 아셈 보후(Ašəm vohū)는 정신을 아샤에 집중하여 아샤 바히쉬타의 도움을 간청하고자 만들어진 만트라인 듯한데, 이 단어 혹은 이름(아샤)이 기도문 열두 단어 중 세 번 나온다. 이것 역시 해석의 편차가 크다. 다음 해석은 문법적으로 반박할 수 있지만 가장 덜 억지스러운 듯하다. "아샤(aša)는 선이고 최선이라. 바람에 의해 그것이 우리의 것이 되리라. 아샤(Aša)는 아샤 바히쉬타(지선의/최상의 아샤)에 속하니라."<sup>48</sup>

조로아스터교의 큰 기도문들 중 마지막은 옝혜 하탐(Ye ŋ hē hātąm)이다. 이는 가타의 절 야스나 51.22를 재구성한 것인데, 한 해석에 따르면 내용은 다음과 같다.<sup>49</sup> "올바름에 따라, 아후라 마즈다께서 나에게 최선임을 아시는 누구의 희생제에서 예전에 있었고 지금 있는 그들, 나는 그들의 이름으로 그들을 숭배하고 기도로 그들에게 다가갈 것이라." 예언자가 말한 첫 번째 행에서, "누구의"가 단수로 쓰였는데, 아마도 방금 희생제를 바친 특정한 신을 칭하는 듯하다. 그리고 이는 기도문에서 약간 부자연스럽게 오히려 전적으로 일반적인 요청으로(즉 특정 신에게 바치는 기도에서 여러 대상에게 바치는 것으로) 바뀌었다. 이어지는 옝혜 하탐을 글자 그대로 옮기면 다음과 같다. "존재들(남성) 중 그리고 누구들(여성 복수) 중 누구의 희생제에서, 그리하여 올바름에 따라 아후라 마즈다께서 숭배하기 더 나은 이로 아시는 이, 그들(남성 존재)과 그들(여성)을 우리는 숭배할 것입니다." 그 의도는 명백히, 스펜타 창조물에 속하는 모든 신들, 그러므로 조로아스터교도가 숭배하기에 적절한 신들에게 경배를 드린다는 것으로 보인다. 옝혜 하탐은 "규칙처럼 기나긴 신들의 이름 목록이 나열되고 찬양되는 야스나의 호칭 기도들의 마무리로 쓰인다."<sup>50</sup> 그리고 또한 특정 신들에게 바치는 찬가인 야쉬트를 암송할 때도 종종 함께한다. 관찰된 대로 옝헤 하탐을 암송하면서 공동체는 "그들의 이름이 무엇이고 그들이 누구든 간에, 그 누구라도 이름이 불리지 않거나 잊히지 않도록, 찬미와 찬양을 받을 가치가 있는 어떤 신도 잊혀서 그로 인해 고통을 받지 않도록 하는 신중한 수단으로서" (알고 있는) 모든 자비로운(선한) 신들을 찬양한다.[51]

실제로 가타의 연을 차용한 옝헤 하탐은[52] 조로아스터의 추종자들이 전례상의 발전을 구현하던 단계에 속하는 기도문으로 보인다. 조로아스터는 공동체 내의 가장 미천한 이들도 사용할 수 있는 가타나 짤막한 아후나 바이리야 외에 추종자들을 위해 별도로 정해진 예배 헌사를 만들지 않은 듯하다. 아마도 그는 이 두 만트라 외에는 선조들의 전통에 따라 각자가 새로 만든 말로 숭배하고 기도하는 데 찬성한 듯하다. 가장 이른 시기의 신자 중 한 명이 아리예마 이쉬요를 만든 듯하다.(이 또한 조로아스터 자신이 만든 것이 아니라면.)[53] 그 후 약간 후대의 어떤 시기에 공동체의 지도자들이 일군의 기도문 묶음을 가지고 일상의 숭배 행위, 즉 야스나를 수행하는 것을 인가한 듯하다. 이 일은 가타 방언이 사라지고 있던 때 일어난 것으로 보이는데, 실로 이 발전 과정(가타 방언의 퇴조)으로 인해 그들은 예언자의 핵심 사상이 그토록 크게 구현되어 있는 이 예배(야스나)를 위해 추종자들은 예언자 자신이 기도할 때 쓰던 형태와 될 수 있으면 가까운 언어로 기도를 이어 가야 한다는 확신을 가지고 일(야스나에 쓰이는 기도문을 정리하고 인가하는 일. — 옮긴이)을 서둘렀을 것이다. 그 결과가 "일곱 장으로 된 예배", 즉 야스나 하프탕하이티의 집성이었다.[54] 이는 일곱 개의 짤막한 부분(하나는 운문)으로 된 기도문으로서, 조상들이 가르친 대로의 옛 기도문 형태를 계속 고수하고 있던 나이 든 사제들이 쓰던 가타 방언에 남아 있는 것들을 모은 것으로 보인다. 아무리 정통파 조로아스터교에 맞게 잘 각색되었다고 하더라도 전통주의자들이 축적해 온 그런 작품들에 고대적 요소가 남아 있는 것은 놀랄 만한 일이 아니다.

원래 이 일곱 장은 불과 물에 제물을 바칠 때 (아후라 마즈다보다) 작은 두 아후라 미트라와 *보후루나 아팜 나파트에게 헌정된 만트라로 추측된다. 그러나 현존 형태에서 이 두 신은 전혀 호출되지 않고 기도문 전체가 아후라 마즈다에게 바쳐진다. 그리고 운문 부분에 "당신께서 염두에 두소서.(mazdąm kərəš)"라는 청원이 들어 있는데,[55] 이것은 고대적인 방식으로, 주 지혜(Lord Wisdom)와 생각의 힘의 관계를 뒷받침한다.[56] 그러나 그 고대적 특성에도 불구하고 내용의 많은 부분은 예언자의 가르침의 정신으로 채워져 있다. 그래서 첫 구절은 다음과 같다. "오, 아후라 마즈다, 우리 스스로 그것을 선택할 것이니, 아름다운 아샤에 따라 두 존재(세계. — 옮긴이)에게 최선의 것을 우리가 생각하고 말하고 행동할 것임을. 최선의 행동에 대한 보상의 (열망을) 가지고 우리는 배운 자와 배우지 못한 자, 통치자와 피치자들로 하여금 암소에게 평화와 초지를 주기를 촉구합니다."[57] 마지막 구절은 가타의 한 행에서 직접 파생된 것으로 보이고,[58] 이 기도문에는 아샤를 크샤트라, 즉 여기 지상에서 실현될 하늘의 왕국을 결합하는 식의 가타의 개념들이 특히나 강조된다. "당신을 위해"(숭배자들이 아후라 마즈다에게 선언한다.) "우리는 우리가 할 수 있는 최선을 이루고 가르칠 것입니다. 아샤와 보후 마나와 보후 크샤트라를 위해, 오, 아후라, (우리는) 찬양에 이은 찬양, 말에 이은 말, 희생제에 이은 희생제를 (바칩니다)."[59] "이리하여 우리는 아후라 마즈다를 숭배하노니, 당신의 통치와 위대함과 선한 행동으로, 소 떼와 질서(아샤)를 창조하신 분, 물과 이로운 식물을 창조하신 분, 빛과 땅과 모든 이로운 것들을 창조하신 분. 이제 우리는 최고의 희생으로 그분을 숭배하노니, (우리들) 암소와 함께하는 이들은."[60] 더욱이 이 기도문에서 우리는 처음으로 "자비로운 불사자들", 즉 아메샤 스펜타들이란 표현을 만나는데, 이 표현은 다에바 숭배를 배제하는 조로아스터교 특유의 것이다.[61] "그리하여 우리는, 남성이든 여성이든 선한 존재들을 섬기나니, 자비로운 불사자들, 영원히 사시며 영원히 베푸는 이, 선한 의도(보후 마나)를 가지신 분들을."[62] "여성이든 남성이든 공정한 프라바쉬들"도 경배했으니,[63] 우리가 앞서 보았듯이 이들을 포함시킨 것 또한 바로 조로아스터였을 것으로 보인다.

옛날에는 야스나 하프탕하이티를 암송하는 동안 불에 제물을 올렸는데,[64] 아마 불을 찬양하고 호출하는 야스나 36(야스나 35에서 42까지가 야스나 하프탕하이티이다. — 옮긴이)을 읊은 후에 바쳤을 것이다. 그리고 물에 바치는 제물은 이 기도문(야스나 하프탕하이티)의 끝에 바쳐졌을 듯한데, 기도문 두 번째 부분은 물에 헌정된다. 불에 바치는 자오트라가 숭배 행위의 핵심이므로, 이에 맞게 예배의 거의 중간쯤에 행해져서 수호 구문들에 의해 완벽하게 방어될 수 있도록 했다.[65] 그러나 이제 야스나 하프탕하이티 자체가 더 길고 순수한 가타 텍스트의 중심이 되었다. "일곱 장"에 대한 이 방언으로 된 짤막한 부록이 있는데,[66] 이 흥미로운 짧은 텍스트는 야스나 하프탕하이티 자체는 물론 샘, 물길, 길과 산, 대지와 하늘과 바람, 전설적인 동물들과 하오마 그리고 선교에 나섰던 사제들의 귀환을 찬양하는 것이다. 그 외에는 위대한 가타의 표현들이 쓰였다. 야스나 하프탕하이티의 각 장은 옝혜하탐으로 마무리되는데, 이에 의해 모든 아메샤 스펜타들이 확실히 호명된다. 그러고 나서 의례 행위를 수행하는 것이 아니라 순수하게 기도문으로 쓰인 조로아스터 자신의 가타들에 의해 야스나 하프탕하이티 전체가 둘러싸인다.[67] 가타는 음보音步에 따라 묶음으로 배열되어 있다. 그리고 조로아스터교도들 자신의 용어에 따르면 각 묶음이 하나의 독립된 가타를 이루므로, 가타는 결국 다섯 개이다. 첫 번째 묶음이 훨씬 긴데, 이는 "일곱 장" 앞에 배치되어 있고, 나머지 넷은 그 뒤에 위치한다. 그리고 가타들 자체도 다른 가타어 만트라들에 의해 보호되는데, 바로 짤막한 기도문들이다. 첫 번째 묶음 앞에 아후나 바이리야를 암송하고, 이어 아셈 보후와 옝혜 하탐을 읊는다. 그리고 이 기도문들은 첫 번째 가타를 구성하는 일곱 개별 찬가들(야스나 28부터 34까지가 첫 번째 가타이다. ― 옮긴이)이 끝난 후에도 반복된다.(아후나 바이리야가 네 번, 나머지 둘이 각각 세 번과 한 번.) 그래서 첫 가타는 "아후나 바이리야를 포함한 가타", 즉 가타 아후나바이티(Gāthā Ahunavaitī)라 불린다. 이 최고의 기도문(아후나 바이리야)은 나머지 네 가타와 함께 암송되지 않는데, 나머지 네 가타는 여는 구절에 따라 이름이 정해진다. 그보다 작은 옝혜 하탐과 아셈 보후는 모든 가타의 각 절이 끝날 때마다 암송하고, 다섯 번째 가타가 끝나면 또 하나의 대기도문 아리예마 이쉬요를 수호자로 배치하는데, 역시 아셈 보후와 옝혜 하탐이 뒤를 잇는다.(그리하여 야스나 53, 부분적으로 예언자의 딸 포우루치스타의 결혼식을 축하하는 내용이 들어 있는 "결혼식 가타"의 바로 뒤를 결혼의 야자타인 아리야만에게 바치는 기도가 따르는데,[68] 이는 이 기도문이 예언자 자신에 의해 작성되었을 가능성을 높인다. 원래의 스타오타 예스니야(Staota yesnya), 즉 "찬양과 숭배의 말"을 구성한 것은 아마도 처음의 아후나 바이리야에서 시작하여 아리예마 이쉬요로 끝나는 바로 이 가타 묶음으로서,[69] 이 신앙의 첫 번째 고정된 기도문을 구성한 듯하다. 가타 자체는 처음부터 정확하게 기억(암송)되었음이 분명해 보이며, 지금 가타에 의해 둘러싸인 야스나 하프탕하이티 또한 고정불변의 형태로 이어져 온 듯하다. 그러나 이 단계에서 여전히 독립적인 의례를 수행했던 것으로 보이는 홈 야쉬트는 유동적으로 전수되고, 각 세대마다 새로 지어져, 결국 주제(소재)가 고대성이 강함에도 불구하고 단지 젊은 아베스타(어) 형태로만 살아남았다.[70] 이런 발전의 연대는 근사치조차 추정할 수 없는데, 언제 가타 아베스타어가 쓰였는지는 물론 이것이 대야쉬트의 젊은 아베스타어로 진화하는 데 얼마의 시간이 걸렸는지도 알지 못하기 때문이다. 조로아스터교의 야스나 제의와 그 기도문이 언제 독자적이던 하오마 의례를 흡수하고 많은 젊은 아베스타 텍스트를 포함할 정도로 확장되었는지, 그리하여 가타어 스타오타 예스니야가 72장으로 확장된 기도문의 중심에 위치하게 되었는지조차 모른다. 그러나 추가적인 야스나 텍스트의 속성 덕에 이 나중의 발전이 역사 시기 이전에 벌어진 것이 아님을 알 수 있는데, 아마도 일부는 사산조 시기까지 내려갈 것이다.

역사 이전 시기 조로아스터교의 교회 조직에 대해서는 전혀 알려지지 않았다. 예언자의 후계자로서 한 사람이 공동체 지도자로 인정되었는지, 아니면 장로회적인 교회 지배 형태가 일반적이었는지 모른다. 하지만 아베스타 덕에 종교적인 배움 추구에 관한 자그마한 증거 한 조각이 허락되었다. 파르바르딘 야쉬트에서 아훔.스투트(Ahūm.stūt)의 아들 사에나(Saēna)가 신자들 중 처음으로 백 명의 제자들을 거느린 이로 칭송된다.[71] 모든 지식을 목소리로 전달했을 고대에 이 정도면 커다란 집단이었음이 틀림없다. 이는 교사로서 사에나의 명성뿐 아니라 신앙 공동체의 규모가 커졌음을 나타낸다. 만약 그가 번영을 누리던 시기가 언제인지 특정할 수 있다면 공동체의 규모가 성장했다는 점의 중요성은 더욱 커질 것이다. 아훔.스투트라는 이름은 "아후(ahū) 기도를 하는 이", 다시 말해 야타 아후 바이리요(Yathā ahū vairyō), 즉 아훈바르(Ahunvar)를 읊는 이라는 뜻인데,[72] 이는 사에나의 조부모가 이미 신실한 조로아스터교도였으며, 따라서 사에나 본인은 예언자보다 최소한 두 세대 이후의 사람임을 시사한다.[73] 이 알려지지 않은 세기 동안 점진적으로 이차 종교 문헌들(젊은 아베스타의 가장 오래된 부분들로 대표되는)을 만들어 내고 신학 이론을 계속 발전시킨 이들은 사에나 및 잊힌 나머지 학자들임이 분명하다. 조로아스터는 다에바를 거부했을 뿐 아니라 아후라 마즈다가 모든 스펜타 신들의 창조자이자 주라고 설교함으로써, 그리고 위대한 여섯 자비로운 불사자들의 존재를 계시함으로써 예전의 신앙 행태를 부수었다. 따라서 조로아스터교 만신전을 위한 새로운 관계를 만들 필요가 있었다. 또한 이들을 공부하기 위해서는, 비록 조로아스터 자신은 어떤 상식적인 의미에서도 일신교주의자가 아니었지만, 일신교에 유용한 규율이 적용되었다. 다시 말해 어떤 신도 독자적이라고 여겨져서는 안 되었는데, 그렇게 여기는 것은 일관된 체계를 분할하여 조각조각의 부분으로 오도하는 일이기 때문이다. 그러면 해체된 각 부분 또한 스스로의 중요성의 큰 부분을 잃어버린다.

물론 조로아스터의 신학 체계의 핵심은 아후라 마즈다이며, 그와 가까이 있는 이들은 제일 먼저 창조되었고, 다른 스펜타 존재들을 만들 때 참여한 여섯 아메샤 스펜타이다. 그들 주위로 더 작은 야자타들이 모여, 경쟁과 다툼 없이 서로 돕는데, 악을 정복한다는 위대한 목표를 위해 인간을 도울 준비가 돼 있기 때문이다. 페르시아어로 이들은 전부 함카르들(hamkārs), 즉 여섯 야자타들의 동료 일꾼이다. 그리고 그들 사이의 복잡한 관계 양상은 의심할 나위 없이 사제 학파들 안에서 점진적으로 발전했으며, 파흘라비 서적들에 자세히 개진되어 있다.[74] 선명하고 복잡하지 않은 예를 들자면, 가축의 수호자 보후 마나는 달의 야자타 마(Māh, 달이 유일하게 창조된 황소의 씨를 간직하고 있으므로)와 게우쉬 우루반을 함카르로 데리고 있다. 불의 야자타는 당연히 정오의 영인 라피트위나처럼 아샤 바히쉬타를 돕는다. 하늘의 주 크샤트라 바이리야는 해의 야자타 흐바르(Hvar), 그리고 하늘 자체의 영인 아스만(Asmān), 낙원의 끊없는 빛 아나그라 로차(Anaghra Raoča) 그리고 위대한 미트라를 동료로 데리고 있다. 대지의 요구를 충족시키기 위해 스펜타 아르마이티는 물, 즉 아파스와 물의 신들인 아레드비 수라와 "높은 주" *보우루나 아팜 나파트의 도움을 받는다. 하우르바타트는 물 자체를 돌보면서 자신의 함카르로 비를 불러오는 티쉬트리야와 바타 그리고 비를 (여러 곳으로) 나눠 주는 프라바쉬들을 데리고 있다. 식물의 수호자인 아메레타트는 대지의 야자타 잠의 도움을 받는다. 이 선별적 요약이 보여 주듯이 일부 신들 자체가 여섯 아메샤 스펜타들이 보호하는 이러저러한 대상을 인격화한 것인데, 이 사실이 만신전을 연합과 상호 의존의 복잡한 십자형 교차망으로 가득한 복합적인 것으로 만든다. 그러나 이것은 외부인이 이해하기는 어려웠겠지만, 이란 개종자들의 발을 걸어 넘어뜨리는 장벽을 만들어 내지는 못했으니, 그들은 다신교 시절부터 이미 이런 관계에 익숙했기 때문이다. 그리하여 미트라를 예로 들면, 불과 불의 위대한 대표자인 태양이 모두 그 자체로 신으로 인격화되었음에도 불구하고 그가 이 둘의 주로서 숭배되었다. 조로아스터 자신이 불(미트라를 통해 불은 아샤의 도구로 간주되었다.)을 아샤의 창조물로 간주했다는 점으로 보아, 그의 경우 특별한 발전 과정이 있었던 듯하다. 그래서 조로아스터교에서 주로 강조되는 것은 미트라와 태양의 관계이다. 그래서 그는 여기 아래에 있는 아샤나 아타르의 함카르가 아니라 흐바르와 더불어 높은 곳에 있는 크샤트라의 함카르로 불렸다. 더욱이 이 관계는 옛날 두 (아후라 마즈다보다) 작은 아후라들(미트라와 *보우루나 아팜 나파트)의 협력 관계를 잇는 것인데, 물의 주로서 *보우루나는 크샤트라 자신의 영원한 동반인 아르마이티를 돕기 때문이다.(크샤트라-미트라와 아르마이티-*보우루나의 관계를 통해. ─ 옮긴이)

비록 야자타들이 함카르 집단으로 묶이지만, 그들은 여전히 자신들의 본질을 만들어 준 독자적 기능들로 정의된다. 그리하여 미트라는 비록 크샤트라를 돕지만, 그렇다고 약속을 인격화한 특유의 역할과 거기에서 파생된 수많은 역할을 포기하는 것은 아니다. 그리고 승리 베레트라그나는 이제 모든 야자타들의 "기수"가 되어,[75] 수사적으로 악에 대항한 싸움에서 깃발을 든다. 그의 임무는 조로아스터교 신앙의 승리를 보장하고, 그럼으로써 선의 승리를 확보하는 것이었다. 그래서 가장 격이 높은 사원의 불들이 훗날 그의 이름으로 불리게 된다. 각 야자타들의 개념이 분명하게 구분되도록 도운 것은, 그들의 긴밀한 연관 관계에도 불구하고 여전히 존재하는 그들 각각을 위한 찬가였다. 스펜타로 인정되는 존재들에 관한 찬사들을 무시할 이유는 전혀 없었으며, 그들을 찬양하고 숭배하는 것 자체가 가치 있는 행동이었다. 그러니 조로아스터교 숭배에 맞도록 야쉬트의 내용을 고칠 필요도 별로 없었을 것으로 보인다.[76] 하지만 새 신학 교리에 맞게 조로아스터교 특유의 요소가 부가된다. 아후라 마즈다와 예언자 본인의 이름이 자주 등장하는데, 현존 야쉬트의 절반이 다음 두 고정 구문 중 하나로 시작된다. 즉 "아후라 마즈다께서 자라투쉬트라에게 말했다.(mraoṯ ahurō mazdā̊ spitamāi Zarathuštrāi.)[77] 혹은 "자라투쉬트라가 아후라 마즈다께 물었다(pərəsaṯ Zarathuštrō ahurəm mazdąm)"[78]이다. 이로 인해 각 찬가는 예언자에게 내려진 계시로 제시된다. 이 작품의 본문에서 호칭 "오, 스피타마 자라투쉬트라"는 이를 강조하기 위해 종종 등장한다.[79] 때로는 다음 구절에서처럼 명백한 조로아스터교 요소가 더 긴밀하게 짜여 들어간다. "티쉬트리야…… 아후라 마즈다가 창조한 이, 모든 별들의 주이자 그들을 굽어보는 이, 조로아스터가 인간들을 굽어보듯이."[80] 그리고 때로는 조로아스터교 특유의 교리가 텍스트를 채우지만, 고대 다신교의 개념들과 너무나 잘 조화를 이뤄 서로 짜인 가닥들을 분리해 낼 수 없다. 이 점에서 야쉬트들 중 가장 흥미로운 것은 아마도 프라바쉬들을 찬양하는 것(즉 파르바르딘 야쉬트)일 터이다. 아마도 다신교 시절에 이미 프라바쉬들에 대한 믿음이 조로아스터 자신의 창조 교리의 기반에 놓인 우주 발생론적 이론들과 결합되었기에 이런 특정한 교리들이 쉽사리 야쉬트로 녹아들었고, 두 영(아후라 마즈다와 앙그라 마이뉴)에 관한 설명과 선과 악의 투쟁에서 프라바쉬들이 맡은 역할에 관한 설명이 뒤를 잇게 되었다. 다음은 가장 두드러진 절들 중에서 뽑은 것이다.(일반적인 아후라 마즈다 자신의 언사로 표현되었다.) "만약 강력한 정의의 프라바쉬들이 나를 돕지 않았다면…… 드루그(드루쥐)가 힘을 가졌을 것이고, 드루그가 통치했을 것이고, 드루그가 육체적인 생명을 가졌을 것이다. 두 영들 중 드루그가 땅과 하늘 사이에 앉았을 것이고, 두 영들 중 드루그가 땅과 하늘 사이를 정복했을 것이다. 그리하면 그다음부터 정복자는 피정복자에게 굴복하지 않았을 것이니, 앙그라 마이뉴는 스펜타 마이뉴에게 굴복하지 않았을 것이다."[81]

이 구문은 조로아스터교 신학 이론이 야자타들에게 부여한 상호 협력 관계를 증명한다. 모든 스펜타 신들은 아후라 마즈다가 창조한 이들로서 각자 독자적 존재를 향유하지만 그들은 아후라 마즈다가 부여한 목적을 위해 분투하므로 그에게 강력한 도움을 제공한다. 이것이 정통파의 교리이다. 그러나 몇몇 야쉬트 중 분명 후대에 만들어진 것으로 보이는 일부 절들은 신학 이론적으로 안전하지 않은 수준까지

이 개념들을 밀고 나간다. 이 중 두 절은 특정한 은총을 얻고자 개별 야자타들에게 희생을 올렸던 왕과 영웅들을 묘사한 더 옛날의 사례를 본뜬 것인데, 이 모방 절들에서 아후라 마즈다 자신도 똑같은 방식으로 행동하는 것으로 표현된다. 그리하여 야쉬트 5(vv. 17~18)에는 아레드비 수라를 두고 "창조자 아후라 마즈다께서 좋은 다이티야(강)의 아리야넴 바에쟈(아리야인의 영역)에서 하오마와 곡물과 고기와[82] 바레스만을 가지고, 뛰어난 언변으로 희생제를 올렸다. …… 그리고 그분은 그녀에게 요청했다. '이 은총을 내게 허락하오, 오, 선한 이, 가장 강력한 아레드비 수라 아나히타, 내가 포우루샤스파의 아들 공정한 자라투쉬트라를 설득하여, 이 종교에 따라 생각하고, 말하고, 행동하게 하도록." 이 절들은 같은 야쉬트 안에 있는 다른 절들(vv. 104~105)을 본뜬 것인데, 거기에서 다신교 시절의 영웅들이 길게 나열된 후 마지막에 조로아스터가 등장하는데, 이렇게 희생제를 올리며 정확히 똑같은 말로 청원을 올린다. 즉 "아우르바트.아스파(Aurvat. aspa)의 아들, 강력한 카비 비쉬타스파가" 이 신앙을 받아들이도록 설득할 수 있게 해달라고 한다. 그리고 야쉬트 15(vv.2~3)에서 창조자는 바유에게 "내가 앙그라 마이뉴의 창조물들을 쳐부술 수 있도록, 그러나 스펜타 마이뉴의 것은 절대로 쳐부수지 않도록" 하는 은총을 요청하는 이로 나온다. 내용상의 미숙함뿐 아니라 불안정한 아베스타어 문법이 이것이 후대의 것임을 나타낸다. 야쉬트 8(v.25)에서 아후라 마즈다는 자신을 숭배해 달라는 티쉬트리야의 청원에 응하는 이로 묘사되는데, 티쉬트리야는 자신에게 희생을 올림으로써 강력함을 얻고, 인간들이 따를 본보기를 만들고자 했다.(다르메스테터의 해석에는 "그러자 나 아후라 마즈다는 밝고 영광스러운 티쉬트리야에게 그 자신의 이름으로 호출되는 희생제를 제공하나니, 그에게 열 마리의 말의 힘, 열 마리의 낙타의 힘…… 열 개의 강물의 힘을 부여하노라."라고 되어 있다. ─ 옮긴이) 그리고 야쉬트 10(v.123)에는 창조자가 미트라를 위해 "밝은 노래의 집에서", 즉 낙원에서 희생제를 올렸다고 짤막히 언급되어 있다. 일부 서방의 학자들은 이 구절들에 천착하여 이를 이단의 증거를 보이는 것으로 해석했는데, 예컨대 이것은 추정상의 바유 추종자들이 개시하여 이긴 충성 싸움의 증거로서, 그리하여 그들은 조로아스터교의 텍스트에 불경스러운 각인을 찍는 데 성공했다는 것이다.[83] 그러나 이 절들이 의심할 나위 없이 예언자의 비난을 샀겠지만, 이 정도까지 이 구절들을 파고들 필요는 없을 듯하다. 그것들은 악의적이라기보다는 부조리한 것으로 보이며, 인도·이란 시절에 내재해 있던 경향 때문에 탄생한 것으로 보인다. 이는 "교체신론(kathenotheism)"으로 정의되는데, 다시 말해 "우주론적 신적 기능들 전체가 여러 신들에게 번갈아 부여되는 것(kathenos)"이다. 이 교체신론은 이를 테면 "시간이 정해져 있는 일원론"이다.[84] 그런 경향은 깊이 각인되어 있다가, 여전히 다소간 야쉬트에 의해 강화된 것으로서(야쉬트는 다신교 시절 신들에 관한 숭배 내용을 간직하고 있으므로. ─ 옮긴이), 분명 조로아스터의 가르침에 의해 즉각적으로 지워지지 못했을 것이다. (의례를 진행하면서) 현재 찬양을 올리는 야자타는 그 순간만은 숭배자에게 다른 모든 이들보다 더 우월한 존재로 격상된다. 그리고 조로아스터교도에게는, 어떤 특정한 신을 찬양할 때 그가 아후라 마즈다 자신의 칭찬을 받았다는 것보다 더 효과적인 방법은 없었을 테고, 그를 숭배하라고 설득할 때 창조자가 만들어 놓은 예를 언급하는 것보다 좋은 방법은 없었을 것이다. 그러므로 상규를 벗어난 이 구절들에서 신성 모독을 발견할 수 없는 것은 명백하고, 다만 이들은 더 작은 야자타들을 과장해서 칭찬한 것이다. 이러한 찬가들의 일반적인 성격과 조로아스터교 숭배 체계에서 그들이 차지하는 위상이 이를 충분히 보증한다. 또한 야쉬트가 개인들이나 그들 가족의 사제들이 읊는 것일 뿐 파비에서 벌어지는 (정식) "내부" 숭배 행위에서 자리를 차지하지 못한다는 것을 명심해야 한다.[85] 기독교 찬가 중에서 공인된 기도문의 형식으로 쓰기에 적절치 않다고 걸러지지 않은 채 그대로 쓰이는 이교도적 어사를 찾기란 어렵지 않다.

방금 고려한 절들은 사실 이 장에 적합하지 않다. 왜냐하면 그것들은 분명 후대에 작성된 것이기 때문이다. 그러나 이것들은 신학적 혹은 기타 발전을 추적하면서 유동적 구비 문학을 활용하는 일의 어려움을 잘 보여 준다. 왜냐하면 구비 문학은 각 세대마다 새로이 작성되어 너무나 쉽게 새로운 요소들을 받아들이면서, 그것들이 끼어든 것이라는 어떤 표식도 남기지 않기 때문이다. 표절은 과실 책임을 묻지 않는 일인 데다 (우리가 전에 아쉬와 아레드비 수라의 야쉬트에서 보았듯이) 어떤 것이 종속적인 텍스트이고 어떤 것이 원래 텍스트인지 확정하는 것이 항상 쉬운 일은 아니다. 긴 스라오샤 찬가의 경우는 이에 해당하지 않는데, 그것은 확장된 야스나 기도문(Y.57)의 한 부분으로 존재하고, 의심할 나위 없이 미흐르 야쉬트를 본뜬 것이다. 이 경우 언제 스라오샤 숭배가 그토록 중요해져서 그를 기리는 그런 찬가가 필요해졌는가를 결정할 수 없다. 그 야자타는 가타의 인물(신)로서, 예언자는 그를 인상적으로 "모든 이들 중 가장 위대한"이라고 부른다.(Y. 33.5) 그 이유는 거대한 기도의 힘 때문일 가능성이 제일 크다. 이 생각은, 어려운 스펜타 마이뉴 개념이 창조자 자신의 것으로 흡수될 때(이에 관한 선행 사례도 가타에 있다.) 스라오샤가 인간의 보호자로서 그의 기능을 물려받아 여기 지상에 있는 아후라 마즈다의 부섭정副攝政으로 불리게 될 때 조로아스터교 신학자들이 점진적으로 발전시킨 듯하다. 따라서 현존 조로아스터교에서 스라오샤는 다른 어떤 야자타들보다 숭배받는다. 그러나 이는 점진적으로 발전했을 것으로 보이며, 여기에 대한 전면적인 탐구는 다음 권으로 남길 것이다.

기도의 신을 숙고함으로써 우리는 페르시아어로 니야예쉬라 불리는 일군의 기도문으로 인도되는데, 그것들의 가장 오랜 형태는 조로아스터교 초기 단계에 속한다. 오늘날도 신자들은 사적으로 예배를 올릴 때 매일 혹은 적절한 때 이 기도들을 읊는다. 기도는 다섯 개인데, 항상 다음의 정해진 순서대로 배열된다.[86] 첫째가 코르셰드 니야예쉬로 태양을 찬미하는 것인데, 하루에 세 번 낮의 가(gāhs) 동안 기도할 때 암송된다. 이 기도문은 절대 홀로 읊지 않고 항상 낮 동안 태양을 수행하는 위대한 야자타(미트라)에게 바치는 미흐르 니야예쉬가 즉각 뒤를 잇는다. 따라서 이 둘은 일반적으로 한 이름, 즉 코르셰드-미흐르(Khoršēd-Mihr) 니야예쉬로 불린다. 그다음에 마(Māh) 니야예쉬가 있는데, 이것은 한 달에 최소한 세 번 밤 시간에, 달의 중요한 상相 때 읊는다. 그리고 마지막 두 니야예쉬는 물과 불에 바치는 것이다. 다섯 기도문의 말은 분명 여러 세대 동안 고착되지 않아서, 현존 형태 안에는 후대의 절과 매우 오래전의 절들이 함께 들어 있다. 가장 급격한 변화를 겪은 것은 아반(Ābān) 니야예쉬로 보이는데, 이것은 한때 아마도 *보우루나를 부르는 내용이 들어 있었겠지만, (지금은) 거의 전부가 아레드비 수라 아나히타에게 바치는 찬가에서 가져온 절들로 채워지게 되었다. 그러나 여전히 *보우루나는 형제 아후라 미트라와 함께 추앙되는데, 그의 니야예쉬(v. 12)에는 매우 고대적인 문체로 "미트라 그리고 높은 주(mithra ahura bərəzanta)"로 부르며 그들 둘에게 올리는 숭배 구문이 들어 있다.[87] 코르셰드 니야예쉬(v.7 12가 아니라 7로, 필자의 오기이다. — 옮긴이)에도 비슷한 호칭이 있는데, 거기에서는 고대적인 요소가 순전히 조로아스터교적인 요소들과 섞여 있다. 내용은 다음과 같다. "우리는 미트라에게 희생을 올리니, 모든 땅에서 땅의 주인인 이, 아후라 마즈다께서 모든 영적인 야자타들 중 최고의 크바레나를 가진 이로 창조한 이. 그렇게 그가 우리를 돕기 위해 오시길, 미트라와 높은 주." 나중에 똑같은 니야예쉬(v.18)에, 똑같이 고대적인 용법이 등장하는데, 이번에는 물을 칭하는 표현으로 "아후라의 부인들(ahurānīš ahurāhe)"이 등장한다. 아타쉬 니야예쉬(Ātaš Niyāyeš)에도 분명 고대적인 절들이 일부 들어 있는데, 화롯불 숭배에 속하는 것이다.[88] 그러나 이것은 자연스레 모든 니야예쉬들 중 성격상 가장 조로아스터교적이며, 가타 자체에서 네 연 이상을 끌어와 합쳤다. 이들이 선택된 것은 분명 그 안에 불의 주 아샤에 대한 언급이 있고, 아타쉬 조흐르를 바치는 행동을 채우는 정신적인 목적 선언이 있기 때문일 것이다. 그 첫 세 절, 즉 야스나 33.12~14(아반 니야예쉬의 1~3절을 구성한다.)은 다음과 같다.[89] "나를 위해 일어나소서, 아후라! 예배를 통해 강력함을 얻으소서, 가장 성스러운 영, 마즈다! 선한 제물을 통해 힘을 얻으시고, 올바름을 통해 강력한 힘을 얻으시고, 선한 의도로 충만하소서. 나를 돕기 위해, 멀리 보시는 이여, 내게 당신의 비할 바 없는 것을 보이소서, 왕국의 것을, 아후라, 좋은 의도의 보상인 것을. 자비로운 아르마이티, 우리의 양심(다에나)을 아샤를 통해 인도해 주소서. 그리고 나서 조로아스터가 마즈다께 진실로 자기 몸의 생명을 바치고, 선한 의도의 선택과, 올바름에 따라 선택한 행동과 생각과, 복종과 통치권을 바칩니다." 나중에 이 니야예쉬(v. 17)에 거대한 종말론의 절, 야스나 34장 4절이 등장하는데 내용은 이렇게 이어진다. "그리고 아후라, 우리는 당신의 불이, 아샤를 통해 강력해지고, 가장 빠르고 강한 그것이 당신을 지지하는 이들에게 명백한 힘이 될 것을 요구하오며, 마즈다, 적대적인 사람에게는 눈에 띄는 해를 주실 것을 청합니다……."

이 가타 절들은 신앙 초기 시절 불에 바치는 기도의 일부로 만들어진 듯한데, 조로아스터 자신의 말은 가르침을 받은 이들에 의해 여전히 완전히 이해되는 한편, 이 절들은 그의 추종자들에게 직접적인 영감을 주는 원천이었다. 첫 번째 구문을 따서 쳄-나 마즈다 (Kə̄m-nā Mazdā, Y. 46.7) 로 알려진 또 다른 가타 절은 악마에 대항하는 방패가 필요할 때 수호의 만트라, 즉 바쥐로 쓰이게 되었는데, 내용은 이렇다. "누구를, 마즈다 당신은 나의 보호자로 점지하셨나이까? 사악한 자들이 나를 그러쥐고 해를 끼치려 할 때, 당신의 불과 (선한) 목적 외에, 그의 작용을 통해 두 올바름이 실현될 이를, 아후라? 당신은 나의 양심 (다에나)에 이 교리를 선언하십니다."[90] 예언자가 자신의 생애 동안 추종자들에게 자신의 말을 이런 식으로 적절하게 사용하라고 가르쳤을 가능성이 있고, 이것이 예언자 본인이 확립한 기도문의 용법들 중 하나일 가능성도 있다.

용감하게 자신들의 신앙을 견지한 첫 세대들의 이름에 관해서 우리는 파르바르딘 야쉬트에 남아 있는 이름들만 안다. 이 찬가는 그 프라바쉬를 경배할 만한 이들의 이름들을 대단히 많이 품고 있는데,[91] 그중에는 "교리를 처음 가르친 이들과 처음 들은 이들(paoirya- tkaēša-, paoirya- sāsnō.gūš-)"[92]의 이름들이 있다. 여기에서는 조로아스터의 사촌이자 첫 개종자인 마이드요이 망하, 카비 비쉬타스파 그리고 가타나 전승을 통해 익숙한 몇몇의 이름이 나온다. 그러나 나머지 대부분은 전적으로 알려지지 않은 이들로서, 아득히 잊힌 시절의 사람들이다. 이 시절은 오랫동안 지속되었기에 그런 이들의 목록을 집성할 수 있었을 텐데, 실제로 한 가문의 몇 세대에 걸친 이름들이 등장한다. 이리하여 백 명의 제자를 거느린 사에나만 기려지는 것이 아니라 그의 증손자 우타유티(Utayuti)도 기려지고,[93] 그래서 아홈.스투트를 포함시키면 5대에 걸친 조로아스터교도 집안이 등장하는데, 그 기간은 약 150년으로 추정된다.[94] 불행하게도 마지막 이름이 언제 야쉬트에 추가되었는지 알려 주는 증거는 없다. 그러나 개종자든 교사든 왕이든 사제든 최소한 메디아인이나 페르시아인들이 거기에서 경배되지 않았다는 것은 분명히 말할 수 있다. 초기 조로아스터교의 특징은 여성 집단의 프라바쉬들이 경배된다는 점인데, 그 첫 번째가 예언자의 아내 흐보비와 그의 딸들과 비쉬타스파의 왕비 후타오사의 프라바쉬이다.[95]

새 신앙의 지리적인 진전을 증언하는 자그만 증거를 가진 아베스타 텍스트가 둘 있다. 하나는 잠야드(zamyād) 야쉬트(v.66)인데 거기에 "하에투만트(Haētumant)를 받아들이는 칸사오야(Kąsaoya) 호수가 있는 지역을 다스리는 이"에게 왕의 크바레나가 함께한다고 되어 있다. 하에투만트는 오늘날의 헬만트강으로서, 그렇다면 칸사오야 호수는 오늘날 이란 동남쪽 세이스탄의 하문(Hāmun) 호수여야 한다. 이 지역의 통치자들은 이 절이 작성되던 그 시절 분명 충실한 조로아스터교도가 되었기에, 자신들을 옛날의 카비들, 즉 비쉬타스파의 계보와 연결시키려 했던 것이다. 칸사오야와 카비 두 단어의 희미한 유사성이 이 관계를 정당화시킨 듯하다.[96] 세이스탄에 있는 그 호수는 카비들(카비 가문)의 것으로 간주되기에 이르렀고, 이런 관계가 주어진 후 이 호수는 깊은 곳에 성스럽게 간직된 예언자의 씨를 지키고 있으며, 다가올 어느 날 거기에서 사오쉬얀트들, 즉 구원자들이 탄생할 것이라고 여겨졌다.[97] 그러한 발전은 이 신앙의 가장 이른 시기, 북방의 카비들에 대한 기억이 아직 생생하고 처녀에서 태어난 사오쉬얀트들의 전설이 아직 안(혹은 덜) 만들어졌을 때 발생했을 리 없다. 그리고 이것은 조로아스터교의 역사 이전 내력의 길이를 보여 주는 또 하나의 증거다.

나머지 텍스트는 더 많은 지리적 자료를 제공하지만 이 신앙에 관한 직접적 자료는 덜 품고 있다. 이것은 비데브다트(Vidēvdāt, 나중에 벤디다드(Vendidād)로 전화)의 첫 파르게르드(fargerd), 즉 장으로서,[98] "다에바들을 포기하는 규약"이다. 비데브다트는 연대가 다른 여러 잡다한 자료들을 긁어 온 것으로서 비교적 늦은 시기에 한데 모아, 밤에 어둠의 세력을 물리치기 위해 거행한 밤 예배용으로 만든 것이다. 그 핵심은 순결법(purity laws)인데, 거기에 다양한 이질적 작품들이 들러 붙었고, 그중에 이 첫 파르게르드가 포함된다.[99] 거기에는 17개의 땅이 나열되는데, 그 첫 번째가 아리야넴 바에쟈이며, 그들 중 일부 이름은 다른 자료에는 나오지 않고, 일부는 친숙한 이름들이다. 각각의 땅은 아후라 마즈다에 의해 훌륭한 것으로 만들어졌지만, 각자 나름의 고난을 겪고, 앙그라 마이뉴의 반反창조물들을 끌어들인다.(이것이 분명 이 텍스트가 벤디다드에 자리를 잡은 이유일 것이다.) 그중 판명될 수 있는 것들은 특히 수그다(Sughda, 소그디아), 모우루(Mouru, 마르기아나), 바크디(Bakhdhi, 박트리아), 하로유(Harōyu, 하라이바/헤라트), 하라크바이티(Harakhvaiti, 아라-코이사(Ara-choisa)) 그리고 하에투만트(드란기아나/세이스탄)인데 모두가 이란의 동쪽과 동북쪽 땅들이다.[100] 처음에 이 목록을 왜 작성했는지에 관한 수많은 의견들이 제시되었는데,[101] 가장 합리적인 것은 (종교 저작으로서 그것의 보전이란 관점에서) 이들이 초기에 조로아스터교를 받아들인 지역들이라는 것이다.(비록 분명 파르바르딘 야쉬트에 등장하는 완전히 알려지지 않은 지역들보다는 늦겠지만.)[102] 그중에 쾌레즈미아는 등장하지 않는데, 그 땅이 빠진 이유는 그곳이 예언자 자신의 민족의 땅, 즉 아리야넴 바에쟈, 다시 말해 이란 민족들의 전통적인 고향으로서 역사 이전 시기에 모든 중요한 사건들이 일어났다고 생각되는 땅과 동일시되었기 때문이라고 설명되었다.(비록 텍스트의 도입부인 아리야넴 바에쟈에 헌정된 행들이 분명 후대에 작성된 것임을 인정해야 하지만.)

아리야넴 바에쟈가 이 목록에서 첫 자리를 차지한 것은 분명 그 전설적인 중요성 때문일 것이다. 그러나 헤로도토스의 설명에 따르면 콰레즈미아는 서기전 7세기, 아케메네스인들에게 정복되기 전, "아베스타" 민족의 후손들의 고향으로서(그렇게 생각되고 있듯이) 그리고 정치적인 우세를 통해 이중의 우월성을 주장할 수 있었던 듯하다. 그는 이렇게 썼다.[103] "아시아에 평원이 하나 있는데 사방이 온통 산으로 둘러싸여 있고, 산맥에 다섯 개의 출구가 있다. 평원은 코라즈미아인(Chorasmians)과 하이이카니아인(Hyicanians), 파르티아인과 사란기아인(Sarangians)과 타마나에아인(Thamanaeans) 들의 경계 위에 있는데, 예전에는 처음 언급한 이 민족들에 속하던 땅이었다. …… 아케스(Aces)라 불리는 강력한 강이 평원을 둘러싼 언덕들에 흘러내린다." 마크바르트는 이 강을 오늘날의 테젠강인 하리 루드(Hari Rud)로 비정했고,[104] 그의 의견은 일반적으로 받아들여졌다. 따라서 서쪽에서 메디아 왕국이 번성하는 동안 동쪽 이란에 마르브(즉 메르브)와 헤라트 부근에 중심을 둔 국가가 있었고, 이는 콰레즈미아의 통치 아래 있었던 듯하다.[105] 그러나 페르시아인들이 이 지역에 도착한 서기전 6세기의 지배적인 세력은 박트리아였던 것으로 보인다. 그리고 하나의 전설이 사산조와 그 이후 시기까지 전해졌는데, 그 전설은 조로아스터와 그의 후원자 비쉬타스파를 박트리아의 수도 발흐와 결부시킨다.[106] 이 전설은 아마도, 카비 가문을 세이스탄에 위치시키고 하문 호수를 신성한 것으로 만든 전설처럼, 수많은 조로아스터교 민족들로 하여금 예언자를 그들의 고향과 결부시킨 경건함과 애국심이 혼합된 결과였을 것이다. 가장 잘 알려진 예는 마기들의 행동인데, 그들은 후에 아베스타의 지명과 사건들을 통째로 이란 서북 메디아인의 아제르바이잔으로 옮겼고, 얼마나 철저했는지 오랫동안 학자들은 그것들(아베스타 지명과 사건들)의 진짜 위치가 어디인지 혼동했다. 그러나 그들은 결코 세이스탄과 박트리아가 진짜 고향이라는 더 오래된 주장을 침묵시킬 수 없었다. 이렇게 경쟁하는 동부의 전승들이 있다는 사실은 조로아스터교의 고대성을 증언하는 또 하나의 증거이다. 왜냐하면 이미 서기전 6세기에 이르면 예언자가 실제로 어디서 살았는지 더 이상 알지 못하게 되었기 때문이다.

해답을 찾을 가망이 없어 보이는 질문 하나는 다양한 동부 이란의 민족들이, 스타오타 예스니야와 가타의 기도문 혹은 운문과 별도로, 그들의 일상 언어로 기도와 숭배 행위를 어떻게 했으며 어디까지 아베스타어를 썼던가이다. 젊은 아베스타의 보존 상태는 이 신성한 언어가 무시의 위협을 겪은 일정한 시기가 있었을 가능성을 시사한다. 그러나 유의미한 추정을 하기에는 자료가 너무나 미미하다. 여기저기 산재한 징조들로 판단하면, 조로아스터교가 메디아나 페르시아인들에게 도달하기 전에 이미 동부 이란에서 오랫동안 성장하여 신자들의 수를 불렸고, 교리의 숭배 의례를 확립했으며, 문헌들(물론 구전 자료들을 포함한다. ─ 옮긴이)을 만들어 낸 것은 확실해 보인다. 왜냐하면 현존 아베스타든 실전된 아베스타 서적들의 파흘라비 번역본(주석서들과는 별개의)이든 어디에도 서부 이란의 왕이나 민족들이 등장하지 않기 때문이다. 고유 인명이나 지명, 전승이나 차용어가 하나도 등장하지 않는다.[107] 만약 ("알렉산드로스보다 258년 전"이라는 유사 역사학적 연대 추정에 근거하여) 가끔씩 주장되듯이 이 신앙이 초창기에 페르시아를 (종교적으로) 정복했다면, 그 성전聖典들 안에는 강력한 마기 사제들의 족적이 반드시 남겨져 있어야 한다. 젊은 아베스타를 어떤 서부 이란의 영향력으로부터도 물들지 않도록 유지시킨 것은 오직 그 고색창연

함이다. 페르시아인들이 조로아스터교도가 되기 전에 전승이 확립된 것은 분명하며, 이는 여전히 반박 불가능한 사실이다.

## 11장

# 조로아스터와 그 아들들에 관한 전설들

아베스타의 어떤 부분도 절대 연대가 확정되지 못한 상황에서, 조로아스터 사후 얼마나 빠른 시기에 전설이 모양을 갖추어 그가 예 언자로서뿐 아니라 세계의 구원자로 그려지게 되었는지, 즉 자신과 기 적적으로 태어난 아들들의 행동을 통해 세상과 인간을 위해 원래의 행복한 상태를 회복하는 이로 그려지게 되었는지 알 길이 없다. 그러 나 파르바르딘 야쉬트와 잠 야쉬트에 이 전설에 대한 언급이 있는데, 훗날에 직접적이든 간접적이든 실전된 아베스타 서적에서 파생된 것 이 분명해 보이는 파흘라비 텍스트는 이 전설을 전면적으로 개진했다. 이 전설은 의심할 나위 없이 점전적으로 발전했으며, 마지막 판본에서 심오한 신학적 개념들이 더 피상적이고 놀라운 내용들과 뒤섞여 있다.

조로아스터의 출생에 대해 딘카르드[1]는 어떻게 세 사물, 다시 말 해 그의 크와르(khwarr, 아베스타어 크바레나), 즉 하늘이 내린 영광과 그 의 프라바흐르(fravahr, 아베스타어 프라바쉬), 즉 수호 혹은 내재적 영과 그의 탄 고호르(tan-gōhr), 즉 육체가 "신성한 힘의 가호 아래 미래의 어머니의 몸에서 결합해 완전한 남자가 되는지"에 대해 언급한다. 오흐르마즈드의 명령에 따라 예언자의 크와르는 빛의 세계에서 해로, 또 거기에서 달로, 그리고 또 별들로 옮겨진다. 거기에서 그의 크와르는 조로아스터의 외증조부 프라힘.르바난.조이쉬(Frāhīm.rvāṇa.zōiš)의 화롯불로 내려온다. 그리고 그 순간부터 불은 거기에서 연료도 필요 없이 영원히 타오른다. 그의 크와르는 이 화롯불로부터 프라힘.르바난.조이쉬의 아내, 즉 두그도브(Dughdōv, 아베스타어 두그도바, 즉 예언자의 어머니)의 어머니에게 넘겨진다. 두그도브는 예언자의 크와르를 품고 태어났으니, 그녀 주위로 빛을 뿜어내 어둠 속에서도 빛났다. 그러나 데브들이 그녀가 속해 자라던 집단 사람들을 괴롭혀, 그들의 마음에 그녀가 여자 흑마법사(마녀)이며 고통을 야기한다는 생각을 심었다. 그래서 그녀의 아버지는 스피타마 씨족장, 즉 포우루샤스프의 아버지의 집에 그녀를 보냈다. 그리하여 종종 그러듯이 스펜타 세력이 데브들의 사악한 행동을 선한 것으로 돌렸다.

그동안 조로아스터의 프라바흐르는 아마흐라스판드(아베스타어 아메샤 스펜타)들의 것과 똑같은 형태로 존재했고, 신의 전령 네리요상(Nēryōsang, 아베스타어 나이리요.상하)과 태초의 낙원의 왕 잠(이마)[2]의 호위를 받았는데, 낙원에다 아마흐라스판드 바흐만(아베스타의 보후 마나. — 옮긴이)과 아르드바히쉬트(아베스타의 아샤 바히쉬타. — 옮긴이)는 "사람의 키만 하고, 신선하고 매우 아름다운" 하오마 줄기를 만들어 높은 나무 위에 놓았다. 포우루샤스프가 두그도브와 결혼한 후, 바흐만과 아르드바히쉬트는 초원을 걷고 있는 그를 만나 이 나무로 그를 이끌었다. 최고의 아름다움을 갖춘 홈(하오마)을 보고 그는 그것을 가지려고 나무를 넘어뜨리려 했다. 그러나 대신 바흐만이 그가 나무에 올라 하오마를 가질 수 있도록 도왔고, 그는 그것을 가져와 아내에게 주었다. 그동안 조로아스터의 육체, 즉 탄-고르는 호르다드(하우르바타트)와 아무르다드(아메레타트), 즉 물과 식물의 주에게 맡겨져 있었다. 그들은 인간과 가축이 즐겁도록 구름으로 하여금 풍성하고 따뜻한 비를 내리도록 했다. 바흐만과 아르드바히쉬트의 조언을 받아 포우루샤스프는 어린 암소 여섯 마리를 끌고 나가 풀을 뜯겼다. 그들은 새끼를 낳지도 않았으면서 젖통에 젖이 가득 찼는데, 그 속에 비가 키운 풀을 통해 받아들여진 예언자의 탄-고흐르가 있었다.(물과 식물의 주에게 맡겨졌다는 것은 물과 식물 안에 있다는 뜻이다. ─ 옮긴이) 포우루샤스프는 두그도브가 젖을 짜도록 새끼 암소들을 집으로 데려갔고, 그 자신은 홈 줄기를 으깨어 우유와 섞고는 두그도브와 함께 마셨다. 그리하여 조로아스터의 크와르, 프라바흐르, 탄-고흐르가 바흐만과 아르드바히쉬트와 호르다드와 아무르다드의 행동과 그들의 창조물들을 통해 그의 어머니의 몸에서 결합되었는데, 그동안 샤흐레바르(크샤트라)와 스펜다르마드(스펜타 아르마이티)는 하늘과 땅을 통해 이 위대한 사건의 무대를 제공했다. 그리하여 세상에서 예언자의 존재로 인해 치유가 일어나서 그가 자라는 동안 물과 식물이 재생하고 번성했으며, 아흐리만은 놀라서 물러났다.[3]

조로아스터의 존재에서 세 요소의 중요성은 크와르와 프라바흐르와 탄-고흐르를 통해 그가 "사제, 전사, 목부의 서품을 받았기"[4] 때문이라는 의견이 제시되었다. 야쉬트 13.89에서 그에게 이 세 직업이 주어지며, 전승에서도 이 가지가 특히나 강조된다. "포우루샤스프는 자르두쉬트에게 말했다. '나는 사제이자 전사이자 목부 아들을 얻었다고 생각했다.' 그러자 자르두쉬트가 대답했다. '나는 당신의 아들이자 사제, 전사이자 목부입니다.'"[5] 신의 은총으로 해석되는[6] 크와르는 사제직을 나타내며, 적으로부터 보호하는 무예의 프라바흐르는 전사를 표상하고, 식물을 통해 소로 전달된 탄-고흐르는 목부를 표상한다고 여겨졌다. 이렇듯 그의 기적적인 탄생을 통해 예언자는 인간 사회 전체를 대표하게 되었다. 그리고 물질적인 창조물들이 그의 탄생에서 역할들을 담당했으므로 그의 탄생 이야기는 프라셰기르드(부흥)를 위해 분투하는 과정에서 인간과 자연이 심오한 동맹을 맺는다는 조로아스터 자신의 가르침을 또한 강조한다.

조로아스터는 태어나면서 울지 않고 웃은 유일무이한 아이로 전해진다.[7] 이는 웃음과 즐거움이 신에 속하는 것이고, 눈물과 슬픔이 악마의 것이라는 예언자의 가르침에 부합하는 전승이다. 전설에는 이전에 그의 어머니를 중상했던 데브들이 이제 와서는 어떻게 사람들의 마음에 크와르를 통해 그를 둘러싸고 있는 신성한 빛이 모종의 악한 것이라는 생각을 심어 젖먹이를 해치려 했는지를 보여 주는 다양한 사건들이 들어 있다.[8] 따라서 포우루샤스프는 여러 번 아이를 버리려 했다고 전한다. 처음에 그는 아이를 장작 위에 두고 불을 붙이려 했지만, 화염이 일지 않았다. 그래서 그는 아이를 소 떼가 다니는 길에 두었다. 그러나 황소 한 마리가 아이 위에 버티고 서서 다른 소들의 발굽에 밟히는 것을 막아 주었다. 그러고 나서 아이를 말이 짓밟을 수 있는 곳에 두었더니 수말 한 마리가 똑같은 방식으로 아이를 보호했다. 그 다음은 암늑대의 굴에 던져졌는데, 이 사나운 짐승이 아이를 죽이지 않았을 뿐 아니라 자기 새끼들 중 하나로 받아들였으며, 바흐만은 아이가 젖을 물도록 암양 한 마리를 늑대 굴에 데려다주었다.(조로아스터교 전설에서 암늑대 스스로 아이에게 젖을 물릴 수는 없는데, 늑대는 다에바의 짐승으로 간주되기 때문이다.)[9]

예언자의 어린 시절에 관해 이어지는 전설들은 그의 특출한 이해력과 지혜 그리고 그가 아이였을 때부터 이미 데브 숭배를 거부했음을 말해 준다. 전설 하나는 데브들의 사제 한 명이 예언자의 아버지 집에 초대되어 음식 앞에서 형식적인 만트라를 읊은 이야기를 전한다. 조로아스터는 아버지가 언짢아할 정도로 맹렬하게 이를 반대했고, 면박을 당한 그 사제는 저주의 말을 내뱉으며 길을 나섰다가 말에서 떨어져 죽고 말았다.[10] 다른 곳에서와 마찬가지로 여기에서도 데브들 숭배에 대한 예언자의 적대감은 전적으로 그가 숭배되는 존재들(데브들)의 사악함으로 간주하는 것 때문이지 그들이 숭배되는 방식 때문이 아닌 것으로 나온다.[11]

오늘날 조로아스터교도들 사이에서 가장 잘 알려진 데다 가장 유행하는 전설들은 예언자가 비쉬타스프를 개종시킨 일에 관한 것들이다. 전하는 바에 따르면 비쉬타스프의 궁정에서 그는 카야그들(kayags)과 카라브들(karabs)(즉 카비들과 카라판들)의 적대감에 부딪혔는데, 커다란 회합해서 그는 그들과 논쟁을 벌였다고 한다. 이 전승은 사실에 기반했을 가능성이 큰데, 비쉬타스프는 틀림없이 자신의 사제와 예언자들을 가졌을 테고, 그들이 신성한 권위를 주장하는 새 예언자를 반길 리 없었을 것이기 때문이다. 사흘 동안의 논쟁 끝에 조로아스터가 이겼다고 전하지만 그의 적들은 오히려 비쉬타스프에게 그를 중상했고, 왕은 그를 감옥에 넣어 버렸다. 그는 갑자기 마비가 온 비쉬타스프의 애마를 치료하여 감옥에서 풀려났을 뿐 아니라 가르침을 기꺼이 얻으려는 왕의 마음도 얻었다. 딘카르드에서는 분명히 잘 알려진 것이었을 전설 하나를 암시적으로 언급하는데,[12] 상세한 내용은 대중적 공상의 결과물로 보이고, 단지 후대의 자르두쉬트 나마(zarduštNām)에만 등장한다.[13] 이 설에 따르면 예언자는 말의 다리를 하나씩 고치면서 왕으로부터 구체적인 양보를 얻어 냈다. 첫 번째 양보는 비쉬타스프 자신이 이 신앙을 받아들여야 한다는 것이었다. 두 번째는 그의 아들 이스판디야르(스펜토다타(Spentōdāta))가 이 신앙을 위해 싸워야 한다는 것이고, 세 번째는 왕비 후토스(Hutōs, 후타오사) 역시 개종해야 한다는 것이고, 마지막 네 번째는 예언자를 중상한 자들의 이름을 밝혀내 죽이라는 것이었다. 이 네 바람이 허락되자 말은 다시 뛰어올랐고, 네 다리 모두 멀쩡해졌다.

　이제 자신의 차례가 되자, 비쉬타스파는 기꺼이 자기 믿음을 확립하기 위해 조로아스터에게 네 가지 부탁을 했다고 한다. 이에 관한 자세한 내용 역시 자르두쉬트 나마에만 등장하지만 파흘라비 서적들에 나오는 암시들은 더 오래된 전승이 있었음을 증명한다. 첫 번째 부탁은 비쉬타스프 자신의 최후의 운명과 내세에서 차지할 자리를 알아야 한다는 것이었다. 두 번째는 자신의 몸이 어떤 공격도 견뎌야 한다는 것이고, 세 번째는 자신이 과거와 현재와 미래의 모든 일을 알아야 한다는 것이고, 네 번째는 그의 영혼이 부활의 순간까지 자신의 몸을 떠나지 않아야 한다는 것이었다. 예언자는 넷 모두를 일단 인정했지만, 비쉬타스프 자신은 오직 한 가지만 실제로 누릴 수 있다는 조건을 내걸었다. 왕은 첫 번째를 선택했고, 곧바로 바흐만과 아르드바히쉬트와 오흐르마즈드의 불의 방문을 받았는데, 그들의 빛이 그와 신하들에게 두려움을 안겼다. 비쉬타스프는 아르드바히쉬트에게서 망(mang)과 섞은 홈 즙이 든 사발 하나를 받았다. 음료를 마시고 나서 그는 의식을 잃었고 환상 속에서 내세에서 그를 기다리고 있는 하늘의 영광을 보았다.[14] 정신을 차린 후 그는 새 가르침을 온 마음으로 받아들였으며, 왕비도 그렇게 하도록 설득했다. 이것이 딘카르드에 간략히 언급된 전부이다. 자르두쉬트 나마에서는 예언자가 비쉬타스프에게 약속한 나머지 세 가지가 어떻게 실행되었는지 알려 준다. 비쉬타스프의 아들 페쇼탄(Pešōtan, 페쇼타누(Pəšōtanu))이 조로아스터로부터 우유 한 잔을 받아 마시고 불사의 존재가 되었다.[15] 그의 재상 자마스프는 모종의 향을 들이켜고는 모든 지식을 얻었고, 용감한 이스판디야르는 석류를 먹고는 난공불락의 몸을 얻어 신앙을 수호할 수 있었다. 이 이야기는 이라니 조로아스터교 공동체에서 사랑받고 반복되는데, 그들은 (이야기에 나오는 사람들이) 은총을 얻는 매개 물건들(우유, 향, 석류 등)과 그들이 숭배와 감사의 의미로 행하는 작은 예배 아프리나간에 올리는 제물들을 연결시켰다. 홈과 망은 과일주에 의해 대표된다고 여겨졌다. 우유는 항상 있었으며, 향(보(bōy))은 불에 제물로 바쳐졌고, 영원의 상징 석류는 축복받은 과일들 중 최고로 칭송되었다. 그러므로 이 네 선물의 전설은 평신도들에게 매우 익숙한 이 예배의 제물들에게 특히 조로아스터교적인 중요성을 부여하고, 그들에게 자신들의 신앙의 기원을 더 가르치기 위해 만들어진 것이라 볼 수 있을 듯하다.(다소 비슷한 발전 과정에 의해 이라니들은 바라쉬놈(barašnom, 정화 의식)에 이은 아홉 밤의 은둔이 조로아스터가 중상을 받아 투옥된 일을 기념하기 위해 창설된 것이라고 한다. 그러나 이 유추는 비교적 최근에 고안된 듯한데, 리바야트에 이에 관한 언급이 전혀 없고 파르시들은 이에 대해 전혀 알지 못하기 때문이다.)

　　조로아스터의 아들에 관한 전설들은 더 깊은 수준까지 닿는데, 아베스타 자체에 의해 증명된다. 그리하여 그가 낳은 세 아들은 자연스럽게 사회의 세 계급을 창설하고 표상한다고 전해진다. 맏이인 이사트.바스트라(Isat.vāstra)는 조로아스터의 첫 아내에게서 나서 사제 계급의 우두머리로 간주되었고, 두 번째 아내에게서 난 흐바레.치트라(Hvarə.čithra)와 우르바타트.나라(Urvatat.nara)는 각각 전사와 농민 계급의 우두머리로 여겨졌다.[16] 흐바레.치트라(혹은 아마도 그의 프라바쉬)는 비쉬타스파의 아들 불사의 페쇼타누가 사령관으로 있는 군대를 이

끌 것이다.[17] 그리고 우르바타트.나라는 좋은 초지를 가진 이마 왕국의 "판결의 주인(아후 혹은 라투)"이다. 이는 다신교 이란의 신화들 중 하나가 조로아스터교화된 하나의 예이다.[18] 일반적으로 조로아스터의 아들들에 관한 발전된 서술들은 고대 이란의 전승 및 전설 들의 유산과 새로운 종교적 믿음들의 뒤섞임을 보여 준다.

이런 뒤섞임은 세 아들이 조로아스터의 유복자로 태어났다고 말해지는 부분에서 가장 확연하게 드러난다. 삼형제가 있었다는 믿음은 분명 점진적으로 발전한 것으로 보이며, 일부는 역사적 삼형제들과의 유비를 통해, 일부는 모든 사물을 삼중으로 만드는 조로아스터교의 경향 때문에 발전한 것으로 보인다. 원래의 전설의 내용은 다음과 같아 보인다. 마침내 "유한한 시간"이 끝날 때 조로아스터의 씨에서 아들 한 명이 태어난다. 이 씨는 기적적으로 한 호수 안(아베스타에는 칸사오야 호수로 나온다.)[19]에 간직되었는데, 9만 9999명의 공정한 프라바쉬들이 이 씨를 지켰다고 한다.[20] 프라쇼.케레티가 가까워질 때 한 처녀가 호숫가에서 잠을 자다 예언자의 아이를 가지고 아들을 낳으니 바로 아스트바트.에레타(Astvat.ərəta), 즉 "올바름을 실현할 이"이다. 아스트바트.에레타는 사오쉬얀트, 즉 "다에바들과 (다에바들의) 사람들을 물리치고" 프라쇼.케레티를 가져다줄 구원자이다. 그리고 그의 이름은 야스나 43.16에 나오는 조로아스터 자신의 말 아스트바트 아셈 히야트(astvaṭ ašəm hyāṭ), 즉 "올바름이 구현되기를"에서 파생된 것이다. 이 위대한 메시아적 인물, 우주의 구원자에 관한 전설은 자신의 뒤를 이어 등장할 "선함 이상으로 위대한" 이(Y. 43.3)[21]에 대한 조로아스터의 가르침에서 파생된 듯한데, 거기에 이란인들의 뿌리 깊은 계보에 대한 존경이 작동해 미래의 구원자는 반드시 조로아스터 자신의 혈통이어야 하게 되었다. 그 결과 사오쉬얀트 이야기의 기적적인 개념에도 불구하고 그를 신격화하는 일은 벌어지지 않았고, 따라서 세계를 구원하는 과정에서 인간이 맡은 역할에 대한 조로아스터의 가르침을 어기지 않게 되었다. 구원자는 인간 부모에게서 난 인간일 것이다. "조로아스터교는…… 위대한 우주적 투쟁에서 인간에게 특별한 역할을 부여한다. 무엇보다 그것은 구원자적 역할인데, 그 전투에서 이기고 악을 일소해야 하는 이는 인간이기 때문이다."[22]

사오쉬얀트는 전적으로 인간을 표상하지만 그는 기적적인 존재로 여겨졌을 뿐 아니라 자기 아버지처럼 신의 은총, 즉 크바레나(크와르)를 거느렸다.[23] 그리고 현존 아베스타가 그에 대해 말하는 대부분은 크바레나를 찬양하는 야쉬트 19에 나온다. "우리는 강력한…… 왕의 영광에 희생을 올리나니…… 승리의 사오쉬얀트와 그의 동료를 따르며, 그들이 놀라운(fraša-) 세상을 만들 수 있도록, 나이 들지 않고 죽지 않으며, 쇠락하고 썩지 않으며, 영원히 살며, 영원히 복을 받으며, 강력한 (세상)……"(vv.88~89) "아스트바트.에레타가 칸사오야 물(호수)에서 나오면, 마즈다 아후라의 전령, 비스파.타우르바이리(Vispa.taurvairī, "모든 것을 정복한 이." — 옮긴이)의 아들(즉 아스트바트.에레타)이 강력한 트라에타오나가 아즈이 다하카를 죽일 때 지녔던, 투라 프랑라시얀이 사악한 자이니구(zainigu)를 죽일 때 지녔던, 카비 하오스라바가 투라 프랑라시얀을 죽일 때 지녔던, 카비 비쉬타스파가 적군에 대항해 아샤의 원수를 갚을 때 지녔던 승리의 무기를 휘두르며 등장하면, 그는 아샤의 세상에서 드루그를 몰아낼 것이다. 그는 지혜의 눈으로 응시할 것이며, 모든 창조물을 바라볼 것이며…… 희생제의 눈으로[24] 현상계 전체를 바라볼 것이며, 주의 깊게 온 세상을 죽지 않는 것으로 만들 것이다. 그의 동료들, 승리의 아스트바트.에레타의 동료들이 앞으로 나아가노니, 잘 생각하고, 잘 말하고, 잘 행동하며, 선량한 양심(다에나)을 가진 (이들이). 그리고 그들은 혀로 거짓을 말하지 않을 것이다. 그들 앞에서 피 묻은 곤봉의 분노, 그 불행한 것은 달아날 것이다. 아샤는 사악한 드루그, 그 소름끼치고 음산한 것을 정복할 것이다. 아카마나(Aka Manah) 또한 정복될 것이니, 보후 마나가 그를 정복할 것이다. 거짓되게 말해진 (말은) 정복될 것이니, 진실하게 말해진 말이 그것을 정복할 것이라. …… 하우르바타트와 아메레타트에게 굶주림과 갈증이 정복될 것이니, 하우르바타트와 아메레타트가 사악한 굶주림과 갈증을 정복할 것이다. 악한 짓을 벌이는 앙그라 마이뉴는 달아날 것이며, 힘을 빼앗길 것이다."(vv. 92~96)

이 절들은 미래의 구원자라는 조로아스터교의 개념이 어떻게 "아베스타" 민족의 고대 영웅 이야기들과 관계를 맺는지, 그리하여 아스트바트.에레타가 인간이든 야수든 어떤 강력한 적에 대항하여 싸웠던 용맹한 전사들 모두의 최고봉으로 여겨지게 되었는지 훌륭하게 보여 준다. 이 발전 과정이 분명 상대적으로 이른 시기, 즉 프랑라시얀 본인이 악의 대표 격으로 지위가 하락하기 전[25] 그리고 분명 아즈이 다하카가 죽지 않고 달아나 최후의 결전을 기다린다는 전설이 만들어지기 전에 일어났다는 것도 인상적이다.(이 사실은 이란의 차꼬 채워진 아즈이 다하카 신화와 북유럽의 차꼬 채워진 로키 신화 사이에 어떤 인도·유럽적인 관계가 있을 가능성을 더욱 줄인다. 이란의 신화는 훗날 조로아스터교의 학구파적 작업의 산물일 가능성이 커 보이며, 이는 모든 악의 세력의 대표자들이 최후의 날 다시 한데 모여 결국 패하고 만다는 하나의 양상을 만들어 냈다.) "사오쉬얀트는 현상계 전체에 이익(savah-)을 가져다줄 최후의 전사로서[26] 싸우는 영웅일 뿐 아니라 조로아스터의 아들임이 걸맞은 이로서 "희생제의 눈으로" 창조물을 보고 그것을 신성하게 만들고 부활시켜 영원히 죽지 않도록 하는 사제이다.

아스트바트.에레타는 "인류가 성취할 수 있는 최고점"을 표상하므로,[27] 파르바르딘 야쉬트에 나오는 남성 아샤반의 긴 목록의 각 부분은 그의 프라바쉬를 호명하는 것으로 끝맺는다.(Yt. 13.110, 117, 128) "지상으로 태어난 모든 이들의 프라바쉬들의 합이 "가요.마레탄에서 사오쉬얀트까지 모든 아샤반들의 프라바쉬들"이라는 표현에 망라되어 있다.(Yt. 13.145) 아베스타 텍스트는 개인 사오쉬얀트를 알지 못하기에, 아스트바트.에레타 대신 다르게 부른다. 그러나 야쉬트 19.95에는 그의 동료들이 언급되어 있다. 야쉬트 13.128에서 그에 앞서 나오는 여섯 이름들은 파흘라비 서적 다데스탄 이 디니그에 크바니라타를 둘러싸고 있는 여섯 케쉬바르에서 그의 일을 완수할 조력자들로 나온다.[28] 이 구절에 처음 관심을 가진 다르메스테터[29]는 이 여섯 이름은 사실 여섯 크바레나에 대한 대칭적 대응을 보여 주며, 마찬가지로 정연한 짝으로 등장함을 지적했다. 인명과 그에 대응하는 지명의 목록은 다음과 같다.

로차스.차에쉬만(Raočas.čaešman)|아레자히(Arəzahi)
흐바라.차에쉬만(Hvara.čaešman)|사바히(Savahi)


프라다트.크바레나(Frādat.khvarənah)|프라다드.아프슈(Fradadh.afšu)
비다트.크바레나(Vidhat.khvarənah)|비다드.아프슈(Vidadh.afšu)


보우루.네마(Vouru.nəmah)|보우루.바레쉬티(Vouru.barəšti)
보우루.사바(Vouru.savah)|보우루.자레쉬티(Vouru.jarəšti)


다르메스테터가 말했듯이 이름들 간의 대응 관계가 파르바르딘 야쉬트에 나오는 여섯 영웅들이 단순히 여섯 케쉬바르를 표상한다고 확신할 정도로 강하지는 않다. 그러나 마지막 두 쌍의 놀랄 만한 대칭성으로 인해 이 가능성은 매우 커지는데, "크바니라타에 사오쉬얀트 한 명이 있다면, 나머지 여섯 케쉬바르에 대표자들을 두는 것이 마즈다주의의 정신에 꼭 부합하기" 때문이다.[30] 그러나 이 정신은 조로아스터의 초기 교의라기보다는 훗날의 사제들의 학구주의적인 것이다.

이들 여섯과 마지막 사오쉬얀트 자신의 이름 사이에 이름 둘이 더 있는데 우크쉬야트.에레타(Ukhšyat.ərəta)와 우크쉬야트.네마(Ukhšyat.nəmah)인데, 각각 "올바름이 자라도록 하는 이"와 "경배가 자라도록 하는 이"이다. 앞선 것들과 마찬가지로 이 이름들에 후대의 전승이 덧붙고, 그리하여 아스트바트.에레타의 형제들인 더 이른 시기의 두 사오쉬얀트의 신화가 만들어지게 된 듯하다. 이들 셋과 짝을 이루기 위해 아샤반 여성들의 프라바쉬들의 목록 *끄트머리 야쉬트* 13.142에 세 여성의 이름이 등장하는데, 그 마지막이 에레다트.페드리(Ɜrədat.fədhrī), "아버지에게 성취를 가져다주는 이"이다. 이 이름은 분명 조로아스터의 임무를 완수할 그의 아들을 가지는 일에서 (자식의) 소유자(즉 조로아스터)의 역할을 표현하기 위해 만들어진 듯한데, 그녀는 사오쉬얀트 아스트바트.에레타의 처녀 어머니이기 때문이다. 아들의 역할 때문에 그녀는 비스파.타우르바이리, 즉 "모든 것을 정복하는 이"라고도 불린다. 그녀의 이름 앞에 나오면서 그 이름을 본뜬 것이 분명한(문법적으로나 의미적으로 약간 어색한) 두 이름이 스루타트.페드리(Srūtat.fədhrī), 즉 "유명한 아버지를 둔 이"와 방후.페드리(Vaŋhu.fədhrī), 즉 "선한 아버지를 둔 이"이다.[31] 그러한 모방적 이름들은 자연스레 어느 때든 누구든 아베스타어에 대한 지식을 얼마간 가진 사제에 의해 고대의 텍스트에 도입될 수 있었다. 파흘라비 서적들에 간직된 것과 같은, 완전한 형태의 전설은 다음과 같다. 조로아스터는 세 번째 아내 흐보비에게 세 번 다가갔다. "매번 씨가 땅바닥에 떨어졌다. 야자드 네리요상이 씨의 빛과 힘을 가져다 야자드 아나히드에게 지키라고 맡겼고…… 데브들이 이를 파괴하지 못하도록 공정한 프라바흐르 9만 9999명이 이를 보호하라고 뽑혔다".[32] 그리하여 씨는 물의 야자드에게 맡겨져 카얀시(Kayānsih, 칸사오야) 호수에 간직되었는데, 거기에서는 "지금도 호수 바닥에서 등불 세 개가 타는 것이 보인다."[33] 그리고 시간이 지나자 야쉬트13.142에 이름이 불린 이 세 처녀들이 그 호수에서 목욕을 하고, 조로아스터의 아들을 한 명씩 가지는데 이 셋의 아들들은 각각 구원의 역사를 진작시키는 데 역할을 가지게 된다.[34] 앞의 두 처녀는 조로아스터가 첫 아내에게서 얻은 맏아들 이사드바스타르(Isadvāstar)의 후손이라고 한다.[35] 이는 정교하게 꾸며진 이 전설의 작위성을 더한층 보여 주는 징표이다. 이 발전 과정은 조로아스터교 특유의 크바에트바다타(khvaētvadatha, 근친혼. — 옮긴이)를 소개한다.

이리하여 세 배가 된 구원자 도래 전승은 우주적 역사의 얼개 안에 놓이게 되는데, 그에 따르면 "유한한 시간"은 1000년 단위로 구분되는 "세계년"과 같은 것으로 간주된다. 이 세계년 개념은 원래 전 시간을 통틀어 단조롭게 반복되는 "거대 연(great years)"에 대한 바빌로니아의 추론에 속하는 것이라고 여겨진다.[36] 이 전설의 이러한 발전 과정을 고려하면서 우리는 따라서 신앙의 역사 이후의 기간, 즉 서부 이란에서 신앙이 받아들여진 이후의 시기로 진입한다. 조로아스터교의 텍스트들마다 세계년이 몇 천 년으로 구성되어 있는지에 관해 진술이 다르다. 어떤 텍스트는 9000년(3 곱하기 3은 조로아스터교에서 선호하는 숫자이다.)이라 하고, 어떤 텍스트는 자연력의 열두 달과 황도12궁에 맞춰 1만 2000년이라 한다.[37] 그러나 원래 숫자는 6000년이다가,[38] 학파들이 구조를 정교화함으로써 9000년 혹은 12000년으로 늘어났다고 볼 근거가 있다. 확실히 지상의 모든 일이 벌어진다고 제시되는 시간은 오직 마지막 6000년간이다.[39] 분다히슌에 보존된 1만 2000년 구간 전체의 구조는 다음과 같다. 첫 3000년 동안 오흐르마즈드는 아흐리만의 존재를 인식하게 되고, 그의 전지全知함으로 반드시 벌어질 싸움을 인지하고는, 자신의 창조물들을 메노그 상태로 만들어 냈다. 아흐리만은 언제나 한발 늦게 아는 것에 괴로워하며, 이어서 오흐르마즈드를 인식하고, "해치려는 욕망과 악한 본성 때문에"[40] 오흐르마즈드와 그의 창조물을 공격했다. 공격이 소용이 없자 그는 "어둠으로 달아나, 창조물을 파괴하는 자들, 즉 데브들을 기형으로 만들어 냈다."[41] 그때 오흐르마즈드는 평화를 제안했으나, 그의 악의적 적수는 이를 거부했다. 그러자 오흐르마즈드는 이 "혼잡의 상태(pad gumēzišn)",[42] 즉 이어지는 9000년 동안 둘이 경쟁하자고 제안했다. 그 결과가 어떨지 미리 알 수 없었던 아흐리만이 이 제안을 받아들여 둘 사이의 조약이 성립되었다.(합당하게도 이 조약은 약속의 주 미트라가 감시한다.)[43] 이에 따라 이어지는 3000년 동안 오흐르마즈드는 창조물들에게 육체적 존재(pad gētīg)를 부여했고,[44] 세 번째 3000년이 시작될 때, 즉 6000년에 아흐리만이 공격을 개시해 세상에 죽음과 악을 가져왔다. "그러나 이를 예견한 아후라 마즈다는 두 번째 구간이 시작될 때 이미 조로아스터의 프라바쉬를 만들어 두었다. …… 그리고 그리하여 구원의 역사를 개시했다."[45] 세 번째 구간이 끝날 때 예언자는 게티그 상태로 태어나며, 9000년, 즉 네 번째 구간이 시작될 때 그는 선한 종교의 계시를 받고, 구원을 위한 마지막 싸움이 벌어진다.[46]

이 마지막 구간에 세 소쉬얀트(사오쉬얀트), 즉 조로아스터의 아들들이 태어나 각 천년기의 끝까지 살며(1만, 1만 1000, 1만 2000년) 각자구원 역사에 공헌한다. 그러나 이렇게 세 겹이 된 도래할 구원자에 대한 희망은 상당히 이질적인 전승과 엮이는데, 이 전승은 조로아스터의가르침 훨씬 이전의 이란에서 이러저러한 형태로 존재했던 듯하다. 이전승은 세계의 다른 민족들 사이에서도 널리 확인되는데, 내용인즉한때 지상에 황금기가 있었고, 그 행복과 복지의 절정에서 인간은 계속해서 타락하여 문제와 슬픔으로 가득한 현세에 이르렀다는 것이다. 이 전승은 원래 오흐르마즈드에 의해 완벽하게 창조된 창조물이 아흐리만에 의해 타락했다는 교리와 쉽사리 화합할 수 있었다. 그러나 이는 조로아스터교의 근본적 낙관론, 즉 예언자가 계시를 받은 후에는 선한 종교의 지식이 점진적으로 퍼지고 그리하여 인간은 점차 올바르게 되며, 결국 프라쇼.케레티에 가까워진다는 교리와 상충한다. 그러나 하강과 타락을 구체화한 더 이른 시기의 예언 문학이 다신교도 이란인들 사이에서 존재한 것은 확실하고, 이 전승은 이마왕의 황금기에 관한 전설을 포함했다. 그리고 고대 이란(의 전통)은 그토록 완고해서, 시간이 지나자 조로아스터교 사제들은 스스로 새로운 예언 문학을 만들어 냈는데, 거기에서는 비관론과 낙관론 두 세계관이 네 번째세계년 구간 동안 천년기마다 반복되는 양상으로 조화를 이룬다. 이예언 문학은 현존 파흘라비 텍스트 중 잔드 이 바흐만 야쉬트(zand ī Vahman Yašt)와 자마스프 나마그(Jāmāsp Nāmag)에서 가장 잘 확인되지만, 다른 저작들에도 광범위하게 흔적을 남겼다.[47]

바흐만 야쉬트에서는 예지몽을 통해 예언을 얻은 것으로 나온다.(문자 이전의 민족들 사이에서 예지몽 문학은 광범위하게 예언과 결합된다.)[48] 조로아스터는 꿈에서 일곱 개의 가지가 자라나는 나무를 보았는데, 오흐르마즈드 자신이 조로아스터에게 다음처럼 꿈의 의미를 해석해 주었다.[49] "오, 스피타만 자르두쉬트, 그대가 둥치를 본 그 나무는 나 오흐르마즈드가 창조한 것이다. 그대가 본 일곱 가지는 앞으로 다가올 일곱 시대이다. 황금의 시대는 비쉬타스프왕이 통치하는 시기고…… 은의 시대는 스펜토다드의 아들, 바흐만이라 불리는 카이(Kay) 아르다시르가 다스리는 시간이며……[50] 구리의 시대는 아르사케스(Arsacid) 왕조의 왕 (발라크쉬(Valakhš))의 치세인데, 그는 세상에 존재하는 이단들을 제거할 것이다.[51] …… 황동의 시대는 아르다시르(사산조의)와 (그의 아들) 왕 샤부르(샤푸르), 그리고 아두르바드(Ādurbād)의 치세…… 진정한 통치의 시대이다. 납의 시대는 왕 바흐람 고르(Vahrām Gōr)의 치세로, 그는 기쁨의 정신을 확연히 드러낼 것이다. 강(steel)의 시대는 카바드(Kavād)의 아들 코스라우(Khosrau)의 통치기이며…… 철(iron)의 시대는 봉두난발을 한 분노의 씨앗 다에바들이 통치하는 시대니, 오, 스피타만 자르두쉬트, 그대의 천년기의 끄트머리이다." 딘카르드에 보존되어 있는 예언 요약본(실전된 아베스타어 슈드가르 나스크(Sūdgar Nask)를 전거로 한 것이다.)에 따르면,[52] 금·은·강·철 네 시대만 존재했다. 네 금속의 시기에 관한 전승은, "인류의 점진적인 타락을 표시하는 것으로서, 고대에 유행했고 그 연원은 아주 오래되었다. 이것은 헤시오도스 시절 그리스에 수용되었으니, 다시 말해 서기전 9세기이다. ……"[53] 이란에서 연이은 시대를 금속과 결합시키는 것은 외국, 즉 헬레니즘의 영향 때문일 가능성이 있고, 마찬가지로 네 시대를 일곱으로 늘린 것도 외국과의 접촉의 결과일 수 있는데, 이 경우는 "거대년"을 일곱 행성과 결부시켜 "일곱 시대"를 만들어 낸 바빌로니아 점성술가들이다.[54]

바흐만 야쉬트의 정교한 구조 안에 추가된 세 시대(구리, 황동, 납)

는 암울한 오늘날 철의 시대 앞에 삽입되었는데, 파홀라비 개정자들에게 이 철의 시대는 외국 지배의 시기, 즉 분노의 자식들인 아랍인 지배 치하였다. 세세하게 어떤 차이가 있든 모든 판본에서 예언의 일반적인 양상은 똑같은데, 시대를 거듭할수록 인간의 삶의 수준과 주위 세계의 환경 조건은 모두 꾸준히 하락하는데, 이 하락은 고귀하고 영웅적인 인간들에 의해 가끔씩 저지되지만 결코 전면적으로 제지되지는 못한다. 마지막 철의 시대는 인간들에게는 "밑바닥의 시간"일 뿐 아니라[55] 땅 자체가 줄어들고 흉년이 들고 비는 줄어들고 동물의 발육은 저해된다.[56]

이 음울한 예언은 잘 알려진 고대 문학의 한 장르로서 "예언적 역사"로 불리는데,[57] 다시 말해 누군가에 의해 먼저 말해진 역사로서, 그 누군가는 대개 예언자이거나 신이며, 그는 묘사된 사건이 일어나기 훨씬 전에 그것을 말하는 이로 나온다. 그 역사 자체는 "일반적으로 대개 왕의 계보로 구성"되지만, 또한 "광폭한 재해를 말하는 널리 알려진 예언들도 있는데, 때로는 세상의 종말과 관련된 것이다."[58] 이 일반적 유형에 속하는 다신교 시절 이란의 예언적 전승은 조로아스터교의 낙관론에 맞춰 수정되어 다음처럼 "세계년"의 양상에 들어맞게 만들어졌다. 즉 창조의 시간은 순수하게 선한 시절이었고, 그래서 "유한한 시간"의 첫 6000년은 처음에는 메노그 상태로 그러고 나서 게티그 상태로 흘렀는데, 이것이 황금 시대를 이룬다. 그러고 나서 아흐리만이 공격을 시작했고, 악의 시간이 시작된다. 첫 번째 천년기가 끝날 때(즉 7000년) 잠(이마)이 이승을 떠나고, 다하크(Dahāk, 아즈이 다하카)의 학정 아래 상황이 더욱 참혹해진다. 1000년 후 다하크는 프레돈(Frēdōn, 트라에타오나)에 의해 극복되고, 그 후로는 상승의 움직임이 다시 시작되어 이 3000년 기간의 끄트머리에 조로아스터의 탄생으로 절정에 이르는데, 9000년에 그의 나이는 서른이었다.

다음 3000년 동안 처음의 선함에 이은 타락과 회복이라는 양상이 대개 세 번 되풀이되어, 비통한 예언과 희망의 메시지 모두를 위한 충분한 기회를 제공했다. 그리하여 "조로아스터의 1000년"(9000~1만년)은 예언자가 서른 되던 해에 그에게 선한 종교의 계시가 내려짐으로써 영광스럽게 시작되었지만, 이 황금기에 연이은 하락의 시대가 이어져 오늘날 그 모든 도덕적·우주적 악이 가득 찬 철의 시대로 추락했다.[59] 이 천년기의 마지막에 다가가면서 한 구원자가 카이 비쉬타스프의 아들 페쇼탄의 모습으로 나타날 텐데, 그는 불사의 몸을 선물로 받은 이이며, 그리하여 신앙의 초기를 살았던 한 인간(여기에는 카이 비쉬타스프와 물론 예언자 자신도 포함된다. — 옮긴이)에게서 태어난 미래의 구원자라는 반복되는 주제가 소개된다. 페쇼탄은 올바른 이 150명과 함께 질서와 신앙을 회복할 텐데, 이 투쟁에서 그는 특정 야자타들의 도움을 받으니, 바로 네리요상과 스로쉬(Srōš), 미흐르, 라슨(Rašn), 바흐람, 아쉬타드(Aštād)와 크와르가 그들이다.[60] 예전에 조로아스터를 위해 프레돈이 그랬듯이 그는 세상을 다시 한번 청소할 것이며, 조로아스터의 아들이자 첫 번째 사오쉬얀트인 우셰다르(우크쉬야트.에레타)를 위한 길이 준비된다. 1만 년(1만 번째 연) 그의 천년기가 시작될 때 그 또한 서른 살이다. 그는 조로아스터가 가져온 계시를 회복할 것이며, 모든 창조물은 축복받은 3년 동안 번성할 것이고, 늑대의 종들은 사라질 것이고, 창조의 시간에 그랬듯이 해는 열흘 동안 정오에 머물러 있을 것이다.[61] 이 천년기가 끝날 때 타락이 다시 시작되는데, 적이 국가와 종교를 억압하기 위해 이란으로 쳐들어오든지[62] 사람과 짐승을 쓸어 버릴 거대하고 끔찍한 겨울이 도래한다.[63] 이는 말쿠스(Malkūs)의 겨울인데, 이마를 바르(var)로 쫓겨 들어가도록 한 아베스타의 마흐르쿠샤(Mahrkūša), 즉 "파괴자(앞에 나온 그 겨울)"를 본떠 부른 것이다.[64] 이제 사건들은 완전히 한 바퀴 돌아, 열한 번째 천년기가 끝나 갈 때 이마의 바르가 다시 한번 열리고, 그로 인해 세상에는 다시 인간들이 살게 되고, 두 번째 사오쉬얀트 우셰다르마(Ušēdarmah, 우크쉬야트.네마)의 탄생을 위한 새 황금기를 창조하게 된다.[65] 그 또한 1만 1000년 새 천년의 새벽이 밝을 때 서른 살이었다. 그러나 이번에 세상은 6년 동안 축복을 받고, 태양은 20일 동안 정오에 정지된 상태로 있을 것이며, 크라프스타르들(khrafstars, 해로운 생물체들)은 멸종하고, 인간은 더 친절해지고 오직 식물만 먹다가 결국 물만 마시게 될 것이다.[66] 그러나 다시 한번 악이 되살아날 것이다. 여덟 번째 천년기 끝에 묶였던 아즈이 다하카가 속박을 풀고 세상을 파괴하는데, 사람과 짐승을 잡아먹고 물과 불과 식물을 파괴한다.[67] 그러나 카르샤스프(Karšāsp, 케레사스파)가 그와 싸우고자 들고 일어나고,[68] 잠자고 있던 카이 코스라우(카비 하오스라바)와 그의 동료들도 이 싸움에 동참할 것이다.[69] 그리하여 세 번째 구세주, 파흘라비 서적들에는 간단히 소쉬얀트로 알려진 이를 위한 길이 준비되는데, 그는 프라셰기르드의 새벽보다 57년 앞서 태어난다.[70] (이 숫자는 조로아스터에게 그랬던 것처럼 구원자들 각각이 역사에 착수하기 전에 배정된 나이 30에, 아홉을 세 번 거듭한 27, 즉 프라셰기르드를 불러오기에 적합한 상서로운 숫자를 더해서 이뤄진 것으로 보인다.) 소쉬얀트의 길잡이 역할을 아리야만이 맡을 것이고,[71] 해는 그를 위해 30일 동안 멈춰 있을 것이다.[72] 그러고 나서 최후의 결전이 벌어지고 부활이 실현된다. 부활은 가요마르드가 일어남으로써 시작되고,[73] 모든 인간들의 몸이 일어나 그들의 영혼과 재결합하면 "이사드바스타르의 회합", 즉 조로아스터의 큰 아들이 주관하는 회합이 열리는데,[74] 그리하여 그는 막내이자 가장 위대한 형제와 연결된다. 최후의 심판이 벌어지고, 지상에서 악이 일소될 것이며, 프라셰기르드가 완수되어, 세상에서 영원히 죽음은 없을 것이다."[75]

　　9세기 파홀라비 서적들에 의해 제시된, 이렇게 종결된 우주 역사의 구조는 분명 사산조 이후에 마지막 가필加筆을 겪은 듯하다. "세 개의 시간"만 있고 두 번째 시간 동안 조로아스터교가 확산되고 사오쉬얀트가 도래한다는 조로아스터 자신의 예지의 단순한 위용이 이 구조(파홀라비 서적들의 우주 역사 구조) 안의 기본 얼개를 제공한다. 그러나 그 얼개는 심하게 정교화되고 부가물로 덧씌워졌다. 자세한 연대기가 만들어짐으로써 빈 천년기들을 채울 인물들과 사건들의 확장을 고무한 듯하다. 그리고 다시 한번 이 추가된 내용들의 반복성은 바빌로니아의 "거대년" 개념으로부터 어떤 영향을 받았을 가능성이 있다. 바빌로니아인들의 세계의 영원함을 믿었고, 행성들의 끊임없는 영향력이 "연들의 거대한 순환이 끝날 때……(즉 거대년이 끝날 때. ― 옮긴이) 끝없는 시대를 내려가며 똑같은 현상이 반복될 것이라고 생각했다. 현재 우리와 똑같은 인류가 새로 태어날 것이며, (우리와) 똑같은 자질을 부여받은 개개인은 정확히 똑같은 행동을 할 것이다. 하나의 '거대년'이 끝나면 또 하나의 '거대년'이 시작될 것이고, 그것은 선행 거대년을 정확히 되풀이할 것이다."[76] 이는 대체로 이어지는 조로아스터교 우주 역사 6000년에 적용된다. 그러나 정통 교리와 원래 다신교의 예언 전승으로 보이는 것의 혼합으로 반복되는 사건들이 특이한 양상으로 배열되는데, 즉 선한 것이 항상 타락하고 항상 다시 회복된다. 게다가 악에 대항한 위대한 싸움에서 맡은 그들의 역할에서 보이듯이 고대의 영웅들의 이야기를 녹여 넣고 사산조 시절 사건과 인물들에 대한 언급도 통합해 넣음으로써[77] 문제가 더한층 복잡해진다. 그리고 프라셰기르드는 처음으로의 복귀이므로 알려진 모든 위대한 것들이 다시 등장할 것임을 강조하려다 보니 더한층 복잡한 정교화 과정이 더해졌다. 우리가 여기에서 받는 전반적인 인상에 따르면 최종 설명은 사제 학파들 사이에서 오랜 전수와 많은 개작을 거쳐 나온 것이며, 거기에서 유식한 사제들이 고대의 전승을 끌어들이는 한편 이를 새 틀에 맞추고 후대의 사건에 비추어 수정했으며, 그리하여 점진적으로 조화로운 전체를 만들어 낸 듯하다. 반복되는 사건 양상의 도움을 받아 이를 기억한 것이 틀림없는데, 그래서 한 천년기에 일어난 사건들은 예전에 일어났고 앞으로 일어나는 일들과 서로 연결될 수 있다. 이 구조의 성장과 정교화 과정은 젊은 아베스타에서 9세기의 파흘라비 서적들까지 그 자취를 확인할 수 있는데, 대략 2000년의 기간이다. 다시 말해 이 과정은 조로아스터교 문학이 구전으로 가꿔지고 연상 기억법의 양상이 중요했던 시절에 시작되었고, 쓰기 문화가 널리 확립될 때까지도 완결되지 않았다. 한번 만들어지자 사제들은 이것을 계속 공부하고 가르쳤다. 그래서 유럽 여행자들은 19세기 이란에서 구두로 그것에 관해 배울 수 있었다.[78] 그러나 이렇게 정교화된 구조의 세부 내용들이 얼마나 민중들의 의식으로 침투했는지는 의문이다. 페르시아 서사시는 악한 다하크가 1000년 동안 세상을 다스렸다고 한다.[79] 그러나 미래에 관한 한 보통 사람들의 희망은 한 명의 사오쉬얀트에 고정되었고, 그는 승리의 야자드 바흐람의 강력한 도움을 받을 것이라고 믿었다.[80] 그 후로 사제 학파들의 의견에 따라 전체 역사의 지겨운 순환이 두 번 더 반복되어야 한다는 일반적인 인식은 없었다. 그러므로 본질적으로 추종자들에게 지속적으로 영감을 준 것은 조로아스터 자신의 위대하지만 단순한 예지였고, 그것은 사제 식자층이 그를 통해 격상시키고자 했던 복잡함의 구름에 거의 가려지지 않았다.

조로아스터교 예언 문학은 신앙이 전반적으로 세속적인 암흑기를 겪을 때, 그래서 신자들이 기적적인 개입에 가장 큰 희망을 걸어야 했을 때 가장 발전되었다는 의견이 제기되었는데, 그 암흑기란 마케도니아와 아랍인의 지배이다. 히스타스페스의 신탁은 고전 시대 작가들의 인용을 통해 파편들로만 남았는데, 원래 더 이른 시기 문학의 한 부분일 것으로 생각된다.[81] 그리고 바흐만 야쉬트의 잔드(주석 부분)는 나중 시기(아랍 침략기)에 확대되었다. 무슬림 박해하에서 조로아스터교도들이 신앙을 유지하는 데는 사오쉬얀트의 도래에 대한 희망이 핵심적 역할을 했다. 그리고 나중에 인도에서 번성하는 그들의 형제 파르시들보다는 억압받던 이라니들이 의심할 나위 없이 이 희망에 더 열성적으로 매달렸다.

비록 바빌로니아의 영향과 아마도 있었을 헬레니즘의 영향(물론 서부의 마기들에 의해 도입되었다.)이 후대의 예언 전설의 형성 과정에서 보이지만, 그럼에도 그 안의 가장 오래된 내용들은 의문의 여지 없이 동부 이란의 것이라는 사실이 인상적이다. 조로아스터 자신이 도래할 구원자에 관한 교리를 가르친 것으로 나오는데, 미래의 구원자가 조로아스터의 씨에서 기적적으로 태어날 것이라는 전설은 아마도 이란 동남쪽 드란기아나의 신실한 군주들에 의해 강화되었을 것이다. 사오쉬얀트의 이름 아스트바트.에레타는 아베스타 민족의 것이 아닌 다른 방언에서 살아남았는데, 그들에게는 *아스트바트.아샤(Astvat.aša)로 알려졌을 것이다. 그리고 그의 전설은 동남의 하문 호수와 너무나 확고히 결부되어서, (수많은 전설의 장소를 자신들의 활동 무대인 서부로 옮겼던) 마기들도 그 장소를 결코 서부의 어떤 물과 연결시키려 하지 않았거나와 성공하지도 못했다. 그러므로 기반이 되는 전설은 신앙이 서부를 장악하기 이전, 서부의 학자들이 전설을 너무나 정교하게 꾸미기 전, 기록 이전 시기에 생겨난 것이 확실하다. 그리고 가장 단순하고 인상적인 형태에서 이 전설은 그 희망의 메시지와 더불어 조로아스터교의 가장 강력한 교리들 중의 하나가 되어, 동쪽의 불교도와 서쪽의 유대교도와 기독교도들에게 영향을 끼친 동시에 미트라교와 다양한 그노시스파(영지주의) 신앙 신자들에게도 영향을 미친 듯하다.

## 12장

# 순결법

도래할 구원자에 대한 믿음이 전승 안에서 그토록 정교하게 꾸며졌지만 결국 조로아스터 자신의 가르침에 기반한 것처럼, 순결을 유지하기 위해 고안된 수많은 예법들도 세대를 거듭하면서 확대되고 성문화되었지만 그의 교리에 뿌리를 두고 있다. 왜냐하면 가타 안에서 정신과 물질을 연결시키는 것의 논리적 귀결은, 올바름이 개별 및 전 세계적인 메노그 상태의 구원을 가져다주듯이, 순결과 청결도 게티그 상태의 일곱 창조물을 돌보는 행동으로서 프라셰기르드를 실현하는 데 도움을 준다는 것이기 때문이다. 이 창조물들은 아후라 마즈다에 의해 아름답고 무결한 상태로 창조되었다. 그래서 그의 작품을 훼손하는 모든 것, 즉 때나 질병, 녹이나 변색, 곰팡이나 악취, 병충해나 부패는 최후의 일격인 죽음과 마찬가지로 모두 앙그라 마이뉴의 무기에 속한다. 그래서 이것들 중 어떤 것이든 줄이고 내쫓는 것은 아무리 변변찮은 일이라 할지라도 선한 창조물들을 지키는 데 기여하며, 결국 그 궁극적인 부활에 기여하는 일이다. 이 기초적인 교리는 단순하고 매력적이며, 이는 일상에서 할 일을 통해 공동체의 모든 구성원들을 선한 싸움을 끝없이 수행해 나가는 일로 끌어들인다. 이는 조로아스터교의 대단한 강점들 중 하나이다. 그러나 이 가르침은 수많은 가지로 갈라지고, 사제 세대들이 이를 지지하는 행동 준칙을 정교하게 다듬어 행동과 의례 양면을 모두 연관시켰다. 현존 규정 일부는 멀리 인도·이란 시절에 기원을 둔 듯한데, 브라만들도 숭배 의례적인 순결함과 관련된 비슷한 규정을 가지고 있기 때문이다. 그러나 일상과 관련한 조로아스터교의 규칙들은 세대를 거듭하면서 확산되었다고 볼 수 있으며,[1] 결국 이는 철의 법전을 만들어 냈는데, 이것은 카스트 힌두교도와 나머지 사람들을 구분하는 것만큼이나 단단한 조로아스터교도와 비조로아스터교도를 구분하는 장벽 역할을 했다. 이 법전 안에서는 준칙이 도덕과 융합되었는데, "모든 행동과 행동 방식은 공덕을 쌓거나 죄를 짓는 것 중 하나"라는 믿음으로서[2] 중립 지대는 인정되지 않았다. 그리하여 많은 측면에서 오랜 인도·이란의 죄의 속성 관념, 즉 죄는 순전히 도덕적인 기준보다는 종교적인 기준에 의해 결정된다는 개념은 계속 유지되었다. 발전된 조로아스터교 법전의 존재는 이 '선한 종교'가 이란을 넘어 새 신도를 확보하는 데 실패하도록 했음이 분명하다. 왜냐하면 그것이 너무 엄격한 탓에 아주 어린 시절부터 그것에 익숙한 환경에서 자라서 그것을 본능적으로 받아들이는 것이 낫기 때문이다. 그러지 않으면 요구 사항이 너무 진저리나는 것으로 보일 테고, 대단히 엄격한 자기 절제가 요구될 것이다. 페르시아어 리바야트 하나에 다음과 같이 전한다. "비조로아스터교도는 천성적으로 순결에 관한 예방 규정들을 지키기에 적합하지 않다."[3] 이란의 다신교에도 똑같은 규칙들이 일부 있었으므로 이란인 개종자들에게는 이를 지키기가 덜 어려웠을 것이다.

이 문제에 관한 이전 아베스타어 텍스트가 없으니 이 신앙의 원래 예식이 무엇이고 후대에 늘어난 부분이 무엇인지 알아내기는 불가능하다. 그러나 기본적인 관습들은 다신교에서 유래하여 조로아스터의 가르침으로 크게 강화된 원초적인 것이 분명하므로, 비록 대부분의 자료들은 후대의 것이지만 이 장에서는 이 주제를 전체적으로 다루는 것이 정당할 것이다. 주요 아베스타어 자료는 벤디다드인데, 순결법의 일부만 다룬다. 그러나 여러 파흘라비어 및 페르시아어 작품들로부터 수많은 추가 자료들을 모을 수 있으니, 특히 벤디다드에 대한 파흘라비어 주석서 샤예스트 네-샤예스트(Šayest ne-šāyest)와 그 부가 텍스트 그리고 다데스탄 이 디니그를 따르는 파흘라비어 리바야트, 아르다이 비라즈 나마그(Ardāy Vīrāz Nāmag), 파흘라비어 리바야트 아두르파른바그(Ādurfarnbag)와 파른바그-스로쉬(Farnbag-Srōš) 그리고 사산조 이후 페르시아어 리바야트 등이다.(모든 리바야트들은 무슬림 시절에 그런 이름을 얻었는데, 그것은 수많은 종교 문제들에 대한 토막토막식 처방으로 이뤄져 있고, 전통적인 형식의 문답으로 된 경우도 종종 있다. 그리고 이들은 일반적으로 교리보다는 예식을 취급한다.) 더욱이 이라니와 파르시 모두 예전처럼 작고 대개 고립된 공동체에서 19세기까지 살아오면서, 그때까지 순결법을 지켜 왔고, 오늘날에도 엄격한 정통파는 수많은 고대의 규칙들을 지켜 나가고 있다. 이 때문에 현행 신앙 관행에서 이들 법이 어떻게 작용하는지를 연구할 수 있고, 그리하여 그 법이 어떻게 정신적인 고양과 도덕적인 노력을 지지하는지, 그리고 그 자체가 어떻게 신자들의 경건함의 일부가 되는지 알 수 있다.[4] 한 파흘라비 텍스트에서 삼중 법규가 다음처럼 강요된다. "사람은 매일 이 세 의무를 이행해야 한다. 오염의 악마를 물리치기…… 신앙을 고백하기, 공덕을 쌓는 행동을 하기."[5]

순결법은 그 확고한 교리적 기반, 다시 말해 세상을 끊임없는 선과 악의 싸움터로 보는 조로아스터의 이원론적 세계관에서 힘을 얻는데, 순결은 선의 일부이며 악에 의해 선과 순결이 끊임없이 위협당한다. 더욱이 선하고 순결한 것을 지키는 올바른 행동의 길은 일곱 창조물에 대한 예언자의 근본적인 가르침과 연관되어 법으로 만들어졌다. 무생물 창조물들에 관해서는, 불결한 것은 아무것도 그것에 닿아서는 안 되었다. 하늘의 물질인 금속은 녹슬고 변색되도록 해서는 안 되고, 아름답게 빛나고 쓸 때 반짝거려야 한다. 귀금속은 더러운 손에 넘겨서는 안 되며, 가능하면 오직 선한 이들에게만 주어야 한다.(이 법칙은 특히 자선 행위에서 준수해야 한다.) 아래에 있는 땅은 갈고 가꾸어야 하며, 모든 불결한 물질들에 오염되지 않게 해야 한다. 그러나 핵심 예방 규정들은 깊이 경배받지만 오염에 취약한 요소들인 불과 물에 관한 것인데, 이 요소들은 조로아스터교의 숭배 대상이기도 하다. 그리고 선한 종교의 신자들을 비신자들과 구별해 주는, 이들에 관한 복잡한 특정 준칙들이 있다. 인간은 일반적으로 물을 자연적 정화자(다른 사물을 씻어 주는 것)로 간주한다. 그러나 조로아스터교도들에게 물은 하우르바타트의 창조물로서 그 자체로 순정해야 하므로, 더러운 것을 씻어 내기 위해 물을 사용하는 것은 불경한 짓이다.[6] 그러나 이것은 일상에서 일어나는 모든 긴급 상황에 엄격하게 적용된다고 해석될 수는 없는데, 다스투르(dastūr)들이 체념 조로 말하듯이 "우리는 죄 짓지 않고 세상을 살 수 없다." 그러나 특정한 금기는 주의 깊게 지켜졌다. 그리하여 배설물이나 피에 젖은 옷, 최악의 것으로서 시체 등의 불결한 물체들은 자연적 수원들, 즉 호수나 흐르는 물이나 우물에 일절 닿아서는 안 되었다. 그리고 의례적으로 청결하지 않은 것들을 절대 거기에서 씻어서는 안 된다. 대신 오염을 제한하는 목적을 위해 물을 긷는다. 그러나 물을 바로 써서는 안 되고, 불결한 것을 일단 다른 도구로 제거한 후 비로소 물을 쓴다. 일반적으로 소독력이 있는 청결제로서 일차적으로 쓰이는 것은 암모니아 성분이 있는 소의 오줌이다.[7] 소오줌은 중세 페르시아어에서 문자 그대로 고메즈(gōmēz) 혹은 파디야브(pādyāb)라 불렸는데, "물에 대한", 즉 불결한 것과 물 사이에 끼어든 무언가를 뜻하는 듯하다.[8] 힌두교도들이 암소의 모든 산물이 순결하며 정화 작용이 있다고 여긴다는 사실은 이 관행이 인도·유럽 시절에서 유래된 것일 수 있음을 시사한다. 어떤 경우 마른 모래나 흙도 쓸 수 있는데, 그 자체로 쓰거나, 오염이 대단히 심한 경우에는 고메즈를 먼저 쓴 후 마지막으로 물로 씻어내기 전에 오염물과 물 사이의 장벽으로 사용한다.[9] 아르다이 비라즈가 지옥의 가장 깊은 곳에서 본 죄인들 중 하나는 생전에 "멈춘 물이나 샘이나 흐르는 물에서 자주 씻은" 이였는데[10] 그는 그럼으로써 호르다드(#물을 관장하는 하우르바타트. — 옮긴이)를 괴롭혔던 것이다. 그리고 사산조의 어떤 왕은 목욕탕을 지었기 때문에 조로아스터교 사제들에 의해 폐위되었다고 기록되어 있는데, "그들은 자신들의 깨끗함보다 물의 깨끗함에 더 신경을 썼기 때문이다."[11] 그러나 이 언급은 적절치 않다. 사람도 면밀하게 청결을 유지해야 하는데, 그 자신이 오흐르마즈드의 창조물의 일부이기 때문이다. 그러나 인간은 불결해졌다고 해서 이 세상의 청지기로서의 임무를 망각하고 분별없이 깨끗한 요소인 물로 뛰어들어서는 안 된다.

불에 관해서, 일반적으로 쓰레기를 불로 태우는 관습은 조로아스터교도들은 생각조차 할 수 없는 것인데, 그들은 깨끗하고 마른 나무와 순결한 제물만 불 위에 올리며, 조리용으로 불을 이용할 때 솥에서 음식이 넘치거나 불에 떨어지지 않도록 각별히 주의한다.[12] (케레사스파가 아르드바히쉬트(아샤 바히쉬타)에게 죄를 지었다고 기소당해 낙원에서 쫓겨난 이유는 조리용 솥을 불 위에 엎질러 불을 보호하는 데 실패했기 때문이다.)[13] 따라서 쓰레기는 다른 방식으로 처분해야 했다. 마르고 "깨끗한"폐기물(예컨대 햇빛으로 표백된 뼈)은 묻음으로써 해결한다. 그 외에 이라니들에게는 각 공동체가 라르드(lard)라 불리는 조그만 건물을 세우는 관습이 있는데, 이 건물의 평편한 지붕 위에 있는 굴뚝 같은 개구부 외에는 입구가 없고, 계단으로 그 위로 오를 수 있다. 오염된 쓰레기는 개구부 아래로 던져 넣는데, 일정량이 쌓이면 산酸을 부어 태워버린다.[14]

살아 있는 동식물 창조물들에 관해서도 순결법이 어떻게 작동했는지 알기 위해 특정한 근본적 교리를 파악할 필요가 있다. 조로아스터교도들은 인간 중심적인 관점에서, 또 식물과 짐승과 인간의 완성은 건강한 성숙에 있다는 교리의 관점에서 세상을 보았다. 미숙한 존재는, 탄생과 죽음이 알려지기 전 오흐르마즈드가 그 종의 전형적인 형태로 만들어 놓은 수준까지 성장해 나가고 있었다. 그래서 조로아스터교도들에게 묘목을 자르는 것은 식물의 주 아무르다드에게 죄를 짓는 일이며, 새끼 양과 송아지를 죽이는 것은 동물의 주 바흐만에게 죄를 짓는 일이다.[15] "선한" 식물과 동물은 완전한 상태까지 성장해야 한다.[16] 그러므로 불가피하게 "기형이 '그 성스러운 싸움'에 대항하여 빛을 가리고" 아흐리만이 결국 죽음을 통해 승리를 주장하지만 식물이나 짐승이 우주적 투쟁에서 자신의 자그마한 기여를 할 수 있게 되기 전에는 아니다.

무엇이 "선한" 식물과 동물을 구성하는지는 전적으로 인간에게 유용하고 수용 가능한지에 의해 판단된다. 공격적이고 혐오스러운 것들은 모두 다에바적인 것으로 분류된다. 그래서 시간이 지나면서 신체의 부분과 움직이고 보고 말하는 등 삶의 기본적인 행동들에 관하여 선하거나 악한 동물들을 구분하는 완전한 이중의 어휘 체계가 개발되었다. 이런 용법의 흔적은 가타에서는 전혀 발견되지 않는다.[17] 다에바 동물들은 자연스레 자체로 불결한 것으로 여겨졌으며, 그들을 죽이는 것은 공덕을 쌓는 일이었다. 왜냐하면 죽음을 창조한 자(아흐리만)의 피조물을 죽이는 것은 죄가 아니기 때문이다. 그들을 칭하는 아베스타어 총칭은 크라프스트라(khrafstra)인데 예언자 자신이 쓴 말이다.[18] 중세 이란어로는 크라프스타르(khrafstar) 혹은 방언형으로 프레스타르(frestar)로 등장하며,[19] 조로아스터교도들의 페르시아어에는 카르파스타르(kharfastar), 카라스타르(kharastar), 카파스타르(khafastar) 등으로 나온다.[20] 이는 특히 벌레와 파충류에 적용되었는데, 육식 동물들에게도 적용될 수 있었다. 벤디다드에 따르면 조로아스터교 사제들이 전문적으로 개발한 도구 중 하나가 "크라프스트라 살상기(khrafstragan)"[21]인데, 파흘라비어로는 "뱀 살상기(margan)"로 불렸다. 이것은 다음처럼 묘사된다. "끄트머리에 가죽 조각을 하나 매단 막대기로서 …… 선한 종교의 신자라면, 나쁜 짓을 하는 크라프스타르들을 때리고 죽이기 위해 누구나 하나씩 가져야 하며, 그들을 죽이는 것은 공덕을 쌓는 훌륭한 일이다."[22] 파흘라비 서적에 따르면 "크라프스타르를 죽이는 것"은 "법에 따라 불을 보살피는 것"과 동급의 행동이며,[23] 조로아스터교도들은 그런 동물들을 파괴하는 것을 악과 타락의 근원을 없애는 행동으로 보았으므로, 오늘날의 합리주의자들에게 병원균과 미생물을 박멸하는 행동이 그렇듯이 의문의 여지 없는 선한 행동으로 여겨졌다. 다시 한번 이는 전적으로 인간 중심적인 행동이다. 그래서 아르다이 비라즈는 천국의 가장 높은 곳에서 "세상에서 크라프스타르들을 많이 죽인 이들의 영혼을 보았고, 물과 신성한 불과 기타 모든 불과 식물들의 행운(khwarr)과, 땅의 행운이 거기에서 영원토록 늘어나는 것을" 보았다.[24] 이 관행은 교리적 기반이 확고하고 인간의 자연적인 충동에도 부합했으므로 세대를 거듭하면서 이어지다가 서기전 5세기 헤로도토스라는 한 주딘(비교도)에 의해 처음 언급되었고,[25] 19세기 말까지 케르만의 조로아스터교도들은 카라스타르코쉬(kharastarkoši)라는 연례행사를 지켰는데, 그때 공동체의 구성원들은 도시 주위의 들판으로 나가 전갈, 거미, 도마뱀, 뱀, 개미 따위와 모든 기어 다니는 것, 찌르거나 물거나 쏘는 것, 추하고 혐오스럽게 보이는 것 등 카라스타르들을 가능한 한 많이 죽였다.[26] 이 행사는 스펜다르마드 축일 중에 거행되었는데, 그녀는 땅과 땅이 생산하는 곡식을 보호하는데, 이들이야말로 크라프스타르의 약탈로 가장 고통받는 존재들이기 때문이다. 파르시들 또한 아메샤스판드 축제 때 "카라프스타르를 물리치기 위한(khrafstar zadan)" 특정 의례들을 준수한다.[27] 곤충과 파충류뿐 아니라 육식 동물을 죽이는 것도 높은 공덕을 쌓는 행동이었는데, 그 모든 것이 아흐리만의 것으로 간주되었다.[28] 그러나 수많은 야생 동물들이 스펜타 창조물에 속하는 것으로 여겨졌고, 그래서 만약 어떤 이가 실수로 혹은 멋대로 그들을 죽이면 그는 많은 크라프스타르를 죽여 선한 창조물들의 우위를 유지하는 데 일조함으로써 속죄해야 했다.[29] 더욱이 크라프스타르를 죽이는 것 자체가 선한 것이므로, 비자발적이든[30] 고의든 계율 위반을 보상하기 위해 이를 행할 수 있었다.[31] 그리하여 "어떤 이가 크라프스타르를 때릴 때 그는 항상 이렇게 말해야 한다. '나는 나의 죄를 사하고자, 내 영혼의 덕과 사랑을 위하여 (그들을) 때려죽입니다.'"[32]

비록 모든 다에바적 동물들이 불결한 것으로 간주되지만, 최고의 불결함으로서 대부분의 정화법의 대상은 질병과 죽음인데, 이는 불가피하게 오흐르마즈드의 청결한 창조물에 영향을 미친다. 금방 죽은 몸, 즉 금방 아흐리만에 의해 정복된 몸은 부패의 여자 악마 나수쉬의 수중에 들어가고, 그녀는 즉시 그 몸에 자리 잡는다. 그리고 이것이 세상을 오염시키는 주요 원인이다.[33] 그러므로 썩고 있는(썩게 만드는) 물질 나사(nasā)를 (오흐르마즈드의) 창조물들과 접촉하게 만드는 것은 커다란 죄이다. 그리고 벤디다드에 따르면 이런 식으로 불과 물을 오염시키는 이는 거미와 메뚜기의 힘을 키워 주는 셈이며, 짐승 먹일 꼴이 없는 한발과 깊은 눈이 쌓여 가축을 죽이는 겨울에 힘을 보태 주는 셈이라 적혀 있다.[34] 마찬가지로 자른 머리카락이나 손톱 등의 죽은 것들을 처분할 때 의례적인 규정을 무시한 이들은[35] 이런 불결한 것들로 땅을 오염시켜 땅에 악마들과 창고의 곡식과 옷장의 옷을 먹어 치우는 크라프스트라들을 불러오게 된다.[36] 무엇이든 금방 죽은 것이 가장 불결해서, 정통파 조로아스터교도들은 맨손으로는 죽은 파리도 만지려 하지 않는다. 그리고 커다란 벌레를 땅 위에서 죽이는 것은 스펜다르마드를 오염시키는 짓이라서, 이란의 조로아스터교도 마을들에서는 큰 딱정벌레 같은 것들은 날카로운 대나무 꼬챙이로 찌른 후 이를 진흙 벽에 끼워 넣어 그 크라프스타르가 일곱 창조물들과 접촉하지 못하고 공기 중에서 서서히 죽도록 한다. 이 관습은 물론 부정할 수 없이 잔인하지만 교리적으로 정당화될 수 있다. 왜냐하면 그 불운한 동물이 악마적인 것으로 간주되기 때문이다. 그리고 선한 창조물인 가축들을 규칙에 따라 보살피고 종종 그들에게 애정을 주어 이것(나쁜 동물을 죽이는 것)과 균형을 이뤄야 한다.

일단 매장된 후에는 죽은 것들이 더 이상 나사가 아니므로 더 이상 오염시키는 것으로 간주되지 않는다. 벤디다드에 쓰여 있듯이 만약 그렇지 않다면 "얼마나 빨리 이 물질적 존재들(사체) 모두가…… 치명적인 죄를 야기할 것인가, 여기 땅 위에 누워 있는 수없는 사체들이."[37]

금방 죽어 썩고 있는 것에 관한 해로움의 척도가 있는데 이것은 언뜻 보기에는 모순적이다. 왜냐하면 나사들 중 가장 오염력이 강한 것은 의로운 조로아스터교 사제들의 사체인 반면 아샤를 기만한 이 아셰마오가(ašəmaogha)나 이단자의 몸이 오염시키는 효과는 1년 지나 바싹 마른 개구리의 시체보다 오염시키는 정도가 심하지 않기 때문이다.[38] 교리적인 전제를 생각하면, 그 이유는 다시 한번 완벽하게 논리적이다. 선한 생각과 말과 행동으로 자신을 정화하는 아샤반은 존재들 중 가장 순결한 이인 동시에 그 주위를 청결하게 만드는 가장 강력한 청결제이다. 예언자가 그랬듯이, 그는 자신의 기도를 통해 "집을 정화하고, 불과 물을 정화하고, 땅을 정화하고, 암소를 정화하고, 식물을 정화하고, 올바른 남자와 여자를 정화하고, 별과 달과 해를 정화하고, 끝없는 빛을 정화하고, 마즈다가 창조한 모든 것, 즉 그들의 본성이 아샤에서 비롯된 모든 것을 정화한다."[39] 죽음의 불결함을 그런 사람에게 가져다주기 위해 앙그라 마이뉴는 자신의 세력들을 그에게 집중할 수밖에 없고, 그래서 그 세력들은 승리한 후에 죽은 이의 몸에 모인 채 그대로 남아 히스테리(격노)를 발산한다. 반면 죄많은 남자는 그 자체로 이미 불결하여 스펜타 마이뉴의 창조물에 해를 끼치는 존재이며,[40] 악한 삶을 산 여자는 쳐다보기만 해도 물을 말리고 식물을 시들게 하며 대지의 강력함을 빼앗고, 선한 남자에게서 스펜타의 힘을 대부분 앗아 간다.[41] 이론적으로 그런 사악한 인간들은 올바른 이들에 의해, 크라프스타르를 죽일 때만큼이나 양심의 가책을 느끼지 않으면서 죽임을 당해야 한다. 왜냐하면 벤디다드에 따르면 그들이 자신들의 거처에서 제거될 때까지 그곳에는 "행운과 풍요, 건강과 온전함, 번영과 증가와 성장 그리고 곡물과 풀의 싹틈이 없을 것"이기 때문이다.[42] 그러나 그들이 자신의 수명대로 살도록 내버려 두면 아흐리만이 그들을 쉽게 장악하는데, 이미 부정한 그들에게 죽음이라는 더 부정한 것을 더 하면 되므로 그들을 데려가는 데 메노그(정신적인) 악은 조금만 참여하면 된다. 우리가 이 논리를 더 엄격하게 밀고 나가면, 실제로 우리는 왜 악의 절대자(앙그라 마이뉴, 즉 아흐리만)가 그토록 유용한 우군을 죽음을 통해 제거하는지 반문할 수 있다. 그러나 그 대답은 이것일 것이다. 그는 옛날 지하 세계의 주처럼 그의 지옥 영역에 살 사람이 필요하다. 신학자들은 결국 자연적인 과정이라는 사실들에 맞춰 자신들의 교리를 수정할 수밖에 없었다.

교리적으로 어려운 또 다른 문제는 피의 희생제의 공덕과 죽음에 대한 가르침을 조화시키는 것이었다. 왜냐하면 여기에서 조로아스터교 특유의 교의가 고대의 신앙 관행과 타협해야 하기 때문이다. 이 경우 고르디우스의 매듭은, 고스판드, 즉 이로운 동물의 고기,[43] 다시 말해 희생제를 통해 죽어 음식으로 제공된 것은 나사가 아니라 "청결한" 것이라는[44] 교리를 세움으로써 간단히 잘려 나갔다. 이 교리는 인간의 자연스러운 추론과도 부합하는 것으로서 그것은 (현존 텍스트로 판단할 수 있는 한) 그저 진술되었지 논쟁거리가 아니었다. 벤디다드 자체에 피의 희생의 공덕이 추정되어 있는데, 한 구절에 따르면 특별히 가증스러운 위법 행위를 했을 경우 그는 1000마리의 고스판드를 희생으로 올려 보상하고, 이를 불과 물에 제물로 제공해야 한다고 명한다.[45]

먹을 수 있는 고스판드는 예외로 하고, 조로아스터교 학자들은 사체의 부패시키는 힘을 "선한" 동물들의 왕국까지 단계별로 만들어 냈다.[46] 그 존엄이나 가치 면에서 인간과 가장 가까운 동물은 개이다. 따라서 개의 사체는 거의 올바른 인간의 것만큼 강력한 오염 효과가 있다.[47] 적절한 의례적인 예방책 없이 그 사체를 보기만 해도 마치 아샤반의 사체를 보는 것처럼 순결을 잃는다. 조로아스터교도들이 개를 존중하는 합리적이고 역사적인 근거를 찾을 수 있다. 벤디다드에는 가축치기 개와 감시견(집 지키는 개)은 갯과 동물 목록 중 맨 꼭대기에 위치하는데,[48] 그들은 고대 초원에 살던 시절 인간의 가장 귀중한 조력자였음이 틀림없다. 그리고 그 충성심과 복종과 애착 등의 자질로 보아 개는 의심할 나위 없이 도덕적인 본성과 선택의 능력을 가진 것으로 보인다. 조로아스터교도들이 "개에 대한 존중(ihtirām-i sag)"을[49] 그토록 지속적으로 반복해서 가르친 데는 합리적인 근거가 있다. 그러나 종교 생활이나 정화 의식에서 개에게 부여된 역할은 이성적인 범위를 벗어나 우리를 정신세계와 연관된 신비적인 믿음으로 인도한다. 이것들이 죽음으로 가는 길을 지키는 개에 관한 신화에 뿌리를 두는지는 말하기 어렵다. 그러나 정통파 조로아스터교도들이 개를 깨끗하고 의로운 동물로 여겨서 먹이고 돌보는 것을 공덕을 쌓는 일로 생각할 뿐 아니라, 죽은 누군가의 이름으로 개에게 준 음식으로 저승에 있는 그 사람을 보양한다고 생각한다.[50] 더욱이 개의 시선에는 정화하는 힘이 있어 악마를 몰아낸다고 여겨진다. 그러므로 개는 큰 바라쉬놈 정화 의식에 규칙적으로 등장하며,[51] 시체를 두고는 언제나 "개에게 보이는" 행사 사그디드(sagdīd)를 행했다.[52] 실제로 감염을 줄이기 위한 사그디드를 행하기 전에 누군가가 시체를 만지는 것은 경솔하고 대단히 큰 죄를 짓는 것이라 전한다.[53] (어떤 이들은 지금도 개의 시체를 두고도 사그디드를 행해야 한다고 믿는데,[54] 그리고 나서 시체는 이중의 제의와 함께 처리된다.)[55] 사람의 사체를 두고 행해지는 기타 예방 규정들 중 하나로서 아베스타가 항상 암송되며, 가타의 켐-나 마즈다를 구체화한 스로쉬 바쥐를 예외 없이 포함하는데, 이는 "나수쉬를 물리치는 데(zaan ī Nasuš)" 효과가 뛰어나다고 한다.[56] 죽음이라는 악에 대항하는 물리적 방법 중에는 사체를 모래나 바위 등 건조하고 오염이 전달되지 않는 물질 위에 놓는 것도 포함된다.[57] 오염을 안에 가둬 두기 위해 카쉬(kaš)라는 선을 사체 주위로 긋는다.(파비, 즉 성스러운 구역 안으로 오염이 침투하는 것을 막기 위해 그 주위로 선을 그었던 것처럼.)[58] 그곳에 불을 켜 놓는데, 불 자체를 보호하기 위해 사체로부터 세 걸음 안에 둬서는 안 된다. 그리고 백단이나 유향 등 향기나는 물질을 불에 태우는데, 향은 선한 창조물에 속하며 악을 쫓는 데 도움이 되기 때문이다. 아베스타는 계속 암송하며, 사체가 노출 장소로 옮겨질 때까지 두 사람이 지킨다. 규정상 항상 누구라도 시체를 만지거나 혼자 옮겨서는 안 된다.[59] 항상 두 명이 그곳에 있어야 하며, 그들은 파이완드(paiwand), 즉 서로 간의 접촉을 유지해야 하는데, 대개 둘을 끈이나 천 조각으로 연결해 둔다.[60] 사제들 또한 성스러운 행사 중 특정 시점에 여러 형태의 파이완드를 만드는데, 같은 의도가 담긴 것으로서 한 사람의 스펜타 힘을 다른 사람의 것과 합쳐 강화함으로써 한편으로는 숭배 행위를 더 효과적으로 만들고 한편으로는 악에 대항하는 힘을 북돋는 것으로 보인다. 제의적인 문제에서 접촉은 일반적으로 대단히 중요하다. 순결한 사람이 순결하지 않은 사람이나 물건과 간접적으로라도 접촉하면 그의 순결이 손상되는데, 해로운 영향이 물결처럼 그들 사이를 흐른다. 극단적인 경우 시선으로도 그런 접촉을 만들어 낼 수 있으며,[61] 순결한 사람과 그렇지 않은 사람 사이의 대화도 순결한 사람을 오염시킬 수 있다고 여겨졌지만, 일방적인 발화일 경우는 오염시키지 않는다.[62]

가장 불결한 인간 집단 중 하나는 직업적으로 시체를 다루는 이들이었는데, 벤디다드에서는 나수-카샤(nasu-kaša)로 불리다가,[63] 후대의 용법으로는 나사-살라르(nasā-sālār, "시체의 주인")로 불렸다. 벤디다드에는 이 사람들은 맨몸으로 일해야 한다고 규정되어 있는데,[64] 오염을 줄이기 위한 것으로 보인다. 그러나 이 명령의 의도가 문자 그대로인 듯하지는 않으며 전적으로 지켜진 것 같지도 않다. 알려진 관습에 따르면 시체는 가-아한(gāh-āhan), 즉 "철의 왕좌"라 불리는 철제 상여에 놓이는데, 철이 선택된 것은 나무보다 오염에 강하기 때문이다.[65] 그리고 나사-살라르들은 일할 때만 입는 특별한 옷을 가지고 다니는데, 일이 끝나면 이것을 고메즈와 물로 씻는다. 또한 그들은 손을 천으로 감싸고, 이 작업복을 벗을 때 머리에서 발끝까지 고메즈와 물로 씻고, 집으로 돌아간다. 또한 그들은 일을 하는 동안 스스로를 보호하기 위해 일정한 아베스타 기도를 일정한 횟수 암송해야 한다. 그러나 오염을 제한하기 위해 얼마나 많은 예방책을 행하든지 그가 어쩔 수 없이 계속 나사와 접촉해야 한다는 사실 때문에 공동체의 나머지 성원들은 약간 그를 기피할 수밖에 없는데, 사람들이 전염병을 가진 누군가를 기피하는 것과 같다. 다양한 장소와 시간에 따라 나사-살라르를 대하는 공동체의 태도는 상당히 다르지만, 적극적으로 그들을 고용하면서도 알려진 관습에 따르면 성스러운 불과 성소에 그들이 접근하는 것은 허용하지 않는다.(접근할 수도 있지만, 그가 그 일을 그만둔 후 상당한 정화 의식을 거치고 다시 청결해진 후에 허용된다.) 그는 성인식이나 결혼식 등 경사스러운 행사에서 환영받지 못하지만 일부 공동체에서는 비조로아스터교도들은 일절 참가하지 못하는 가함바르 축일에 그들이 참가하는 것을 허락하는데, 그가 자기 천과 그릇을 챙겨 오면 음식을 별도로 준다.[66] 그러나 그런 큰 축제에서도 종종 음식을 그냥 그의 집으로 보내는데, 그가 필요 불가결한 사람이며 나름대로 공동체의 귀중한 성원이므로 양은 충분히 준다. 집에서도 그는 가족들과의 파이완드를 피하고자 떨어져 별도의 그릇으로 밥을 먹는다.[67] 그리고 화롯불이나 등불을 직접 보살피지 않고, 대신 다른 이에게 하라고 요청한다.[68] 그가 땅을 가는 것도 바람직한 일이 아닌데, 스펜다르마드에게 불결함을 가져다주기 때문이다. 이렇듯 이 직업에는 수많은 금기가 부과되었으므로, 대체로 가난과 결핍 때문에 이 일을 할 엄두를 낸다. 그럼에도 불구하고 마치 전투 일선에 나간 병사가 그 자신을 (위험과 오염에) 노출시키지만 용감한 책임감으로 창조물들과 동료 신자들을 적으로부터 보호하는 것처럼 신실한 사람은 자기 일을 자랑스럽게 여긴다.

그런 믿음들을 가졌으니 상황이 허락한다면 조로아스터교도들이 자신들의 눈에는 이미 청결하지 않은 주딘들, 즉 이교도들을 고용해 시체를 처리했을 것이라 생각함 직하다. 그러나 사실 이는 엄격하게 금지되었는데, 순결법을 지키지 않는 비신자들이 이 일을 하고 나서 먼저 스스로를 깨끗이 하지 않고 부주의하게 불이나 물에 접근할 수 있다는 생각 때문이었다. 그리고 이는 그들을 고용한 조로아스터교도들이 책임져야 할 죄가 될 것이다. 그러므로 오염을 자신들이 감당하고 세심하게 통제하는 것이 낫다.[69]

나사 외에 또 다른 주요 오염 원인은 아프든 건강하든 살아 있는 몸을 떠나는 모든 것인데, 신체의 기능이든 기능 부전이든 그 기원은 똑같이 다에바적인 것으로 여겨진 듯하다. 이는 아마도 그것들이 정적이고 완전한 상태가 아니라 변화와 유한성과 연관되기 때문으로 보인다. 몸에서 나오는 것들(똥뿐 아니라 피와 죽은 피부와 잘린 손톱과 머리카락)은 파흘라비 서적에서 히크르(hikhr)라는 총칭에 포함되는데,[70] 히크르를 물이나 불에 닿게 하는 것은 나사를 닿게 하는 것만큼이나 가증스러운 짓이다.[71] 이 교리를 논리적으로 정교화하면, 일상은 규정들로 둘러싸이게 되어 일부 규정은 심지어 일상의 "선한" 측면들에도 영향을 미친다. 그리하여 결혼을 해서 아이를 낳은 것은 긍적정인 선이지만, 성교나 다른 행위 중의 사정射精은 오염을 시키는 행위이다.[72] 정통파 사제들은 오늘날까지 결혼 첫날밤이 지나면 바라쉬놈 의식을 치르는데, 이는 처녀막의 파열 외에도 추가적인 불순함을 가지고 있다. 그래서 성교 후 남편과 아내는 목욕을 해야 하는데, 더욱이 이를 위한 특정한 만트라가 정해져 있다.[73] 몽정(밤의 오염, Pollutis nocturna)은 본질적으로 불결한 것이라서, 만약 사제의 입회식 중에 몽정이 일어나면 그는 자격이 없는 이로 간주되어 더 이상 절차를 진행할 수 없었다.[74] 이 금지 조항은 절대적이라 평생 적용되었다. 만약 바라쉬놈 은둔 기간 중에 몽정이 일어나면 정화를 심각하게 손상하는 것이다.[75]

피는 아무리 조금 흘러도 순결에 흠을 내는데, 이는 육체의 이상적인 상태가 깨진다는 의미이기 때문이다. 만약 사제가 상처가 나 피를 흘리면 그는 의식을 집전할 수 없다. 그리고 사산조 이후의 엄격한 정통파에서는 자신의 이가 뽑힌 자리에서 나는 피를 먹어도 오염되는 것이었다.[76] 피가 순결하지 않다는 교리는 여성들을 압박하는 것이었는데, 이에 따르면 월경 때문에 모든 여성은 불순하기 때문이다. 그러므로 월경 기간 동안에 여성은 가능한 한 엄격하게 가족들과 떨어져서 그녀의 불순한 시선이 선한 땅이나 흐르는 물이나 하늘이나 해와 달이나 식물과 동물 혹은 의로운 남성에게 닿지 않도록 어두운 구석에 따로 앉아 있어야 했다[77] 이 기간 동안 그녀는 이 목적으로 따로 준비된 헌 옷(그러나 면밀하게 깨끗한)을 입어야 하고[78] 오래된 침소에서 혼자 자며, 멀찌감치에서 특별한 쟁반에 담아서 주는[79] 간소한 음식을 먹어야 한다.[80](나사-살라르의 경우와 마찬가지이다.) 그리고 집안일에 관여하지 않으며(후에 철저히 깨끗하게 세탁될 수 있는 어떤 옷감을 기우거나 덧대는 일을 제외하고), 확실히 그녀 자신은 물론 남을 위해 음식을 준비하지 않는데, 그러다 보면 호르다드와 아무르다드를 직접 오염시킬 것이기 때문이다.(아르다이 비라즈는 지옥의 가장 깊은 곳에서 이 계율을 어긴 여성들의 영혼을 보았다.)[81] 엄마가 어린아이에게 젖을 먹이는 중이라면 아이를 달래거나 강제로 그녀에게서 떼어 놓아야 하는데, 그러지 않으면 아이마저 불가피한 접촉 때문에 불결해지기 때문이다.[82] 요약하면 생리 중 여성은 그녀가 얼마나 고결하고 평소에 순결법을 얼마나 잘 지켰든 매춘부처럼 불결한 이로서 선한 창조물들을 메마르게 한다고 여겨졌다. 이런 가혹한 관례는 다신교 시절 이란에서 물려받은 금기를 정교화한 것으로 보이는데, 이는 세계의 여러 민족들 사이에 널리 퍼진 관습이다. 다시 한번 조로아스터교의 전제들을 생각하면 이런 사고의 맥락은 논리적이며, 이 관습은 당연한 귀결이다. 조로아스터교도 여성은 그 때문에 큰 고통을 겪었지만, 정통파 신도들은 체념과 금욕주의적 자긍심으로 규칙들을 자발적으로 지킨다. 규칙들이 엄격해 이를 지키는 것은 종종 일종의 투쟁이지만, 이는 악에 대항한 싸움의 일부이기에 엄격하게 지켜져야 한다. 이런 정신적 태도 덕에 굴욕적인 제약들을 겪음에도 불구하고 자기 존중이 유지된다.[83] 그러나 폐경은 고대하던 제약의 종결점이다. 그러나 정통파 이란 마을에서 경건한 노부인은 그 후에도 매해 세 번이나 여섯 번이나 아홉 번 바라쉬놈 정화 의식을 행하여 사원의 승려들처럼 순결을 엄격하게 유지하며, 끝까지 전적으로 영원히 청결함을 기뻐하고, 그리하여 스스로 영원을 위해 준비한다.

임신을 하면 월경으로 인한 제약들이 유예되지만, 출산 또한 커다란 오염으로 간주되어 산모의 격리를 요하며, (월경 시와) 유사한 준수 사항을 40일 동안 지켜야 한다.[84] 그리고 정통파들이 훨씬 걱정하는 또 다른 오염은 사산인데, 이는 어머니가 몸에 나사를 지녀 왔다는 의미이므로, 이를 위한 정화 의식은 엄격하고 길게 규정되었다.[85] 더욱이 첫 사흘 동안 그녀는 순결한 창조물인 물을 마셔서는 안 되고, 대신 그녀 안에 있는 "무덤(다크마)"을 정화하기 위해 고메즈를 마셔야 한다.[86] 그리고 심지어 겨울에도 추위가 그녀의 목숨을 위협할 정도가 아니면 불 곁에 가서는 안 된다.

이 제약들에 비하면 머리카락과 손톱을 자르는 것을 제한하는 예방 규정들은 사소한 것이다. 깎아 내자마자 그것들은 죽은 물질, 즉 히크르로 간주된다. 그래서 정통파의 관습에 따르면 그것들을 낡은 천 조각에 조심스럽게 싸서 (멀찌감치) 떨어진 어떤 곳에 가져가는데, 그곳은 메마른 땅일 수도 있고 특별한 건물(이라니의 라르드)일 수도 있는데, 물과 불에서 멀리 떨어진 곳이다. 이것을 가진 사람은 소매를 걷어올리고, 그 꾸러미가 몸에 가까이 붙지 않도록 한다. 지정된 장소에 도착하면 그(혹은 그녀)는, 스로쉬 바쥐(스라오샤에게 바치는 기도)를 읊고, 장소가 개활지일 경우는 그 주위로 고랑을 세 개 긋는데 하나를 그을 때마다 야타 아후 바이리요를 암송한다. 그러고 나서 그 위로 흙을 덮기 전에 특별히 정해진 만트라(즉 벤디다드 17.9)를 읊고는 자리를 뜬다.[87] 오늘날 엄격한 조로아스터교도가 이발관을 들를 때는 낡은 수드라와 쿠스티를 이 용도로 가져갈 것이다. 그리고 이발관을 나서면 바로 집으로 가서는 집 안의 누군가 주의 깊은 이로 하여금 자신이 씻기 전에 문이나 여타 다른 물건에 닿지 않도록 지켜보게 할 것이다. 엄격한 정통파 파르시 가정에서는 집으로 방문하는 이발사를 위해 종종 철제 의자를 준비하는데, 다공질의 목제 의자는 이 오염을 견디기에 적절하지 않다고 여기기 때문이다.

몸을 떠난 날숨은 오염시키는 것으로 간주되는데, 이것이 고등 제의를 주관하는 사제들이 입을 가리는 이유이다. 침 또한 본질적으로 불결한 것으로서, 조로아스터교도들은 침을 뱉지 않으려 신경 쓴다. 정통파들은 다른 이의 입술이 닿은 그릇으로는 절대로 마시지 않으며, 공동으로 사용하는 접시에 담긴 음식을 먹지 않는다.[88] 그리고 먹고 마실 때는 조용히 해야 한다.(이 또한 부분적으로는 물과 식물의 수호자들인 호르다드와 아무르다드에 대한 존중 때문이다.) 재채기, 하품, 한숨도 비나반을 행동들로서 가능한 한 자제해야 한다.[89] 그런 규칙들은 우물과 물과 들판을 불결한 것들로부터 보호하려는 그들의 세심함과 어우러져, 기록 시대에 전염병이 주위를 휩쓸 때도 조로아스터교 공동체들은 건강하게 보존될 수 있었다.[90] 조로아스터교도들은 위생적인 예방책으로 물을 건넬 때는 서지 않고 웅크리고 건넨다.[91] 그러나 분뇨를 밭에 주는 것은 허용된다.(그러나 이슬람 시절 다스투르들의 규정에 따르면 비신도의 집에서 나온 것을 줘서는 안 된다.)[92]

제의적인 요구 사항은 별도로 단순히 육체적인 청결을 유지하는 것은 조로아스터교도들의 기본적인 의무인데, 청결은 절대적인 선이며 오흐르마즈드의 창조물의 특징이기 때문이다. 그리고 어떤 이가 정신은 물론 육체적으로 청결하지 않으면 그의 선행은 자신의 몫으로 계산되지 않는다고 한다.[93] 하루 다섯 번의 기도를 시작할 때마다 조로아스터교도는 얼굴과 발과 손을 씻는다.[94](이슬람은 기도 시 이 규정을 차용했다.) 이를 위해 그는 먼저 쿠스티를 풀고, 씻은 후 적절한 기도를 하며 다시 맨다. 따라서 이 예식 전체를 파디야브-쿠스티(pādyāb-kustī)라 부른다.(이미 의례적으로 청결한 상태라 세정식 없이 단순히 성스러운 끈을 풀고 묶는 의식과 이를 구별하기 위하여.)[95] 공적인 것이든 가정의 것이든 주요 숭배 행위에 참가하기 전에 조로아스터교도는 언제나 의례의 정신적인 정화를 위해 머리에서 발끝까지 몸 전체를 씻고 새 옷을 입어 육체를 깨끗이 해야 한다. 무엇이든 불결한 점이 발견되면 그는 종교 행사에 참여하거나 성스러운 장소에 들어가는 것이 금지된다. 그리고 비신도는 조로아스터교의 순결법을 전혀 지키지 않으므로, 다른 신앙을 가진 이는 종교 예배에 참가하는 것을 금하는데, 그의 불결함이 예배를 손상하고 신에게 닿는 것을 막을 것이기 때문이다.(조로아스터교 사제들의 의식들이 신비적이며 비밀스럽다는 관념이 통용되는 것은 아마도 이 때문일 것이다. 그러나 그렇지 않다. 순결하기만 하면 신자들에게 남녀노소와 유무식을 가리지 않고 참가를 허용한다.) 청결은 거주지로 확장되었다. 조로아스터교도의 집은 항상 잘 쓸고 털어져 있으며, 고등 축제나 가족의 성스러운 날 전에는 특별히 열심히 전체를 솔질하고 씻거나 닦는다.

성스러운 존재에게 다가가기 위해서는 순결해야 한다는 교리로 인해 총체적으로 불결한 이들은 사적인 예배에서도 말을 하지 못한다는 규칙이 생겼다. 벤디다드에 따르면 이 금지 조항은 생리 중인 여성과 육체에 상처를 입은 이들 모두에게 적용되었다. 그들은 기도를 위해 손을 올려서도 안 된다.[96] 나중 페르시아어 표현 "기도 없는 여성(zan-i bī-namāz)"은 월경 중인 여성을 우회적으로 가리키는 표준적인 표현이 되었다.[97] 육체적인 상처나 결함 또한 악마의 대리인이 끼친 것, 즉 "앙그라 마이뉴가 사람에게 새긴 표식"이라는 교리는 사제들에게 육체적 완벽함이 요구된다는 의미였다. 기형이나 결함을 가진 이는 영원히 직업적 사제가 될 수 없었고, 상처를 입은 이는 일시적으로 될 수 없었다. 이 때문에 최소한 지역적으로는 사제 후보자들은 모든 기타 검사를 통과하고도 승려직을 허락받기 전에 종교 학교에서 알몸으로 자신을 드러내야 했다.[98]

일상의 노동에 종사하는 정통파 평신도들도 순결의 규칙들을 최대한 지킨다. 그러나 그들은 사제들이 이를 훨씬 더 엄격히 지키기를 기대하는데, 자신들의 기도가 더 효과를 발휘하도록 그들이 "깨끗한 이 중 가장 깨끗한 이(페르시아어 관용구 중의 pāk-i pāk)"가 되기를 원한다. 이는 세대를 내려오면서도 그대로 적용된 것이 분명한데, 사제들이 평신도들과 약간 떨어져 사는 경향이 있었던 이유 중 일부는 아마도 평신도보다 더 엄격한 삶의 규율을 유지하기 위해서였던 것으로 보인다. 사제의 순결은 육체적 청결이라는 기초 위에서 수많은 성스러운 제의들에 참여함으로써 구축되었다. 그리고 그들의 순결은 평신도들보다 훨씬 커서 최근까지도 사제는 평신도가 만든 음식을 먹으려 하지 않았고, 주딘(비교도)이 만든 것이라면 더욱 그렇다.[99] 또한 그는, 예컨대 공동으로 쓰는 천 따위로 만들어진 파이완드를 가지고 있을 때,[100] 즉 다른 사람과 물리적으로 연결되어 있을 때는 때는 음식을 먹지 않는데, 음식을 먹으면 이 성찬식에 가까운 행동을 통해 자신도 모르는 사이에 어떤 불결한 것과 접촉할 수 있기 때문이다.(그리하여 사제는 순결을 유지하기 위해, 나사-살라르가 비순결로 인해 자신을 격리하듯이 엄격하게 자신을 타인으로부터 격리한다.) 이 점에서 사제들 사이에서도 주의 깊은 격리를 행했으며, 그들은 기본적으로 항상 덜 청결한 이들과의 육체적 접촉을 피하려 했다. 심지어 오늘날의 더 느슨한 관행 안에서도 가장 높은 의례적 순결을 고수하는 사제라면 주딘에게 직접 손으로 뭔가를 건넴으로써 그와 파이완드를 형성하려 하지 않을 것이며, 대신 물건을 내려놓고 상대가 그것을 집을 때 약간 뒤로 물러날 것이다. 일반적으로 정통파 조로아스터교도는 엄격한 절제를 통해 의례적 순결을 유지하며, 자신이나 타인의 불결로 인해 순결이 손상되지 않도록 주의를 기울인다.

그러나 면밀하게 조심한다 해도 아흐리만이 활동하는 이 세상에서 오염을 완전히 피할 수는 없으며, 따라서 다양한 필요에 대응하기 위한 수많은 정화 방식들이 고안되었다. 이들은 모두 삼중의 과정을 기초로 한다. 먼저 아베스타를 암송하는데(주관 사제와 정화되는 이가 함께), 이는 성스러운 말이 가진 정화의 힘을 발휘한다. 그리고 니랑(nīrang, 성별聖別된 황소의 오줌.)(성별은 신에게 바치는 것(봉헌)을 사전에 정화하여 신성하게 만든다는 뜻이다. 필자는 봉헌과 성별이 본질적으로 같으므로 딱히 구분하지 않고 서술하고 있으나, 옮긴이는 의미를 명확히 하기 위해 "consecrate"가 사전 정화를 의미할 때는 '성별'이라는 단어를 택하고, 나머지는 '봉헌'을 쓸 것이다. — 옮긴이)을 순결한 불에서 나온 한 움큼의 재와 함께 마심으로써 내부를 청소한다.[101] 마지막으로 고메즈(암소나 황소의 성별된 오줌)로 밖을 청소하고, 이어 (직접 혹은 모래를 이용한 후) 전신을 물로 씻는다. 이 목욕이 끝날 때까지는 일말의 불결함이 남아 있을 수 있으므로, 의식 후보자는 물로 뛰어들 수 없고, 심지어 이 순결한 액체를 담은 그릇을 건드릴 수도 없다. 그래서 의식을 주관하는 누군가가 머리에서 발끝까지 대신 물을 부어 준다. 원래 바라쉬놈으로 알려진 것은 기본적인 정화 의식의 바로 이 부분이었던 것으로 보이는데, 그 단어는 아베스타어로 "꼭대기, 머리"를 의미하는 바레쉬누(barəšnu-)에서 파생된 중세 이란어이다. 나중에 이 용어는 세정 의식의 가장 정교한 부분을 일컫는 약칭으로 쓰이게 되었고, 이라니들은 세정 자체를 묘사적으로 오웨라크트(ōwerakht, 즉 "물 붓기"라 부른다. 이슬람 시절 조로아스터교도들은 이 삼중 정화법을 칭하는 가장 단순한 형태로 아랍어 단어 구슬(ghusl), 즉 "목욕"을 받아들였는데, 그들은 이를 고셀(ghosel)이라 발음한다.[102] 그러나 훗날 파르시들은 이 단어를 이 정화 과정을 요하는 특정한 오염(몽정, pollutis nocturna)을 가리키는 말로 썼고,[103] 오늘날 그들은 수많은 정화 의식을 일반적으로 나흔(nāhn, "목욕"을 뜻하는 구자라트어)이라 부르고, 고셀 자체는 사데 나흔(sade nāhn)이라 한다. 특정한 오염을 제거하는 용도 외에 고셀, 즉 사데 나흔은 처음으로 수드라나 쿠스티를 착용하는 어린이들을 위해 집에서 별도의 정교한 과정 없이 종종 행해지는데, 그들이 온전히 청결한 상태로 종교 공동체로 들어가게 하기 위해서이다. 또한 속인들 및 사제 계급의 여성들이 결혼식과 중요 종교 성일들 혹은 특정한 가족 예식이 있는 날, 완전한 순결을 추구해야 할 때 이를 행한다.[104]

페르시아어 관용구로 사람을 리만(rīman)으로, 즉 "불결하게" 만드는 것으로 알려진 더 심각한 오염은 더 정교한 정화 의식으로 제거해야 하는데, 이른바 시-슈이(sī-šūy) 혹은 시-슈르(sī-šūr), 즉 "30일 동안의 목욕"이다.[105] 이 또한 집에서 행할 수 있지만, 현재 거기에 오염이 있기 때문에 사제는 주의 깊게 거리를 유지하는데, 리만은 카쉬, 즉 오염을 가두기 위해 그은 금(시체 주위로 두르는 카쉬처럼) 안으로 들어가 격리된다.[106] 이 정화 의식의 세부 사항은 지역적으로 다양한 편차가 있었던 것으로 보이지만, 다음 야즈드인의 방식이 그 근본 사항들을 포함하고 있다. 리만이 의례의 규정에 따라 니랑을 세 모금 마신 후, 사제는 그로 하여금 외부 세정을 위한 세 종류의 세정제를 차례로 통과하게 하는데, 즉 고메즈, 모래, 물로서 옹이가 아홉 개 있는 기다란 장대(대개 마디가 아홉 개 있는 대나무) 끝에 달린 국자로 위에서 그의 오므린 손 안으로 차례로 부어 준다. 그들 사이에 파이완드가 생기지 않게 하려는 것이다. 각 세정제는 아홉 번씩 따르므로 "세정"은 총 스물일곱 번 이뤄진다. 그러고 나서 깨끗한 물을 리만의 머리에서 발끝까지 세 번 퍼붓는데, 그리하여 "서른 번의 세정"이 완성되며, 비로소 그는 다시금 "깨끗해진다."[107] 기록 시기에 이 정화 의식은 출산 이후의 여성에게 주로 행했던 것으로 보이며, 그 경우 세정을 행하는 이는 사제 가문의 한 여성이었고, 사제 자신은 가까이에서 적절한 만트라를 읊었다.[108] 일부 정통파 야즈디 마을에서는 지금도 이 방식으로 식을 행하며, 때로는 남성에게 행하기도 한다.[109] 그러나 파르시들 사이에서는 20세기 초엽 이 의식이 이미 매우 광범위하게 사데 나혼으로 대체되었다.[110] 전하는 바에 따르면 케르만에서는 매년 특히 여성을 돌보는 야자드인 스펜다르마드 축제 전에 여성들이 시-슈이를 행했다고 한다. 정통파 파르시 여성들은 여전히 이 축일 전에 사데 나혼을 행한다.[111]

주로 나사와의 접촉으로 발생하는 심각한 오염에 대해서는 더 긴 정화 의식이 부과되는데, 이름하여 바라쉬놈-이 노 샤바, 즉 "9일 밤의 목욕"이다.[112] 이라니는 이를 친근한 노-쉬와로 부르고, 파르시는 간단히 바라쉬놈 혹은 나혼이라 부른다.[113] 이를 행할 때는 오염의 범위 때문에 바라쉬놈 자체인 첫 번째 세정은 바라쉬놈-가(barašnom-gāh)라 불리는 떨어진 장소에서 행하는데, 이 용어는 파르시들 사이에서 바르신고(barsingō)로 축약되었다. 가능하면 이 장소는 어떤 메마른 장소나 황폐한 곳으로서 물과 불과 식물과 바흐만(보후 마나)이 창조한 동물들과 올바른 인간에게서 떨어진 곳이어야 한다. 기록상의 관습에 따르면 이 장소는 항상 벽으로 둘러쳐져 있는데, 외견상 오염을 방지하기 위한 것으로 보인다. 그러나 이 목적은 의례적으로 그은 카쉬로 효과적으로 달성할 수 있으므로, 이는 오히려 주딘 주민들 사이에서 사생활을 보장하기 위한 것으로 보인다. 그러나 바라쉬놈-가는 모두 지붕이 없어서 태양광의 정화 작용에 노출되게 했다. 그리고 전통적으로 그것은 오염이 숨어들 어두운 구석이 생기지 않도록 둥글었다.[114] 사제 둘이 세정에 관여하는데, 한 명은 쇠로 된 사슬로 개를 묶어서 개의 시선이 불결함을 떨치는 데 도움을 주도록 한다. 세정은 바라쉬놈-가 안의 정교하게 그은 일련의 카쉬로 둘러싸인 자그마한 의례 구역 안에서 아베스타를 암송하며 행하는데, 그리하여 오염에 대항하는 강고한 장벽을 형성하기 위함이다.[115] 고대에는 이 구역에 아홉 구멍(마가(magha))을 파고,[116] 그 안에 리만이 들어가 웅크리고 앉게 한 후 세정 의식을 행했는데, 점점 깨끗해질수록 이 구멍에서 다음 구멍으로 옮겨 간다. 일을 마치면 아홉 구덩이들을 메우고, 땅 위에 놓여 있던 아홉 덩이 돌 혹은 돌무더기를 그 위에 올린다.(이보다 더 간단한 돌 배치는 시-슈이에도 적용되었는데, 양자의 목적은 오염이 땅을 빠져나오지 못하게 하려는 것으로 보인다.)[117] 따라서 오늘날 이라니들이 바라쉬놈을 겪는 것을 표현하는 흔한 관용구는 "돌 위로 가다"이다. 그리고 때로 정화 의식이 정오 무렵에 행해지면, 이 자체가 일종의 시죄試罪가 될 수 있는데, 한낮의 뜨거운 햇살에 그들의 피부가 델 것이기 때문이다. 의례적인 니랑 마시기가 끝나면 리만은 "돌 위에서" 고메즈, 모래, 물로 차례로 정화된다. 주관하는 사제는 모든 신체적 접촉을 피하면서, 시-슈이의 경우처럼 다시 이들을 아홉 개의 옹이가 있는 막대를 가진 이에게 보내는데, 그는 돌무더기를 두른 금 밖에 조심스레 선다.[118] 리만이 이 세 가지 세정제로 머리부터 발끝까지 나신을 세정하는 방식은 벤디다드에 정확하게 규정되어 있으며, 그 고대의 규정들은 지금도 엄격하게 지켜진다.[119] 아홉 정거 지점을 다 지나면 이제 그는 불순함에서 벗어난 것이며, 카쉬를 벗어나 열 번째 돌로 걸어가고, 거기에서 맑은 물을 그의 머리에서 발끝까지 붓는다. 그리고 나서 그는 깨끗한 하얀색의 옷을 걸치고, 쿠스티를 다시 맨다. 그 후 그는 깨끗한 격리 장소인 바라쉬놈-카네(barašnom-khāne) 혹은 나흔-카네(nāhn-khāne)로 물러나 이어지는 아흐레 밤낮을 거기에서 따로 살면서 엄격한 육체적 청결 규정을 지키고 "창조물들"에 대한 최대의 존경을 유지한다. 또한 그는 기도에 많은 시간을 바친다. 이 은둔 기간 동안 넷째, 일곱째, 아홉째 날, 총 세 번 똑같은 가(gāh), 즉 처음 바라쉬놈을 행한 시각에 사제는 그에게 좀 더 간단한 세정식을 해 주는데, 나부슈이(navšūy, "아홉 (밤의) 목욕"으로 보인다.)라 불리며,[120] 이는 노천이든 지붕 아래든 어디에서나 거행될 수 있다. 이를 위해 후보자(의식을 받는 이)는 삼중의 카쉬 안에 있는 세 개의 돌덩이로 된 무더기로 가서 새로 세탁한 옷을 입는데, 이 옷은 "깨끗한" 사람이 순결한 물로 세탁한 것이다.[121] 은둔 기간 내내 후보자는 "깨끗한" 사람, 즉 그의 수행자인 파레스타르(parestār)의 보살핌을 받아야 하고, 그가 주는 음식을 먹는다.[122] 그는 장갑을 끼고 이를 위해 특별히 준비된 옷을 입고 금속 숟가락으로 음식을 먹어야 하는데, 이를 통해 호르다드와 아무르다드에게 빈틈없는 존경을 보이고자 함이다. 맨손이나 맨발이 대지 스펜다르마드에 닿지 못하도록 가장 엄격한 예방 규정이 취해지며, 불결함이 결코 다른 사람들에게 전달되지 못하도록 그들과의 모든 물리적 접촉, 즉 파이완드를 금한다. 그러나 즐겁고 진정으로 유쾌한 대화에 대한 금지는 없는데, 쾌활함은 선한 종교가 항상 권장하는 것이기 때문이다. 낮에 앉거나 밤에 누워 잘 때 그와 땅 사이에는 얇은 천이나 이불 한 장만 깔도록 허용된다.[123] 그리고 그가 남자라면 잠을 많이 자는 것이 허락되지 않으며, 그의 파레스타르가 때때로 깨우는데, 첫 사흘 동안 몽정을 하면 전체 의식을 망쳐 처음부터 전부 새로 행해야 하기 때문이다. 그리하여 은거 중에는 상당한 혹독함이 요구되며, 젊고 정력적인 이들은 이 제약에 더욱 진저리친다. 그럼에도 사제들보다 그런 제약에 덜 익숙한 평신도들조차 시간이 지남에 따라 기도와 경건함으로 가득한 이 격리 기간 동안의 조용한 훈육에 일반적으로 영향을 받는다.(왜냐하면 조로아스터교도들에게 청결은 경건함의 후순위가 아니라 그 일부임이 관찰되어 왔기 때문이다.) 그리고 그들은 진정으로 정화되었다는 감정과 정신적으로도 갱신되었다는 느낌을 가지고 은둔에서 돌아온다.

이렇게 긴 의식을 필요로 하는 오염은 다양한데, 대부분은 시체와의 접촉과 관련된다. 그런 오염은 병상을 돌보는 여인이나 시신 옮기기를 도운 남자의 경우처럼 우호적인 친절 행위를 통해 발생할 수 있는데, 상당히 어린아이들도 연루될 수 있다.(이란의 최소한 일부 지역에서는 사춘기에 이르지 않은 두 어린아이가 사산아를 성화聖化되지 않은 노출 장소로 옮기는데, 사산아가 남아인 경우 남자아이 둘이 여아인 경우는 여자아이 둘이 옮긴다.)[124] 더구나 사산조 이후 시기에(왜냐하면 오랜 논문에는 전혀 기록되어 있지 않으므로) 가장 이상적인 것은 공동체의 모든 성원이 그 혹은 그녀의 일생 동안 한 번은 출생의 물리적 오염을 씻어내기 위해 바라쉬놈-이 노-샤바를 행하는 것이었는데,[125] 이는 출산을 바라보는 일반적인 관점이 논리적으로 확장된 것이다. 그리고 20세기까지 이란의 유복한 이들에게 이것은 일반적인 관습이었는데, 그는 쿠스티를 받은 직후의 젊은 사촌들과 친구들을 그러모아 함께 은둔을 겪는다. 비록 의식의 엄격한 규율이 강제되지만, 그럼에도 이 젊은 후보자들에게 그 시간은 즐겁고 쾌활하게 보내도록 만들어졌다.[126] 또 다른 경우에서 그 목적은 특정한 불결을 제거하는 것이라기보다는 특정한 목적을 위해 현재의 순결함을 늘리는 것이다. 그리하여 우리가 앞서 보았듯이, 노인들은 때로 이 의식을 통해 최고의 육체적 순결과 정신적 우아함 속에서 생을 마감하고자 한다. 그리고 사제들은 완전한 순결함 없이 어떤 고등 제의도 효과적으로 집전할 수 없기 때문에, 일생 동안 불가피하게 여러 차례 바라쉬놈을 통과하는데, 입회 이전에도 하고 그 후에는 고등 제의를 수행하기 위해 요구되는 예비 행위로서, 완벽함을 갱신하기 위해 반복해서 이를 치른다.[127] 조로아스터교에서 순결의 중요성은 "내부" 제의를 행할 자격을 갖춘 사제를 요즈다트라가르, 즉 "순결하게 만드는 이"로 부른다는 사실에서 드러난다.[128]

산 자나 죽은 자를 위해서 바라쉬놈 의식을 대리로 치를 수도 있다. 그래서 이란에서는 지금도 때로 신실한 사람이 스스로 목숨을 끊는 심각한 죄를 짓거나 익사 혹은 화재사한 친척들을 위해 의식을 치른다. 만약 물이나 불을 자살 수단으로 택했다면 그 죄는 이중으로 무거워지는데,[129] 그 경우 물을 세정제로 쓰지 않으며 철저하게 고메즈만 쓴다. 이는 심각한 고행인데, 아흐레 동안 피부에 남은 암모니아 성분이 염증을 일으키기 때문이고, 더운 날씨일 때는 더욱 그렇다.[130] 그러나 이는 분명 이 관습 배후에 깔린 의도가 아니며, 비록 대리인이 의식을 치른다 해도 오히려 순결한 요소인 물이 그런 심각한 오염과 접촉하지 못하도록 하려는 것이다. 그래서 산 자들 중 일부 바쁜 상인이나 농부는 심지어 오염을 초래했을 때에도 이 강제 활동 중지 기간을 위한 시간을 할애하기를 꺼린다. 그래서 그들은 남에게 대가를 지불하고 대리로 정화 의식을 치르고자 하는데, 이 관습은 오래전에 확립된 듯하다. 자연스레 더 순결한 사람이 고용되어 그가 더 면밀하게 모든 제의를 수행하고 금기를 준수할수록 그 행동이 더 효과적이리라 여겨진다. 그래서 대개 대리인으로 요청되는 사람은 사제들이다. 이 과정이 발전하여 19세기 동안 파르시들 사이에서 사제들은 점차 속인들을 위한 바라쉬놈을 전혀 집전하지 않게 되었고, 대신 그들 자신이 요즈다트라가르라면 자신을 위해 혹은 타인을 대신하여 지금도 이 의식을 자주 치른다.[131] (어떤 사제가 자신을 위해 의식을 치르면 그는 팍-탄(pāk-tan)을 위해, 즉 자신이 "깨끗한 몸"이 되기 위해 이를 행한다고 말한다.) 이 발전 과정의 당연한 귀결로서(그에 따라 의식은 이미 순결한 이들만 겪을 수 있다.), 그리고 한편 파르시들이 지금 더 이상 자신들만의 읍 구역이나 마을에 살지 않는다는 사실로 인해 인도에서 바라쉬놈-가 혹은 바르신고는 더 이상 옛날처럼 고립된 곳에 있지 않고, 바라쉬놈-카네처럼 불의 사원 단지 안에 있다. 그리하여 후보자들은 첫 정화 의식을 마친 후 주딘들과의 접촉으로 인한 새로운 오염 위험 없이 바로 아홉 밤의 은둔 장소로 갈 수 있다는 실용적 이점을 얻었다.(1950년대까지 여전히 쓰이던 바라쉬놈-가가 남아 있는 야즈드시에서 후보자들은 텅 빈 길을 통과할 수 있는 밤까지 기다리곤 했다.) 파르시들의 사원 안에 있는 바라쉬놈-가들은 일반적으로 둥글기보다 사각형이라서 사원의 마당과 건물의 유형에 더 쉽게 맞아 들어간다. 이란에서 바라쉬놈은 대개 20세기 초 몇십 년 동안 행해졌다. 그리고 야즈드와 그곳의 일부 마을에서는 지금도 사제 한 명 혹은 두 명이 원하는 속인 남녀나 아이들에게 의식을 집전해 주는데, 일반적으로 한 해에 스무 명 정도이다. 파르시 사제들은 지금도 대리 정화 이상이 필요한 실제로 오염된 이들(특히 나사-살라르들)로부터 떨어진 곳에서 리마니 바라쉬놈(rīmanī barašnom)을 집전한다.[132]

과거 조로아스터교가 국교가 된 후, 그래서 조로아스터교도들이 어떤 거대한 국가의 인구를 구성하는 동질적 대중이었을 때(부유하든 가난하든, 신실하든 회의적이든, 열정적이든 게으르든 간에) 이 관행이 널리 퍼져, 이를 원하고 그럴 여력이 있는 이들은 도덕률이나 순결법에 대한 모든 위반을 돈으로 무마할 수 있었다. 그들은 방금 서술한 바라쉬놈 관행의 경우처럼 대리로 순결을 회복할 수도 있고, 종교 예배를 통해 속죄할 수도 있었다. 벤디다드에 나열되어 있는 다양한 위반에 대한 구체적인 육체적 처벌(매우 많은 매질)은 그것이 해석되는 방식을 보면 단순히 속죄 금액의 척도를 제시하기 위해 만들어진 것으로 보인다.[133] 이 체계는 중세 기독교 국가에서의 면죄부 판매처럼 명백히 남용될 여지가 있고, 예언자 자신의 엄격한 도덕적 가르침과는 거리가 먼 듯하다.[134] 그럼에도 그 체계는 논리를 갖추어서, 우리는 그것이 어떻게 점진적으로 발전했는지 살펴볼 수 있다. 즉 고등 제의 수행은 선한 창조물들에게 도움을 주는 것이기에 공덕을 쌓는 행위이고, 사제만이 거행할 수 있었다. 그러므로 사제들에게 사례하는 것은 덕행이며, 참회자의 입장에서는 자기 부정 혹은 최소한 약간의 관대함을 요구하는 행위였다. 그리고 그 경중은 그가 저지른 죄에 대한 판결에 따라 측량되었다. 충분한 예배를 올리면 비행이 완전히 상쇄될 수 있었다. 대리 정화를 옹호하는 주장을 정당화하기는 더욱 어렵다. 그러나 그 관행은 바라쉬놈이 죽은 이들을 대신해 행해지면서 시작된 듯하고, 그 후에는 죽은 이가 대리인에 의해 정화될 수 있다면 산 사람이라고 못 할 리 없다는 유비적 주장이 개진될 수 있었을 것이다. 일반적으로 의식과 기도가 죽은 이들을 도울 수 있다는 믿음은 각자의 운명에 대한 자신의 책임을 가르치는 조로아스터교의 교리와 동떨어진 것이다. 그러나 이것은 자기 친족의 영혼을 보살피고 그들을 돕고자 했던 고대 인도·이란의 전통과 부합하는 것이고, 따라서 덜 강력한 천성을 지닌 이들의 감정적·신앙적 필요에 부응하여 오랫동안 확립된 관습 및 관례에 맞춰 예언자의 교리를 완화한 것으로 바라봐야 할 것이다.

오염의 죄를 포함한 영혼의 죄를 정화하는 또 다른 방법은 고해였다. 이는 악행에 대한 신의 용서를 얻고자 행하는 것이 아니라 오히려 그 자체로 가치 있는 행위로서 행해졌는데, 교정할 의지를 가지고 잘못을 인정하는 것으로서 선한 말과 행동의 일부였으며, 따라서 부분적으로 잘못을 상쇄했다.(비록 행동이 생각이나 말보다 더 무겁기에 고해 자체는 악행을 완전히 상쇄할 수 없지만.) 파흘라비어로 "고해"를 가리키는 말 파티트(patit)는 "속죄"를 의미한다.[135] 파흘라비 서적들은 죄를 고해하라고 계속 강요하는데, 이를 위한 주문(제문)이 네 개 있다.[136]

이것들은 모두 아주 비슷하게 상대적으로 긴 작품인데, 현존 형태는 사산조 이후의 것이다. 현존 조로아스터교에서 이들의 사용은 특별히 영혼과 육체의 순결을 추구하는 결혼식이나 새해의 시작 등 특정한 행사에 국한되고, 바라쉬놈 및 여타 정화 의식과 연계돼 사용된다. 또한 파티트는 사흘의 행사 기간 동안 항상 죽은 이들을 위하여 암송되는데, "파티트가 지옥 앞의 벽 역할을 하기 때문이다"[137] 산 사람들에 관해 말하자면 "죄는 선행의 경우와 마찬가지이다. 선이 행해지는 순간부터 그 사람이 살아 있는 한 매해 더 커지는 것처럼, 죄도 매년 자라 더 커진다. 그러나 그가 고해를 하면 죄는 더 이상 늘어나지 않는다. 이는 시들어 더 이상 자라지 않는 나무와 같다."[138] 이에 비춰 보면 고해 주문은 악행의 효과를 제한하기 위해 고안된 이로운 만트라이다.

현존 파티트들의 형태는 나중의 것이지만 고해 제도 배후의 교리는 만트라 자체의 개념처럼 사실 매우 오래되었을 것이다. 왜냐하면 고대 인도에서 매우 유사한 신앙들이 발견되기 때문이다. 샤타파타 브라흐마나(II. 5.2.21)에는 이렇게 전한다. "고해를 하면 죄(에나스(enas-))는 줄어든다. 왜냐하면 그것이 진실(사티야(satya-))이 되기 때문이다." 일반적인 성격의 고해 운문들은 이미 리그베다에 발견되는데, 바루나에게 바치는 유명한 찬가 하나(RV 7.86)에는 다음 행들이 나온다. "우리를 우리 아버지들의 악행(드루그다(drugdha-))과, 우리 자신이 행한 악행에서 벗어나게 하소서."(v. 5). 리그베다 7.89.5에도 비슷한 행이 있다. "우리 인간이 하늘에 있는 부류(신들)에게 무슨 잘못을 범했건 오, 바루나, 여기 있는 우리가 생각 없이 당신의 어떤 법을 어겼건 그 죄(에나스)에 대해 벌하지 마소서, 오, 신이시여."[139] 구제를 청하는 기도는 아타르바베다에도 등장하는데, 거기 나오는 것 중에서 다음 절들이 가장 전형적으로 인용되어 왔다. "알든 모르든 우리는 죄(에나스)를 범했나니, 우리를 그로부터 구제해 주소서, 오, 비쉬베데바(Viśvedevāḥ), 하나같이. 깨어 있든 잠들어 있든, 나 죄 많은 이는 죄를 범했으니, 지금 있고 앞으로 있을 것(아마도 신들. ― 옮긴이)으로 하여금 나를 죄로부터 구제케 하소서……."[140] 그런 베다 절들은 더 긴 고해문들과 함께 여러 속죄 의식에 사용되었다.[141] 그리고 그 고해문들의 특징은 일반적인 회개 표현의 사용과 "범했을 수 있는 모든 죄를 포괄하고픈" 욕망이다.[142] 이 점 및 그 제의적인 사용 면에서 이 고해문들은 조로아스터교의 파티트들을 닮았다. 그리고 이 유사점이 양측의 평행한 발전에서 발생한 것이 틀림없다 해도 죄를 인정하는 기본적 관습은 인도·이란 시절로 거슬러 올라갈 수 있어 보이는데, 특별히 아수라 숭배에 속하는 것일 수 있다. 그러나 살아 있는 사람이 회오에 차서 자신의 잘못을 인정하는 일에 이것이 쓰이는 한 예언자가 이를 받아들일 수 없었으리라 생각할 까닭은 없다. 그러나 죽은 이들 대신 하는 고해는 분명 후대에 관습이 확장된 것일 텐데, 이는 개개인이 자신의 운명에 직접 책임진다는 조로아스터의 근본적인 가르침을 깨는 것이기 때문이다.

현존 파티트 네 개는 인도의 고해문처럼 범한 모든 죄를 목록에 포함시키려 애쓴다. 그리고 완전한 정통 교리에 따르면 모든 것은 일곱 아메샤스판드와 그들의 창조물에게 죄를 지었음을 인정하는 것에서 시작한다. 즉 "주 오흐르마즈드와 인간에게…… 바흐만과 가축에게…… 아르드바히쉬트와 불에게…… 샤흐레바르와 금속에게…… 스펜다르마드와 땅에게…… 호르다드와 물에게…… 아무르다드와 식물에게 (죄를 지었음을 인정합니다.)"[143] 거기에는 기나긴 악행의 목록이 따르는데, 그중에는 교만과 분노나 게으름과 시기와 악의 등등의 도덕적 잘못과 함께 순결법을 어기는 것도 포함된다. 왜냐하면 조로아스터교도에게 도덕과 순결은 불가분의 관계로 엮여 있고, 이 둘을 동시에 추구함으로써 선한 삶을 이룰 수 있기 때문이다. 그래서 한 승려는 이렇게 선언했다. "우리의 종교는 순결과 서로 묶여 있다."[144] 예전에는 고해문의 사용이 정해진 행사에 국한되지 않고, 어떤 특정한 행동을 속죄할 때도 요구되었다. 그리하여 페르시아어 리바야트들 중 하나에는, 만약 사산한 여성이 생명의 위험에 처하게 되면 비록 순결하지 않을 때도 물을 주거나 겨울이면 몸을 데우려 불 가까이 가게 해도 된다고 규정되어 있다. 그러나 그녀의 남편은 그리하여 그녀가 두 창조물에게 범한 죄를 완화하기 위해 그녀를 대신해 고해를 해야 한다.[145] 일반적으로 남편은 아내를 대신해, 아버지가 열다섯 살 미만의 자식들을 대신해 고해한다.[146] 그러나 그 외의 대체 고해는 오직 죽은 이들을 위해서만 허용되었다.

순결법은 종교적 제의들과 관련해서는 당연히 대단히 엄격하게 지켜졌는데, 이를 지키지 못하면 제의가 무효가 될 것이기 때문이다. 이슬람 시절 파비 자체는 종종 파우–마할(pāw-mahal),[147] 즉 "순결한 장소"로 불렸다. 그리고 우리가 앞서 보았듯이 완전한 자격을 갖춘 사제는 일반적으로 요즈다트라가르, 즉 "정화하는 이"로 불린다. "내부" 제의가 시작되기 전에는 언제나 파비 자체가 먼저 정화되어야 하며, 모든 그릇과 도구는 다음처럼 삼중의 정화 과정을 거쳐야 한다. 먼저 그것들을 깨끗한 물과 나무 재로 반짝반짝 윤을 내고, 가능한 한 가장 깨끗한 물(우물이나 흐르는 물에서 최대한 주의를 기울여 길어 온 것)로 씻은 후, 마지막으로 성스러운 말로 성별聖別한다. 오늘날 사용되는 기술적인 용어들을 쓰면, 그 물건들을 먼저 샤프(šaf, 세정)하고,[148] 파우(pāw, 정결하게)하고, 마지막으로 야쉬테(yašte, 성별)한다. 어떤 불결한 것들도 성별될 수 없으며, 불결한 것임을 아는 무언가를 두고 아베스타를 암송하는 것은 죄이다. 만약 이 준비가 끝난 후 어느 것 하나라도 파비의 의례적인 격리를 깨트리면(예컨대 인간이나 짐승이 그 안에 발을 디디는 것 등) 전체 과정이 훼손되어 세정과 성별 전 과정을 처음부터 다시 시작해야 한다.

이 준비를 하는 동안과 실제 파우-마할 예식을 거행하는 동안 파르시 사제들은(자연스레 그들은 육체적으로나 의례적으로 완벽하게 청결한 상태이다.) 얼룩이 없는 새하얀 옷을 입는데, 그것은 엄격하게 기능적이어서, 그들이 "외부" 예식을 거행할 때 입는 널찍한 예복의 장엄함은 전혀 없다.[149] 소매가 짧은 성스러운 상의 위에 쿠스티를 묶고 꼭 맞는 바지를 입어서 옷의 느슨한 주름이 어떤 봉헌물도 건드리지 못하도록 한다.(사제는 행사의 특정 시점에 자신의 오른손을 성별하지만 그의 몸과 의복 전체는 청결할 뿐 순결하지는 않다.) 그의 머리는 머리카락을 가리도록 덮고(왜냐하면 느슨한 머리카락이 흘러내려 닿아 무언가를 오염시킬 수 있기 때문에.),[150] 코와 입은 파티다나(paitidāna)로 가리는데, 중세 페르시아어로는 파단(padān)이며, 지금은 외과 의사의 마스크 같은 고운 면포를 써서 봉헌물에 숨결이 닿지 못하게 한다.[151](그러나 아케메네스조 시절의 묘사에 따르면 원래 코는 막지 않고 입만 막았다고 되어 있다.) 파우-마할을 집전하는 사제와 외과 의사의 공통점을 시사하는 것은 이 "마스크"뿐이 아니다. 일반적으로 파비의 엄격한 격리와 그 안에서 행하는 제의의 정밀함은, 그 규율과 엄격하게 지켜지는 위생적 규칙 면에서 그것을 (오늘날 외과 의사의) 수술실과 비교하도록 만든다. 사제 자신은 외과 의사와 마찬가지로 숙련되고 헌신적인 장인으로서, 오직 자기 손 안의 일에만 집중한다. 둘 다 숙련된 조수를 두어 도움을 받는다. 그러나 거기 있을 수 있는 다른 사람들(한 경우는 숭배자들, 다른 경우는 참관인들)에 관해 말하자면, 그들의 존재는 절대적으로 상관없는 일이며,

참가함으로써 그들 자신이 이득을 얻을지라도, 그들의 존재가 진행되는 일의 효력에 영향을 미치지는 않는다.

조로아스터교 사제는 파우-마할 예식을 거행할 때 의도와 말과 행동의 순결 면에서 면밀한 정확성을 유지한다. 그리하여 그는 동식물 창조물에서 얻은 봉헌물(성별聖別된 것)을 순결한 근원인 불과 물에 제물로 바친다. 일부는 숭배자로서 현장에 참석한 사람들 (그들 자신도 전적으로 청결해야 한다.)이 소비하거나 나무 아래의 깨끗한 땅에 쏟아붓는다. 그리고 바르솜을 묶는 끈과 쪶은 홈 잔가지(즉 바르솜. — 옮긴이)의 섬유질을, 일단 잘 마르고 그 자체로 순결한 봉헌물인 그것을 파비 안에 있는 불 위에 놓아,[152] 창조물 중 하나(불)가 그것들을 흡수하게 한다.

바라쉬놈-이 노 샤바에 의해 순결을 획득한 사제가 아니라면 어떤 고등 제의도 합당하게 거행할 수 없으므로, 사제들은 이 정화 의식을 자신들의 직업적인 삶의 기반으로 여겼다. 그리고 바라쉬놈은 특정한 "도구" 혹은 "소품(오늘날 이는 알라트(ālāt)라 불린다.)" 없이 거행될 수 없으므로 이들도 귀하게 여겨진다. 이들 중 성별된 황소의 오줌과 나무 재가 핵심으로 여겨졌는데, 이것으로 내부 존재들이 세정된다. 재를 위한 별도의 성별 의식은 필요치 않았는데, 화롯불이나 사원의 불(그리고 거기에서 나온 재)은 일상의 기도 암송으로 이미 정화되었기 때문이다. 그러나 황소의 오줌을 성별하는 특수한 예식이 있었으며, 이는 파우-마할에서 준수해야 할 예법 중 가장 엄숙한 것으로 여겨졌다. 사산조 이후 이 행사는 니랑-이 아브 우드 파디야브 야스탄(nīrang-i ab ud pādyāb yastan), 즉 "물과 황소의 오줌을 성별하는 예배"라 불렸다.[153] 그리고 성별된 파디야브 자체는 전이轉移에 의해 간단히 니랑이라 불리게 되었고, 이는 오늘날 가장 흔한 용법이다. 이 긴 행사는 오직 전적으로 경험 충만한 사제들만 수행할 수 있으며, 그들은 이를 위해 특별히 엄격·엄중한 바라쉬놈을 통해 면밀하게 준비한다. 그리고 일단 성별된 파디야브에 관해 페르시아어 리바야트 하나는 이렇게 말한다. "파흘라비어 서적에 명백히 나와 있는 대로 종교적 삶은 니랑에서 시작되고, 니랑의 삶은 고위 사제에게서 시작되며, 고위 사제의 삶은 덕행과 자선에서 시작된다. …… 니랑은 바라스(varas), 홈, 우르바란(urvarān), 파라홈, 만트라, 잔드, 그리고 바르솜을 가진 다스투르들이 준비한다. 그 몸이 석탄처럼 검을지라도, 만약 그것이 음료로 주어지면 거기에 신의 빛이 깃들어 그것은 해처럼 순결하고 밝게 된다."[154]

비록 이 구절은 니랑에 마법적 효능을 부여하고, 그 강조점은 그것이 이 종교의 역사에서 후대의 것에 속함을 보여 주지만, 그 효력이 고결한 사제의 준비 과정에 달려 있다는 주장은 조로아스터교의 정신을 간직하고 있다. 일반적으로 조로아스터교는 육체적 세계와 정신적 세계의 상호 의존에 관한 예언자의 가르침에 맞춰, 도덕성을 갖춘 순결과 순결을 갖춘 도덕성을 추구한다. 그러므로 아마도 이 장에서 묘사된 모든 예법들의 최소한 씨앗이라도 이 종교의 가장 초기 시기에 이미 존재했을 듯하며, 실제로 그 일부는 다신교 시절의 관습에서 유래한 것으로서, '선한 종교'에 의해 악의 육체적 공격에 맞선 투쟁에서 쓸 무기로서 유보된 듯하다.

# 조로아스터교의 장례 의식

다신교 시절 장례식에 관한 증거들은[1] 다양한 이란 민족들 사이에서 군주와 귀족이 커다란 무덤 안에 자신들의 시신을 안치하는 방식과, 낙원으로 구제되고 내세에 육체가 부활하기를 원하는 귀족들의 희망과 연관됐을 법한 의식을 채택했음을 보여 준다. 중앙아시아에서 이란인들이 가장 먼저 노출장을 채택했다고 생각할 약간의 이유가 있다.[2] 그리고 이 장례법이 실제로 조로아스터에 의해 만들어졌든 그러지 않았든 조로아스터가 이를 자신의 종교의 장례 방식으로 선택했을 가능성이 커 보이며, 이것은 신이 내린 계시로 발전시키거나 도입하라고 고무한 방식들 중 하나였을 것으로 보인다. 이 방식은 여러 방면에서 교리에 부합한다. 먼저 시신은 생명을 주는 태양 아래 노지에 눕는데, 그리하여 빛의 길이 영혼을 친바트 다리로 이끌도록 한다. 조로아스터교 전승에 따르면 그것은 흐바레.다레사(hvarə.darəsā) 혹은 페르시아어 표현대로 코르셰드 니가레쉬(khoršēd nigāreš), 즉 "태양의 응시를 받는 것"인데, 이것은 노출장의 핵심 장점으로서 강조된다.[3] 태양광은 스펜타 창조물에게 이로우며, 다에바의 것으로서 사체에 붙어 있는 오염을 태워 없애는 강력한 힘이 있다. 더욱이 새와 짐승에게 시신을 노출시킴으로써 (땅 등을) 오염시키는 살이 재빨리 해체되어(때로는 몇 시간도 아니라 몇 분) 땅이나 불이나 물 등 창조물을 더럽히지 않는다. 더욱이 이 방식의 혹독함은 영혼이 떠난 나사에 대한 경멸을 나타낸다. 그리고 그 단순성은 조로아스터의 가르침의 우주적 특성과도 부합하는데, 이 방식은 죽은 이들을 모두 똑같이 벌거벗은 채로 하늘 아래 평등하게 드러눕게 만든다.

아베스타 자체와 관련된 한 시신의 처리와 관련된 모든 경전적 전거는 벤디다드에 들어 있다. 그리고 이 저작은 여러 시절의 다양한 자료를 담고 있는 집성본이므로, 여러 부鄒들 사이에, 최소한 용어 사용 면에서 일부 모순이 발견되는 것은 놀라운 일도 아니다.[4] 한 구절 (Vd. 7.47-51)은 시체를 처리하는 다양한 방법들을 언급하는데, 서술 방식을 보면 그 내용이 편집된 당시에 조로아스터교의 장례 방식이 의무적이기는커녕 널리 채택되지도 못했음을 시사한다. 거기에서 조로아스터가 아후라 마즈다에게 사자의 몸에 대해 묻는 것으로 나오는데, 태양광 아래 땅에 누인 시신이 얼마 만에 흙으로 돌아가는지, 땅에 묻힌 시신은 얼마 만에, 다크마에 안치된 시신은 얼마 만에 그렇게 되는지 묻는다. 그 대답은 각각 1년, 15년 그리고 다크마가 부서질 때까지이다. 그러므로 다크마를 부수는 것은 엄청난 공덕이라서, 이를 행하는 사람은 자신의 죄를 선으로 돌리는 것이다. 이와 유사하게 벤디다드 3.9는 시신을 안치한 다크마가 두껍게 만들어진 곳의 땅이 심한 압박을 받는다고 선언한다. 그래서 다시 한번(3.13) "세워진 다크마들(dakhma- uzdaēza-)"을 부수는 공덕을 역설한다. 이 구절들은 다크마가 능陵, 즉 위로 크게 쌓아 올린 무덤으로서 시신을 인공적으로 보존하는 장소라는 의미로 쓰였음을 증언한다. 이것은 이 단어의 원래 의미로 보이는 "봉분"과 근사한데,[5] 그래서 이 내용이 본질적으로 오래된 것임을 알려 준다. 또 하나의 구절(Vd. 7.56~58)에는 그런 다크마를 다에바들(악마들)이 모여 더럽히고 질병은 물론 나아가 죽음을 유발하는 타락의 장소로 묘사한다.

그러나 벤디다드에는 다크마가 상당히 다른 의미로 쓰인 구절들이 있는데, 다시 말해 다크마는 노출된 개활지로서 합법적으로 승인된 곳을 가리킨다. 벤디다드 8.2에, 어떤 사람이 죽으면 마즈다 숭배자들은 "다크마를 찾아야 하노라, 그들은 사방으로 다크마를 찾노라."라고 나와 있다. 이 문맥에서 다크마가 인공 구조물인지 시체를 노출시킬 자연적인 장소인지 정확히 확정해 줄 내용은 없지만, 후자일 가능성이 더 크다. 불행히도 유일한 다른 한 구절에서도 다크마는 이런 식으로 쓰였다. 5.14의 구절인데 마즈다 숭배자들은 태양 아래서 1년 동안 두어서, 죽은 고기(나수, 즉 시신) 위로, 다크마 위로, 불결한 것(히크라) 위로 빗물이 내리도록 하고, 새들이 살을 완전히 먹어 치우게 하라고 되어 있다. 전하기를(5.14, 16) 빗물은 먼저 불결한 것 위로 내리고, 그다음에는 백골 위로 내린 후, 결국 푸이티카 바다로 흘러가 다시 정화된다.

이제 햇빛에 표백되고 비에 씻긴 뼈를 어떻게 처분할지에 관해 벤디다드(6.49~51)는 각자 여력에 따라 선택하도록 허용한다. (질문한다) "어디에다 우리는 사자의 뼈를 가져가, 어디에 (그것들은) 놓습니까?" 답은 이렇다. "우즈다나(uzdāna-) 하나를 만들지니, 개와 여우와 늑대가 미치지 못하는 곳에, 내리는 빗물에 젖지 않게 하라. 만약 여력이 있어 가능하다면, 이 마즈다 숭배자들은 (그것을) 바위나 백악白堊이나 진흙(이런 것들로 만들어진 납골당. ― 옮긴이) 사이에 (두라). 가능하지 않으면, 그것을, 그 자신의 침상, 자신의 방석인 땅 위에 빛에 노출되게 내려놓아 태양이 내려다보게 하라." 우즈다나(이 단어는 딱 한 번 더 나온다.)는 납골처를 가리키는 기술적 용어로 보이는데, 다시 말해 뼈를 최종적으로 안치하는 저장소이다.[6] 그리고 어휘의 모호성 때문에 이 벤디다드 구절이 명확하지 않지만, (후대의 관습으로 판단컨대) 이 단어가 가리키는 것은 산이나 언덕을 깎아 만든 석실이거나("바위 혹은 백악 사이") 궤 혹은 항아리일 가능성이 있다. 파흘라비어로 우즈다나는 기계적으로 우즈다히스트(uzdahist)로 번역되고,[7] 아스토단(astōdān, 글자 그대로 "뼈를 담는 용기")이라는 주가 달렸다. 역사 시대의 이런 식의 모든 납골당들은 잘 알려져 있다.

벤디다드가 가난한 이들에게 재가한, 그저 마른 뼈를 땅에 놓는 방식은 고고학적으로 확인할 수 있는 장례법이 아니지만, 이는 사실 파르시아와 사산조 시절 외국 관찰자들이 증언한 바이다. 신학적으로 이 관습은 허용 가능한데, 그때는 이미 "깨끗해진" 뼈가 선한 땅을 해칠 수 없기 때문이다. 그리고 조로아스터교 다스투르들은 프라셰기르드 때 흩어진 신체의 부분들을 다시 합치는 능력이 개개 인간을 창조한 아후라 마즈다의 권능 안에 있다고 주장했다.[8] 그러므로 개인의 뼈를 보존하기 위한 납골당의 사용은 필수적인 것이라기보다는 보조적인 것이다. 그럼에도 이 관습은 인간의 자연스러운 경건함을 충족시키는 방식이고, 죽은 이를 위한 개별 의식들을 진행한 장소를 만들어 주었다. 그리고 고대 인도에도 이와 유사한 관행들이 있었으므로(화장 후 뼈를 수습하여 결국 매장하는 방식), 이는 역사 이전 시기에 이미 존재했을 가능성이 크다. 그런 절차가 가능하려면, 시신들을 반드시 따로따로 노출시켜야 했음이 분명하다. 그러나 시신 노출 장소에 관한 한 벤디다드는 단순히 사자의 몸(naraֵm iristanֵam tanu-)을 부패한 고기를 먹는 짐승들과 새들이 많다고 알려진 가장 높은 곳으로 옮기고, 거기에서 시신의 머리카락과 발을 고정시켜(철, 돌 혹은 뿔로) 뼈가 (짐승에 의해) 끌려가지 않게 한다고만 기록되어 있다. 그러나 이 행동에 주어진 이유는 뼈가 가까운 물이나 식물로 끌려가는 것을 막고자 함이지 (즉 오염 방지), 한곳에 남아 쉽사리 수습되게 하려는 것은 아니다. 그러므로 인공적으로 건설된 고대의 노출 장소에 대한 고고학적·문헌적 근거는 없으며, 이슬람 시절 이전에 오늘날의 근대적 돌탑 양식의 다크마들이 존재했다는 증거도 없다.

벤디다드의 또 하나의 구절(Vd. 3. 35)에서 보이듯이, 매장은 영혼을 죽은 자들의 지하 왕국에 보내는 것이라는 다신교 시절의 오랜 믿음은 조로아스터교의 지옥 교리와 연결되어 여전히 남아 있었던 것으로 보인다. 여기에 어떤 이에 대한 저주가 나오는데, "올바르고 선하게, 그의 노동으로 얻은 것을 의로운 이(즉 사제)에게 주지 않은 이…… 그를 땅(스펜타 아르마이티)의 가장 깊은 곳으로, 타락의 장소(즉 무덤)로, 최악의 세상으로 밀어 넣어, 화살촉의 침대 위로 올려 버려라." 시신이 묻히면 그 영혼은 위의 천국으로 이어지는 태양의 길을 찾을 가능성이 적다고 여겨졌음이 분명하다.

이 자료들의 성격을 감안하면, 당연히 조로아스터교 장례식의 역사를 추적하기는 불가능하다. 그러나 핵심적인 것들은 아마도 신앙의 초기 시절 발생했을 텐데, 이 경건한 순간 종교 행사를 거행하고픈 직감은 보편적인 것으로 보이기 때문이다. 더욱이 조로아스터는 영혼이 몸을 떠난 후 지상에서 사흘간 머문다는 오래된 믿음을 받아들였던 것으로 보이므로, 자연스레 이 기간은 영혼을 위해 특별한 기도를 하고 예식을 진행할 시기였다. 조로아스터교 예식의 특징은 예언자 자신의 말의 일부를 시신을 처리할 때 만트라로 사용한다는 점과 영혼을 대신하여 기도의 야자타이자 악마에 대항하는 강력한 수호자인 스라오샤에게 행사를 바친다는 점으로 보인다. 현행 관습상[9](가장 초기에도 그랬을 것이다.) 시신은 나사이므로 가능하면 빨리 치우는데, 바로 그날 치우는 게 바람직하다. 그렇지만 시신 운반은 오직 해가 비칠 때만 가능하므로, 만약 오후 늦은 시간 혹은 밤에 사망했다면 장례식은 그다음 날까지 연기된다.[10] 시체를 나르는 사람들은 시신에 다가가기 전에 끈 끄트머리로 잡음으로써 서로 파이완드를 형성하고 스로쉬 바쥐의 도입 부분을 암송하는데, 거기에는 켐-나 마즈다도 포함되어 있다. 그러고 나서 그들은 시신을 노출 장소에 눕힐 때까지(그곳이 아무리 멀리라도) 내내 침묵을 유지하고, 거기에서 물러난다. 그리고 나서 그들은 끝맺음 기도를 암송함으로써 바쥐를 "떠나는데", 그리하여 전 과정 동안 스라오샤의 보호 아래 있게 된다. 장례식 절차가 진행되기 전에 사제들이 읊는 기도는 다섯 가타들 중 가장 먼저 나오고 가장 긴 가타 아후나바이티(Y. 28~34)로 구성되는데, 영혼의 구원을 갈구하는 데 중요한 절인 야스나 31의 4절이 끝난 후 한 번 멈추어, 두 부분으로 나눠 읊는다. 그 절의 내용은 다음과 같다. "아샤가 호명되려면, 그리고 마즈다와 (다른) 아후라들, 그리고 아쉬와 아르마이티가 호명되려면, (그러면) 나 스스로를 찾게 하소서, 최고의 의도(바히쉬타 마나(vahišta-manah-))와 강력한 힘(크샤트라)을 통해, 그들의 성장을 통해 우리는 사악함을 정복하나니" 여기에서 권력(힘)과 왕국이라는 이중적 의미는 물론 특히 하늘의 왕국이라는 의미에서 분명 크샤트라라는 단어에 특별한 중요성이 있는 듯하다.

가타 암송을 한 번 멈추는 시기는 시체를 옮기는 이들이 카쉬 안의 석판이나 자갈 더미 위에 누워 있는 시신을 철제 상여로 옮길 때이다. 순결한 사제들은 시체와 세 발짝 이상 떨어져 있고, 절대로 이를 만지거나 보호 카쉬 안으로 들어가지 않는다. 일련의 조객들이 노출지까지 상여를 따르는데, 출발 전까지 각자 스스로를 위해 스로쉬 바쥐를 암송하며 그러고 나서 짝을 지어 둘 사이의 끈이나 천을 잡음으로써 파이완드를 형성하고, 그리하여 둘씩 행진하면서 불결함과 악으로부터 스스로를 지킨다.[11] 그들은 노출지와 최소 30걸음 떨어진 곳에 멈춰, 시신을 나르는 이들이 돌아와 떠난 이를 위한 마지막 기도를 올리고 스로쉬 바쥐를 떠날 때까지 거기에서 기다린다. 장례식에 참여한 이들은 모두 죽음의 악을 씻어 내기 위해 세정식을 치르고 나서 일상의 일로 돌아간다.

후대에는 여력이 있는 사람들에게는 이 사흘 동안 거행하는 종교 예배의 횟수가 엄청나게 불어났다.[12] 기본적이라고(그래서 이 신앙의 역사에서 상당히 이른 시기에 만들어졌을 법한 것으로) 알려진 것들로는 하반 가(Hāvan Gāh)에 거행되는, 스로쉬에게 바치는 야스나, 역시 스로쉬에게 바치는 짤막한 축복 예배로서 아이위스루트림 가(프라바쉬들이 수호하는 시간)가 시작될 때 행하는 아프리나간이 있다. 이 아프리나간 예배문은 더 긴 스로쉬 야쉬트의 절들을 병합했다. 그러고 나서 결정적인 세 번째 밤 동안 아프리나간이 세 번 거행되는데, 먼저 정의의 야자타들로서 아주 빨리 그 영혼에 배정되는 라쉬누와 아르쉬타트 둘에게 한꺼번에 올리고, 영혼이 이제 그를 통과하여 여행을 시작할 신비한 대기의 신 라만에게 올리며,[13] 마지막으로 이제 곧 그 영혼이 동료로 합류할 공정한 프라바쉬들(아르다이 프라바쉬)에게 올린다.[14] 네 번째 아침 동이 트기 바로 전에 행하는 예배가 하나 더 있다.[15] 태양이 친바트 다리의 판결자 미트라를 대면하도록 영혼을 들어 올리고자 떠오를 때 조객들은 멈춰 선다.[16] 그러고 나서 그들은 마지막 예배를 거행하는데, 영혼을 대신하여 불에 제물을 바치고 희생 고기를 함께 먹음

으로써 사흘간의 금욕을 마무리한다.[17]

이 희생제와, 세 번째 밤의 아프리나간 동안 영혼이 사용하도록 봉헌된 의복[18] 그리고 개에게 시신을 보이는 사그디드 의식[19] 그리고 사후 1년 동안 사자의 영혼을 위해 거행되고 그 후에는 연례로 거행되는 수많은 행사들은 분명 이란의 다신교 시절부터 전해 내려온 것으로 보인다. 그리고 각자가 자기 영혼의 구원의 책임이 있음을 역설했던 조로아스터 본인이 사자를 위해 고안된 그 수많은 의식들에 찬성했으리라 상상할 수는 없다. 그러나 그런 예식들은 이란인들에게는 분명 많은 것을 의미했다. 그리고 예언자가 거부한 것들이 분명 서서히 부활하여, 시간이 지나면서 죽은 이에 대한 조로아스터교의 의례는 고대적 요소들을 거의 대부분 흡수했지만, (이 요소들은) 때로는 거북스럽게, 내세의 정의에 대한 조로아스터 자신의 확고한 교리에 종속된 듯하다. 기독교나 무슬림 공동체의 다양한 분파들 안에서도, 물론 거기에서도 과거의 관습들을 엄격한 새 교리와 논리적으로 조화시키는 어려움이 있었음에도 불구하고, 이와 유사한 고대 관습들의 부활을 추적할 수 있다.

# 자주 인용한 참고도서 선별 목록

인용 저자명이나 서명이 많이 축약되었을 경우, 이름 뒤 괄호 안에 축약어를 넣었다. 중세 페르시아 전사 체계가 여럿 있고, 파흘라비어 서체에는 모호함이 있기 때문에, 때로 조로아스터교 저작들의 이름은 편집자들이 사용한 것과 약간 다르다. 예를 들어, 자트스 프람Zatsparam 대신 자드스프람Zädspram, 아르다 비르 아프Ardā Vir Af 대신 아르디 비르 드즈Arddy Virdz로 표기했다.

Anklesaria, Behraragore T. (BTA), *The Pahlavi Rivāyat of Āturfarnbag and Farnbag-Sroš.* 2 vols., Bombay 1969, text with English transl., edited posthumously by K. M. Jamasp Aša,

_____, *Vichitahiha i Zatsparam*, text with intro., Bombay 1964 (*Zādspram*).

_____, *Zand-Akāsih, Iranian or Greater Bundahišn*, English transl., Bombay 1956 (*GBd.*)

_____, *Zand-i Vokūman Yasn*, text with English transl., Bombay 1957 (*ZVYt.*).

Anklesaria, Tehmnras D. (TDA), *The Buūdahishn*, Bombay 1908, text with intro. (*GBd.*).

\_\_\_\_\_, *Dātistān-i Dīnīk*, Pt. I, text, no date (*Dd.*).

Anquetil du Perron, H., *Zend-Avesta, ouvrage de Zoroastre*, 3 parts, 2 vols., Paris 1771 (*ZA*).

Asa Haug see under Jamaspji Aša.

Bailey, H. W., *Zoroastrian problems in the ninth-century books*, Ratanbai Katrak Lectures, Oxford 1943, repr. 1971.

Barr, K., *Avesta*, Copenhagen 1954.

Bartholomae, Ch., *Altiranisches Wörterbuch*, Strassburg 1904, repr, 1961 (*Air. Wb.*).

Belenitsky, A., *The ancient civilisation of Central Asia*, transl. from the Kussian by J. Hogarth, London 1969.

Benveniste, E., *Les mages dans l'Ancien Iran*, Publications de la Société des Études Iraniennes, 15, Paris 1938.

\_\_\_\_\_, *The Persian religion according to the chief Greek texts*, Conférences Ratanbai Katrak, Paris 1929.

\_\_\_\_\_, *Titres et noms propres en iranien ancien*, Paris 1966.

Benveniste E, et Renou, L., *Vr̥tra et Vr̥θrragna, étude de Mythologie indo-iranienne*, Paris 1934.

Bergaigne, A., *La religion védique d'aprèes les kymnes du R̥igveda*, 3 vols., Paris 1878~1883, (Eng. transl. in 4 vols, by V. G. Paranjpe, Poona 1969.)

Bianchi, U., *Zamān i Ohrmazd, Storia e Scienza delle Religioni*, Torino 1958.

Bīrunī, *The chronology of ancient nations*, ed. E. Sachau, Leipzig 1923, transl. into English by E. Sachau, London 1879, repr, 1969.

BTA see Anklesaria, Behramgore T.

Bulsara, Sohrab J., *Aērpatastān and Nirangastān*, English transl. with notes, Bombay 1915.

Casartelli, L., *The philosophy of the Mazdayasnian religion under the Sassanids*, transl. from the French by F. J. Jamasp Aša, Bombay 1889.

Chadwick, H. M., *The Cult of Othin*, London 1899. The Heroic Age, Cambridge 1912.

Chadwick, H. M. and N. K., *The Growth of Literature*, 3 vols., Cambridge 1932~1940.

Christensen, A., *Die Iranier* (Handbuch der klassischen Altertums-Wissenschaft III, Abt. 1. 3. 3.1) Munich 1933.

_____, *Essai sur la démonologie iranienne*, Copenhagen 1941.

_____, *Études sur le zoroastrisme de la Perse antique*, Copenhagen 1928.

_____, *Le premier chapitre du Vendidad, et l'histoire primitive des tribus iraniennes*, Copenhagen 1943.

_____, *Les Kayanides*, Copenhagen 1931.

_____, *Les types du premier homme .. dans l'histoire légendaire des Iraniens*, 2 vols., Stockholm 1917.

Clemen, C. *Fontes, Historiae Religionis Persicae*, Bonn 1920 (cited by the author's name).

Cumont, F., *Textes et monuments figures rélatifs aux mystères de Mithra*, 2 vols., Brussels 1899 (*TMMM*).

Darmesteter, J., *Études iraniennes*, 2 vols., Paris 1883 (*Ét. ir.*).

_____, *Ormazd et Ahriman*, Paris 1877, repr. 1971.

_____, *Le Zend-Avesta, Annales du Musée Guimet*, 3 vols, Paris 1892~1893. repr, 1960 (*ZA*).

Dhabhar, Bamanji N.. *Saddar Naṣr and Saddar Bundehesh*, text, with intro., Bombay 1909 (*Saddar Bd.*).

_____, *The Persian Rivayats of Hormazyar Framarz*, English transl. with notes, Bombay 1932, (*Riv.*).

_____, *Zand-i Khūrtak Avistak*, text, Bombay 1927, English transl. Bombay 1963 (*ZKh*.

*A)*

Dhalla, M. N., *The Nyaishes or Zoroastrian litanies*, ed. and transl. into English, New York 1908, repr. 1973,

Duchesne-Guillemin, J., *La religion de l'Iran ancien*, Paris 1962 (Eng. transl. by K. M. Jamasp Aša, Bombay 1973),

―――, *The Western response to Zoroaster*, Ratanbai Katrak lectures 1956, Oxford 1958.

Fox, W. S. and Pemberton, R. E. K., "Passages in Greek and Latin literature relating to Zoroaster and Zoroastrianism translated into English", *JCOI* 14, 1929, 1~145 (cited as F.-P.).

Frumkin, G., *Archaeology in Soviet Central Asia* (*Handbuch der Orientalistik* VII. 3.1., ed. J. E. van Lohuizen-de Leeuw), Leiden 1970.

Frye, R. N., *The heritage of Persia*, London 1962.

Geiger, B., *Die Ameša Spēntas*, Vienna 1916.

Geldner, K., Avesta, *The Sacred Books of the Parsis*, text with intro., 3 vols., Stuttgart 1896.

―――, *Der Rigveda. ins Deutsche übersetzt*, Harvard Oriental Series, 3 vols., 1951.

Gershevitch, I., *The Avestan hymn to Mithra*, text with English transl. and notes, Cambridge 1959, repr. 1967 (*AHM*).

Ghirshman, R., *Iran front the earliest times to the Islamic conquest*, Pelican Archaeology Series, translated from the Freneh, London 1954.

Gonda, J., *Die Religionen Indiens*, I *Veda und älterer Hinduismus*, Stuttgart 1960.

Gray, L. H., "The foundations of the Iranian religions", *JCOI* 15, 1929, 1~228.

Haug, M., *Essays on the sacred language, writings and religion of the Parsis*, 3rd ed., ed. and enlarged by E. W. West, London 1884, repr. 1971.

(See also with H. Jamaspji Aša)

Hennmg, W. B., *Zoroaster — politician or witch-doctor?* Ratanbai Katrak lectures 1949,

Oxford 1951.

Herzfeld, E., *Zoroaster and his world*, 2 vols., Princeton 1947.

Hillebrandt, A., *Ritualliteratur, Vedische Opfer und Zauber*, Strassburg 1897.

_____, *Vedische Mythologie*, 2nd ed., 2 vols., Breslau, 1927~1929.

Hinnells, J. R. (ed.), *Mithraic Studies*, Vol. I, Manchester 1975.

Hubert, H, and Mauss, M., *Sacrifice: its nature and function*, transl. from the French by

W. D. Halls. London 1964.

Humbach, H., *Die Gāthās des Zarathustra*, 2 vols., text with German transl. and notes,

Heidelberg 1959

Jamaspji Asa, H. and Haug, M., *The Book of Arda Viraf*, text with English transl. and

notes, Bombay and London, 1872 (*AVN*).

Jamasp-Asana, Jamaspji M., *The Pahlavi Texts contained in the Codex MK*, II, Bombay

1913.

Jackson, A. V. Williams, *Persia past and present*, New York and London, 1909.

_____, *Zoroaster, the prophet of ancient Iran*, New York 1899, repr. 1965.

Kaye, G. R., *Hindu Astronomy, Memoirs of the Archaeological Survey of India*, No. 18,

1924.

Keith, A. Berriedale, *The religion and philosophy of the Veda and Upanishads*, Harvard

Oriental Series, 2 vols., 1925, repr. 1970.

Kent, R., *Old Persian, Grammar, texts, lexicon*, American Oriental Society, 2nd ed., 1953.

Kirfel, W., *Die Kosmographie der Inder nach den Quellen dargestellt*, Bonn und Leipzig,

1920.

Konow, S., *Die Inder, Lehrbuch der Religionsgeschichte*, begründet von Chantepie de la

Saussaye, 4te Aufl., herausgg. von A. Bertholet und E. Lehmann, Tübingen 1925,

Bd. II, 1~198.

Kotwal, Firoze M. P., *The supplementary texts to the Šāyest nē-šāyest*, text with English transl. and notes, Copenhagen 1969 (cited either as *Šnš.* or Supp. texts *Šnš.*).

Lehmann, E., Die Perser, *Lehrbuch der Religionsgeschichte* [see under Konow], II, 199~264.

Lévi, S., *La doctrine du sacrifice dans les Brāhmanas*, Paris 1898, repr. 1966.

Lommel, H., *Der arische Kriegsgott*, Frankfurt 1939.

_____, *Die Religion zarathustras nach dem Awesta dargestellt*, Tübingen 1930, repr. 1971.

_____, *Die Yäšts des Awesta*, German transl. with notes, Göttingen und Leipzig 1927.

Lüders, H., *Varuṇa*, aus dem Nachlass herausgg. von L. Alsdorf, 2 vols., Göttingen 1951, 1959.

Markwart, J., *Wehrot und Arang, Untersuchungen zur mythischen und geschichtlichen Landeskunde von Ostiran*, Leiden 1938.

Masson, V. M. and Sarianidi, V. I., *Central Asia, Turkmenia before the Achaemenids*, transl. from the Russian by R. Tringham, London 1972.

Modi, J. J., *The religious ceremonies and customs of the Pārsees*, 2nd ed., Bombay 1937 (*CC*).

_____, *The Persian Farziāt-nāmeh ... of Dastur Dārāb Pāhlan*, text with English transl., Bombay 1924.

Molé, M., *Culte, mythe et cosmologie dans l'Iran ancien*, Paris 1963.

_____, *La légende de Zoroastre selon les textes pehlevis*, Paris 1967.

Moulton, J. H., *Early Zoroastrianism*, The Hibbert Lectures 1912, London 1913, repr. 1972 (*EZ*).

Nilsson, M. P., *Primitive Time-Reckoning*, Lund 1920, repr, 1960.

Nyberg, H. S., *Die Religionen des Alten Iran*, transl. from the Swedish into German by H. H, Schaeder, Leipzig 1938, repr. 1966.

Oldenberg, H., *Die Religion des Veda*, 2nd ed., Berlin 1917, repr. 1970.

Rau, W., *Staat und Gesellschaft im alten Indien nach den Brahmana-Texten dargestellt*, Wiesbaden 1957.

Rodhe, S., *Deliver us from evil*, Lund–Copenhagen, 1946.

Rosenberg, F., *Le livre de Zoroastre (Zarātusht Nāma)*, text with French transl., St. Petersburg 1904.

Sanjana, Darab P., *Nirangistan*, text, Bombay 1894 (*Nir.*).

Schaeder, H. H., *Iranica, Ab. der Gesellschaft der Wissenschaften Zu Göttingen*. 3te Folge. nr. 10, 1934.

———, *Iranische Beiträge I, Schriften der Königsberger Gelehrten Gesellschaft*, 6 Jahr, Heft 5, Halle 1930.

Schlerath, B., *Avesta-Wörterbuch, Vorarbeiten*, 2 vols., Wiesbaden 1968.

———, (ed.) *Zarathustra, Wege der Forschung*, Bd. CLXIX, Darmstadt 1970.

Söderblom, N., *The Living God, Basal forms of personal religion*, The Gifford Lectures 1931, London 1933.

Soroushian, Jamshed S., *Farhang-e Behdīnā*n, Tehran 1956.

Spiegel, F., *Die arische Periode und ihre Zustände*, Leipzig 1887.

———, *Eranische Alterthumskunde*, 3 vols., Leipzig 1871~1878 (*EA*).

Taqizadeh, S. H. *Old Iranian Calendars*, London 1938.

Taraporewala, Irach J. S., *The Divine Songs of Zarathushtra*, Bombay 1951.

Tavadia, Jehangir C, *Sayast nē-šāyast*, text with German transl. and notes, Hamburg 1930 (*Šnš.*).

*TDA*, see Anklesaria, Tehmnras D.

Thieme, P., *Der Fremdling im Rgveda, Ab. für die Kunde des Morgenlandes*, Leipzig 1938.

———, *Mitra and Aryaman, Transactions of the Connecticut Academy of Arts and Sciences*,

41. 1957.

\_\_\_\_\_, *Studien zur indogermaniscken Wortkunde und Religionsgeschichte, Berichte über die Verhandlungen der Sachsischen Akademie der Wissenschaften zu Leipzig,* Bd. 98, Heft 5, 1952

Tiele, C. P., *Geschichte der Religion im Altertum,* German transl. by G. Gehnch, Gāthā 1903, Bd. II.

Unvala, Manockji R., *Dārāb Hormazyār's Rivdyat,* text, 2 vols., Bombay 1922 (*Riv.*).

West, E. W., *The Book of the Mainyo-i Khard,* text with English transl. and notes, Stuttgart and London, 1871 (*MKh.*).

Widengren, G., *Die Religionen Irans,* Stuttgart 1965.

Wikander, S., *Feuerpriester in Kleinasien und Iran,* Lund 1946.

\_\_\_\_\_, Vayu, *Texte und Untersuchungen zur indo-iranischen Religionsgeschichte,* Uppsala and Leipzig 1941.

Windischmann, F., *Zoroastrische Studien,* Berlin 1863.

Zaehner, R. C, *The Dawn and Twilight of Zoroastrianism,* London 1961, repr. 1975.

\_\_\_\_\_, *Zurvan, a Zoroastrian dilemma,* Oxford 1955.

# 주

## 1장

1  현존하는 조로아스터의 출생 연대 두 가지, 즉 플라톤보다 6000년 전(그리스 문헌에 나온다.)과 알렉산드로스보다 258년 전(사산 왕조 시절 후대 조로아스터교 전승에 보인다.)는 모두 잘못된 자료를 근거로 계산된 듯하다. 이 문제에 대해서는 11장 주석 38번과 이 책 2권을 더 참고하라.

2  지금부터 훗날 인도 아대륙을 침략한 인도·유럽어 사용 민족을 단순화하여 '인도인(Indian)'이라 부를 텐데, 다른 맥락에서는 그들을 인도의 선주민과 구분하기 위해 인도·아리야인(Indo-Aryans)'이라 부른다.

3  H. 야코비(Jacobi)와 B. G. 틸락(Tilak)의 연구를 참고하라.(다음의 서지 목록. S. Konow, *Die Inder* (*Lehrbuch der Religionsgeschichte*, begründet von Chantepie de Saussaye, 4th ed., ed. A. Bertholet and E. Lehmann, Tübingen 1925) II 6; W. Wüst, "Über das Alter des Rgveda", *WZKM* XXXIV, 1927, 186 f.; G. R. Kaye, *Hindu Astronomy, Memoirs of the Archaeological Survey of Indi*a, No. 18, 1924, 29 ff.; H. W. Bailey in *Literatures of the East*, ed. E. B. Ceadel, Cambridge 1953, 100.

4  조로아스터의 생존 연대는 서기전 1000~900년 사이였거나 그 이전이었다는 것은 과거 대부분의 서방 학자들의 의견이었다. 그중에는 E. 마이어(Meyer), F. C. 안드레아스(Andreas), C. 클레멘(Clemen), C. 바르톨로메(Bartholomae),

B. 가이거(Geiger), F. 빈디쉬만(Windischmann), A. B. 키이스(Keith), J. 샤르팡티에(Charpentier), C. P. 틸러(Tiele), R. 켄트(Kent)가 포함된다. 알렉산드로스보다 258년 전이라는 주장은 최근 몇십 년간 A. 메이예(Meillet), E. 헤르츠펠트(Herzfeld), S. H. 타키자데(Taqizadeh), W. B. 헤닝(Henning)의 강력한 지지를 받았다. 그러나 이 연대의 신빙성은 나중에 다시 강력한 도전을 받았다. 7장을 참고하라.

5. 이 나라는 그리스인들에 의해 서방에 알려졌고, 여러 형태의 이름이 사용되고 있다. 예를 들어 호레즘(Chorezm), 호레즈미아(Choresmia), 코라즈미아(Khorasmia), 콰레즘(Khwarezm) 등이다. 고 페르시아어에는 후(우)바레즈미((H)uvarāzmi)로 나온다. 예언자의 민족과 이 땅을 연결시키는 여러 근거에 관해서는 다음을 보라. J. Marquart, *Ērānšahr nach der Geographie des Ps. Moses Xorenac'i*, *AKGW zu Göttingen*, Berlin 1901, 155~156; A. Christensen, *Acta Orientalia* IV, 1926, 82 with n. 1 (who cites also F. C. Andreas); E. Herzfeld, AMI I, 1929/1930, 104 n. 2, II, 1930, 4~7; H. W. Bailey, *BSOS* VI, 1932, 951~953; E. Benveniste, *BSOS* VII, 1934, 268~272; W. B. Henning, *Zoroaster, politician or witch-doctor?*, *Ratanbai Katrak Lectures 1949*, Oxford 1951, 44~45.

6. 프룸킨은 주석이 달린 귀중한 서지 목록을 포함하여 소련의 발굴 성과를 개괄하는 저술을 펴냈다(G. Frumkin, *Archaeology in Soviet Central Asia* (*Handbuch der Orientalistik* VII. 3.1, ed. J. E. van Lohuizen-de Leeuw), Leiden 1970.) 좀 더 일반적인 논문들로는 다음을 참고하라. A. Belenitsky, *The ancient Civilization of Central Asia*, transl. by J. Hogarth, London 1969; V. M. Masson and V. I. Sarianidi, *Central Asia, Turkmenia before the Achaemenids*, transl. by R. Tringham (*Ancient Peoples and Places*, ed. G. Daniel) London 1972.

7. 그러나 오직 물질적인 유물로만 알려진 어떤 문화와 특정 민족을 확정적으로 동일시하기는 대단히 어렵기 때문에 이 주장은 여전히 논쟁적이다. 반론에 대해서는 다음을 참고하라. K. Jettmar, *Zur Wanderungsgeschichte der Iranier*, Vienna 1956.

8. 다음을 참고하라. W. B. Henning apud M. Boyce, *BSOAS* XXXIII, 1969, 16 n. 31. 서기전 1000년 무렵 인도인과 이란인 사회에서 철기 시대의 도래에 관해서는 다음을 참고하라. N. R. Banerjee, *The Iron Age in India*, Delhi 1965; R. Ghirshman, Iran (Pelican Archaeology Series) London 1954, 86~88.

**9** 다음을 참고하라. H. Lüders, *Eine arische Anschauung über den Vertragsbruch*, *SPAW, Phil.-hist. kl.*, 1917.

**10** 더 자세한 내용은 2장을 보라. 리그베다와 이후의 인도 문헌에서 지상의 왕과 신들의 왕 모두 의무에 구속된다는 관념에 관해서는 다음을 보라. H. P. Schmidt, *Vedisch vratá und awestisch uRVāta*, Hamburg 1958, 42~44; W. Rau, *Staat und Gesellschaft im alten Indien*, Wiesbaden 1957, 93 f.; P. Thieme, *IIJ* III, 1959, 148~149.

**11** *Yt.* 10. 145, 87, 18. 이 용어들을 번역한 I. 게르셰비치(Gershevitch, *The Avestan hymn to Mithra*, Cambridge 1959, 296~299)는, 아마 적절하게도, 이 용어들을 서기전 6세기 중앙아시아와 연관시키려 했는데, 이때는 아케메니아인(페르시아 제국의 주역)이 흥기했다. 거의 모든 아베스타 텍스트가 유동적인 구전 전승에 의해 전파됐기 때문에 해당 주제의 연대를 비정하기는 거의 불가능해졌다.

**12** 2장을 보라.

**13** Lüders, op. cit., p. 374.

**14** 다음을 보라. E. Benveniste, "Les classes sociales dans la tradition avestique", *JA* 1932, 117~134; "Traditions indo-iraniennes sur les classes sociales", *JA* 1938, 529~549. 이러한 집단의 구분이 인도·유럽(물론 인도·이란을 포함)의 신들의 3분할에도 반영되었다는 G. 뒤메질(Dumézil)의 이론에 대해서는 이 책 4권 부록을 보라. 아베스타에 제시된 사회·문화상(기본적으로 아베스타가 특정한 시대 및 장소의 '아베스타의' 사회를 표상하는 것으로 간주한다.)에 대해서는 다음을 보라. B. Geiger, *Ostīrānische Kultur im Altertum*, Erlangen 1882; transl. by D. P. Sanjana, *Civilization of the Eastern Iranians in ancient times*, London 1885.

**15** 이란어의 자오타르(*zaotar*)와 베다어 호트르(*hotṛ*)는 인도·이란어 자우타르(\**źhautar*)에서 파생된 것으로 보이는데, 자우타르에는 두 가지 의미, 즉 '붓다'와 '부르다'라는 두 가지 상이한 동사의 행위자 명사가 결합된 것으로 보인다. 다음을 보라. Bartholomae, *Altiranisches Wörterbuch*, 1653; K. V. Geldner in *Indo-Iranian Studies presented to D.P.Sanjana*, 2nd series, 1925, 277 ff.; Gorshevitch, *AHM*, 272.

**16** 예전에 제기되었던 아베스타의 아타르(*ātar*, 불)와의 연관성은 현재의 언어학적 기반에서 대체로 부정되고 있다. 다음을 참고하라. S. Wikander, *Feuerpriester in Kleinasien und Iran*, Lund 1946, 12~14.

**17** Benveniste, *JA* 1932, 123~124 (*khvāsar* ⟨ \**hu.vāstar-*).

18 다음을 보라. Stuart Piggott, *Prehistoric India to 1000 B.C.*, 2nd ed., London 1962, 268~269, 275~283; A. Kammenhuber, *Hippologia hethica*, Wiesbaden 1961, 10 f.; K. A. Crossland, *Cambridge Ancient History*, 3rd ed., I 2, 1971, 873~874; D. M. Lang, Armenia, London 1970, 82~83.

19 다음을 보라. *Yasna* 51.12.(바자(vāzā)가 "두 마리 짐끌이 동물"이 끄는 양수형이라는 가정(Bartholomae, *Air. Wb.* 1417, that *vāzā* is dual for "two draught-animals")이 옳다면.)

20 스키타이인, 즉 사카인은 말 등에 완전히 올라탄 최초의 초원 유목민으로 보인다.

21 다음을 참고하라. Benveniste, loc. cit.; Bartholomae, *Grundriss der iranischen Philologie*, I 171, §295 (bāšar- 〈 bartar-).

22 이 흔적들과 관련하여 '담시풍(balladenhaft)'이란 말을 썼다는 것(H. Lommel, *Die Yäšts des Awesta*, Göttingen and Leipzig 1927, 1)은 (이들이) 민간 시가에서 파생되었음을 시사한다. 그리고 A. 크리스텐센(Christensen)은 그의 저서(*Les gestes des rois dans les traditions de l'Iran antique*, Paris 1936)에서 '민간 전승'을 가정했는데, 거기에서 그는 사제적 요소와 대중적 요소를 구분한다. 그러나 기타 비교 가능한 문화권에서 얻은 증거들은 이런 영웅 이야기가 차라리 전문적인 음유 시인 집단이었음을 보여 준다. 대략적으로 다음을 참고하라. H. M. and N. K. Chadwick, The Growth of Literature, Cambridge, 3 vols., 1932~1940; C. M. Bowra, *Heroic Poetry*, London 1952; 특히 이란어 자료에 관해서는 다음을 참고하라. P. Thieme, *ZDMG* 107 (N.F. 32), 1957, 226 ff.; M. Boyce, *Handbuch der Orientalistik*, I (ed. B. Spuler) IV. 2.1, 55~57, 58 n. 2.

23 I.136.

24 인도의 전통에 대해서는 다음을 보라. A. Hillebrandt, *Ritualliteratur, Vedische Opfer und zauber*, Strassburg 1897, 50 ff. 현존 브라만교 관행에 관해서는 다음을 보라. J. F. Staal, *Nambudiri Veda Recitation*, 's-Gravenhage 1961, 40; 근래 및 현존하는 조로아스터교 의례에 대해서는 다음을 보라. Boyce, *BSOAS* XXXIII, 1970, 24 with n. 9.

25 Thieme, *ZDMG* 107, 69.

26 *RV* 2.35.2, cf. 1.67.4, 둘 다 다음에서 인용했다. Thieme, loc. cit.

27 *Y.*31.12. 이에 관해서는 다음을 참고하라. F. B. J. Kuiper, *IIJ* VIII, 1964, 125. 마나스와 그것이 심장에 거주하는 것에 대해서는 다음을 더 보라. H. Oldenberg,

*Die Religion des Veda*, 2nd ed., Berlin 1917 (repr. 1970). 525~530.

28  참고 문헌으로 다음을 보라. Bartholomae, *Air. Wb.* 1179.

29  이는 음유 시인들의 송덕시와 영웅시에도 일반적으로 적용되었다. Bowra, Heroic Poetry, 40~41.

30  호트르와 우드가트르의 시가에 관해서는 다음 참고하라. Hillebrandt, *Ritualliteratur*, 99~101; Lommel, "War *zarathustra ein Bauer?*" *KZ* LVIII, 1931; repr. in *zarathustra*, ed. B. Schlerath, Darmstadt 1970, 44~45; Thieme, art. cit., 240~241. 아베스타의 작법에서 전통적인 요소들에 관해서는 다음 참고하라. Benveniste, "Phraséologie poétique de l'Indo-iranien", *Mélanges d'Indianisme a la mémoire de L. Renou*, Paris 1968, 73~79; B. Schlerath, *Avesta-Wörterbuch, Vorarbeiten* II, Wiesbaden 1968, Konkordanz C, 148~164; R. Schmitt, *Studien zur indogermanischen Dichtersprache*, Diss. Saarbrücken 1965.

31  Thieme in *zarathustra*, ed. Schlerath, 398.

32  E. Schwyzer, *APAW* 1939, 6, 10 f., 22, 25; H. H. Schaeder, "Ein indogermanischer Liedtypus in den Gāthās", *ZDMG* XCIV, 1940, 399~408.

33  Chadwick, *Growth* II, 610.

34  P. Oltremare, *Le rôle du yajamāna dans le sacrifice brahmanique*, Louvain 1903.

35  J. J. Modi, *The religious ceremonies and customs of the Parsis*, 2nd ed., Bombay 1937. 361, 366.

36  Herodotus I. 101.

37  Ibid., I. 132.

38  다음을 참고하라. E. Benveniste, *Les mages dans l'Ancien Iran, Publications de la Société des Études Iraniennes* 15, Paris 1938; W. Eilers, *Abh. d. Ah. d. Wissenschaften u. d. Literatur in Mainz*, 1953 Nr. 2, 77 n. 2; I. Gershevitch, *JNES* XXIII, 1964, 36. *Y.*53.7의 마겜(magəm)을 '마구스의'를 뜻하는 메구쉬(məgauš)의 이형 사투리 형태로 해석한 H. W. 베일리(Bailey, *Henning Mem.* Vol., London 1970, 34)에 대한 반론은 다음을 보라. W. Hinz. IF LXXVII, 1972, 291.

39  Benveniste, op. cit., 18~19; 그리고 이 단어의 어원일 가능성이 있는 것에 대해서는 다음을 보라. Ibid., 19~20. 서기전 5세기에는 모든 '마고이'가 사제는 아니었다.

40  왕족 '사제'와 브라만 '전사'에 대해서는 다음을 보라. Lommel in *zarathustra*, ed. Schlerath, 46; Chadwick, Growth II, 612, 615.

41     J. Brough, *BSOAS* XXXIV, 1971, 339.

42     크리스텐센(Christensen, *Les Kayanides*, Copenhagen 1932)은 롬멜(Lommel, Yäšt's, 171~172)과 마찬가지로 가타의 카비를 단순히 '군주, 통치자'로 보는 해석을 따랐다. 이에 대한 반론으로는 다음을 보라. K. Barr, Avesta, Copenhagen 1954, 206; Gershevitch, *AHM* 185~186. 인도의 르쉬(ṛṣi)와 카비에 대해서는 다음을 참고하라. J. Gonda, *The vision of the Vedic poets*, The Hague 1963.

43     M. Haug, *Essays on the sacred language, writings and religion of the Parsis*, 3rd ed., London 1884, 289; Bartholomae, *Air. Wb.* 406.

44     Haug, op. cit., 289~290; Bartholomae, *Air. Wb.* 455.

45     Henning, *Zoroaster*, 45.

46     베일리(Bailey, *BSOAS* XX, 1957, 42~43)는 '경건하게 발음하다, 가르치다'라는 뜻의 어기 아이(*ay*-)를 상정하는데, 그리하여 '가르치다'라는 뜻의 아에트라(*aēthra*)와 '가르침을 받는 이'라는 뜻의 아에트리야(*aēthrya*)가 도출된다.

47     *Yt.* 13. 105. 베일리(Bailey, art. cit., 43)는 이 말 역시 '가르치다'라는 뜻의 '*ay*-'에서 파생된 어간에 동사 접두어 'ham'이 붙은 것으로 본다.

48     이들 용어들과 그 정확한 의미에 대한 분석으로는 다음을 보라. Benveniste, *Les mages*, 6~13; P. Thieme, *Mitra and Aryaman, Trans, of the Connecticut Ac. of Arts and Sciences*, 41, 1957. 79~80. 고 페르시아어의 유사어에 관해서는 다음을 보라. R. N. Frye, *The heritage of Persia*, London 1962, 52.

49     인도의 푸로히타의 지위와 권력에 관해서는 다음을 보라. Hillebrandt, *Ritualliteratur*, 12~13; Oldenberg, *Religion*, 375~383; J. Gonda, *Die Religionen Indiens* I(*Die Religionen der Menschkeit*, ed. C. M. Schröder, Bd. 11), Stuttgart 1960, 12.

50     8장을 보라.

51     *Vd.* III.30: "무엇이 마주다를 숭배하는 종교의 핵심입니까?" 그러자 아후라 마즈다는 대답했다. "알곡을 충분히 뿌렸을 때, 오, 스피타마 자라투쉬트라. 알곡을 뿌린 자는 올바름(*aša*-, 정의)을 뿌린 것이다."

52     참고 문헌으로는 다음을 보라. A. Christensen, *Die Iranier*(*Handbuch d. Klass. Altertums-Wtssettschaft* III, Abt. I.3:3.1), Munich 1933, 209 n. 3. 아시리아 아슈르바니팔의 토판에 등장하는 이름 앗사라 마자쉬(Assara Mazaš)라는 이름이 *아후라 마즈다를 나타낸다는 추론에 대한 반론으로는 다음을 보라.

A Ungnad, "Ahura-Mazdāh und Mithra in assynschen Texten, *OLZ* XL VI, 1943, 193~201을 보라. 그러나 근래에 M. 마이어호퍼(Mayrhofer)는 둘이 같음을 지지하는 새 주장을 내놓았다. 다음을 보라. "Neuere Forschungen zum Altpersischen", *Donum Indogermamcum, Festgabe f. A.Scherer*, Heidelberg 1971, 51~52. 서기전 14세기 누지(Nuzi)의 쐐기(설형) 문자 토판에 나오는 이란의 신 이름 주르반(Zurvān)을 규명하려는 시도가 있었지만, E. A. 스파이저(Speiser, *Annual of the American Schools of Oriental Research* XVI, 1936. 99, nos 47 and 48)는 "이 이름은 인간적인 여신인 자르와(자르완, *zarwa(n)*)로 읽어야 하며, 아마도 신성한 지역의 이름으로 추측되는데, 연대를 추정할 실마리나 주르반과의 관계를 나타내는 증거는 전혀 없다고 지적한다."(Frye, *Heritage*, 267 n. 66)

53  Christensen, *Die Iranier*, 209 n. 4.

54  이 주제에 관한 포괄적인 문헌인 다음을 보라. M. Mayrhofer, *Die Indo-Iranier im alten Vorderasien.mit einer analytischen Bibliographie*, Wiesbaden 1960; 그리고 특히 다음을 보라. P. Thieme, "The Aryan gods of the Mitanni treaties", *JAOS* LXXX, 1960, 301~317 (q.v., p. 315, on the question of a single divinity, Nāsatya, against the twin Nāsatyas of the Vedas).

55  마이어호퍼(Mayrhofer)의 참고 문헌 목록에 이제 다음을 더하라. T. Burrow, "The Proto-Indoaryans", *JRAS* 1973, 123~140.

56  이에 관해서는 예컨대 다음을 참고하라. Christensen, *Die Iranier*, 212; L. H. Gray, *JCOI* 15, 1929, 10~11; Frye, *Heritage*, 22; Ghirshman, *Iran*, London 1954, 75 ff. 그럼에도 이란인들 주류의 침입은 카프카스를 통해서라고 주장하는 일부 고고학자들이 있다. 최근 연구로 다음을 참고하라. P. Bosch-Gimpera, "The migration route of the Indo-Aryans", *J. of Indo-European Studies* I, 1973, 513~517.

57  철기 초기 토기 연구를 통해 도출한, 이란인들의 이란고원으로의 이동 경로에 대한 일부 고고학적 증거에 관해서는 다음을 참고하라. T. Cuyler Young, "The Iranian migration into the zagros", *Iran* V, 1967, 11~34.

58  이 이론에 관한 최근 연구로는 다음을 보라. T. Burrow, art. cit.

59  다음을 참고하라. V. M. Masson, "The first farmers in Turkmenia", *Antiquity* XXXV, 1961, 203~213; Frumkin, *Archaeology in Soviet Central Asia*, 130; Belenitsky, *Ancient Civilization of Central Asia*, 26~28; Masson-Sarianidi, *Central Asia*, 42~43.

60 Frumkin, op. cit., 89 and generally; Belenitsky, op. cit., 45; Masson-Sarianidi, op. cit., 98, 112~124.

61 Belenitsky, op. cit., 31, 49~50.

62 Masson-Sarianidi, 152~153.

63 Ibid., 137.

64 Ibid.

65 버로(Burrow, *JRAS* 1973, 123~140)는 신학적으로 대단히 중요한 다에바(*daēva*)를 포함한 일부 단어들이 실은 인도어 혹은 그보다 '인도·아리야 조어'에 속했으며, 그것들은 처음 이란으로 들어온 것으로 여겨지는 인도인들의 것이었다가 이후 순차적으로 점령해 들어오는 이란인들게 인수되었다고 주장한다. 이 논지는 일부 다에바적 표현(이에 대해서는 10장을 더 보라.)으로 정당화될 수 있으나, 다에바라는 단어 자체에 관해서는 결코 타당하다고 볼 수 없다. 이에 관해서는 2장을 더 보라.

66 다음을 참고하라. König, *Älteste Geschichte der Meder und Perser*, 53 f.; 1. M. Diakonov, *Istoriya Midii*, Moscow 1956. 그때부터 디아코노프(Diakonov) 교수는 이란고원에서 메디아인의 존재에 대한 자신의 추정 연대를 약간 조절했다. 다음 책에 나오는 메디아인에 관한 장을 보라. *Cambridge History of Iran*, Vol. II, ed. I. Gershevitch.

67 König, op. cit., 13.

68 E. Benveniste and L. Renou, *Vṛtra et Vṛθragna, étude de Mythologie indo-iranienne*, Paris 1934, 1.

69 Ibid., 182.

70 토착민들의 영향이 리그베다 안에서 이미 식별되는지의 문제에 관해서는 예컨대 다음을 참고하라. A. Berriedale Keith, *The religion and philosophy of the Veda and Upanishads, Harvard Oriental Series* 1925, I 51~55; Oldenberg, *Religion*, 32~33. 베다 민족들이 모헨조다로의 문화와 접했는지의 문제에 대해서는 다음을 보라. J. Marshall, *Mohenjo-daro and the Indus Civilization*, London 1931, 110 ff.; J. Bloch, *L'Indo-aryan du veda aux temps modernes*, Paris 1934, 322, J. Przyluski, "The three factors of Vedic culture", *Indian Culture*, Calcutta, 1, 1931~1935, 375~380.

71 예컨대 다음을 보라. C. P. Tiele, *Geschichte der Religion im Altertum*, German transl. by G. Gehrich, Gâthâ 1903, II 85~87; E. Lehmann, *Die Perser(Lehrbuch*

*der Religionsgeschichte*), begründet von Chantepie de Saussaye, 4th ed., ed. A. Bertholet and E. Lehmann, Tübingen 1925), II 212.

72   Tiele, op. cit., 87.

73   고원에 있던 선(先) 이란 민족들(이란인이 오기 전의 선주민들)과 그곳과 경계한 지역들에 관해서는 예컨대 다음을 보라. 예컨대 다음을 보라.Ghirshman, *Iran*, 27~72; Frye, Heritage, 56~68. A useful bibliography is provided by E. Porada, *Ancient Iran, the art of pre-Islamic times*, London 1965. 최근 이탈리아의 고고학자들이 세이스탄 유적들을 발굴했는데, 여기에서 풍부한 고대 동남부 이란 문명이 드러났고, 이 문명은 동쪽의 모헨조다로 및 서쪽의 엘람과 교역했다. 하지만 이 문명은 엘람과 마찬가지로 이주한 이란인들에게 압도된 것으로 보인다.

74   예컨대 다음을 보라. *Vd.* II (the account of Yima's var). 이에 대해서는 3장을 더 보라.

75   Chadwick, *Growth of Literature* III, 880.

76   흔히들 현재 형태의 대야쉬트들(great *yašts*, 대야쉬트가 이른바 작은 야쉬트보다 대개 형식상 더 고대적이며 우주론적 내용을 담고 있다. 야쉬트 스물한 개 중 여덟 개가 대야쉬트로 분류되지만 현대적인 구분이다. — 옮긴이)을 서기전 5세기의 것으로 돌리지만 이는 추측에 불과한데, 원래 이 가설의 근거였던 조각들이 모조리 믿을 수 없는 것으로 드러났기 때문이다. 이 책 2권을 더 보라.

77   H. S. Nyberg, *Die Religionen des Alten Iran*, German transl. bY. H. H. Schaeder, Leipzig 1938, 471 (n. to p. 314).

78   이리하여 그 언어는 종종 문법적 퇴화를 드러내며, 때로는 내용의 혼란(모순)이 존재하는데, 야쉬트에서 똑같은 연들이 살짝 수정되거나 심지어 그대로인 채로 서로 다른 신들을 부르는 용도로 등장한다. 별칭(특정 신격을 묘사하는 문구) 또한 종종 전이되며, 한두 경우는 신들의 역할이 뒤섞이기도 한다.


## 2장

1   제시한 해석들의 많은 부분이 이미 시대에 뒤떨어진 것이 되었지만, I. H. 그레이(Gray)의 「이란 종교들의 토대(The foundations of the Iranian religions)」(*JCOI* 15, 1929, 1~228)는 여전히 이란인의 만신전에 관한 가장

완전한 참고 서적이다. 이 책은 모든 신들에 관한 아베스타와 파흘라비 문서를 총괄하는 한편 상응하는 베다의 신을 참고한다. 베다 자료에 관한 더 최근의 연구 문헌 목록은 다음을 보라. J. Gonda, *Die Religionen Indiens* I, *Veda und älterer Hinduismus*, Stuttgart 1960.

2  신들이 기능에 의해 구분된다는 사실과 아베스타와 베다의 만신전 사이에 기본적인 유사성이 있다는 사실로 인해, 이란에서 옛날 인도·이란의 만신전이 한참 동안 분해되어 이란인 각 부족들은 각자의 "최고신(*Hochgötter*)"을 섬기다가 이들이 우연히 조로아스터교 안에서 다시 옛 방식으로 통합되었고(신들이 만신전으로 다시 모였다는 뜻이다. — 옮긴이), 그 신앙 안에서 여러 신들은 예전에 자신들과 마찬가지로 수많은 신들 중 하나에 불과했던 아후라 마즈다에게 불안정하게 예속되었다는 니베르그(H. S. Nyberg, *Die Religionen des Alten Iran* transl. by H. H. Schaeder, Leipzig 1938, repr. 1966)의 주장이 받아들여질 수 있었다. 니베르그의 이론(거의 제자들인 S. 비칸데르(Wikander)와 G. 비덴그렌(Widengren)이 받아들여 발전시켰다.)에 대한 반론으로는 다음을 보라. R. B. J. Kuiper, *IIJ* V, 1961, 56; Molé, Culte, mythe et cosmologie dans l'Iran ancien, Paris, 1969, Ch. I; W. Lentz, *A Locust's Leg*, *Studies in honour of S. H. Taqizadeh*, London 1962, 133.

3  *Yt.* 10.44, 75; *RV* 3~59.7. 이 절들은 인도·이란 신들의 편재성에 관한 뛰어난 설명의 말미에 티메(P. Thieme, *JAOS*, LXXX, 1960, 317)가 인용한 것이다.

4  이 단어에 관한 논의의 참고 문헌으로는 다음을 참고하라. J. Duchesne-Guillemin, "L'étude de l'iranien ancien au vingtième siecle", *Kratylos* VII, 1962, 18; T. Burrow, *JRAS* 1973, 127~128.

5  다음을 참고하라. P. V. Bradke, *Dyaus Asura, Ahura Mazdā und die Asuras*, Halle 1885. 리그베다에서 용어 데바(*deva*)의 쓰임에 관해서는 다음을 참고하라. C. W. J. van der Linden, *The concept of deva in the Vedic age*, Diss. Utrecht 1954, cited by Gonda, op. cit., 41 n. 63. 그리고 아베스타의 다에바(*daēva*)에 관한 최근의 연구로는 다음을 참고하라. E. Benveniste, "Hommes et dieux dans l'Avesta", *Festschrift W. Eilers*, Wiesbaden 1967, 144~147.

6  그가 말하듯 원래는 특정한 이를 칭하는 경칭으로 보이는 말을 이렇게 상당히 일반적으로 사용하는 것은, 똑같은 감탄사로 각각의 위대한 신들을 호명하는 베다의 경향과 맞아떨어진다. 다음을 더 참고하라. Gonda, op. cit., 46~47.

7    A. B. Keith, The religion and philosophy of the Veda and Upanishads, Harvard 1925, 203.

8    A. Meillet, Trois conférences sur les Gâthâ de l'Avesta, 59. 이 주제에 대한 최근 연구로는 다음을 보라. J. Gonda, Some observations on the relations between "Gods" and "powers" in the Veda, 's-Gravenhage 1957. 인도·이란의 '추상적' 신들에 준하는 신들이 그리스와 로마의 만신전에도 있다.(예컨대 니케(Nike) '승리', 디케(Dike), '정의', 피데스(Fides) '충실(충심)' 등.) 그럼에도 현대의 학자들이 고대 종교 생활의 이 특성 안으로 들어가기는 어려운데, 예컨대 적어도 니베르그는 이 개념의 타당성을 부정하면서 다른 이들이 '추상적' 신이라 부르는 것에서 오히려 "사회적 집단"의 인격화를 발견하는데, 이렇게 인격화된 신들은 자신의 여러 특징을 통해 숭배자들이 속한 사회의 정치적·경제적 측면들을 표상한다. 그의 책(Religionen des Alten Iran, 70, 82, 118 et passim)을 참고하라.

9    이란과는 상당히 동떨어진 것으로 보이는 이 종교를 이 책에서는 논하지 않겠다. 이에 관한 일부 최근 연구로는 다음을 보라. Mithraic Studies, ed. J. R. Hinnells. 2 vols., Manchester 1975.

10   "Le dieu indo-iranien Mitra", JA 1907, 143~159.

11   Ibid., 156.

12   이 단어의 어원에 대한 신화 토론으로는 게르셰비치가 제시한 참고 문헌을 참고하라. I. Gershevitch, The Avestan hymn to Mithra, Cambridge 1959, 28 n.

13   이 해석은 H. W. 베일리(Bailey) 및 일부 학자들이 채택했다. 이에 대한 곤다(Gonda)의 반론(The Vedic god Mitra, Leiden 1972, 109), 즉 미트라와 그의 숭배자들 사이에는 여호와와 유대인 사이의 약속(undertaking)에 비견될 만한 것이 없다는 주장은 타당하지 않다. 이 영어 단어는 이 관계에서뿐 아니라 '콘트랙트'처럼 일반적인 법률 용어로도 쓰인다.

14   독일어 'Vertragstreue(계약)'을 가이거(B. Geiger, Die Aməša spəntas, Vienna 1916, 246)가 제시했고 롬멜(Lommel)을 비롯한 일부 학자들이 이를 채택했다는 점과 비교하라.

15   예컨대 다음을 참고하라. A. Hillebrandt, *Vedische Mythologie* II, 2nd ed., Breslau 1929, 49; H. Oldenberg, *Die Religion des Veda*, 2nd ed., Stuttgart-Berlin 1916, 188~190.

16   이 명사의 성과 형태에 대해서는 다음을 참고하라. Thieme, *Mitra and Aryaman*,

Trans, of the Connecticut Academy of Arts and Sciences, 41, 1957, 38 n. 25;
Gonda, op. cit., 114~115.

17   다음을 참고하라. L. Renou, *Grammaire de la langue védique*, 137; H. W. Bailey,
     TPS 1953, 40; contra Gonda, op. cit., 106 n. 6 (대신 "누구와 친구를 맺다" 혹은
     "그의 친구 관계는 유익하다"로 해석).

18   그러나 드로가미트라(*droghamitra*), 즉 "그의 커버넌트는 거짓이다",
     암므트라(*ammtra*), 즉 "커버넌트가 없는", 다시 말해 커버넌트의 신성함을
     인정하지 않는 것과 비교하라. 다음을 참고하라. Thieme, *JAOS*, 1960, 307.

19   *Mitra-Varuṇa*, Paris 1940.

20   Op. cit. 그의 후속 논문을 더 보라. *Mithraic Studies*, By Hummels, 21~39.

21   Op. cit.

22   *Zoroaster and his World* I, Princeton 1947, 483. 혹자는 인격화는 필연적으로
     "창백(모호)"하다는 생각의 끈질김을 지적한다.

23   "The 'social functions' of the Old Iranian Mithra", *Henning Mem*. Vol. 245~255.

24   Art. cit., 252.

25   Op. cit., 112.

26   Ibid., 80.

27   곤다의 입장을 받아들인 인도 학자들의 저작 목록은 다음을 참고하라. op. cit.,
     130.

28   후대의 인도어 텍스트들은 불가피하게 지나치게 미묘하고 자세한 설명을 만들어
     내어, 다른 신들과 마찬가지로 미트라는 독자적으로는 무게감을 가질 수 없게
     되었다. 그러므로 인도·이란의 미트라의 기원과 관련하여 곤다처럼 "나는 이 신이
     어떻게 …… 도관으로 쓰이는 갈대의 창시자로서 계약과 무슨 관계를 가질 수
     있는지 도저히 말할 수 없다." (op. cit., 86)라고 선언하는 것은 타당하지 않다.

29   아베스타어 특유의 음운 변화에 의해 인도·이란어의 'rt'가 'š'로 바뀌었다. 이
     단어에 상응하는 고 페르시아어의 단어는 아르타(*arta*)이다. 인도어와 이란어의
     기본적 동일성에 대해서는 가이거(Geiger, Die Aməša spəntas, 164 ff.)를 보라.
     베다에서 중성 명사인 르타는 신격보다는 일종의 원칙을 표상하며, 다신교 시절
     이란어에서도 마찬가지였을 것이다.

30   참고 문헌 목록이 있는 일반적인 논의로는 다음을 보라. H. Lüders, *Varuṇa*
     II(*Varuṇa und das Ṛta*), aus dem Nachlass herausgegeben von L. Alsdorf,

Göttingen 1959, 403~406. 뤼데르스 자신은 르타를 '진실'로 새겼고, 게르셰비치(*AHM*, passim)는 그를 따라 아베스타의 아샤를 똑같은 방식으로 옮겼다. 그러나 그 후 그는 그런 해석이 그 단어의 중요성을 부당하게 제한한다는 쿠이퍼(Kuiper, *IIJ* V, 1961, 41~42)의 주장을 받아들였다. 최근의 연구로는 다음을 보라. Gonda, *Rel.* Indiens I, 77~79.

31  사자들의 여러 종착지에 대한 인도·이란인의 믿음에 관해서는 4장을 보라. 아샤반/르타반에 관해 쿠이퍼(Kuiper, *IIJ* IV, 1960, 185 f.)는 조로아스터교를 제외하면 이 형용사들은 죽은 이들에게만 쓰였다고 주장했다.(그 전에 J. H. 크라머르스(Kramers)도 같은 의견이었다. 다음을 참고하라. Kuiper, *IIJ* VIII, 1964, 129 n. 168.) 다음을 더 참고하라. Gershevitch, *JNES* XXIII, 1964, 18~19; *BSOAS* XVII, 1955, 483.

32  하늘의 법칙 혹은 질서를 깨는 행위인 죄는 브라흐마나에 안르타(*anṛta*)로 표현된다. 다음을 보라. S. Rodhe, *Deliver us from evil*, Lund-Copenhagen 1946, 159~161.

33  예컨대 *Yt.* 10.2, 82.

34  *Yt.* 10.86.

35  *Yt.* 10.33, 65.(이 단어에 관해서는 다음을 참고하라. Gershevitch, *AHM*, 163.)

36  *Yt.* 10.45, 120.

37  예컨대예컨대 다음을 보라.*Yt.* 10.76.

38  *Yt.* 10.116~117.(이에 대해서는 게르셰비치의 논평을 보라. *AHM*, 266-268) 렌츠(Lentz, *Henning Mem.* Vol., 246~247)는 이 구절을 미트라를 약속(커버넌트)으로 해석하는 것에 대한 반대 증거로 든다. 왜냐하면 특정한 약속에 의해서가 아니라 혈연에 의해 연결된 기타 쌍(형제, 부자)이 언급되기 때문이다. 그러나 티메와 게르셰비치는 이 구절을 그런 자연적 관계(친연 관계)를 가진 사람들에 의해 맺어진 약정을 가리키는 것으로 해석하지 관계 자체로 보지 않았다. 자세한 내용은 다음을 보라. Thieme, *Mithraic Studies* I, ed. Hinnells, 24~25.

39  *RV* 3.59.1.(미트라에게 단독으로 헌정된 유일한 찬가의 한 절. 이 찬가에 대한 자세한 논문으로는 다음을 참고하라. Thieme, *Mitra and Aryaman*, 38~59; Gonda, *The Vedic god Mitra*, 91~101.)

40  미트라(Mithra/Mitra)와 태양에 관해서는 다음을 보라. Meillet, *JA* 1907,

150~154; Thieme, op. cit., 37; Gershevitch, *AHM*, 35~40; Gonda, *The Vedic god Mitra*, 54~61.

**41**  미트라를 두거나 태양이나 불을 두고 하는 페르시아의 맹세 관행에 대한 고전적인 아르메니아 문헌으로는 다음을 보라. F. Cumont, *Textes et monuments figures rélatifs aux mystères de Mithra*, Brussells 1899, I 229 n. 2. 사산조 시절의 기독교 순교자들의 삶으로부터 수많은 예를 더할 수 있다. 예컨대 샤푸르(Shabuhr, 샤부르) 2세는 "나는 태양, 지상 모든 것의 심판관을 두고 맹세한다."고 했는데, 여기에서 미트라와 태양은 간단히 동일시된다.(다음을 참고하라. O. Braun, *Ausgewählte Akten persischer Märtyrer, Bibliothek der Kirchenväter*, 30.) "미트라, 창조물들의 심판관 앞에서" 맺어진 이와 유사한 소그드인들의 맹세에 관해서는 다음을 보라. Gershevitch, *AHM*, 34~35. 불 앞에서 행한 맹세에 대해서는 다음을 보라. Boyce, "On Mithra's part in Zoroastrianism", *BSOAS* XXXII, 1969, 27~28. 베다의 미트라와 관련된 유사한 증거들에 대해서는 이어지는 내용을 더 보라. 태양을 두고 하는 맹세는 18세기 파르시들의 법률 문서에서도 여전히 발견된다. 이 책 4권을 참고하라.

**42**  불을 통한 시죄에 관해서는 이어지는 65쪽을 보라.

**43**  다음을 보라. *Yt.* 10.13, 142. 게르셰비치의 논평(*AHM* 31, 319~320)도 보라. 3세기 파르티아로 간 마니교 선교사들이 동방과 관련된 신을 표상하기 위해 미트라를 채택했다. 다음을 보라. Boyce, "On Mithra in the Manichaean pantheon", *A Locust's Leg, Studies in honour of S. H. Taqizadeh*, 47. 또한 다음 세기에 어떤 이는 샤푸르 2세가 어떤 기독교인에게 "태양, 동방의 신"에게 기도하라고 명령하는 것을 목격하는데(Braun, loc. cit.), 이는 다시 한번 태양과 미트라 숭배의 결합을 보여 준다. 베다의 미트라와 새벽의 관계에 대해서는 다음을 보라. Thieme, *Mitra and Aryaman*, 69; Gonda, *The Vedic God Mitra*, 58~59. 그러나 언제나 눈을 뜨고 있는 미트라는 낮에 태양과 함께 있을 때만 존재하는 것이 아니라 한밤 하늘의 발광체(달, 별)와도 함께 존재한다.(Boyce, *BSOAS* XXXII, 1969, 30 with n. 103.)

**44**  *Yt.* 10.16, 67, 99, 118.

**45**  *Yt.* 10.97.(이에 관해서는 다음을 참고하라. Benveniste, *RHR* CXXX, 1945, 14~16; Boyce, art. cit., 25 n. 74.)

**46**  희생의 이런 측면에 관해서는 6장을 보라.

**47**  *Yt.* 10.65,61.

**48** *Yt.* 10.13. 아메샤(*amэša*)를 태양의 별칭으로 보는 것에 대해서는 다음을 참고하라. Thieme, *Studien z. indo-germ. Wortkunde und Religionsgeschichte*, 24.

**49** Thieme, in Mithraic Studies I, ed. Hinnells, 31~32; et Gershevitch, *AHM*, 32~33.

**50** *Yt.* 10.2.

**51** *Yt.* 10.2.("진실로 약속은 사악한 이와 의로운 이 둘에게 다 적용된다.")

**52** *Yt.* 10.81, 92.

**53** Boyce, *BSOAS* XXXII, 23 with nn. 58, 59, 62. 27 with n 28, 29 with n. 99.

**54** Thieme, *BSOAS* XXIII, 1960, 273~274; Benveniste, *JA* 1960, 421~429.

**55** *AHM*, 30, 41 n. 3. 게르셰비치는 베다어에서 '친구'를 의미하는 미트라(*mitra*)의 존재를 "우연한 동음이의어의 한 경우"로 보았다. 이 주장대로라면 '우정'을 의미하는 페르시아어 미흐르(*mihr*)와 여타 어원이 같은 단어들도 그런 것(동음이의어)으로 받아들였어야 할 텐데, 이는 인정을 받지 못한 것으로 보인다. 그때(*TPS* 1969, 190) 이래 그는 엘람어 고유 명사 밋슈사밋샤(*miššamišša*)를 '모두의 친구'를 의미하는 베다어 비바미트라(visvāmitra(우미샤(umiša) 후미트라(*humitra*)?와도 비교하여)에 해당하는 고대 페르시아어 비사미싸(*visāmissa*)의 한 표현으로 해석해 왔다. 만약 이 해석이 타당하다면 이는 고대 이란에서 이미 '친구' 마트라(*mathra*)가 존재했음을 입증하는 것이다. 이와 관련하여 샤푸르 샤흐바지(Shapur Shahbazi) 박사는 페르세폴리스 뒷산의 이름 쿠이 라흐맛(Kūh-i Rahmat)은 더 오랜 형태 쿠이 미흐르(Kūh-i Mihr)를 해석한 것이라는 사실을 상기시켰다. 다음을 보라. Muhammad Qazvini and 'Abbas Iqbal, *Shaddu'l-Azāt*, 371.

**56** *Yt.* 10.29. 사악한 적의 군대를 징벌하는 것에 관해서는 다음을 참고하라. Ibid. *vv.* 37 ff., 45, 97 ff.

**57** *Yt.* 10.69.

**58** 예컨대 다음을 보라. *Yt.* 10.4 with 8~11.

**59** *Yt.* 10.68, 102, 125, 136.

**60** *Yt.* 10.96, 132.(이에 관해서는 다음을 보라. Henning apud Boyce, *BSOAS* XXXII, 1969, 16 n. 31.)

**61** *Yt.* 10.102, 129~131.

**62** 다음에서 그가 인용한 구절을 보라. *JAOS* LXXX, 311~312 그러나 일반적으로

""리그베다에서 미트라와 바루나는 …… 스스로 싸우지 않는다. 싸움은 인드라가 수행한다." Thieme, "The concept of Mitra in Aryan belief", *Mithraic Studies* I, ed. Hinnells, 30.

63  *Yt.* 10.29.

64  *RV* 7,62,4cd, cited by Thieme, art. cit.

65  *RV* 7,63,3ab, cited by Thieme, art. cit.

66  *Yt.* 10.7, 82 et passim. 이 특성은 파르티아의 마니교 텍스트에서도 살아남았는데, 그에 따르면 세 번째 사자(使者)가 미트라인데, 그는 '천 개의 눈을 가진(*hazār-čašm*)'이라는 별칭을 가지고 있다. 다음을 보라. Boyce in A *Locust's Leg, Studies presented to S. H. Taqizadeh*, 53.

67  *Yt.* 10.45.(번역은 다음을 보라. P. Tedesco, *Language* XXXVI, 1960, 132.)

68  다음을 보라. H. H. Schaeder, *Iranica* I, Berlin 1934, 1~24; H. Lommel, *Oriens* VI, 1953, 323 ff.

69  그에 관한 최근 연구로는 다음을 보라. Thieme, "King Varuṇa", *German Scholars in India* I, The *Chowkamba Sanskrit Series Office*, Varanasi 1973, 333~349.

70  다음을 보라. *RV* 4,42,1; 8,41,4.

71  Transl. Thieme, art. cit., 340.

72  A. A. Macdonell, *A Vedic reader for students*, Oxford 1917, 135.

73  *RV* 2,27,3. 그러나 그 개념은 이 신들이 기만적인 인간을 속일 수 있다는 것으로 보인다. 다음을 참고하라. A. Bergaigne, *La religion védique* III, Paris 1883, 199~200.

74  예컨대 다음을 보라. Oldenberg, *Die Religion des Veda*, 300~301.

75  그런 합성어에서 대체로 더 짧은 이름이 앞에 온다. 그러므로 앞에 오는 것이 더 중요하다는 증거는 아니다.

76  그래서 티메는 특히 '밤과 낮' 쌍을 두고 그랬듯이 이런 유형의 어떤 특정한 결합에 지나친 중요성을 부여하는 것은 오해임을 지적했다.

77  자세한 내용은 다음을 참고하라. Lüders, *Varuṇa* I(*Varuṇa und die Wasser*), Göttingen 1951.

78  *VS* 10.7.(cited by Lüders, op. cit. 50~51.

79  *KŚS* 25,5,28.(cited by Gonda, *The Vedic god Mitra* 31.)

80  참고 문헌은 다음을 참고하라. Lüders, op. cit., 6~7.

81 문헌에 관해서는 다음을 참고하라. Ibid., op. cit., 3~4.

82 Ibid., 4, 6 with n. 1.

83 *JA* 1907, 156~158.

84 H. Peterson, "Einige Bemerkungen zu den Götternamen Mitra und Varuṇa", *Studier tillegnade E. Tegnér*, 1918, 231 ff.

85 인도에서 맹세와 물의 관계에 대해서는 다음을 보라. Lüders, op. cit II 655~674; Thieme, *Studien z. idg. Wortkunde*, 53~55. 두 학자는 모두 죽음의 물 혹은 태초의 대양의 물을 두고 다짐하는 인도·유럽의 맹세 형태를 확인하고자 했다.(뤼데르스의 천상의 대양이라는 개념의 심화 발전에 반대하는 의견으로는 다음을 보라. K. Hoffmann, *OLZ* XLIX 9/10, 1954, 391~392.)

86 Op., cit., I 12 ff., 28, 38.(미트라와 불과 "일곱 걸음의 우정" 협정의 흥미로운 결합과 함께.) 또한 다음을 보라. Thieme, *Mitra and Aryaman*, 49 ff., 84. 그리고 이란의 미트라 앞에서의 맹세에 관한 참고 문헌은 앞의 주석 41을 보라.

87 Lüders, *Varuṇa* I, 31-2; 다음에 나오는 티메(Thieme)의 영어 번역. *German Scholars in India* I, 342.

88 *Shāhnāma*, Tehran ed. (1935~1936), II pp. 550~552, transl. Warner, II 220~221.

89 *Supp. texts to Šāyest nē-šāyest* XV. 17 (ed. Kotwal, 63).

90 9장을 보라.

91 이 책 2권을 보라.

92 이슬람 시대 다스투르(*dastūr*, 조로아스터교 사제의 직급명)들에 따르면 그런 시죄가 서른세 가지 있었다. 다음을 참고하라. *Rivāyats*, ed. Unvala I 45.9, transl. Dhabhar, 39. 이 주제나 불의 시죄와 미트라의 관계에 대해서는 다음과 이 책 4권을 더 보라. Boyce, "On Mithra, lord of fire", *Memorandum H. S. Nyberg*, ed. J. Duchesne-Guillemin, Louvain 1975, Vol. I.

93 *Riv.*, Unvala, I 53.2~7, Dhabhar, 39.

94 그의 다음 책을 보라. *Mitra and Aryaman*, 41 ff.

95 Ibid., 62 ff.

96 Ibid., 59.

97 Ibid., 64.

98 Thieme, *JAOS* LXXX, 1960, 306~307.

99 바루나가 미트라보다 더 엄격하며 베다의 어떤 신들보다 죄와 위반 행위에 대해

더 관심을 가진다는 의견이 제시되었다. 왜냐하면 일방적인 맹세는 두 사람 간의 협약보다 더 쉽게 깨어지는 경향이 있기 때문인데, 그래서 바루나 숭배자들은 끊임없이 참회한다는 것이다. 그러나 이는 약간 억지로 보인다.

**100** 위의 해석에 대한 반론은 예컨대 다음을 보라. Kuiper, *IIJ* III, 210~211. 쿠이퍼 자신이 비록 미트라와 바루나가 '통치권'의 대조적인 두 특성을 표상한다고 본 뒤메질의 주장을 반대하지만(다음에 나오는 그의 언급을 참고하라. Numen VIII, 1961, 36~39.) 두 신의 긴밀한 상관관계는 상보적인 것이라기보다는 대조적인 것, 즉 전자는 풀어 주고 후자는 묶는 이라는 주장을 견지했다.(더 자세한 것은 다음에 나오는 그의 설명을 보라. *IIJ* V, 1961, 46~54.) 나아가 그는 바르나의 기본적 속성이 물과의 연관성이라는 의견을 유지했다.(그의 다음 글을 보라. "The bliss of Aša, *IIJ* VIII, 1964, 106~107, 114~115.)

**101** 다음을 보라. H.P. Schmidtt, *Vedisch*, "*vratá*", *und awestisch* "*urvāta*", Hamburg 1958; Thieme, *German Scholars in India*, 345. Contra, Gonda, *The Vedic God Mitra*, 9~10, 100 with n. 3.(그는 이 단어를 "기능적 행동의 규칙(functional rule of conduct)"으로 새겼다.)

**102** Bartholomae, *Air. Wb.* 1365~1366.

**103** Bailey in *Mithraic Studies* I, ed. Hinnells, 14 with n. 29.

**104** Gershevitch, *AHM*, 47 n.

**105** 예컨대 다음을 보라. *Harahvaitī Arədvi Sūrā*. 그리고 아마도 다음을 보라. *zam Sapətā Ārmaiti*. 이어지는 내용을 더 보라.

**106** *RV* 5.83.6d.(이것과 이어지는 절들은 티메의 해석을 따랐다.)

**107** *RV* 5.63.3d.

**108** *RV* 5.63.7bc.

**109** 과거의 베다 학자들은 이란 측의 동격 단어를 고려하지 않고 이 문제를 사고했기에, '아수라'를 하늘-아버지 디야우스 혹은 비의 신 파르잔야(Parjanya)와 동일시했는데, 이 두 신은 모두 '아버지'로 불렸다. 이 주제에 대한 오래된 문헌들에 대해서는 다음을 보라. Geiger, Die Amǝša spǝntas, 218 n. 1. 이어서 힐레브란트(Hillebrandt, *ZII* IV, 212)는 가이거의 반대에도 불구하고 '아수라'와 디야우스는 동일하다는 견해를 고수했다. 그의 다음 책도 참고하라. *Vedische Mythologie*, 2nd ed., 1929, II 9. 이란 측에서 이 동일시를 받아들인 학자들이 있었고, 더 나아가 아후라 마즈다를 그보다 작은 신인 바루나 대신 추정상의

아수라 디야우스와 동일시하려 했다. 다음을 참고하라. Gray, *Foundations*, 26.

110    Kuiper, "Avestan *Mazdā*-", IIJ I, 1957, 86~95; H. Humbach, "Ahura Mazdā und die Daēvas", *Wiener Zeitschrift f. d. Kunde Süd- und Ostasiens* I, 1957, 81~94; Thieme in *zarathustra*, ed. Schlerath, 406~407.(참고 문헌도 보라.)

111    *An Avesta Grammar*, Part I, Stuttgart 1892, 102; *Zoroastrian Studies*, *39*; *Persia past and present*, 362.

112    *The Persian religion aCCording to the chief Greek texts*, Paris 1929, 40.

113    "Medhā and Mazdā", *Jhā Commemoration Volume, Essays on oriental subjects presented to . . Gangānātha Jhā, Poona Oriental Series* no. 39, Poona, 1937, 217~222.

114    Ibid., 218.

115    그 위대한 아수라의 이름은 동북부의 여타 이란 민족들 사이에서도 태양을 가리키는 용어로 쓰였다.(화레즘어 'remazd', 상글레치어(*Sanglečī*) 'remozd') 다음을 참고하라. Benveniste, *JA* 1960, 74.

116    Ibid., 219; 또한 다음 책에 나오는 그의 언급을 보라. *Oriental Studies in honour of C. E. Pavry*, Oxford University Press 1933, 222.

117    *Jhā Commemoration* Vol., 220.

118    Ibid., 221.

119    Art. cit.

120    Art. cit., 406~410.

121    Ibid., 408. *Y.* 33.11. 마즈다는 형용사일 수밖에 없다는 훔바흐의 주장에 대한 반론은 다음을 참고하라. ibid., 410.

122    *Y.* 40.1.

123    *Yt.* 10.3.

124    이 행에 대해서는 다음을 참고하라. H. W. Bailey in *Oriental Studies in honour of C. E. Pavry*, 24~25.

125    엘람어 'pirramasda'를 고 페르시아어 \**프라마즈다*(\**framazdā*-), 즉 "특출한 기억력을 가진"으로 옮긴 게르셰비치의 해석(TPS 1969, 181)이 맞는다면, 마즈다(*Mazdā*-)는 고 페르시아어에도 고유 명사로 등장하는 셈이다.

126    메다(*medhā*)와 우주적 진실(cosmic truth)에 대해서는 다음을 참고하라. Kuiper, *IIJ* IV, 1960, 187.

127  Boyce, "Varuṇa's part in Zoroastrianism", *Mélanges E. Benveniste*, ed. M. Moïnfar, Paris 1975, 57~66.

128  이란어 학자들에 의해 나파트는 때로 그 파생어들의 의미 때문에 '손자'로 새겨지기도 한다.(H. Hübschmann, *Persische Studien*, 102~103.) 그러나 현재 시제 및 그와 유사한 경우 나파트는 단순히 '~로부터 나온'이라는 뜻으로 보이며, 다수 베다 학자들이 그러는 것처럼 이 단어를 신의 계보 전체를 시사하는 것으로 쓰기보다는 '아들' 혹은 '아이'로 새기는 것이 나아 보인다.(나파트 및 그 동일 어원어에 관한 최근의 연구로는 다음을 보라. I. Gershevitch, "Genealogical descent in Iranian", *Bulletin of the Iranian Culture Foundation* I, 1973, 71~86.)

129  그 수는 대개 33으로 주어진다. 그리고 브라만들은 서른세 명의 신을 인정했으므로, 이 추정의 일치점은 중요하게 여겨졌다. 그러나 사실 33이란 숫자는 조로아스터교도들에게는 부자연스러운 것이다. 왜냐하면 아후라 마즈다는 30일 중 4일을 배정받기에, 날을 지정받지 못한 세 야자타를 더해도 오직 서른 명의 신들만 호명되기 때문이다. 그들의 이름 목록과 행위가 대분다히슨 XXVI에 기록되어 있는데, 거기에서 아팜 나파트('부르즈 아자드(Burz Yazad)'의 형태로)와 하모아와 다흐만 아프린(Dahmān Āfrīn)이 함께 등장한다. §§ 91~94.

130  *Y.*1.5 et pass.; cf. *Sīrōza* 1.7, 그리고 이어서 다음을 보라. L. H. Gray, *ARW* III, 1900, 32~33. 사발에 물이 가득 차면 아팜 나파트를 "마즈다가 창조한 물"로 부르는 것 또한 야스나 예배 의식 기도문의 일부를 이룬다.

131  후자에 관해서는 이 책 2권을 보라.

132  *Yt.* 5.72.

133  아팜 나파트의 임무는 예컨대 다음과 같은 파흘라비 문헌의 몇 군데에서 언급된다. *GBd.* VI b.3 (ed. TDA, 62.5; transl. *BTA*, 73); Zādspram, III.8 (ed. *BTA*, 19~20, lxxiii).

134  *Yt.* 8.4.

135  *Yt.* 19.52.

136  파흘라비 번역가들은 크샤트리야(*khšathrya-*)의 대격 크샤트림(*khšathrīm*)을 크샤트리(*khšathrī-*), 즉 '여성'에서 나온 형태로 해석했으며, 이에 따라 아후렘 크샤트림(*ahurəm khšathrim*)'을 크와다이'이 마다간(*khwadāy ī mādagān*), 즉 "여성의 주(lord of women)"로 해석했는데(Bartholomae, *Air. Wb.* 548), 아팜 나파트의 속성에 관한 초기 논쟁에서 이 해석은 대단히 주목받았다.

137 크샤에타(*khšaēta*), 즉 "군주, 왕"에 관해서는 최근의 연구를 보라. Benveniste, *Titres et noms propres*, 20~22.

138 *Zādspram*, III.8.

139 *Yt.* 13.95.(이에 관해 다음을 참고하라. Gershevitch, *AHM*. 27~28.)

140 현존 개정판 야쉬트에서 이 이야기는 상관없는 절들(*vv.* 36~46)이 끼어들어 교란되었는데, 이는 원본 텍스트가 오랫동안 구전을 거치면서 정교하게 꾸며졌다는 것을 명백하게 보여 준다. 따라서 36, 37절에는 크바레나가 이마를 두 번째와 세 번째로 떠남으로써 크바레나에 논리적인 부정합성(조로아스터교의 세 번째 개정에 의해 거의 피할 수 없는 것)이 있고, 이러한 연장으로 시인들이 첫 트라에타오나(Thraētaona), 즉 미트라와 정식으로 연결된 영웅과 이어 다른 모든 영웅들을 소개할 공간이 생겼는데, 이후의 영웅들은 대개 트레오타오나를 따른다. 46절은 특히 조로아스터교의 것이다.

141 주제와 관계없이 끼어든 절들로 인해 이제 미트라는 36~46절에 의해 불과 분리되었고, 따라서 그의 형제 아후라 및 물과의 평행성(유사성)은 모호해졌다.

142 *GBd.* XXVI. 91 (ed. TDA, 174~175; transl. *BTA*, 227). 이 구절에 관해서는 다음을 참고하라. Bailey, TPS 1956, 89.

143 *GBd.* XXIV.24 (ed. TDA, 153~154, transl. *BTA*, 197~199). 하르부르즈와 아랑에 관해서는 5장을 더 보라.

144 아팜 나파트가 아르메니아와 만다이즘교도(Mandaeans) 사이에서 느파트(Npāt) 혹은 느바트(Nbāt)로 나온다는 더 오래된 이론(다음을 보라. J. Markwart, *Wehrot und Arang*, Leiden 1938, 128; Gray, *Foundations*, 134.)은 폐기되어야 한다. 다음을 보라. K. Rudolf, *Die Mandäer* I, Göttingen 1960, 61.

145 '*nyās-*'에 관해서는 다음을 보라. W. P. Schmid, IF LXII, 1956, 235~239. 슈미드는 이 단어를 '*yās-*', 즉 '잡다'에서 도출한다.

146 맹세를 통해 "차꼬를 채우는" 바루나의 행동에 관한 최근 연구로는 다음을 보라. Thieme, German Scholars in India I, 343~344, 347. "'억누름, 저지, 통제에 의한 처리'를 뜻하는 용어인 비드르티(*vidhṛti*)가 전형적인 바루나의 특성인 것처럼 '질서에 따른(순리에 따른) 처리, 성취, 올바름과 정상(正常)으로의 적응'을 뜻하는 용어인 클르프티(*kḷpti*)는 전형적인 미트라의 특성이다."(Gonda, *The Vedic god Mitra*, 97.)

147 *RV* 2.35.

148 A. Bergaigne, *La religion védique* II, 18.

149 *RV* 2.35.2.

150 예컨대 다음을 참고하라. *RV* 7.47.2. Professor Thieme (in a letter of April 1974). 그러나 티메는 아슈헤만(*áśuhéman*)을 "출발이 빠른"('*hi-*'는 '움직임을 개시하다, 스스로 움직임을 개시하다'라는 의미이다.)을 뜻하는 일종의 바후브리히(*Bahuvrīhi*, 소유격) 합성어로 해석해야 하며, 말 자체를 의미할 때 쓰인다(*RV* 1.116.2)고 주장한다. 그는 아마도 이 형용사가 아팜 나파트에게 적용될 수 있는 까닭은 물의 신으로서 말과 친연성을 가지기 때문이거나 물결의 주인으로서 그 자신이 물처럼 "빨리 출발하여" 앞으로 달릴 수 있기 때문으로 추측했다.

151 이란인들 사이에서 이 물의 신의 상징으로서 말에 관해서는 마르바르트 (Markwart, *Wehrot und Arang*, 88)를 보라. 아베스타의 신화에 따르면 비의 신 티쉬트리야는 말의 형상을 하고 있으며(다음 내용을 더 보라.), 강의 여신 아라드비(Aradvi)는 네 마리의 말을 몬다. 인도의 문헌과 숭배 의례에서 아그니는 말과 관련되는데(예컨대 Oldenberg, *Rel.*, 75 ff.), 이는 아마도 아팜 나파트와 그의 연관을 통해 그렇게 된 듯하다. 파르티아 시절 물에 말을 희생으로 바치는 희생제에 대해서는 이 책 2권을 보라.

152 다음에 준비된, 겔드너(Geldner)의 리그베다 번역에 대한 색인권에 나오는 이 구절들을 보라. J. Nobel, *Harvard Oriental Series*, Vol. 36, 36. 이것들은 "Apām Napāt, eine besondere Form des Agni" 항목에 있다.

153 초기 세대 이란학 학자들 중에는 이 이란 신 또한 "화성(火成)의 속성"을 가지고 있다고 가정하는 이들(예컨대 C. de Harlez, Avesta, cvii, Darmesteter, *ZA* II, 630 n. 82)이 있었다. 그러나 부분적으로는 관련된 크바레나의 "불을 닮은" 것으로 여겨지는 속성(다음을 보라. F. Windischmann, *Zor. Studien*, Berlin 1863, 185.)으로부터 도출된 이들의 주장은 근거가 부족해 보이며, 이란어 자료로부터 독자적으로 도출된 것이라기보다는 베다 자료에 맞춰 만들어졌다. 이런 의견에 반대하여 조리 있는 의견을 개진한 그레이(L. H. Gray, "The Indo-Iranian deity Apām Napāt" *ARW* III, 1900, 32~33)의 주장들을 보라. 그는 아베스타 의례에 관한 상관 구절들을 면밀하게 검토한 것을 반대의 근거로 삼았다. 그럼에도 여전히 일부 학자들(예컨대 Widengren, *Die Religionen Irans*, 34~35)은 타당성을 검토하지 않은 채 그런 해석을 개진하고 있다.

154 예컨대 다음을 보라. *RV* 7.47.

155 *Die Religion des Vedas*, 108 ff.

156 이 이론에 관해서는 특히 다음을 보라. H. W. Magoun, "Apām Napāt in the Rgveda", *JAOS* XIX, 1898, 137~144.

157 Oldenberg, op. cit., 113~114.(겔드너(Geldner)의 베다 절 번역과 함께.)

158 겔드너의의 번역에 따랐다. cited by Oldenberg, op. cit., 114.

159 다음을 참고하라. Oldenberg, op. cit., 120. 베다 구문들에 대한 참고 문헌은 겔드너의 번역에 대한 색인권 13~16쪽을 보라.

160 *RV* 10.45.5.

161 Op. cit., 100~101, 117~119.

162 다음을 참고하라. A. Hillebrandt, *Ritualliteratur*, 129; Keith, *Rel. and phil.* 1, 135.

163 *ARW* III, 1900, 18~51.

164 그의 다음 책을 보라. *Foundations*, 133~136.

165 곤다(*Rel. Indiens* I, 69)는 불과 물의 관계는 남성의 원리와 여성의 원리 사이의 관계로서, 남성(불)이 태어나기 위해 그(물) 안으로 들어가며, 따라서 물의 정령인 아팜 나파트가 아그니의 원형과 동일시되었다고 주장했다. 아팜 나파트에 대한 또 다른 해석으로는 다음을 보라. Hillebrandt, *Vedische Mythologie* I. 349~357.(이 학자 자신은 이 신을 달과 동일시하려 했다.)

166 VS 10.7.(다음을 보라. Lüders, *Varuṇa*, 50~51.)

167 이어지는 미트라와의 동일시에 대해서는 다음을 보라. Thieme, *Mitra and Aryaman*, 84.

168 *RV* 1. 22.6; cf. 10.149.2.(거기에서 호격(呼格) 아팜 나파트는 사비트르 아니면 아팜 나파트로서 바루나를 부를 때도 쓰이는 듯하다.)

169 *KB* 18.9.(다음을 보라. Lüders, *Varuṇa*, 46; Kuiper, *IIJ* VIII, 1964, 107 with n. 56.)

170 *Mbh*. I.225.1.(다음을 보라. Lüders, *Varuṇa*, 41.) 뤼데르스는 바루나와 물의 관계를 강조하면서, 그의 거처가 하늘에도 있다는 사실에 대해 하늘에 "하늘의 물"이 있기 때문이라고 설명하는 데까지 나갔다. 그러나 이에 대한 반론으로는 다음을 보라. K. Hoffmann, *OLZ* XLIX 9/10, 1954, 389~395, 특히 394.

171 Lüders, *Varuṇa*, I, 9.

172 Cumont, *TMMM* I, 142.

173 호탄 사카어 및 여타 언어에서 오흐르마즈드(Ohrmazd, 우르마이스다

(Urmaysda))와 태양의 관계(주석 115를 보라.)는 여전히 문제로 남는다. 그러나 아마도 이 최고신이 아베스타에서 *보우루나의 일부 고유한 특성을 얻은 듯하듯이, 그 지역에서 미트라의 고유한 일부 특성을 얻은 것으로 보인다.(이어지는 82~84쪽을 보라.)

174 가타의 이 용법에 대한 자세한 연구로는 다음을 보라. R. Kent, The name Ahuramazda", *Oriental Studies in honour of C. E. Pavry*, 200~208.)

175 *Ad principem ineruditum* 3.780c (μεσορομασδης), S. Wikander, "Mithra en vieux-perse", *Orientalia Suecana* I, 1952, 66~68; Kuiper, *IIJ* IV, 1960, 187~188. 비칸데르는 이 단어를 고 페르시아어 형태로 미사(Missa)인 미트라와 아우라마즈다의 드반드바 합성어로 해석했다.

176 다음을 참고하라. Justi, *Iranisches Namenbuch*, 216; A. D. H. Bivar, *Catalogue of the Western Asiatic seals in the British Museum, Stamp Seals* II, *The Sassanian dynasty*, London 1969, Pl. 9.1; 그리고 잉글랜드의 세인트 올번스 출토 각석에 나오는 고유명 ΜΙΘΡΑCΩΡΟΜΑCΔΗC의 출현과 비교하라. 다음을 참고하라. H. Mattingley, *Numismatic Chronicle* XII, 1932, 54 ff.

177 Justi, op. cit., 187.

178 길이가 같더라도 작은 신의 이름이 먼저 나오는 유사한 신명(神名) 합성어들에 관해서는 다음을 보라. Henning, *BSOAS* XXVIII, 1965, 250(*Rasnumihr, Tirmihr*).

179 *Yt.* 10.113, 145; N.Y. 1.7. 글로 표기된 아베스타에서 이 이름들은 따로 나온다. 그러나 베다식 용법처럼 각자는 양사로 굴절되어 있다. 아베스타의 드반드바 합성어에 관해서는 다음을 보라. Duchesne-Guillemin, *Les composés de l'Avesta*, 44~49.

180 그의 다음 책을 보라. *Die arische Periode und ihre Zustände*, Leipzig 1887, 187~188.

181 Justi, op. cit., 10.

182 Benveniste, *Titres et noms propres*, 95.

183 W. 힌츠(Hinz) 교수는 1975년 7월에 보낸 편지에서 내게 엘람어 글자들 *ú-ir-da-ad-da*는 아우(/후)라다타를 뜻할 수 없다고 알려 왔는데, *ú*는 언제나 발음상의 u를 옮긴 것이지 au를 옮긴 것은 아니기 때문이라고 했다.

184 벵베니스트(*Vrtra et Vrθragna*, 47~48)는 아후라다타에서 직접적인 고대의 반의어 다에바다타(*daēvadāta*)를 보았다. 게르셰비치(*AHM*, 50)는 이 합성어를 "폐기된

이란어 "보우루나의 화석화된 명칭"이라고 불렸지만 후에(*JNES* XXIII, 1964, 12 n. 1)는 이 견해를 수정하여 아후라를 베다의 '아수라', 즉 "더 이상의 수식이 없는 인도·이란 신 아수라의 이름"으로 보았다.

185  아팜 나파트와 관련된 이 관점(초기의 창조 기능을 빼앗김)은 데 할레츠.(de Harlez, *Avesta*, cvii)에 의해 만들어졌다.

186  *Zor. Studien*, 180.

187  *Y.* 1.5 et pass.

188  *Vd.* 19.37. 이와 관련하여 다음에서 인용되었다. Benveniste, *Vṛtra et Vṛθragna*, 49.

189  다음을 보라. Benveniste, "Le terme iranien *mazdayasna*", *BSOAS* XXXIII, 1970, 5~9.

190  다음을 보라. J. and Th. Baunack, *Studien auf dem griechischen und der arischen Sprachen*, I, Leipzig 1886, 328~454; O. G. von Wesendonk, *Die religionsgeschichtliche Bedeutung des Yasna Haptaŋhāti*, Bonn und Köln, 1931; Nyberg, *Rel.*, 275 ff.; zaehner, Dawn, Ch. 2

191  *Y.* 36.1.

192  *Y.* 41.3.

193  *Y.* 38.3.

194  *RV* 2.32.8; 7.34.22.

195  *Yt.* 10.54~55; 그리고 베다의 미트라에 관해서는 다음을 보라. apud Thieme, Mitra and Aryaman, 59. 조로아스터교 관습에 따르면 미트라는 "이름이 불려진 신(*aokhtō.nāmanam yazatəm*)"으로 호명된다.

196  A. J. Carnoy, "The moral deities of Iran and India and their origins", *American Journal of Theology* XXI, 1917, 69.

197  앞의 30~31쪽을 보라.

198  Konow, *Die Inder*, 18, 19.

199  Ibid., 21.

200  Oldenberg, *Rel.*, 48. 이 해석은 쿠이퍼(Kuiper, *IIJ* VIII, 1964, 106 ff.)처럼 바루나를 태초의 물의 신으로 보고, 따라서 헤아릴 수 없을 정도로 오랜 신으로 보는 이들에 의해 거부되었다.

201  *RV* 4.42.(겔드너의 번역을 따라.)

202  인드라의 성격을 자세히 훌륭하게 드러낸 것으로는 다음을 보라. Lommel, *Der*

*arische Kriegsgott*, Frankfurt 1939.

203  Thieme, *JAOS* LXXX, 1960, 311~314. 그리고 이어지는 내용을 더 보라.

204  Thieme, ibid.

205  *RV* 8.26.8, cited by Thieme, art. cit., 315.

206  *Vd.* 10.9.

207  Thieme, loc. cit.

208  *GBd.* XXVII. 7 (*BTA*, 235). 아베스타와 파흘라비 문헌에 나오는 사우르바에 대한 다른 언급들에 관해서는 다음을 보라. Gray, *Foundations*, 182.

209  이렇듯 리그베다는 단일한 나사티야만 아는 듯하지만(Thieme, ibid.) 아슈빈들(Aśvins, 기수들)이라고도 불렸듯이 일반적으로 쌍둥이 신 개념이었다. 이는 인도 측의 발전 과정에서만 보인다. 여기에 대해서는 다음을 보라. Konow, *The Aryan gods of the Mitani people, Kristiania Etnografiske Museums Skrifter*, 3/1, Kristiania 1921, 37, Thieme, loc. cit.

210  *RV* 4.3.6., cited by Thieme, loc. cit.

211  예언자의 정신적·도덕적 관념으로 볼 때 버로(Burrow, *JRAS* 1973, 128~131)의 관점을 받아들이기는 힘들다. 그는 아베스타의 단어 다에바(*daēva*)는 이란인들 이전에 이란에 이주한 이들이 쓰던 인도·아리얀 조어(Proto-Indoaryan)에서 차용한 것이고, 그러므로 조로아스터가 다에바를 비난할 때는 그저 다른 민족의, 외래 신들을 비난한 것에 지나지 않는다고 생각한다.

212  다음을 참고하라. A. A. Macdonell, *Vedic Mythology*, Strassburg 1897, 122; Keith, *Religion and philosophy*, 217. 다른 것으로 다음을 참고하라. J. Przyluski, *Le Muséon* XLIX, 1936, 292~310; *Eranos-Jahrbuch* 1938, 11~57; H. W. Bailey in *Anjali, Felicitation Vol. presented to O. H. de A. Wijesekers*, ed. J. Tilakasiri, University of Ceylon, 1970, 75~76, and in Mithraic Studies I, 5~6.(그는 아디티야들이라는 용어가 "왕실의 아이들"을 뜻한다고 주장하며, 이 집단의 전체 구성원에서 인간 왕가의 구성원들에 해당하는 신들을 발견한다.)

213  *RV* 5.67.1, 8.26.11; 그리고 다음을 보라. Thieme, *Der Fremdling im Rgveda, Ab. f. die Kunde des Morgenlande*s, XXIII/2, Leipzig 1938, 143; *Mitra and Aryaman*, 12.

214  Thieme, *Fremdling*, 134~141; *Mitra and Aryaman*, 72 ff. 이와 달리 뒤메질은 마지막 단어의 의미를 "아리야인들의 수호자"로 해석하고자 했는데, 티메의 해석(JA 1958, 67~84)에 대항하여 자신의 의견을 방어했다.

215 다음을 보라. Benveniste, *Les mages dans l'ancien Iran*, 10~11. 티메는 인도 전승에서 친구를 세 부류로 구분할 수 있다고 주장했는데, "약속에 의한 친구" 미트라, "환대에 의한 친구" 아리야만, "애호에 의한 친구" 사카이다.(op. cit., 104 ff.)

216 Benveniste, "Les classes sociales dans la tradition avestique", JA 1932, 121~130.

217 Thieme, *Mitra and Aryaman*, 78.

218 Thieme, *Fremdling*, 143.

219 Ibid., 107~109, 121~123. 아리야만과 태양의 연관성에 대해서는 다음을 보라. Thieme, Mitra and Aryaman, 87~91.

220 *Y.* 54.1.

221 이 기도문에 대한 아베스타어 찬사에 대해서는 다음을 보라. Darmesteter, *ZA* III, 4~5.

222 *Vd.* XXII.

223 Thieme, *Fremdling*, 123~129.

224 다음의 아베스타 단문을 보라. apud Darmesteter, loc. cit., and below, p. 261.

225 9장을 보라.

226 다음을 보라. In M 17 V 9~10, C. Salemann, *Manichaeische Studien I, Mémoires de l'Académie Impériale des Sciences de St.-Pétersbourg*, VIIIe Série, Vol. VIII. 10, 1908, p. 8을 보라.(아리야만(Aryaman)은 아베스타어 아이리야만에 대한 페르시아어 신의 이름 형태였다.)

227 이 신에 대해서는 다음을 보라. H. Oldenberg, *Nachrichten der Göttinger Gesellschaft der Wissenschaften*, 1915, 361~372.

228 Thieme, op. cit., 124 n. 1.

229 *Yt.* 10.116.

230 Benveniste, *Titres et noms propres*, 79~80, 97~98; Gershevitch, *Studia . . A. Pagliaro oblata* II, 215~217.

231 H. Lüders, *Mathurā inscriptions*, ed. K. L. Janert, 1961, 95; cited by Henning, *BSOAS* XXVIII, 1965, 250. 헤닝은 (아마도 더 짧은 것으로서) 하위격 신의 이름이 복합 명사에서 앞에 위치함을 지적했다.

232 다음을 보라. Henning, art. cit., 248. 뒤셴-귈레민(Duchesne-Guillemin, *Festschrift W. Eilers*, 1967, 157~158)은 소그디아에서 바가가 결혼과 관련하여 아이리야만의 기능을 이어받았을 것이라는 의견을 내놓았다. 그러나 인도의

증거에 따르면 고대에 두 신이 이 기능들을 공유했을 가능성이 커 보인다.

233  Henning, art. cit., 247.

234  다음을 참고 문헌과 함께 참고하라. Ibid., 250.

235  야스나 하프탕하이티의 이 절에 관해서는 다음을 보라. H. W. Bailey, *BSOAS* XX, 1957, 44~45; J. Narten, "Vedisch aghnyā und die Wasser", *Acta Orientalia Neerlandica*, 1970, 120~134.

236  다음을 보라. T. Burrow, *BSOAS* XVII, 1955, 326~345. 특히 343 ff.; H. Humbach, *IF* LXIII, 1957, 44~47.

237  Humbach, art. cit., 50~51.

238  Bailey, TPS 1960, 83 n. 1.

239  다음을 보라. Ibid., 83~86. 다음의 재판 서론을 함께 보라. *Zor. Problems* xxx-xxxi.

240  참고 문헌은 다음을 참고하라. Gray, *Foundations*, 155~156.

241  이어지는 292~294쪽을 보라.

242  Gershevitch, *AHM*, 286~287.

243  Ibid., 223.

244  I. M. Diakonov and V. A. Livshitz, *Dokumenti iz Nisi*, 1960, 24; see Henning, "A Sogdian god", *BSOAS* XXVIII, 1965, 250.

245  Benveniste, *Titres et noms propres*, 91 (*Rašnudāta* and *Rašnuka*).

246  Gershevitch, *AHM*, 162.

247  Benveniste, op. cit., 90 (*Nariyamartiš* for *Nairyā Ḥam.varəti* "Manly Valour"?).

248  zaehner, *Zurvan*, 89; Gershevitch, *AHM*, 215.

249  *Ét. iran.* II, 188~194.

250  *Y.* 35.4; cf. *Y.* 47.3.

251  Op. cit., 193~194; 그레이를 따라, *Foundations*, 157, Gershevitch, *AHM*, 299. 라만과 바유(Vayu)의 관계에 대해서는 118~120쪽을 더 보라.

252  Bartholomae, *Air. Wb.* 1635, bottom; Benveniste, *RHR* CXXX, 1945, 13~14; *JA* 1954, 304.

253  Geiger, *Die Aməša Spəntas*, 109~111.

254  Bartholomae, *Air. Wb.* 1633.

255  이 별칭에 대해서는 다음을 보라. Gershevitch, *AHM*, 180~181.

256  *Y.* 57, *Yt.* 11.

257 이 신에 관해서는 참고 문헌과 함께 다음을 보라. Gray,*Foundation*s, 152~154;
그리고 나아가 다음을 보라. Gershevitch, *AHM*, 205~206. 그의 이름에 관한 다른
분석, 즉 "기술을 가진 이들(남자들)을 대표하여 말하는 이"라는 해석에 대해서는
다음을 보라. H. W. Bailey in *Mithraic Studies* I, ed. Hinnells, 4.

258 Benveniste, *Titres et noms propres*, 89~90; 그리고 고 페르시아어 형태에 관해서는
다음을 보라. Gershevitch, *Studia . . A. Pagliaro oblata*, II 212~214.

259 이 신에 관해서는 다음 논문을 보라. H.P. Schmidt, *Bṛhaspati, Untersuchungen zur
vedischen Mythologie und Kulturgeschichte*, Wiesbaden 1968.

260 Oldenberg, *Religion*, 65~66.

261 겔드너의 해석에 따라.(예전 올덴베르크(Oldenberg, op. cit., 66)의 해석에
인용되었다.)

262 *Air. Wb.* 599.

263 다음에 나오는 벵베니스트를 참고하라. Benveniste et Renou, *Vṛtra et Vṛθragna*,
56~64; 그리고 일부 심화된 논의로는 다음을 참고하라. Gershevitch, *AHM*,
166~167; Nyberg, *Rel.*, 81~83.

264 Benveniste, op. cit., 62.

265 그러나 이 두 여신은 전적으로 "추상적인 것"을 인격화하는 인도·이란의 전통
안에서 탄생했다.

266 Benveniste, op. cit., 56~61.

267 판트 야즈드, 즉 "길의 신"을 기리는 바쥐(bāj, drōn) 의식이 있는데, 최소한 사산조
시절부터 조로아스터교도들이 베레트라그나/바흐람에게 이 의식을 봉헌했다.(B.
N. Dhabhar, *zand-i Khūrtak Avistāk*, text pp. 133~134 (§§ 44~45), transl.
(with notes) pp. 251~252.) 여행자의 수호자로서 바흐람에 대해 더 알아보려면
다음을 보라. The Persian *Farziāt-Nāmeh . . of Dastur Dārāb Pāhlan*, ed. J. J.
Modi, Bombay 1924, text 21, transl. 31. 파르시 순례 시조들은 폭풍에 휩쓸리며
구자라트로 가는 여행 중에 바흐람에게 기도했다.(이 책 3권을 보라.) 또한 1964년
야즈드에서 나는 봄베이로 여행하는 공동체 내의 중요 인사를 위해 한 사제가
매일 바흐람 야쉬트를 암송하는 것을 들었다. 여행자들의 신으로서 베레트라그나/
바흐람에게 바친 성소들에 대해서는 이 책 2권과 4권을 보라.

268 이 신에 관한 상세한 내용은 다음을 보라. Benveniste-Renou, op. cit.; Thieme,
*JAOS* LXXX, 1960, 312~314.

269  다음을 보라. Spiegel, EA II, 100. '방패'라는 의미의 베레트라(*Vərəthra*)가 아베스타어에 등장하고, 오세티아어에 동일 어근 형태가 있다. 다음을 보라. Bartholomae, *Air. Wb.* 1421; Benveniste-Renou, op. cit., 13, Bailey, *JRAS* 1953, 110~116. 아베스타어 동음이의어 베레트라(*vərəthra*), 즉 '용맹'의 존재를 증명하려는 게르셰비치(Gershevitch, *AHM*, 158~163)의 시도에 대한 반론으로는 다음을 보라. Thieme, loc. cit., 313 n. 25.

270  *Yt.* 14.1. et passim.

271  앞의 81~83쪽을 보라.

272  *Yt.* 10.70.

273  *Yt.* 10.72, cf. *Yt.* 14.47. 자연스레 사악한 이들로 비이란인들이 거명되었다. 다음을 보라. *Yt.* 14.48.

274  이 별칭 일반과 그 원시적 속성에 관하여 다음을 보라. Benveniste-Renou, op. cit., 29~30, 41.

275  *Yt.* 14.2~27. 이에 대한 자세한 내용은 다음을 보라. ibid., 33~36.

276  *Yt.*10.70. 게르셰비치(Gershevitch, *AHM*, 219)를 보라. 베레트라그나가 전형적으로 수퇘지로 등장하지만 수퇘지에 관한 모든 시적인 직유나 의전용 표식(문장(紋章))을 이 신을 표상하는 것으로 간주하는 것은 정당화되기 어렵다. 그러므로 메디아의 (마지막 군주) 아스티야게스의 음유 시인이 페르시아인 키루스를 비유적으로 "강력한 짐승…… 그를 늪지에 풀어 주라, 야생 수퇘지보다 더 용감한 이"라고 읊었다고 알려졌지만, 일반적으로 그러듯이 이를 베레트라그나를 말하는 것으로 보는 것은 확실히 억지로 보인다.(Boyce, *JRAS* 1957, 20 n. 1.)

277  티메(Thieme, loc. cit.)는 확고하게 이를 주장했다.

278  이 형용사를 그 신 자신의 이름을 만들어낸 추상 명사와 명백하게 구분해야 한다고 티메(Thieme, ibid)가 처음으로 명백하게 말했다.

279  다음을 보라. Spiegel EA II, 100. 그리고 더 자세한 내용은 다음을 보라. Benveniste-Renou, op. cit. 브리트라의 기원에 관한 이 설명을 모든 학자들이 수용하지는 않았다. 자세한 것은 다음을 보라. Lommel, *Der arische Kriegsgott*, 46~76; e.g., A. B. Keith, "Indra and Vṛtra", *Indian Culture* I 1934-1935, 461~466; F. B. J. Kuiper, *IIJ*, 1959, 214. 최근 베일리(H. W. Bailey, *Mithraic Studies* I, ed. Hinnells, 18)는 브르트-라(*vṛt-ra*)를 "강력한 이", 즉 베다

신화에 나오는 괴물의 본명으로 보았다. "이 싸움을 통해 아베스타의 추상적인 베레트라그니야(vərəthraghnya-, '강력한 이를 물리친')는 일반적 의미의 '승리'를 획득했다." 다른 학자들은 용을 패대기쳤다는 신화가 오래전 이란의 베레트라그나에게도 부여되었음을 확증하려고 노력했다. 그러나 아베스타에는 그런 신화에 대한 어렴풋한 암시조차 없다. 아르메니아의 '바하근(Vahagn)은 괴물을 죽이지만, 이 이야기는 베다의 브리트라 신화와 공통점이 별로 없으며, 현지에서 후대에 발전한 것으로 보인다. 다음을 참고하라. Benveniste-Renou, 84~86; Duchesne-Guillemin, *La Religion*, 178. 소그드 마니교도들에 의한 바샤근(Vašaghn)이란 이름의 용법에 대해서는 벵베니스트(Benveniste-Renou, loc. cit.)를 보라. 후대의 파흘라비 문헌 중 하나에는 오흐르마즈드에 의해 들어 올려진 바흐람(Vahrām)이 일곱 번째 아마샤스판드(Amašaspand)가 되었다는 이야기가 나오는데, 왜냐하면 그 혼자서도 아흐리만을 이기고 그를 지옥에 묶어 둘 수 있기 때문이다. 메나세(J. de Menasce, "La promotion de Vahrām, *RHR* CXXXIII 1948, 5~18)는 이것이 고대에 존재했을 베레트라그나가 브리트라를 물리친 이야기가 발전한 것이리라고 주장했다. 그러나 그것은 종말론적 텍스트들에서 그런 이란의 선행 사례 없이 항상 유명했던 승리의 신에게 갖다 붙이는 자연스러운 업적으로 보인다. 오세티아의 거인 엘타간(Eltaghan)을 베레트라그나와 동일시하는 덤프의 시도(Dump, *Mélanges H. Gregoire, Annuaire de l'Institut de Philologie et d'Histoire orientate de Bruxelles* IX 1949, 223~226)에 대한 반론은 벵베니스트(Benveniste, *Études sur la langue ossète* 130.)를 보라. 인드라가 브리트라를 물리쳤다는 신화는 튼타 아프티야(Tnta Aptya)가 용 비스바르플파(Visvarflpa)를 물리친 이야기를 본뜬 것이라는 이론에 대해서는 3장을 보라. 신들과 이란의 영웅들이 용을 죽이는 이야기들 일반에 관해서는 다음을 보라. Benveniste-Renou, op. cit. 184~196.

**280** 괴물 브리트라를 원초적 개념으로 여기는 이들 중 어떤 이들은 거꾸로 이란에서 숭배되는 베레트라그나가 인도·이란 시절의 인드라라고 주장한다. 이런 이론이 형용사 베레트라간(*vərəthraghan*)과 추상 명사를 혼동한 것은 차치하고, 이 이론이 맞으려면 조로아스터교도들이 인드라를 다에바로서 거절하고 증오하는 동시에 다른 이름하에 가장 위대하고 사랑받는 신의 하나로 경배했다고 가정해야 한다. 그런 발전 과정이 불가능하지는 않을지라도 분명 대단히 가능성이 낮으며, 이 가정을 확증하자면 대단히 강력한 증거가 필요한데, 그런 증거가 제시되었다고

말할 수는 없다. 이 둘을 동일시하는 자그마한 논거 하나는 인드라 또한 일련의 화신으로 등장한다는 것이다. 그러나 이는 그가 인도·이란의 브리트라그나에게서 차용한 것으로 해석될 수 있다. 이들 인드라의 화신 중 단 하나만 이란 신(베레트라그나)의 것과 일치한다. 다음을 보라. Duchesne-Guillemin, *La religion*, 177.

281 Thieme, loc. cit., 314.

282 인드라 개념의 이종 결합성(heterogeneousness)과 베레트라그나의 단순성과 통일성은 티메가 훌륭하게 서술했다. Thieme, loc. cit., 313~314.

283 Bailey, *Zor. Problems*, 4.

284 다신교 여신으로서 아시에 관해서는 다음을 보라. Darmesteter, *ZA* II, 599, Lommel, *Rel.*, 85.

285 다음을 보라. Geiger, Amə̄ša spəntas, 118 n. 1; 그리고 그녀의 별칭 크바나트 차크라(*khvanat.čakhra*)에 대해서는 다음을 보라. Gershevitch, *AHM*, 217 n.

286 *Yt*. 10.68. 게르셰비치(Gershevitch, *AHM*, 217)가 열거한 *hangrə wnāiti* 에 대한 다양한 해석들과 함께 보라.

287 다음을 보라. *TMMM* I, 151; 그리고 나아가서 다음을 보라. Gershevitch, *AHM*, 217~218.

288 다음을 보라. A. Stein, *Zoroastrian deities on Indo-Scythian coins*, 11~12; 그리고 더 많은 참고 문헌과 쿠샨어 아르도크쇼APΔOXÞO에 대한 자세한 논의로는 다음을 보라. Bailey, *Zor. Problems*, 65~68. 최근의 것으로 다음을 보라. Humbach, *Kušan und Hephthaliten*, Munich 1961, 20; *WZKSO* IV, 1961, 70 ff.

289 *Yt*. 17.55 ff.

290 이를 두고 벌어진 수많은 논의들이 이에 대한 이해를 증진시켰다고 말하기 어렵다. 참고 문헌은 다음을 보라. B. Schlerath, *Awesta-Wörterbuch, Vorarbeiten* I, 182 sub *Yt*. 17~55.

291 6장을 더 보라.

292 Bailey, *Zor. Problems*, 9; 문제의 절들에 대한 해석은 다음을 보라. Ibid., 4~8.

293 *Zor. Problems*, Ch. I.

294 그는 원래 '소비'를 의미하는 흐바르(hvar)라는 추정된 어기로부터 이 단어를 도출하고자 했지만, 후에는 이를 '얻다, 획득하다'라는 뜻으로서 아르티(Arti)/아쉬(Aši)를 만들어 낸 것과 똑같은 어기 아르(ar)와 연결시키는 것을 선호했다.

그의 다음 책 재판을 참고하라. *Zor. Problems*, intro., xxiii-iv.

295 "Irans Profet som Τέλειος "Ανθρωπος", *Festskrift til L. L. Hammerich*, Copenhagen 1952, 26~36. 또한 다음의 렌츠의 의견도 보라. W. Lentz, A Locust's Leg, Studies in honour of S. H. *Taqizadeh*, 133~134.

296 뒤셴-귈레민(Duchesne-Guillemin, "Le xwaranah", *AION* V, 1963, 19~31)은 베일리의 의견에 철저히 반대했는데, 그는 이 말은 더 오래전 흐바르(hvar, '태양')에서 파생되었으며 "번영 자체가 아니라 번영의 이유" 때문에 중요하다는 주장을 펴면서, 그 일차적 의미는 "태양 유체(solar fluid)", 즉 불타오르는 삶의 정액으로서 모든 것에게 성장과 번영을 주는 것을 의미한다고 생각했다. 그러나 그의 해석은 광범위한 지지를 전혀 얻지 못했다. 무슬림 시절 이 특유의 고대 이란어 용어의 발전에 관해서는 다음을 보라. R. N. Frye, *K. R. Cama Oriental Institute Golden Jubilee Vol.*, Bombay 1969, 143~144.

297 *Yt.* 19.35. 이어서 다음을 더 보라. Nyberg, *Rel.*, 71~72.

298 *Yt.* 10.16.

299 *Yt.* 10.66, 67. 뒤의 절을 해석하면서 게르셰비치는 크바레나를 불과 동일시했지만 즉각 이 의견을 철회했다. 다음을 보라. *AHM*, 278~279.

300 앞의 73~75쪽을 보라.

301 이에 관해서는 다음을 보라. Darmesteter, *ZA* II, 615.

302 3장을 보라.

303 *Yt.* 19.57.

304 Lommel, Die Yäšts, 174; Gershevitch, *AHM*, 59.

305 A. v. Gutschmid, *Kleine Schriften* III, 138 f.

306 다음을 보라. *Kārrnāmag i Ardašir i Pāpakān*, ed. E. K. Antia, Ch. IV, ed. D. P. Sanjana, Ch. III.

307 Op. cit., Sanjana VII.1 (*Antia* XII. 4): *ēdōn gōwēnd ku khwarrah ī kayān ī pad dūr be būd andar pēš i Ardašir ēstād ud andak andak hamē raft tā Ardašir az ān gyāg i dušwitarag ud az dušmenān abēwizandihā bērōn āmad.*

308 다양한 형상에 대한 요약 설명 및 참고 문헌은 다음을 보라. Bailey, *Zor. Problems*, 64.

309 Pace Widengren, *Rel. Irans*, 334 with n. 11. 쿠샨 왕조 동전들에서 어떤 여신은 남성의 형상으로 표현되고 어떤 남신은 여성으로 표현되었다는 사실(이어지는

글을 더 보라.)은, 이번 경우들에는 하나의 두드러지는 특징에 따라, 그리스 원형이
얼마나 제멋대로 선택되었는지를 보여 준다.

310  Bailey, *Zor. Problems*, 64~65.

311  각각 "빛을 내는, 이글거리는"과 "군주, 주"를 뜻하는 추정상의 두 이란어 단어의
    존재에 대해서는 다음을 보라. Benveniste, *Titres et noms propres*, 20~22.

312  특히 다음에서 그렇다. *Khoršed, Māh Niyāyeš*. 다음을 참고하라. M. N. Dhalla, *The
    Nyaishes or Zoroastrian litanies*, Columbia 1908, 2~111.

313  앞의 42쪽을 보라.

314  Konow, *Die Inder*, 35.

315  현행 관습으로 알수 있듯이 이는 예컨대 다음에 명백히 의무 사항으로 나온다.
    *Mēnōg i Khrad*, LIII.3.

316  이는 중세 페르시아어 마니교 텍스트에 의하면 일반적인 관행이었다.(이 문헌들은
    이런 문제에 관한 한 조로아스터교의 관행을 반영했다.). 그리고 이는 파흘라비
    텍스트에도 가끔 등장한다. 예컨대 다음을 보라. *Pahl. Riv. Dd*, XLVIII.2 (ed.
    Dhabhar, 141).

317  *Rel.*, 42.

318  Ibid., 45.

319  다음을 보라. Thieme in *zarathustra*, ed. Schlerath, 407. 이 단어의 어원은
    알려져 있지 않고, 이것이 이란에서 왜 잘 알려진 산스크리트어의 아그니(*agni-*,
    라틴어 igni- 등)로 대표되는 인도·유럽어 파생어 대신 쓰였는지는 의문이지만,
    그럼에도 몇몇이 가정했듯이(예컨대 Wikander, *Der arische Männerbund*, 76~77;
    *Feuerpriester in Kleinasien und Iran*, 102 f.) 조로아스터가 고대와의 연관성을
    깨기 위한 시도의 일환으로 전통적으로 쓰이던 표현을 이 경우에만 고의적으로
    익숙하지 않은 것으로 바꾸었다고 보기는 힘들다. 왜냐하면 기타 모든 경우에서
    예언자는 기꺼이 오랜 어휘와 개념을 그대로 써서 새로운 교리를 전달하기
    때문이다. 그런 가정은 어쨌든 이 단어의 기원을 설명하지 못한다.

320  *Ātaš Niyāyeš*, 7.

321  Oldenberg, *Rel.*, 105.

322  이 점에서 그들의 제의는 이란의 것과 다르다. 6장을 보라.

323  단어 압(*āp*)은 문법적으로 여성이며, 파흘라비어 분다히슨(*Bundahišn*)에도 물은
    세상에서 본질적으로 여성에 속하는 네 사물 중의 하나(대지, 식물, 물고기와

함께)로 나열된다. 다음을 참고하라. *GBd.* XV a.1 (*BTA*, 143) ( *Ind. Bd.* XVI.6, transl. West, *SBE* V, 61.)

324 Oldenberg, *Rel.*, 45.

325 Lüders, *Varuna* I, 48.

326 Bartholomae, *Air. Wb.* 194~195.

327 그의 다음 논문을 보라. "Anahita-Sarasvati", *Asiatica, Festschrift F. Weller*, Leipzig 1954, 405~413,

328 고 페르시아어 하라후바티(Harahuvatī). 다음을 보라. Bartholomae, *Air. Wb.* 1788.

329 Lommel, art. cit., 408.

330 *Yt.* 5.129. 훗날 분명 숭배 행위 이미지에서 도출된 것으로 보이는, 야쉬트에 묘사된 이 여신에 관해서는 이 책 2권을 보라.

331 *Yt.* 5.120.

332 *Yt.* 5.2.

333 *Yt.* 5.130.

334 *Yt.* 5.34 ff.

335 I.e. *Yt.* 17.6~11 *Yt.* 5.130, 102, 127.

336 다음을 보라. Geiger, *Aməša spəntas*, 111~114. (가이거는 아시가 조로아스터 자신의 원래 개념 중 하나라고 생각하는 학자 중 하나이다. 그래서 그는 이 '추상적' 신이 나중에 아레드비를 차용함으로써 실체구체성을 획득했다고 추정했다. 그러나 이 의견에 대한 반론은 이어지는 글을 보라.) 두 야쉬트에 관해서는 다음도 보라. Christensen, *Études sur le zoroastrisme de la Perse antique*, 8, *Les Kayanides*, 14.

337 예컨대 다음을 보라. *Yt.* 5.53. 이 야쉬트는 미흐르 야쉬트(*Mihr Yašt, Yt.* 10. 11)에서 빌려 온 듯 보이지만, 오히려 실전된 *보우루나 아팜 나파트에 바치는 야쉬트에서 유래했을 가능성이 크다. 물의 신으로서 아르데비는 *보우루나를 점차 잠식한다.

338 *Yt.* 5.101.

339 *Yt.* 5.3.

340 리그베다 구절에 관해서는 다음을 보라. Lommel, art. cit., 408.

341 전반적인 설명으로는 다음을 참고하라. Chadwick, *Growth of Literature* I, 648~650; 특히 인도·이란의 전통에 관해서는 다음을 보라. Lüders, *Varuṇa*, I, 25

ff.

342 *Yt.* 5.86, cf. v. 91.

343 Lommel, art. cit., 411.

344 *ZAnd-i Vohuman Yašt*, III.5~7 (ed. *BTA*, 8, 103).

345 다음을 보라. R. Schmitt, "BAPZOXAPA—ein neues Anāhitā Epitheton aus Kappadokien", *KZ* LXXXIV, 1970, 207~210 . 하라에 관해서는 5장을 더 보라.

346 그에 관한 최근 연구로는 다음을 보라. B. Forssman, "Apaoša, der Gegner des Tištriia", *KZ* LXXXII, 196) 8, 37~61.

347 최근의 학술적인 논의로는 다음을 보라. Henning, "An astronomical chapter of the Bundahišn", *JRAS* 1942, 247~248.

348 이에 관한 주요 문헌으로는 다음을 참고하라. Lommel, *Die Yašt's*, 46~47. 시리우스가 일출 직전에 태양 근처에서 보이는 현상을 계산한 것을 토대로 한 여러 연대 추정 시도에 관해서는 다음을 보라. S. H. Taqizadeh, *Old Iranian Calendars*, 22 with n. 4.

349 *Yt.* 8.51~55.

350 글자 그대로 "자라지(번성하지) 않는(Kein-Gedeihen-habend)" 〈 *a. pauša*, 베다어 *póṣa* "번성하는, 풍부한". 다음을 보라. Forssman, art. Cit.

351 *Yt.* 8.18~21.

352 *Yt.* 8.46~47.

353 *Die Yäšt's*, 48~50.

354 *Yt.* 8. 41.

355 *Yt.* 8.32, 33.

356 *Yt.* 8.6, 37.

357 페르세폴리스 요새 토판들에 나오는 이르카샤(Irkaša)가 정말 에레크샤와 같은 이라면, 에레크샤의 이름은 '아베스타' 민족은 물론 고대 페르시아인들에게도 알려진 듯하다. 그러나 이는 여전히 확신할 수 없는 상황이다. 다음을 보라. Gershevitch, *Studia ... A. Pagliaro oblata*, II, 191.

358 그에 관한 최신 연구로는 다음을 보라. W. Eilers, *Semiramis, Sb. der Österreichische Akademie der Wissenschaften*, 274 Bd., 2 Abh., Vienna 1971, 43~45.

359 투루판 출토 중세 페르시아어 문서에서 그것은 이 형태(tygr)로 등장한다. 다음을 보라. Henning *BSOS* IX, 1937, 88.

360  Stein, *Zor. deities on Indo-Scythian coins*, 6~7.

361  피로제 코트왈 박사가 나로 하여금 이 문제에 관심을 가지게 했다.

362  이는 그런 기도를 끝내는 표준 공식이었고, 날에 따라 야자드의 이름만 바뀌었다.

363  하나는 야즈드 근처 샤라파바드 마을에 있다.

364  *GBd*. III.18 (*BTA*, 43). 티쉬트리야가 13일의 수호신이라는 것은 다음에
언급되었다. Supp. texts to Šnš. (ed. Kotwal) XXII. 13. 한편 같은 책의 다음
장(XXIII.2)에서 티르가 명백히 같은 관계로 인해 호명된다. 이에 관해서는 이 책
2권을 보라.

365  다음을 보라. Erachji Meherji-Rana, *Purseš-Pāsokh* (in Gujarati), p. 68, question
272. 드론(바쥐) 의식은 오늘날에도 매년 로즈 호르마즈드(Rōz Hōrmazd)와 마
파르바르딘(Māh Farvardīn)의 날 나브사리(Navsari)에서 엄숙히 거행된다.

366  다음을 보라. *Yt*. 13.126, Bartholomae, *Air. Wb*. 651.

367  예컨대 초기의 논의에 관한 참고 문헌과 함께 다음을 보라. W. B. Henning apud
A. D. H. Bivar, *BSOAS* XXIV, 1961, 191. 그리고 지금 엘람 토판 중 다음도
추가하라. OP *Teriyadada*. 이에 관해서는 벵베니스트(Benveniste, *Titres et
noms propres*, 94.)를 보라. 헤닝은 중세 이란어 이름 티르미흐르(*Tirmihr*)가
"티르(티리)와의 동맹 계약(을 믿는)"을 뜻한다고 해석했다가 나중에는 더 간단히
"티르와 미르(에 의해 주어진, 혹은 그들에게 바쳐진)"로 해석했다. 다음을 보라.
*BSOAS* XXVIII, 1965, 250.(나베르그(Nyberg)는 이름 트리프른(*tryprn*)에 대한
헤닝의 해석에 의문을 던지면서(다음 책에 나오는 그의 문장을 보라. *Festskrrift
C. Kempe*, p. 735) 카로슈티 문서에 나오는 티르바르나(*Tiravharna*. 다음을
참고하라. Henning, art. cit., 191 n. 2.)를 검토했다.) 티리와 미트라는 "빠른 화살을
가진(*khšwivi.išu*)"이라는 별칭을 가진 둘뿐인 신으로서 더한층 관계를 맺는다.

368  이 책 2권을 더 보라.

369  다음을 보라. Eilers, *Semiramis*, 44 n. 75. 포르스만(Forssman, art. cit., 59~60)은
티쉬트리야란 이름은 '3'을 뜻하는 \*트리(\*tri)와 별을 뜻하는 스트르(\*str)에서
파생된 것으로서, "세 별에 속하는"을 의미하는 것으로 설명하고자 했으며, 이
이름이 시리우스에게 주어진 것은 시리우스가 오리온의 허리띠의 세 별(오리온의
허리띠에서 가장 가장 크게 보이는 세 별, 즉 삼숙(參宿))과 "그리 멀지 않기
때문"이라고 주장했다.

370  다음을 참고하라. Eilers, loc. cit. 파르티아와 사산조 시절 아르메니아에서 티우르/

티르 숭배의 대단한 인기는 충분히 증명되었다. 그럼에도 비덴그렌(Widengren)이 아르마비르의 "아폴론과 아르테미스" 사원을 미흐르와 아나히드가 아니라 티르와 아나히드의 것으로 본 것(*Rel.* Irans 178, 186)은 근거가 부족하다. 조로아스터교 시절 아르메니아에서 미흐르 또한 적절히 숭배되었다.

371 *Yt.* 8.44.

372 *Yt.* 8.12.

373 Henning, "An astronomical chapter of the Bundahišn", *JRAS* 1942, 247~248.

374 Ibid., 246~247.

375 *Yt.* 8.9. 사산조 시절 마니교 버전의 비 신화에서 사타바에사의 이름은 사드웨스(Sadwēs)로 비를 만드는 신에게 주어졌다. 다음을 보라. Boyce, "Sadwēs and Pēsūs", *BSOAS* XIII, 1951, 908~915.

376 Henning, art. cit., 247.

377 Darmesteter, *ZA* II, 418 n. 38.

378 Ibid., p. 644. 그리고 이 책 3권을 보라.

379 Ibid., p. 418 n. 37.

380 *Sirōza* I. 13.

381 더 자세한 내용은 5장을 보라.

382 그의 다음 논문을 보라. "Saka śśandrāmatā", *Festschrift W. Eilers*, ed. G. Wiessner, Wiesbaden 1967, 136~143.

383 이는 롬멜이 추정한 발전 과정과 대단히 유사하다. 롬멜은 *하라흐바티 아레드비 수라(*Harahvatī arədvī sūrā)가 단순히 아레드비 수라(Arədvī Sūrā)로 불리게 되었다고 보았다.

384 일부 학자들이 보인 우려에도 불구하고 베다와 이란에 함께 등장하는 근거로 볼 때, 바타를 고대의 신으로 보는 것이 합리적일 듯하다. 헤로도토스에 따르면(I.131) '바람들'은 페르시아인들이 '제우스' 아래로 숭배하는 여섯 자연물 중의 하나이다. 그는(VII. 191) 바람을 기리는 특별한 의식을 기록했다. 다음을 보라. Gray, *Foundations*, 167.

385 *Yt.* 8.33. 그리고 더 많은 참고 문헌은 다음을 보라. Gray, loc. cit.

386 Stein, *Zor. deities on Indo-Scythian coins*, 4 with fig. v.

387 Gray, op. cit., pp. 167~168.

388 예컨대 다음을 보라. *Yt.* 10.9.

389 아베스타어에서는 'ā' 가 'ä'가 되었다. 이 변동은 아베스타어 특유의 것이다. 이 신의 파흘라비어 형태는 바이(Vāy)이다.

390 다음을 참고하라. *RV* 10.168.4; A. Hillebrandt, *Vedische Mythologie* II, 296.

391 Keith, *Rel. and phil.* I, 139; Oldenberg, *Rel.*, 227.

392 *Yt.* 15.5, 57.

393 니베르그(Nyberg, *Rel.*, 300~301)가 처음 개진한 개념을 비칸데르(위캔데르가 맞을 듯. 스웨덴 사람)(Wikander, *Vayu* I (Uppsala 1941))가 발전시켰다.(바유와 영웅 루스탐을 연결시키려는 비칸데르의 시도(*La nouvelle Clio* II, 1950, 310~329)는 진지하게 받아들이기 힘들다. 이 책 4권의 부록을 보라.) 또한 고대 이란의 종교에 관한 비덴그렌(Widengren)의 책들(zaehner, *Zurvan*, 82~91; Duchesne-Guillemin, *La Religion*, 182~184)도 참고하라. 근래 버로(Burrow, *JRAS* 1973, 131)는 "선한 바유"는 이란인들이 숭배한 신이고, "악한 바유"는 그들의 적, 즉 이란에 정착한 인도인들이 숭배한 신인데, (그가 생각하기에) 후자는 아베스타의 어휘에 '다에바의(daēvic, 악신의)' 요소를 부여했다는 의견을 제시했다. 롬멜(Lommel, *Die Yästs*, 144~150)은 바유에 대해 예리한 관찰을 대단히 많이 수행했는데, 그는 바유와 바타의 차이를 충분히 구분하지 못한 이들을 비판했다. 약간 놀랍게도 니베르그는 바유를 '최고신들' 중 하나로 격상시켰음에도 그를 바타와 동일시했고(*Rel.*, 75), 그의 제자들은 이를 따랐다. 다음과 비교하라. Barr, *Avesta*, 43~44.

394 Barr, *Avesta*, 42~43; 영어 번역 다음과 같다. Duchesne-Guillemin, *Western Response*, 59. 여기에서는 현재의 맥락에 맞춰 문장들의 순서가 약간 재배열되었다.

395 황금 갑옷과 의류 및 장신구는 신들에게 드물게 주어지지 않는다. 그러므로 여기에 비중을 두는 것은 억지스러워 보인다. 다음을 보라. Wikander, *Vayu* 30~33.

396 바유의 별칭(*Yt.* 15.42~47에 나와 있는)에 대한 자세한 분석으로는 다음을 보라. Wikander, op. cit.

397 *Yt.* 15.52.

398 *Yt.* 15.44.

399 Duchesne-Guillemin ed., *JA* 1936, 241~255; Wikander, op. cit., 96~101.

400 앞의 95쪽을 보라.

401 *Ét. ir.* II, 194.

402 *GBd.* XXVI. 29 (ed. TDA, 166.7~9, transl. *BTA*, 217. Cited by Wikander, op. cit.,

18).

**403** 이 아베스타 구절에 관해서는 다음을 보라. Gray, *Foundations*, 124.

**404** 이 책 2권을 보라.

**405** 6장을 보라.

**406** Gray, *Foundations*, 146.

**407** Bartholomae, *Arische Forschungen* III, 25~29.

**408** *Y.* 29.6. See M. Leumann, *Asiatische Studien* I-IV, 1954, 79 ff.; Gershevitch, *AHM*, 55~56.

**409** 이 신에 관해서는 다음을 참고하라. Oldenberg, *Rel.*, 237~239; Keith, *Rel. and phil.* I, 204~206; Macdonell, *Mythology*, 115~118; Hillebrandt, *Ved. Mythologie* II, 372~384.

**410** Leumann, loc. cit. 조로아스터가 신 아르마이티(Ārmaiti)에게도 다미(*dāmi*, 창조행위나 창조 행위의 주로, 아후라 마즈다의 창조 행위를 칭한다. ─ 옮긴이)라는 말을 썼다는 점이 자주 지적되었다.(*Y.* 34-10; cf. Vr. 19.2) 그러나 게르셰비치(Gershevitch, *AHM*, 169)는 이는 '창조자'라는 명사가 아니라 '창조의'를 뜻하는 형용사라고 주장했다.

**411** *Y.* 42.2; 57.2. 이 구절들에 대해서는 다음을 보라. Gershevitch, *AHM*, 54. 논의를 심화시켜 그는 게우쉬 타샨을 스펜타 마이뉴와 동일시하고자 했는데(예전에 다르메스테터와 다른 이들이 시도했던 것처럼) 그는 조로아스터의 엄격한 일신론의 편에서 약간 증거를 우기는 듯하다.

**412** Lommel, *Die Yäšt's*, 57~58.

**413** Stein, *Zor. deities on Indo-Scythian coins*, 3~4 with fig. iii; Darmesteter, *ZA* II, 432.

**414** Vr. 1.9; 2.11; 9.5; *Dk.* VII.1.12~13 (ed. Madan, 593.11 ff.). 하디쉬에 관해서는 다음을 참고하라. Darmesteter, Ét. ir. II, 201~203; Henning, *BSOAS* XII, 1947. 59~62.

**415** Op. cit., 203.

**416** 트리타(Thrita)/트라에타오나(Thraētaona)에 관해서는 3장을 보라. 계절이나 시간 등이 신격화된 개념들에 대해서는 그레이(Gray, *Foundations*)에 다양한 이름으로 나오는 것을 참고하라. 또한 다모이스 우파마나(Damois Upamana)라는 이해하기 힘든 등장인물이 있는데, 그는 야생 수퇘지의 모습으로 미트라를 따른다.(*Yt.*

10.127) 그 이름의 의미는 모호하고, 그는 그 야쉬트 외에는 거의 알려지지 않았다. 그러므로 그는 거의 확실히 다신교 시절의 신이며, 게르셰비치(*AHM*, 166~169)는 그를 베레트라그나의 또 하나의 자아로 해석했다. 그러나 그의 주장이 완전히 확정적으로 보인다고 말할 수는 없다. 다른 해석들(어느 것 하나 일반적으로 받아들여지지 않았다.)에 관해서는 게르셰비치의 같은 책을 보라.

**417** 그들에 관해서는 앞의 87~89쪽을 보라.

**418** Oldenberg, *Rel.*, 305~306.

**419** Ibid., 291.

**420** Herodotus, VII.114.

**421** 이마/야마에 관해서는 3장에 더 자세하게 서술되어 있다.

**422** 키르펠(W. Kirfel, *Die Kosmographie der Inder*, 13*~14*)은 리그베다의 사상에 잠재한 유신론 이원론을 강조했다.


## 3장


**1** 리그베다 시절 인도인들이 숲과 황무지에 대해 느꼈던 외경심에 관해서는 다음을 보라. H. W. Bailey, *Literatures of the East*, ed. E. Ceadel, 108~109. 이란의 일반적 악마들에 대해서는 다음을 보라. A. Christensen, *Essai sur la démonologie iranienne*, Copenhagen 1941. 조로아스터교 전승에 나오는 악마들은 다음 책에 열거되어 있다. Gray, *Foundations*, 175~219.

**2** 인도의 야투에 대해서는 예컨대 다음을 보라. Oldenberg, *Rel.*, 265 ff. 슈피겔(Spiegel, *Die arische Periode*, 218~223)은 리그베다와 아베스타의 야투들을 한데 모아 논했다. 비슷한 의미론적 발전 과정(악한 존재에서 자신을 다루는 인간으로의 의미 이동)은 예컨대 영어의 사악한 남자 마법사 'warlock'처럼 다른 언어들에서도 광범위하게 발견된다.

**3** 예컨대 다음을 보라. *Yt.* 8.44. *nôit yātavô pairikåsča, nôit yātavo mašyānąm*, 즉 "악마가 아니라 여자 악마, 남자들 중의 마법사가 아닌."

**4** 예컨대 다음을 보라. *Y.*12.4: *vī daēvaiš vī daēvavatbiš vī yātuš vī yātumatbiš*, 즉 "(나는 그만두겠다고 맹세합니다.) 거짓 신들과 거짓 신을 따르는 사람들, 악마와 악마를 따르는 사람들과의 관계를."

5 아베스타의 파르시 산스크리트어 번역본에서 파이리카는 규칙적으로 마하라크샤시(*mahārākśasi*), 즉 "커다란 여자 악마"로 새겨진다. 다음을 보라. Gray, *Foundations*, 195. 사산조 초기 조로아스터교 용법을 반영하는 중세 이란어 마니교 문헌에서 파리간(*parīgān*)은 규칙적으로 악한 존재로서 데반(dēvān)과 연결된다.

6 *Y.* 16.8. 그리고 다음을 더 보라. Darmesteter, *ZA* I, 144 n. 15, Gray, *Foundations*, 210.

7 *Zādspram* IV.25~26 (ed. *BTA*, 50~51, lxxxiv).

8 Bartholomae, *Air. Wb.* 864.

9 Darmesteter, *ZA* II, 10 n. 23.

10 페르시아 서사시에서 미혹하는 페리들에 관한 간단한 설명으로는 다음을 참고하라. Gray, *Foundations*, 196.

11 J. J. Modi, *The Persian Farziāt-nāmeh*, Bombay 1924, text 10, transl. 19.

12 *Vd.* 7.2~4.

13 Gray, *Foundations*, 203~204.

14 Bartholomae, *Air. Wb.* 780 s.v. *drug-*. 후대에 다에바라는 말은 규칙적으로 남자 악마들을 가리키고, 드루그(특히 굴절된 주격 단수 드루크쉬(*Drukhš*))는 여성 악마를 가리키게 되었다.

15 Spiegel, *Arische Periode*, 215~217.

16 앞의 112쪽을 보라.

17 *Y.* 29.2; 30.6; 48.12. 다음을 더 보라. Gray, *Foundations*, 185~187.

18 Gray, *Foundations*, 201~202. 인도의 야마와 관련된 이 올가미에 대해서는 4장을 보라.

19 부쉬욘스타(*Būšyąstā*)에 대해서는 다음을 보라. Benveniste, *RHR* CXXX, 1945, 14~16.

20 질병의 악마들의 개별 이름은 조로아스터교 문헌에 하나도 남아 있지 않다. 그러나 벵베니스트는 고대 이란어로 산욕열의 악마 *알라(\*Āla)로 보이는 단어를 추적했는데, 이 악마는 산모를 공격하고 그녀의 아기도 먹어 치우려 한다. 그의 다음 글을 보라. "Le dieu Ohrmazd et le démon Albasti", *JA* 1960, 65~74.

21 Oldenberg, *Rel.*, 295. Cf. Gonda, *Rel. Indiens*, 40; E. W. Hopkins, *Ethics of India*, New Haven 1924, 25 ff.; S. Rodhe, *Deliver us from evil*, 135 ff. 이란의 케레사스파가 의도치 않게 범한 불에 대해 죄에 대해서는 이어지는 글을 더 보라.

22　초기의 죄 개념 일반에 대해서는 다음을 보라. R. Otto, *Sünde und Urschuld und andere Aufsätze zur Theologie*, Münich 1932; G. Mensching, *Die Idee der Sünde, Ihre Entwicklung in den Hochreligionen des Orients und Occidents*, Leipzig 1931.

23　분명 후대의 것으로서 흥미로운 고파트샤(Gōpatšāh) 전설이 있다는 점과 비교하라. 그는 "발에서 몸통 가운데까지는 황소이고 그 윗부분은 인간이다." 여기에 관해서는 다음을 보라. Bailey, *BSOS* VI, 1932, 950~953. 해변에서 행해지는 고파트샤(그는 해변에서 신을 숭배한다. ― 옮긴이)의 의례 활동에 관해서는 다음을 보라. Boyce, *JRAS* 1966, 117.

24　*Zādspram* III. 39 (ed. *BTA*, 30, lxxvii); *Mēnōg ī Khrad* LXII.37~39 (ed. West, text 57, transl. 186). 그리고 5장을 보라.

25　*Great Bundahišn* XIII.23 (*BTA*, 123).

26　*Shāhnāma*, Tehran ed. (pub. 1935~1936), I 133~134; transl. Warner, I 241~242. 여기에서 시무르그(Simurg)는 맹금으로 형상화되며, 젖 대신 피로 새끼를 키운다.

27　카라 물고기는 다음에도 언급된다. *Vd.* 19.42

28　*GBd.* XXIVa (*BTA*, 193).

29　*GBd.* XXIVd (*BTA*, 196~197). 니베르그(Nyberg, *Rel.* 285)는 이 전승을 반박하며, 카라(Khara, '당나귀')는 원래 전설적 동물이라기보다 "투란인들의 신"이었다고 주장했다.

30　*GBd.* XXIVb (*BTA*, 193). 니베르그는(Nyberg, ibid.) 다시 한번 바시를 신으로 이해했다. 그리고 우스트(W. Wust, *ARW* XXXVI, 1940, 250 ff)는 이를 통치권의 상징으로 숭배되던, 끝이 뾰족한 날, 즉 단검으로 이해했다.

31　*GBd.* XIII. 36 (*BTA*, 127); XVIII.9 (*BTA*, 159), XXIV.22 (*BTA*, 197). 하다얀스라는 이름에 대해서는 다음을 보라. West, *SBE* V, 69 n. 3; Christensen, *Les types du premier homme . . dans l'histoire légendaire des Iraniens*, Stockholm 1917, I 147.

32　Bartholomae, *Air. Wb.* 458.

33　다음과 비교하라. *GBd.* XXIVg (*BTA*, 199).

34　*GBd.* XXIVh (*BTA*, 199). 페르세폴리스 출토 엘람어 석판에 등장하는 이르다수쉬다(Irdasušda)라는 이름은 아베스타의 아쇼 주쉬타(*ašō. zušta*)의 동격이다. 다음을 보라. Benveniste, *Titres et noms propres*, 84.

35　참고 문헌은 다음을 보라. Bartholomae, *Air. Wb.* 259.

36  *GBd.* XVIIa (*BTA*, 157). 다른 내용으로는 다음을 보라. *GBd.* XVII.n (BTA, 155). 거기에서 카르쉬프타르가 새들의 우두머리로 일컬어진다.

37  *Mēnōg ī Khrad* LXII.40~42 (West, text 57, transl. 186).

38  이 말은 가타(*Y*.28.5)에 한 번 나오는데, 여러 가지로 해석되었다. 어떤 이들에 따르면 예언자는 "떠돌아 다니는 신앙의 적······ 강도 떼"를 경멸하는 말로 썼다고 한다.(다음을 보라. Bartholomae, *Air. Wb.* 538.) 또 어떤 이들은 이를 예언자가 자신의 만트라로써 성스러운 숭배의 장소 파비(*pāvi*)에 다가가지 못하도록 금했던, 즉 상징적으로 선한 모든 존재들에게 다가가지 못하도록 금했던 아흐리만의 피조물들을 칭한다고 보았다.(Humbach, *Die Gāthās* II, 9~10) 베일리(Bailey, *Henning Mem.* Vol.,˜25~28)는 크라프스트라와 관련된 수많은 파홀라비어 구절들을 모은 후, 이 단어가 '물다, 쏘다, 뚫다'를 뜻하는 인도·유럽어 동사 어기 \*스크레프(\**skrep*)에서 왔다는 견해를 피력했다.

39  *Vd.* 5.36; Darmesteter, *ZA* II, 213 n. 15.

40  Darmesteter, ibid., 212 n. 13; *Rivāyats*, ed. Unvala, I 276.16~277.5, transl. Dhabhar, 270. 소중히 여겨지는 '페르시아' 고양이는 무슬림 시대 이란에 속한다. 이 책 3권을 더 보라.

41  아베스타와 후대 문헌의 아즈이 다하카에 관해서는 다음을 보라. Christensen, Démonologie, 20~24.

42  *Yt.* 19.40, Christensen, ibid., 17~18. 그리고 다음과 비교하라. *Dādestān ī dīnīg, Purs.* 71.4 (transl. West, *SBE* XVIII, 217). "독 침(타액)을 가진" 용 아즈이 비샤파(Aži Višāpa)처럼 이 괴물도 아르메니아 전설에서 비샤프들(višaps)로 족적을 남겼다는 주장이 제기되었다. 다음을 보라. Benveniste, "L'origine du *višap* arménien", *Rev. Ét. Arméniennes* VII, 1927, 7~91.

43  Yt. 5.38, 19.41. 다음을 참고하라. Christensen, op. cit., 18~20. 이란의 간다르와는 베다의 간다르바(Gandharva)라는 짝을 가진 듯하다. 간다르바는 허공계에 살며 천상의 소마를 지키는 유익한 존재인데, 후대의 인도 신화에서 그 이름은 천상의 모든 존재를 의미하는 말로 발전하는데, 그는 (뒤메질과 그의 추종자들에게는 미안하지만) 이란의 괴물과는 이름 외에 아무런 공통점이 없는 듯하다. 다음을 보라. Geiger, *Die Aməša spəntas*, 46.

44  *Yt.* 19.43~44. 다음을 보라. Christensen, op. cit., 20.

45  Darmesteter, *ZA* II, 626 n. 58.

**46** 또 다른 지상의 용 집단, 이름하여 비샤파(*višāpa*)에 대해서는 앞의 주석 42번을 보라. 그리고 베다어의 "쉭쉭 소리를 내는 이", 즉 슈스나(*Śuṣna-*)와 관련 있어 보이는 단어가 슈그니(Shughni)어에 살아 있는 것에 대해서는 다음을 보라. Morgenstierne, "An ancient Indo-Iranian word for dragon", *J. M. Unvala Mem. Vol.*, Bombay 1964, 95~98.

**47** 앞의 100쪽을 보라.

**48** 크샤에타란 칭호에 관해서는 2장 주석 311번을 보라.

**49** 야마의 이런 특징에 관한 자세한 설명은 다음을 보라. E. Arbman, *ARW* XXV, 1927, 380~384. 이는 리그베다보다 후대의 베다들이나 브라흐마나에 등장한다.(천국에서 축복받은 신으로서의 온순한 야마 개념에 대해서는 이어지는 글을 보라.) 야마의 더 오래된 개념을 간직하고 있는 것은 더 후대의 문헌들이며, 그 개념은 리그베다의 좀 더 희망적인 신화에도 불구하고 지속되었다(지금도 지속되고 있다.)는 아르브만(Arbman)의 주장(*ARW* XXVI, 1928, 219, 222~224)은 옳은 듯하다.

**50** 다음을 보라. Arbman, *ARW* XXV, 382.

**51** Ibid, 383.(카타카 우파니샤드(Kaṭhaka Upaniṣad)를 인용하며.)

**52** 다음을 보라. P. Thieme, *Studien zur idg. Wortkunde u. Religionsgeschichte*, 47~48, 50. 이 지역은 인간의 영혼뿐 아니라 적절하게 희생당한 동물의 영혼도 받아들인다. 4장을 더 보라.

**53** 이어지는 내용을 더 보라.

**54** 이마와 관련된 주요 아베스타 구절들은 다음과 같다. *Vd.* 2; *Y.* 9.4~5; *Yt.* 5.25~26; 15. 15~16; 17.28~31; 19.36~38. 이마 전설은 롬멜(Lommel)이 그의 저서(Yäšt's, 196~207)의 부록에서 분명하게 논의했다. 거기에서 그는 J. 헤르텔(Hertel)이 만든 베다의 자료들(Himmelstore im Veda und Avesta, 1924, 23 ff.)과의 흥미로운 비교점들을 언급한다. 이른 시기의 논의에 관해서는 다음을 보라. Gray, *Foundations*, 14 n. 1; Geiger, Aməša spəntas, 44~56; Christensen, Le premier homme, II, passim. 최근 이마와 미트라의 관계를 상정하거나 심지어 둘이 같다고 가정하는 저술들(S. 하트만(Hartman), G. 비덴그렌(Widengren), R. C. 제너(zaehner) 등)이 쏟아졌다. 그러나 이런 주장은 전혀 근거가 없는 가설로서, 주로 파홀라비 텍스트와 페르시아어 텍스트에 관한 오해 때문에 발생했다. 제너의 주장에 대한 반론으로는 다음(Duchesne-Guillemin, *IIJ* VII, 1964, 200-202)을

보고, 하트만에 대한 반론으로는 다음(Boyce, *BSOAS* XVII, 1955, 174~176)을 보라. 나아가 이어지는 주석 75번도 보라.

**55**    *Y.* 32.8. 이 절에 관해서는 다음을 참고하라. Bartholomae, *Air. Wb.* 1866~1867; Molé, *Culte*, 221 ff. 하지만 이는 완전히 모호한데, 훔바흐(Humbach, *Die Gâthâs* I, 97, Lentz, *A Locust's Leg, Studies in honour of S. H. Taqizadeh*, 132)는 황소나 희생제를 전혀 언급하지 않는 방식으로 번역한다. 예전에 조로아스터교도들이 피의 희생제를 혐오했다는 생각이 일반적이었을 때, 이마의 죄는 희생제를 준비하거나 실행한 것이라고 생각되었다. 그러나 이제 이런 해석은 더 이상 지지될 수 없다.(동물 희생에 관한 조로아스터교 교리에 관해서는 8장을 보라.)

**56**    특히 다음을 보라. *Pahl. Riv. Dd* XXXI.a.10 (ed. Dhabhar, 101~102). 여기에서 잠은 자신이 하늘과 물과 땅과 식물과 동물 및 인간(성스러운 불이 빠졌다.)이 일곱 피조물 전체를 창조했다고 주장함으로써 거짓말을 한 것으로 나온다. 다음도 참고하라. *Shâhnâma*, Tehran ed., I 26~27, transl. Warner, I 134.

**57**    이에 관해서는 다음을 보라. Lentz, art. cit.

**58**    11장을 보라.

**59**    Herodotus, VII. 114. 이어서 4장을 보라.

**60**    Benveniste, *Titres et noms propres*, 96.

**61**    조로아스터교 판본에서 말하는 이는 자연스레 아후라 마즈다이다.

**62**    *Vd* 2.20~24.

**63**    지하의 바르와 그에 대한 파흘라비어 참고 문헌에 관해서는 다음을 보라. Lommel, *Yäšt's*, 200~201.

**64**    *Vd* 2.25~28.

**65**    Darmesteter, *ZA* II, 27 n. 53; Benveniste, *JA* 1932, 119~121. 바르를 콰레즈미아에서 발굴된 서기전 7세기의 공동 거주지와 비교하려는 시도들이 있었다. 그러나 이 유적의 성격에 대한 의문이 제기되었다. 다음을 보라. Frumkin, *Archaeology in Soviet Central Asia*, 89.

**66**    *Vd.* 2. 26.

**67**    *Vd.* 2. 40.

**68**    *Vd.* 2. 41.(40은 이란에서 일반적으로 모호한 숫자를 나타내기 위해 쓰인다.)

**69**    헤르츠펠트(Herzfeld, *Zoroaster* I, 331~339)는 이를 길가메시 이야기 및 여타 메소포타미아 전설들과 연관 지었는데, 그는 이것이 이미 메디아 시절에 이마

이야기가 메소포타미아의 영향을 받은 결과라고 추정했다.

70 11장을 더 보라.

71 야쉬트(*Y.*30.3)에 나오는 남녀 "쌍둥이" 야 예마(*yā yəmā*)는 사실 이마와 그의 누이를 특정하는 것으로 보아야 한다는 의견이 제시되었다.(Lentz, art. cit., 132~133) 그러나 이 해석은 다소 무리한 것으로 보인다. 이에 대한 반론으로는 다음을 보라. Gershevitch, *JNES* XXIII, 1964, 32~33.

72 Geiger, *Aməša spəntas*, 52. 크리스텐센은 파홀라비어 구문들을 한데 모았다.(Christensen, Le premier homme II, 21 ff)

73 예컨대 다음을 보라. Bergaigne, *La religion védique*, I 88; Oldenberg, *Rel.* 281; Keith, *Rel.* and *phil.* 112~113, 229.

74 아베스타에 한 번 나오는 이 마누쉬.치트라라는 이름에는 형용사 아이리야바 (Airyāva)가 붙어 있다. 바르톨로메(Bartholomae, *Air. Wb.* 1135)는 이를 조로아스터교 신자의 이름으로 해석했지만, 다르메스테터(Darmesteter, *ZA* II, 549 n. 279)와 다른 이들은 이를 고대 전설 속 인물의 이름으로 보았다. 트라에타오나의 프라바쉬(*fravaši*)도 같은 절에서 숭배되고, (비록 다른 이들이 끼어들지만) 이마의 프라바쉬도 선행 절에서 숭배된다. 아이리야바에 관해서는 다음을 보라. Bartholomae, *Air. Wb.* 199; Nyberg, *Rel.*, 257~258, 293; Christensen, *Études sur le zoroastrisme de la Perse antique*, Copenhagen 1923, 23.

75 그들의 이름의 다양한 형태에 관해서는 다음을 보라. Christensen, *Le premier homme*, I, 9~10. 일부 사람들은 파홀라비어 형태 하나(*mhl/mhr*로 표기된 "mahl")를 "미르(Mihr)"와 혼동했고, 이로 인해 거친 억측들이 나왔다(앞의 주석 54번을 보라.) 크리스텐센(Christensen, *Le premier homme* I, 13 ff)은 최초의 인간 쌍과 관련된 거의 모든 문헌을 한데 모았다.

76 *GBd.* XIV. 6~10 (*BTA*, 127~129).

77 *GBd.* XIV. 14~15 (*BTA*, 129~131).

78 *GBd.* XIV. 31 (*BTA*, 133).

79 *GBd.* XIV. 31~5 (*BTA*, 133).

80 *GBd.* XIV. 5~6 (*BTA*, 127~128).

81 5장을 보라.

82 Oldenberg, *Rel.*, 281~282; Hillebrandt, *Ved. Mythologie* II, 309.

83 *Y.* 9.4.

84 Boyce, *Henning Memorial* Vol., 64.

85 그의 이름을 "우르바(URVā)의 왕"으로 해석해야 한다는 의견이 제시되었다. 다음을 보라. Darmesteter, *ZA* II, 586 n. 18; Wikander, *Vayu*, 58; Christensen, *Le premier chapitre du Vd.*, 34. 그러나 그렇다면 그리고 그 "이름"이 옛날부터 그의 것이라도, 이 우르바라는 지명의 위치는 상당히 알아내기 힘들 것이다.

86 Spiegel, *Arische Periode*, 262 ff.; Darmesteter, *ZA* II, 549 n. 275; Geiger, Aməša spəntas, 57 ff.

87 트리타에 관해서는 다음을 보라. K. Rönnow, *Trita Āptya, eine vedische Gottheit*, Uppsala 1927, with full analytical bibliography, v-xx; R. Otto, *Das Gefuhl des Überweltlichen*, Munich 1932, 69 ff.

88 Bartholomae, *Arische Forschungen* I, 8 ff.; IF I, 180; Gershevitch, *Studia.. A. Pagliaro oblata* II, 188~189. 그 이름들의 동일성은 이전에 슈피겔(Spiegel, *Arische Periode*, 270)이 주장했고, 이란어 학자들은 이를 광범위하게 받아들였다.

89 고유 명사 트리타(Thrita/Trita)가 원래 "셋째"를 의미했는지 아니면 단지 "셋째"라는 서수와 음이 같아서 이런 이미로 해석되었는지에 관해서는 많은 논의가 있었다. 다음을 보라. Rönnow, op. cit., xx-xxvii. 조로아스터교 전승에서 다른 트리타의 이름들이 알려져 있다. 즉 사유즈드리(Sāyuždrī)의 아들 트리타(*Yt.* 5.72; 13. 113)가 있고, 비쉬타스파(Vištāspa)의 조상 카비 우산(Kavi Usan) 시절의 전사로서, 우리가 앞서 보았듯이 개 파이리카에게 죽임을 당한 트리타(파흘라비어 Srit)가 있다.(좀 더 완전한 그의 이야기는 다음을 참고하라. Christensen, *Les Kayanides*, 76~78.) 그는 전사 "*비스라프스(*Visraps)의 스리트"와 같은 이로 보이는데, 딘카르드(*Dinkard*, 다음을 참고하라. ed. Sanjana, Vol. XIV, VII.5.2~11, Madan, 646.17 f., West, *SBE* XLVII, 77~80.)에 따르면 그의 프라바쉬는 하늘에서 풀려나 비쉬타스파에에게 갔으며, 그에게 조종수가 필요 없는 놀라운 전차를 선사했다. 카비 우산 시절의 스리트는 일곱째 아들로 알려졌는데, 이것이 사실이라면 그 이름이 원래 "셋째"를 의미했을 가능성은 더 줄어든다.

90 Hillebrandt, *Ved. Mythologie* II, 308. 인간들 사이의 죄의 근원으로서의 트리타(신들은 자신들이 지은 죄를 트리타에게 넘기고, 트리타는 이를 인간에게 전가한다.)에 관해서는 다음을 보라. Rodhe, *Deliver us from evil*, 149~150.

91 이것이 베다 학자들 사이의 통설로 보인다. 뢰노(Rönnow)는 트리타를 물 및 소마와 관련된 신적 존재로 보았고, 맥도넬(Macdonell)은 그를 번개의 신으로,

블룸필드(Bloomfield)는 신의 희생양으로 보았다. 한편 곤다(*Rel.* Indiens I, 58)는 그를 인드라 유형의 신의 하나로서, 더 위대한 신(인드라)에 의해 존재감이 크게 잠식된 이로 보았다. 이런 결론들을 도출하는 과정에서 일반적으로 이란어 자료에는 그다지 관심을 기울이지 않았다.

**92** Hillebrandt, *Ved. Mythologie* II, 310.

**93** 이 설명을 최초로 제시한 이는 가이거이다. Geiger, *Aməša spəntas*, 58~59.

**94** 대분다히슨 XXXV.8(*BTA*, 293~295)에 제시된 트라에타오나의 계보는 웨스트West(*SBE* V, 132 n. 8)가 지적했듯이 대단히 작위적으로 보이며 순전히 적절한 세대 수를 통해 그와 그의 아버지를 조로아스터교의 세계 "역사" 내의 이마와 연결하기 위해 만들어 낸 듯하다.

**95** 370쪽을 보라. 세계의 종말에 관한 스칸디나비아 신화의 교리의 고대성 또한 미심쩍은 채로 남아 있다.

**96** 이렇듯 야쉬트에서(간접적으로 영웅 전승을 전하는 듯한 구절들에서) "아리야" 자신들의 적수 전사들은 신에게 청원하며, 그들의 청원이 물론 거절당하지만 그들은 여전히 아리야 영웅들과 똑같은 유의 경칭을 받는다.

**97** 케레사스파 전설에 관해서는 아베스타와 프홀라비어 및 페르시아어 문헌에 남아 있다. 다음을 참고하라. Darmesteter, *ZA* II, 626 n. 58; Christensen, *Les Kayanides*, 99~104, 129~132, 그리고 *Le premier chapitre du Vendidad*, 31~32. 딘카르드 IX에 나오는 파흘라비 문헌 및 페르시아어 리바야트들에 나오는 문헌은 니베르그가 편집 및 번역하였다. *Oriental Studies in honour of C. E. Pavry*, London 1933, 336~352.

**98** 이 위치 특정이 이 영웅에 관한 니베르그(Nyberg)의 정교한 추론의 주춧돌이다. 그의 다음 책을 보라. *Religion*, index, s.v. Kərəsāspa.

**99** *Wehrot und Arang*, 136~137.

**100** Darmesteter, *ZA* II, 376 n. 49.

**101** *Vd.* 1.9; S. Lévi, JA, 1925, 65~69(다음에서 지지를 받았다. Bailey, *BSOAS* X, 1942, 917 n. 1.)에서 레비는 이 지명을 간다라의 야흐샤(*yahṣa*, 야크샤) 바이크르티카(Vaikṛtika)와 연결시켰다.(니베르그는 바유가 원래 최고신이었다는 자신의 이론에 따라 바에크레타를 \*바유.케레타(\**Vayu.kərəta*), 즉 "바유에 의해 만들어진"에서 파생된 것으로 해석했지만 가능성이 적어 보인다. 그의 다음 저서를 보라. *Religion*, 317.)

102  H. M. Chadwick, *The Heroic Age*, Cambridge 1912, Ch. III.

103  Henning, B*SOAS* XII, 1947, 52~53.

104  Th. Nöldeke, *Das iranische Nationalepos*, 10~11; Christensen, *Les Kayanides*, 136~146.

105  후대의 전승에서 카르샤스프의 연대기적 위치(텍스트마다 다르다.)에 관해서는 다음을 보라. Christensen, op. cit., 104.

106  Nöldeke, loc. cit., Christensen, *Les Kayanides*, 129 ff.

107  파흘라비 문헌 및 후대의 참고 문헌에 관해서는 다음을 보라. Herzfeld, *AMI*, IV, 1931/2, 115 n. 1. 니베르그는 케레샤스파와 세이스탄 사이 고대의 연관 관계를 찾아내려 했지만(비칸데르와 비덴그렌이 뒤를 따랐다.) 그에 관한 전설의 무대를 간다하라의 약사르테스로 특정했다. 다음도 함께 보라. G. Gnoli, *Ricerche storiche sul Sīstān antico*, Rome 1967.

108  Ed. Habib Yaghmai, *Garšāspnāma*, Tehran 1317/1939; transl. H. Massé, *Le livre de Gerchâsp*, Paris 1951. 이 시에서 삼과 나리만은 가르샤스프의 친족으로 나온다.

109  *Y.* 9.10~11; *Yt.* 5.37~39; 13.136; 15.27~28; 19.38~44.

110  바유와 케레샤스파의 이 관계에 관해서는 니베르그와 그의 제자들이 많은 연구를 수행했지만, 그런 관계는 결코 케레샤스파에게만 국한되지 않으며, 더욱이 케레샤스파 자신은 아레드비의 축복까지 바랐다.(오래전에 크리스테센(Christensen, *Le premier chapitre du Vd.*, 30~31)이 니베르그의 이론에 대한 합리적 비판을 통해 지적했듯이.) 비칸데르(Wikander)는 나아가 케레샤스파는 젊은이들로 이루어진 거친 무리의 영웅으로서 성격이 맹렬하고 야수적이며 난잡한 잔치를 벌이는 것이 특징이며, 더 부드러운 트라에타오나에 대항하여 "기(旗)를 든"이라는 이론(*Der arische Männerbund*, Lund, 1938)을 전개했다. 그러나 텍스트 안에는 그러한 구별을 지지할 근거가 전혀 없다. 더욱이 그는 "바유-케레샤스파 집단"과 "미트라-트라에타오나 집단"을 상정한다.(그의 다음 책을 보라. *Vayu*, 177.) 그러나 이는 트라에타오나와 케레샤스파에게서 각각 "새해"의 용을 죽인 두 명의 "새해" 영웅을 발견하고자 했던 뒤메질의 시도(*Le problème des Centaures*, 74 ff. 비칸데르가 다음에서 인용했다. *Vayu*, 164~165.)와 마찬가지로 순전한 허구로 보인다. 이란의 전통에서 용 살해와 새해는 아무 관련이 없다. 이 책 2권과 4권의 부록을 보라.

111  *Yt.* 19.41.

112  *Yt.* 19.42. 아래조.사마나에게 적용된 별칭은 칭찬 일색인데, 영웅을 노래하는
음유 시인들에게서 종종 관찰되는 전통과 일치한다.(앞의 주석 96번을 참고하라.)
하지만 그중 둘에 관해서 게르셰비치(Gershevitch, *AHM*, 219 fn.)는 다른 해석을
내놓았다.

113  *Yt.* 15.28; 19.41. 다음을 참고하라. Darmesteter, *ZA* II, 586 n. 19; Bartholomae,
*Air. Wb.* 1389, s.v. vazaiδyāi.

114  다음을 보라. *Y.* 9.11; *Yt.* 19.40. 잠자는 레비아탄에 관한 선원들의 이야기와의
유사성에 대해서는 다음을 보라. Darmesteter, *ZA* I, 88 n. 38.

115  이것이 그가 불에게 저지른 잘못을 기록한 유일한 자료임에도 유럽의 학자들은
대체로 케레샤스파가 아타르에게 지은 죄(케레샤스파 전설의 두드러진
특징이다.)를 이 특정한 이야기와 연결시키지 않았다. 오히려 그들은 그가
자발적으로 죄를 저지른 알려지지 않은 사건이 있었을 것이라고 가정하는데,
아마도 마르지 않은 나무를 불에 올렸을 것으로 본다.(Benveniste, MO 1932,
201) 하지만 우리가 앞서 보았듯이 다신교도 이란인들은 베다 시절 인도인들처럼
자발적인 죄와 비자발적인 죄를 구분하지 않았다.(앞의 128쪽) 사실 오늘날에도
엄격한 정통 조로아스터교도들은 비자발적으로 불을 오염시키는 것을 속죄가
필요한 행위로 간주한다.

116  참고 문헌은 다음을 보라. Darmesteter, *ZA* II, 626 n. 58.

117  6장을 보라.

118  *Vd.* 1.9.

119  Darmesteter, *ZA* II, 10 n. 23.

120  다음을 보라. Chadwick, *The Heroic Age.*(특히 Ch. VI. and XII); *Growth of
Literature* III, 754 ff.

121  이러한 공통점에 대해서는 다음을 보라. Christensen, *Les Kayanides*, 103~104;
Wikander, *Vayu*, 163~178.

122  심지어 사산 왕조 창시자의 대체로 허구적인 행동을 묘사하는 파흘라비 소설에도
용이 등장한다. 다음을 보라. *Kārnāmag i Ardašir i Pāpakān*, ed. D. P. Sanjana, Ch.
VI ff . 이란 전설에서 용을 죽이는 모티프 및 일반 사항에 관해서는 다음을 보라.
Benveniste-Renou, *Vṛtra et Vṛθragna*, 184 ff.

123  *Yt.* 5.21~22; 9.3~4; 15.7~8; 17.24~25.

124  다음을 보라. *Dīnkard* VIII. 13.5 (12.5) (ed. Sanjana, Vol XV), Darmesteter, *ZA*

II, 37, n. 26.

125 *Shāhnāma*, Tehran ed., I 17~20; transl. Warner, I 122~124.

126 *Yt.* 15. 11~12; 19.28~29.

127 *Shāhnāma*, Tehran ed., I 20~22; transl. Warner, I 126~128.

128 이 민족들에 관해서는 예컨대 다음을 보라. Christensen, *Études sur la religion de la Perse antique*, 15~17; Nyberg, Rel, 249 ff.; Frye, *Heritage*, 40 ff.

129 다음을 보라. Christensen, op. cit., 24~25.

130 다음에서 자세히 다뤄졌다. Christensen in *Les Kayanides*.

131 *Yt.* 5.45, 49~50; 9.21; 14.39.

132 다음을 보라. Chadwick, *The Heroic Age*, Ch. XVII. 그러나 파흘라비 텍스트 하나에서 케레샤스파와 하오스라바가 세상 최후의 날 인간을 돕고자 돌아와 선한 종교(Good Religion)를 받아들일 것이라고 한다.

133 *Y.* 11. 7; *Yt.* 5.41~42; 9.18, 22; 19.56~64, 77, 82, 93.

134 파흘라비어 자료 및 후대 자료에 관해서는 다음을 보라. Darmesteter, *ZA* I, in n. 19; II, 636 n. 114; Christensen, *Les Kayanides*, 61~69, 109~117.

135 이 자세한 이야기는 후대의 전승에만 알려져 있지만, 시야바르샨이 프랑라시얀의 속임수에 걸려 죽음을 맞았다는 아베스타의 진술과 맞아떨어진다.(*Yt.* 9.18, 21; 19.77)

136 *Yt.* 19.57, 58. 프랑라시얀은 카비 우산과 "어마어마한 힘을 가진(*aš.varəčtah*)"이라는 별칭을 공유한다.(*Yt.* 5.45)

137 *Y.* 11.7. 그리고 후대 전승의 여러 부분.

138 특히 다음을 보라. *Yt.* 19.58.

139 *Dk.* III. no. 13.(다음에 인용되었다. Casartelli, Philosophy, 135 n. 6.)

140 예컨대 다음을 보라. Chadwick, The Heroic Age, 330, 350~351.

141 이 자그마한 근거에 따라 니베르그(Nyberg)는 엄청난 이론 체계를 구축했고 비칸데르(Wikander)가 이에 살을 보탰다. 가타에 나오는 이 프리야나와 요이쉬타 프리야나(이어지는 내용을 보라.)는 이 계통에서 아베스타에 등장하는 둘뿐인 사람이며(파흘라비 문헌에 세 번째 프리야나가 나온다. 역시 이어지는 내용을 보라.), 그들에 관해 알려진 것은 거의 없다. 그러나 니베르그는 멋대로 조로아스터가 언급한 인물들을 그들의 가문이나 씨족에 배속시켜(*Rel.*, 248 ff.) 프리야나들을 예언자가 자신의 "종교 정치(Religionspolitik)"를 실현한 공동체로

간주한다.(Ibid., p. 263) 그는 이 씨족의 거주지를 약사르테스로 비정하고(p. 252), 아베드비를 그들의 특별한 신이라 칭하며(p. 261) 케레샤스파를 그들의 위대한 영웅으로 보고(pp. 300, 307), 그들이 예전에 바유를 최고신으로 채택한 것으로 생각한다(p. 300). 그리고 비칸데르(Vayu, 여러 부분)에 따르면 야쉬트 15에서 "프리야나" 종교는 물론 "프리야나" 방언의 흔적도 발견될 수 있다고 한다. 이 모든 것은 공상의 영역에 속한다.

142   M. 하우그(Haug)와 E. W. 웨스트(West)가 다음 책에 출판한 부록 1. *the Book of Arda Viraf*(Bombay and London, 1872, 205~266). 광범위하게 보급된 수수께끼 문학 일반에 관해서는 다음을 보라. Chadwick, *Growth of Literature* III, 834 ff.

143   다음을 보라. *Dādēssān i dinīg, Purs.* 89.3, West, *SBE* XVIII, 256 n. 3.


## 4장

1   이 부분에서 올덴베르크가 도달한 결론들의 많은 부분이 아르브만에 의해 채택되어 발전되었으며, 아르브만은 여기에 귀중한 자료들을 추가했다. E. Arbman, "Tod und Unsterblichkeit im vedischen Glauben", I, *ARW* XXV, 1927, 339~387, II, XXVI, 1928, 187~240. 더 많은 참고 문헌 목록을 위해서는 해당 항목을 참고하라.

2   예컨대 다음을 보라. Herodotus 1. 140; III.62; IV.71; VII.117; Arrian, *Anabasis* VI. 29.5. 테르모필레 전투 이후 크세르크세스가 실제 전사자 수를 숨기기 위해 자기 군대 희생자들 거의 1000명을 구덩이에 묻었다는 헤로도토스의 설명(VIII.24)은 물론 일반적인 의의가 없다. 18세기 아프간 침입자들이 케르만의 주민들을 학살한 후, 그곳에 살던 조로아스터교도들은 그 시체 수에 따라 사자를 매장하도록 강요받았는데, 이 닫힌 지상의 봉분 "다크마"가 여전히 보인다. 크레노폰이 소(少)키루스(Cyrus the Younger)를 묘사한 단어들(*Cyropaedia* VIII. 7.25)에 대해서 일반적으로 의구심이 이는 것이 당연한데, 그는 소키루스가 내세 영혼의 존재에 대해 불가지론적 입장을 가졌으며, 자신의 몸은 "인간의 후원자"인 땅으로 돌아가 그 일부가 될 수 있게 하라고 요구했다고 묘사한다. 박트리아 주민들이 알렉산드로스 시절까지 임종에 처한 이를 그저 거리의 개들(들개)에게 던져 처리했다는 오네시크리투스의 유언비어(스트라보가 기록했다. Strabo, XI. 11.3)에

대해서는 다음을 보라. Henning, Zoroaster, 20~22; W. W. Tarn, *The Greeks in Bactria and India*, Cambridge 1938, 115~116. 알려진 고대 페르시아의 장례 관습 일반에 대해서는 다음을 보라. A. Rapp, *ZDMG* XIX, 1865, 13; XX, 53~56; K. A. Inostrantzev, "On the Ancient Iranian burial customs ...", transl. by L. Bogdanov, JCOI 3, 1923, 1~28; L. H. Gray *ERE* IV 505.

3    Hoffmann, *KZ* LXXIX, 1965, 238.

4    이 구절에 관해서는 다음을 보라. Moulton, *EZ*, 57. 희생을 바치는 이 자신의 생명을 연장하기 위해 죽음의 신에게 희생을 바치는 행위는 다른 지역에서도 잘 알려져 있다. 예를 들어 윙글링가 사가(*Ynglinga Saga*, 29)에 나오는 이야기에 따르면 스웨덴의 왕 아운(Aun)은 10년마다 자신의 아들 중 한 명을 오딘에게 바쳐 아흔 살을 추가로 살았다.(Chadwick, *Cult of Othin*, 4)

5    다음을 보라. Thieme, *Studien zur idg. Wortkunde*, 57; Keith, *Rel. and phil.* II, 421~422. 죽은 이들이 매장지 자체든 어떤 다른 지하 세계든 지하에 산다는 개념에 관한 베다의 여러 다른 흔적들에 대해서는 다음을 보라. Keith, ibid., 410~415.

6    Oldenberg, *Rel.*, 546~547; Arbman, art. cit. I, 359~373: H, 187~194; Keith, op. cit., 411.

7    Oldenberg, *Rel.*, 549: Arbman, art. cit. I, 339, 349. 비슷한 전개 과정이 예컨대 고대 스칸디나비아에서도 일어난 듯하다. '발홀Valholl(전사자의 거주지. 오딘이 거기에서 전사자를 맞는데, 전사자는 지극한 기쁨을 누린다고 한다. — 옮긴이)에서의 내세'라는 개념이 '무덤에서 영혼이 보내는 내세'라는 개념을 대체할 때, 화장이 기존의 오랜 구덩이 매장 관습을 대체했다. 다음을 보라. Chadwick, *Cult of Othin*, 57~61.

8    Oldenberg, *Rel.*, 535~536; Keith, *Rel. and phil.* II, 407; Arbman, art. cit. I, 339~340.

9    Oldenberg, *Rel.*, 529~530; Keith, *Rel. and phil.* II, 405~406; Arbman, art. cit. I, 339~340; Gonda, *Rel.* Indiens I, 138.

10   P. Singh, *Burial Practices in Ancient India*, *Indian Civilisation Series*, XVII, Varanasi 1970, 131 ff.

11   헤로도토스(III. 16)에 따르면 캄비세스는 방부 처리된 이집트 왕 아마시스의 시신을 태워서 모독했다고 한다. 그는 이렇게 평가한다. "이는 실로 불경스러운

명령이었는데······ 왜냐하면 페르시아인들은 불을 신이라 믿으므로, ······인간의 시체로 신을 더럽히는 것은 잘못되었다고 말한다." 역사 시대 란 본토에서 행한 화장의 유일한 다른 예는, 4세기 훈(키오니테(Chionite)) 군주의 경우이다. 그의 몸은 불타고 뼈는 수습되어 매장되기 위해 본국으로 보내졌다고 한다.(Ammianus Marcellinus, XIX.2.1) 소비에트 학자 A. M. 만델시탐(Mandelshtam)은 타지키스탄의 툴하르 및 여타 유적지에서 화장 유해를 발굴했는데, 그는 이를 당시 새로운 유목민, 아마도 훈의 유입과 연결시키고자 했다. 다음을 보라. Frumkin, Soviet Archaeology in Central Asia, 70.

12  빈덴그렌(*Rel.* Irans, 134)은, 프렉사스페스가 자신이 형제 스메르디스를 죽였음을 자인하면서 한 말(Herodotus, III. 62)에 따라 아케메네스조 초기에는 육체의 부활을 믿지 않았다고 주장한다. "내 손으로 그를 묻었습니다. 실로 죽은 이가 무덤을 떠날 수 있다면, 메디아인 아스티야게스가 일어나 당신과 싸울 것입니다. 그러나 자연의 길이 예전과 같다면, 이곳에서는 당신에게 나쁜 일이 결단코 일어나지 않을 것입니다." 그러나 이는 (스메르디스의) 명백한 죽음에 대한 맹세에 불과한 것으로 여겨져야 한다. 이 세상에서 시체들은 다시 일어나지 않는다, 이것이 프렉사스페스와 그에게 질문한 이의 당장의 관심사 전부였다.

13  *Hadhōkht Nask* II. 38; Haug and West, *The Book of Arda Viraf*, appendix II, 292/314.

14  Oldenberg, Rel, 534. 키루스의 무덤에서 매달 행하는 말 희생제에 관해서는 이어지는 내용을 보라.

15  Arbman, art. cit. II, 231~232.

16  페르시아인들이 시신에 밀납을 바른 후 매장했다는 헤로도토스의 설명(I. 140)은 이 귀족들의 관습을 가리키는 듯한데, 왜냐하면 전 사회에 이런 정교한 처리 과정이 일반적이었거나 보통 매장에 이런 처리법을 적용했을 것 같지는 않기 때문이다.

17  참고 문헌들에 대해서는 앞의 주석 2번을 보라. 스키타이 무덤들에 관해서는 다음을 보라. E. H. Minns, *Scythians and Greeks*, Cambridge 1913, 87~88; M. Rostovtzeff, *Iranians and Greeks in South Russia*, Oxford 1922, 44 ff.; 그리고 일리에 있는 서기전 7세기에서 4세기 사이 사카 군주들의 봉분에 대해 참고 문헌과 함께 다음을 보라. K. Jettmar, *East and West*, n.s. XVII, 1967, 64~65.(그는 정교한 무덤의 구조에 대해 상세한 설명을 제공한다.).

18  VII. 114.

19  우리는 고대 스칸디나비아인들이 인정한 것으로 보이는 차이를 비교할 수 있다. "오딘은 전투에서 사망한 귀족들을 가지지만, 토르는 농노 무리를 가진다." 다음을 보라. Chadwick, *Cult of Othin*, 27.

20  Jettmar, loc. cit.

21  예컨대 만델시탐이 툴하르(서기전 14~13세기 유적)에서 한 작업에 대한 참고 문헌(발언)과 함께 다음을 보라. Frumkin, *Archaeology in Soviet Central Asia*, 68~69.

22  B. A. Litvinskij, *East and West* XVIII, 1968, 131~132.

23  Ghirshman, *Fouilles de Sialkh près de Kashan*, Paris, 1938~1939; 그리고 그의 다음 저서에 간명하게 나와 있는 것을 참고하라. *Iran*, London, 1954, 77~83.

24  아케메네스조 시절부터(예컨대 칼랄리-기르에서) 계속 이 의식은 중앙아시아에서 충분히 증명된다. 참고 문헌과 함께 다음을 보라. Frumkin, *Archaeology in Soviet Central Asia*, 22, 92 (Kalaly-Gyr) 96, 99~103, 113, 125, 151. 아주 이른 시기부터 "살을 제거한 후" 돌무덤이나 돌담 안에 매장하는 방식의 묘들이 발루치스탄에서 아우렐 스타인(Aurel Stein)에 의해 발굴되었다. 다음에 나오는 그의 설명을 보라. *Memoirs of the Archaeological Survey of India* 43, Calcutta 1931, 77~82. 20세기까지 아프가니스탄의 이란인 카피르들(Kafirs, 무슬림이 비무슬림을 가리키는 용어, 즉 이교도. — 옮긴이)은 시신을 나무 관에 넣어 산 꼭대기에 놓아둔다.(다음을 참고하라. Lassen, I*ndische Alterthumskunde* I, 2nd ed., Leipzig 1867, 520; cited by Söderblom, *ERE* IV, 504.) 그러나 이는 조로아스터교식 의례의 지역적 변형으로 보인다. 노출장은 유목민 특유의 장례법으로서, 중앙아시아와 동북아시아의 투르크인 그리고 몽골인과 티베트인 사이에서 유사한 예가 밝혀졌다는 주장이 제기되었다.(참고 문헌 목록과 함께 다음을 참고하라. Inostrantzev, *JCOI* 3, 1923, 9~11.) 그러나 이들의 장례법 중 어느 것도 조로아스터교 이전의 것이 아니며, 유목 스키타이인들은 그런 장례법을 실행하지 않은 것으로 보인다.(박트리아의 관습에 관한 그리스의 기록은 앞의 주석 9번을 보라. 마사게타에인들의 것으로 분류된 장례법 또한 성격이 특수할 뿐 아니라 조로아스터교 이후의 것이다.)

25  K. Jetmar; Y. A. Rapoport, East and West XVII, 1967, 62.

26  *Vd.* 5.13, 7.45 그리고 *Vd.* 3.9에 대한 파흘라비어 주해(Darmesteter, *ZA* II, 36

n. 15)를 보라. 거기에서는 사람이 "태양의 바라봄을 얻지 못하고, 땅에 묻혀야
하다니……. 왜냐하면 태양의 시선 아래 있던 이것(영혼?)은 더 큰 희망이 있기
때문에(*azēr zamin, nē khwarkhšēd nigīrišn ... čē in i pad khwarkšēd nigiršn be
būd, ēmēdwartar)*"라는 한탄이 들어 있다. 다음에서는 시신을 파내는 목적은
태양에 노출시키는 것이라고 가정한다. *Phal. Riv. of Ādurfarbag*, CXVIII (*BTA*,
Bombay 1969, text, I 65/137, tranl. II 107). 이런 노출에 대한 순수하게 실용적인
설명은 다음을 보라. *Dādestān ī dinīg, Purs.* XVI.11 (ed. Dhabhar, 37, transl.
West, *SBE* XVIII, 40). 벤디다드에 나오는 매장에 관한 언급에 관해서는 다음을
보라. Humbach, "Bestattungsformen im Vidēvdāt *KZ* LXXII, 1958, 99~105;
A. Kammenhuber, "Totenvorschriften ... im Vidēvdāt", *ZDMG* CVIII, 1958,
304~307; 그리고 이 책 12장의 부록.

27  이 찬가에 관해서는 다음을 참고하라. W. Caland, *Die altindischen Todten- und
    Bestattungsgebräuche*, Amsterdam 1896, 164; Geldner, *Der Rigveda übersetzt*, II,
    152. 리그베다 시절 매장에 대한 그저 미미하고 고고학적인 증거(정황적이라기보다
    연역적이다.)에 대해서는 다음을 보라. S. Piggott, *Prehistoric India*, 286~287.

28  다신교도 스칸디나비아인들 사이에서 화장은 일단 도입이 되었으나 일반적으로
    채택되거나 유지되지 않았다. 예컨대 어떤 덴마크의 왕들은 구덩이 매장법으로
    돌아갔는데, 죽은 후 그의 백성들과 함께하기 위함으로 보인다. 다음을 보라.
    Chadwick, *Cult of Othin*, 57~61.

29  Oldenberg, *Rel.*, 536.

30  이 논의에 관한 서지 목록은 다음을 보라. Arbman, art. cit., I, 342~345.

31  그의 다음 책을 보라. *Rel.*, 537~540. 그리고 다음과 비교하라. Keith, *Rel. and phil.*
    II, 409~410.

32  *Die Inder*, 541.

33  Art. cit. I, 377~379.

34  특히 남자 혹은 여자가 내세의 구원을 희구하는 게티-카리드(*gēti-kharīd*), 즉
    "세상 구매" 의식. 다음을 보라. *GBd.* XXXIV26 (transl. *BTA*, 291); *Saddar Bd.*
    XLII.4, 10~11 (ed. Dhabhar, 112, 113, Rivayats, 534); Modi, *CC*, 406~407.
    죽음으로부터의 구원에 관한 베다의 개념들에 대해서는 다음을 보라. Rodhe,
    *Deliver us from evil*, 85 ff.

35  다음을 보라. Arbman, art. cit., I, 378, 384. 그러나 "불멸(immortality)'의 개념은

복잡하다. 왜냐하면 아므르타트바(*amṛtatva*)가 종종 이렇게 해석되지만, 글자 그대로의 의미는 "죽어 가고 있지 않은"이며, 지상에서의 장수나 바로 이곳에서 후손을 통한 삶의 지속을 가리키기도 하기 때문이다. 다음을 참고하라. Rodhe, op. cit., 81 ff.

36 다음과 비교하라. *Y.* 35.3; 40.2; 41.2, 6.(모든 구문들이 두 세계, 즉 현생과 위쪽 낙원에 관련된 것이다.)

37 Arbman, art. cit. II, 233.

38 하데스(죽은 이들이 사는 나라. — 옮긴이) 내에 있는 징벌 장소들에 대한 후대 그리스의 개념들과 비교하라.

39 Arbman, II, 235; Thieme, *Studien zur idg. Worthunde*, 53.

40 야마의 사냥개에 대해서는 다음을 참고하라. Oldenberg, *Rel.*, 538; Keith, *Rel. and phil.* II, 406~407; Arbman, art. cit. II, 217~219. 이들은 리그베다에만 알려져 있다. 죽음의 개들에 대한 좀 더 일반적인 내용은 다음을 보라. B. Schlerath, "Der Hund bei den Indogermanen", *Paideuma* VI, 1954, 25~40.

41 Arbman, art. cit. II, 224 n. 1.

42 Ibid., II, 223.

43 앞의 135쪽을 보라.

44 Vd. 13.9, 19.30.

45 이 관점은 니베르그(Nyberg, *Rel.*, 185)가 만들었다.

46 혹은 원래 페레투는 지하수 위로 드리운 다리였을 수 있다. 죽은 자들의 집으로 연결되는 다리에 관한 북유럽 신화와 비교하라. Chadwick apud Moulton, *EZ*, 165. 유사한 경우를 더 살피려면 다음을 보라. Söderblom, *RHR* XXXIX, 412 n 6; Modi *CC* 79 n. 2.

47 Xerxes, "The daiva inscription", 50~56 (Kent, *Old Persian*, 1950, 151~152). 이 구절에 대해서는 다음을 참고하라. Barley, *Zor. Problems* 87 n. 4; Kuiper, *IIJ* IV, 1960, 185~186; Gershevitch, *JNES* XXIII, 1964, 19. 고 페르시아어 아르타(*arta*~) 아베스타어 아샤(*aša*) 에 대해서는 2장 주석 29번을 보라.

48 티메(Thieme)는 M. 마이어호퍼*Mayrhofer)의 언급(M. Mayrhofer, *Studien zur indogerm. Grundsprache, Arbeiten aus dem Institut für allg. und vergl. Sprachwissenschaft*, Graz, 4, Vienna 1952, 53)을 감안하여 우르반을 우르바라(*urvarā*), 즉 "식물"과 연결시켰던 자신의 추정을 포기했다.(티메 교수

자신이 친절하게도 말해 주었다.)

49  Arbman, art. cit., I, 378.

50  수많은 해석 중 몇몇에 대한 요약 및 참고 문헌은 다음을 보라. Moulton, EZ, 271
    n. 1; Gray, *Foundations*, 77~79; G. Gropp, *Wiederholungsformen im Jung-Awesta*,
    Hamburg 1966, 37. 프라바쉬들에 관한 서지 목록 일반에 관해서는 다음을 보라.
    Moulton, *EZ*, 256 n. 1.

51  다음에 나오는 *Yt.* 13에 대한 그의 서론을 보라. *Die Yāšt's*, 104 ff. 이와 유사한
    것으로 다음을 보라. Corbin, *Eranos-Jahrbuch* XX, 1951, 169.

52  "Les Fravashis", I, *RHR* XXXIX, 1899, 229~260; II, ibid., 373~418.

53  *EZ*, 270.

54  *Zor. Problems*, 109.

55  Söderblom, art. cit., 394.

56  프라바르딘(*fravardin*)은 고 페르시아어 *프라바르티(*fravarti*, 아베스타어
    프라바쉬)의 중세 페르시아어(파흘라비어)의 복수형인데, 더 후대의 용법에 따르면
    파르바르딘(*Farvardīn*)으로 발음된다.

57  예컨대 다음을 보라. *Y.* 26.7.

58  *Y.* 13.7; *Yt.* 13.86; 다음과 비교하라. Sirōza 2.12; 그리고 다음을 보라. Söderblom,
    art. cit., 397. *Yt.* 13.74에서 다섯 범주의 영혼들(*urunō*)을 숭배하고 나서 그들의
    프라바쉬들을 숭배한다.(숭배하는 것으로 보인다.)

59  Keith, *Rel. and phil.* II, 408.

60  Oldenberg, *Rel.* 535~536; Boyce, *BSOAS* XXXI, 1968, 285~286. 키스(Keith, loc.
    cit)가 언급한 불교도들의 유사한 관례와 비교하라.

61  6장을 더 보라.

62  Keith, *Rel. and phil.* II, 412~413; Gonda, *Rel.* Indiens I, 135.

63  Modi *CC*, 334~335; Boyce, art. cit., 272; 그리고 12장의 부록.

64  A. Kaegi, "Die Neun Zahl bei den Ostariern", *Philologische Abhandlungen
    Heinrich Schweiger-Sidler zur Feier*, Zürich 1891, 50~70.(이 책을 알려 준 R. E.
    에머릭(Emmerick) 교수의 친절한 조언에 감사드린다.)

65  Ibid., 50.

66  이 기간 동안 영혼의 소재지에 관해서는, 그곳이 죽은 장소인지, 다크마인지,
    성스러운 불이 있는 가장 가까운 곳인지 조로아스터교 단체들마다 다른 곳을

가리킨다. 조로아스터교 제의에 관해서는 다음을 보라. Kaegi, art. cit., 57 ff.;
Modi, *CC*, 72~82, 402~404; A. V. W. Jackson, *Persia past and present*, 387~396;
Söderblom, *ERE* IV, 502~504. 인도의 것에 대해서는 다음을 보라. Kaegi, ibid.,
51~57; W. Caland, *Altindischer Ahnencult*, Leiden 1893.

**67** 그럼에도 이 그리스 역사가는 아케메네스조 페르시아인과 여타 이란인들의 거친
슬픔의 표현에 대해 가끔 묘사했다. 예컨대 다음을 보라. Herodotus IX. 24.

**68** Modi, *CC*, 81; Jackson, op. cit., 395 with n. 1.

**69** 오늘날 파르시들은 옛날식의 조흐르(zōhr) 대신 넷째 날 백단(白檀)을 성스러운
불에 바치는데, 이 풍속은 이란의 조로아스터교도들도 따라 한다. 이에 관해서는
6장을 더 보라.

**70** *Anabasis* VI. 29. 7.

**71** 프라바흐르(후대에는 프로흐르(*frōhr*), 프로하르(*frōhar*)로 축약)는 아베스타어
프라바쉬, 고 페르시아어 \*프라바르티(\**fravarti*)의 중세 이란어 형태이다.
아르다이 프라바쉬는 서방 학자들에 의해 가끔씩 야자드로 취급되었는데,
게우쉬 우르반이 의례에 따라 살해된 모든 동물들의 영혼을 대표하듯, 모든
의로운 사자들의 영혼을 대표하는 신적 존재로 간주되었다.(예컨대 다음을 보라.
J. and Th. Baunack, *Studien auf dem Gebiete der griechischen und der arischen
Sprachen*, Leipzig 1888, 1/2, 437; Gray, *Foundations*, 137.) 그러나 조로아스터교
기도문이 보여 주는 바에 따르면 이는 오해이다. 모든 종교적 예배에는 도입부,
즉 디바체(dibāče)가 있는데, 중세 페르시아어로 지어진 이 도입부에는 의식이
거행되는 동안 읊어지는 아베스타어 헌사 전에 읊는 중세 페르시아어 헌사가
포함되어 있다. 그리고 아베스타어로 이 숭배 행위는 "공정한 프라바쉬들의"
것이라고 선언될 때마다 이것은 중세 페르시아어로 아르다이 프라바쉬에게
바치는 것이다. 더욱이 아베스타어 예배구에 'vispaešąm ašaonąm fravašinąm'이
포함될 때마다 이에 해당하는 중세 페르시아어 구문은 'vispaēša ardāy fravaš',
즉 "모든 의로운 프라바쉬의"이다. 파르바르딘 로즈(Farvardin Rōz), 즉 모든
프라바쉬들에게 바쳐진 날 예배에서 행해지는 중세 페르시아어 헌사도 마찬가지로
아르다이 프라바쉬에게 바치는 것이다. 야스나의 중세 페르시아어 번역문에서
'ašaonąm fravašayo'라는 구절도 마찬가지로 아르다이 프라바르드로 새겨진다.
자드스프람(*Zādspram* X.3 (ed. *BTA*, 61~62/lxxxvii, transl. West, *SBE* XLVII,
145, as XVI. 3))에 따르면 여성 신들인 스펜드아르마드(Spendārmad,(즉 스펜타

아르마이티)와 아르드비수르가 아기 조로아스터를 보호하기 위해 아드다이 프라바르드, 즉 올바른 이들의 프라바쉬들과 함께 지상으로 파견된다. 따라서 인용한 텍스트에 나오는 이 셋의 이름이 "세 명의 영들"을 의미한다고 한 웨스트의 논평(West's comment, loc. cit. n. 2.)은 약간 잘못된 것이다.

72   이 단어를 분석하려는 기존의 시도들은 하나같이 일반적으로 승인되지 못했다. 다음을 참고하라. Bartholomae, *Air. Wb.* 1776. 이를 아베스타어 스파다(*spādha*), 즉 군대와 연결시키려는 헤르츠펠트(Herzfeld)의 시도 또한 설득력이 부족하다.

73   다른 문화권에서의 몇몇 유사 사례에 대해서는 다음을 보라. Moulton, EZ, 263.

74   Boyce, "On the calendar of Zoroastrian feasts", *BSOAS* XXXIII, 1970, 513 ff., 그리고 특히 519~522쪽.

75   이 행들에 관해서는 다음을 보라. Ibid., 521~522.

76   *Saddar Bundahišn* LII, ed. Dhabhar, 125, transl. Dhabhar, *Rivāyats*, 542~543. 파르시들이 거행하는 축제에 관해서는 다음을 보라. Modi, *CC*, 437~450.

77   *The Chronology of Ancient Nations*, ed. Sachau, 224.

78   *Nīrangestān*, ed. D. P. Sanjana, fol. 53 V 1 f., transl. S. J. Bulsara, *Aērpatastān and Nirangastān*, 115 with n. 3.

79   롬멜(Lommel, *Die Yäšt's*, 108)은 불 위에 놓는 향이 나는 물질의 사용을 통해 구마 의식의 요소로 간주할 수 있는 것을 보았지만(비루니(Bīrūnī)가 보고한 바처럼), 사실 신적 존재와 영혼을 기쁘게 하기 위해 향을 피우는 것은 모든 조로아스터교 의례에서 일반적인 관례였다. 예컨대 다음을 보라. Moulton, *EZ*, 285; Modi, *CC*, 301~302.

80   Boyce, art. cit., 519. 이 관습은 오늘날에는 촌락에서만 유지되고 있다.

81   다음을 보라. *Y.* 1.6 et passim.

82   조로아스터교의 스물네 시간 분할에 관해서는 10장을 보라.

83   Keith, *Rel. and phil.* II, 425. 샤타파타 브라흐마나 (*Śatapatha Brāhmaṇa*, II.1.3.1 ff)에 따르면 "남쪽에 살고 있는 아버지들은 악을 떨쳐내지 못했다(*anapahata-pāpman*)고 전한다. 낮은 신들에게 속하는 반면 밤은 그들의 것이다."(Rodhe, *Deliver us from evil*, 51)

84   *Šāyest nē-šāyest*, IX. 13 (ed. Tavadia, 123).

85   Keith, *Rel. and phil.* II, 412; Arbman, art. cit. I, 371.

86   20세기 나브사리에서의 관례를 묘사한 다음을 참고하라. Dara S. Meherji Rana,

*Nodh ane Nuktačīnī*, Bombay 1939, 73.(이 참고 문헌을 조언해 준 피로제 M. 코트왈(Firoze M. Kotwal) 박사에게 감사드린다.) 문제의 마지막 행사는 성대한 스툼(*stūm*)인데 로즈 코르다드와 마 파르바르딘의 날 정오에 거행된다. 그리고 참석한 이들이 해당 가족을 위해 그 소원을 빈다.

87    Boyce, *BSOAS* XXXI, 271 n. 4.

88    이 숭배 의식에 아레드비 수라 아나히타 찬가(Yt. 5)로부터 그토록 많은 절을 빌려 와 (의식에 쓰이는) 야쉬트 13의 시작 부분 일부를 구성하는 이유는 분명 프라바쉬들과 생명을 주는 물의 이런 연관성 때문으로 보인다.

89    롬멜은 원래 프라바쉬들 개념이 조로아스터의 것이었다면서, 그렇게 원초적인 것으로 보이는 구문들은 후대에 부연한 것이라고 설명했다.(*Die Yäšt's*, 108)

90    *GBd.* VI a.3 (transl. *BTA*, 70).

91    다음을 보라. Keith, *Rel. and phil.* II, 425; Oldenberg, *Rel.*, 548. 그러나 인도에서 이 제의들은 희생제를 올리는 대상이 아버지들인가 신들인가에 따라 섬세하게 구분되었다. 다음을 보라. Hillebrandt, *Rituallitteratur*, 114 f.

92    더 자세한 내용은 5장을 보라.

93    A. V. W. Jackson apud Moulton, *EZ*, 272.

94    실제로 일부 학자들은 이 교리가 더욱 늦은 시기 조로아스터교 내부에서 발전했다고 주장한다. 다음을 보라. Söderblom, *RHR* XXXIX, 405.

95    *Die Yäšt's*, 110. 또한 다음을 보라. Corbin, *Eranos Jahrbuch* XX, 1951, 170~171; XXII, 1953, 105.

96    *Die Yäšt's*, 110. 1.

97    메노그 이 크라드(*Mēnōg i Khrad*, 6세기에 편찬된 것으로 보이는 문헌) XLIX.22에는 이름 없는 무수한 별들이 옛 존재들의 프라바쉬들을 표상한다는 흥미로운 언급이 나오지만, 이는 동떨어진 생각으로서 일반적 교리와는 어울리지 않는 듯하다.

98    Art. cit., 413~415.


## 5장

1    우주 구조론에 대한 인도인의 관념에 대해 다음에 자세히 기술되어 있다. W.

Kirfel, *Die Kosmographie der Inder nach den Quellen dargestellt*, Bonn und Leipzig, 1920.

2 이 작품의 텍스트는 T. D. 안클레사리아가 편집하고(T. D. Anklesaria, *The Bundahishn*, Bombay 1908) B. T. 안클레사리아가 전사하고 번역했다.(B. T. Anklesaria, *zand-Ākāsīh, Iranian or Greater Bundahišn*, Bombay 1956) 여기에서 참고 문헌은 이 번역본의 장, 절, 쪽에 따라 주어진다.(TDA 판본의 쪽수와 함께.) 좀 더 나은 필기본의 복사판이 1971년 테헤란에서 출간되었다.(*The Bondahesh, being a facsimile edition of the manuscript TDI, Iranian Culture Foundation* No 88) "인도 분다히슨"은 똑같은 작품의 더 짧은 판본으로서 다른 필기본에서 도출되었다. 그 텍스트는 독일어 번역과 함께 F. 주스티(Justi)에 의해 출간되었고(*Der Bundehesh*, Leipzig 1868), 웨스트는 귀중한 주석과 함께 영어 번역본(W. West, *SBE* V, 1901)을 냈다. 다음부터 인용되는 많은 구절들은 니베르그가 전사하고 번역한 책(Nyberg, "*Questions de cosmogonie et de cosmologie mazdéennes*", *JA* 1929, 193~310)과 제너(zaehner)의 책(*Zurvan*)에서 가져온 것이다. 다음에는 창조 이야기의 요약 설명이 들어 있다. *Pahl. Riv. Dd* XLV(ed. Dhabhar, 127~137, transl. H. K. Mirza, London.

3 이 구절에 관해서는 다음을 보라. Henning, *JRAS* 1942, 231 n. 8. 그는 "*gōwēd*(그분이 말씀하신)"가 암시하는 "그"를 오흐르마즈드 자신으로 이해했다. 그러나 창조자에 속하는 말과 행동을 소개하는 구절들은 너무나 자주 삼인칭으로 제시되기에, 여기에서는 화자를 신이 내린 모든 계시를 받는 예언자이자 따라서 전체 아베스타의 작자로 간주되는 조로아스터로 보는 것이 더 타당할 것이다.

4 예컨대 다음을 보라. *Yt.* 13.2, 4, 9.

5 A. A. Macdonell, *Vedic Mythology*, Strassburg 1899, 11.

6 Ibid., 15.

7 *GBd* I.54 et pass. 아베스타의 몇몇 구절에서 창조물들은 창조 순서에 따라 배열되어 있는데, 그중 가장 오래된 것은 야쉬트 13에 나오는 구절이다. 해당 야쉬트의 2~10절을 보라. *GBd.* I a.3 (*BTA*, 21)에는 "전체 창조 중 첫 번째는 한 방울의 물이다."라고 나와 있다. 그러나 이는 후대(아마도 파르티아 혹은 사산조)의 좀 더 세련된 발전을 반영하는 듯하다.

8 *GBd.* I a.6 (*BTA*, 23).

9 최근의 연구로는 이란어 분야의 특정 연구에 대한 참고 문헌 목록과 함께 다음을

보라. H. Bie*Z*Ais, "Der steinerne Himmel", *Ann. Acad. Reg. Scient. Uppsaliensis* IV 1960, 5~28 쿠이퍼(Kuiper, *IIJ* VIII 1964, 106 ff)는 베다 자료를 근거로 인도에서는 돌로 된 하늘 개념은 없고 차라리 "밤에는 아래 세계(下界)는 뒤집어진 자세로 땅 위에 걸려 있다고 여겨졌다."라고 주장한다.(p. 116) 그러나 인도·이란의 사제들의 추론은 대개 유사한 것에 기반한 것으로 보이며, 쿠이퍼가 베다 시절 인도인들이 바다를 담은 돌 대야가 밤에는 뒤집어지는데도 잘 알려진 물리 법칙대로 물이 쏟아져 지구를 빠뜨리지 않는다고 생각했을 개연성은 없어 보인다.(그리고 텍스트 자체에 의해 적절히 입증되지도 않았다.) 아래와 위로 두 사발에 의해 둘러진 둥근 "세계"에 대한 베다의 관념에 대해서는 다음을 보라. Kirfel, *Kosmographie*, 4*~10*.

10 이 단어와 그 동일 어근어에 대한 토론 참고 문헌 목록은 다음을 보라. Bailey, *Zor. Problems*, 124 n.1.

11 베일리의 거장다운 설명(Bailey, op. cit., Ch. IV)을 보라.

12 Transl. by Bailey, op. cit., 126.

13 *GBd.* I a.6 (*BTA*, 23). 이 구절은 분명 야쉬트 13.2 혹은 이와 유사한 아베스타 구절에 긴밀히 의존한 것으로 보인다.

14 *GBd.* III. 16 (*BTA*, 43). "진정한"이라는 의미의 분(*bun*)에 대해서는 다음을 보라. Benveniste, *Rev. Études Arméeniennes* I, 1964, 7~9.

15 예컨대 다음을 보라. *GBd.* I a.6 (*BTA*, 23).

16 Henning, *Asiatica, Festschrift F. Weller*, Leipzig 1954, 289~292.

17 예컨대 다음을 보라. *GBd.* 1. 54 (*BTA*, 19).

18 *GBd.* I a. 10 (*BTA*, 25).

19 *GBd.* I a. 9 (이 구절에 관해서는 다음을 보라. Bailey, *Zor. Problems* 137 n. 2.)

20 J. Hertel, Die Himmelstore im Veda und im Awesta, 23 ff. 그리고 다음과 비교하라. Lommel, *Die Yäst's*, 196~197. 이 신화에 관해서는 앞의 134쪽을 보라.

21 *GBd.* I a. 8 (*BTA*, 23~25). 비교 가능한 인도의 관념에 대해서는 다음을 보라. Kirfel, *Kosmographie*, .10* ff.

22 *GBd.* VI c.1 (*BTA*, 77).

23 *GBd.* IX.1 (*BTA*, 93).

24 *GBd.* IX.1~2 (*BTA*, 93).

25 Kirfel, *Kosmographie*. 그리고 간추린 것으로 다음을 보라. L. D. Barnett, *Antiquities*

*of India*, London 1913. 197.

26    *GBd.* VIII.1 (*BTA*, 91).

27    이 이름의 가능한 어원에 관해서는 다음을 보라. Gershevitch, *AHM*, 176.

28    *GBd.* VIII.1 (*BTA*, 91).

29    예언자가 세계가 이렇게 구분된다는 것을 알았다는 사실은, 이 문제에 관해 바빌로니아의 영향이 있었다면(수많은 학자들이 주장하는 것처럼. 다음을 보라. Kirfel, *Kosmographie*, 28* ff.) 그것이 매우 이른 시기, 아마도 서기전 두 번째 천년기에 이란인들이 메소포타미아와 접촉하면서 발생했음을 시사한다.

30    Barnett, loc. cit. 몽상적인 후대의 발전에 따르면 이 바다들은 사탕수수 수액, 정제된 버터, 우유, 유장(乳漿) 같은 액체였다 한다.

31    *Yt.* 10.15.

32    *GBd.* VIII.4 (*BTA*, 91); *Mēnōg ī Khrad* IX.5.

33    예컨대 다음을 보라. *GBd.* V b.7~10 (*BTA*, 65~67).

34    Kirfel, op. cit., 15*. 일부 학자들은 이 개념 역시 바빌로니아에서 발생했다고 여겼다. Ibid., 14*~15*, 31*.

35    Bailey, *Khotanese Texts* IV, Cambridge 1961, 12.

36    Barnett, op. cit., 197~198.

37    인도에서 이것은 음력의 일종이었다. 예컨대 다음을 보라. Barnett, loc. cit.; 고대 이란의 이론에 의하면 양력(일력)과 음력(월력)의 길이는 360일로 간주되었다. 최근의 것으로는 다음을 보라. Boyce, *BSOAS* XXXIII, 1970, 513 ff..

38    *GBd.* V b.3 (*BTA*, 65); *Pahl. Riv. Dd*, LXV, 그리고 Bailey, *Zor. Problems*, 138; Boyce, art. cit., 515~516.

39    *GBd.* V b.11 (*BTA*, 67).

40    다음과 비교하라. *Vd.* 21.5.

41    미트라가 산 위에 불사자들(아메샤 스펜타들. — 옮긴이)이 만들어 준 거소를 가지고 있다고 일컬어지는 이유는 명백히 해와 하라의 연관성 때문으로 보인다.(*Yt.* 10. 50~51)

42    *GBd.* XI.6 (*BTA*, 105).

43    Bartholomae, *Air. Wb.* 1429~1430.

44    *GBd.* X.1 (BTA, 101).

45    *Yt.* 5.3 *Yt.* 13.6. 브르지.하라(*Brzi.harā*) 라는 아나히타의 후대의 별칭에 관해서는

2장 주석 345번을 보라.

**46**  *Yt.* 10.104.

**47**  이 단어의 의미와 용법에 관해서는 다음을 보라. Thieme, "Sanskrit *sindhu-*/*Sindhu and Old Iranian hindu-/Hindu-*", *Henning Memorial Volume*, 447~450.

**48**  *GBd.* XI. 1 (*BTA*, 105).

**49**  이 두 강 그리고 두 강과 후대 실제 강들의 동일시에 대해서는 다음을 보라. Markwart, *Wehrot und Arang, Untersuchungen zur mythischen und geschichtlichen Landeskunde von Ostiran*, Leiden 1938.

**50**  *GBd.* XI c.2 (*BTA*, 113~115), XXVIII. 8 (*BTA*, 247.)

**51**  Thieme, art. cit., 449.(다른 의견으로는 다음을 보라. Bailey, *Mithraic Studies* I, ed. Hinnells, 6 n. 그는 우스 헨다바가 "높은 장소"를 의미한다고 보았다.)

**52**  *GBd.* IX. 8 (*BTA*, 95): *khvan-āhīn, kē gōhr i asmān.*

**53**  다음과 비교하라. *Yt.* 5.25, 9.8, 15.15(이마는 후카이리야 위에서 개별 신들에게 희생제를 올린다.); *Yt.* 12. 23~25(라쉬누(Rašnu)는 "하라에서…… 후카이리야에서…… 하라의 꼭대기에서" 호출된다.)

**54**  *GBd.* XVII.18 (*BTA*, 155).

**55**  *GBd.* IX.9 (*BTA*, 95); 다음과 비교하라. *Pahl. Riv. Dd* XV.4.

**56**  *GBd.* I a.11 (*BTA*, 25).

**57**  이 나무에 관해서는 다음을 보라. Windischmann, Zor. Studien, 165 ff.

**58**  *GBd.* VI d. 5 (*BTA*, 79); XVI.4. (*BTA*, 147); XXIV.8 (*BTA*, 193).

**59**  *GBd.* XXIV.8 (*BTA*, 195).

**60**  Mēnōg ī Khrad LXII.37.

**61**  *GBd.* IV.17 (*BTA*, 51).

**62**  다음과 비교하라. *GBd.* XVI.4 (*BTA*, 147).

**63**  Mēnōg ī Khrad LXII.42.

**64**  *GBd.* VI d.6 (*BTA*, 79).

**65**  *GBd.* XVI. 5 (*BTA*, 147).

**66**  *GBd.* XXIV a. 1 (*BTA*, 193); XVI.5 (*BTA*, 147).

**67**  *GBd.* VI d.6: *pad abāz-dārišnīh ī zarmān ī dušdaft.*(이에 대해서는 다음을 참고하라. Bailey, *BSOS* VI, 1931, 597~598.)

**68**  O. Viennot, *Le culte de l'arbre dans l'Inde ancienne*, Paris 1954. 26~32, 특별히

30쪽; Kirfel, *Kosmographie*, 93~94.

69    *GBd.* I a.12 (*BTA*, 25).

70    예컨대 다음을 보라. *Yt.* 7.3, 5, 6; *GBd.* VI e. 2~3 (*BTA*, 81); VII. 5~6 (*BTA*, 87~89).

71    *GBd.* VI e.i (*BTA*, 81).

72    이어지는 228~229쪽을 더 보라.

73    *GBd.* I a.12 (*BTA*, 25).

74    *GBd.* I a.13. 가요마르드와 관련된 조로아스터교 텍스트에 관해서는 다음을 보라. Christensen, *Les types du premier homme.*, I.

75    K. Hoffmann, "Mārtāṇḍa and Gayōmart", *MSS* XI, 1957, 100.

76    *GBd.* I a.13.

77    H. W. Bailey, intro. to the 2nd ed. of *Zor. Problems*, xxxiv-xxxv. 그리고 다음을 보라. *Mithraic Studies*, I, ed. Hinnells, 16 with n. 32. 힌넬스는 마르탄다를 마르타, 즉 "유한한 생명의"와 안다(āṇḍa), 즉 "알(난자)"("씨(정액)"를 위한)에서 나온 브르디 형태(*vṛddhi*-formation, 모음 교체에 의해 모음이 장음화된 형태. ― 옮긴이)로 보고, 이를 이란어 \*마르타-타우크만(\**marta-taukhman*), 즉 "유한한 씨앗"("인간"을 의미하는 소그드어 므르트금'' mrtγm'k, 파르티아 및 중세 페르시아어 므르두흠(*mrdwhm*), 페르시아어 마르둠(*mardum*)에서 증명된다.)과 비교했다. 그러나 그는 마르타는 "죽은"을 뜻하는 므르타(mṛta)에서도 파생될 수 있음을 지적했다. 그리고 이 잘못은 브라흐마나에서 범해졌는데, 거기에는 어떻게 마르탄다가 여신 아디티의 사산아이자(마르타가 므르타에서 파생된 것으로 본다. ― 옮긴이) 그녀의 마지막 자식이며 그의 형제 아디티야들에 의해 "태어나도록 그러나 또 죽도록" 생명을 되찾았는지에 대한 이야기가 나온다.(Hoffmann, art. cit.) 뒤이은 이야기의 발전형으로 보이는 곳에서 마르탄다는 최초의 두 인간들, 즉 야마와 마누의 아버지로 정의된다. 다음을 보라. Hoffmann, art. cit., 94.

78    Hoffman, art. cit., 85~103.

79    가요.마레탄의 동그란 모양 때문에 많은 학자들이 그를 둥근 대우주에 상응하는 소우주로 보았고, 그래서 그를 신화적 상상보다는 신학적 추론으로 만든 인물로 보았다. 그러나 호프만이 지적했듯이(art. cit., 98) 후대 전승의 소우주-대우주적 추론들은 사실상 전혀 가요.마레탄과 연결되지 않았다. 또한 그는 "세계-알(world-

egg)"모티브와의 연관도 거부한다.(Ibid., 92 n. 22) 가요.마레탄처럼 둥근 마르탄다와 태양의 연관성에 대해서는 같은 책 100쪽을 보라.

80  Hoffmann, art. cit., 99~100.

81  *GBd.* XIV. 5~6 (*BTA*, 127~129). 흥미로운 선행 구절(XIV.2)이 있는데, 그에 따르면 금속, 즉 납, 주석, 은, 구리, 유리, 철, 금이 가요마르드의 몸에서 나왔다고 한다. 다른 곳(*GBd.* I a. 10, *BTA*, 25)에는 이들 중 일부가 셋째 창조의 일부로서, 땅속에서 만들어졌다고 한다.

82  *GBd.* I a. 13 (*BTA*, 27); cf. I a. 3 (*BTA*, 21).

83  다음 번역본(West, *SBE* V, 159)에 있는 자드스프람(*Zādspram*, 1. 25. ed. *BTA* 7, lxviii); I.2. 1. 그리고 다음도 보라. Bailey, *Zor. Problems*, 122. Cf. *GBd.* III. 8 (*BTA*, 39).

84  *GBd.* I a.6 (*BTA*, 23).

85  예컨대 다음을 보라. *GBd.* III.7 (BTA, 39).

86  인도의 첫 번째 희생인 프라자파티(Prajāpati, 이 또한 사제들의 추론의 결과물임이 명백하다.) 신화와 비교하라. 그는 신들 자신에 의해 제물로 올려졌고, 이것이 희생의 기원이다. 자세한 내용은 다음을 참고하라. S. Lévi, *La doctrine du sacrifice dans les Brâhmanas*, Paris 1898, 13~35.

87  아메스트리스가 거행한 인신 희생제는 신을 달래기 위한 것으로서 일회적이지 정식 숭배 의례와는 아무 관계 없다. 아홉 길(Nine Ways)에서 외국인 열여덟 명을 희생한 것(페르시아 전쟁 당시 크세르크세스의 페르시아군은 "아홉 길"이라는 곳에서 스트리몬강을 건넜다. 그때 소년 소녀 아홉 명씩을 산 채로 묻었다고 한다. ― 옮긴이) 또한 약간 비슷한 것으로서, 그리스 선원 한 명을 희생시킨 것과 마찬가지로 전쟁 시기 신을 달래기 위한 것으로 보인다.(다음을 참고하라. Herodotus VII. 114, 180.) 그 외에 다신교 시절 이란에서 입증된 인신 희생은 스키타이 왕가의 장례식 때 거행된 것들뿐인데, 사자에게 사후의 수행원들을 제공하기 위한 것이 분명해 보인다. 벤디다드의 한 구절은 인신 희생(그리고 식인 풍습)을 가리키는 것이라는 비덴그렌의 주장(Widengren, *Die Religionen Irans*, 116)은 텍스트에 대한 오해에서 비롯되었다. 다음을 참고하라. Boyce, *JRAS* 1966, 104 n. 1.

88  황소 희생과 그 중요성에 대해서는 다음을 보라. H. Lommel, Rel., 182~183; *Paideuma* III, 1949, 207 ff.; Gershevitch, *AHM*, 64 ff.; U. Bianchi, Sir J. J.

ZArthoshti Madressa Centenary Vol., Bombay 1967, 19~25; 그리고 이 책의 8장. 현대 조로아스터교도들 사이의 동물 희생에 관해서는 이 책 4권을 보라.

**89** 다음과 비교하라. *GBd.* XIV.12 (*BTA*, 129). 여기에서 마쉬야와 마쉬야나그는 감사의 기도를 올리며 이렇게 말한다. "오흐르마즈드께서 물과 땅과 식물과 동물과 별, 달 그리고 해를 창조하셨습니다".

**90** 그에 관해서는 예컨대 다음을 보라. Gonda, *Rel.* Indiens I, 186~187.

**91** 아마도 가장 자세한 것일 다음을 보라. zaehner, *Zurvan*, 137~140.

**92** *Mon. Germ.* II, 676; Chadwick, Heroic Age, 407.

**93** Chadwick, *Cult of Othin*, 72~80.

**94** Herodotus VIII.31.

**95** Xenophon, *Hellenica*, VII.1.38.

**96** 특히 야즈드 근처 참(Čam) 마을에는 멋들어진 늙은 삼나무 성수의 가지 아래 불의 신전이 지어져 있다. 그리고 야즈드와 아르데칸 사이에 있는 산상 성전 피르-이 사브즈(Pīr-i Sabz) 위로는 샘 옆에서 자란 성수가 가지를 드리우고 있다. 키쉬마르의 사이프러스나무는 예언자 자신이 심었다고 전한다. 다음을 참고하고 이 책 3권을 더 보라. Jackson, *Zoroaster*, 163~164.

**97** Viennot, op. cit.

**98** *GBd.* XVII. 15 (*BTA*, 155).

**99** Markwart, *Wehrot und Arang*.

**100** Benveniste, "L'Ērān-vēž et l'origine légendaire des Iraniens", *BSOS* VII, 1934, 265~274.

**101** *GBd.* I a.12~13 (*BTA*, 25) with *Vd.* 1.2.

**102** *GBd.* XIII. 4 (*BTA*, 119).

**103** *Vd.* 2.21.

**104** 야쉬트 10.14에 아리요. 샤야나에 대한 묘사가 나오는데, 이 땅은 대콰레즈미아(Greater Khwarezmia) 지역과 대체로 일치한다. 다음을 참고하라. Gershevitch, *AHM*, 174~176. 14절에 나오는 실제의 지리적 자료에 바로 15절에 일곱 개의 신화적 카르쉬바르들이 열거된다.

**105** Benveniste, art. cit., 271.

**106** *GBd.* XXIX.12 (*BTA*, 257).

**107** *GBd.* X.7 (*BTA*, 101).

108  다음을 보라. *Vd.* 5.18~19, *GBd.* X.8~9 (*BTA*, 103).

109  *GBd.* X.14~15 (*BTA*, 103).

110  *GBd.* X.7 (*BTA*, 101).

111  *GBd.* X.17 (*BTA*, 103).

112  *GBd.* XI.2 (*BTA*, 105).

113  *GBd.* XI.8 (*BTA*, 107).

114  *GBd.* XI a.30~31 (*BTA*, 111).

115  *GBd.* IX.31 (*BTA*, 97).

116  *GBd.* IX.3 (*BTA*, 93).

117  *GBd.* IX.45 (*BTA*, 99).

118  *GBd.* XIII.9 (*BTA*, 119).

119  *GBd.* XIII.10 ff.

120  Kirfel, *Kosmographie*, 28*.


## 6장

1  예컨대 다음과 비교하라. *Y.* 10.6.(자신이 칭송되는 정도에 의해 자라는 하오마.)

2  H. Hubert et M. Mauss, *Essai sur la nature et la fonction du sacrifice*, *L'Année sociologique*, 1898; 여기에서 인용된 영어 번역본은 다음과 같다. W. D. Halls, *Sacrifice: its nature and function*, London 1964, 100.

3  "희생을 올리는 이(sacrifier)"라는 단어는 위베르(Hubert)와 모스(Mauss)가 실제로 희생을 죽이는 사제와 구분하여 "희생제의 이익이 귀속되는 이"라 정의한 프랑스어 "새크리피앙(sacrifiant)"을 나타내기 위해 영어 번역자가 만들어낸 단어이다. 다시 말해 "희생을 올리는 이"는 베다의 야자마나(*yajamāna*)와 조로아스터교의 프라마이슨(*framāyišn*)을 제공하는 이이다.(앞의 36쪽을 보라.)

4  Boyce, *BSOAS* XXXII, 1969, 26~27; 그리고 다음과 비교하라. Thieme, *Mitra and Aryaman*, 84.

5  인도와 이란의 제의상의 공통 요소에 대해서는 다음을 보라. Haug, Essays, 3rd ed., 279 ff., and his introduction to his ed. of *The Aitareya Brahmna*, Bombay 1863, I, 60~62; V. Henry in W. Caland and V. Henry, *L'Agniṣṭoma*, Paris 1906~1907, II,

Appendice III, 469~470; K. E. Pavri, *Dastur Hoshang Memorial Volume*, Bombay 1918, 165~192; Thieme, *ZDMG* CVII (N.F. XXXII), 1957, 71~77; Boyce, *BSOAS* XXXIII, 1970, 24~25. 이란의 제의들은 주로 어려운 파흘라비어로 된 니랑게스탄(*Nirangestān*, ed. D. P. Sanjana, Bombay 1894)에서 취급되었는데, 이 판본의 선구적이고 유용한(그러나 역시 어려운) 영어 번역본이 있다. S. J. Bulsara, *Aērpatastān and Nīrangastān*, Bombay 1915. 현존 조로아스터교 제의에 관해서는 다음을 보라. Modi, *Ceremonies and customs*; Duchesne-Guillemin, *La religion de l'Iran ancien*, 71~125. 수많은 인도 텍스트들에서 뽑아 낸 인도 측 자료에 관한 논문들은 예컨대 다음을 보라. J.Schwab, *Das altindische Thieropfe*r, Erlangen 1886; Oldenberg, *Religion*, 307~474; Hillebrandt, *Ritualliteratur. Vedische Opfer und zauber, in Grundriss der Indo-arischen Philologie und Altertumskunde*, III 2, Strassburg 1897; S. Lévi, *La doctrine du sacrifice dans les Brāhmanas* Paris 1898; P. E. Dumont, *L'Agnihotra*, Baltimore 1939; Gonda, *Rel. Indiens* I, 104~173.

6   파르시와 이라니 모두 아마도 19세기 말부터 주요 제의에서 동물 희생을 폐기했다. 그렇지만 소수의 이라니 조로아스터교도들은 다른 몇몇 행사에 동물 희생을 올리고 있다.

7   참고 문헌과 함께 다음을 보라. Boyce, *JRAS* 1966, 105.

8   Hubert-Mauss, op. cit., pp. 12~13.

9   Ibid., 13.

10  Boyce, *JRAS*, 1966, 102~103.

11  Hubert-Mauss, op. cit., 97. 부적절하게 도살되어 게우쉬 우르반에 도달하지 못한 동물의 영혼에 관해서는 다음을 보라. *Yt*. 14.54~56.(이 절들에 대해서는 이어지는 227쪽을 더 보라.)

12  *RV* 1.162.21; cited by Oldenberg, *Rel*., 357. 마지막 순간에 동물의 의식이 또렷하게 깨어 있어야 하는 이유는 조로아스터교와 브라만교 의례에서 사체를 벗어난 동물의 영혼이 스스로 하늘로 가는 길을 찾아야 하기 때문으로 보인다. 다음을 참고하라. *Nirangestān*, ed. Sanjana, fol. 128 V ff., transl. Bulsara, 323~327. 그러나 스트라보(Strabo, XV.3.15)에 따르면 아르메니아의 마기들은 우선 몽둥이로 짐승을 기절시키는 방식을 따랐다고 한다. 또한 그의 관찰은 후대의 조로아스터교 텍스트 딘카르드(*Dīnkard*, ed. Madan, 466.12)에 의해 지지된다. 이에 관해서는 다음을 보라. zaehner, *Zurvan*, 52; Benveniste, *JA* 1964, 54~56.

13   Boyce, *Henning Mem.* Vol., 71.

14   *GBd.* III. 14 (*BTA*, 41). 더 오랜 믿음에 관해서는 160~161쪽을 보라.

15   *GBd.* IVa.2 (*BTA*, 53): *Gōš Urvan, čeōn ruwān ī gāw ī ēw-dād, az tan ī gāw bērōn
     mad, ud pēš gāw be ēstād*, 즉 "고쉬 우르반이, 유일하게 창조된 황소의 영혼으로,
     황소의 몸을 떠나 황소 앞에 섰다."

16   Lommel, "Die Sonne das Schlechteste?" Oriens XV, 1962, reprinted in
     *zarathustra*, ed. Schlerath, 363. 베다 희생제(오래전 목축 시절에 기원한)에서
     암소의 중요성에 관한 간략한 해설로는 다음을 보라. Oldenberg, *Rel.*, 330. 역사
     시대 대규모 소 떼 희생에 관한 기록들이 남아 있는데, 그중 크세르크세스가
     스카만드로스 강가에서 소 1000마리를 제물로 바친 것이 있다.(Herodotus, VII.
     43) 비용 때문에 소 희생은 점차 줄어들었고, 정주 시기에 이르면 대개 염소와
     양으로 대체된 듯하다.

17   다음을 보라. Boyce, *BSOAS* XXX, 1967, 42~43.

18   예컨대 다음을 보라. *Yt.* 5.21.(표준적이며 반복되는 구문.)

19   Xenophon, *Anabasis*, IV.5.35; VIII. 3.12.24; Philostratus, *Life of Apollonius*, I.31.

20   Herodotus, I.216.(특히 마사게타에인의 말 희생제에 관한 것.)

21   앞의 166쪽 키루스의 무덤 앞에서 거행된 말 희생과 비교하라.

22   *Yt.* 8.58; 14.50.

23   *Yt.* 10.119 (pace) Gershevitch, *AHM*, 270~271. 그는 이 절을 일반적인
     조로아스터교 종교 예식의 배경과 분리하여 생각했다.; Boyce, *JRAS* 1966, 109 n.
     4.)

24   그러므로 예컨대 쌍둥이 새끼 양이 태어나자 그 순간 그중 한 마리를
     미트라(미흐르)에게 바쳤다고 하자. 그놈이 제 형제보다 더 잘 자라지 못하더라도,
     미흐라간의 시간(미트라 기념제)이 오면 심지어 신에게 더 큰 영광을 선사하기
     위해서라도 그놈을 더 살찐 형제로 바꾸어서는 안 된다. 신에게 바쳐진 동물과
     관련된 사건은 다음을 참고하라. Xenophon, *Anabasis* IV.5.35.

25   *Yt.* 5.132.

26   *Yt.* 5.86~87.

27   *Yt.* 5.63.

28   *Yt.* 5.82.

29   예컨대 다음을 보라.*Yt.* 5.58, 73; *Yt.* 15.28.

30 Keith, *Rel. and phil.* II, 331.

31 *Yt.* 10,65, 33, 5.

32 *Yt.* 10.32.(헤닝 교수가 수업에서 제시한 해석. 그는 치마네(*čimane*)를 "생각, 우려, 근심, 걱정"을 의미하는 친만činman-의 사투리화된 여격 단수로 여긴다.(다음과 비교하라. *Yt.* 19.33.) 이 절에 대한 다른 뜻 새김에 관해서는 다음을 보라. Gershevitch, *AHM*, 183~184.)

33 Humbach, *IF* LXIII, 43~44; Die Gathas, I, 145.

34 Oldenberg, *Rel.*, 308~309; Thieme, *ZDMG* CVII, 1957, 67~90. 손님으로 온 신에게 내놓은 깔개인 바르히스/바레스만 barhis/ barəsman에 대해서는 다음을 참고하라. Thieme, ibid., 73; Oldenberg, *Rel.*, 344~345; 그리고 이어지는 내용을 보라.

35 이에 관한 자세한 내용은 다음을 보라. S. Lévi, *La doctrine du sacrifice dans les Brāhmanas*, passim.

36 J. Schwab, *Thieropfer*, 112 f.; Oldenberg, *Rel.*, 358~360.

37 XV.3.13.

38 XV.3.14. 다르메스테터(Darmesteter, *ZA* II, 254)는 마기들의 희생제에 대한 카툴루스(Catullus)의 묘사(Ode XC in the Oxford ed.)를 비교했다. "아들이 [마구스로서] 읊조림이 받아들여질 때 기름 많은 대망막(大網膜) 지방을 불에 녹이며 신들을 경배하도록 하기 위해."

39 J. F. Gemelli-Careri, *A voyage round the world* (1694), Ch. 7; Eng. version in Awnsham Churchill's *A collection of voyages and travels*, London 1704, IV, 143a.

40 참고 문헌은 다음을 보라. Boyce, *JRAS* 1966, 100-10; Henning Mem. Vol., 77~78.

41 *Y.* 29.7. 이 구절에 "지방 봉헌"이라고 나오는 아주이티의 의미에 관해서는 다음을 보라. Gershevitch, J*JRAS* 1952, 178; Humbach, IF LXIII, 1957, 50~51; *Die Gāthās* I, 82 and II, 17; zaehner, Dawn, 34 with 325 n. 8; Boyce, *BSOAS* XXXIII, 1970, 32.

42 Edited with Eng. transl. by M. N. Dhalla, *The Nyaishes or Zoroastrian litanies*, 134~187.

43 ĀN, 7.

44 ĀN, 16.

45  ÂN, 8. 피트와pithwa- 는 "고기"를 뜻하는 피투pitu- 의 파생어이다.

46  ÂN, 13.

47  ÂN, 8.

48  ÂN, 14.

49  Boyce, *BSOAS* XXXI, 1968, 66 n. 100; Kotwal, *BSOAS* XXXVII, 1974, 664~669.

50  고대 인도의 희생의 불(아하바니야(āhavaniya))은 부자 한 사람이 자기 집 화로의 불(가르하파티야(*gārhapatya*)) 및 제3의 불 다크신아그니(*dakṣināgni*)와 함께 보관했다. 그러나 오직 가르하파티야만 항상 꺼지지 않도록 보관했고, 이 불에서 나온 깜부기불로 제의에 쓰이는 두 불을 일으켰다. Oldenberg, *Rel.*, 348~352; Hillebrandt, *Ritualliteratur*, 68 f.(집 안의 불과 그 숭배에 관해.) 최고등 행사를 집행하기 위한 불은 새로 붙여졌다. 참고 문헌과 함께 다음을 참고하라. Oldenberg, ibid., 351; Gonda, *Rel. Indiens* I, 139. 이란에서처럼 집 불은 주인의 죽음과 함께 꺼지는 것이 용납되었다.

51  앞의 189~190쪽을 보라.

52  C. P. Tiele, *Geschichte der Religion im Altertum*, German transl. by G. Gehrich, II, 179.

53  이에 관한 자세한 내용은 다음을 보라. Boyce, *JRAS* 1966, 111~118.

54  *GBd.* XI. 2 (*BTA*, 113~115). 이 구절에 관해서는 다음을 보라. Boyce, art. cit., 117 with n. 5.

55  앞의 190쪽을 보라.

56  소마의 정체에 대한 논쟁은 근래에 다시 살아났는데, G. 왓슨(Wasson)이 방대한 저작(*Soma, divine mushroom of immortality, Ethnomycological Studies* I, New York/The Hague 1969)에서 논쟁을 시작하였는데, 여기에는 오플라허티(W. D. O'Flaherty, 95~147, 삽화 없이 재출간, New York 1971)의 투고가 들어 있다. 그는 예전에는 고려되지 않던 식물인 광대버섯(amanita muscaria)이 소마라는 의견을 냈다. 그의 책은 브로우(J. Brough, *BSOAS* XXXIV, 1971, 331~362)의 서평의 주제가 되었고, 이에 다시 왓슨이 답변했는데(*Soma and the fly-agaric, Botanical Museum of Harvard University*, 1972) 그 끄트머리에 자신의 원저에 대한 산스크리트학자, 식물학자, 민족지학자 등의 원론적 비평 목록이 붙어 있다. 이 비평 목록에 게르셰비치(I. Gershevitch, "An Iranianist's view of the Soma

controversy", *Mémorial Jean de Menasce*, ed. P. Gignoux, Paris 1975, 45~75.)를 더하라.

57 O'Flaherty apud Wasson, *Soma, the divine mushroom*, 120 ff.; Boyce, *Henning Mem.* Vol., 62. 둘 다 참고 문헌과 함께.

58 절구에 넣고 으깨는 것은 인도·이란의 관습으로서 조로아스터교도들이 계속 지켜 나간 듯한데, 브라만들은 황소 가죽을 씌운 돌에 두드리는 것으로 대체한 듯하다. 다음을 참고하라. V. Henry in Caland-Henry, *L'Agniṣ ṭoma* II, 474 f.; Hillebrandt, *Ritualliteratur*, 15. *사우마를 으깨야 한다는 사실로 보면 이것을 육질이 연한 버섯으로 간주할 수는 없을 듯하다. 다음을 참고하라. Brough, art. cit., 338~339(소마와 광대버섯(fly-agaric)에 대한 왓슨의 대답(41~42쪽)과 함께; 그러나 거기에서 그는 두드리는 의식이 후대에 발전했을 수 있음을 시사하는 이란의 증거를 무시했다.)

59 마황과 그 효능에 대한 다양한 관찰로는 다음을 참고하라. O'Flaherty apud Wasson, *Soma, divine mushroom*, 126, 138, 140~143; Brough, art. cit., 360~361.

60 *Y.* 10.12.

61 Ibid.; 이 단어에 관해서는 다음을 보라. Brough, art. cit., 349~350.

62 *Y.* 9.16. "뿌리, 새싹, 잔가지"에 대한 언급이 있는 다음과 비교하라. *Y.*10.5.

63 *Y.* 10.4.

64 가오만(*Y.* 10.12)은 한 번만 등장하는 단어이다. 그래서 중요성이 의심스럽다.

65 *Y.* 10.17.

66 *Y.* 10.10; Yt. 8.33.

67 *Y.* 10.8.

68 *Yt.* 17.5.

69 *Śatapatha Brāhmana*, 5.1.2.10, cited by W. O'Flaherty apud Wasson, op. cit., 95. 소마(*soma*)/수라(*surā*), 하오마(*haoma*)/후라(*hurā*)에 대해서는 다음을 보라. Brough, art. cit., 331, 348~349.

70 다음을 보라. Brough, art. cit., 339~340.

71 *Y.* 9.18.

72 *Y.* 9.17.

73 *Rivāyats*, Unvala, I 284.15, Dhabhar, 278.

74 *Shāhnāma*, Tehran ed., V 1387 ff., transl. Warner, IV 260 ff. 앞의 148쪽을 보라.

75  E. F. Schmidt, *Persepolis* II, 53~56; R. A. Bowman, *Aramaic ritual texts from Persepolis*, Chicago 1970, 5 ff.

76  B. A. Levine, "Aramaic ritual texts from Persepolis", *JAOS* XCII, 1972, 72.

77  이 제의의 예법과, 파르시들 사이에서 이 털(varas)을 얻고자 신성한 황소 바라시야(varasya) 한 마리를 가두어 놓는 관습의 발전에 대해서는 이 책 3권을 보라.

78  이 파라하오마가 고대에는 야스나의 한 부분이 아니었다고 보는 심화된 문헌적 이유에 대해서는 이어지는 344~345쪽을 보라.

79  자세한 것은 다음을 보라. Boyce, *JRAS* 1966, 112~117.

80  이를 확인해 주는 니란게스탄(*Nīrangestān*)의 구절들에 대해서는 다음을 보라. Boyce, *Henning Mem.* Vol., 68~69.

81  *Y.* 36.2.

82  *Y.* 38.5. 제물이 "긴 팔을 가진" 이유는 이것이 신에게까지 닿기 때문이다. 다음을 보라. Gershevitch, AHM, 180.

83  *Y.* 11.4. 이 특별한 부위의 상징성에 대해서는 다음을 보라. Duchesne-Guillemin, *Zoroastre*, Paris 1948, 25 f.

84  *Y.* 11.5~6.

85  예컨대 다음을 보라.Keith, *Rel. and phil.* II, 327.

86  *Yt.* 10.90.(Y(야스나)는 오기이다. — 옮긴이) 해석에 관해서는 다음을 보라. Boyce, *Henning Mem.* Vol., 66 n. 49. 위의 해석은 다르메스테터(Darmesteter)와 롬멜(Lommel), 헤닝(Henning)이 선호했다.

87  *Yt.* 10.89.

88  *Yt.* 9.17, 10.88; *Y.* 57.19. 이런 결합에서 하오마와 피의 희생의 관계는 이중으로 강조된다. 왜냐하면 동물의 보호자로서 드루바스파는 게우쉬 우르반과 긴밀하게 결합되고, 미트라와 동물 봉납의 특수한 연관성은 오래된 것으로 보이기 때문이다. 스라오샤에게 바친 절은 미트라에게 바친 절에서 파생되었다. 이어지는 352쪽을 보라.

89  Hubert-Mauss, op. cit., 81.

90  예컨대 다음을 보라.*Y.* 10.9.

91  *Y.* 10.18; cf. *Saddar Bundahišn* XLIV. 29, ed. Dhabhar, 116: *tan-dorošti hōm yazad yaštan* "건강을 위해, 홈 야자드에게 희생을 드리라."

92 *Rivāyats*, Unvala, I 284(근소한 내용 추가), Dhabhar, 278.

93 Ibid., Unvala, I 284.14, Dhabhar, 278.

94 이는 정통파 파르시들이 여전히 행하는 관습이다.

95 앞의 138쪽을 보라.

96 참고 문헌은 다음을 보라. Boyce, *Henning Mem.* Vol., 72.

97 *Y.* 9.1.

98 *Y.* 9.2. 스타오마이네를 "강력함을 위하여"로 해석한 헤닝의 의견에 대해서는 다음을 보라. apud Boyce, art. cit., 63 n. 4.

99 *Y.* 57.19.

100 예컨대 다음을 보라.*Y.* 10.1.

101 *Y.* 9.23, 10.2.

102 예컨대 다음을 보라.*Y.* 9.2. 초기 이 단어에 대한 논문들에 관해서는 다음을 보라.Geiger, Die Aməša Spəntas, 77 n. 2. 베일레브(Bailev) 교수는 1970년 6월 저자에게 보낸 편지에서 자신이 제시했던 해석(*BSOAS* XX, 1957, 53~58)을 수정하여 다음과 같은 추측을 알려 왔다. 단어의 두 번째 요소는 "식물"을 뜻하는 아우쉬(*auš*-)로서, 아베스타어 아바(*avah*-, 리그베다의 아뱌샴(*avaśa-m*, 꼴)과 비교)와 연결되며, 단어 전체는 형용사로서 "*매운 풀의"를 뜻한다.

103 XV. 3.13.

104 *GBd.* XIV.21~22 (*BTA*, 131).

105 Modi, *CC*, 350; Boyce, *JRAS* 1966, 112; *BSOAS* XXXI, 1968, 285.

106 이 관습은 이라니 촌락 노인들에 의해 지금도 지켜지고 있다. 이 책 4권을 보라.

107 앞의 131~132쪽을 보라.

108 자세한 것은 다음을 보라. Boyce, *Henning Mem.* Vol., 73~75.

109 Boyce, JRAS 1966, 107~108.

110 Gonda, Rel. Indiens I, 106. 그리고 이어서 145~146쪽을 보라.

111 H. Humbach, "Milchprodukte in zarathustrischen Ritual", IF LXIII, 1957. 44~47. 그리고 베다의 이다(idā)/이랴(iḷā)에 대해서는 Burrow, 다음을 보라. BSOAS XVII, 1955, 326~345.

112 Humbach, art. cit., 41~44.

113 Humbach, loc. cit.

114 Op. cit., 93.

115 그의 다음 책을 보라. Teachings of the Magi, 126, 129; Dawn, 93~94.

116 Keith, Rel. and phil. II, 332.

117 Ibid., 460.

118 Ibid., 326 with n. 2.

119 Boyce and Kotwal, "Zoroastrian bāj and drōn", BSOAS XXXIV, 1971, 56~73, 298~313.

120 니랑게스탄에 나오는 제의적 언급들에 관해서는 다음을 보라. Boyce, Henning Mem. Vol., 68 with nn.

121 비록 조로아스터교도들이 종교 예식에 참여하는 모든 이들에게 세심한 청결을 요구하지만 그들은 브라만교의 디크샤(dikṣā)와 같은 정교한 기준을 만들어 내지 못했다. 디크샤는 묵언과 단식으로 행하는 긴 정화 의식인데, 야자마나(yajamāna)와 그의 아내가 소마 희생제에 앞서 행했다.(예컨대 다음을 보라. Oldenberg, Rel., 397 ff.)

122 Yt. 5. 92~93.

123 Yt. 8. 59~60.

124 Yt. 10.122.

125 Yt. 17.54. 이에 관해서는 이어지는 100~101쪽을 보라.

126 베디에 관해서는 다음을 보라. Hillebrandt, Ritualliteratur, 14, 112.

127 Modi, CC, 108~110, 249~250.

128 1964년 야즈드에서 필자는 야스나를 위해 사제의 집에 준비된 파비를 보았는데, 울타리가 쳐진 마당의 땅에 고랑이 그어져 있었다.

129 최근의 것으로는 Thieme, ZDMG CVII, 72~75 다음을 보라.

130 Herodotus, I.132.

131 Aitareya Brāhmaṇa II. 2.11. (transl. A. B. Keith, Harvard Oriental Series XXV, 143).

132 Oldenberg, Rel., 344~345.

133 Ibid., 345. 올덴베르크는 이를 인간에게 위험할 수 있는 것을 파괴하는 행위로 보았는데, 그것이 신과의 접촉으로 인해 신성한 것(동시에 위험한 것? — 옮긴이)이 되었기 때문이다.

134 즉 바르솜 잔가지와 잎으로 만든 끈 그리고 쩚은 홈의 섬유 조직.(피로제 코트왈 박사가 정보를 주었다.)

135 Thieme, art. cit., 75.

136 이는 여전히 다음에서 언급된다. Pahlavi Nīrangestān, ed. Sanjana, fol. 85 V ri f., transl. Bulsara 198.(그러나 원래 "풀"이어야 할 바르솜을 "잔가지"로 바꾼 채.)

137 Modi, *CC*, 261~263; Haug, Essays, 283~284.

138 조로아스터교 제의에 쓰이는 용기와 도구의 도판은 앙크틸 뒤 페롱(Anquetil du Perron, *ZA* II, Pl. X, XI (pp. 532, 534))에 의해 발간되고, 몰레(Molé, *L'Iran ancien*, Paris 1965, 90~91)에 의해 재간되었다. 독자적인 도판이 파비의 배치도와 함께 다르메스테터(Darmesteter, *ZA* I, Pl. VI (p. lxvi))에 의해 발간되었다. 마-루이(māh-rūy, 초승달 모양의 한 쌍의 지지대로서, 야스나 의식의 특정 시점에 사제가 그 위에 바르솜 잔가지를 걸친다.)의 유사한 짝은 인도에 없다.

139 6장 주석 58번을 보라.

140 인도에서 체는 가는 양모로 만든다. 고대의 털로 만든 체에 관해서는 비스페라드(*Visperad*) 10.2를 보라.

141 *Vd.* 14.10; *Y.* 22.2; Vr. 10.2.

142 E. F. Schmidt, Persepolis II, 53 ff. with Pl. 23; R. A. Bowman, *Aramaic ritual texts from Persepolis*, 44~52 with Pl. 2.

143 Modi, *CC*, 271.

144 인도에서 단독 의식으로서의 동물 희생제에 관해서는 다음을 참고하라. Hillebrandt, *Ritualliteratur*, 73, 121~124; Keith, *Rel. and phil.* II, 324~326; Gonda, *Rel.* Indiens I, 147~149. 아베스타의 야쉬트에서 조로아스터는 완전한 사제식 하오마 희생을 거행하는 이로 나오지만(Yt. 5.104), 속인인 영웅들은 피의 희생제만 올리는 것으로 나온다.(예컨대 다음을 보라. Ibid. 20~81, 그리고 사제식 제의에 대해서는 이 책의 350쪽과 주석 82번을 보라.)

145 Herodotus, I.132.

146 Boyce, *BSOAS* XXX, 1967, 43.

147 Boyce, *JRAS* 1966, 108~109; 그리고 인도의 관습과 비교하기 위해서는 다음을 보라. Hillebrandt, Ritualliteratur, 73.

148 Boyce, *BSOAS* XXX, 43~44.

149 헤로도토스는 고기를 삶는다고 정확히 언급한다; 파슈반다(*paśubandha*)에서 행하는 인도인의 관습과 비교하기 위해서는 다음을 참고하라. Hillebrandt, *Ritualliteratur*, 123. 산악 희생제에서 희생물을 굽는 대신 삶는 것은 수중에

구이용 화덕이 없는 상황에서 행하는 실용적 방식이었다.

150 오직 조로아스터교 공동체의 이라니 분파에서만 이 고대의 희생 의례를 간직하고
있으며, 심지어 이란에서도 이것은 폐기되는 과정에 있다는 사실이 강조되어야
한다. 고대 베다 희생제에서 보이는 의도의 유사성에 관해서는 다음을 보라.
Hillebrandt, *Rituallitteratur*, 73.

151 중세 이란어 아쇼다드(이형(*ahlawdād*))는 글자 그대로 "정의로운 이(아샤반, 즉
사제)에게 주어진"이라는 뜻이다. 이를 가리키는 아베스타어는 기록에 남아 있지
않다.

152 다음을 보라. Lévi, *La doctrine du sacrifice*, 90-1; Hillebrandt, *Rituallitteratur*,
140~141. 브라흐마나에 근거하여 곤다(*Rel*. Indiens I, 43)는 나아가 다크시나를
"사제에게 주는 보상"으로 새기는 것은 오류라고 주장하는데, 그 자체는 차라리
사제에게 주어진 희생제의 선물로서, "그것을 통해 희생제가 강하고 완벽해지는"
것이기 때문이다. 그러나 조로아스터교 안에는 브라만교의 이 전형적 개념에
조응하는 것이 없다.

153 Hillebrandt, *Rituallitteratur*, 16.

154 *Yt*. 5.91.

155 *Yt*. 5.95; 다음과 비교하라. *Vd*. VII. 79.

156 *Nirangestān* 48. 다음을 보라. Darmesteter, *ZA* III, 77. Benveniste, *Rev. Ét.
Arméeniennes* VII, 1927, 8~9. 페르시아어 리바야트(*Rivāyats*, ed. Unvala,
I 346.7~8, transl. Dhabhar, 306)에도 똑같은 비유가 나오는데, 거기에서는
사악한 이들에게 행하는 보시는 "음식을 용의 아가리에 던져 넣은 것과
마찬가지이다."라는 표현으로 나온다.

157 Hillebrandt, *Rituallitteratur*, 73.

158 Boyce, *BSOAS* XXXII, 1969, 26~27.

159 *Yt*. 10.108.

160 *Yt*. 10.138.

161 *Yt*. 14.54~55. 하페리시는 상록수인 노간주나무로 간주되었다.

162 Plutarch, Isis and Osiris, 46. 다음을 보라. Benveniste, *The Persian religion
according to the chief Greek texts*, 70, 73 ff.; zaehner, Zurvan, 13 ff.

163 Gonda, *Rel*. Indiens I, 125~126.

164 Hillebrandt, *Rituallitteratur*, 123.

165 앞의 166쪽을 보라.

166 Bīrunī, *Chronology of ancient nations*, ed. Sachau, 11.

167 고대 페르시아의 달력에 대해서는 다음을 보라. Arno Poebel, AJSLL LV, 130~141, 285~314; LVI, 121~145; W. Hinz, *ZDMG* XCVI, 326~331; R. Kent, *Old Persian, Historical appendix* IV. 달의 이름 대한 토론으로는 다음 책에 나오는 각 이름 아래의 항목들을 보라. W. Brandenstein and M. Mayrhofer, *Handbuch des Altpersischen*, Wiesbaden 1964.

168 G. R. Kaye, *Hindu Astronomy*, 27; Taqizadeh, *Old Iranian Calendars*, 14 n. 1.

169 뒤메질과 비덴그렌에게는 실례지만, 이 축제를 용 죽이기나 비와 연관시킬 근거는 아무것도 없다. 앞의 5장 주석 110번을 보라.

170 Bīrunī, op. cit., 223.

171 Boyce, "Mihragān among the Irani Zoroastrians", *Mithraic Studies* I, ed. Hinnells, 106~108.

172 앞의 188쪽을 보라.

173 Hubert-Mauss, 74. 기독교 이전 스칸디나비아인들의 가장 큰 희생제 세 가지 중 하나는 "i moti vetri til ars", 즉 "겨울의 초입, (희생제는) 풍요를 위해"였다.(Chadwick, *Cult of Othin*, 5)

174 *Yt.* 10.119.(6장 주석 23번을 보라.)

175 참고 문헌과 함께 다음을 보라. Boyce, *BSOAS*, XXX, 1967, 42~43.

176 Ctesias apud Athenaeus, *Deipnosophists* X.45.434d.

177 Strabo, XI.14.9.530.

178 Taqizadeh, *Old Iranian calendars*, 15.

179 훗날 가(*gāh*) 혹은 가함바르(*gāhāmbārs*)라 불린 이 계절 축일에 대해서는 다음을 보라. R. Roth, "Der Kalender des Avesta und die sogennanten Gāhanbār", *ZDMG* XXXIV, 1880, 698~720.

180 앞의 166~169쪽을 보라.

181 Markwart, "Das Naurōz" *Modi Mem.* Vol., Bombay, 1930, 716; Taqizadeh, *Old Iranian calendars*, 13.

182 Nilsson, *Primitive Time-Reckoning*, 268 ff.

183 Kaye, *Hindu Astronomy*, 27; Taqizadeh, op. cit., 14~16.

184 Nilsson, op. cit., 311~312.

**185** Nilsson, op. cit., 274. 다음 책에 나오는 미쉬나(유대교의 구전 토라)를 인용했다. E. König, "Kalenderfragen im althebräischen Schrifttum", *ZDMG* LX, 1906, 644.

**186** 예언자 자신이 이 축일을 가리켜 "새날"을 의미하는 아베스타어 표현을 썼다는 것은 순전히 추측이다. 하지만 더 사실적인 표현 "새해(*nava- sard-*)"의 존재를 증언하는 증거는 충분하다. 다음을 보라. W. Eilers, *Der alte Name des persischen Neujahrsfestes, Ab. Ak. d. Wissenschaften u. d. Literatur in Mainz*, 1953, No. 2, 59. 그리고 그는 "새날'이라는 이름에 종말론적 함의도 포함시켜 제시했을 가능성이 있어 보인다.

**187** 이 축일들이 선행 역사 없이 처음부터 조로아스터교의 성일(聖日)로 시작되었다고 하면, 이것들은 목축이나 농경 달력과 관련된 것이 아니라 종교적 이름을 가질 것이라고 예상할 수 있다. 그러나 전통적으로 예언자 자신이 이 축일들을 확정했다고 전해진다.(Bīrunī, *Chronology of ancient nations*, 219.) 이는 예언자가 (이 축일들을 만들지는 않았지만 최소한) 기존에 있던 계절 축일들을 수정하여 자신의 새 교리에 맞는 제례적 표현을 입혔음을 시사한다. 이 축제들의 이름이 후대의 젊은 아베스타 형식으로만 살아남았다는 것도 물론 자체로는 역사적 중요성이 없다. 다시 말해 이 사실이 그 이름들이 처음 쓰인 연대를 결정해 줄 수는 없다. 추수 축제(Paitišhahya)가 존재한다고 이들의 연대가 확실히 늦다고 할 수도 없다. 왜냐하면 유목 생활을 할 때도 인도·이란인들은 농경이 자신들의 일상에서 제한적인 역할만 했지만, 농경에 대한 일부 지식을 가졌던 것으로 여겨지기 때문이다.

**188** Boyce, "Rapithwin, Nō Rūz and the feast of Sade" in *Pratidānam, Studies presented to F. B. J. Kuiper*, 213~215. 그리고 이 책 2권을 더 보라. 이 축일에 관한 여러 학자들의 논문을 모은 것으로는 다음을 보라. *La fête de Sadeh, Publications de la Société d'Iranologie* No. 2, Tehran 1946.

**189** 이 책 4권을 더 보라.

**190** 앞의 192쪽을 보라. 조로아스터교 이란에서 나무 숭배의 구체적인 예에 관해서는 다음을 보라. Boyce, *Festschrift für W. Eilers*, Wiesbaden 1967, 150.

1  가타를 번역하면서 뒤셴-귈레민(Duchesne-Guillemin, Zoroastre, Étude critique avec une traduction commentée des Gâthâs, Paris 1948; Eng. transl. by M. Henning, The Hymns of zarathustra, London 1952)은 자신이 보기에 원래의 순서라고 여기는 바대로, 즉 내용으로 판단하여 찬가를 재배열했다. 그의 다음 글도 함께 보라. "L'ordre des Gâthâs ", La Nouvelle Clio V, 1953 (Mélanges A. Camoy), 31~37. 그러나 이 문제에 관한 최종 결론을 기대하기란 불가능하다. 일부 학자들은 공식 배열상의 마지막 찬가(Y. 53)는 조로아스터 자신의 작품이 아니라고 주장한다. 그러나 이는 소수 의견으로 보인다. M. 몰레(Molé)는 더 나아가 가타 중 어느 것도 조로아스터 자신의 것이라고 할 수 없다고 주장했다. 그는 가타가 "두 적대 진영의 극적인 투쟁을 표상하는 예배"의 기도문집으로서, 여기에서 "관건은 악으로부터 세계를 정화하는 것"이라고 보았다.(Numen VIII, 1961, 56 zarathustra, ed. Schlerath, 327) 그래서 그는 가타는 수많은 알려지지 않은 작가들의 작품이 틀림없으며, 그들은 조로아스터(그가 역사적 인물이건 아니건)를 단순히 "원형적 인물"의 이름으로 이용했다고 주장했다. 몰레는 자신의 해석을 개진하면서 가타의 인위적 배열을 간과하는데, 이는 개별 찬가가 만들어진 후에 순서에 따라 배치되었음을 보여 준다. 또한 그는 가타에 특별한 신성함이 부여되지 않았다면 왜 가타가 야스나의 나머지 부분들처럼 언어적으로 진화하지 않고 고대 아베스타어 형태로 그대로 남았느냐 하는 문제를 고려하지 못했다. 가타의 신빙성을 증명하는 증거로서 "중심 구절(pillar passages)"을 인정하지 않는 그의 주장도 마찬가지로 신뢰성이 떨어진다. 대체로 몰레는 자신들의 종교가 예언자에 의해 만들어졌다는 조로아스터교도들의 전승은 나중에 발생했다고 생각한다. 즉 이슬람의 압력에 대한 적응과 지배적 종교의 양상에 조응하고자 하는 욕망을 통해서라는 것이다. 그와 반대되는 고대의 증거를 모조리 무시하고 그런 해석을 받아들일 수는 없다. 1962년까지 가타 연구는 다음에 의해 개괄되었다. B. Schlerath, "Die Gâthâs des zarathustra", OLZ LVII, 1962, 565~589, repr. in zarathustra, ed. Schlerath, 336~359. 다음도 보라. Duchesne-Guillemin, "Les hymnes de zarathustra", RHR 1961, 47~66.

2  West, SBE XLVII, ix-xvi.

3  이 텍스트들 중 가장 중요한 것들은 웨스트(West, op. cit. (pub. 1897))에 의해

번역되고, 지금도 가치가 있는 주석과 서문이 붙었다. 딘카르드 텍스트와 여타 문헌(그러나 자드스프람 선본은 빼고)은 주석이 달린 전사본으로 몰레에 의해 출판되었는데(M. Molé, La légende de Zoroastre selon les textes pehlevis, Paris 1967), 그는 19세기 인도에서 만들어진 모조품으로 알려진 비지르키르드 이 디니그(Vizirkird ī dīnig)를 포함시켰다. 13세기의 자르두쉬트 나마 (Zarduŝt Nāma)는 독자적 권위가 없는 시이지만, 명백히 허황된 부분을 제외하면 일부 새로운 것들을 제시한다.(프랑스어 번역을 포함한 다음을 참고하라. ed. by F. Rosenberg, St. Petersburg 1904.) 이란어에서 외국어 출처까지 조로아스터에 관련된 거의 모든 자료를 한데 모으고 온전한 참고 문헌 목록까지 단 것으로서, 유용하지만 무비판적인 저작이 잭슨에 의해 만들어졌다.(A. V. W. Jackson, Zoroaster, the prophet of ancient Iran, New York, 1899.)

4   예언자의 삶에 관한 가장 광범위한 연구를 수행한 몰레는 고의적으로 그런 구분을 무시했는데, 몰레가 조로아스터의 이름이 알려지지 않은 "가타의 작성자들"에게 사용될 때 이미 조로아스터는(그가 존재하거나 했다면) 전설이 되었다고 믿었기 때문이다. 이 점에서 그는 다르메스테터의 글(Darmesteter, ZA III, Ch. VI, "La légende de Zoroastre")을 따르는데, 하지만 이 글은 이 위대한 프랑스 학자의 저작의 작은 일부분에 불과한 것으로서 일반적으로 인정받지 못했다.

5   Y. 46.13; 51.12; 53.1. 그리고 여러 후대 문헌.

6   그의 아버지의 이름은 아마도 야쉬트 5.18에서 처음으로 언급된 듯하다. 어머니의 이름은 아베스타의 한 소절에 나온다. 다음을 참고하라. Darmesteter, ZA III 151.

7   Y. 46.15.

8   다음을 보라. Bailey, TPS, 1953, 40~42. 그는 예언자의 이름을 "움직이다"라는 뜻의 어기 자르zar에서 나온 〈*zarat.uŝtra 즉 "낙타를 모는 사람"으로 해석했다. 더 이른 시기의 해석으로는 Jackson, op. cit., 12~14, 147~149을 보라.

9   Gershevitch, JNES XXIII, 1964, 38.

10  Bartholomae, Air. Wb. 903.

11  Bartholomae, Air. Wb. 748.

12  그러나 조로아스터의 출생 전설이 부분적으로 어머니의 이름에 맞춰 만들어진 것이 아니라면 두그도바라는 이름이 예언자의 전설에 맞춰 만들어졌을 가능성도 있다.(이어지는 363쪽을 보라.)

13  Zādspram IX. 4, ed. BTA 60, lxxxvi; transl. West, SBE XLVII, 144 (as XV.

5). 잭슨(Jackson, op. cit., 20)은 조로아스터 가문에 관한 한 가지 이야기를 정리·발표했다.

14 롬멜은 (몰턴(Moulton)과 여타 학자들을 반박하며) 이 관점을 상세히 피력했다. H. Lommel, "War zarathustra ein Bauer?", KZ LVIII, 1931, 248~265, repr. in zarathustra, ed. Schlerath, 33~52.

15 앞의 33~35쪽을 보라.

16 앞의 86~89, 122쪽을 보라.

17 Y. 28.5; 48.3. 니베르그(Nyberg)가 조로아스터를 샤머니즘과 연결시키려 한 데는 이런 이유도 있다. 하지만 그의 정신적 선조들을 찾기 위해 굳이 인도·이란과 인도·유럽의 전통을 떠날 필요는 없다.

18 Schaeder, "Ein indogermanischer Liedtypus in den Gathas", ZDMG XCIV, 1940, 404.

19 Zādspram XVI. 1, ed. BTA 73, xci; transl. West, SBE XLVII, 152~153 (as XX.7).

20 Zādspram XX~XXI, ed. BTA 77~81, xciii~xciv; transl. West, op. cit., 155~157; XX. 1에 대해서는 다음을 더 보라.Boyce, BSOAS XXXIII, 1970, 524~525, with n. 42.

21 오늘날 파르시들은 수 세기 동안 종교 의식을 위해 우물에서 깨끗한 물을 길었으므로 이 제의적 행동(강에서 긷기)은 그들 사이에서 희미해졌다. 그러나 이라니 마을들에서는 그 물을 여전히 흐르는 물줄기에서 길어 오며, 고등 제의에 쓰이는 물은 첫 빛이 비칠 때 이렇게 긷는데, 이 물이 낮의 행동으로 전혀 오염되지 않은, 가장 깨끗한 것일 터이기 때문이다. 이것이 대단히 오래된 전통이라는 것은 인도에 존재하는 이와 유사한 아포나피리야(āponapirīya) 제의를 통해 알 수 있는데, 이에 따르면 사제가 새벽에 "혼합 음료", 즉 소마를 "만들기 위해" 베디 근처를 흐르는 물줄기에서 물을 길어 온다. 다음을 참고하라. Hillebrandt, Ritualliteratur, 129. 자연스레 조로아스터교 전승에서는 예언자가 물을 길으러 갔던 강이 방흐비 다이티야(Vaŋhvī Dāityā)와 동일시되었는데, 이 강에는 네 개의 지류가 있다고 전하며, 거기에 상징적인 중요성이 부여되었다. 이에 관해서는 다음을 참고하라. Molé, Numen VIII, 1961, 61 n. 17 (zarathustra, ed. Schlerath, 332 n. 21). 여타 학자들과 마찬가지로 몰레는 조로아스터가 파라하오마 헌주를 만들기 위해서가 아니라 그 헌주를 올리기 위해 강으로 갔다고 생각했지만, 텍스트는 명백하게 "하오마를 짜기 위해(hōm hunīdan rāy)" 갔다고 말한다. 어쨌든

몇 가지 이유에서 (몰레를 비롯한 학자들의) 표준적 해석은 제의적으로 불가능한
것인데, 예법상 해가 뜨기 전에는 기나긴 하모마 짜기 의식을 시작조차 할 수
없다는 이유도 있다.

22  Zādspram, XXI.9.

23  Söderblom, The Living God, 191~192, 194; cf. Barr, "Principia zarathustriaca",
 *Øst og Vest, Afhandlinger tilegnede A. Christensen*, Copenhagen 1945, 130~131;
 H. H. Schaeder, "Gott und Mensch in der Verkündigung *zarathustras*" Corolla,
 *Ludwig Curtius zum 60 Geburtstag dargebracht*, Stuttgart 1937, 195~196 [repr.
 in Der *Mensch in Orient und Okzident*, 1960]. 조로아스터가 신을 목격한 일을
 묘사한 가타의 다른 구절들로는 다음을 보라. *Y.* 31.8; 33.6~7; 43.5.

24  "마이드요이.망하(Maidhyōi.māŋha)"는 다음에 언급되어 있다. *Y.* 51.19. 위작
 비지르키르드 이 디니그의 화자는 "메드요마(Mēdyōmāh)"인데, 분명 딘카르드에
 기반한 듯하다. 딘카르드는 유실된 아베스타 바르쉬트만스르 나스크(*Varštmānsr
 Nask*)에 "메드요마가 조로아스터에게 던진 그의 출생과 종교를 얻은 경위에 대한
 물음과 조로아스터의 대답"이 들어 있었음을 보여 준다.(다음을 참고하라. Molé,
 *Légende*, 252.)

25  이 절들에 관해서는 다음을 보라. Benveniste, *JA* 1932, 126.

26  예언자는 전통적인 가축 수로 표현된 부를 자기 행위의 보상과 같은 것으로
 생각하는데, 이 때문에 초기 일부 학자들은 그의 사제 직업을 의심했다.('사제가
 세속적인 대가를 원했을까' 하는 의심이다. — 옮긴이)

27  앞의 38~39쪽을 보라.

28  조로아스터의 사실성(史實性, 역사적 실재성)을 주장하는 이들은 이처럼
 날조되었을 개연성이 거의 없는 "핵심 구절들"을 항상 강조한다. 다음을 보라.
 Moulton, *EZ*, 348 n. 4.

29  이 구절에 관해서는 다음을 보라. Gershevitch, *AHM*, 284~286.

30  Lommel, "zarathustras Priesterlohn", *Studia Indologica, Festschrift f. W. Kirfel*,
 Bonn 1955, 187~195 (repr. in *zarathustra*, ed. Schlerath, 199~207).

31  Thieme, *Studien zur idg. Worthunde*, 75 n. 1 (이 연에 대한 새로운 해석을 포함).

32  Thieme, *KZ* LXIX, 1951, 176 f.

33  네모이(nəmōi, "달아나다"?)의 의미와 형태는 모두 의심스럽다. 다른 해석이
 포함된 최근의 연구로는 다음을 보라. Humbach, *Die Gāthās* I, 128, II, 66~67.

34 이 절에 대해서는 다음을 보라. Benveniste, *JA* 1932, 125~126.

35 후타오사가 조로아스터의 가르침을 처음 들은 이라는 견해(Jackson, *Zoroaster*, 68을 보라)는 이 절(마지막 부분은 가타(*Y.* 49.7)를 차용한 것이다.)에 기반한 것이다. 후대의 자르두쉬트 나마(*zarduśt Nāma*)에서 그녀는 남편의 영향으로 새 신앙을 받아들였다고 나온다.

36 비쉬타스파라는 이름은 "훈련된 말을 가진 이"라는 뜻으로 보인다. 다음을 보라. Bailey, *JRAS* 1953, 101~103.

37 수많은 고등 제의는 당연히 결혼한 사제, 즉 성인 남자로서 맡겨진 임무를 완수한 이만 집전할 수 있다.

38 *Yt.* 13.98. 그리고 다음과 비교하라. *GBd.* XXXV. 56 (*BTA* 301), *Ind. Bd.* XXXII.5 (transl. West, *SBE* V, 142).

39 *Yt.* 13.139.(여기에 그녀의 자매들의 이름도 나온다.)

40 *Yt.* 13.98 and *GBd.* XXXV. 56; 그리고 그 이름들의 의미에 관해서는 다음을 보라. Bartholomae, *Air. Wb.* 1536, 1849.

41 *Y.* 51. 17~18. 그리고 다음과 비교하라. 46. 16~17; 49. 8~9; 28.8. 프라샤오쉬트라는 "강한 낙타들을 가진"을 의미하는 듯하다. 다음을 보라. Bailey, TPS 1953, 25. 자마스파라는 이름의 두 번째 형태소에 "말(아스파)"이 들어 있다.

42 Henning, "The disintegration of the Avestic studies", TPS 1942, 51.

43 Henning, Zoroaster, 44~45. 1968년까지 콰레즈미아어 연구 참고 문헌 목록을 위해서는 다음을 보라. D. N. MacKenzie, in *Current Trends in Linguistics*, V, ed. T. Sebeok, The Hague 1969, 455.

44 A. Meillet, JA 1917, 183 ff.; K. Hoffman in this *Handbuch*, I.iv.i., p. 6.

45 앞의 143~144쪽과 10장을 보라.

46 이어지는 11장 주석 38번과 2권을 보라.

47 앞의 29쪽을 보라.

48 최근의 추산에 따르면 파르바르딘 야쉬트의 오래되어 보이는 한 부분의 작성 시기는 최소한 가타보다 200년의 뒤이다. 다음과 이 책 10장을 더 보라 T. Burrow, *JRAS* 1973, 139.

49 즉 라가(Ragha). 이에 대해서는 다음과 이 책 2권을 더 보라. Gershevitch, *JNES* XXIII, 1964, 36~37

50 10장을 보라.

**51**  앞의 145~147, 150쪽을 보라.

**52**  관련 문헌은 다음을 보라. Jackson, *Zoroaster*, Ch. 10 (pp. 124~132); and add *Pahl. Riv. Dd* XXXVI,6 (Dhabhar. 113). XLVII,23 (ibid., 141).

## 8장

**1**  앙그라 마이뉴 Angra Mainyu 라는 표현은 가타에 한 번 등장한다(*Y*. 45.2). 아베스타의 나머지 부분에서는 후대의 방언 형태인 앙라 마이뉴(Aṇra Mainyu)로 쓰이는데, 이로부터 친숙한 중세 이란어 아흐리만Ahriman 이 나왔다.

**2**  위에 주어진 번역은 카쥐 바의 덴마크어 새김을 따랐다(Kaj Barr, "Principia zarathustriaca", *Øst og Vest. Afhandlinger tilegnede A. Christensen*, Copenhagen 1945, 134.) 3연에 관해서는 Gershevitch, *JNES* XXIII, 1964, 32~33를 함께 보라. 4연에 관해서는, Gershevitch, ibid., 13, 그리고 그와 다른 Humbach, *Die Gathas* I, 84를 보라.

**3**  Darmesteter, *ZA* I, 220 n. 9.

**4**  *Y*. 33.12; 43.2; 44.7; 51.7. 이 용법에 관해서는 다음을 보라. A. Meillet, *Trois conférences sur les Gâthâ de l'Avesta*, Paris 1925, 59; Lommel, *Rel*., 17~21.

**5**  오흐르마즈드를 "스파나그 메노그(Spannāg Mēnōg, 스펜타 마이뉴의 중세 페르시아어 새김)"와 동일시하는 파홀라비 문헌 구절에 관해서는 다음을 보라. L. Casartelli, *The philosophy of the Mazdayasnian religion under the Sassanids*, transl. by F. J. Jamasp Asa, Bombay 1889, 18~19.

**6**  *Dīnkard* IX.30,4 ff., ed. Sanjana, Vol. XVII, 85 f., Madan, II 828 f. Darmesteter, ZA I, 221 n. 10. 그리고 자세한 것으로는 다음을 보라. H. H. Schaeder, *Iranische Beiträge* I, 288~291.

**7**  Gershevitch, art. cit., 13.

**8**  그의 다음 책을 보라. *Rel*., 27~28. 비슷한 내용으로 다음을 보라. Schaeder, op. cit., 290; Moulton, EZ, 133; Söderblom, *The Living God*, 215; Corbin, *Eranos-Jahrbuch* XX, 1951, 163.(그는 정통파 조로아스터교는 "오흐르마즈드와 아흐리만의 절대적 다름"을 두고 어떤 타협도 용납할 수 없다는 점을 강조한다.) 나아가 다음을 보라. Bianchi, *zamān i Ōhrmazd*, Ch. 5. 그러나 I.

게르셰비치(Gershevitch)와 R. C. 제너(zaehner) 및 다른 이들은 "주르반교"의 해석을 지지했다.

9  GBd. I.35 (transl. BTA, 11).

10  GBd. I.53 (transl. BTA, 17): *nazdist Amahraspand dād i haft bun, pas abārig.* 다음과 비교하라. ibid. XXVI.125 (*BTA*, 233).

11  구체적인 구문들에 대한 참고 문헌은 다음을 참고하라. Lommel, *Rel.*, 31. 이 용법도 야스나 30.4의 "쌍둥이"와 마찬가지로 명백히 수사이다. 다음을 보라. Spiegel, EA II, 24.

12  *Yt.* 19.16.

13  *Yt.* 13.81. 젊은 아베스타에 나오는 일곱 아메샤 스펜타들에 대한 구절들 일반에 관해서는 다음을 참고하라. Lommel, loc. cit. 여타 다양한 야자타들이 아후라 마즈다에 의해 창조되었다고 젊은 아베스타에 분명히 쓰여 있다.

14  *Ayādgār i Jāmāspīg*(ed. G. Messina, Rome 1939) III. 3~7.

15  야스나 30.9, 31.4의 드반드바(쌍) 합성어 마즈다 아후랑호(*mazdå ahurå̇ṇho*), 즉 "마즈다와 (여타) 아후라들." 문법적 해석에 관해서는 다음을 보라. Bartholomae, Air Wb. 293. 이 표현은 조로아스터 본인은 오직 한 명의 야자타, 즉 아후라 마즈다만 믿었다고 여긴 학자들에게 심대한 문제점을 던졌다. 이어지는 292쪽을 더 보라.

16  참고 문헌은 다음에서 이 다양한 이름들 아래 딸린 것을 보라. Bartholomae, *Air. Wb.*

17  기독교 선교 활동과 지배적인 유럽 문화가 서방에서 교육받은 파르시들의 전통 신앙의 토대를 잠식하기 시작한 것이 바로 그때였다. 자세한 것은 이 책 4권을 보라.

18  조로아스터가 이것을 창조의 목적으로 여겼다는 점 때문에 게르셰비치(*JNES* XXIII, 13)는 야스나 30.4의 헴..자사에템(*həm . . jasaetēm*)을 과거형이 아니라 명령형으로 해석하여, 이 구절을 "(전투에서) 만나기 위해 두 영은 먼저 '삶'과 '삶 아닌 것'을 창조했고……."로 새겼다.

19  *Y.* 31.7.

20  *Y.* 44.3.

21  *Y.* 44.4.

22  Ibid.

23  *Y.* 44.7. 이사야(II Isaiah 44~45)의 구절이 이 절에 따랐을 가능성에 대해서는

다음을 참고하라. Morton Smith, "II Isaiah and the Persians", JAOS LXXXIII-IV, 1963, 415~421; D. Winston, *History of Religions* V, 1966, 188~189. 조로아스터가 새벽과 한낮과 밤이 아후라 마즈다에 의해 창조되었다고 할 때 그는 신학자가 아니라 시인으로서 (구술 시인들이 특히 그런 경향이 있듯이) 관용 구절을 사용한 듯하다. 조로아스터교의 창조 교리(9장을 보라)에 따르면 아후라 마즈다에 의해 창조된 세계는 낮과 밤의 교대를 몰랐고, 앙그라 마이뉴의 공격을 받아 어둠과 죽음이 생기기 전까지 시간은 언제나 한낮에 멈춰 있었다.

24 이 용어의 몇 안 되는 출현에 관해서는 다음을 보라. Bartholomae, *Air. Wb.* 921. 고대의 용법을 아주 많이 간직한 미흐르 야쉬트에서 미트라는 "신(baga)들 중에 가장 뛰어난 통찰력을 지닌(*baghanạm . . aš.khrathwastəmō*)"(*Yt.* 10.141) 이로 불린다. 그러나 후대 페르시아의 전승에서 그는 절대로 *미흐르-바이(*Mīhr-bay)라 불리지 않고 미흐르-야자드(Mihr-yazad, 현대의 히흐리제드(Mihrīzed))로 불린다. 이 용법에 관해서는 다음을 더 보라. Henning, *JRAS* 1944, 134~135; *BSOAS* XXVIII, 1965, 250. 마니교 경전들의 파르티아어 및 중세 페르시아어 판본에서 규칙적으로 바가에서 파생된 바그(bag) 혹은 바이(bay)라는 칭호로 불리는 이는 오흐르마즈드 자신이다. 이는 최고신을 칭하는 서부 이란의 조로아스터교식 용법으로 보인다.

25 Casartelli, *Philosophy*, transl. F. J. Jamasp Aša, 69; Lommel, *zarathustra*, ed. Schlerath, 256.

26 다음을 보라. Bailey, *BSOS* VII, 1934, 288~292; Nyberg, *Rel.*, 92~95: Schaeder, *ZDMG* XCIV, 1940, 401 n. 9, 408. 그러나 롬멜(Lommel)은 아베스타의 스펜타와 발트-슬라브어의 쉬벤타스(*šventas*)가 동일하다는 승인된 주장(원래 보프(Bopp)가 제시한 의견)에서 나아가 이 말이 "이해하는, 지혜로운(*verständig*)"을 의미한다고 주장했다. 그의 사후에 출간된 다음 책을 보라. *Die Gāthās des zarathustra*, ed. B. Schlerath, Basel/Stuttgart, 1971, 16~17. J. 곤다(Gonda, Oriens II, 1949, 195~203)는 W. 캘랜드(Caland)와 가이거(Geiger)가 각자 독자적으로 제시한 이 단어와 베다어 판(*pan-*)의 연관성도 견지하고자 하면서 이것이 원래는 "강화하다, 원기를 북돋다"를 의미하며 단지 부차적으로 종교적 용법에서 "찬양하다"를 의미한다고 분석했다.

27 P. Thieme, *Studien zur indg. Wortkunde*, 25 n. 1.

28 스펜타 마이뉴를 그들에 포함시키느냐 그를 아후라 마즈다 자신으로

간주하느냐에 따라 그들의 수는 여섯 혹은 일곱으로 달라진다.

29   Thieme, loc. cit.

30   *Y.* 43.4. 5; 44. 2; 46.9; 51.16.

31   *Šāyest nē-šāyest* XV.1~2 (ed. Kotwal, 56).

32   *Y.* 1.1, 26.2. Darmesteter, *ZA* I, 7 n. 4, Bartholomae, *Air. Wb.* 1818.

33   앞의 122~123쪽을 보라.

34   니베르그(Nyberg, JA 1931, 119~125)는 지하에 사는 원시적 신이 주르반과 같은 이라고 주장했다. 그러나 이 주장은 주르반을 그렇게 오래된 신으로 간주할 수 있어야만 고려해 볼 수 있고, 그럴 수 있을 것 같지는 않다.(이 책 2권을 더 보라.) 그 옛날 지하 세계의 왕이 이마였을 가능성에 대해서는 앞의 132, 160쪽을 보라.

35   *GBd.* XXVIII.12 (BTA, 249).

36   아흐리만과 그의 창조물의 부정적 속성에 관한 파흘라비 자료는 다음을 보라. Sh. Shaked, *Acta Orientalia* XXXIII, 1971, 70~74.

37   앞의 158쪽을 보라.

38   예전에 몰턴(Moulton, EZ, 151)은 이 유사성을 기반으로, 역으로 미트라(mithra)/미트라(Mithra) 개념은 "상당히 가타적인 것"이라는 의견을 제시했다.

39   Lommel in *zarathustra*, ed. Schlerath, 257 (on the six Bounteous Immortals in general).

40   Gonda, *Rel. Indiens* I, 28.

41   Thieme, *zarathustra*, ed. Schlerath, 405~406.

42   Barr, *Øst og Vest*, 134.

43   *Y.* 31.7, 8; 45.4.

44   *GBd.* I.49 (*BTA*, 15).

45   이 다에바들에 대해서는 앞의 86~89, 122쪽을 보라.

46   그의 다음 책을 보라. *Die Aməša Spəntas*, 85 ff. 그리고 주로 그의 요약, ibid., 104.

47   이것은 가타의 문구들이므로, 각각에 대한 수많은 해석들이 존재한다. 여기에서 주어진 해석의 타성성에 관해서는 다음을 보라. Geiger, loc. cit.

48   H. Corbin, *Eranos-Jahrbuch* XXII, 1953, 101.

49   앞의 94쪽을 보라.

50   아메레타트의 의미에 대해서는 다음을 보라. Thieme, *Studien zur idg. Wortkunde*, 29 ff.

| | |
|---|---|
| 51 | 다음과 비교하라. *Zādspram* XXXV.1 (ed. *BTA*, 150/cxxiii). |
| 52 | *Y.* 43.16 (*khvǝng.darǝsōi khšathrōi*). |
| 53 | Pahlavi *Siroza* I.1. (Dhabhar, *zand-i Khūrtak Avistā*k, ed. 160.5~6, transl. 307); *GBd.* III.12 (*BTA*, 39); *Šâyest nē-šâyest* XV.5 (ed. Kotwal, 58). |
| 54 | Šnš. XV.5~6, 30 (Kotwal, 58, 67). |
| 55 | 아메샤 스펜타의 중세 이란어 형태 중 하나이다. |
| 56 | Bailey, *Zor. Problems*, 89. |
| 57 | 이 책 2권을 더 보라. |
| 58 | 전승 안에서 이 용법이 가장 흔하게 쓰이는 것은 스펜타 아르마이티(땅)와 하우르바타트(물)와 아메레타트(식물)의 경우이다. 이 용법은 보후 마나(가축)의 경우에서도 확인된다. 다음을 보라. *Vd.* 19.23~25, Darmesteter, *ZA* II, 267 n. 55. 그리고 크샤트라 바이리야(금속)의 경우는 다음을 보라. *Vd.* 9.10. |
| 59 | 앞의 59, 64~65쪽을 보라. |
| 60 | Lommel, *zarathustra*, ed. Schlerath, 260. 인도 사상에서 보이는 유사점들에 관해서는 다음을 보라. Thieme, *Studien zur idg.* Wortkude, 29. |
| 61 | Lommel, loc. cit., 261. |
| 62 | A. V. W. Jackson apud Moulton, *EZ*, 163~164; 그리고 다음과 비교하라. *Vd.*18~51. 이는 지상에 시신을 노출하는 의례와 양립 가능하다. 왜냐하면 시신의 뼈는 거의 언제나 결국 땅에 묻히기 때문이다. 앞의 179, 181쪽을 보라. 전승에 따르면 또한 "스판타 아르마이티"는 부활의 순간, 몽정(夢精, 몽정은 남성의 씨를 몽마(夢魔)에게 넘겨주는 행위로 죄악시되었다.)을 한 후에 그녀에게 적절한 절차에 따라 위탁된 정액에서 태어난 이들을 되돌려준다 한다. 다음을 보라. *Vd.* 18.46~52. |
| 63 | 젊은 아베스타와 파흘라비 문헌에 나오는 스펜타 아르마이티와 대지의 관계에 관한 일부 구문에 관해서는 다음을 보라. Bailey, *Festschrift W. Eilers*, 1967, 139~141. |
| 64 | Lommel, loc. cit,, 261. |
| 65 | S. Konow, *Pavry Memorial Volume*, 220~222; Bailey, *Khotanese Texts* IV, Cambridge 1961, 12. |
| 66 | 앞의 116쪽을 보라. 여성들도 농민들처럼 헌신적이고 순종적이기를 기대했으므로, 스펜타 아르마이티는 여성들의 수호자이기도 한데(앞서 266쪽에서 인용된 |

파흘라비 문헌 구절과 비교하라.), 여성들도 농부들처럼 특별한 헌신으로 그 여신의 축제를 축하한다.

67 이에 관해서는 9장을 더 보라.

68 하늘의 금속적 속성은 다음에 명확하게 서술되었다. *GBd.* III.16 (*BTA*, 43), VI a.2~3 (*BTA*, 71) 크샤트라의 모든 조력자 신들은 하늘과 관련된 야자타들이다. 이어지는 346쪽을 보라.

69 Sīrōza I.4; Šnš. XV.18 (ed. Kotwal, 63).

70 *GBd.* VI a.2.

71 *Sīrōza* I.4.

72 이는 다음에 명확하게 기술되어 있다. *Šnš.* XV (cited above, p. 204).

73 *Saddar Bundahišn* 75.1 (ed. Dhabhar, 146, transl. Dhabhar, *Rivayāts*, 556).

74 제너(zaehner, *The Teachings of the Magi*, London 1956, 32~33)가 그랬듯이, 베일리(H. W. Bailey, *Zor. Problems* Ch. IV)의 아스만(*asmān*)에 대한 뛰어난 설명 덕에 크샤트라의 하늘 및 금속과의 이중적 관계를 마침내 이해할 수 있게 되었다. 그러나 제너는 이 해석을 더 방대한 조로아스터교 연구(*Dawn and twilight* ..)에서 발전시키지 않았는데, 이 저술에서 여섯 아메샤 스펜타의 역할은 총체적으로 폄하되었다. 아마도 이는 이 학자가 당시 조로아스터교를 기독교의 전신으로 해석하는 데 관심을 두었기에 더 오래된 신앙(조로아스터교) 특유의 교리를 구분해 내는 것보다는 두 종교 사이의 공통점으로 보이는 것을 서술하는 데 여념이 없었기 때문으로 보인다. 일곱 불사자와 일곱 창조물의 관계에 대해서는 이어서 다음을 보라. Boyce, *BSOAS* XXXIII, 1970, 26 ff.

75 롬멜(*Rel.*, 123 ff.)이 아메샤 스펜타들이 자신들의 창조물들과 이미 가타 안에서 결합되어 있다는 것을 증명하기 전까지, 신과 사물의 관계는 나중에 생긴 것으로서 조로아스터의 가르침의 타락의 일부로 추정되었다. F. C. 안드레아스(Andreas)는 이런 발전이 외국의 영향, 즉 중국의 오행(五行) 불, 물, 땅, 금속, 식물의 영향으로 일어났을 것이라고 주장했다. 다음을 참고하라. apud R. Reitzenstein, *Die hellenistischen Mysterienreligionen*, 3te Aufl., 324 n. 1. 그는 아후라 마즈다가 먼저 인간의 보호자로, 보후 마나는 동물의 보호자와 동일시되고, 나머지 다섯 불사자들은 이 중국의 다섯 요소에 배정되었다고 주장했다. 이 해석은 상당히 일반적으로 받아들여졌고, 이것이 아메샤 스펜타들은 (독립된) 신격이라기보다 아후라 마즈다의 특성들 혹은 기관에 불과하다는 생각과 결합되어, 조로아스터교

신앙과 숭배의 실제와는 명확한 관계가 없는 매우 작위적인 체계를 만들어 냈다. 이 해석에 관한 가장 최근의 논의는 다음을 보라. Lommel, "Die Elemente im Verhältnis zu den Ameša Spentas", *Festschrift A. E. Jensen*, 1964, 365~377, repr. *zarathustra*, ed. Schlerath, 377~396.

76  다음을 보라. Lommel, *zarathustra*, ed. Schlerath, 264. I. 타라포레왈라(J. S. Taraporewala , *The Divine Songs of zarathushtra*, Bombay 1951, 347)는 "왕국" 혹은 "통치권"을 "고대 조로아스터교 개념에 두드러지게 기독교적인 색을 입히는 것"으로서 거부했다. 그러나 사실 이런 색채는 기독교가 조로아스터교에서 그런 개념들을 빌려 왔기 때문에 생긴 것이다.

77  조로아스터 사상의 암소와 이 주제를 다룬 다른 저작들의 목록들도 포함하고 있는 다음 논문을 보라. G. G. Cameron, "Zoroaster the Herdsman", *IIJ* X, 1968, 261~281. 서방에서 가타의 암소 이미지의 상징적 의미를 인식하면서 그들의 의견은 이전보다 훨씬 파르시의 해석과 조화를 이루게 되었다.

78  리그베다에서 "암소", "황소", "초원" 등 용어의 수사적 쓰임에 대해 다음을 보라. W. P. Schmid, "Die Kuh auf der Weide", *IF* LXIV, 1958/9., 1~12. 캐머런(Cameron)의 일반적 논평과 함께. art. cit., 266 n.

79  몰레(Molé, *Culte*, 195)는 이 절이 야스나에서 바치는 제의적 제물과 관련된다는 의견을 제시했다. 그러나 그는 아주티(*āzūiti*)를 유일하게 잘 증명된 이란의 의식에 쓰이는 것과 같은 지방(脂肪) 헌물로 보는 대신 베다 제의에 따라 버터 헌물로 해석하는 이들의 견해를 따랐다.(앞의 6장 주석 40번을 참고하라.)

80  조로아스터 자신의 시절에 대한 사회적 함의는 이어지는 326쪽을 보라.

81  생명에 필수적이고 모든 것에 스며 있는 우주적인 불 교리의 희미한 흔적인 인도인의 사고에서도 발견될 수 있을 듯하다. 다음을 보라. Duchesne-Guillemin, "Heraclitus and Iran", *History of Religions* III, 1, Chicago 1963, 43~46. 베다의 아그니와 르타의 관계와 조로아스터교의 아타르와 아샤의 관계의 차이점에 관해서는 다음을 보라. Lommel, *Rel.*, 262~264.

82  Darmesteter, *Ormazd et Ahriman*, 14.

83  최근의 연구는 다음을 보라. Gershevitch, *AHM*, 293.(그러나 그는 "여기 이 빛들"을 불이 아니라 낮의 햇빛으로 해석했다.)

84  Lommel, *Rel.*, 47~48.

85  다미(dāmi), 즉 "창조자의(?)"에 관해서는 다음을 보라. Gershevitch, *AHM*,

168~169.

86  *zarathustra*, ed. Sehlerath, 31~32.

87  그리하여 이른 세대 학자들이 조로아스터가 사실 사제가 아니라 나머지 두 계층(평민과 전사) 중 하나의 일원이었다고 가정할 수 있었다. 예컨대 다음을 보라. Moulton, *EZ*, 116~118, Hertel, *Die Zeit Zoroasters*, Leipzig 1924, 31.(이에 대한 반론으로는 다음을 보라. Lommel, *zarathustra*, ed. Schlerath, 33 ff.) 가타에 나오는 사제들의 전문 용어에 관한 주요 연구는 훔바흐(H. Humbach, *Die Gāthās*, passim, 그리고 거기에 나오는 그의 별도의 논문들에 딸린 참고문헌 목록과 함께 ibid.. I, 10)와 몰레(M. Molé, *Culte*, passim. 그리고 그의 더 이른 시기 논문들에 대한 참고 문헌들. ibid., xxvii) 그리고 티메(P. Thieme, *ZDMG* 107, 1957, 67~104)가 수행했다. 그들이 발견한 내용을 K. 루돌프(Rudolph)는 개괄적 논문("zarathustra— Priester und Prophet", *Numen* VIII, 1961, 81~116, repr. in *zarathustra*, ed. Schlerath, 270~313)에 요약했다. 제의에 관한 한 이 학자들 모두가 어떤 시대든 피의 희생제는 조로아스터교에 생소한 것이었다는 서구의 일반적 전제를 받아들였다.

88  희생제의 여신. 다음을 보라. Humbach, *IF* LXIII, 1957, 42~43 and above, p. 164.

89  Boyce, *BSOAS* XXXIII, 1970, 32~33.

90  1960년대 서방 학자들은 이 증거들의 중요성을 인정하게 된다. 다음을 참고하라. zaehner, *Dawn*, 1961, 84~87; Duchesne-Guillemin, *La religion*, 1962, 99~102. 조로아스터교 제의에서 동물 희생제에 관한 사실들은 이보다 훨씬 전에 파르시 학자들에 의해 기록되었다. 다음을 참고하라. S. J. Bulsara, *Aērpatastān and Nīrangastān*, Bombay 1915.(여기에서 관련 구문들은 "희생제" 항목 아래에 자세한 색인으로 제시된다.); B. N. Dhabhar, *Rivāyats*, 261 n. 15; J. C. Tavadia, *JBBRAS* 1945, 41. 18세기와 19세기 파르시들과 접촉한 앙크틸 뒤 페롱(Anquetil du Perron), 하우그(Haug), 다르메스테터(Darmesteter) 등 서방 학자들도 이를 기록했고, 17세기에 우연히 그곳을 방문한 여행자들도 이를 기록했다.

91  Benveniste, "Sur la terminologie iranienne du sacrifice", *JA* 1964, 52~53.

92  그 증거에 대해서는 다음을 보라. Boyce, *JRAS* 1966, 100~109; *BSOAS* XXX, 1967, 42~43; XXXIII 1970. 31~32; *Henning Mem.* Vol., 67~79; *Mithraic Studies* I(ed. Hinnells), 106 ff.

93  참고 문헌은 다음을 보라. Boyce, *BSOAS* XXIII, 31, nn. 52, 53. 일반적인

힌두교도들의 육식 금지에 관해, 더운 남인도에 사는 브라만들이 북쪽의 형제들보다 더 엄격하다는 점이 지적되었다.(다음을 보라. J. A. Dubois, *Hindu manners, customs and ceremonies*, transl. and ed. by H. K. Beauchamp, 3rd ed. Oxford 1906, 110~111.) 중앙아시아의 불교도 몽골인들은 자기 신앙의 육식 금지 계율에도 불구하고 계속 잡식을 하는데, 기후와 생활 조건이 이를 요구한다.

**94** Bulsara, op. cit.; Boyce, *Henning Mem.* Vol., 67~69.

**95** 앞의 201~202쪽을 보라.

**96** 다시 말해 아주이티(*azūiti*), 이쟈 그리고 불에 바치는 제물에 대한 언급들. 조로아스터가 피의 희생을 반대했다는 가정의 유일한 직접적 근거는 매우 모호한 가타의 절들(*Y.* 32.8, 12, 14)에서 뽑아낸 것인데, 그 해석에 관해 둘 이상의 어떤 학자들도 해석의 일치를 보지 못했으며, 따라서 이는 후대의 모든 문헌과 관행을 반박하는 추론의 근거로 쓰일 수 없을 뿐 아니라 가타 자체의 (조로아스터가 희생제를 인정했다는) 더 명백한 구절들을 반박하는 근거가 될 수 없다.

**97** 희생제에 관한 조로아스터의 가르침이 가장 잘 표현된 구절은 슬라브어 에녹서(*Book of Enoch*, ed, A. Vaillant, Paris 1952, 56)에 나와 있다. "가축(소)의 영혼을 제대로 지키지 못한 이들은 자신의 영혼을 멋대로 대하는 것이지만, 순정한 가축을 희생으로 올리면 그것은 치유이니, 그는 자기 영혼을 치유하는 것이라. …… 하나 어떤 짐승이든 [의례의 규정을 따르지 않고] 죽이는 이는, 이는 악마의 법이니, 자신의 영혼을 제멋대로 하는 것이니라." 다음을 참고하라. S. Pines, *Numen, Supplement* XVIII, 1970, 83~84. 1964년 필자는 야즈드와 그 촌락들에서 조로아스터교도들이 적절한 종교적 예법에 따라 희생제를 올리는 수많은 행사 현장에 함께했는데, 예법에 따르면 희생 동물은 최후의 순간까지 갖은 보살핌을 받았다.(자세한 내용은 이 책 4권을 보라.) 또한 그녀는 더운 여름 기념일에 야즈의 시 도축장을 지났는데, 거기에서는 겁먹고 갈증에 지친 동물들이 건물 밖에서 먼지 범벅투성이로 기다리고 있었다. 그래서 어떤 식으로 최후를 맞는 것이 짐승에게 더 친절한 것인지에는 의문의 여지가 없었다. 그러나 심지어 도축장에서도 무슬림 도살자들은 자신들의 종교법이 요구하는 대로 짐승의 목을 긋기 전에 그들을 알라에게 바친다.

**98** zaehner, *Dawn*, 85. 다신교의 하오마 숭배에 관해서는 앞의 210~214쪽을 참고하라.

**99** 이 단어(YAv. *madha-*)에 관한 최근 연구는 다음을 보라. W. O'Flaherty apud

R. Gordon Wasson, *Soma, divine mushroom*, 144; J. Brough, *BSOAS* XXXIV, 348~349.

**100** Bartholomae, *Air. Wb*, 1189.

**101** 이 아베스터어가 산스크리트어 무트라(mūtra)의 의미를 갖는다면 이 해석은 왓슨의 지지를 받았는데(op. cit., 29 f.), 광대버섯을 먹은 이의 오줌도 그 버섯과 똑같은 환각 성분을 가지고 있어서, 때로는 취하기 위해 그것을 마셨던 것으로 보이기 때문이다. 그래서 그는 조로아스터가 마다를 비난하기 위해 의도적으로 무투를 선택했다고 주장했는데, 왓슨 또한 대부분의 초기 학자들처럼 마다를 하오마로 생각했다. 그러나 브로우(Brough)는 이 가정을 받아들이는 반면 여기에서 무트라의 특별한 중요성을 인정하지 않았다.(다음을 참고하라. art. cit., 343~348. 왓슨의 대답과 함께. *Soma and the fly-agaric*, 24~28. 그리고 다음을 더 참고하라. Gershevitch, "An Iranianist's view of the Soma controversy", *Mémorial Jean de Menasce*, Paris 1974, 405~435.) 그러나 야스나(*Y.* 48.10)에 나오는 마다가 하오마가 아니라면 주장과 반론은 모두 이와 관계없다.

**102** 앞의 216쪽을 주석 102번과 함께 보라.

**103** 앞의 185~187쪽을 보라.

**104** *Yt.* 5, 104; *야바(*yava*)에 대한 이 해석에 대해서는 이어지는 10장 주석 82번을 참고하라.

**105** W. B. 헤닝(Henning)의 이 해석에 관해서는 다음을 참고하라. apud Boyce, *BSOAS* XXXII, 1969, 18. 이 절은 예전에 수많은 방식으로 해석되었는데, 어떤 것도 문법적으로 완전히 만족스럽지 못했다. 후대의 각색본인 옝혜 하탐(yeŋhē hātąm) 기도문(즉 야스나 27.15)에 대해서는 이어지는 340쪽을 보라.

**106** 이 단어의 의미에 관해서는 앞의 200~201쪽을 보라.

**107** 이 해석에 관해서는 다음을 보라. Humbach, *Gāthās*, I 103, II 42. 카바스지 캉가(Kavasji Kanga)는 스펜타 마이뉴를 조격이 아니라 아후라 마즈다에게 호명되는 호격으로 해석했다. 다음을 보라. Taraporewala, *The Divine Songs of zarathushtra*, 343.

**108** 앞의 204쪽을 보라.

**109** 다시 한번 이 해석은 기본적으로 홈바흐(Humbach)의 것인데(그의 다음 책을 참고하라. *Gathas*, I 104, II 42~43.), 그는 다양한 필사본을 채택하여 이를 아샤이(*ašāi*) 대신 아샤(*aša*)로 새겼다.

110 6장을 보라.

111 여섯 아메샤 스펜타와 제의에 쓰이는 도구 및 제물들의 이런 관계는 여전히 이라니 사제들의 정통파 베흐딘들(*behdīns*, 선한 종교, 즉 조로아스터교도들. — 옮긴이)에 의해 그렇게 이해된다. 다음을 참고하라. Boyce, *BSOAS* XXXIII, 1970, 28 n. 39. 그리고 이 책 4권을 더 참고하라. 몰레(Molé)는 이 점에서 조로아스터교 교리를 이해하려 접근했지만, 가타를 협동으로 만들어 낸 전례집이라 잘못 가정하고, 또 위대한 아메샤 스펜타들을 "희생제의 구조 안에서 일익을 담당하는 기능 이상의 독립성이 없는 신들"로 보는(반만 진실로 보이는 해석) 한계가 있었다. 그의 다음 글을 보라. *Numen* VIII, 1961, 58 n. 12.

112 정통파 조로아스터교도들은 지금도 일생 동안 이 교리를 지키고 있는데, 이는 주딘(*juddin*, 윤리적 외부자, 즉 비파르시. — 옮긴이)이 조로아스터교도 마을 공동체와 접촉하면서 가장 예리하게 감지할 수 있는 사실이다. 공동체에서는 모든 "창조물들"의 대표들을 일상을 통해 자연스럽게 만난다. 이 책 4권을 더 보라.

113 이 교리는 다양한 파홀라비 권고 문헌에 등장한다. 예컨대 다음을 보라. J. M. Jamasp-Asana (ed.), *Pahlavi Texts* I, Bombay 1913, 45.6~9 *Čidag Andarz ī Póryōtkēšān*, § 27, transl. zaehner, *Teachings of the Magi*, 24.(다른 해석에 대해서는 다음을 보라. *Handbuch*, IV.2.1, 52 n. 5.)

114 Lommel, *zarathustra*, ed. Schlerath, 257~258; 다음과 비교하라. Y. 31.6.

115 Šnš. XV.8 (Kotwal, 59).

116 Keith, *Rel. and phil.* I, 151

117 Jackson, *Avesta, Pahlavi and Ancient Persian Studies in honour of P. B. Sanjana*, 161.

118 앞의 229~230, 231쪽과 주석 187번을 보라.

119 앞의 166~169쪽을 보라.

120 이런 축일들이 여섯 창조물들과 연결된 것은 단지 후대, 즉 사산조 시절이었다는 서방의 일반적 가정은 아메샤 스펜타들과 창조물들의 연결 관계는 조로아스터 자신의 가르침의 일부가 아니라는 가정(이 가정은 이제 유지될 수 없는 것으로 보인다.)과 연결되어 있다. 축제의 이름들이 젊은 아베스타어 형식으로 살아남았다는 것은 축제 자체가 창설된 날에 대해 아무것도 증명하지 않는다. 왜냐하면 이름은 언어의 변화에 따라 자연스럽게 변할 것이기 때문이다.(예컨대 영어의 Easter < 고(古) 영어 Éastre는 다신교 여신 이스트레(Eostre)와 관련된 것이다.)

121 Y. 26.6.

122 앞의 231쪽, 이어지는 9장과 10장 그리고 이 책 2권을 보라.

123 Boyce, *Pratidānam, Studies presented to F. B. J. Kuiper*, 201 ff.

124 Boyce, *BSOAS* XXXIII, 1970, 538 with n. 101.

125 아에쉬마(Aēšma), 즉 "격노"는 "앙그라 마이뉴와 드루그를 제외하고 조로아스터가 이름을 부른 유일한 악마이다. 앞의 127쪽을 보라.

126 Boyce, *BSOAS* XXXIII, 1970, 36~37, with n. 87.

127 이란 전승 안의 세 아후라에 대해서는 앞의 52쪽부터 보라.

128 앞의 100~102쪽을 보라.

129 앞의 95~98쪽을 보라.

130 이 절에 대해서는 아시(*Aši*)/아시(*aši*)의 밀접한 병치와 더불어 다음을 보라. Lommel, *Rel.*, 82.

131 다음을 참고하라. Bartholomae, *Air. Wb.* 259; 야스나 51.5의 아쉬바(*ašivā*, ibid., 242)에 대해서는 다음을 참고하라. Gershevitch, *AHM*, 325 on p. 194.

132 참고 문헌과 함께 다음을 보라. Boyce and Kotwal, *BSOAS* XXXIV. 1971, 306 ff.

133 Boyce, *BSOAS* XXXIII, 1970, 33.

134 아쇼다드에 관해서는 앞의 224~225쪽을 보라.

135 이 두 신에 대해서는 앞의 119~121, 201쪽을 보라.

136 Boyce, *Henning Memorial Volum*, 78~79.

137 앞의 218쪽을 보라.

138 Boyce. *JRAS* 1966, 107~108.

139 겔드너를 따라(다음을 보라. Bartholomae, *Air. Wb.* 658.) 투쉬나마이티를 아르마이티와 동일시하는 것이 일반적이다. 그러나 이는 조로아스터가 엄격한 일신론자였다는 이론(그렇다면 아르마이티는 오직 아후라 마즈다의 한 "특성"이 된다.)을 고수하고자 만들어진 의견인 듯하다. 이에 대한 적절한 설명은 전혀 개진되지 않았다. 다른 의견은 다음을 참고하라. Nyberg, *Rel.*, 112~113.

140 "일신교" 학파는 아후라 마즈다를 이렇게 복수형으로 호출하는 이유는 그가 자신의 "특성들"로서의 아메샤 스펜타 한 명 이상과 결합되었기 때문이라고 해석한다. 그러나 하나의 신을 그 자신의 성격의 특정한 일면과 결부해 호명하는 것이 어떻게 그가 둘로 인식되는 이유가 될 수 있는지는 전혀 명확하지 않다.

## 9장

1 앞의 185~190쪽을 보라.

2 앞의 154, 172~174쪽을 보라.

3 이 문제들 일반에 관해서는(하지만 논의가 주르반교에 집중되어 있다.) 다음을 보라. H. S. Nyberg, "Questions de cosmogonie et de cosmologie mazdéennes", JA 1929, 193~310; 1931, 1~134, 193~244. 그리고 다음도 보라. R. C. zaehner, *Zurvan; M. Molé, Culte, mythe et cosmologie dans l'Iran ancien*, and "La naissance du monde dans l'Iran préislamique" in *La naissance du monde, Sources orientales I, aux éditions du Seuil*, Paris 1959, 301~328.

4 비록 어원은 명백해 보이고, 그 용법도 대체로 간단하지만 두 단어에 대해 "정신적인"이나 "육체적인"보다 더 만족스러운 해석을 구하려는 많은 시도가 있어 왔는데, 이는 주로 이 단어 쌍에 너무나 자주 따라붙는 윤리적 대조점 때문이다. 조로아스터교의 용법도 복잡해서, 메노그 신들과 게티그 신들이 있고, 아후라 마즈다가 메노그 신이라는 설명과 (온전한 형태로서) 메노그이자 게티그 신이라는 상충하는 설명들이 있다. 조로아스터 전승 안에는 이 정의들과는 다른 것들이 분명 있었다. 근래에 샤케드는 파흘라비 서적에서 이 용어들이 어떻게 쓰였는지 논했다.(S. Shaked, "The notions *mēnōg* and *gētīg* in the Pahlavi texts and their relation to eschatology", *Acta Orientalia* XXXIII, 1971, 59~107)

5 H. Corbin, "Le temps cyclique dans le mazdéisme et dans l'ismaélisme", *Eranos-Jahrbuch* XX, 1951, 153.

6 U. Bianchi, *zamān i Ōhrmazd, Storia e Scienza delle Religioni*, 1958, Ch. V.

7 예컨대 다음을 보라.*Greater Bundahišn* I.39 (*BTA*, 13). 조로아스터교의 시간(주르반(*Zurvān*)) 문제에 대한 논의는, 이란 종교 연구에서 너무나 자주 그러듯 보통 명사와 이를 인격화한 신의 공존 때문에 복잡해진다. 필자는 야자타 주르반의 개념이 단지 상대적으로 후대, 즉 아케메네스조 시절에 발생했다고 보는 학자들의 의견에 동의한다. 따라서 이 장에서 고려하는 것은 시간 주르반일 뿐 신 주르반이 아니다.

8 Ed. and transl. by A. Vaillant, *Le livre des secrets d'Hénoch*, Paris 1952, 60; S. Pines, "Eschatology and the concept of time in the Slavonic Book of Enoch", Numen, Supp. XVIII, 1970, 77. 에녹서 일반에 대해서는 심화된 참고 문헌 목록과 함께

다음을 보라. D. Winston, *History of Religions* V, 197~198, with n. 38.

**9**  *GBd.* III.23 (*BTA*, 45); 다음과 비교하라. *Pahl. Riv. Dd* XVI.b (ed. Dhabhar, 47~49).

**10**  세계의 창조, 유지, 부활에서 야스나가 차지하는 중요성에 대해서는 다음을 보라. Molé, Culte, 85~147; 그리고 다음과 비교하라. Corbin, art. cit., 160.

**11**  대분다히슌 IV. 20 (*BTA*, 51)에 전하는 바에 따르면 아흐리만이 황소에게 다가가기 전 오흐르마즈드는 "그 동물의 고통을 덜어 주고자" 황소에게 "약으로 쓰이는 망(*mang*(*mang ī bēšaz*))"을 주었다." 이 "망"은 수면을 유도하는 마취제가 아니라 목숨을 앗는 독약이었다는 주장이 제기되었다.(Henning, Zoroaster, 32) 그러나 다른 파흘라비 문헌에 나오는 이 말의 상반되는 의미(이어지는 365쪽을 보라.)는 차치하고, 이 해석은 이론적 기반에서 불가능해 보인다. 죽음은 아흐리만에 속하는 악한 것이며, 오흐르마즈드가 만든 동물에게 죽음을 가져다주는 것은 바로 아흐리만이다.

**12**  예컨대 다음을 보라. *GBd.* IV. 10~28 (*BTA*, 49~53).

**13**  *GBd.* IV.27.

**14**  *GBd.* VI (BTA, 71~85). 이 장에서 메노그 창조물들(즉 메노그 이 아스만(mēnōg ī asmān) 등)은 자신들의 게티그 형태를 통해 반격한다고 나온다.

**15**  *GBd.* l. 47~49. 55 (*BTA*, 15~17, 19).

**16**  이런 교리는 자연스레 스스로의 문제점들을 만들어 내는데, 사실 전승에서 많은 동물 종(예를 들어 늑대와 전갈)이 본질적으로 다에바적인 것으로서, 실제로 악한 행동에 의해 발생했다고 간주된다.(12장을 보라.)

**17**  이 용어에 대한 최신 연구로는 다음을 보라. Bailey, *Zor. Problems*, 2nd ed., 1971, intro., vii-xiii. 구절 프라샤 카르(*fraša- kar-*)는 가타어지만, 합성어 프라쇼.케레티(*frašô.kərəti, -ərət-*가 -*š*-를 대체)는 예언자 자신이 말한 언어와는 다른 방언에 속한다.

**18**  Corbin, *Eranos-Jahrbuch* XX, 152.

**19**  Söderblom, *The Living God*, 218.

**20**  zaehner, *Dawn*, 308.(해석의 변동과 함께.)

**21**  Ibid., 296.

**22**  *Y.* 44.10.

**23**  이 절에 관해서는 다음을 보라. Lommel, *Rel.*, 228.

24  참고 문헌은 다음을 참고하라. B. Schlerath, *Avesta-Wörterbuch, Vorarbeiten* I, 80.

25  이 절의 다에나를 다른 방식으로 해석하려는 시도에 대한 반론으로는 다음을 보라. Gershevitch, *JAOS* LXXIX, 1959, 199.

26  *Rel.*, 229.

27  Lommel, *Rel.*, 228~229. 이어서 구원자의 도래 교리는 예언자의 전설적인 삶과 관련되어 발전했는데, 이어지는 11장에서 이에 맞춰 다룰 것이다.

28  개별 심판에 관한 이차 저작 목록에 관해서는, 최근의 Ph. Gignoux, "L'enfer et le paradis d'après les sources pehlevies", *JA* 1968, 242 다음을 참고하라. .

29  앞의 153쪽부터 보라.

30  *Y.* 30, 7 (이에 대해서는 앞의 8장 주 62번 다음을 보라.); cf. *Vd.* 18.51. 똑같은 교리가(교리상의 정당화는 줄어든 듯하지만) 기독교와 이슬람에서 보이는데, 두 경우 모두 궁극적으로는 조로아스터교에서 교리를 가져온 것으로 널리 인정되고 있다.

31  파홀라비 구절들에 관해서는 다음을 보라. Molé, *Culte*, 113~116; zaehner, *Dawn*, 317.

32  "미래의 몸"을 가리키는 아베스타의 용어는 없는데, 제너(zaehner, Dawn, 318)는 이 파홀라비어 표현이 주르반교와 관련 있다고 해석했는데, (그가 말하길) "그것은 '처음의 몸', 완전한 우주, 즉 대우주, (다시 말해) '주르반, 즉 무한한 시간의 몸'이 시간 자체가 무한으로 합쳐 드는 순간 갖는 최후이자 완벽한 형태 이외의 것을 의미한다고 보기는 어렵기" 때문이다. 필자에게 이 해석은 지극히 의심스러워 보인다. '탄 이 파셴'이라는 표현은 오직 개인과 내세를 언급할 때만 쓰였고, 그것에 대한 믿음은 (기독교의 경우처럼) 규정된 신조(信條)이지 신학적인 추론의 문제가 아니었다. 예컨대 다음을 보라. Jamasp-Asana, *Pahlavi Texts*, 43.18~44.6. "나는 사흘 밤 동안의 판결, 부활 그리고 미래의 몸(*tan i pasēn*)에 대해 어떤 의심도 품어서는 안 된다."

33  Diogenes Laertes and Aeneas of Gaza. 다음을 보라. C. Clemen, *Fontes Historiae Religionis Persicae*, Bonn 1920, 75, 05; W. S. Fox and R. E. K. Pemberton, "Passages in Greek and Latin literature relating to Zoroaster and Zoroastrianism translated into English", *JCOI* 14, 1929, 81, 109.

34  앞의 159~160쪽을 보라.

35  즉 15세기 전승에 따르면 아이의 행동은 부분적으로 혹은 전적으로 부모의

책임으로 여겨졌고, 나쁘든 좋든 "다리로 가서" 부모의 몫으로 측정되게 되어 있다.

36 미스반 가투라는 용어는 오직 젊은 아베스타에서만 알려져 있다. 다음을 보라.
Bartholomae, *Air. Wb.* 1186~1187. 후대에, 아마도 오래전에 하늘을 셋으로 구분한
것에 부응하여, 함미스타간을 세 층으로 정교하게 분리하는 것에 대해서는 다음을
보라. Gignoux, *JA* 1968, 226.

37 Dīnkard IX. 19.3, ed. Sanjana, Vol. XVII, transl. West (as 20.3), *SBE* XXXVII,
210.

38 다음을 보라. Moulton, EZ, 165. 다리의 처녀에 관한 수많은 구절들은 다음에 한데
모여 있다. J. C. Pavry, *The Zoroastrian doctrine of a future life*, New York 1929,
28~48, M. Molé, "Daēnā, le pont Činvat et l'initiation dans le Mazdéisme", *RHR*
CLVII, 1960, 155~185.

39 물론 예외가 있다. 니베르그(*Rel.*, 114 ff.)는 다에나(*daēnā*)는 한 단어밖에 없다고
생각했는데, 그는 이것을 "Schausinn" 혹은 "Schauseele"로 새겼다. 즉 "다에나는
개인 안에 있는 '보는 감각(즉 Schausinn)'인 동시에 '보는 영혼(Schauseele)'이며,
그 개인의 종교적 (감각) 기관으로서, 모든 보는 것들의 집합적 단위로 인식되는데,
따라서 '보는 이들'의 집단, 즉 숭배 공동체, 종교 공동체이다."(ibid., 118)
마찬가지로 몰레도 다에나(*daēnā*) 한 단어만 있다고 보았는데, 그는 다음과 같이
해석했다. "(다에나는) 제의의 총합으로 인식되는 종교로서, 이를 받아들이느냐가
사후 그 영혼의 운명을 결정하며 친바트 다리에서 벌어지는 심판에서 승리하는
것을 돕는다. 다에나는 개별적인 존재가 아니지만, 남성 각자에게 그녀는 그가
평생동안 따른 모범(선한 것 혹은 악한 것)에 해당하며, 그녀는 또한 죽은 이들의
공동체를 표상한다."(art. cit., 181) 따라서 그는 등장하는 모든 다에나를 "종교"로
해석했는데, 어떤 곳에서 이런 해석은 명백히 억지로 보인다. 다에나와 베다의
드헤나(*dhéna*)의 관계에 대한 수많은 학자들의 연구에 대해서는 다음을 참고하라.
Ibid., 182~185.

40 Lommel, *Rel.*, 150~151; cf. his Yašťs, 103.

41 롬멜(Lommel, *Rel.*, 150 f.)은 다에나는 가타에 나오지 않는 프라바쉬를
대체하고자 예언자가 만들어 낸 용어라고 주장했다. 그리고 코르빈(Corbin,
*Eranos-Jahrbuch* XXII, 1953, 142)은 롬멜의 주장을 다듬어 다에나를 개인의
몸속에서 합쳐진 게티그 프라바쉬의 메노그 짝으로서, 그 "이중성"의 발전으로
보았다. 그러나 이 해석은 아베스타에서 이 단어의 다양한 쓰임을 거의 만족시키지

못한다.

42 *Hadhōkht Nask*, II. 22~32. 그리고 다음을 보라. Asa and Haug, *The Book of Arda Viraf*, Bombay 1872, 284 ff., 311 ff.

43 이 해석에 관해서는 다음을 보라. Gershevitch, *JRAS* 1952, 177.

44 *Die Gāthās* I, 56~58.

45 Bartholomae, *Air. Wb.* 666.

46 이와 다르지만 (다에나를) 똑같이 지상의 존재(인간)의 한 부분이자 하나의 인격으로 가정하는 것은 다음을 보라. Corbin, Eranos-Jahrbuch XX, 1951, 158.

47 다음을 보라. Ph. Gignoux, "L'inscription de Kartir à Sar Mašhad", JA 1968, 403 (II. 42~43). 대분다히슨XXX,12~15에 따르면 올바른 영혼은 다리 위로 올라 먼저 "젖이 가득 찬 살찐 암소"의 형상을 만나고 나서 처녀의 형상을 만나고, 세 번째로 비옥한 정원의 형상을 만난다고 한다. 이런 정교한 설명은 사물을 세 겹으로 만드는 조로아스터의 경향성과 아샤반을 기다리는 기쁨을 윤색하고픈 열망에서 비롯된 것으로 보인다.

48 다음을 참고하라. Henning, "Sogdian Tales", *BSOAS* XI, 1945, 476~477. 해당 구절은 마니교 판본의 조로아스터교 신앙을 나타낸다.

49 앞의 160쪽을 보라.

50 앞의 293쪽을 보라.

51 아후라 마즈다 자신이 다리에서 판결하는 심판자라는 가정(Moulton, *EZ*, 169. 그리고 기타 학자들)의 실제적 근거는 전혀 없다. 최고신의 자리는, 어떤 자리가 그에게 배정될 수 있는 한, 낙원 자체의 높은 곳에 있으며, 축복받은 영혼의 최고의 순간은 거기 있는 그의 면전으로 들어가는 것이다.(다음을 보라. *Hādkokht Nask* II.37, Asa-Haug, *AVN*, 292/314.)

52 또한 라쉬누와 아시 사이에 존재하던 관계에 관해서는 다음을 보라. Gershevitch, *AHM*, 195.

53 앞의 94쪽을 보라.

54 Humbach, *Die Gāthās* I, 55~56; Darmesteter, *Ormazd et Ahriman*, 8~13.

55 유사한 이란인의 신앙에 대해서는 앞의 225~227쪽을 보라.

56 이 절에 관해서는 앞의 284, 179쪽을 보라.

57 예컨대 다음을 보라. *Y.* 31.6.

58 그러나 이 구절은 현재 선한 이들과 악한 이들의 "군대"가 싸우는 것을 의미한다고

여겨질 수도 있다. 다음을 참고하라. Lommel, *Rel.*, 222, 227.

59 GBd XXXIV 18~19 (*BTA*, 289). 친구 혹은 치료자로서 아리야만이 맡은 역할에 대해서는 앞의 90~92쪽과 다음에 이어지는 내용을 보라. 다데스탄 이 디니그가 붙은 파흘라비 리바야트(*Pahl. Riv. Dd*, XLVIII.70 (ed. Dhabhar, 152))에 따르면 "모든 산의 금속을 녹일" 이는 샤흐레바르(Shahrevar)이다.

60 *GBd.*, loc. cit.; *Dādestān ī dīnīg, Purs.* 36.110~111 (ed. Dhabhar, 106, transl. West, *SBE* XVIII, 115); *Saddar Bd.*, conclusion (ed. Dhabhar, 173~178, transl. Dhabhar, *Rivāyats*, 575~578).

61 *Rel.*, 219 ff.

62 이는 다음에 분명하게 언급되어 있다. Šnš. XV. 17, ed. Kotwal, 63.(앞의 64쪽)

63 다 데 스 탄 이 디 니 그 에 나 오 는 후 대 가 르 침 의 해 설 에 서 사 제 마누쉬치흐르(Manuščihr)가 부득불 정의를 위해, 죄인들도 그리하여 결국 구원을 받지만 "올바른 이들의 더 큰 공정함과 덕행에 대한 보상으로 그들의 영혼은 더 좋고 높은 자리와 더 큰 평화와 기쁨을 누리게 될 것"이라고 말한 것을 주목할 만하다.(*Dd.*, *Purs.* 36.16, ed. Dhabhar, 68)

64 Ed. Vaillant, 62; transl. Pines, art. cit. (above, p. 230 n. 8), 78.

65 *Divine Institutions*, VII.18; transl. W. Fletcher. *The works of Lactantius*, Edinburgh 1871, I, 468~469. 이 신탁 배후에 있는 이란 전승의 고대성에 대해서는 다음을 보라. Benveniste, "Une apocalypse pehlevie . .", *RHR* CVI, 1932, 374~380; 그리고 분명 이에 의존하고 있으며, 죄인들의 최후의 파멸에 대해 언급하는 기타 저작들에 관해서는 다음을 보라. D. Winston, *History of Religions* V, 1966, 207 n. 64.

66 *GBd.* 34.28, 30 (*BTA*, 292); cf. zand ī Vahman Yašt VII. 35 (ed. *BTA*, 67, 124).

67 *GBd.* 34.31 (*BTA*, 291~293); 다음과 비교하라. *Pahl.* Riv. Dd L and XLVIII.86 (ed. Dhabhar, 162, 154). 그리고 플루타르코스의 책(Plutarch, Isis and Osiris, Ch. 47)을 보고, 이에 대해서는 다음을 참고하라. Clemen 48, Fox and Pemberton 52, Moulton, EZ, 403. 세상에서 악의 완전한 소멸에 대해서는 다음을 보라. *Dd. Purs.* 36.101~102 (cd. Dhabhar. 109, transl. West, *SBE* XVIII, 118). L. 카사르텔리(Casartelli)는 아흐리만의 운명에 대해 고찰했다.(*The philosophy of the Mazdayasnian religion under the Sassanids*, transl. F. J. Jamasp Asa, 64~68; zaehner, *Dawn*, 314~316)

68 EZ, 157.

**69** 이 마지막 야스나에 관해서는 다음을 보라. *GBd.* XXXIV.23 (ETA, 289~291);
*Zādspram* XXXV. 15~16 (ed. BTA, 153~154, cxxiv-v; transl. Molé, *Culte*, 93).

**70** Molé, *Numen* VIII. 58~59.

**71** 라피트위나에게 바쳐지는 정오의 가(gāh, 신에게 바쳐지는 시간) 즉 하루를
나누는 시점은 겨울에는 경축되지 않는다. 더 자세한 내용은 이어지는 장을 보라.

**72** *Zādspram* XXXIV.0.27~28 (*BTA*, cxix, 142).

**73** Boyce, *Pratidānam, Studies presented to F. B. J. Kuiper*, 207.

**74** 그러나 동물들에 관해 어떤 신학자들은 분명 "그들이 자신들의 계보에 따라
유일하게 창조된 황소로 합쳐질 것"이라고 생각한 듯하다. 반면 "중요한
식물들은…… 줄어들지 않을 것이며, 모든 장소가 봄의 정원을 닮을 텐데, 거기에는
모든 나무와 꽃이 있다."(*Pahl. Riv. Dd* XLVIII.103, 107, ed. Dhabhar, 158~159,
transl. H. K. Mirza, London thesis, 1940).

**75** Ibid., XLVIII.99, 100 (Dhabhar, 157).

## 10장

**1** 앞의 244쪽을 보라.

**2** Ed. Jamasp-Asana, Pahlavi Texts, 1-16; transcribed and translated by A. Pagliaro.
*Il testo pahlavico Ayātkār-i-ZArērān*, Rome 1925.

**3** *Yt.* 9.30, 5.109. 이 군주는 파흘라비 문헌에서 아르자스프(Arjāsp)로 나온다.
아베스타는 또한 그의 형제 반다레마이니쉬(Vandarəmainiš)의 이름을
기록한다.(*Yt.* 5.116)

**4** 다음과 비교하라. *Dk.* VII.4.77, transl. West, *SBE* XL VII, 68~69.

**5** *Ayādgār ī ZArērān* §§ 10~11.

**6** 앞의 244쪽을 보라.

**7** *Yt.* 13.100.

**8** Nyberg, *Rel.*, 297. 에일러스(Eilers)는 무쟈(Mužā)를 인도·이란 접경에 있는,
산스크리트어로 무자반트(Mujavant)인 산과 같은 것으로 보았다. 이에 관해서는
아울러 다음을 보라. Barrow, *JRAS* 1973, 138 n. 31.

**9** 마가(maga)는 가타에 나오는 문제적 단어 중 하나이다. 위의 해석에 관해서는

(이전 저작들 및 다른 해석에 관한 참고 문헌 목록과 함께) 다음을 보라. E. Benveniste, *Les Mages dans l'Ancien Iran, Publications de la Société des Études Iraniennes*, No. 15, Paris 1938, 14 ff.; R. C. ZAeh ner, *BSOS* IX, 1937~1939, 104; W. Eilers, *Abh.* d. *Akademie. d. Wissenschaften und d. Literatur in Mainz*, 1953, Nr. 2, 74~77.

10  Kaj Barr, *Studia Orientalia Ioanni Pedersen . . dicata*, Copenhagen 1953, 27.

11  다음을 참고하라. *DkM*. 634, 15~17; *zaehner, Zurvan*, 16 with n. 3.

12  다음을 참고하라. *DkM*. 212.5~7; *zaehner*, Zurvan, 30.

13  앞의 125쪽을 보라.

14  앞의 275쪽을 보라.

15  Th. Nöldeke, *ARW* XVIII, 1915, 597~600; W. B. Henning, *BSOAS* XXVIII, 1965, 253~254.

16  Benveniste, *Henning Mem.* Vol., 41.

17  오늘날 고백을 시작하는 구절 "악마를 비방(부정)하며(나이스미 다에보(*nāismi daēvō*))"는 후대에 덧붙인 것이다. K. Hoffmann, *Henning Mem.* Vol., 196~197을 보라.

18  Nyberg, *Rel.*, 274.

19  이는 조로아스터교 신자들을 상징적으로 가리키는 말로 보이는데, 아마도 조로아스터교 선교단을 선한 의도와 올바름이라는 의미에서 "가축"을 가진 이로 표현한 듯하다.(앞의 274~275쪽을 보라.)

20  이 번역에 대해서는 다음을 보라. Nyberg, *Rel.*, 457 on 185.1.

21  여기에서 야투는 그것의 초기 의미 "악한 초자연적 존재 악마"(앞의 125쪽을 보라.)로, 다에바는 여전히 "거짓 신"이라는 의미로 쓰인 듯하다.

22  락흐쉬얀트(*rąxšyant*)에 대해서는 다음을 보라. Gershevitch, *AHM*, 181 on 27.1; 다른 내용은 다음을 참고하라. Nyberg, *Rel.*, 466 on 273~274.

23  이 해석에 관해서는 다음을 보라. Nyberg, *Rel.*, 466 on 273.5.

24  아베스타어 크바에트바다타는 조로아스터교도 자신들이 18세기까지 행하던 "친족 간의 결혼"을 뜻한다고 이해되었다.(이 책 4권을 보라.) 그리고 이 의미는 하나의 단순한 어원만 허락한다. "속하는, 관련된 이"를 의미하는 크바에투(*khvaētu-*)와 "결혼(바드(*vad-*))"을 뜻하는 *바다타(*vadatha*)이다. 다음을 보라. Bartholomae, *Air. Wb*. 1860. 잘 검증된 관습과 그와 관련된 문헌에

대해서는 이 책 2권과 3권을 보라. 크바에트바다타에 대한 언급은 의심할 나위 없이 프라바라네의 아홉째 단락에 부자연스럽게 놓여 있다. 이것을 빼면 이 단락은 고백의 절정으로서 우아하고 일반적인 선언을 다룬다. 그러므로 그렇다면 결국 더 많은 문제만 일으키겠지만, 이 구절이 끼어들었을 가능성을 배제할 수 없다.

25    Nyberg, *Rel.*, 274,

26    앞의 281~282쪽을 보라.

27    Nyberg, *Rel.*, 274~275.

28    중세 페르시아어 쿠스티그(*kustīg*). 이 단어의 어원은 명확하지 않다.

29    예전에는 열다섯 살 때였다. 다음을 보라. *Yt.* 8.13~14. 여러 기독교 공동체에서 성인식 연령이 낮아졌듯이 이 연령은 낮아지는 경향이 있었다. 이 주제에 관한 후대의 문헌들에 관해서는 다음을 보라. Bartholomae, *Air. Wb.* 9. 다음도 보라. Modi, *CC*, 173~179.

30    브라만의 띠는 면으로 만들고, 조로아스터교의 것은 새끼 양의 털로 만드는데, 두 재질은 각각 인도와 이란에서 얻기 쉬운 것이다.

31    그 성격에 관한 기록이 남은 가장 오래된 시기(즉 사산조 시절)부터 착용해 온 끈은 일흔두 가닥으로 꼬아지며(후대 야스나의 72장을 상징한다.), 이는 다시 스물네 가닥씩 세 묶음으로 나뉘고(비스페라드의 24장을 상징한다.), 이는 다시 열두 가닥 여섯 묶음으로 나뉘는데(여섯 가지 종교적 의무와 1년 열두 달을 상징한다), 이 가닥들은 한꺼번에 묶는 마지막 매듭은 인간의 형제애를 나타낸다. 이런 관점 및 다른 관점과 파흘라비 문헌들에 관해서는 다음을 보라. Modi, op. cit., 175~176.

32    Modi, op. cit., 171~173.

33    고대 인도인들은 아침, 한낮, 저녁에 희생을 올렸는데, 이 "세 대접"이 신들에게 바쳐졌다.(*RV* 5.29.1, apud *Thieme, Mitra and Aryaman*, 78~79) 오후 전체를 포괄하는 우자야라에 관해서는 다음을 보라. Bartholomae, *Air. Wb.* 409 s.v.

34    라피트윈(Rapithwin)에 관한 후대의 참고 문헌 목록은 다음을 보라. Boyce, *Pratidānam, Studies presented to F. B. J. Kuiper*, 201~204; 그리고 앞의 291, 292쪽과 비교하라.

35    조로아스터교의 낮 구간 구분과 해당 수호신에 대해서는 예컨대 다음을 보라. *Y.* 1.3 ff., 2.3 ff. et pass., *GBd.* III. 22 (*BTA*, 45); *Dk.* IX.9.7. (8~5) ed, Sanjana, XVII, 15, Madan, 793.13~15, transl. West, *SBE* XXXVII, 183~184.

36    그렇지만 평신도들은 취침 전 아이위스루트라(Aiwisrūthra) 기도를 읊고 새벽

직전 깨어나 우샤(Ušah) 기도를 올림으로써 깨지 않고 밤의 휴식을 누릴 수
있었다.(무슬림들은 조로아스터교에서 현행 일일 기도를 차용하면서 똑같은
관행을 따랐다.) 우샤라는 단어는 간단히 "새벽"을 뜻하지만 아이위스루트라는
기원이 불명확하다. 후대의 용법에 따르면 낮의 시간을 인격화한 이름들이
가(*gāhs*) 자체로 쓰였기에, 그 일련의 명칭은 (후기 아베스타어와 중세
페르시아어로 각각) 하바니(Hāvani)/하반(Hāvan), 라피트위나(Rapithwina)/
라피트윈(Rapithwin), 우자예이리나(Uzayeirina)/우제린(Uzērin),
아이위스루트리마(Aiwisrūthrima)/아이위스루트림(Aiwisrūthrim),
우샤히나(Ušahina)/우샤힌(Ušahin)이 되었다.

37  우리는 공동체 전체에 강제된 기도의 계율이 어떻게 신앙을 지지하는지
이슬람에서 목도할 수 있다. 그리고 아랍인들은 이 점에서 의심할 나위 없이 이란의
예언자를 따를 정도로 총명했다.

38  Benveniste, "La prière Ahuna Vairya", *IIJ* 1, 1957, 77.

39  *Y.* 19.8~9. 창조 교리는 조로아스터교 경전과 주석서 전반에 걸쳐 이런 식으로
끊임없이 반복된다.(야스나 19.2에 일곱 번째 창조물 불도 이와 관련되어 언급된다.)

40  다음을 보라. *Y.* 19. 1~2 and cf. *Y.* 9.14, *Yt.* 19.81.

41  Benveniste, art. cit., 77~85(더 오랜 논쟁과 해석에 대한 참고 문헌 목록과 함께);
H. Humbach, "Das Ahuna-Vairya-Gebet", *MSS* XI, 1957, 67~84; J. Duchesne-
Guillemin, "Exégèse de l'Ahuna Vairya", *IIJ* II, 1958, 66~71; I. Gershevitch,
*AHM*, 328~329. 아울러 다음을 보라. L. Gaal, "La formule Ahuna Vairya de
l'Avesta", *Acta. Orient. Hungarica* I, 1950/1, 80~92; W. Hinz, "Zum Ahuna-
Vairya Gebet", *IIJ* IV, 1960, 154~159.

42  K. Barr, "Avest. *drəgu-, driγu-*", *Studia Orientalia. Ioanni Pedersen … dicata*,
40. 바의 해석은 소그드어 증거에 의해 강화되는데, 이 언어에서 드리우쉬크-
쥬흐쉬크(*drywšk-jwxšq-* (⟨ *\*driguška-*))은 "제자"를 의미한다.(참고 문헌은 다음을
보라. Gershevitch, *A Grammar of Manichean Sogdian*, Oxford 1954. § 285.)

43  Benveniste, art. cit., 85.

44  Modi, *CC*, 321~326, 449.

45  Westergaard, *Fragment* 4.1. 다음을 보라. Darmesteter, *ZA* III, 4~5 and further I,
civ.

46  *Fragment*, 4.3.

47 이것은 기본적으로 바르톨로메의 해석이다. 다른 이들은 마지막 동사 마사타(*masatā*)를 "요량해서 내주다(measure out, 할당하다)" 대신 "염두에 두다"로 해석했다. 또 다른 주요 차이점은 다에나에 대한 해석 차이에서 발생한다. 예컨대 다음을 보라. Nyberg, *Rel.*, 271, Molé, *RHR* CLVII, 1960, 172. 이 기도의 내용이나 용어는 전적으로 가타적인 것으로 보이지만 그 안에 아리야만이라는 이름이 들어 있으므로 조로아스터의 가르침에 관해 엄격한 일신론을 주장하는 이들은 부득이 아후나 바이리야는 "조로아스터의 순수한 체계를 여전히 반영하고 있다."(Duchesne-Guillemin, *La religion*, 218)라고 할 수 있지만 아리예마 이쉬요는 이미 혼합주의의 시작을 보여 준다고 주장할 수밖에 없다.

48 히야트(*hyat*) 를 \*히야트(\*히야아트(\**hyāt*))로 수정하면서, 또 바르톨로메는 그렇게 하면 분명 아스티(*asti*)의 용법이 어색하게 됨에도 아흐마트*ahmāt*를 일인칭 대명사 여격 복수로 여겼다. 다른 해석과 논쟁들에 관해서는 다음을 보라. Nyberg, ReL, 269 with 466; Humbach, *Die Gathas* I 30 n. 39; Gershevitch, *BSOAS* XXV, 1962, 369.

49 W. B. 헤닝(Henning)의 해석, 앞의 283쪽을 보라.

50 Nyberg, *Rel.*, 270.

51 Ibid. 비록 이 해석이 필자에게는 설득력 있어 보이지만, 당연히 모든 아베스타 학자들에게 수용되지는 않았다. 다른 최근의 연구들은 롬멜의 야스나 51.22 해석에 근거했는데, 이 해석은 문법적으로나 의미로나 헤닝의 것보다 덜 만족스럽다. 이와는 독립적으로 다음을 보라. Gershevitch, *AHM*, 163 ff.; Humbach, *Die Gāthās* I, 49; 그리고 자세한 것으로, 이른 시기 해석들에 관한 참고 문헌 목록과 파흘라비어 해석에 관한 완전한 논의를 갖춘 다음을 보라. H.-P. Schmidt, "On the origin and tradition of the Avestan *yeŋhē- hātąm prayer*", *Bulletin of the DeCCan College Research Institute* XX, 1960, 324~344.

52 게르셰비치(Gershevitch, loc. cit., and further *JNES* XXIII, 1964, 17)는 "옝헤 하탐 기도문에 관한 설교의 명백한 진술(*Y.* 21.1~2)", 다시 말해 "올바른 조로아스터의 헌사에 관한 (설교)(*yesnīm vačō ašaonō Zarathuštrahe*)"라는 구절을 기반으로 옝헤 하탐 자체를 조로아스터의 말로 간주했다. 분명 이 기도는 그렇게 간주되었고 그런 이유가 있으니, 이것이 야스나 51.22를 너무나 가까이 본뜬 것이기 때문이다. 그러나 통사적으로 부자연스러운 이 실제 차용을 예언자로서 그토록 영감에 차고 기교적으로 완숙한 만트란이었던 조로아스터의 것으로 볼 수는 없다.

53 이 가능성에 대해서는 이어지는 344쪽을 보라.

54 이에 관한 문헌으로는 앞의 2장 주석 190번을 보라.

55 Y. 40.1.

56 앞의 70~71쪽을 보라.

57 Y. 35.3~4.

58 Y. 47.3, Benveniste, Les infinitis avestiques, Paris 1935, 84.

59 Y. 35.7~8. 이 단계에서 크샤트라가 (아직) 바이리야를 고정된 별칭으로 획득하지 못했다는 것을 주목할 필요가 있다.

60 Y. 37.1~2.이 행들에 관해서는 앞의 191쪽을 보라.

61 앞의 256쪽을 보라.

62 Y. 39.3.

63 Y. 37.3.

64 앞의 84, 219쪽을 보라.

65 이런 식으로 만트라를 사용하는 것에 대해서는 앞의 219쪽을 보라.

66 Y. 42.

67 이 진술은, 알려진 조로아스터교 관례(사산조 시기 이래)에 따르면 가타를 암송하는 동안 제의는 사실상 진행되지 않았다는 사실에 기반을 둔 것이다.

68 아리야만의 이 특성에 관해서는 앞의 90쪽을 보라.

69 스타오타 예스니야, 즉 슬로트 야쉬트(*Slōt Yašt*)는, 이것이 어디서 시작되어 어디서 끝나는지에 대한 후대의 정의는 약간씩 다르지만, 확장된 야스나 전례문의 중심 부분을 가리키는 용어이다. 다음을 보라. Darmesteter, *ZA* I, lxxxvii; Bartholomae, *Air. Wb.* 1589; Geldner, *GIP* II, 25~26.

70 앞의 211쪽부터, 그리고 이 책 2권을 이어 보라.

71 *Yt*. 13.97. 사에나와 그에 관한 문헌을 위해서는 다음을 보라. O. G. von Wesendonk, *Die religionsgeschichtliche Bedeutung des Yasna Haptaŋhāti*, Bonn-Köln 1931, 1.

72 다음을 보라. Bartholomae, *Air. Wb.* 285다음을 더 보라. von Wesendonk, loc. cit. 고유명 아셈.스투트도 등장하는데, "아셈 (보후) 기도를 하는 이"로 해석된다.

73 물론 아훔.스투트 자신이 개종하여 이 신앙에 입문하면서 이 이름을 쓴 것이 아니라면.

74 특히 *Greater Bundahišn* XXVI (*BTA*, 211~233).

**75** Ibid. XXVI.56 (*BTA*, 221).

**76** 이런 진술은 어쩔 수 없이 증거가 아니라 추론에 기반을 둔다. 독자적인 다신교 텍스트가 남아 있지 않기 때문이다. 그러나 야쉬트에는 매우 원시적인 성격의 구문들이 일부 있는데, 이는 조로아스터교에 의해 창안되었을 리 없고, 더 오랜 과거부터 보존되어 온 것임이 틀림없다. 마치 유대인들이 자신들의 경전에 매우 원시적인 자료들을 보존했고, 기독교도들도 이를 (자신들의 새 교리와) 양립 불가능한 것으로 무시하지 않고 채택하여 경배했던 것과 매우 유사하다.

**77** *Yt.* 3, 4, 5, 8, 10, 13, 18.

**78** *Yt.* 1, 12, 14.

**79** 예컨대 야쉬트 8(*vv.* 10~34)의 여섯째 부분에 이것이 나오며, 때로 한 번 이상 등장한다. 다음 절들: 절13, 18, 20, 22, 26, 30, 32, 34. 운율상 호명이 야쉬트 특유의 절-행을 구성하므로, 문구를 삽입하는 것은 간단하다.

**80** *Yt.* 8.44.

**81** *Yt.* 13.12~13.

**82** 이것은 사제들의 제의에서 반복되는 고정 구분으로서, 그동안 많이 논의되었다. 아베스타어 구절은 하오마이요가바(*haomayō gava*)인데, 이 구절이 약간 전와(傳訛)되었다는 데 (학자들은) 대체로 동의한다. 티메(Thieme, *ZDMG* 1957, 75 ff.)는 "하오마 *야요가바(*haoma *yaogava*")로 수정하자고 제안하는데, 그 의미는 "하오마가 든 보리-우유"이다. 그러나 게르셰비치(Garshevitch, *AHM*, 322)가 지적했듯이 이것은 알려진 어떤 제물과도 일치하지 않는다. 게르셰비치(ibid., 163)는 이 두 단어는 응당 복합어 *하아모이요.가바(*haomayō.gava*)로서 "하오마 같은 우유, 즉 하오마를 섞은 우유를 가지고"라고 해석했다. 그러나 의례상 하오마가 우유에 종속되는 것이 아니라 그 반대이다. 호프만(Hoffmann, *MSS* 8, 1956, 23)은 하오마 요가바(*haoma yō gava*)로 읽기를 제안하고, "우유를 섞은 하오마를 가지고"로 해석했다. 그리고 헤닝(1959년 육성으로)은 이를 하오마 *야바 가바(*haoma *yava gava*) 로 수정하여, "하오마, 곡물, 우유를 가지고"로 새겼다. 가바(*gava*)를 우유 대신 고기로 새기면, 이는 사실 야스나의 제물을 묘사하게 된다. 다시 말해 파라하오마, 드라오나(*draonah*, 즉 발효시키지 않은 빵 케이크) 그리고 불에 바치는 자오트라이다.

**83** Wikander, *Vayu*, 48~50.

84 B. Heimann, *Indian and Western Philosophy*, London 1937. 35. 이 용어 자체는 원래 베다교를 칭하기 위해 막스 뮐러가 고안한 것이다.

85 이 용어들에 대해서는 앞의 221~222, 223쪽을 보라.

86 M. N. Dhalla, *The Nyaishes or Zoroastrian litanies, Avestan text with the Pahlavi, Sanskrit, Persian and Gujarati versions*, transl. with notes, New York 1908.(아베스타어 읽기는 겔드너의 판본으로 검토해야 한다.)

87 이 니야예쉬에 나오는 이 고대의 호명(이에 관해서는 앞의 81쪽을 보라.)이 나중의 야스나 구절들(예컨대 야스나 2.11)에 나오는 것처럼 아후라 미트라로 도치되지 않았음을 주목할 필요가 있는데, 그 나중의 구절들은 아후라의 *보우루나 아팜 나파트로서의 정체성이 확실히 잊힌 시기에, 이 호명법이 비록 드반드바 합성어의 규칙(짧은 것이 먼저 와야 한다.)을 어겼지만, 그(*보우루나)가 아후라 마즈다에 의해 (미트라보다) 우선 자리를 얻은 후에 작성된 것이다. 다음을 보라. Gershevitch, *AHM*, 44.

88 앞의 206~208쪽을 보라.

89 기본적으로 훔바흐에 따른 12, 14절의 해석에 대해서는 앞의 283~284쪽을 보라.

90 첫 행을 다다(*dadā*) 대신 다다트(*dadāt*)로 읽고, 더 나은 필사본 증거를 갖춘 것으로는 다음을 보라. Humbach, Gāthās I, 130, II, 70; E. T. Anklesaria, *Gāthā Society Publications* 14, Bombay 1939, 72 (in Gujarati; cited by Taraporewala, *The Divine Songs of zarathushtra*, 595). 이 연은 이제 스로쉬 바쥐(*Sroš Bāj*, 즉 스라오샤에게 바치는 기도)의 일부인데, 거기에서 야스나 44.16(첫 행은 생략한 채), 벤디다드 8.21 그리고 야스나 49.10의 셋째 행이 따르는데, 이들 전체 텍스트 묶음을 켐-나 마즈다라 부른다.(오늘날 암송되는 스로쉬 바쥐 전체에 관해서는 예컨대 다음을 보라. Darmesteter, *ZA* II, 686~688.)

91 다르메스테터는 기다란 이름 목록에 대해 논평을 달았다.(Darmesteter, *ZA* II, 529 ff.) 더 일반적인 논평들에 관해서는 다음을 보라. Lommel, *Die Yāšt's*, 109~112. 이들 초기 조로아스터교도들 중 한 명(목록에서 차지하는 위치로 볼 때 아마도 예언자의 친족으로 보인다.)은 다에보.트비쉬(*Daēvō. Tbiš*), 즉 "다에바들의 적"(v.98)이란 이름을 (스스로) 택했거나 받았는데, 이는 새 신앙에 대한 충성을 선언하는 용감한 방식이다.

92 *Yt.* 13.17, 149.

93 *V.* 126.

94  이 관점은 버로의 것이다.(Burrow, *JRAS* 1973, 138) 사에나에 관해서는 앞의 345쪽을 보라.

95  *vv.* 139~142.

96  "칸사오야"의 파홀라비어 새김은 "카얀시(Kayānsih)"인데, 카얀(*kayān*)은 아베스타어 카비의 중세 페르시아어 복수형이다. 아마도 칸사오야는 실제로 고유명사 *칸수(Kąsu)의 파생어일 것이다. 다음을 보라. Bartholomae, *Air. Wb.* 471.

97  자세한 내용은 이어지는 장을 보라.

98  이 명칭에 관해서는 다음을 보라. Benveniste, "Que signifie *Vidēvdāt?*", *Henning Mem.* Vol., 37~42.

99  이에 관해서는 다음을 보라. Christensen, *L.e premier chapitre du Vendidad, et I'histoire primitive des tribus iraniennes*, Copenhagen 1943(이른 시기 저작들에 관한 참고 문헌들을 포함하여); Herzfeld, *Zoroaster and his world*, Princeton 1947, 738~770.

100  리그베다의 라가(Ragha)에 대해서는 다음을 보라. Gershevitch, *JNES* XXIII, 1964, 36~37.

101  참고 문헌 목록과 함께 다음을 보라. Christensen, op. cit., 1~8. 헤르츠펠트 (Herzfeld, loc. cit.)는 이 목록을, 임의로 선택한 지명 목록 속에 이원론이 작용하는 "지리에 대한 도덕적인 설명"(741쪽)이라고 주장했다.

102  다음을 보라. Nyberg, *Rel.*, 313~327. 그는 나아가 이것을, 지역(나라)들이 열거되는 순서를 통해 조로아스터교 전파의 역사를 보여 주는 것으로 해석했다.

103  *Histories*, III. 117.

104  *Wehrot und Arang*, 8~11.

105  "알렉산드로스보다 258년 전"에 조로아스터가 살았다는 의견을 받아들인 사람들 중 일부는 화레즘 제국을 비쉬타스파의 왕국과 같은 것으로 보고, (아케메네스조의) 키루스 대제가 그의 왕국의 몰락시켰다고 보았다. 다음을 보라. Henning, *Zoroaster*, 42~43.

106  참고 문헌은 다음을 보라. Jackson, *Zoroaster*, 199~201. 그리고 나아가 이 책 2권을 보라.

107  아베스타 안에서 식별 가능한 유일한 서부적 요소들(이마 전설의 세부 사항이나, 벤디다드에서 그레코-로만 척도를 쓴 것이나, 벤드다드에 등장하는 바빌로니아의 반복되는 "세계년(world year, 1000년 단위로 계산된다. ─ 옮긴이) 개념 등과

같은)로서, 서부 이란인들에 의해 도입된 것이 분명한 것은 (사실은 주위의) 비이란 문명들로부터 받아들인, 전적으로 외래적인 것들이다. 서부 이란 자체의 문화에서 유래한 것은 아베스타에서 전혀 자리를 차지하지 못했다.(동부는 물론 서부의 라가 문제에 관해서는 이 책 2권을 보라.)

## 11장

1    딘카르드 텍스트에 관한 최근의 연구로는 다음을 보라. M. Molé, *La Légende de Zoroastre selon les textes pehlevis*, Paris 1967, 2 ff. 이어지는 분석에 관해서는 다음을 보라. Kaj Barr, "Irans Profet som Τέλειος Ανθρωπος", *Festskrift til L. L. Hammerich*, Copenhagen 1952, 26~36. 잭슨은 예언자 전설에 관한 전반적인 재료들을 모았다(A. V. W. Jackson, *Zoroaster*, Ch. III-V).

2    여기에서 이마의 역할에 관해서는 앞의 135쪽을 보라.

3    *Yt*. 17. 18~19.

4    Barr, art. cit., 36.

5    *Zādspram*, XI. 1~2 (ed. *BTA*, 67 lxtxxix; transl. West as XVIII.2~3, *SBE* XLVII, 148~149).

6    앞의 102쪽을 보라.

7    *Dk*. VII. 3.2 (Molé, Légende, 29). 다음과 비교하라. *Dk*. VII. 3.25 (ibid., p. 33). 그리고 다른 참고 문헌은 다음을 보라. Jackson, *Zoroaster*, 27 nn. 4, 5.

8    *Dk*. VII. 3.8 ff. (Molé, *Légende*, 29 ff.).

9    이 점에 관한 이 특정 전설의 어색함으로 보아 이것이 파르티아 후기나 사산조 시절 로물루스와 레무스의 전설의 영향을 받아 만들어진 외래적인 것일 가능성이 있다. 사산조 인장 몇몇은 암늑대가 인간 아기 둘에게 젖을 물리는, 차용된 것이 분명해 보이는 모티브를 간직하고 있다. 예컨대 다음을 보라. A. D. H. Bivar, *Corpus Inscriptionum Iranicarum*, Part III, Vol. VI, Portfolio 1, *Pl*. XIX.14. 그리고 이 주제에 관한 논쟁과 심화된 참고 문헌은 같은 저자의 다음 책을 보라. *BSOAS* XXX, 1967, 519~520.

10    *Dk*. VII. 3.32~45 (Molé, *Légende*, 35~37).

11    예컨대 다음과 비교하라. *Dk*. VII.4.13~14 (Molé, *Légende*, 45). 흥미로우며

대중적인 것이 분명해 보이는 한 전설은 작은 악의 세력들에 관해 어떻게 여자 드루그 하나가 스펜다르마드라고 주장하면서 예언자를 유혹하려 했는지, 그리고 어찌하여 세 번의 엄명을 내리자 아름다워 보이던 그녀가 추함과 타락을 드러내며 예언자에게 등을 보일 수밖에 없었는지 말해 준다.(*Dk*. VII.4. 55~62, Molé, op. cit., 53) 여기에서 드루그라는 용어는 일반적으로 파이리카에게 속하는 역할을 수행하는 악한 존재라는 의미로 쓰였다.

**12**      *Dk*. VII. 4.70 (Molé, Légende, 35).

**13**      Ed. and transl. by F. Rosenberg, *Le livre de Zoroastre* (Zarātusht Nāma), St. Pétersbourg 1904, text p. 48 ff., transl. p. 49 ff.; 영어 번역본은 E. B. Eastwick apud J. Wilson, *The Pārsi Religion*, Bombay 1843, 504 ff.

**14**      *Dk*. VII. 4.85. 다음을 보라. Molé, op. cit., 59. 이란의 아르다이 비라즈 나마그(*Ardāy Virāz Nāmag*, "아르다이 비라즈의 책." 아르다이 비라즈라는 신실한 조로아스터교도가 꿈속에서 내세 여행을 하는 것을 묘사한 파홀라비 문헌. — 옮긴이)에서 증명되듯이 내세 예지는 문자를 갖지 못한 민족들에게서 흔히 보이는 정신적 전통이다. 다음을 보라. *Handbuch*, I. IV. 2.1, pp. 48~49. 이 텍스트에서 올바른 비라즈 또한 망이 든 음료를 받아 마시고 의식을 잃자 그 영혼이 풀려나 다른 세계를 방문한다. *AVN* I 38. II 22, 20. 다음을 보라. *Pace*, Henning, *Zoroaster*, 32 . 이 망이라는 것은 최면성이 있지만 죽음에 이르는 독약일 리는 없어 보인다. 앞의 9장 주석 11번을 보라.

**15**      이 전승은 아베스타 자체에도 한 비유를 통해 등장하는데, 늦은 시기의 텍스트인 비쉬타스프 야쉬트 4에 다음처럼 쓰여 있다. "페쇼타누처럼 당신도 질병에서 자유로워지길." 다음을 보라. Darmesteter, *ZA* II, 666.

**16**      예컨대 다음을 보라.*GBd*. XXXV.56 (BTA, 301); Ind. *Bd*. XXX.II.5 (transl. West, *SBBV*, 142); 그리고 이 전승에 관해서는 다음을 보라. Benveniste, *JA* 1932, 118~119.

**17**      페쇼탄에 관한 더 많은 파홀라비어 구절들은 다음을 보라. Darmesteter, *ZA* II, 638 n. 125.

**18**      *Vd*. 2.43 and Benveniste, art. cit., 119.

**19**      *Yt*. 19.92; *Vd*.19.5.

**20**      *Yt*. 13.62; 다음과 비교하라. *GBd*. XXXV.60 (*BTA*, 301~303).

**21**      앞의 306쪽을 보라.

22    Molé, *Culte*, 395.

23    *Yt.* 19.89.

24    *ižayā vaēnāṯ dōithrābya* (v. 94). 이에 대해서는 다음을 보라. Humbach, *IF* LXIII, 1957, 43 n. 7.

25    앞의 148~149쪽을 보라.

26    *Yt.* 13.129.

27    Nyberg, *Rel.*, 306. 그러나 인류가 가요.마레탄에서 시작해서 사오쉬얀트로 끝난다는 사실이 시간적으로나 성격으로나 서로 먼 둘을 동일시할 이유가 될 수는 없다. 그럼에도 그런 주장을 한 학자는 한 명이 아니었다. 최근의 연구로는 다음을, 이 방향으로 연구한 더 이른 시기 논문들 목록과 함께 보라. E. Abegg, "Urmensch und Messias bei den Iraniern", *Asiatische Studien*, 1961, 1~8.

28    *Dd., Purs.* XXXV. 4~6; ed. Dhabhar, 72~73, transl. West, *SBE* XVIII, 78~79. 케쉬바르들에 관해서는 앞의 180쪽을 보라.

29    그의 다음 책을 보라. *Ét. iraniennes* II, 206~208.

30    Ibid., 207~208.

31    이 셋과 그들의 이름에 관해서는 다음을 보라. Darmesteter. op. cit., 208~210.

32    *GBd.* XXXV.60 (*BTA*, 303).

33    *GBd.* XXXIII.37 (*BTA*, 283).

34    딘카르드에 이 세 구원자들의 출생과 업적에 대한 설명이 하나 있다. *Dk.* VII, 8.1 ff. (ed. Sanjana, Vol. XIV; transl. West, *SBE* XLVII, 107 ff., as VII. 9.1 ff.). 또한 다음을 보라.Pahl. Riv. *Dd.* XLVIII (ed. Dhabhar, 141 ff.).

35    *Dk.* VII. 7.55 (*DkM* 667.1 ff.), VII.8.18 (*DkM*. 671.4 ff.).

36    F. Cumont, "La fin du monde selon les mages oCCidentaux", *RHR* CIII, 1931, 56 ff.

37    관련 구절들에 관해서는 다음을 보라. *zaehner, Zurvan*, 96 ff. 유대교의 종말론에 종종 나오는 세계의 역사의 열두 구간 분할은 이란의 영향 때문으로 생각된다. 최근의 연구로는 다음을 보라. D. S. Russell, *The method and message of Jewish apocalyptic*, Philadelphia 1964, 229.

38    그리하여 조로아스터가 플라톤보다 6000년 전에 살았다는 잘 알려진 주장(Alcibiades 1. 121)이 이 개념(6000년 개념) 및 "거대년"의 반복 개념과 관련 있으며, 그리하여 "조로아스터교와 플라톤의 이원론과 자연 법칙 사이의

연관성으로 인해 6000년의…… 끝에 똑같은 관념의 대표자(즉 플라톤)를 재소환해야 했다.”라는 주장이 제기되었다. (Benveniste, *The Persian religion according to the. chief Greek texts*, 20; cf. Cumont, art. cit., 58).

**39**  대분다히슨 XXXIII (*BTA*, 273 ff.)에 따르면 세계년은 사실 혼잡 상태의 첫 번째 천년기에 시작되는데, 이는 1만 2000년 구조 중 여섯 번째 천년기에 해당한다. 1만 2000년 개념에 관해서는 다음을 보라. Nyberg, *JA* 1931, 105 ff.

**40**  *GBd*. I.16 (*BTA*, 7).

**41**  *GBd*. I.17 (*BTA*, 7).

**42**  *GBd*. I.26 (*BTA*, 9).

**43**  *zand i Vahman Yašt*, VII.31~32 (*BTA*, 66/123~124).

**44**  *GBd*. Ia (*BTA*. 21 ff.).

**45**  Barr, *Festskrift til L.L. Hammerich*, 29. 프라바쉬들의 창조부터 죽 이어진 조로아스터교 연대기 도표에 관해서는 다음을 보라. West, *SBE* XLVII, intro., xxviii-xxxi; 다음에 재기재했다. Jackson, *Zoroaster*, 179~181.

**46**  이 교리는 조로아스터 자신의 임무 개념과 대체로 잘 어울릴 수 있다. 왜냐하면 그가 아후라 마즈다에 의해 “암소”의 보호자로 임명된다는 야쉬트 29의 구절은 (사실은) 그의 육체가 탄생하기 전에 존재하던 예언자의 프라바쉬를 말하는 것으로 해석되어 왔기 때문이다. 다음을 보라. F. Justi apud Moulton, *EZ*, 348 n. 4.

**47**  참고 문헌을 포함한 개괄은 다음을 보라. Söderblom “Ages of the world”(Zoroastrian), ERE I, 207. B.T. 안클레사리아는 잔드 이 바흐만 야쉬트(*ZV Yt.*)를 편집하고 번역했다.(B. T. Anklesaria, *zand i Vohūman Yasn*, Bombay 1957). 베일리는 자마스프 나마그(*JN*)의 주요 부분을 편집 및 번역했고(H. W. Bailey, “To the Žāmāsp Nāmak”, *BSOS* VI, 1930~1931, 55~85, 581~600), 뱅베니스트는 이를 자세히 논했다.(편집 및 번역도 했다. E. Benveniste, “Une apocalypse pehlevie: le Žāmāsp Nāmak”, *RHR* CVI, 1932, 337~380). 더 긴 아야드가르 이 자마스피그(*Ayādgār i jāmāspīg*) 판본들에 대해서는 다음을 보라. *Handbuch*, I. IV. 2.1. p. 50. 이 예언은 메시나가 편집한 책(G. Messina, Orientalia IV, 1935, 257~290)의 한 장인 대분다히슨 XXXIII(*BTA*, 273~283)에도 등장하고 다데스탄 이 디니그가 붙은 파흘라비 리바야트 XLVIII(ed. Dhabhar, 141 ff.)에도 나온다.

**48**  Chadwick, *Growth of Literature* III, 846 f.

**49**  *zand i Vahman Yašt*, III.20~29 (ed. *BTA*, 12~16/104~106). 자마스프 나마그에서

비쉬타스프는 재상 자마스프로부터 계몽을 받고자 하는데, 그는 모든 지혜를 선물로 받은 이이다. 그리스·이란의 히스타스페스의 신탁(Oracles of Hystaspes)에 따르면 비쉬타스프에게 그의 예지몽을 설명하는 이는 예언 소년(*vaticinans puer*)인데, 벵베니스트가 주장한 대로(art. cit., 377~379) 소년 조로아스터였을 것이다.

**50** 전설적인 카이 비쉬타스프의 아들 바흐만을 아르다시르(아르타크샤트라 (Artakhšathra))와 동일시하는 것에 관해서는 다음을 보고, 나아가 이 책 2권을 보라. Christensen, *Les Kayanides*, 98, 124.

**51** 명백한 위치 변동에 의해 원서에서 이 구절은 다음 구절 뒤에 위치한다. 정확한 순서는 자라투쉬트 나마(Zarātusht Nāma, ed. Rosenberg 48/66~67)에서 보이는데, 여기에서 예지몽은 예언자의 삶의 일부로 주어진다.

**52** *Dk.* IX. 7.1~2 (Sanjana. Vol. XVII; transl. West, *SBE* XXXVII, 180~181 as IX.8.1~6).

**53** Cumont, art. cit. (above, n. 36), 50.

**54** Ibid., 50 ff.

**55** ZV *Yt.* IV.3 (*BTA*, 17/106).

**56** Ibid., IV. 17~19, 45, 47~48 (*BTA*, 21~31/108~11). 다음과 비교하라. *Jāmāsp Nāmag*, vv. 26~30 (apud Bailey, *BSOS* VI, 57~58),

**57** Chadwick, *Growth of Literature* III, 846~847

**58** Ibid.

**59** 대분다히슨 XXXIII. 12 f.(*BTA*, 275 f.)에서, 각 천년기의 참상을 묘사하는 데 바쳐진 한 장에 열 번째 천년기의 네(혹은 일곱) "시대"에 대한 언급이 없고 그저 직설적인 재난 목록만 나오는 것은 주목할 만하다.

**60** ZV *Yt.* VII. 19~20, 28 (*BTA*, 60~61, 65/121~123); 다음과 비교하라. *GBd.* XXXIII.28 (*BTA*, 279); *Pahl. Riv. Dd* XLIX.12~18 (ed. Dhabhar, 161~162).

**61** *GBd.* XXXIII.29 (*BTA*, 279~281).

**62** ZV *Yt.* IX.10 (*BTA*, 75~76/127).

**63** *GBd.* XXXIII.30 (*BTA*, 281); *MKh.* XXVII.27~31 (West, 31/158); *Dd., Purs.* XXXVI. 80 (ed. Dhabhar, 101, transl. West, *SBE* XVIII, 109, as XXXVII.94); *Dk.* VII.8.3 (ed. Sanjana, Vol. XIV; transl. West, *SBE* XLVII, 108 as 9.3).

**64** 말쿠스/마흐르쿠샤에 관해서는 다음을 보라. Darmesteter, *Ét. ir.* II, 203~205

with references; *ZA* II, 24 n. 20. 다데스탄 이 디니그가 붙은 파흘라비 리바야트 XLVIII. 10(ed. Dhabhar, 143)에서 그 참상은 "말쿠스의 비(*vārān ī malkūsān*)"라 불린다. 대분다히슨 XXXIII.30(*BTA*. 281)에서 말쿠스는 사람으로 간주되는데, 예언자를 죽인 투르 \*브라드레스(Tūr \*Brādrēs)의 후손이라 한다.(앞의 249쪽을 보라.) 이는 최근의 인물들을 더 이른 시기 사람들과 혈연관계로 도식적으로 연결하는 또 다른 예이다.

65  *GBd.* XXXIII.32 (*BTA*, 281).

66  *GBd.* XXXIV.2~3 (*BTA*, 283~285); *Dk.* VII. 9.8~9 (ed. Sanjana. Vol. XIV; transl. West, *SBE* XLVII, 114, as VII. 10.8~9)‒ *Dd.*, *Purs.* XXXIV.3 (ed. Dhabhar, 71; transl. West, *SBE* XVIII, 77).

67  *ZV Yt.* IX.14-16 (ed. *BTA*, 77~79/127~128); *Pahl.* Riv. Dd XLVIII.30 (ed. Dhabhar, 146).

68  Ibid. IX.20~21; *GBd.* XXXIII.35 (*BTA*, 283); *Dk.* VII.9.10 (Sanjana, Vol. XIV; West *SBE* XLVII, 114, as VII.10.10); *Pahl. Riv. Dd.* XL VIII. 35 (ed. Dhabhar, 147).

69  *Dk.*, loc. cit.

70  이 수치를 제공하는 파흘라비 구문들은 다음 영어 번역본에 한데 모여 있다. A. V. W. Jackson, "The 'Fifty-seven Years' in the Zoroastrian doctrine of the Resurrection", *JRAS* 1928, 1~6.

71  프라셰기르드에서 아리야만이 맡은 일반적인 역할에 관해서는 앞의 314쪽을 보라.

72  *GBd.* XXXIII.34 (*BTA*, 283); *Dk.* VII.9.19 (ed. Sanjana, Vol. XIV; transl. West, op. cit., 116).

73  *GBd.* XXXIV.6 (*BTA*, 285).

74  *GBd.* XXXIV.10 (*BTA*, 287); Pahl. Riv. Dd XLVIII.97, XXXVI. 2~3 (ed, Dhabhar, 156, 112~113); *Pahl. Texts*, ed. Jamasp-Asana, 73.2.

75  *GBd.* XXXIV.32 (*BTA*, 293).

76  Cumont, *RHR* CIII, 1031, 56.

77  이에 관해서는 다음을 보라. K. Czeglédy, "Bahrām Čōbīn and the Persian apocalyptic literature", *Acta Orient. Hung.* VIII, 1958, 21~43.

78  이 책 3권을 더 보라.

79  그 러 나 페 르 시 아 어 서 사 시 샤 나 마 의 저 본 인 사 산 조 의 크 와 다 이

나마그(*Khwadāy Nāmag*) 자체는 사제들의 작품이었다. 이에 관해서는 이 핸드북(동방연구핸드북)의 다음 해당 부분을 보라. *Handbuch*, I. IV. 2.1, p. 58 with n. 2.

**80**   열 번째 천년기(즉 현재)의 마지막에 바흐람이 맡은 역할에 대해서는 다음을 보라. *ZVYt*. VIII.1 (ed. *BTA*, 69~70/125). 승리의 신 바흐람 신앙과 "바흐람 왕" 영웅 전설의 뒤섞임에 대해서는 다음을 보라. Czeglédy, art. cit.; 그리고 자마스프-아사나가 편집하고(Jamasp-Asana, *Pahlavi Texts*, 160~161) 베일리가 전사 및 번역한(H. W. Bailey, *Zor. Problems*, 195~196) 파흘라비어 소품(小品) 텍스트 다음을 보라..

**81**   자세한 내용은 상상력이 풍부한 다음 연구서를 보라. S. K. Eddy, *The King is Dead, Studies in the Near Eastern resistance to Hellenism*, 334-331 B.C., University of Nebraska Press, 1961.


## 12장

**1**   순결법은 여러 차례 거듭하여 만들어졌고, 때로는 그 작업의 연대를 추적할 수 있으므로, 가끔 그 정교화 과정을 추적할 수 있다. 하나의 작은 예에 관해서는 다음을 보라. Dastur Dārāb Pāhlan, *Farziyāt Nāma* (18세기 초), ed. J. J. Modi, 50 n. 1.

**2**   *Pahl. Riv. Farnbag-Srōš*, XXIX. 2 (ed. *BTA*, I 157, II 140).

**3**   페르시아어 리바야트. ed. Unvala, I 85.3, transl. Dhabhar, 82.

**4**   이는 유럽 학자들이 일반적으로 순결법에 대해 가지는 태도를 교정하는 귀중한 근거를 제공하는데, 그들은 순결법이 마음에 들지 않아 그것은 "진정한" 조로아스터교 밖에서 온 것으로 취급했고, 그저 제한된 사제 독재 시기의 산물로 보았다.(벤디다드가 마지막으로 개작된 연대 때문에 대개 그 시기를 파르티아 왕조 때로 본다.)

**5**   *Supp. texts to Šnš*. XX.4 (ed. Kotwal, 82).

**6**   *Riv.*, Unvala, I 81.15~16, Dhabhar, 77.

**7**   여러 민족들 사이에서 오줌이 세정제로 널리 쓰인 것에 관해서는 예컨대 다음을 보라. *A History of Technology* (ed. C. Singer, E. J. Holmyard, A. R. Hall and T.

I. Williams), II, Oxford 1956, pp. 215, 355, 368. 아가티아스(Agathias, II. 24, Clemen, 101)는 이란인들에 관해 이렇게 말했다. "그들은 무엇보다 물을 경배해서, 그것으로 얼굴을 씻지 않고, 마시거나 식물에 줄 때가 아니면 만지는 것을 금할 정도이다." 고메즈를 아침 세정용으로 쓰는 것은 파르시들 사이에서는 19세기 중반까지 일반적이었다.

8   이와 관련된 것으로 보이는 아베스타어 파이티야쁌(*paityāpəm-*)과 비교하라. Bartholomae, *Air. Wb.* 840. 이라니들 사이에서 파디야브는 구어체로 파죠(*pājō*)로 축약되었다.

9   예컨대 다음을 보라. *Riv.*, Unvala, I 237.10 ft., 310 ff., Dhabhar, 239, 294 ff.

10   *AVN* LVIII.4 (Asa-Haug, 87/185).

11   Darmesteter, *SBE* IV, 2nd ed., lxxvii with n. 4 (예호슈아(여호수아) 스틸레테스(Joshua Stylites, 주상성인)를 인용하며).

12   *Pahl.* Riv. Dd, XXXVII.6 (ed. Dhabhar, 115~116). 벤디다드 8.73~76에는 어떤 사람이 고의로 불로 썩은 물건(고기)을 태우면 그는 그 자리에서 죽임을 당하도록 규정되어 있다. 파흘라비어 주석에는 도적질, 남색질, 형사 범죄를 저지르다 발각된 이도 역시 즉결 처분을 받는다고 덧붙여 이 사악한 이들을 같은 부류로 분류한다.

13   앞의 144~145쪽과 주석 115번을 함께 보라.

14   이 관습은 지금도 야즈디(Yazdī, 야즈드인) 지역에서 널리 퍼져 있다. 그것이 얼마나 일반적이었는지는 단정할 수 없다.

15   한 살 미만의 고스판드(*gōspand*, 원래 의미는 "선한 황소"이고, 선한 동물들의 총칭으로 쓰인다. — 옮긴이) 살해 금지령에 관해서는 예컨대 다음을 보라. *Riv.*, Unvala, I 76.6~7, Dhabhar, 71.

16   그러므로 자기 동물을 잘 보살피는 목자에게는 가장 높은 천국이 준비되지만(*AVN* XV.1~8, Asa-Haug 36~37/164), 자기 짐승을 제대로 먹이고 물을 주지 않거나 혹사하는 이에게는 지옥의 가장 깊은 곳이 준비된다.(*AVN* LXXV.5, LXXVII.6-10, Asa-Haug 108/193, 110/194)

17   L. J. Frachtenberg, *F. Spiegel Mem.* Vol., Bombay 1908, 269~289; H. Guntert, *Sb. d. Heidelberger Ak.*, 1914 no. 13; L. H. Gray, *JRAS* 1927, 427~441; T. Burrow, *JRAS* 1973, 132~133. 그레이는 이중 어휘는 부분적으로는 방언상의 차이 때문이라고 보았는데, 버로는 이러한 차이가 아후라 숭배자들과 다에바 숭배자들의 언어에 존재한다고 해석했다.(그에 따르면 후자는 인도아리야

조어(Proto-Indoaryans)이다.)

**18**  *Y.* 28.5, 34.5. 이 단어와 그 어원으로 짐작되는 것에 관해서는 앞의 130쪽과 주석 38번을 보라.

**19**  마니교 텍스트들에 나오는 중세 페르시아어에서.

**20**  예컨대 다음을 보라. *Riv.*, Unvala, I 272.7, Dhabhar, 268; J. S. Soroushian, *Farhang-e Behdinān*, Tehran 1956, 69.

**21**  *Vd.* 14.8; 18.2 (이에 대한 주석으로는 다음을 보라. Darmesteter, *ZA* III, 51.)

**22**  *GBd.* XXVII.27 (*BTA*, 239); Ind. Bd. XXVIII.22, transl. West, SBF V, 109~110.

**23**  J. Jamasp-Asana, *Pahl. Texts*, 125.15 ff. 다음에 따르면 "공덕을 쌓는 행동을 함"은 간단히 "크라프스타르 일부를 죽여야 함"으로 정의된다. *Supp. texts to Šnš.* XX.5 (Kotwal, 83).

**24**  *AVN* XIV.11 (Asa-Haug, 38/163). 파르지야트 나마(*Farziyāt Nāma*, Modi. 32-3/46)에는 아메샤스판드들이 아르다이 비라즈에게 지상으로 돌아가 "신에 속하는 영혼들은 보존하고 아흐리만에 속하는 것들은 파괴해야 하므로, 카르파스타르들을 박멸하라."라고 요청했다고 나온다.

**25**  I.140; cf. Agathias II. 24 (사산조 후기의 이 관행에 관하여).

**26**  케르만의 아르바브(Arbab J. S. Soroushian, 그의 할머니는 어릴 때 그 행사에 참가한 것을 기억했다.)가 구두로 전한 정보에 따라. 페르시아의 조로아스터교도들이 크라프스타르들에 대해 느끼는 "도덕적인 적개심"에 대한 유럽 여행자들의 진술에 관해서는 다음을 보라. Darmesteter, *ZA* II, 212 n. 13, 213 n. 15; 그리고 이 책 3권을 더 보라.

**27**  Anquetil du Perron, *ZA* II, 576~578; Modi, CC, 435.

**28**  크라프스타르의 목록에 관해서는 다음을 보라. *Riv.*, Unvala, I 272.7 ff., Dhabhar, 268 ff. *Farziyāt Nāma*, loc. cit. 예컨대 사자 같은 악마적 동물들 중 일부에 대해 남성들은 외양이 훌륭해 보인다고 생각했고, 그래서 다스투르들은 이들은 아흐리만이 오흐르마즈드의 방식을 따라 만든 것이고 나머지 혐오스러운 것들은 온전히 자기 스스로 고안한 것이라고 설명했다.(다음을 보라. *Riv.*, Unvala, I 273.17~19, Dhabhar, 270.) 그러나 "어떤 종류의 카르파스타르든 죽여야 한다."(*Riv.*. Unvala, I 272.12, Dhabhar, 269) 그러나 인간이 이로움을 얻는 카르파스타르들에 관한 어려움이 생기는데, 예컨대 누에나 꿀벌이다. 이들에 관해서는 오흐르마즈드가 자신의 지혜로 아흐리만이 창조한 악의 동물들로부터

이로움, 즉 비단과 꿀을 만들었다고 설명된다. 그러므로 이런 산물들은 이용해도 된다. 그럼에도 면이 비단보다 나은데, "왜냐하면 면은 땅에서 나고 물에 의해 자라기 때문이다." 그리고 꿀을 먹는 것은 일반적으로는 허용되었지만, 사제의 의례적인 순수함을 파괴하는 행동이었다. *Riv.*, Unvala, I 268.4~8, 16~18, Dhabhar, 265~266; 그리고 면에 관해서는 다음과 비교하라. *MKh.*, XVI 64~66 (West, 25/151). 악을 선으로 바꾸는 오흐르마즈드의 능력의 또 다른 예는, 그가 악마의 겨울로 하여금 크라프스타르들을 죽이도록 해 스펜타 세계를 이롭게 한다는 것이다.(*Dk.* IV. 162.11~12, cited by Casartelli, *Philosophy*, 110)

29  예컨대 다음을 보라. *Vd*.14.5 ff. 다데스탄 이 디니그가 붙은 파흘라비 리바야트 XXIa (ed. Dhabhar, 77)는 다양한 크라프스타르를 죽이는 데 따라 얻는 공덕의 등급을 표로 제시한다. 그리고 XXXIb (Dhabhar, 102~103)에는 선한 창조물에 속하는 동물들을 죽임으로써 생긴 죄의 등급들이 일부 나열되어 있다.

30  Šnš. III, 21b (Tavadia, 80).

31  예컨대 다음을 보라.Šnš. VII. 9, VIII.19 (Tavadia, 102, 113).

32  Jamasp-Asana, *Pahl. Texts*, 123.8~10; 그리고 일반적으로 다음과 비교하라. *Saddar Naṣr* XL.III (Dhabhar, 33~34).

33  다음 책에서 이에 대해 자세히 다루고 있다. *Dd., Purs.* XVI.7 ff. (ed. Dhabhar, 36 ff., transl. West, *SBE* XVIII, 39 ff.).

34  *Vd.* 7.26~7.

35  *Vd.* 17, 그리고 새에 대해서는 다음을 보라. Ašō.zušta above, p. 90. 이 의례에 관해서는 벤디다드 17에 대한 파흘라비어 주석을 더 보라; *Saddar Naṣr* XIV (ed. Dhabhar, 13~14, transl. West, *SBE* XXIV, 275~276); Supp. texts to Šnš. XII.6 (Kotwal, 28); *Riv.*, Unvala, I 244.7~11, 246.13~247.19, Dhabhar, 249~251; *Farziyāt Nāma* (Modi 27/40~41); J. J. Modi, "Two Iranian incantations for burying hair and nails", *J. of the Anthropological Society of Bombay*, VIII, 8, 1909, 557~572. 머리카락을 자르는 행위는 사람을 불결하게 만드는데, 잘린 머리카락의 일부는 몸에 닿을 수밖에 없기 때문이다.

36  *Vd.* 17. 2~3.

37  *Vd.* 5.7; 8.34. 비록 마른 뼈는 묻히겠지만, 여전히 가능하면 이것들이 물에 닿는 것을 허락하지 않았다. 예컨대 다음을 보라. *Riv.*, Unvala, I 105.13~106.7.

38  *Vd.* 5.36. 다르메스테터(*SBE* IV, lxxvii)는 이 진술을 토대로 아흐리만이 창조한

생명체는 육체를 가진 죽음이므로 그들의 시체에는 전혀 오염시키는 힘이 없다고 추론했다. 그러나 이는 관점을 너무 멀리 밀고 나간 듯하다. 왜냐하면 죽음 자체가 불결한 것이므로 금방 죽은 것은 무엇이든 어느 정도 오염시키는 효과가 있다.(그것이 고스판드가 아니라면. 이어지는 내용을 보라.) 그것은 정도의 문제이다. 그래서 리바야트(*Rivayāts*, Unvala, I 136.1~4, Dhabhar, 151~152)에는, 조로아스터교도의 나사와 비신자의 나사 사이에는 커다란 차이가 있지만, 그럼에도 후자도 오염시키는 힘을 가지고 있다고 되어 있다.

**39**  *Vd.* 11.2.

**40**  *Vd.* 5.36.

**41**  *Vd.* 18.64.

**42**  *Vd.* 9.55~56.

**43**  *Gōspand*, 〈 *Av. gav- sp∂nta-*, 즉 "유익한 황소"는 모든 유익한 동물들의 총칭으로 쓰였는데, 그들은 유일하게 창조된 황소의 씨에서 생겨났기 때문이다. 앞의 188쪽을 보라. 나중(최소한 사산조 시절 무렵)에 이 단어는 특히 양과 염소를 가리키는 것으로 쓰이다 결국은 양만 가리키게 되었다.

**44**  예컨대 다음을 보라. *Riv.*, Unvala, I 134.18, Dhabhar, 150. 그러나 아흐리만이 창조한 동물들의 사체 고기는 나사이다. 근래 일부 파르시 신학자들은 채식주의를 채택하고 고대의 교리와 신앙 관행을 무시하고 고스판드의 고기도 나사이며 먹어서는 안 된다고 선언했다.

**45**  *Vd.* 18.70.

**46**  *Riv.*, Unvala, I 254.9 ff., Dhabhar, 256 ff.

**47**  예컨대 다음을 보라. *Pahl. Riv. Dd* XLIV (Dhabhar, 127). 아두르파른바그의 파흘라비 리바야트 CXVII (*BTA*, I 65, II 106)에 따르면 개가 길에서 죽으면 그 길을 다른 곳으로 돌리든지 해당 부분을 폐쇄해야 한다.

**48**  *Vd.* 13.17 ff.

**49**  다음을 보라. Farziyāt Nāma, Modi, 20~21/30~31. "개에 대한 존중"이라는 구절은 정통과 이라니 마을에서 종종 들을 수 있는데, 예컨대 개를 때리거나 차려고 하는 아이를 타이르는 용도로도 쓰인다.

**50**  앞의 283쪽을 보라.

**51**  *Pahl. Ved.* BTA, Bombay .949. 245); 다음과 비교하라. *Vd.* 8.37~38. 그리고 다음을 보라. Modi, *CC*, 128 ff.

52 다음을 보라. *Vd.* 8.16~18. 거기에 그 개는 "눈이 넷이거나"(야마의 개들처럼. 앞의 159쪽을 보라.) 노란 귀를 가진 하얀 개여야 한다고 되어 있다.(http://avesta.org. 다르메스테터의 영어 해석에 따르면 "눈 넷인 황구 혹은 귀 노란 백구"로 나오는데, 주석에서는 눈 넷을 눈 위에 점이 두 개 있는 것으로 추측했다. ― 옮긴이) 앞의 것은 눈 위에 황갈색 점을 가진 검은 개로 해석되는데, 잭슨(Jackson, *Persia past and present*, 78)에게는 미안하지만 최소한 이란의 야즈디 지역에서는 결코 희귀하지 않다. 그러나 다른 어떤 종류의 개들도 사그디드의 필요에 응한다. 사그디드 일반에 관해서는 다음을 보라. *Šnš.* II.2 and ff. (Tavadia, 30~32). 그리고 자세한 설명은 다음을 보라. *Riv., Unvala*, I 110.18 ff., Dhabhar, 112 ff.; 현행 예식에 관해서는 다음을 보라. Modi, *CC* 58 ff.; Jackson, op. cit., 388~389, 391, 392. 논쟁들에 관해서는 다음을 보라. Tavadia, *Šnš.*, intro., 16~18; A. Kammenhuber *ZDMG* CVIII 1958, 300~304.

53 예컨대 다음을 보라. *Šnš.* II. 63, 65; X.33 (Tavadia, 53. 144); *Riv.*, Unvala, I 145.4~5, Dhabhar, 164.

54 *Riv.*, Unvala, I 111.4~5, Dhabhar, 113.

55 *Vd.* 8.14; *Riv.*, Unvala I 110.7~13, Dhabhar, 112. 야즈디 지역의 일부 정통파 마을에서는 개를 묻을 때 쿠스티와 수드라를 함께 묻는다.

56 *Riv.*, Unvala, I 599.9, Dhabhar, 370. 스로쉬 바쥐의 내용에 관해서는 앞의 10장 주 90번을 보라.

57 *Vd.* 8.8. 후대의 관행에 관해서는 다음을 보라. Darmesteter, *ZA* II, 120 n. 10; Modi, *CC*, 54; Jackson, op. cit., 390~391. 조로아스터교도들은 "그 투과되는 정도에 따라 많거나 적게 부적절한 것으로" 간주했다.(Darmesteter, *SBE* IV, lxxxi) 그래서 시체는 부드러운 땅이나 다공질의 벽돌 대신 단단한 돌 위에 안치되어야 한다.

58 이와 그 후속 행동들에 관해서는 다음을 보라. *Riv.*, Unvala. I 136.11 ff., Dhabhar, 152 ff.; *Farziyāt Nāma*, Modi, 34~39/47~56, Modi, *CC*, 53 ff.; Jackson, op, cit., 388 ff.

59 예컨대 다음을 보라. *Šnš* II. 63. 85, 106, 108b (Tavadia, 53~67); *AVN* XXXVIII. 6 (Asa-Haug, 69/177 with n. 2).

60 *Riv.*, Unvala, I 89.19 ff.; Dhabhar, 93 ff., 그리고 나사의 처리에 관한 여러 곳; Modi, *CC*, 53.

61  예컨대 다음을 보라. *Riv.*, Unvala, I 145.11~13, Dhabhar, 165.

62  예컨대 다음을 보라. Ibid., Unvala, I 131.19~132.6, Dhabhar, 147. 아두르파른바그의 파흘라비 리바야트 CXXXV (*BTA*, I 70, II 113)에는, 남자가 월경 중인 여자와 이야기를 하면 "죄"를 짓는 것이라 규정되어 있다.

63  즉 "시체를 옮기는 이." 또 다른 아베스타어 단어는 이르스토 카샤(*iristō.kaša*), 즉 "죽은 이를 옮기는 이"이다.

64  *Vd.* 8.10.

65  페르시아어 리바야트에 나오는 두 종류의 철제 상여의 도안이 다음 책에 재출간되었다. D. Menant, *Conférences au Musée Guimet, Bibliothèque de Vulgarisation* XXXV, 1910, 182, 183.

66  이라니 공동체에서 나사-살라르의 격리에 관해서는 다음을 보라. Jackson, op. cit., 392. 그런 관례는 일부 도시 공동체들(예컨대 카라치의)에서 몇십 년 전에 완화됐지만, (예컨대) 이란의 샤리파바드에서는 1960년대까지 지속되었다.

67  이 또한 샤리파바드에서 관찰되었다.

68  이런 금기 사항들은 거의 확실히 일반적이었지만, 구체적인 것은 나브사리에서 기록되었다.(20세기 초 에르바드 피로제쉬아흐 M.코트왈(Ervad Phirozeshiah M. Kotwal)의 미출간 노트에서. 이에 관해서는 그의 손자 피로제 코트왈 박사가 내게 알려 줬다.)

69  *Riv.*, Unvala, I 144. 8~10, Dhabhar, 162~163.

70  예컨대 다음을 보라.Pahl. Riv. Dd LV.3 (ed. Dhabhar, 165~166); *Riv.*, Unvala, I 38.12~17, Dhabhar, 35.

71  그래서 아르다이 비라즈가 지옥에서 본 한 여자는 불에 머리카락을 던진 이였다.(*AVN* XXXIV, Asa-Haug 65/176) 페르시아어 리바야트에서 "살아 있는 것의 나사"는 히크르의 동의어로 쓰인다. 다음을 보라. Unvala, I 82.14 ff., Dhabhar, 79 . 그리고 아베스타어 히크라(hikhra)는 시체에서 나오는 오염 물질을 의미했다.(*Vd.* 5.14, 16) 그러므로 두 단어는 결코 서로 다르거나 경계가 분명하게 정해진 것이 아니었다.

72  밤중의 오염에 대해서는 다음을 보라. *Vd.* 18.46~52; *Riv.*, Unvala, I 193, Dhabhar, 207; *Farziyāt Nama*, Modi 18~19/27~28. 후대의 인도 텍스트에도 이에 대한 일부 속죄 방식이 기술되어 있다. 다음을 보라. W. Gampert, *Die Sühnezeremonien in der altindischen Rechtsliteratur*, Prague 1939, 150 f.

73  Boyce and Kotwal, *BSOAS* XXXIV, 1971, 311 with n. 101.

74  Modi, *CC*, 196 n. 1.

75  자세한 내용은 다음을 보라. Modi, *CC*, 1~37. (만약 고위 의식인 니랑딘(*Nirangdīn*) 전에 요구되는 바라쉬놈 기간의 밤에 몽정이 일어나면 그로써 제의 전체가 무효가 된다.) 그래서 남자들은 바라쉬놈 기간에는 잠을 많이 자지 않으며, 이 기간은 정통파 조로아스터교도 여성들이 밤 동안 방해를 받지 않고 평화롭게 잘 수 있는 몇몇 특전 중 하나이다. 반면 남자는 가끔씩 깨어서 살피고 기도해야 한다.

76  그런 문제들에 관해서는 다음을 보라. *Riv.*, Unvala, I 249.7 ff.,,, Dhabhar, 252 ff.

77  *AVN* LXXII. 4~8 (cf. XX.5), Šnš III. 27~29. 이 기간에 여성이 지켜야 할 금기는 벤디다드 16에 자세히 나와 있고, 샤예스트 네-샤예스트 III에 부연 설명과 함께 다시 나온다. 또한 다음을 보라. Saddar Naṣr, XLI, LXVIII (transl. West, *SBE* XXIV, 302~305, 332~334); Saddar Bd. XCVI (transl. Dhabhar, Rivāyats, 568~570); *Riv.*, Unvala, I 205 ff., Dhabhar, 211 ff.; Farziyāt Nāma, Modi 9~10/15~16; Modi, *CC*, 161~166. 20세기 초 몇 십 년 동안까지 야즈디 여성들이 이 기간을 보내는 데 이용한 창문이 없는 자그마한 헛간에 대해서는 다음을 보라. Boyce, "The Zoroastrian houses of Yazd", *Iran and Islam, Studies in memory of V. Minorsky*, Edinburgh 1971, 139. *Vd.* 16. 1 ff. 이에 따르면 생리 중 여성이 따로 거할 장소를 만들도록 규정돼 있다. 이를 칭하는 후대의 용어는 다쉬타니스탄(*dāštānistān*)인데, 이에 관해서는 예컨대 샤예스트 네-샤예스트 II. 75 를 보라.(이 자료에 따르면 그 장소는 후대의 관습과 마찬가지로 분명 집 안 어딘가로 보인다.) 다음을 더 보라. *Riv.*, Unvala, I 207.3 ff., Dhabhar, 213~214.

78  아주 심하게 오염된 의복을 철저히 정화하고 세탁한 후 이 용도로 따로 준비해 둔다고 여러 번 언급된다. 다음을 보라. *Vd.* 5.56~59. 그리고 예컨대 다음을 보라. *Riv.*, Unvala, I 136.7~9, Dhabhar, 152. 선한 창조물에 대한 조로아스터교도들의 존중은 검약으로 이어져, 어떤 물품도 쓸데없이 내다 버려서는 안 된다. 다음을 보라. *Vd.* 5.60.

79  *Vd.* 16.6.

80  *Vd.* 16.7, 그리고 월경 중인 여성에 관해 위에 인용된 구절들.

81  *AVN* LXXVI. 6~7 (Asa-Haug, 109/193).

82  *Vd.* 16.7.

83 일반적으로 조로아스터교 공동체에서 여성은 악에 대항한 남성들의 투쟁의 동반자로서 존엄한 위치를 차지하는데, 이는 조로아스터 자신의 가르침 때문으로 보인다.(앞의 326쪽을 보라.) 그러나 다른 종교와 마찬가지로 남성들의 태도는 일관성이 없는 경향이 있다. 기독교도들은 어떤 때는 여성을 동정녀 마리아의 자매로 여기고 어떤 때는 유혹하는 여자 이브의 족속으로 여긴다. 조로아스터교도들도 어떤 때는 여성을 오흐르마즈드의 창조물인 아샤반으로 여기고, 어떤 때는 아흐리만에 의해 오염되고 매수되어 남성의 불결한 동반자가 되었다고 여긴다. 따라서 창조자는 한번은 이렇게 말한다고 나온다. "너는 나의 조력자니, 너로부터 남자가 나오기 때문이다. 그러나 너는 나 오흐르마즈드를 슬프게 한다."(*GBd.* XIVa (*BTA*, 137; transl. also by zaehner, *Zurvan*, 188)). 그러나 이것을 조로아스터교도들의 일반적이고 표준적인 태도로 볼 이유는 없고, (제너(zaehner, loc. cit.)에게는 미안하지만.) 이를 전형적인 주르반교도의 태도로 보거나 문제의 구절 전체를 근거로 아샤반 여성들을 매춘부와 동일시할 이유는 더욱 없는데, 거기에서 매춘부는 아샤반 여성의 아흐리만적 상대자로 나온다.

84 *Saddar Naṣr* XVI. 4 (ed. Dhabhar, 15, transl. West, *SBE* XXIV, 277); *Riv.*, Unvala, I 223~224, Dhabhar, 224~225. 여기에서 다시 한번 이례성(부정합성)을 낳는 것으로 보이는데, 다르메스테터가 언급했듯이 우리는 갓 아이를 분만한 여성을 다음처럼 여길 수 있기 때문이다. "이 세상에 생명을 더하고, 오흐르마즈드의 영역을 넓혔으므로, (산모는) 순결한 것들 중 가장 순결한 존재로 여겨야 한다. 그러나 오래된 직감이 새 원칙의 물결을 압도하고 말았다."(*SBE* IV, lxxix). 그러나 출생은 오흐르마즈드가 창조한 완벽한 세계에서 위치를 차지하지 못했고, 프라셰기르드 이후에는 더 이상 없을 것이다. 그러므로 그것은 전적으로 혼잡의 세계에 속하는 것이고, 따라서 논리적으로 다에바적인 것의 일부로 취급될 수 있었다.

85 *Vd.* 5.45~64; *Saddar Naṣr* LXXVII; *Riv.*, Unvala, I 227 ff.; Dhabhar, 227~234.

86 *Vd.* 5.51; 다르메스테터의 논평을 보라. ZA II, 80 n. 86.

87 참고 문헌은 앞의 12장 주석 35번을 보라.

88 예컨대 다음을 보라. *Riv.*, Unvala I 350.14~351.2, Dhabhar, 312~313, Modi, *CC*, 159~160.

89 예컨대 다음을 보라. *Supp. texts to Šnš.* XII. 32 (Kotwal, 39).

90 파르시 공동체의 상대적으로 낮은 사망률에 관해서는 다음을 보라. D. F. Karaka,

*History of the Parsis* I, 95~96.

**91** *Vd.* 18.40; *AVN* XXV.6; *MKh.* II.39; *Saddar Naṣr*, LVI.1-5. 무슬림들도 똑같은 규정을 지킨다.

**92** *Riv.*, Unvala., I 38.12~40.9, Dhabhar, 35~37. 이에 따르면 분뇨는 밭에 뿌리기 전에 4개월 동안 노지에서 노출시켜야 한다.(다음과 비교하라. *Pahl. Riv. Farnbag-Srōš* XXVI (*BTA*, I 156, II 138). 그러나 이 자료에는 6개월로 명기되어 있다.) 소가 "어떤 오염 예방책도 취하지 않는" 비신도들이 소유한 것만 아니라면 그 똥은 순결한 동물에게서 나온 순결한 것이다.(*Riv.*, loc. cit.)

**93** 예컨대 다음을 보라. *Šnš.* VII. 7 (ed. Tavadia, 101~102).

**94** *Supp. texts to Šnš*" XX. 5 (Kotwal, 83); *Riv.*, Unvala, I 310. 19-315.17, Dhabhar, 294~299; *Farziyāt Nāma*, Modi, 3~5/4~8; Modi, *CC*, 87~89.

**95** 오늘날 파디야브-쿠스티는 항상 물을 두고 행해지므로(엄격한 정통파 사이에서 기상 시를 제외하고.) 파르시들은 파디야브를 "순결한 물"로 해석하기에 이르렀다. 그러나 이라니들 사이에서 이 단어는 파죠(pājō)처럼 고메즈의 의미를 가진다.

**96** *Vd.* 5, 59, 파흘라비어 주석과 함께. 다음을 보라. Darmester, *ZA*, II 83 with n. 97.

**97** 샤예스트 네-샤예스트(i.e. III, 7, 9, 35)에 당혹스러운 구절들이 있는데, 월경 중의 여성에게 기도를 요구하는 것으로 보인다. 그러나 현존 조로아스터교 관습은 벤디다드의 규칙과 일치한다.

**98** 이것은 야즈드에서 20세기 초 몇 십 년 동안 이어지던 관습이었다. 이 책 4권을 이어서 보라.

**99** 예컨대 다음을 보라. *Riv.*. Unvala, I 575.11~15, Dhabhar, 346~347.

**100** 이 예방 규정은 파르시 사제들이 20세기 초까지 일반적으로 유지하던 것으로서, 오늘날에도 최고 수준의 의례적인 순결을 고수하는 이들은 이를 지킨다.

**101** 아베스타 구절 하나(*Vd.* 5.51)에 이런 세정제는 단순히, 즉 "황소의 오줌과 섞은 재(*gəuš maēsmana ātryō.paiti.iristəm*)"라고 되어 있다. 그리고 여기에는 파흘라비어 주석이 두 개 달렸는데, 하나는 "집안의 불에서 나온 재가 적절하다(*var ī ātakhš ī kadagi šāyēd.*)"라고 되어 있고, 다른 하나는 "아타쉬 바흐람의 재가 적절하다.(*var ī ātakhš ī varahrān šāyēd.*)"라고 나온다.

**102** Anquetil du Perron, *ZA* II, 545,

**103** 예컨대 다음을 보라. Farziyāt Nāma, Modi, p. 18.13.

**104** 이 의식에 대한 완전한 설명과 파르시들이 직접 거행하는 행사에 관해서는 다음을

보라. Modi, *CC*, 90~95.

105  이 의식에 관해서는 다음을 보라. *Riv.*, Unvala, I 135.1~7, Dhabhar, 150 with n. 3; Anquetil du Perron, *ZA*. II 548~550.

106  시-슈이를 위해 긋는 카쉬의 평면도에 관해서는 다음을 보라. Anquetil, *ZA* II, Pl. XIII. opp. p. 546. 이란에서는 근래 몇 년 동안 시-슈이와 이 의식을 위한 바라쉬놈-이 노 샤바(*barašnom-i nō šaba*) 사이에 약간의 혼동이 발생했는데, 이는 여전히 집에서 행하지만 지금은 노-쉬와(*nō-šwa*, 즉 바레쉬놈-이 샤바) 특유의 카쉬를 긋는다.

107  한 가지 다른 행사 방식(케르만의 방식인지 수라트의 방식인지는 명확하지 않지만)에 관해서는 다음을 보라. Anquetil, *ZA* II, 548~550.

108  *Riv.*, Unvala, I 601.2~5, Dhabhar, 380. 또한 이는 여성에게 노-쉬와를 행할 때 쓰는 방식이다. 그러나 고등 제의의 성별식에서 치료자 지위에 있는 사제의 존재가 필수적이듯, 이 정화 의식에서 파크 요즈다트라가르(*pāk yōždāthragar*, 순결한 요즈다트라가르로, 내적 정화 제의를 집전할 자격이 있는 사제이다. — 옮긴이)의 실제 시선이 필수적이라는 주장이 제기되었다.

109  1964년 필자는 야즈드 근처 마즈라 칼란타르(Mazra Kalāntar)의 한 마을에서 이 의식을 겪은 남성을 만났다. 그러나 케르만에서는 당시 이 의식이 오직 여성을 위한 것으로 여겨졌다.

110  이 의식은 심지어 모디의 책(Modi, *Ceremonies and customs*(first published in 1922))에서도 언급되지 않는다.

111  오늘날 이를 위해서 그녀들은 대개 불의 사원으로 가서, "순결한"상태로 빛을 내면서 다시 등장할 때, 사랑스러운 사리를 걸치고 나비가 날듯이 외양을 예쁘게 꾸민다고 한다.

112  이 의식은 너무나 중요해서 수많은 부연 설명이 붙었다. *Vd.* 9; *Riv.*, Unvala, I 585.6~609.13, Dhabhar. 358~393; Anquetil, *ZA* II, 545~548; Modi. *CC*, 102~141; Darmesteter, *ZA* II, 163; West, *SBE* XVIII, 431~454. 역시 세부 행사 방식은 지역에 따라 다르지만(이에 관한 일부 내용은 다음을 보라. P. K. Anklesaria, *Sir J. J. Madressa Centenary* Vol., Bombay 1967, 162~164.), 벤디다드에 기술된 핵심적인 제의는 변함없다. 이 의식을 간소화하려는 시도는 9세기에 파르스 고위 사제 마누쉬치흐르의 공개 서한(*Epistles*)에서 비난을 받았다.

113  그들은 이 두 용어를 때로는 고셀 혹은 (사테) 나혼을 가리키는 것으로도

썼으므로, 그들의 저술에 나오는 정화 의식이 정확히 무엇을 의미하는지가 항상 명백하지는 않다.

114 20세기 초 야즈드의 바라쉬놈-가에 대해서는 다음을 보라. Jackson, *Persia past and present*, 383. 나브사리의 오래된 바르신고는 작은 읍락 바로 밖에 있는데, 마찬가지로 둥근 담이 쳐져 있었다.(피로제 코트왈 박사가 정보를 제공했다.)

115 위에서 인용된 바라쉬놈 의식에 대한 대부분의 묘사에는 의례적으로 담장이 쳐진 구역의 평면도가 함께 제시되어 있다. 오늘날 이란과 인도의 다른 방식의 골과 돌의 배치를 보여 주는 평면도는 다음을 참고하라. *Riv.*, Unvala, I 587, 588, 600.

116 니베르그(Nyberg, *Rel.*, 147 ff.)는 이 단어를 가타어 마가(앞의 325쪽을 보라.)와 연결시키려 했지만, 인정받지 못했다.

117 그래서 아마도 구멍을 메우고 (땅속이 아니라) 땅 위에 돌을 올리는 관습은, 조로아스터교 사제들이 "창조물들"을 오염으로부터 어떻게 보호할까 더욱 진지하게 숙고하면서 채택된 듯하다.

118 "돌 위에 있는" 후보자와 의식을 주관하는 두 사제와 개가 있는 사진은 다음을 보라. D. Menant, "Sacerdoce zoroastrien à Navsari", *Conférences au Musée Guimet*, 1911, 273; 재간된 것으로 다음을 보라. M. Molé, L'Iran ancien, (Religions du Monde) Paris 1965, 97; J. Bauer, *Symbolik des Parsismus, Tafelband* (*Symbolik der Religionen*), Stuttgart 1973, p. 123.

119 그러나 "돌 위의 세정"은 지금은 대체로 상징적인 것으로서 신속히 행한다.(어느 자비로운 여성 후보자의 허락을 받아 필자는 1964년 이란의 샤리파바드에서 이 의식을 목격할 수 있었다.)

120 Modi, *CC*, 138~139, Dhabhar, *Riv.*, index s.v. nav-shu.

121 지금 이란에서는 아직 생리가 시작되지 않은 소녀가 세탁할 것이 요구된다. 그러나 이는 의식의 정교화 때문으로 보이는데, 인도에서는 이에 대해 알려진 것이 없기 때문이다.

122 이와 이에 따르는 것들은 이라니의 관습을 묘사한 것인데, 파르시들은 지금 그 의식을 사제들에게만 맡김으로써 인도에서 상황을 약간 바꿨기 때문이다.

123 인도에서 이 관습은 덜 엄격한데, 이 목적으로 가죽을 씌운 특별한 깔개가 쓰인다.

124 이는 샤리파바드의 관습이다. 거기에서 죽은 아기의 몸은 쿠-이 수르크(Kūh-i Surkh)까지 몇 킬로미터 옮겨지는데, 그곳은 헤리스트(Herist) 산악 성소로 가는 입구이다. 운구하는 이들은 대개 손위 형제나 자매 혹은 사촌들인데, 아버지나

기타 가까운 친척의 호위를 받고, 그래서 이 행진은 관련된 모든 사람에게 비통한 일이다. 그러나 리바야트 하나에는 사산아라도 자궁에서 네 달 10일을 살았으면 다크마로 옮겨야 한다고 규정되어 있다. *Riv.*, Unvala, I 234, Dhabhar, 234~235 다음을 보라.

125 *Riv.*, Unvala, I 605.12~14, Dhabhar, 387.

126 이 정보는 카놈 바누 이스판디야르(Khanom Banu Isfandiyar)(아르바브 잠시드 소루쉬안(Arbab Jamshid Sorushian)의 어머니)에게서 얻었는데, 그녀는 20세기 초에 열다섯 명가량의 젊은이, 형제, 자매, 사촌들과 함께 이 의식을 치렀다고 한다. 그들의 파레스타르는 숙모인 술탄이었는데, 그녀는 유명한 케르만의 다스투르-이 부조르그(*dastūr-i buzorg*)인 모바드 루스탐 제항기르(Mobad Rustam Jehangir)와 결혼했다. 이 책 4권을 보라.

127 사제의 바라쉬놈을 손상시킬 수 있는 몇몇 방식들에 대해는 다음을 보라. Modi *CC*, 141~145. 그가 제시하는 목록이 전체를 망라하는 것은 절대 아니다. 그러나 과거에 하나의 폐쇄적인 조로아스터교 공동체 안에서(예컨대 나브사리의 작은 옵 파르시 구역들처럼) 훈련받고 주의 깊은 요즈다트라가르들은 바라쉬놈 한 번이 보장하는 순결을 수십 년 동안 유지할 수 있었다.

128 아베스타어 야오즈다트라(*yaoždāthra*)는 "정화"를 의미한다. 다음을 보라. Bartholomae. *Air. Wb.* 1235.

129 Pahl *Riv. Ādurfarnbag*, CXXX, CXL (*BTA*, I 69, 73. II 111, 116). 심지어 사고로 신체의 일부가 불에 타거나 뜨거운 물에 데는 것도 죄이다. 다음을 보라. *Pahl. Riv. Dd*, XXXVII. 11, 13 (ed. Dhabhar, 116~117).

130 정보는 한 테헤란 여성에게 얻었는데, 그녀는 봄베이에서 물에 빠져 자살한 조카딸을 위해 1963년 샤리파바드에서 이렇게 노-쉬와를 치렀다.

131 고용주와 대리인의 관계는 밀접하다. 전자가 죽으면 의식은 부자연스럽게 중단될 뿐 아니라 그가 여성이고 하필 그때 생리가 시작되었다면 의식을 파하고 나중에 새로 시작해야 한다. 다음을 보라. Modi *CC*, 190~191.

132 *Riv.* Unvala, I 559~601, Dhabahar, 378~380; Modi *CC*, 145~149. 카쉬를 긋는 것이 더 단순하지만 집전 사제와 리만 사이의 접촉을 막기 위해 평소보다 더 큰 예방책이 적용되었다. 그래서 파르시들 사이에서는 보조역을 맡은 두 번째 사제 대신 속인(불가피하게 덜 순결한)이 어쩔 수 없이 리만에게 다가가야 하는 실제의 바라쉬놈, 즉 마지막의 물 퍼붓기를 행한다. 완화된 관습에 따르면 파르시들은

리마니 바라쉬놈 후에 아홉 밤의 은둔을 이을 필요가 없다. 그러나 이라니들 사이에서는 정화된 리만은 다른 이들과 마찬가지로 이를 겪는다.

133 고대의 형벌로 보이는 것을 벌금으로 변환한 파홀라비어 표에 관해서는 다음을 보라. F. M. Kotwal, *Supp. texts to Šnš.*, Appendix I (pp. 114~115). 다데스탄 이 디니그가 붙은 파홀라비 리바야트 XVb. 4 (ed. Dhabhar, 43)에는, 죄에 대해서 "여력이 있는 이들은 모두 (돈으로) 내야 한다."라고 되어 있다.

134 그러나 죽은 이를 위한 의식의 유효성에 대한 믿음을 조로아스터 자신의 가르침과 조화시키려는 진지한 시도들이 있었다. 예컨대 다음을 보라. *Dd. Purs.* VII (ed. Dhabhar, 23~25, transl. "West, *SBE* X.VIII, 26~28). 거기에는 죽은 이가 살아 있을 때 이 의식을 명하거나 의도해야만 그 공덕이 그에게 돌아간다고 쓰여 있다. 그러지 않으면 의식은 그에게 도움이 되지 않는다. 더 일반적으로 죽은 아버지의 죄를 자식이 속죄하는 것에 대해서는 다음을 보라. *Pahl. Riv. Ādurfambag*, CXLI (*BTA*, I 73~74, II 116~117).

135 Bartholomae, *Air. Wb.* 829. 오늘날 조로아스터교도들은 이를 파테트(patēt)로 발음한다.

136 이 전례문들에 관해서는 다음을 보라. Dhabhar, *zand-i' Khūrtak Avistāk*, text Bombay 1927, transl. Bombay 1963. 조로아스터교의 고해는 다음 문헌들에서 논의되었다. R. Pettazoni, "Confession of sins in Zoroastrian religion", *J. J. Modi Mem.* Vol., Bombay 1930, 437~441; J. P. Asmussen, *Xuāstvānīft, Studies in Manichaeism*, Copenhagen 1965, Ch. 2. 고해가 실질적인 행동보다 열등한 배상 행위라는 것은 다음에 명확히 나와 있다. *Pahl. Riv. Dd* XVb 4 (ed. Dhabhar, 43).

137 *Farziyāt Nama*, Modi, 4.27~8/7. 여기에서 경건한 다스투르는 매일 밤 잠자리에 들기 전에 파티트 하나를 암송하거나 최소한 "나는 회개하고 내가 생각하거나 말했거나 범했거나 의도했을 수 있는 모든 죄로부터 등을 돌리고 되돌아 옵니다."라고 말할 것을 명했다.

138 *Saddar Naṣr* XLV.3~5 (ed. Dhabhar, 35).

139 Cited by Rodhe, *Deliver us from evil* 154.

140 Ibid., 148 (*AV* 6.115).

141 W. Gampert, *Die Sühnezeremonien in der altindischen Rechtsliteratur*, Prague 1939, 191; Rodhe, op. cit., 141.

142 Rodhe, op. cit., 157.

143 예컨대 다음을 보라. *Patīt i kkwad*, 5; *Patīt pašīmānīg*, 8 (Dhabhar, *zand-i Kkurtāk Avistāk*, text. 80~81, 58~59, transl. 151~152, 110~111).

144 *Riv.*, Unvala, I 252.11, Dhabhar, 254.

145 다음을 보라. *Riv.*, Unvala, I 229.6~8, Dhabhar, 229. 여기 나오는 규정은 벤디다드 7, 70~72와 대조되는데, 거기에는 이런 상황에서 그녀가 물을 마시면 벌금(*čithā*)을 내야 한다고 간단히 쓰여 있다.

146 *Pahl. Riv. Dd* LIII (Dhabhar, 164).

147 아랍어-페르시아어 혼성어로서, 두 번째 요소는 엄격히는 '마할(*maḥal*)' 이라 쓰여야 한다.

148 이슬람 시절 차용된 아랍어 용어.

149 이라니의 관습은 가난과 억압 그리고 이어진 파르시의 강력한 영향 탓에 모호해졌다. 공공 행사들과는 구분되는, 파비에서 행해지는 "내부"제의를 주관하는 조로아스터교 사제를 설명하는 것이 확실한 고대의 묘사는 전혀 남아 있지 않다.

150 19세기까지 모든 정통파 조로아스터교도는 밤낮으로 머리를 가렸고, 사제는 지금도 이 일반 규칙을 지킨다.

151 다데스탄 이 디니그가 붙은 파흘라비 리바야트 XXXVII.3(ed. Dhabhar 115)에는, 화롯불 가까이에서 말하는 이는 입과 코 앞을 무언가로 가려 숨이 불에 닿지 않도록 해야 한다고 규정되어 있다.

152 이는 고대의, 아마도 인도·이란 시절의 관습을 계승한 것으로 보인다. 앞의 222쪽을 주석 133, 134번과 함께 보라.

153 다음을 보라. Unvala, *Rivāyats*, I 576.1~2.

154 *Riv.*, Unvala, I 487.16~488. i, Dhabhar, 333. 바라스(털로 짠 체)에 대해서는 이 책 3권을 더 보라.

**부록 조로아스터교의 장례 의식**

1  앞의 152쪽부터 보라.

2  앞의 156쪽을 보라.

3  앞의 156~157쪽을 주석 26번과 함께 보라.

4  관련 구절들에 대한 분석으로는 다음을 보라. H. Humbach, "Bestattungsformen im Vidēvdāt", *KZ* LXXII, 1958, 99~105; A. Kammenhuber. "Totenvorschriften .. im Vidēvdāt", *ZDMG* CVIII, 1958, 304~307.

5  앞의 152쪽을 보라.

6  이 단어는 "아베스타" 민족이 노출장을 채택했을 때 만들어진 듯하다. 이 단어가 등장하는 다른 구문은 벤디다드 8.73~74인데 이렇게 쓰여 있다. "오, 창조주여…… 만약 마즈다 숭배자들이…… 죽은 고기(나수)가 조리되고 있는 불에 다가갈 때(고기는 조리되거나 구워지고 있다.) 그들은 어떻게 행동해야 합니까? 그러자 아후라 마즈다께서 답하셨다. '그들은 죽은 고기를 조리하는 이(나수-파카-(*nasu-pāka-*))를 죽이고, 조리용 솥(디쉬타(*distā-*))을 치우고 이 우즈다나(*uzdāna-*)를 제거해야 한다." 디쉬타는 작은 솥이나 큰 솥을 기리키는 일상어이고(페르시아어 데즈(*dēz*). Bartholomae, *Air. Wb.* 748), 우즈다나는 이 병렬 구에서 마치 납골 항아리처럼 격이 떨어져 버린 조리용 솥에 대한 역겨움을 나타내기 위해 쓰인 듯하다. 그러나 더 나아가 이 구절을 아케메네스조나 파르티아 시절 이란의 식인 관습을 가리키는 것으로 해석할 필요는 없다. 조로아스터교도들에게 죽은 "아흐리만의" 동물은 모두 나수이며, 그것을 조리하여 먹는 것은 불과 자신을 함께 오염시키는 행위이다. 이 때문에 이란인들은 아랍인들을 "도마뱀을 먹는 놈들"이라고 가시 돋힌 말로 조롱했다. 그래서 이 구문은 당시 조로아스터교도들이 깨끗하지 않은 것으로 여기던 수많은 것들(뱀, 개구리, 도마뱀 등등)을 먹었을 어떤 원주민들 사이의 유사 관행을 가리키는 것일 가능성이 크다.

7  이는 순전히 형식적인 "번역"으로서, 우즈(*uz-*)는 그대로 두고 다나(*-dāna*)는 다른 경우와 마찬가지로 -다히쉬트(*-dahišt*)로 새겼다.

8  *Zādspram* 34.1~7 (BTA, 136~137, cxvi; zaehner, *Dawn*, 317, and above, p. 236).

9  파르시들의 장례식에 대한 자세한 내용은 다음을 보라. Modi, *CC*, 49 ff.

10  벤디다드에는 눈이나 심한 비가 내려 시신을 당장 처리하지 못할 때 어떻게 보관해야 하는지에 대한 지침이 들어 있다. 다음을 보라. *Vd.* 5.10~11, 8. 4~9

그리고 다음과 비교하라. Šnš. -2.9~10 (Tavadia, 35).

11 파르시들에게 이 행진은 파이다스트(*pāydast*, 글자 그대로 "발-손")로 알려져 있는데, 그들은 이를 조객들이 항상 걷고, 그리하여 손으로 서로서로 파이완드를 만드는 것을 가리킨다고 설명한다.

12 이 목록에 대해서는 다음을 보라. Modi, *CC*, 409~410. 파르시들은 이들을 집합적으로 스로쉬 행사라 부른다. 선택적인 것으로서 밤에 벤디다드를 하나에서 세 개까지 암송하고, 하루의 다섯 가 동안 매번 스로쉬에게 드론 예배를 올린다. 매일 아이위스루트림 가 동안 파르바르딘 야쉬트를 암송하는 것이 일반적이었다.

13 앞의 118~120쪽을 보라.

14 앞의 188쪽을 주석 71번과 함께 보라.

15 이라니와 파르시의 현행 관습들 사이에는 차이가 하나 있다. 우탐나(*uthamna*) 행사에 관해서는 이 책 4권을 보라.

16 사람들 각자가 (심판의 다리 위에서) 답변해야 하는 이가 미트라(미흐르)라는 것은 대중의 의식에 깊이 각인된 교리로서, 두 현존 공동체(파르시와 이라니)의 정통파들에게 이는 종종 당연한 사실로서 언급된다.

17 파르시들 사이에서 이 희생제는 20세기 초기 몇십 년 이래 완전히 폐기되었고, 대신 백단을 제물로 올린다.

18 앞의 189쪽을 보라.

19 앞의 395쪽을 보라. 예법을 삼중화하는 경향 때문에 사그디드는 일반적으로 세 번 거행된 듯하다. 즉 수의로 가려질 때, 시체가 집을 떠나기 전 그리고 노출지에서 다시 한번 개를 데려와 시신을 보게 한다. 파르시들도 시신이 집에 머물러 있는 한 각 시간대(*gāh*)가 시작될 때마다 이를 행한다.(Modi, *CC*, 58) 후대 이란과 인도에서 행해진 이 관습에 대해 더 자세히 알고 싶다면 이 책 4권을 보라.

# 찾아보기

## ㄱ

## ㄴ

## ㄷ

# 조로아스터교의 역사

1판 1쇄 펴냄  2020년 6월 30일
1판 4쇄 펴냄  2023년 5월 15일

지은이  메리 보이스
옮긴이  공원국
발행인  박근섭·박상준
펴낸곳  (주)민음사

출판등록  1966. 5. 19. 제16-490호
서울시 강남구 도산대로 1길 62(신사동)
강남출판문화센터 5층(06027)
대표전화  02-515-2000 | 팩시밀리 02-515-2007
홈페이지  www.minumsa.com

한국어판 ⓒ (주)민음사, 2020. Printed in Seoul, Korea
ISBN 978-89-374-7271-8 (93900)